Transit | Transfer

ALMANACH DES INSTITUTS FÜR ANGEWANDTE GESCHICHTE

Kim Christian Priemel (Hrsg.)

Transit | Transfer

Politik und Praxis der Einwanderung in die DDR 1945–1990

Bibliografische Information der Deutschen Nationalbibliothek
Die Deutsche Nationalbibliothek verzeichnet diese Publikation in der Deutschen Nationalbibliografie; detaillierte bibliografische Daten sind im Internet über http://dnb.d-nb.de abrufbar.

© be.bra wissenschaft verlag GmbH
Berlin-Brandenburg, 2011
KulturBrauerei Haus 2
Schönhauser Allee 37, 10435 Berlin
post@bebra-wissenschaft.de
Lektorat: Matthias Zimmermann, Berlin
Umschlaggestaltung: typegerecht berlin
Innengestaltung: Friedrich, Berlin
Schrift: Garamond 9/11 pt
Druck: Friedrich Pustet, Regensburg
ISBN 978-3-937233-87-1

www.bebra-wissenschaft.de

III. Innen- und Außenperspektiven

Transit | Transfer
Zur Einführung

Kim Christian Priemel

Als im Oktober 2006 die chilenische Präsidentin Michelle Bachelet zum Staatsbesuch bei der deutschen Bundeskanzlerin Angela Merkel anreiste, konzentrierte sich die mediale Aufmerksamkeit insbesondere auf den Umstand, dass hier die jeweils ersten Frauen an der Spitze der beiden Staaten aufeinandertrafen. Ebenso bemerkten zahlreiche Journalisten die biografischen Gemeinsamkeiten beider Politikerinnen, die in den 1970er Jahren in Leipzig studiert hatten, Merkel Physik, Bachelet Deutsch.[1] Nur am Rande notierten die Beobachter indes, wie ungleich die Erfahrungen und Wahrnehmungen der beiden Frauen in und von der DDR gewesen waren: für die eine das Land der Unfreiheit und der Beschränkungen, für die andere jenes der Zuflucht und ihrer Ausbildung zur Ärztin an der Charité, die ihr anlässlich des Besuchs nun die Ehrendoktorwürde verlieh. Bachelet war 1975 über den weiten Umweg Australiens nach Ostdeutschland gelangt, nachdem zuvor ihr Vater, ein gegenüber der Regierung Salvador Allendes loyaler General, im Auftrag des Pinochet-Regimes ermordet, sie selbst inhaftiert und misshandelt worden war. Bachelet war eine von rund 2.000 Chilenen, die ihre Heimat in Richtung DDR verließen und dort von Regierungs- und Parteivertretern mit offenen Armen begrüßt wurden, ließ sich das ihnen gewährte Asyl doch propagandistisch nutzen. Nicht von ungefähr zählten stets als »machtvoll« apostrophierte Solidaritätsbekundungen an Luis Corvalán, den inhaftierten und später ins sowjetische Exil ausgetauschten Generalsekretär der Kommunistischen Partei Chiles, oder für die Jugendverbandsfunktionärin Gladys Marín über Jahre zur integrationsstiftenden Folklore von FDJ- und anderen Massenveranstaltungen in der DDR.[2] Für die chilenischen Emigranten entstand dort eine regelrechte Betreuungsinfrastruktur, die materielle Hilfe ebenso wie Arbeitsplatz- und Ausbildungsmöglichkeiten bot. Zugleich aber verbanden sich damit immer auch Regelungs- und Kontrollansprüche. Für erstere zeigte sich Michelle Bachelet nicht nur am Rande des Staatsbesuchs dankbar, über letztere schwieg sie höflich.[3]

•

Ob für Galsan Tschinag ein Empfangskomitee bereitstand, als er 1962 in die DDR kam, um dort das Studium deutscher Sprache und Literatur aufzunehmen, ist nicht überliefert. Tschinag – ein mongolischer Zweitname, den der Angehörige der Tuva-Minderheit zwangsweise hatte annehmen müssen – zählte wie Bachelet zu jenen mehreren Zehntausend ausländischen Studierenden aus über 125 Ländern, die in 40 Jahren DDR an ostdeutschen Hochschulen anzutreffen waren.[4] Auch ihn verschlug es, als einen von wenigen mongolischen Studenten, die für die Austauschprogramme in der sozialistischen Welt sorgsam ausgewählt wurden, an die Leipziger Karl-Marx-Universität. Die deutsche Sprache sollte ihm gleich doppelt Mittel zum Zweck werden: nicht

ADN-Foto, 22.7.1976: »Zu einer bewegenden Kundgebung für die Freilassung von Luis Corvalán wurde am 22.7.1976 der Besuch der Töchter des Generalsekretärs der KP Chiles und der Witwe seines verstorbenen Sohnes in der Pionierrepublik ›Wilhelm Pieck‹ am Werbellinsee«.

allein, um sich weiteres Vokabular für seine Lyrik und Prosa anzueignen, sondern zugleich als alternative Ausdrucksform für jene Gedanken, denen in der Mongolei die Zensur das Publikum verwehrte. Waren dort seine Werke über mehrere Jahre verboten, so konnte Tschinag mithilfe einerseits des Deutschen als »Tarnsprache […], Tarnmütze, die mich unsichtbar machte«[5], anderseits dank der Fürsprache seines Mentors Erwin Strittmatter in der DDR publizieren. Die deutsche Sprache wurde fortan die von ihm gewählte Ausdrucksmöglichkeit seines breiten und vielfach preisgekrönten literarischen Werkes, die DDR lange zur zweiten Heimat, das Thema Migration – für den Angehörigen eines Nomadenvolkes nicht ganz fern liegend – eine Konstante in seinem künstlerischen Schaffen.[6] Nicht ohne Spott über sich selbst reflektiert Tschinag im Roman seiner Rückkehr, was er noch alles an Gepäck mit sich in die Mongolei gebracht, woran er sich bei »den Deutschen […] wohl angesteckt«[7] haben mochte – darunter nicht zuletzt ein gerütteltes Maß an Selbstzweifeln.

●

Ebenso wie Tschinag konnte auch der vietnamesische Student Huong seinen Studienort keineswegs frei wählen, als er Ende der 1970er Jahre auserkoren wurde, in die DDR zu reisen. Das Privileg, durch die »Tür nach draußen« zu gehen, reichte nicht so weit, auch Bestimmungsort und Studienfach zu wählen. In Jena wurde Huong in den Rechtswissenschaften eingeschrieben, machte dort seinen Abschluss und kehrte nach einer mehrjährigen Zwischenstation in Hanoi, wo er an der Universität lehrte, zur Promotion in die DDR zurück. Den 9. November 1989 erlebte er in Berlin, doch anders als die Masse der Einheimischen, die an den geöffneten Grenzübergängen die neu gewonnene Bewegungsfreiheit feierten, konnte Huong die innerdeutsche Grenze nur illegal passieren: Für ihn wie für nahezu alle Ausländer, die zu diesem Zeitpunkt in der DDR lebten, war wenigstens formal eine Einreiseerlaubnis erforderlich, um auch nur nach Westberlin zu fahren. Mochte auch in den turbulenten Tagen des Herbstes 1989 kaum jemand an die ausländischen Bewohner der DDR denken, geschweige denn an der Friedrichstraße ihre Pässe kontrollieren, so sollte das Thema doch unausweichlich auf die Tagesordnung des Runden Tisches gelangen. Das dort unmissverständlich formulierte Ziel war, nicht nur keine weitere Einwanderung in die DDR zu fördern, sondern die »Rückführung« der bereits dort lebenden Menschen zu organisieren, sei es mit Kündigungen oder mit Prämien.[8] Nicht ohne ironische Volte sollten eben diese Überlegungen für den unfreiwillig zum Juristen ausgebildeten Huong eine Bleibeoption eröffnen: Als Rechtsexperte und Repräsentant für Ausländerfragen wurde er zum Berliner Runden Tisch hinzugezogen und dort von Anetta Kahane, der einzigen Ausländerbeauftragten, die der Ost-Berliner Magistrat je beschäftigte, als juristischer Berater eingestellt.[9]

•

Keine dieser biografischen Vignetten ist auch nur annähernd typisch für Migrationserfahrungen in der DDR. Zu prominent, wenngleich in unterschiedlichen Graden, sind die Protagonisten, zu erfolgreich in ihren jeweiligen Karrieren. Und doch deuten ihre drei Lebensläufe zumindest das Spektrum der Formen und Gruppen, Ziele und Schicksale von Migranten und Migrationen in der DDR an: die intellektuell geprägten politischen Exilanten aus Chile, die Ausbildungspakte zwischen DDR und sozialistischen »Entwicklungsländern«, das Bildungsversprechen eines Aufenthaltes in Deutschland, die Rückkehr in das Heimatland, das Alternieren zwischen beiden Staaten oder die dauerhafte Übersiedlung in die zweite Heimat. Andere, in quantitativer Hinsicht repräsentativere Beispiele von Einwanderern in der DDR lassen sich hingegen weit weniger leicht an prominenten Biografien festmachen: etwa die vielen Tausend polnischen Pendler, die nach 1945 Arbeit entlang der neuen Grenze fanden und über Jahrzehnte zum Alltag dieser Regionen gehörten (und nach wie vor gehören);[10] die sowjetischen Besatzungstruppen, die zu jedem Zeitpunkt die mit Abstand größte aller ausländischen Gruppen in der DDR stellten; oder die immerhin nach Zehntausenden zählenden »Vertragsarbeiter«, denen Aufmerksamkeit erst dann zuteil wurde, als sie nach 1990 Asyl beantragten und Opfer rechtsradikaler Übergriffe wurden.[11]

Einwanderungspolitik und -praxis in der DDR sind jedoch schwerlich ein Thema von quantitativem Interesse. Zahlen beeindrucken hier nur bedingt, insbesondere verglichen mit dem ewigen Pendant der Bundesrepublik. Rund 190.000 ausländische

Zivilisten gab es im Jahr der Wiedervereinigung in Ostdeutschland (BRD: rund fünf Millionen), eine Ausländerquote von gerade mal einem Prozent (acht Prozent), wenig mehr als 90.000 Vertragsarbeiter gegenüber etwa fünf Millionen westdeutschen »Gastarbeitern« und ihren Familien: Auf allen Ebenen scheint die Einwanderung in die DDR kaum mehr als eine *quantité négligeable* gewesen zu sein.[12] Der Eindruck trügt. Dies gilt ganz offenkundig für die mehr als vier Millionen Deutschen, die nach 1944 aus den Ostgebieten des Reiches flüchten mussten und in die Sowjetische Besatzungszone gelangten, um sich, als Klarheit bestand, dass eine Rückkehr unmöglich war, schließlich in der DDR niederzulassen. Der Eindruck einer zu vernachlässigenden Größe täuscht indes auch für jene Pendler und Vertragsarbeiter, die für eine Vielzahl von Betrieben in der DDR zu unverzichtbaren Arbeitskräften wurden, ohne welche die Planerfüllung in noch weitere Ferne gerückt wäre. Und schließlich geht es auch um jene Aspekte, die sich der schlichten Quantifizierung entziehen. Für die politischen Flüchtlinge aus Griechenland, Spanien oder Chile stand das blanke Überleben im Vordergrund, die physische und psychische Sicherheit vor Verfolgung. Nicht nur, aber insbesondere außereuropäische Migranten verbanden mit Studium und Erwerbsarbeit in der DDR Erwartungen sozialen Aufstiegs, während für die Bürger der Warschauer-Pakt-Staaten die Grenzüberschreitung wenigstens ein gewisses Maß an Freizügigkeit und Internationalität beinhaltete. Ebenso schwer zu beziffern sind die zaghaften, staatlich kaum beförderten Schritte auf dem Weg interkultureller Kommunikation, die sich in Bildern beständig ausgelassen feiernder Südamerikaner oder ebenso unentwegt fleißiger Vietnamesen nicht erschöpften, obschon sie zweifelsohne wirkmächtig wurden und es bis heute geblieben sind.[13] Und nicht zuletzt sind da die Spuren, welche die Fremden hinterließen, sowie die Erfahrungen und Eindrücke, die sie ihrerseits mit in ihre Heimat nahmen.

Das Bild, das bei einer näheren Betrachtung der Migrationsbewegungen vor Augen tritt, ist daher ein überraschend vielfältiges, bisweilen verstörend widersprüchliches.[14] Die DDR war, über die gesamten vier Dekaden ihrer Existenz besehen, schwerlich ein Einwanderungsland in dem Sinne, dass Immigration ein prägender sozialer, ökonomischer und politischer Faktor gewesen wäre. Und doch lassen sich SBZ und frühe DDR gleichwohl als Einwanderungsgesellschaften begreifen, die in großer Zahl Flüchtlinge und Vertriebene als neue Bürger in Städte und Gemeinden integrieren mussten, die Erfahrungen der Entwurzelung und Enteignung ebenso mit sich brachten wie materielle und psychologische Bedürfnisse und Ansprüche. Dass die euphemistische Terminologie der SED nur Platz für »Umsiedler«, nicht für Flüchtlinge und Vertriebene hatte, und dass die Partei es vorzog, das Problem kurzerhand und per Dekret für gelöst zu erklären, bedeutet nicht, dass die junge Republik nicht deutliche Spuren dieser Wanderungsbewegungen zeigte.[15] Es ist dabei gewissermaßen nur folgerichtig, dass die weitere Immigration in die DDR, die in den 1960er Jahren einsetzte, unmittelbar auf den Bevölkerungsschwund reagierte, den die millionenfache Abwanderung in die Bundesrepublik bewirkt hatte. Die Außendarstellung der Pendler- und Vertragsarbeiterabkommen (Polen 1963/66; Ungarn 1967, Polen 1971, Algerien 1974, Kuba 1975, Mosambik 1979, Vietnam 1980 und

Angola 1984)[16] hatte dabei mit dem doppelten Problem zu kämpfen, sich von jenen Anwerbeabkommen abzusetzen, welche die Bundesrepublik seit den 1950er Jahren schloss und deren bilateraler Modus zudem auf Präzedenzfälle in der Zwischenkriegszeit zurückging,[17] sowie überzeugend zu vermitteln, dass es sich hier mehr um sozialistische Entwicklungshilfepolitik denn um Arbeitskräfteimport handelte, der überdies in einer funktionierenden Planwirtschaft nicht vorgesehen war.

Dass die allgegenwärtige »Freundschaftsrhetorik«[18] weder im Fall der sowjetischen Besatzungstruppen, deren Interaktion mit der deutschen Bevölkerung nicht selten anlässlich von Unfällen bei Truppenmanövern zustande kam,[19] noch in jenem von Vertragsarbeitern aus Vietnam oder Mosambik, denen man, nicht anders als im Westen, die unbeliebtesten Tätigkeiten und Schichten zuschanzte, sonderlich zu überzeugen vermochte, kann schwerlich überraschen. Und doch handelte es sich nicht in allen Fällen um propagandistische »Fiktionen der Freundschaft«[20]: Die politischen Emigranten etwa stießen, wenigstens solange sie sich ein- und unterordneten, durchaus auf Sympathie und Entgegenkommen. Und auch für nicht wenige der Vertragsarbeiter mögen die Umstände weniger hart gewirkt haben, als es aus der Rückschau scheint. Nicht nur in materieller Hinsicht hielten selbst die kargen Bedingungen der Arbeiterwohnheime dem Vergleich mit den Heimatländern oft durchaus stand. Auch in politischer Hinsicht bot ein Aufenthalt in der DDR mitunter mehr Bewegungsmöglichkeiten als in der Mongolei, in China oder in Vietnam bestanden; das Beispiel der Veröffentlichungen Tschinags illustriert, welchen Unterschied auch ein geringes Mehr an Liberalität machen konnte.

Widersprüchlich und inkonsistent muten auch die vielfachen Ungleichheiten an, die Migranten in der »trianguläre[n] Beziehungsstruktur zwischen Partei- und Staatsapparat, DDR-Bevölkerung und ›Fremden‹«[21] erfuhren. Diese spiegelten die sehr verschiedenen Machtbeziehungen auf zwischenstaatlicher Ebene wider, etwa, wenn Warschau weit bessere Bedingungen für polnische Vertragsarbeiter aushandeln konnte als Maputo für jene aus Mosambik.[22] Dass die Entwicklungsrhetorik der DDR zudem (post)koloniale Muster fortschrieb, die mit rassistischen Vorurteilen zumindest kompatibel waren und sich in schlechteren Arbeits- und Lebensbedingungen afrikanischer und asiatischer gegenüber europäischen »Werktätigen« ausdrückten, dokumentierte nicht zuletzt, dass die Exklusionsmechanismen auch im Staatssozialismus nicht nur entlang von Klassen-, sondern ebenso von Rassen-Linien erfolgten. Ungleichheit meinte indes nicht in allen Fällen Schlechterstellung der Einwanderer: Die Vergabe begehrter Neubauwohnungen etwa an chilenische Exilanten – aber auch an Vertragsarbeiter, für die ganz pragmatisch Wohnraum beschafft werden musste – zählte zu den notorischen Beispielen von Privilegierung, die sich unter der deutschen Bevölkerung rasch herumsprachen, denkbar unfreundlich aufgenommen und – nicht zuletzt befördert durch das Fehlen aussagekräftiger Informationen über Hintergründe und Bedingungen der Einwanderung[23] – gerne übertrieben wurden. Dass zudem einige der Ausländer jene Freizügigkeit auch jenseits der westlichen Grenzen genossen, die den DDR-Bürgern vorenthalten blieb, fügte sich in das disparate Gesamtbild der Einwanderung in ein Land, aus dem man nicht ausreisen durfte.

Die mit ebenso entwaffnender wie entlarvender Ehrlichkeit getroffene Feststellung des früheren Chile-Beauftragten der DDR, Karlheinz Möbus, man habe mit den Chilenen »nicht umgehen [können] wie mit den DDR-Bürgern«[24], illustriert, dass das SED-Regime mit unterschiedlichen Gruppen sowohl von Einwanderern wie auch Einheimischen offensichtlich sehr bewusst nach verschiedenen Maßstäben verfuhr.

Damit ist angedeutet, worin Reiz und heuristischer Mehrwert der Beschäftigung mit Politik und Praxis von Migration in der DDR liegen. So gering auch der Gesamtumfang blieb, lassen sich doch in der Untersuchung von Einwanderung und Einwanderern, staatlicher Regulierung und individuellem »Eigen-Sinn«[25] zentrale Phänomene, Prozesse und Strukturen der DDR-Geschichte einfangen. Anders gesagt, stellt die migrationsgeschichtliche Perspektive gleichsam einen Rück- oder vielmehr Seitenspiegel zur Verfügung, in dem sich nicht nur die Einwanderer selbst reflektieren, sondern mindestens in gleichem Maße ihr Aufnahmeland, seine Politiken und Zielsetzungen, seine Beschränkungen und Unrechtshandlungen. So eröffnet der migrationshistorische Blick auf die DDR neue oder doch zumindest ergänzende Perspektiven auf ökonomische Struktur- und Außenpolitik oder auf Kultur- und Wissenschaftsmanagement in einem international nur rudimentär integrierten Land. Entsprechend anschlussfähig ist eine solche »spiegelnde« Perspektive, etwa mit Blick auf die Debatte, wie international oder insulär die DDR inner- wie außerhalb der Blockintegration war.[26] So lässt sich der umstrittene Begriff der »Fürsorgediktatur«[27] auf die Migrationspolitik der DDR durchaus gewinnbringend anwenden, konnotiert er doch eben jene Gleichzeitigkeit und wechselseitige Bedingtheit von Kontroll- und Versorgungsansprüchen, welche die Grundlagen und Ausgestaltung von Einwanderung in der DDR kennzeichnete. Auf der anderen Seite mag der eklatante Mangel an Sensibilität, den der SED-Apparat an den Tag legte, wenn es um Fragen nach Identität und Identifizierung ging, die im Katechismus des historischen Materialismus nicht vorkamen, auch Anregungen für andere Untersuchungsfelder geben. Auf die Bedeutung von Handlungsspielräumen und *agency* von Individuen unter den Bedingungen diktatorischer Herrschaft ist in der Forschung bereits hingewiesen worden.[28]

Instruktiv ist die Migrationspolitik der DDR auch und gerade auf wirtschaftshistorischem Gebiet. Insbesondere die allgegenwärtige Ressourcenknappheit lässt sich hier beispielhaft nachvollziehen. So benötigte die ostdeutsche Volkswirtschaft angesichts erst des demografischen Schwundes der 1950er Jahre, dann des wachsenden technologischen Rückstandes immer mehr Arbeitskräfte, um ihren Ausstoß zu steigern bzw. zu halten, die Binnennachfrage einigermaßen zu befriedigen und im Export die dringend benötigten Devisen zu erwirtschaften; all dies war Voraussetzung, um ein Mindestmaß an Legitimation in der eigenen Bevölkerung zu sichern. Indes zog die Stärkung des Faktors Arbeitskraft in Verbindung mit überalterten Maschinenparks sinkende Produktivität nach sich und verhinderte technische Modernisierung und Rationalisierung. Dass so die Abwärtsspirale sinkender Rentabilität und schwindender internationaler Wettbewerbsfähigkeit nicht gebremst, sondern noch zusätzlich verschärft wurde, nahm das Regime jedoch aus dem Kalkül kurzfristigen Machterhalts in Kauf. Zudem beanspruchten eben jene Arbeitskräfte, die man ins Land holte, dort ihrerseits knappe Ressourcen wie Wohnraum und Konsumgüter. Einerseits trug gerade die Möglichkeit, die vergleichsweise guten Konsumangebote in der DDR zu nutzen, um die eigenen Familien mit raren Waren zu versorgen, aus der Sicht vietnamesischer Vertragsarbeiter und polnischer Pendler, zur Attraktivität der Arbeitsaufnahme in Ostdeutschland bei. Andererseits provozierte aber eben dies fremdenfeindliche Bekundungen der einheimischen Bevölkerung, die von ihrer Regierung forderte, gegen den privaten Export von Süßwaren und Mopeds einzuschreiten.[29] Dass sich das SED-Regime, unfähig, das Konsumangebot nennenswert zu vergrößern, dafür entschied, die Nachfrage zu beschneiden, indem enge Ausfuhrbeschränkungen auferlegt und Verstöße kriminalisiert wurden,[30] fängt das ökonomische Grunddilemma der DDR ebenso präzise ein wie die Neigung der DDR-Führung, Zuflucht zu strafenden »Lösungen« zu nehmen.

Ebenso bezeichnend mutet die Unfähigkeit an, die vorhandene Einwanderung auch abseits ökonomischer Motive, die mit fortschreitender Zeit immer unverhüllter in den Vordergrund der Anwerbepolitik traten, als genuinen Gewinn zu begreifen – und dies über Solidaritäts- und Völkerfreundschaftsfloskeln hinaus. Wenn jener Ausschnitt der Welt, der den DDR-Bürgern zugänglich war, schon so klein ausfiel, schien es sich doch geradezu anzubieten, die »menschlichen Fenster« zu nutzen, um das Gefühl der Einsperrung zumindest auf der Wahrnehmungsebene aufzulockern. In Ansätzen gelang dies wie im Fall der chilenischen Künstlergruppen, die das kulturelle Angebot der DDR bereicherten, oder bei Wissenschaftlern wie dem Medizinerehepaar Ingeborg und Samuel Rapoport, die als Remigranten aus den USA auch weiterhin den Anschluss an die akademische Außenwelt hielten.[31] Doch die Sorge vor allem, was nicht kontrollierbar schien oder nicht konform agieren wollte, verhinderte, die vorhandenen Angebote kulturellen Austausches außerhalb erstarrter Rituale wie in der Deutsch-Sowjetischen Freundschaft zu nutzen.[32] Der Bewegungsspielraum der basisdemokratischen Künstlerszene unter den Chilenen blieb daher eng bemessen, und der Siegeszug der vietnamesischen Küche setzte erst nach der Wiedervereinigung ein, als die Vertragsarbeiter die ersten waren, die entlassen wurden und sich neue Beschäftigungsfelder in der Selbständigkeit erschließen mussten. Dass es am Ende die vietnamesischen Einwanderer waren, die dauerhaft und in größerer Zahl als alle anderen Migranten in der DDR bzw. im wiedervereinigten Deutschland bleiben sollten, entbehrt dabei nicht einer gewissen Ironie. Gerade hier hatten sowohl Entsende- als auch Aufnahmeland besonders nachdrücklich auf dem Rotationsprinzip bestanden, d.h. dem nur befristeten Aufenthalt und beständigen Austausch der Arbeitskräfte (bei dessen Organisation, dies ein weitere Ironie, die DDR deutlich effektiver vorging als die BRD).

Die Vision des nur Vorübergehenden kennzeichnete indes nahezu alle Einwanderergruppen: die zeitweise stationierten Besatzungstruppen, die politischen Exilanten aus Spanien und Chile, die in Gedanken schon am Neuaufbau ihrer Heimatländer arbeiteten (oder dies in der Vorstellungswelt des SED-Regimes zumindest sollten), die Mosambikaner und Angolaner, die sich Fertigkeiten erhofften für die Entwicklung ihres Landes, die wenigen Chinesen und Nordkoreaner, die wussten, dass ihr Land sie bald zurückrufen würde – um dann 1989/90 festzustellen, dass es mit einem Mal eine neue Alternative gab: Asyl statt Vertragsarbeit.

Mit dieser Prämisse der Zeitweiligkeit blieb Integration auf beiden Seiten eine überwiegend sekundäre Herausforderung; die spanischen Emigranten, die angesichts der Stabilität der Franco-Diktatur tatsächlich jahrzehntelang ausharren mussten und zudem ihre Familien mitgebracht hatten, was Vertragsarbeitern, Studenten und der Masse der Besatzungssoldaten verwehrt blieb, stellten in dieser Hinsicht eine Ausnahme dar, insbesondere in ihrer mehrgenerationellen Sozialstruktur. Für die oft in mehreren Ländern sukzessive sozialisierten Kinder war »Heimat« daher ein zweideutig konnotierter Begriff und »Rückkehr« gewissermaßen eine semantische Fehlkonstruktion. Doch auch andere Migranten stellte die oft unfreiwillige Remigration vor große soziale und psychische Probleme, und auf die mangelnde Integration in der DDR folgte nicht selten die ebenso defizitäre Reintegration in den Entsendeländern.[33] Nicht zuletzt beinhaltete die (R)Emigration in und aus der DDR auch stets das Moment, politische Systemgrenzen zu überschreiten: im Übergang von der nationalsozialistischen zur sowjetischen Herrschaft, in der Rückkehr aus den Exilländern nach 1945, von der Herrschaft der Militärjuntas in die vermeintliche Diktatur des Proletariats, nicht zuletzt zwischen höchst unterschiedlichen Graden realsozialistischen Zwanges.

Angesichts solcher Ausgangspositionen ist das traditionelle Vokabular der Migrationsforschung nur bedingt geeignet, die komplexen Wanderungsprozesse, -motive und -erfahrungen zu beschreiben. Push- und Pull-Faktoren, verstanden als im Wortsinn Beweg-Gründe für die Aus- und Einwanderung, lassen sich zwar als »Motivstrukturen« analysieren, doch nur dort, wo individuelle Entscheidungen getroffen werden konnten.[34] Der in Aus- und Einwanderung implizierte Tausch unterschiedlicher Grade von Freiheit, Wohlstand und Selbstverwirklichung lässt sich für ganze Gruppen von Migranten kaum überzeugend mit diesen Begrifflichkeiten beschreiben, ohne auf kleinste – und damit wenig aussagekräftige – gemeinsame Nenner zurückzufallen oder aber trivial zu werden: Dass es sinnvoll war, in die DDR zu gehen, um nicht um sein Leben fürchten zu müssen, ist unmittelbar einleuchtend und gewinnt durch das Label des Push-Faktors nicht an zusätzlicher Klarheit. Auch für die westdeutsche Migrationsgeschichte zentrale Begriffe wie jene von Kettenmigration und Unterschichtung tragen für die DDR angesichts der gesteuerten Auswahl und der weit geringeren diesbezüglichen Zahlen als gesellschaftliche Strukturmerkmale nur bedingt; gleichwohl scheint es bedenkenswert, etwa Unterschichtungsphänomenen auf lokaler und betrieblicher Ebene nachzugehen, wo entsprechend hierarchisierte Arbeits- und Lebensbedingungen möglich waren.[35]

Aus diesem Grund bedient sich eine Reihe der in diesem Band versammelten Studien mikrohistorischer Perspektiven, um nicht allein die großen, in den Pionierstudien, die u. a. am Potsdamer Zentrum für Zeithistorische Forschung entstanden sind, bereits dargelegten Linien zu skizzieren, sondern die Vielfalt von Politiken und

Praktiken der Migration vor Ort in den Blick zu nehmen. So verbindet Anja Strnads Fallstudie zu den ausländischen Arbeitskräften im Textilkombinat Cottbus in innovativer Weise Struktur- und Arbeitsmarktpolitik der DDR mit den Entscheidungen für den Einsatz ausländischer Kräfte, während Maria Klessmann neues Licht auf die Planung und Umsetzung der Unterbringung der (vietnamesischen) Vertragsarbeiter wirft und für mehr Schattierungen statt monoton-monochromer Beschreibungen der »Ghettoisierung« plädiert. Jürgen Mense nutzt Straffälligkeit und Strafverfolgung von Vertragsarbeitern, um Rückschlüsse sowohl auf ihre Lebensbedingungen als auch auf den von den Zielkonflikten internationalistischer Außendarstellung einerseits und autoritärer Sanktionierung andererseits geprägten Umgang der DDR mit den Einwanderern zu ziehen. Die genannten Beiträge fügen sich in einen von drei Hauptteilen des vorliegenden Bandes, der sich mit den Vertragsarbeitern einer der Kerngruppen der Migranten in der DDR widmet, die – mit Blick v. a. auf die nicht zurückgekehrten Vietnamesen – das urbane Leben etwa in Berlin bis heute prägen. Den größeren Rahmen steckt der Beitrag von Mirjam Schulz ab, der erstmals systematisch und vergleichend die verschiedenen bilateralen Anwerbeabkommen, welche die DDR seit den 1960er Jahren einging, erschließt und ordnet.

Ein zweiter Teil nimmt die tatsächlich oder vermeintlich privilegierten Einwanderergruppen in den Blick – privilegiert, weil sie entweder als Deutsche scheinbar geringere Integrationshürden zu nehmen hatten oder weil ihnen vom SED-Regime besonders wohlwollende Aufmerksamkeit zuteil wurde. Für die nach dem Krieg heftig umworbenen Remigranten, insbesondere, wenn sie Ausnahmewissenschaftler wie die Rapoports waren – dies zeigt Regine Otto –, bot die DDR in der Tat attraktive Rahmenbedingungen für die weitere Karriere, zumal wenn sie politisch auf Parteilinie lagen. Gleichwohl war die Übersiedlung nach Ostberlin wohl eher dem in diesem Fall leicht identifizierbaren »Push-Faktor« McCarthy als der genuinen Attraktivität des sozialistischen Aufbaus geschuldet.

Von Startbedingungen wie jenen der Remigranten waren die als Umsiedler bezeichneten Vertriebenen weit entfernt und mussten unter Verlust nicht nur von Hab und Gut, sondern auch von Netzwerken und Sozialprestige buchstäblich ihren Platz in einem Land finden, das ihnen nicht nur oft regional oder konfessionell, sondern auch politisch fremd war.[36] Wenigstens in dieser Hinsicht, so argumentiert Alexander Goller, waren die Umsiedler im neu gegründeten Stalin- respektive Eisenhüttenstadt verhältnismäßig gut gestellt. Nicht nur wurde hier eine eigene Infrastruktur geschaffen, die ihre materiellen Bedürfnisse abdeckte, sondern auch der Integrations- und Akkulturationsschock fiel angesichts des Transfers von der Ost- zur Westseite der Oder moderat aus. Für die Übersiedler der 1960er Jahre – gewissermaßen die nicht umgesiedelten Umsiedler – galt dies schon weit weniger, wie Claudia Schneiders Beitrag herausarbeitet. Hier fielen Fremdheitserfahrungen deutlich stärker aus, zumal die eigene Einordnung als »deutsch« vielfach eher pragmatischen Erwägungen denn eindeutigen identitären Selbstbeschreibungen entsprang. Zugleich waren die Übersiedler Gegenstand komplizierter diplomatischer Aushandlungsprozesse, ging es doch für die DDR darum, verschiedene Ziele unter einen Hut zu bringen: den westdeutschen Alleinvertretungsanspruch zu entkräften, die polnische Regierung nicht durch allzu aktive Anwerbung vor den Kopf zu stoßen und Arbeitskräfte zu gewinnen.[37] Wenngleich auch den politischen Emigranten Arbeitsplätze zugewiesen wurden, war es weder das Hauptinteresse des SED-Regimes, den Flüchtlingen aus »faschistischen« Diktaturen Exil zu gewähren,[38] noch stellten sich ähnliche Probleme der Integration. Da ein dauerhafter Aufenthalt ohnehin nicht vorgesehen war, war man mit einem Tauschhandel von materieller Absicherung gegen politisches Wohlverhalten zufrieden. Dies mochte den spanischen Bürgerkriegsveteranen, wie Aurélie Denoyer zeigt, einstweilen genügen, für die nächste Generation war das jedoch zu wenig, und diese suchte und fand Wege, sich über das engmaschige Organisationssystem der DDR in die Mehrheitsgesellschaft einzugliedern, freilich ohne dass daraus resultierende Identitätskonflikte artikuliert werden konnten. Auch im Falle der chilenischen Künstler überschätzten die DDR-Funktionäre die Bereitschaft, sich mit physischer Sicherheit und materieller Grundversorgung zufriedenzugeben. Die starren Vorschriften, wer wo mit wem zu wohnen und zusammenzuarbeiten hatte, mehr noch, wie sie ihrer Kunst nachgehen sollten, erwiesen sich als ungeeignet, um über Jahre hinweg die Aktivitäten der Maler, Musiker und Theaterleute einzuhegen, wie Laura Amelie Haber nachzeichnet. Für die chilenischen Künstler war die DDR sicher kein »Ort der Sehnsucht«[39] – jener klassische Topos von Künstlerreisen –, schon eher eine Diaspora, deren produktive und anregende Erfahrung individuell höchst unterschiedlich ausfiel.

Ein dritter Abschnitt widmet sich schließlich zeitgenössischen und wissenschaftlichen Perspektiven auf das Phänomen von Migration in der DDR. Mit einem medienanalytischen Zugriff zeichnet Jessika Haack nach, welch verzerrtes, weitgehend informationsentleertes Bild die Zeitungen der DDR ihren Lesern boten. Abseits der Phraseologismen von Völkerfreundschaft, Solidarität und sozialistischem Aufbau,[40] die v. a. der Abgrenzung vom »imperialistischen« Modell der bundesdeutschen Gastarbeiterbeschäftigung dienten, erfuhren DDR-Bürger praktisch nichts Relevantes über ihre ausländischen Mitbürger, nicht über Zahlen und Hintergründe, nicht über Motive und Erfahrungen. Geradezu halsbrecherisch fiel entsprechend der Kurswechsel 1989/90 aus, als sprichwörtlich über Nacht die heile Welt einer harten Realität umkämpfter Arbeitsplätze und xenophober Anfeindungen Platz machte. Eben dies gab auch den Impuls zur wissenschaftlichen Auseinandersetzung mit dem Komplex Migration in der DDR. Wie Anja Mohnkes Literaturbericht illustriert, folgten die Forschungskonjunkturen praktisch unmittelbar auf Erfahrungen mit fremdenfeindlicher Gewalt und Ausgrenzung in den Neuen Bundesländern wie in Rostock-Lichtenhagen und Hoyerswerda. Das Ziel, Ausländerfeindlichkeit aus spezifischen Erfahrungen der DDR heraus zu erklären – ungeachtet der westdeutschen Anschläge in Mölln und Solingen –, lag dem Gros der (überdies vielfach aufeinander Bezug nehmenden) Untersuchungen der 1990er Jahre erkennbar zugrunde, dominierte und limitierte das Erkenntnisinteresse auch der historischem Forschung bis in die jüngste Zeit.[41]

Der vorliegende Band durchmisst die 45 Jahre zwischen Kriegsende und Auflösung der DDR, ohne indes Anspruch auf Vollständigkeit zu erheben. Wichtige Protagonisten des Migrationsgeschehens, namentlich die Angehörigen der Roten Armee, bleiben hier ausgeklammert, eine Entscheidung, die einerseits pragmatischen Gründen der Quellenbeschaffung geschuldet ist, andererseits angesichts des inzwischen breiten Forschungsstandes zu diesem Thema vertretbar scheint.[42] Die einzelnen Beiträge nehmen sich verschiedener, bisweilen sehr unterschiedlicher Gruppen und Typen von Einwanderern an, teilen indes gemeinsame Ansatzpunkte. Neben den methodischen Gemeinsamkeiten der mikrohistorisch vorgehenden Untersuchungen zählt dazu das Interesse daran, welche Perspektiven auf die DDR sich im Seitenspiegel der Einwanderung eröffnen, insbesondere vor dem Hintergrund, dass es sich um Migration in eine Mangelwirtschaft handelte. Und schließlich werden die stets auf Zeit konzipierte Einwanderungspolitik der DDR sowie die oft über den dortigen Aufenthalt hinausreichenden Hoffnungen und Erwartungen der Migranten in den hier versammelten Beiträgen als Dopplung von »Transit« und »Transfer« verstanden, d.h. als räumliche Verlagerung individueller Biografien und Erfahrungen im Spannungsverhältnis von Regierungshandeln und individuellen Akkulturationsprozessen. Transferiert wurden eben nicht nur Arbeitskräfte, politische Kader und Devisenbringer, sondern auch Erfahrungsschätze, erworbene Kenntnisse und Erlebnisse. Diese brachten der DDR das internationale Standing der Rapoports und ihre in den USA erworbenen Fähigkeiten in Forschung und Lehre ebenso ein wie die Literatur Galsan Tschinags oder die Balletschule Patricio Bunsters, ihrerseits gewissermaßen eine intellektuelle Remigration des modernen deutschen Tanztheaters der Zwischenkriegszeit.

Zugleich zeigen die vorliegenden Beiträge, wie sehr das Vorübergehende, Zeitweilige, oft Provisorische sowohl Einwanderung als auch Einwanderer prägte. Dies galt, wie erwähnt, für den allenfalls mittelfristigen Planungshorizont in den ostdeutschen Behörden und Parteiorganisationen, es traf aber auch auf die betroffenen Menschen selbst zu, die – darin den westdeutschen Gastarbeitern nicht unähnlich[43] – ihre baldige Rückkehr, ob freiwillig oder notgedrungen, im Regelfall deutlich vor Augen hatten.[44] Zudem motivierte Enttäuschung ob des Alltags im real existierenden Sozialismus vielfach Entscheidungen, das Glück außerhalb der Grenzen der DDR zu suchen – zumindest solange bzw. sofern dies eine Option darstellte. Ebenso wie viele Umsiedler in den Nachkriegsjahren weiter in die Westzonen zogen, nutzten auch andere Immigranten wie die Chilenen ihre Möglichkeiten, ins westliche Europa überzusiedeln.

Für viele polnische Bürger schließlich war die DDR ein Transitland im Wortsinne, durch das sie dank der vergleichsweise liberalen polnischen Ausreisebestimmungen in die Bundesrepublik reisen konnten. Allein 1981 wurden annähernd 1,3 Millionen Reisebewegungen gen Westen verzeichnet, von denen nicht wenige Menschen nach der Ausrufung des Kriegsrechts und der damit einhergehenden Grenzschließung vorübergehend in Berlin strandeten, manche dauerhaft.[45] »Polski Berlin« ist heute ein fester Bestandteil der Stadt,[46] nicht anders als die vietnamesischen Blumenhändler und Imbisse, deren Besitzer und Beschäftigte, teils frühere Vertragsarbeiter, teils ehemalige Boatpeople, von Nord- und Süd- zu Ost- und Westvietnamesen geworden sind. Hier hat der Transfer den Transit überdauert, hat sich fest institutionalisiert und am Ende den Politiken von Rotation und Rückkehrförderung ein Schnippchen geschlagen.

•

Das vorliegende Buch ist kein ganz alltäglicher Sammelband, sondern geht auf eine mehrsemestrige Seminarreihe an der Europa-Universität Viadrina in den Jahren 2009/10 zurück, die sich erst mit den langen Linien deutscher Migrationserfahrungen im 20. Jahrhundert, dann spezifisch mit der Einwanderung in die SBZ und DDR befasste. In diesem Rahmen haben die AutorInnen in zweijähriger Arbeit, mit großem Engagement und nicht enden wollendem Enthusiasmus eigene Forschungsprojekte entwickelt und bearbeitet sowie als Gruppe diskutiert und weiter entwickelt; zwei weitere Beitragende konnten dankenswerterweise dafür gewonnen werden, erste Ergebnisse aus ihren laufenden Dissertationsvorhaben beizusteuern. Die einzelnen Untersuchungen bedienen sich, in jeweils unterschiedlicher Auswahl und Intensität, des Methodenarsenals der Angewandten Geschichte[47], indem sie einen breiten, vielgestaltigen Quellenkorpus erschließen, der klassisches Archivmaterial ebenso wie ausführliche Zeitzeugeninterviews umfasst, Schriftliches und Bildliches miteinander verknüpfen und dabei die Narrativität der zeitgenössisch wie historiografisch konstruierten Geschichte/n stets mitzureflektieren suchen. Ebenso rücken die Räumlichkeit historischer Erfahrung – sei es in der Lausitzer Industrielandschaft oder in den Berliner Hochhaussiedlungen – und insbesondere die Grenzüberschreitung, zeitweilig als Transit, dauerhaft als Transfer, immer wieder in den Blickpunkt der Studien. Und nicht zuletzt dienten und dienen die im vorliegenden Band versammelten Studien auch der Geschichtsvermittlung – zunächst an die Beitragenden selber, nun einer breiteren Öffentlichkeit. Der Umstand, dass dieses Vorhaben von allen Beteiligten einen zeitlichen Aufwand über ECTS-Punkte und Deputate hinaus beansprucht hat, mag auch Wege zeigen, wie Angewandte Geschichte in der universitären Lehre funktionieren kann. Dass es funktioniert hat, verdankt sich der großartigen Mit- und Zusammenarbeit der AutorInnen, denen an erster Stelle für ein Unterfangen zu danken ist, das alle Mühen wert und dem Herausgeber ohne Abstriche eine Freude war.

Daran Anteil hatten durch ihre engagierte Mitarbeit und Diskussion auch Dörte Bortfeldt, Katherina Hesse, Andrea Wenzel und Oliver Witzkewitz. Dank geht ferner an das Institut für angewandte Geschichte, Frankfurt (Oder), das die Projektbearbeitung und Publikationsvorbereitung mit Rat und Tat begleitet und den Band zudem in die Almanach-Reihe aufgenommen hat. Felix Ackermann hat zum Sprung in die Fußnotenliteratur ermutigt, Ulrike Schulz sprachliche wie argumentative Unzulänglichkeiten der Einleitung aufgespürt und ausgebügelt, Marta Jałkiewicz wertvolle Einblicke in die polnische Emigration in die Bundesrepublik gegeben. Von Dagmara Jajeśniak-Quasts regionalgeschichtlicher Expertise haben wir sehr profitiert. Besonderer Dank gebührt Imke Hansen dafür, dass sie uns die Potenziale und Herausforderungen der Oral History so plastisch vermittelte, dass sie auch praktisch relevant wurden. Für die große Hilfe bei der Beschaffung des hier verwendeten Bild- und Filmmaterials sei schließlich Hai Bluhm, Corinna Daus, Martina Schellhorn und Berit Walter gedankt. Matthias Zimmermann und Robert Zagolla vom be.bra verlag sowie Helmut Silber von der Brandenburgischen Landeszentrale für politische Bildung haben das Buchvorhaben von Beginn an ermutigt, das Manuskript umsichtig lektoriert und die Drucklegung sehr vereinfacht. Diese wäre indes ohne die großzügige Unterstützung der Hans-Böckler-Stiftung nicht möglich gewesen, für die wir sehr dankbar sind, ebenso wie für die finanzielle Hilfe des AStA der Europa-Universität Viadrina.

Anmerkungen

1 Vgl.»Zum Zentralkomitee, bitte«. Chiles Präsidentin in Deutschland, in: FAZ v. 20.10.2006; Wie ein Potsdamer Plattenbau zum Zufluchtsort vor Pinochet wurde, in: Die Welt v. 22.1.2006.
2 Vgl. Michael Stolle, Faschistischer Imperialismus und sozialistische Pflichterfüllung. Zur Wahrnehmung der Pinochet-Diktatur in der DDR, in: Silke Satjukow/Rainer Gries (Hrsg.), Unsere Feinde. Konstruktionen des Anderen im Sozialismus, Leipzig 2004, S. 215–229, hier S. 222–226.
3 Vgl. Chilenische Präsidentin Michelle Bachelet:»Ich war in der DDR glücklich«, in: Die Zeit Nr. 33 v. 10.8.2006; Michelle Bachelet, Lateinamerika; http://www.daad.de/alumni/netzwerke/vip-galerie/lateinamerika/12780.de.html, letzter Zugriff: 23.10.2010.
4 Vgl. Damian Mac Con Uladh, Studium bei Freunden? Ausländische Studierende in der DDR bis 1970, in: Christian Th. Müller/Patrice Poutrus (Hrsg.), Ankunft – Alltag – Ausreise: Migration und interkulturelle Begegnung in der DDR-Gesellschaft, Köln/Weimar/Wien 2005, S. 175–220, hier S. 175.
5 Zitiert nach: Lerke von Saalfeld (Hrsg.), Ich habe eine fremde Sprache gewählt. Ausländische Schriftsteller schreiben deutsch, Gerlingen 1998, S. 93.
6 Vgl. Richard Hacken, Images of Migration and Change in the German-language Poetry of Galsan Tschinag, in: Tom Kilton/Ceres Birkhead (Hrsg.), Migrations in Society, Culture and the Library, Chicago 2005, S. 166–172.
7 Galsan Tschinag, Die Rückkehr. Roman meines Lebens, Frankfurt a. M. 2010, S. 11.
8 Vgl. aus rechtswissenschaftlicher Perspektive Tuan Duc Chu, Zur Rückübernahme von eigenen Staatsangehörigen. Dargestellt anhand der deutsch-vietnamesischen Zusammenarbeit (= Diss. HU Berlin, 2009).
9 Vgl. Frank Quilitzsch, Hanoi – Berlin – Nha Trang. Vietnamesische Lebenslinien, München 2002, Zitat S. 89.
10 Vgl. Norbert Cyrus, Wie vor Hundert Jahren? Zirkuläre Arbeitsmigration aus Polen in der Bundesrepublik Deutschland, in: Christoph Pallaske (Hrsg.), Die Migration von Polen nach Deutschland. Zu Geschichte und Gegenwart eines europäischen Migrationssystems, Baden-Baden 2001, S. 185–204.
11 Vgl. Im Dunkeln nie allein, in: Der Spiegel Nr. 1 v. 4.1.1993, S. 67–70.
12 Vgl. Michael Hubert, Deutschland im Wandel. Geschichte der deutschen Bevölkerung seit 1815, Stuttgart 1998, S. 324f.
13 Etwa: Ein Mädchen aus Santiago, in: Berliner Zeitung v. 24.1.2006.
14 Detlef Pollack, Die konstitutive Widersprüchlichkeit der DDR. Oder: War die DDR-Gesellschaft homogen?, in: Geschichte und Gesellschaft 24 (1998), S. 110–131, hier S. 129,

spricht von einer »in sich widersprüchliche[n]« Gesellschaft. Vgl. die Übernahme dieses Topos' bei Martin Sabrow, Die Diktatur des Paradoxons. Fragen an die Geschichte der DDR, in: Hans Gunter Hockerts/Elisabeth Müller-Luckner (Hrsg.), Koordinaten deutscher Geschichte in der Epoche des Ost-West-Konflikts, München 2004, S. 153–174, bes. S. 170.

15 Vgl. Michael Schwarz, Vertriebene und »Umsiedlerpolitik«. Integrationskonflikte in den deutschen Nachkriegs-Gesellschaften und die Assimilationsstrategien in der SBZ/DDR 1945–1961, München, 2004; Andreas Kossert, Kalte Heimat, Die Geschichte der deutschen Vertriebenen nach 1945, Bonn 2008, S. 193–228; für eine transnationale Einordnung jetzt Pertti Ahonen/Gustavo Corni/Jerzy Kochanowski u. a., People on the move. Forced population movements in Europe in the Second World War and its aftermath, Oxford u. a. 2008.

16 Vgl. Dennis Kuck, »Für den sozialistischen Aufbau ihrer Heimat«? Ausländische Vertragsarbeitskräfte in der DDR, in: Müller/Poutrus, Ankunft – Alltag – Abreise, S. 271–282, hier S. 272.

17 Vgl. im Überblick Ulrich Herbert, Geschichte der Ausländerpolitik in Deutschland. Saisonarbeiter, Zwangsarbeiter, Gastarbeiter, Flüchtlinge, München 2001 und Klaus J. Bade (Hrsg.), Deutsche im Ausland – Fremde in Deutschland. Migration in Geschichte und Gegenwart, München 1992.

18 Jan C. Behrends, Sowjetische »Freunde« und fremde »Russen«. Deutsch-Sowjetische Freundschaft zwischen Ideologie und Alltag (1949–1990), in: Jan C. Behrends/Thomas Lindenberger/Patrice Poutrus (Hrsg.), Fremde und Fremd-Sein in der DDR. Zu historischen Ursachen der Fremdfeindlichkeit in Ostdeutschland, Berlin 2003, S. 75–98, hier S. 78. Vgl. auch Jan C. Behrends, Die erfundene Freundschaft. Propaganda für die Sowjetunion in Polen und in der DDR, Köln/Weimar/Wien 2006.

19 Vgl. Christian Th. Müller, »O' Sowjetmensch!« Beziehungen von sowjetischen Streitkräften und DDR-Gesellschaft zwischen Ritual und Alltag, in: Müller/Poutrus, Ankunft – Alltag – Abreise, S. 17–134.

20 Behrends, Sowjetische »Freunde«, S. 86.

21 Christian Th. Müller/Patrice Poutrus, Einleitung, in: Müller/Poutrus, Ankunft – Alltag – Ausreise, S. 9–15, hier S. 12.

22 Eine vergleichende Analyse der einzelnen Verträge leistet der Artikel von Mirjam Schulz in diesem Band.

23 Vgl. dazu den Beitrag von Jessika Haack in diesem Band.

24 »Zum Zentralkomitee, bitte«. Chiles Präsidentin in Deutschland, in: FAZ v. 20.10.2006.

25 Alf Lüdtke, Eigensinn, in: Stefan Jordan (Hrsg.), Lexikon Geschichtswissenschaft. Hundert Grundbegriffe, Stuttgart 2002, S. 64–67, zur Anwendung auf die DDR siehe Thomas Lindenberger (Hrsg.), Herrschaft und Eigen-Sinn in der Diktatur. Studien zur Gesellschaftsgeschichte der DDR, Köln/Weimar/Wien 1999.

26 Vgl. allg. Hermann Wentker, Außenpolitik in engen Grenzen. Die DDR im internationalen System 1949–1989, München, 2007 sowie spezifisch zur wirtschaftlichen Integration Ralf Ahrens, Gegenseitige Wirtschaftshilfe? Die DDR im RGW. Strukturen und handelspolitische Strategien 1963–1976, Köln/Weimar/Wien 2000.

27 Zum Begriff Konrad H. Jarausch, Realer Sozialismus als Fürsorgediktatur. Zur begrifflichen Einordnung der DDR, in: Aus Politik und Zeitgeschichte B20 (1998), S. 33–46, kritisch u. a. Beatrix Bouvier, Die DDR – ein Sozialstaat? Sozialpolitik in der Ära Honecker, Bonn 2002, S. 337f.

28 Vgl. zuletzt das nachdrückliche Plädoyer gegen gängige Opfernarrative in der Migrationsforschung von Hedwig Richter/Ralf Richter, Der Opfer-Plot. Probleme und neue Felder der deutschen Arbeitsmigrationsforschung, in: Vierteljahrshefte für Zeitgeschichte 57 (2009), S. 61–97.

29 Dazu Jonathan R. Zatlin, »Polnische Wirtschaft« – »deutsche Ordnung«? Zum Umgang mit Polen in der DDR, in: Müller/Poutrus, Ankunft – Alltag – Abreise, S. 295–325.

30 Zur Untersuchung verschiedener Rechtsverstöße durch Ausländer und ihrer Strafverfolgung vgl. die Ausführungen Jürgen Menses in seinem Beitrag zu diesem Band.

31 Vgl. die Artikel von Laura Amelie Haber und Regine Otto im vorliegenden Band.
32 Vgl. Jan C. Behrends, Die Gesellschaft für Deutsch-Sowjetische Freundschaft, in: Wolfgang Benz (Hrsg.), Deutschland unter alliierter Besatzungsherrschaft 1945–1949/55. Ein Handbuch, Berlin 1999, S. 266f.
33 Zum Beispiel der sogenannten *Madgermanes* in Mosambik vgl. Katharina Jagemann, Biographien mosambikanischer Vertragsarbeitnehmer im Spannungsfeld individueller Lebensentwürfe und politischer Geschichte, in: Teresa Pinheiro (Hrsg.), Portugiesische Migrationen. Geschichte, Repräsentation und Erinnerungskulturen, Wiesbaden 2010, S. 197–212; Johannes Beck, Frustrierende Rückkehr, in: Mosambik-Rundbrief Nr. 78 (2009), S. 26ff.; vgl. auch den autobiografischen Bericht von Lucia Engombe, Kind Nr. 95. Meine deutsch-afrikanische Odyssee, Berlin 2004, die zu jenen namibischen Kindern zählte, die in den späten 1970er Jahren zur Ausbildung in die DDR gebracht und 1990 nach mehr als einem Jahrzehnt zurückgeschickt wurden. Dazu zuletzt Nadine Ahr, Die Ossis aus Namibia, in: Die Zeit Nr. 45 v. 4.11.2010.
34 Vgl. Harald Kleinschmidt, Menschen in Bewegung. Inhalte und Ziele historischer Migrationsforschung, Göttingen, 2002, S. 17f.
35 Vgl. Herbert, Geschichte, S. 185, 197, 225; Klaus J. Bade, Versäumte Integrationschancen und nachholende Integrationspolitik, in: Aus Politik und Zeitgeschichte 22–23 (2007), S. 32–38; Sonja Haug, Kettenmigration am Beispiel italienischer Arbeitsmigranten in Deutschland 1955–2000, in: Archiv für Sozialgeschichte 42 (2002) S. 123–143; Gaby Straßburger, Türkische Migrantenkolonien in Deutschland und Frankreich: Kommunale Fallstudien zum Einfluss der Aufnahmegesellschaft auf die Netzwerke der Migranten, in: Ebd., S. 173–189.
36 Vgl. Kossert, Kalte Heimat, S. 193–228; Michael Schwarz, Vertriebene als Fremde. Integrationsprobleme deutscher Zwangsmigranten in der SBZ/DDR, in: Müller/Poutrus, Ankunft – Alltag – Ausreise, S. 135–173; Heike von Hoorn, Zwischen allen Stühlen. Die schwierige Stellung sudetendeutscher Antifa-Umsiedler in den ersten Jahren der SBZ/DDR, in: Behrends/Lindenberger/Poutrus, Fremde und Fremd-Sein, S. 159–178; Georg Diederich, Geistige Heimat Kirche: Zur Situation der Flüchtlinge und Vertriebenen in Mecklenburg-Vorpommern nach dem Zweiten Weltkrieg, in: Nikolaus Werz/Reinhard Nuthmann, Abwanderung und Migration in Mecklenburg und Vorpommern, Wiesbaden 2004, S. 91–112.
37 Weit zurückhaltender scheint die DDR indes mit Blick auf die sogenannten Russlanddeutschen vorgegangen zu sein. Vgl. Nicole Hirschler-Horáková, Deutsche aus der Sowjetunion in der Bundesrepublik und der DDR. Aspekte des Vertretungsanspruches in den 1950er Jahren, in: Behrends/Lindenberger/Poutrus, Fremde und Fremd-Sein, S. 141–159.
38 Zur abgrenzenden und integrationsstiftenden Funktion des Einheits-Kampfbegriffs vgl. Christoph Classen, Feindbild Faschismus. Zum Doppelcharakter einer Gegnerkategorie in der frühen DDR, in: Satjukow/Gries, Unsere Feinde, S. 127–148.
39 Hermann Arnhold (Hrsg.), Orte der Sehnsucht. Mit Künstlern auf Reisen, Regensburg 2008.
40 Dass diese ideologisch imprägnierten Floskeln auch in die Bildsprache hineinreichten, dokumentieren die in diesem Band verwendeten Agenturbilder des Allgemeinen Deutschen Nachrichtendienstes. Diese werden daher im Folgenden stets zusammen mit den offiziellen Pressetexten abgedruckt.
41 Einflussreich war v. a. das Diskussionspapier von Patrice G. Poutrus/Jan C. Behrends/Dennis Kuck, Historische Ursachen der Fremdenfeindlichkeit in den neuen Bundesländern, in: Aus Politik und Zeitgeschichte B 39/2000, S. 15–21. Vgl. auch die Weiterentwicklung bei Jan C. Behrends/Patrice G. Poutrus, Xenophobia in the Former GDR – explorations and explanation from a historical perspective, in: Wojciech Józef Burszta (Hrsg.), Nationalisms Across the Globe. An Overview of Nationalisms in State-Endowed and Stateless Nations, Bd. 1: Europe, Poznan 2005, S. 155–170.

42 Vgl. Müller, »O' Sowjetmensch!«; Oliver von Wrochem, Die sowjetischen »Besatzer«. Konstruktionen des Fremden in der lebensgeschichtlichen Erinnerung, in: Behrens/Lindenberger/Poutrus, Fremde und Fremdsein, S. 57–74; Jan C. Behrends, Sowjetische »Freunde« und fremde »Russen«. Deutsch-Sowjetische Freundschaft zwischen Ideologie und Alltag (1949–1990), in: Ebd., S. 75–98; Silke Satjukow, Besatzer. »Die Russen« in Deutschland 1945–1994, Göttingen 2008; Silke Satjukow, »Die Russen« in Deutschland, Erfurt 2009.

43 Vgl. Karin Hunn, »Nächstes Jahr kehren wir zurück …«. Die Geschichte der türkischen »Gastarbeiter« in der Bundesrepublik, Göttingen 2005.

44 Die Rückkehrerfahrungen von Auswanderern werden in diesem Band – mit Ausnahme der Beiträge von Regine Otto und Aurélie Denoyer – ebenfalls aus Gründen der Quellenzugänglichkeit weitgehend ausgespart.

45 Vgl. Dariusz Stola, Das kommunistische Polen als Auswanderungsland, in: Zeithistorische Forschungen 2 (2005), S. 345–365; Christoph Pallaske, Die Migration aus Polen in die Bundesrepublik Deutschland in den 1980er und 1990er Jahren, in: Christoph Pallaske, Migration, S. 123–140; Andrzej Stach, Auswanderer und Rückkehrer, Patrioten und Verräter, in: Inter Finitimos 6 (2008), S. 29–49, hier S. 38. Norbert Cyrus, Polnische Illegale in Berlin seit den 1980er Jahren, in: Klaus Bade/Pieter C. Emmer/Jochen Oltmer (Hrsg.), Enzyklopädie Migration in Europa. Vom 17. Jahrhundert bis zur Gegenwart. Paderborn, 2007, S. 867–870. Für eine lebensgeschichtliche Analyse vgl. Marta Jałkiewicz, Migranten aus Polen in Berlin. Migrationsbewegungen und Transnationalisierungsprozesse zwischen Polen und Deutschland in den 1980er und 1990er Jahren (= unveröffentlichte Masterarbeit Frankfurt (Oder) 2009).

46 Vgl. den Begleitband zur gleichnamigen Ausstellung: Robert Traba (Hrsg.), My, berlińczycy!/Wir Berliner! Geschichte einer deutsch-polnischen Nachbarschaft, Leipzig 2009.

47 Dazu jetzt Juliane Tomann/Jacqueline Nießer/Anna Littke/Jakob Ackermann/Felix Ackermann, Diskussion Angewandte Geschichte: Ein neuer Ansatz?, Version: 1.0, in: Docupedia-Zeitgeschichte, 15.2.2011; http://docupedia.de/zg/Diskussion_Angewandte_Geschichte? oldid=76782, letzter Zugriff: 12.5.2011.

I. Einwanderereliten? Politische Migration in die DDR

Eine neue Heimat?
Zur Aufnahme und Integration der Umsiedler im heutigen Eisenhüttenstadt

Alexander Goller

Von den ca. zwölf Millionen deutschen Vertriebenen und Flüchtlingen, die am Ende des Zweiten Weltkriegs heimatlos geworden waren, befanden sich 1945 etwa vier Millionen auf dem Gebiet der späteren DDR. Die Situation dieser vier Millionen Umsiedler zunächst in der Sowjetischen Besatzungszone (SBZ), dann in der DDR wird im Folgenden am Sonderfall der »ersten sozialistischen Stadt auf deutschem Boden«, so das propagandistische Etikett des heutigen Eisenhüttenstadt, betrachtet. Dabei werden die integrationspolitischen Maßnahmen[1] der Sozialistischen Einheitspartei Deutschlands (SED) und der Sowjetischen Militäradministration in Deutschland (SMAD) untersucht, und auf die Situation der Umsiedler in Fürstenberg (Oder), im Eisenhüttenkombinat Ost (EKO) und in der dazu entstehenden Wohnstadt (1953–1961: Stalinstadt; seit 1961: Eisenhüttenstadt) übertragen.

Eisenhüttenstadt stellt insofern einen Sonderfall dar, als auf Beschluss des dritten Parteitages der SED im Juli 1950 in der Nähe der Oderstadt Fürstenberg ein Eisen- und Stahlwerk mit zugehöriger Wohnstadt nach sozialistischen Grundsätzen entstehen sollte.[2] Im ersten Fünfjahresplan (1950–1955) wollte sich die DDR zum einen eine breite metallurgische Basis schaffen und die Industrieproduktion im Vergleich zum Vorkriegsstand verdoppeln,[3] zum anderen sollte die »Disproportion [...] zwischen metallerzeugender und metallverarbeitender Industrie«[4] beseitigt werden. Aufgrund dieser Ausrichtung wurde die EKO-Baustelle zum wirtschaftlichen Schwerpunktgebiet der jungen DDR ernannt.

Michael Schwartz hat darauf hingewiesen, dass die »arbeitsgesellschaftlichen Integrationsprozesse in traditionellen oder neugeschaffenen ›melting pots‹ nicht verallgemeinert werden«[5] dürften. Dagmar Semmelmann, die Eisenhüttenstadt aus lebensgeschichtlicher Perspektive untersucht hat, erkennt aber gerade in einem strukturell unbelasteten Ort, an dem »realsozialistische Verhältnisse ›objektiviert‹ wurden«[6], gleichsam laborähnliche Zustände zur Erforschung der sozialistischen Gesellschaft und ihrer Menschen.

Der Betrachtungszeitraum der vorliegenden Studie wird auf die Jahre 1945 bis 1953 beschränkt. Dabei kann für die erste Phase von 1945 bis 1950, also vor Beginn der Bauarbeiten für das EKO, auf die Bestände des Stadtarchivs Eisenhüttenstadt zur Stadt Fürstenberg (Oder) zurückgegriffen werden, für die Zeit von 1950 bis 1953 bildet v. a. das Unternehmensarchiv der EKO Stahl GmbH die archivalische Grundlage. Das Ende des Untersuchungszeitraums wird durch ein gravierendes Quellenproblem nahegelegt: Seit Anfang der 1950er Jahre wurde die gruppenspezifische Umsiedler-Politik sukzessive zurückgefahren, bis die SED 1953 die Integration der Umsiedler für abgeschlossen erklärte. Die Gruppe der Umsiedler verschwand hierauf aus allen offiziellen DDR-Statistiken[7] und somit bis auf wenige Ausnahmen auch aus den Unterlagen des EKO. Mit dem Ende der spezifischen Umsiedler-Politik sollte auch der Begriff des »Umsiedlers« in der DDR ad acta gelegt werden. Offiziell sprach man ab 1953, wenn überhaupt, allenfalls noch von »ehemaligen Umsiedlern«[8].

Vor diesem Hintergrund soll zuerst die Begriffsbildung in den beiden deutschen Nachkriegsstaaten, respektive den alliierten Besatzungszonen untersucht werden. Danach wird auf die besondere Lage Fürstenbergs (Oder) an der »Oder-Neiße-Friedensgrenze« und damit zusammenhängend auf die wirtschaftlichen, strukturellen und politischen Faktoren, die für die Standortwahl entscheidungsleitend waren, eingegangen. In einem zweiten Schritt werden die Integrationsleistungen der SBZ/DDR diskutiert und, wo möglich und nötig, mit jenen der westlichen Besatzungszonen bzw. der Bundesrepublik verglichen. Die für die SBZ/DDR festgestellten Entwicklungen werden dann am Beispiel der Integration der Umsiedler ins EKO und der dazugehörigen sozialistischen Stadt untersucht.

Geteilte Begriffsbildung

Sowohl in den westlichen als auch in der Sowjetischen Besatzungszone wurden für die aus den ehemaligen deutschen Ostgebieten Ankommenden spezielle Begriffe mit unterschiedlichen Konnotationen geschaffen. So durften in der SBZ bereits ab September 1945 die Neuankömmlinge nicht mehr »Flüchtlinge« genannt werden; die im selben Monat gegründete Zentralverwaltung für deutsche Umsiedler (ZVU) gebot in ihrem ersten Rundschreiben, »daß fortan in unserem Sprachgebrauch nur die Rede von Umsiedlern ist. Die Bezeichnung Flüchtlinge oder Ausgewiesene ist nicht mehr zu gebrauchen«[9], denn der Begriff »Flüchtlinge« beinhaltete, ebenso wie »Evakuierte«, vorläufiges, umkehrbares Geschehen. Der zwar nicht neu geschaffene, aber in dieser spezifischen Bedeutung neue Begriff »Umsiedler«[10] stellte einen Euphemismus dar, der zwar einerseits die Endgültigkeit der »Umsiedlung« implizierte, andererseits jedoch das Vertreibungsgeschehen an sich verharmloste und beschönigte. Dies geschah aus mehreren Gründen: Erstens strebten sowohl die sowjetische Besatzungsmacht als auch die KPD eine schnellstmögliche Integration der »Umsiedler« an, zweitens sollte die in Absatz XIII des Potsdamer Abkommens geplante »[o]rdnungsgemäße Überführung deutscher Bevölkerungsteile«[11] auch in der Sprache ihren Niederschlag finden. Denn die Wirklichkeit verändert zwar die Sprache, »umgekehrt kann aber auch die Realität mittels Sprache verändert werden bzw. gezielt uminterpretiert werden. [...] Es gibt sprachliche Möglichkeiten, die Wirklichkeit auf eine Bedeutung festzulegen und andere in ihr angelegte Bedeutungen zu verschweigen, zu bestreiten, zu beschönigen.«[12]

Die im Westen gepflegte Terminologie gestaltete sich jedoch ebenfalls nicht vollkommen unproblematisch. Der Begriff des »Umsiedlers« wurde mit Verweis auf die implizite Freiwilligkeit des »Umsiedelns« nicht gebraucht, stattdessen stellte die

SED-Wahlplakat: »Die SED hilft Euch eine neue Heimat schaffen« (1946).

Kombination aus »Heimatvertriebenen und Flüchtlingen« gerade die Unfreiwillig-keit bzw. den Zwang zur Emigration in den Vordergrund.[13] Während in der SBZ/DDR versucht wurde, negative Konnotationen durch die gewählten Begriffe zu ver-meiden, so beinhaltete der von den westlichen Besatzungsmächten und der BRD verwendete Begriff des »Vertriebenen« häufig eine dezidiert moralische Anklage so-wie einen politischen Standpunkt, artikulierte er doch eine Rechtsauffassung, »der-zufolge die Vertriebenen Heimatrecht und Anspruch auf Entschädigung durch die Vertreiberstaaten besaßen«[14]. In beiden deutschen Nachkriegsstaaten fanden die Be-griffe entsprechenden Niederschlag in der Rechtssprache, so beispielsweise in der DDR im »Gesetz zur weiteren Verbesserung der Lage der ehemaligen Umsiedler in der Deutschen Demokratischen Republik« vom 8. September 1950;[15] analog dazu sind die Begriffsbestimmungen zu »Vertriebenen« in § 11 des Lastenausgleichsge-setzes für die BRD zu nennen.[16]

Auch die historische Forschung hat sich lange Zeit mit Begriffsübernahme und -bildung schwergetan. Einen Mittelweg, der die Passivität des Vorgangs herausstellen soll, schlagen Alexander von Plato und Wolfgang Meinicke mit der Bezeichnung der »Umgesiedelten« vor.[17] Teilweise findet sich eine Unterscheidung zwischen den Be-griffen »Flüchtlinge« einerseits und »Vertriebene«, »Umsiedler«, »Ausgesiedelte« bzw.

»Umgesiedelte« andererseits, um die aktiv vor der Roten Armee geflohenen und die später aus den Gebieten vertriebenen bzw. umgesiedelten Menschen zu unterscheiden.[18]

Grenzziehungen: Die besondere Lage Fürstenbergs
Anerkennung der Oder-Neiße-Grenze

Insgesamt kamen ab 1945 rund zwölf Millionen Menschen in das verkleinerte Nachkriegsdeutschland; davon befanden sich 1950 8,1 Millionen auf dem Gebiet der Bundesrepublik und 4,1 Millionen in der DDR.[19] Besonders in der Nähe der Oder hielten sich in den ersten Nachkriegsjahren viele Flüchtlinge auf, da sie auf eine baldige Rückkehr in ihre – noch nicht verloren geglaubte – Heimat hofften.[20] Die SED und die SMAD machten jedoch früh klar, dass die Oder-Neiße-Grenze nicht zur Diskussion stand. So gab das Amt für deutsche Umsiedler bei der Provinzialverwaltung der Mark Brandenburg in einem »Aufruf zu den Aufgaben der Umsiedler-Ausschüsse« schon 1946 bekannt: »Die ehemaligen Umsiedler müssen in ihren jetzigen Wohnorten eine neue Heimat finden.«[21] Auch die hier schon verwendete Formulierung »ehemalige Umsiedler« ließ keinen Zweifel an dem endgültigen Charakter der Umsiedlungsmaßnahmen.

In Fürstenberg (Oder) waren 1948 von 9.100 Einwohnern ca. 3.000 Umsiedler;[22] nach Angaben des Wohnungsamtes Fürstenberg war die Stadt Anfang 1949 »mit 36% Umsiedler [sic!] belegt […], […] die umliegenden Ortschaften mit 10%«[23]. Wenn man davon ausgeht, dass ca. 25 Prozent der Bevölkerung in der DDR Umsiedler waren, hielten sich in Fürstenberg – wie wahrscheinlich vielerorts entlang der neuen deutschen Ostgrenze – überproportional viele Umsiedler auf.

Die schnellstmögliche Integration – und dies bedeutete meist nichts anderes als Assimilation – der Umsiedler in die Gesellschaft der SBZ/DDR war nicht nur eine sozialpolitische bzw. innenpolitische Maßnahme der SED/SMAD, sondern auch außenpolitisch relevant. Die Sowjetunion und die von ihr abhängigen Staaten hatten in den Warschauer Beschlüssen am 24. Juni 1948 die Oder-Neiße-Grenze als polnische Westgrenze anerkannt, obwohl die endgültige Grenzregelung zwischen Deutschland und Polen laut dem Potsdamer Abkommen bis zur Festlegung durch eine Friedenskonferenz formell noch offen blieb – letztlich bis zum Zwei-plus-Vier-Vertrag des Jahres 1990.

Für die wirtschaftliche und politische Einbindung der DDR in das östliche Bündnissystem war die Anerkennung dieser Grenze unabdingbar.[24] Dementsprechend stellte Otto Grotewohl im Juli 1949 fest: »Wo wollen wir denn Kohle und Stahl herbekommen, wenn wir in dieser Linie nicht einen klaren Standpunkt einnehmen? Das ist doch die Voraussetzung für die Belieferung mit Kohle, Stahl, Lebensmitteln usw. aus Polen.«[25] Die Grenzanerkennung durch das Görlitzer Abkommen 1950 stellte zwar eine schwere Zumutung für die Umsiedler dar,[26] sie war aber »der Preis, den die DDR zahlen muß[te], um offiziell in den Kreis der Ostblockstaaten aufgenommen zu werden«[27].

Die SED betrachtete die Oder-Neiße-Grenze als irreversible Folge der national-sozialistischen Politik und sah ihre Aufgabe hinsichtlich der Umsiedler darin,»ihre geographische Heimat durch eine politische Heimat zu ersetzen [...]. ›Heimat‹ war für die SED ein politisches Projekt.«[28] Auch in der Geschichtswissenschaft der DDR wurde die Auseinandersetzung unter und mit Umsiedlern über die Oder-Neiße-Grenze als zentrales Problem ihrer Integration gesehen.[29]

Jochen Cerny berichtet für die EKO-Baustelle, dass es mit der Markierung der Oder-Neiße-Grenze zu ersten Konfrontationen der DDR-Behörden mit Umsiedlern gekommen[30] und viele außerstande gewesen seien,»im Aufbau des EKO und seiner Wohnstadt ihre Zukunft zu erkennen, zumal sie immer noch dem Gedanken einer baldigen Rückkehr in ihre Gehöfte und Werkstätten nachhingen. Gerade dieser Gedanke hatte sie hier zurückgehalten, wo viele – von der Dieloher Höhe aus – hinter der Oder ihre Heimatorte sehen konnten.«[31] Für Fürstenberg sind zwar keine offenen Auseinandersetzungen über die neue Grenzziehung überliefert, jedoch dürften sich hier viele Umsiedler aus den direkt östlich der Oder gelegenen Dörfern aufgehalten haben.[32] In diesen Kontext ist auch eine Notiz des Landratsamtes Guben an den Bürgermeister zur Bekanntmachung einzuordnen:

> *»Es häufen sich die Fälle, daß Flüchtlinge immer wieder versuchen, des Nachts über die Neiße bzw. über die Oder zu kommen[,] um in ihre Wohnungen zu gelangen oder um Sachen zu holen.*
>
> *Das ist strengstens verboten.*
>
> *Ich gebe hiermit bekannt, daß die deutsche Polizei angewiesen ist, unnachsichtlich auf jede Person, die versucht schwarz über die Grenze zu kommen zu schießen.*
>
> *Es wird gebeten, diese Verordnung ortsüblich, insbesonderheit [sic!] den Flüchtlingen bekannt zu geben.«*[33]

Insgesamt unterlag die Grenze scharfen militärischen Sicherheitsmaßnahmen und der Wanderungsbeschränkung für die Grenzbevölkerung und diente somit der Absperrung und Abschottung.[34] Derweil wurden Forderungen der Umsiedler nach einer Revision der Oder-Neiße-Grenze kriminalisiert und als westlich-revisionistische Propaganda ausgelegt, wobei die öffentliche Diskussionen über die Grenze und die erhoffte Rückkehr in die Heimat so lange von der Regierung unterbunden wurde, »bis sie tatsächlich von der politischen Agenda der Bevölkerung verschwanden oder durch neue Probleme überlagert wurden«[35].

Standortentscheidung für das EKO

Zu den neuen Herausforderungen nach 1945 zählte insbesondere die Strukturpolitik für die neu geschaffene Grenzregion. Bei der Entscheidung, wo der Schwerpunktbetrieb des ersten Fünfjahresplanes angesiedelt werden sollte, spielten strukturelle, wirtschaftliche und politische Faktoren eine Rolle.[36] Es wurden sechs verschiedene Standorte für den Aufbau einer metallurgischen Basis in Betracht gezogen;[37] letztlich dürfte eine Kombination bzw. eine gegenseitige Bedingung von drei Faktoren den Ausschlag für die letztendliche Auswahl gegeben haben.[38]

Erstens war Brandenburg im Vergleich zum restlichen Gebiet der SBZ industriell eher rückständig und wies durch eine ausgeprägte Klein- und Mittelindustrie eine *decentralized industrial order*[39] auf. Die geringe industrielle Entwicklung auszugleichen, wurde ein primäres Ziel der Planwirtschaft der DDR, und durch den Aufbau eines industriellen Großunternehmens wurde das dezentralisierte Industrialisierungsmuster zurückgedrängt.[40] Des Weiteren wurde versucht, das starke Stadt-Land-Gefälle der Industriestruktur auszugleichen, denn der EKO-Standort befand sich in einer doppelt peripheren Lage – zu Berlin und zu gewerblichen Entwicklungszentren allgemein, wie beispielsweise Sachsen.[41] Eine andere strukturell wichtige Folge der Standortentscheidung war, »daß die an den Rand des deutschen Staatsgebiets gerückten Teile der früheren Provinz Mark Brandenburg die durch die Gebietsverluste eingetretenen Standortnachteile weitgehend kompensieren konnten«[42], darin der westdeutschen »Zonenrandgebietförderung« nicht unähnlich.

Zweitens konnte Fürstenberg auf eine gute Verkehrs- und Versorgungsinfrastruktur zurückgreifen, was nicht zuletzt der im Nationalsozialismus aufgebauten Rüstungsproduktion geschuldet war.[43] Darüber hinaus »waren folgende Gesichtspunkte maßgebend: Der wesentliche Anteil der Rohstoffe kommt aus dem Osten bzw. Südosten. […] Der zur Verhüttung erforderliche Kalkstein wird von Rüdersdorf (bei Berlin) herangeführt. […] Auf Grund dieser Gesichtspunkte wurde das Werk so platziert, dass möglichst kurze und billige Frachtwege zu Lande und zu Wasser für den Antransport der Rohstoffe und den Abtransport der Fertigprodukte entstehen.«[44]

Drittens besaß das EKO eine sowohl nach Westen wie auch nach Osten gerichtete politische Bedeutung: Gegenüber der Bundesrepublik sollte die Überlegenheit des eigenen politischen und wirtschaftlichen Systems demonstriert werden,[45] zugleich würde die Standortwahl – so weit wie möglich von der innerdeutschen Grenze entfernt – das Werk im Konfliktfall auch »vor dem Zugriff des ›Klassenfeindes‹«[46] schützen. Nach Osten stellte das EKO direkt an der »Oder-Neiße-Friedensgrenze« eine »politische Dokumentation des Friedenswillens des deutschen Volkes gegenüber seinen Nachbarstaaten«[47] dar. Dieser symbolische Wert sollte wiederum in Abgrenzung zur BRD und den Westmächten demonstriert werden.

Integrationsleistungen

Der Großteil der Vertriebenen war in allen vier Besatzungszonen fast durchweg in strukturschwachen, agrarisch geprägten Gegenden angesiedelt worden. Viele Städte waren zerstört, es herrschte Zuzugssperre,[48] und die Versorgungslage mit Wohnraum und Lebensmitteln war auf dem Land erheblich besser.[49] Damit wurde jedoch »ausgerechnet den am wenigsten innovationsfreundlichen Sozialmilieus – den dörflichen und kleinstädtischen Lebenswelten – die größte Integrationsleistung abverlangt«[50]. Zusätzlich zu den Abschließungstendenzen der ländlichen Bevölkerung erschwerten vielerorts konfessionelle Unterschiede die Integration der Umsiedler; die ankommenden Flüchtlinge waren zu großen Teilen katholisch, die alteingesessene Bevölkerung hingegen fast ausschließlich evangelisch.[51] Für Eisenhüttenstadt sind jedoch keine konfessionellen Konflikte bekannt. Da Religion im Gesellschaftsbild der SED keinen Platz hatte, wurde in der sozialistische Musterstadt Eisenhüttenstadt ohnehin keine Kirche errichtet[52] und auch sonst wurde der Religion wenig öffentlicher Raum gewährt.

Die soziale Gleichstellung der infolge von Kriegsschäden und Vertreibung benachteiligten Bevölkerung geschah durch sozial-karitative und redistributive Maßnahmen. Umverteilungsobjektiven zeigten sich sehr deutlich im Zuge der Bodenreform in der SBZ und bei der Verteilung von Wohnraum:»In beiden deutschen Staaten mußte man den Einheimischen wegnehmen, um den Vertriebenen zu geben.«[53] Für die EKO-Wohnstadt sind jedoch die redistributiven Maßnahmen eher zu vernachlässigen, da durch die Schaffung von Wohnraum bzw. Arbeitsplätzen keine nennenswerte Umverteilung notwendig bzw. möglich war. Die »Vorzeigeprojekte« zur Integration der Vertriebenen in beiden deutschen Staaten, der Lastenausgleich in der BRD und die Bodenreform in der DDR, basierten zwar auf der Umverteilung von Privatbesitz und hatten eine Wohlstandsgesellschaft westlichen Zuschnitts bzw. eine homogene »Arbeiter- und Bauernklasse«[54] zum Ziel, daneben existierten in der SBZ/DDR aber auch sozial-karitative Maßnahmen: beispielsweise Kredite, die einem Teil der Vertriebenen durch das Gesetz zur weiteren Verbesserung der Lage der ehemaligen Umsiedler (Umsiedlergesetz) gewährt wurden und anstatt der Hilfe durch Umverteilung die Selbsthilfe der Umsiedler zum Ziel hatten.[55] Die sozialpolitisch-integrativen Maßnahmen der SED waren aber nur von kurzer Dauer: Als 1953 im Zuge des Umsiedlergesetzes die letzten Kredite gezahlt worden waren, »war nach Meinung der Regierung der DDR alles für die Vertriebenen getan«[56]. Zur gleichen Zeit also, als man in der DDR die Integration der Umsiedler bereits endgültig für abgeschlossen erklärte, war in der Bundesrepublik soeben der Lastenausgleich auf den Weg gebracht worden. Während also in der DDR das »Umsiedlerproblem« als gelöst galt und man die öffentliche Auseinandersetzung darüber untersagte, wurde in der BRD die politisch vertagte Frage der Vertriebenen durch ökonomische Erfolgsgeschichten wie den Lastenausgleich und das »Wirtschaftswunder« überlagert.[57] Somit lässt sich der von Lüttinger für die BRD festgestellte »Mythos der schnellen Integration«[58] auf beide deutschen Nachkriegssysteme übertragen. Die endgültige Aufgabe des Wunsches, in die alte Heimat zurückzukehren, und die »Anerkennung« der Grenze fanden in den zwei deutschen Staaten schließlich erst über den Generationswechsel innerhalb der Vertriebenengruppen statt.

Letztlich gab es mehrere Gründe, die dazu führten, dass in der SBZ/DDR die Integration der Umsiedler zügig für beendet erklärt wurde. Erstens waren eine langfristige Sondergesetzgebung nach westdeutschem Vorbild und die damit einhergehende Sonderstellung der Gruppe der Umsiedler im sozialistischen »Arbeiter- und Bauernstaat« nicht systemkonform: »Marxistisches Denken sah sich gezwungen, Vertriebene zu […] ›Proletariern‹ zu definieren, um ihnen ideologiekonform helfen zu können.«[59] Darüber hinaus war es den Umsiedlern durch mangelnde Partizipationsmöglichkeiten in der DDR – im Gegensatz zur BRD – nicht möglich, Umverteilungskompromisse auszuhandeln, die den Einheimischen zumindest zeitweilig Zugeständnisse abverlangt hätten.[60]

Zweitens war eine vertriebenenspezifische Sozialpolitik auf Dauer in der DDR nicht finanzierbar,[61] und eine weitreichende Umverteilungspolitik hätte die Konflikte zwischen der alteingesessenen Bevölkerung und den »Neubürgern« potenziell weiter verschärft.[62] Schließlich standen die Umsiedler außenpolitischen Zielen, v. a. der politischen und wirtschaftlichen Eingliederung in den Ostblock, die an der Anerkennung des Status quo hing, im Wege. Die frühe Anerkennung der Oder-Neiße-Grenze wird teilweise aber auch als Integrationshilfe, besonders im Vergleich zur Bundesrepublik, gesehen, grade weil damit »die ›staatlichen‹ Stellen früh die Nachkriegsgrenzen als endgültig akzeptierten und keine Rückkehrillusionen schürten«[63]. Die Anerkennung der Grenze sollte also die »innere Integration der DDR-Gesellschaft vorantreiben«[64]. Die Rückkehrversprechen und die Nichtanerkennung der neuen deutsch-polnischen Grenze durch Bonn galten als »Volksbetrug« und »Kriegstreiberei«, wobei der Ostberliner Lesart zufolge nicht zuletzt die Umsiedler in der SBZ, die die Grenze nicht akzeptierten, unter dem Einfluss westdeutscher Hetze standen.[65]

Für die unmittelbare, kurzfristige Unterstützung der Umsiedler scheinen aber andere Kriterien ausschlaggebend gewesen zu sein. Hier sind für eine erfolgreiche und dauerhafte Ansiedlung der Umsiedler in der SBZ/DDR vier Faktoren zu nennen: Wohnraum, Arbeit und Versorgung[66] sowie die vollständige Gleichstellung der Umsiedler mit dem »gesellschaftlichem Status der einheimischen Bevölkerung«[67].

Wohnraumbeschaffung

Die Versorgung der Umsiedler mit Wohnraum erfolgte größtenteils über Umverteilung der vorhandenen und intakten Wohnungen, da für Neubauten gerade in den ersten Jahren nicht genügend Baustoffe zur Verfügung standen. Doch auch wenn das Material vorhanden war und neuer Wohnraum errichtet werden konnte, kam dieser meist nicht den Vertriebenen, sondern der alteingesessenen Bevölkerung zugute.[68] Mindestens ebenso schwierig gestaltete sich vielerorts die Umverteilung der vorhandenen Wohnungen, denn »[w]o wenig ist, fällt das Teilen doppelt schwer«[69]. Im Jahr 1947 beanstandete nicht nur die SMAD, dass der den Umsiedlern zugestandene Wohnraum nicht den Verteilungsmöglichkeiten entspreche,[70] auch die ZVU übte Kritik, nachdem eine Studie zur Unterbringung der Umsiedler behauptet hatte, dass fast 85 Prozent der Umsiedler in festen Wohnungen, ca. 15 Prozent in Notwohnungen und nur noch 0,6 Prozent in Massenquartieren lebten:[71] »Man hat es verstanden, ›aus nichts etwas zu machen‹. Tausende von Umsiedlern wohnen in Bodenkammern, Kellerlöchern, Waschküchen oder Stallgebäuden, die nie Wohnungen waren und auch niemals als Wohnungen bezeichnet werden dürfen.«[72]

Für Schönfließ, heute ein Ortsteil von Eisenhüttenstadt, ist für 1946 ersichtlich, dass alle dort ansässigen 113 Umsiedlerfamilien über eine feste Wohnung verfügten und keine Umsiedler in Not- bzw. Behelfswohnungen oder durch einen Mangel an Wohnraum in Massenquartieren untergebracht waren.[73] Dies sagt natürlich wenig über die oben beanstandete Qualität der Unterbringung aus, denn diese sei »auf dem Lande erfahrungsgemäß […] qualitativ am primitivsten«[74] gewesen. Die Pro-Kopf-Wohnfläche für Vertriebene in der gesamten SBZ war zwar zwischen 1947 und 1949 von 2,5 auf 4,7 Quadratmeter erhöht und damit fast verdoppelt worden;[75] die Diskrepanz zwischen der zur Verfügung stehenden Wohnfläche für Alteingesessene und der für Umsiedler war jedoch in Brandenburg besonders groß.[76] Für das Jahr 1948 betrug der Wohnraum im Stadtgebiet Fürstenberg acht bis zwölf Quadratmeter pro Kopf.[77] Zwar liegen keine genauen Zahlen vor, wie groß die jeweilige Wohnfläche für die einzelnen Gruppen war, jedoch beantragte die Wohnungskommission Fürstenberg (Oder) im November 1946 eine Festsetzung der Norm pro Person auf sechs Quadratmeter, »um die herrschende Wohnraumnot zu lindern und vor allen Dingen auch den Umsiedlern ein menschenwürdiges Wohnen zu gewährleisten«. Dieser Antrag wurde von den Gemeindevertretern im Dezember 1946 einstimmig angenommen.[78] Die Versorgung mit Wohnraum in Fürstenberg stellte sich also günstiger dar als im Vergleich zum Rest Brandenburgs und zur SBZ.

Wohnraumverteilung unter der EKO-Belegschaft

Die ersten Unterkünfte beim Aufbau des EKO wurden durch die Errichtung einer Barackenstadt bereitgestellt. Hierzu wurden Mitte September 1950 die Hütten des ehemaligen Heimkehrerlagers Gronenfelde von Frankfurt (Oder) nach Fürstenberg überstellt.[79] Nachdem Gronenfelde das zentrale Lager für heimkehrende Kriegsgefangene – aber auch zivile Vertriebene – in Brandenburg gewesen war, war es somit nicht ungewöhnlich, »dass manch heimatloser Heimkehrer, der beim EKO in Fürstenberg Arbeit fand, wieder in den Barackenbetten schlief, in denen er die erste Nacht in Deutschland nach dem Ende seiner Kriegsgefangenschaft verbracht hatte«[80]. Auch bei der Verteilung der fertigen Wohnungen in der EKO-Wohnstadt gab es in der Folge immer wieder Auseinandersetzungen, da der verfügbare Raum in den Augen vieler Beschäftigter nicht gerecht vergeben wurde. Ebenso kam es zwischen dem EKO und der Bau-Union[81] zu Konflikten über die Verteilung der Wohnungen. Die Bau-Union führte die Arbeiten in der Stadt und am Werk aus, durfte aber nur einen geringen Teil der gebauten Wohnungen mit ihren eigenen Arbeitern belegen.[82]

Die Grundsteinlegung für die EKO-Wohnstadt erfolgte im Februar 1951. Die Arbeiten an der Siedlung gestalteten sich jedoch schwierig, da die Errichtung des Werks Vorrang genoss und es somit beständig an Baumaterialien und Arbeitskräften für die Wohnbauten fehlte; zudem unterstanden die Bauarbeiten bis 1951/52 der Aufbauleitung des EKO – und nicht der Bau-Union –, was wiederholt Schwierigkeiten mit sich brachte.[83] Für August/September 1951 und Februar sowie Mai 1952 liegen detaillierte Berichte über die Verteilung der Wohnungen der EKO-Wohnstadt vor: So wurden bis Mitte 1952 von insgesamt 412 vergebenen Wohnungen 104 an Umsiedler verteilt, was einem Anteil von 25 Prozent entsprach,[84] also proportional zu jenem der Umsiedler an der Belegschaft des EKO.[85]

Arbeitsbeschaffung und Arbeitskräftelenkung

Gerade Handwerker und gelernte Arbeiter fanden in der Wiederaufbauwirtschaft relativ schnell Arbeit[86] und wurden dementsprechend rasch in die Gesellschaft integriert. Ehemals selbständige Bauern hingegen litten vielfach unter den als demütigend empfundenen Arbeitsverhältnissen, wenn sie bei alteingesessenen Bauern als Landarbeiter angestellt waren und für ihre Arbeit anstatt Lohn oftmals »nur« Verpflegung erhielten.[87] Dementsprechend beanstandete das Landratsamt Guben aufgrund einer »Nachprüfung der Arbeitsverhältnisse und Lebensbedingungen der Umsiedler: [Die Umsiedler] werden für private Arbeiten bei den örtlichen Bauern ausgenutzt.«[88]

Im Zuge der Bodenreform wurden über 90.000 der geschaffenen »Neubauernstellen« an Umsiedler vergeben. Das waren – Familienangehörige mitgerechnet – ca. acht Prozent aller Umsiedler.[89] Die Reform war zuvorderst ideologisch motiviert und stand nicht in direktem Zusammenhang mit der Integration der Flüchtlinge; dieser wurde jedoch von der KPD schnell hergestellt und die Bodenreform als integrationspolitisch wichtige Maßnahme präsentiert.[90] Die genannten Zahlen zeigen jedoch, dass sie keine allzu große Bedeutung für Umsiedler besaß, was die Beschaffung von Arbeitsplätzen anging.

Eine wichtige Entwicklung stellten die auf Eigeninitiative der Umsiedler und mit staatlichen Subventionen[91] gegründeten Genossenschaften dar, die vielen Facharbeitern erlaubten, auch in der neuen Heimat in ihren erlernten Berufen zu arbeiten. Dessen ungeachtet wurden sie 1950 entweder aufgelöst oder in Volkseigene Betriebe umgewandelt.[92] Eigene Schritte seitens der Umsiedler zur aktiven Integration wie die Bildung von Genossenschaften riefen bei der SED Misstrauen hervor, da sie einerseits schon in der Namensgebung an deren Heimat erinnerten[93] und andererseits der SED jegliche nicht von ihr initiierte Gruppenbildung suspekt war.[94]

Ein weiterer Bereich, in dem Umsiedler deutlich häufiger Arbeit fanden als beispielsweise durch die »Neubauernstellen« oder die Produktionsgenossenschaften, war der öffentliche Dienst. Durch die »Pauschalbegründung Entnazifizierung«[95] wurden über 140.000 Stellen in der öffentlichen Verwaltung frei, die oft mit Umsiedlern besetzt wurden. Umsiedler konnten trotz aller Konflikte mit der alteingesessenen Bevölkerung schon in den direkten Nachkriegsjahren Bürgermeister in ihren neuen Heimatorten werden.[96] Diese durch die SED forcierte Vergabe von Stellen im öffentlichen Dienst an Umsiedler wurde in der Forschung allerdings teilweise als »partielle[r] Integrationserfolg […, der] auf gewaltsamer sozialer Veränderung und damit auf gezielter Desintegration anderer Menschen«[97] basierte, gewertet.

Der Großteil der Umgesiedelten wurde aber in die Arbeiterschaft des im Entstehen begriffenen »Arbeiter- und Bauernstaats« integriert. Zur Eingliederung der großen Zahl von Menschen geschah dies v. a. durch einen Prozess der Unterschichtung bzw. (Zwangs-)Proletarisierung. Diese Entwicklung beschränkte sich aber nicht auf die SBZ/DDR, sondern war auch in den westlichen Besatzungszonen bzw. der BRD zu beobachten. In den Augen der SED bestand durch die breite Unterschichtung der Umsiedler und dem damit einhergehenden sozialen Abstieg allerdings ein großes soziales Unruhepotenzial, das »eine Gefahr für die Konsolidierung des kommunistischen Einflusses«[98] auf die Arbeiterschaft darstellte. Daneben fürchtete die Partei eine Zunahme rechtsradikaler Strömungen, denn v. a. in der Frage der Anerkennung der Oder-Neiße-Grenze drohten sich die Umsiedler zumindest theoretisch gegen

Partei und Sozialismus zu wenden. Beinahe spiegelbildlich gestaltete sich das entsprechende regierungsseitig wahrgenommene Bedrohungspotenzial in der BRD, wo Sorge vor einer Linksradikalisierung »im zwangsproletarisierten ›fünften Stand‹«[99] herrschte.

In den Massenproduktionsbetrieben[100] der SBZ/DDR konnte der Bedarf an gering qualifizierten Produktionsarbeitern relativ einfach gedeckt werden. Es bestand jedoch ein Mangel an Facharbeitern, der teilweise auf die Entnazifizierungen zurückzuführen war und sich »besonders beim hochqualifizierten Fachpersonal bzw. den leitenden Angestellten bemerkbar machte«[101]. Deutlich schwerwiegender als der Facharbeitermangel war jedoch die Fehllenkung der Arbeitskräfte, die bei den Umsiedlern besonders folgenreich verlief. Da in den Umsiedlerlagern erst ab November 1946 und bei den Arbeitsämtern sogar erst ab Anfang 1947 die Umsiedler nach Berufen erfasst wurden, »wurde eine systematische Registrierung erst in Angriff genommen, als der Großteil der Vertriebenen bereits verteilt und untergebracht war«[102]. Die Fehler sind aber nicht ausschließlich aufseiten der Zentralverwaltungen zu suchen. Laut einem Bericht der Deutschen Volkskongressbewegung hatten viele Umsiedler »ihren erlernten Beruf nicht angegeben, weil sie Interesse daran hatten, auf dem Lande zu leben«[103], da die Versorgungslage in den Nachkriegsjahren dort deutlich besser war als in den Städten.

Ebenso gravierend wie die Fehlleitung der Arbeitskräfte fiel oftmals die Wohnungsnot an Orten aus, an denen Arbeitsplätze vorhanden waren, denn dadurch wurde »verdeckte Arbeitslosigkeit bei gleichzeitigem Arbeitskräftemangel«[104] geschaffen. Als Beispiel kann hier das Kraftwerk Finkenheerd – zwischen Frankfurt (Oder) und Fürstenberg (Oder) gelegen – gelten: 1946 waren hier 200 Arbeitsstellen frei, vor Ort fanden sich aber keine Wohnungen, um die Arbeiter und deren Familien unterzubringen.

Auch die Umschulung berufsfremder Vertriebener konnte kurzfristig nicht effektiv bewerkstelligt werden; ausschlaggebend war hierbei oft die Demontage der Betriebe, in denen die Umschulung stattfinden sollte. Sowohl bei der Umschulung als auch bei der Gewinnung neuer Arbeitskräfte sollten nach Aufforderung der ZVU besonders die Umsiedler berücksichtigt werden.[105]

Ein Problem, vor dem besonders die SBZ – im Vergleich zu den westlichen Besatzungszonen – stand, stellte die geringe Arbeitsfähigkeit der Umsiedler dar. In der SBZ waren nicht nur prozentual mehr Flüchtlinge und Vertriebene aufgenommen worden, sondern auch deren Zusammensetzung nach Alter, Krankheit und Geschlecht gestaltete sich deutlich unvorteilhafter als in den westlichen Besatzungszonen. Denn die SBZ »wirkte als Filter, sozusagen als Quarantäne für den im wesentlichen von Ost nach West ziehenden Umsiedlerstrom. Dabei blieben in größerem Umfange alte und kranke Menschen und vorwiegend Frauen und Kinder zurück, während die Arbeitsfähigen in größerem Umfange nach Westen weiterzogen«.[106] 1946 galten nur 41,6 Prozent der Umsiedler als arbeitsfähig, hiervon konnten jedoch 90 Prozent der männlichen und über 60 Prozent der weiblichen Vertriebenen in den Arbeitsprozess eingereiht werden.[107]

Die Arbeiterschaft des EKO

Untersuchungen der Arbeiterschaft des EKO hinsichtlich der quantitativen wie qualitativen Eingliederung der Umsiedler stehen vor einem grundsätzlichen Problem: Schon seit Ende der 1940er Jahre verschwanden die Umsiedler nach und nach aus allen offiziellen Statistiken. Mit der Gründung der DDR am 7. Oktober 1949 wurde im Selbstverständnis des Regimes »die bisherige Staat-Bürger-Beziehung beendet und eine neue gegründet«.[108] Die Umsiedler waren also zu Staatsbürgern der DDR geworden und verloren somit bald darauf auch ihren Sonderstatus. In den Statistiken des EKO tauchen Umsiedler aus diesem Grund nur in Einzelfällen auf, und ihr Anteil an der Belegschaft lässt sich nur schätzen. Da die Umsiedler in den frühen Jahren der DDR etwa ein Viertel der Bevölkerung stellten, dürfte sich, so der Forschungskonsens, dieses Verhältnis auch in den Beschäftigtenzahlen des EKO widergespiegelt haben.[109]

Auch wenn sich überproportional viele Umsiedler in der Oderregion aufhielten, spielte »für die Standortwahl des EKO […] die Arbeitsmarktsituation keine entscheidungsleitende Rolle«[110]. Analog dazu stellt Michael Schwartz fest, dass »[d]er Aufbau industrieller Schwerpunkte in der SBZ/DDR […] nicht primär der Vertriebenenintegration«[111] diente. Der Konzentration von Flüchtlingen und Vertriebenen in der Oderregion ist hierbei eine gewisse – wenn auch untergeordnete – Bedeutung beizumessen. Dementsprechend bemerkt ein Rückblick des EKO auf seine Aufbaujahre aus dem Jahr 1958: »Außerdem bestand in dieser vorwiegend landwirtschaftlichen Gegend eine gute Reserve von Arbeitskräften.« Dieser Argumentation folgend, bestätigt Jaśniak-Quast, »dass die Vertriebenen aus den ehemaligen deutschen Ostgebieten [… beim Aufbau des EKO] eine besondere Rolle«[112] spielten.

In den Akten zur Kaderarbeit des EKO finden sich für 1953 Statistiken zu den einzelnen Abteilungen, wobei die Geburtsorte der Arbeiter vermerkt sind. Anhand der Eintragungen lässt sich in den allermeisten Fällen feststellen, ob diese aus den ehemaligen deutschen Ostgebieten stammten. Demnach betrug der Anteil der Vertriebenen an der Belegschaft des EKO 1953 etwas mehr als 40 Prozent.[113]

Gliederung der Arbeitnehmer nach Herkunftsgebieten[114]

Geburtsort	Beschäftigte	Prozent der erfassten Arbeitnehmer insgesamt
Gebiet der SBZ/DDR	101	42,6
Ehemalige Ost-gebiete	99	41,8
Geteilte Städte[a]	37	15,6
Gesamt	237	100

[a] Durch die Oder-Neiße-Grenze nach 1945 geteilte Städte: Frankfurt (Oder), Guben, Görlitz, Lebus, Küstrin.

Die Aufbau- und Aufstiegsdynamik der frühen DDR trieb die Integration besonders der jugendlichen Umsiedler voran. Durch das Umsiedlergesetz 1950 sollten jugendliche Vertriebene bei der Vergabe von Stipendien und Lehrstellen besonders berücksichtigt werden.

Ferner waren die Karrierechancen für Umsiedler »gemessen an der Ausgangslage beachtlich, und [...] das Wirtschaftssystem der DDR [bot] den Vertriebenen umfangreiche Chancen«. Auch durch die Distanzierung der Jugendlichen von der spezifischen Vertriebenenidentität ihrer Eltern[115] eröffneten sich ihnen, verbunden mit der Anpassung an die SED-Politik, vielfältige Aufstiegschancen. Wie sich aber in der Altersstruktur des EKO zeigt, fanden hier überproportional viele Umsiedler, die älter als 56 Jahre waren, Arbeit.[116]

Die Altersstruktur der Beschäftigten des EKO 1953/54[117]

	Gesamtbelegschaft		Umsiedler*		Anteil der Umsiedler an Gesamtbelegschaft
	Absolut	in Prozent	Absolut	in Prozent	
bis 25 Jahre	48	19,8	26	19,1	11,1
26 bis 35 Jahre	89	36,6	46	33,9	19,7
36 bis 45 Jahre	43	17,7	27	19,9	11,6
46 bis 55 Jahre	48	19,7	24	17,7	10,3
älter als 56 Jahre	15	6,2	13	9,6	5,6
Durchschnittsalter	37,4 Jahre		37,1 Jahre		

*Die direkt von der Grenzziehung Betroffenen, also Umsiedler und Beschäftigte aus den geteilten Städten sind hier zusammengefasst.

Die Beschäftigten, die Mitglieder einer anderen Partei als der SED waren, sind in der oben genannten Statistik vom 3. Januar 1954 komplett erfasst. In den Aufstellungen nach den einzelnen Abteilungen ist zwar vermerkt, ob die Beschäftigten Mitglied der SED waren, die Zahlen fallen aber im Vergleich mit anderen Personalstatistiken[118] deutlich zu niedrig aus, um belastbar zu sein.

Bei der Betrachtung der Parteienzugehörigkeit nach Herkunftsgebieten sind keine Auffälligkeiten bezüglich der Parteimitgliedschaften innerhalb der in der Tabelle zur »Parteienzugehörigkeit der EKO-Beschäftigten nach Herkunftsgebieten 1953/54« unterschiedenen Gruppen festzustellen. Auch hinsichtlich der Gewerbestruktur unterscheiden sich die Umsiedler nicht von der Gesamtbelegschaft des EKO.[119]

Parteienzugehörigkeit der EKO-Beschäftigten nach Herkunftsgebieten 1953/54[120]

Herkunft / Partei	Gebiet der SBZ/ DDR	Ehema- lige Ost- gebiete	Geteilte Städte	Anteil der Umsied- ler in Prozent	Gesamt	Prozent
SED	11	9	4	37,5	24	10,1
LDPD	3	6	4	46,1	13	5,5
NDPD	23	27	7	47,4	57	24,0
CDU	8	7	5	35,0	20	8,4
DBD	9	9	1	47,4	19	8,0
Parteilos	47	41	16	39,4	104	43,9
Gesamt	101	99	37	41,8	237	99,9

Wenn man von einem Umsiedleranteil an der Belegschaft von 25 bis 30 Prozent ausgeht, sind sowohl 42 Prozent Umsiedler unter denjenigen, die einer anderen Partei als der SED angehörten, außerordentlich hoch, als auch die Mitgliedschaften in den einzelnen Parteien. Fasst man die Beschäftigten aus den geteilten Städten und die Umsiedler als direkt Betroffene der Oder-Neiße-Grenze zu einer Gruppe zusammen, lag der Anteil dieser Gruppe in jeder Partei bei über 50 Prozent. Da nicht bekannt ist, dass Umsiedler grundsätzlich überproportional stark in Parteien organisiert waren,[121] weisen die Daten darauf hin, dass Umsiedler in einem viel höheren Maße als bisher angenommen am Aufbau des EKO und seiner Wohnstadt beteiligt waren.[122]

Versorgungslage

Neben der Fehllenkung der Arbeitskräfte bzw. der Wohnungsnot war die Versorgung der Umsiedler mit alltäglichen Gegenständen schlecht; v. a. fehlende Kleidung, Mangel an Hausrat sowie Wasch- und Kochgelegenheiten gaben ihnen neben der defizitären Wohnraumsituation Anlass zur Klage.[123] Darin unterschieden sie sich jedoch nur bedingt von ihren Mitbürgern, denn die Versorgung für die Gesamtbevölkerung war in den Nachkriegsjahren grundsätzlich unzureichend. Die Gründe hierfür sind einerseits in Kriegsverlusten sowie den sowjetischen Demontagen der Industriebetriebe bzw. in den Reparationszahlungen an die Besatzungsmacht zu sehen, andererseits lagen die Schwerpunkte der Industrie eher auf der Rohstoffversorgung als auf Gütern in der »Konsumindustrie«.

Die Regierung bzw. die Kommunen versuchten, die Versorgungslage der Umsiedler besonders durch Umverteilung zu verbessern. Hierbei spielten sowohl Enteignungen im Zuge der Entnazifizierung als auch Umverteilungen durch das Reichsleistungsgesetz eine Rolle.[124] Die Bürgermeister waren aber scheinbar nicht ausreichend darüber informiert, inwieweit es ihnen erlaubt war, das Reichsleistungsgesetz zur Anwendung zu bringen. Daneben kam es zu Umverteilungen von Privatbesitz von Personen, die sich nach Kriegsende nicht in ihren Heimatorten aufhielten, wie in einem langen Schriftwechsel zwischen den Bürgermeistern von Fürstenberg und Guben sowie dem 1945 nach Küstrin zur Wehrmacht eingezogenen Johannes B. deutlich wird. B. war in sowjetische Kriegsgefangenschaft geraten und sah sich nach seiner Entlassung 1947 gezwungen, zu Verwandten nach Berlin zu ziehen, da seine Wohnung in Guben und sein Hausrat Flüchtlingen zur Verfügung gestellt worden waren. Die Prüfung dieser Angelegenheit durch das Umsiedleramt Guben ergab, dass B. berechtigt war, eine Lampe, ein Mädchenfahrrad, eine Kaffeemühle und ein Klavier nach Berlin zu überführen, obwohl er in Berlin »nicht einmal ein Bett« besaß. Dieser Fall zeigt, dass die Umverteilungen zwar häufig den Flüchtlingen zugute kamen, andererseits die Eigentümer entschädigungslos blieben und somit selbst zu »Bedürftigen« wurden.[125]

Die Versorgung der Umsiedler gestaltete sich auch in Fürstenberg (Oder) über Jahre hinweg schwierig. Im Juli 1948 konstatierte der Umsiedlerausschuss, dass immer noch Umsiedler »am Erdboden kampieren« und stellte folglich einen Antrag an den Rat der Stadt, »für den kommenden Winter Bettstellen […] für angemessene Preise fertig zu stellen«. Darüber hinaus wurde bei der Abteilung Umsiedler der Regierung in Potsdam beantragt, Strohsäcke bereitzustellen.[126] Aus den Akten ist nicht ersichtlich, wie viele Umsiedler von dieser Notlage betroffen waren, ebenso wenig, wie die Probleme gelöst wurden. Gleichwohl zeigt sich, dass noch Jahre nach Kriegsende die Versorgungslage und v. a. jene der Umsiedler auf kommunaler Ebene schwierig blieb.[127] Dass diese Probleme auch in den Aufbaujahren des EKO bestanden, wird in einem Schreiben der Werksleitung an den Rat der Stadt Templin vom März 1953 deutlich, in welchem darum gebeten wird, beschlagnahmte Möbel ans EKO abzugeben, um diese zu verbilligten Preisen an Umsiedler verkaufen zu können.[128]

Neben der Versorgung der Umsiedler mittels Umverteilung wurde ihnen auch eine gewisse materielle Hilfe im Rahmen der von den Parteien, Landesverwaltungen, gesellschaftlichen Organisationen und der Kirche durchgeführten – und explizit so benannten – Umsiedlerwochen 1947/48 zuteil,[129] bei denen die Bevölkerung der SBZ aufgerufen wurde, Haushaltsgegenstände zur Versorgung der Umsiedler zu spenden.[130] Anlässlich der Umsiedlerwochen 1948 erklärte die SED erstmals, die Gleichstellung der Vertriebenen sei abgeschlossen.[131]

Der 17. Juni 1953 und »Republikflucht« in Stalinstadt

Die schlechte Versorgungslage der Bevölkerung war einer der Hauptgründe für die Streiks und Unruhen in der DDR im Juni 1953. Der Aufstand war ein gesamtgesellschaftliches und, abgesehen von vereinzelten Forderungen nach der Revision der Oder-Neiße-Grenze, keinesfalls ein umsiedlerspezifisches Phänomen.[132] Der Streik in Stalinstadt beschränkte sich fast ausschließlich auf die Bauarbeiter der VVB Bau-union, die mit rund 2.000[133] Streikenden zum Sitz der SED-Kreisleitung in Fürsten-berg zogen, um dort gegen ausbleibende Lohnzahlungen, die mangelhafte Versor-gung und die höheren Fahrpreise für Berufspendler zu protestieren.[134] Die Streiks griffen jedoch gerade nicht auf das EKO und seine Belegschaft mit ihrem hohen Um-siedleranteil über, was »nicht unwesentlich mit der privilegierten Sonderstellung«[135] zusammenhing, die das seinerzeit noch im Bau befindliche Schwerpunktobjekt des ersten Fünfjahresplanes und damit auch seine Belegschaft genossen. Neben pragma-tischen Gründen – eine Stilllegung der Hochöfen hätte »monatelange Ausfälle und die Unterbrechung der gesamten Produktion« zur Folge gehabt – ging es den nicht streikenden Arbeitern um den Erhalt ihrer Arbeitsstätten und die Verteidigung des erreichten sozialen und materiellen Status.[136] Dies dürfte besonders ehemaligen Um-siedlern als Motivation gedient haben.

Dieselben Beweggründe waren wohl im Fall des EKO auch hinsichtlich der »Republikfluchten« durch Umsiedler ausschlaggebend. In der zweiten Hälfte der 1950er Jahre flohen im Durchschnitt jährlich 40 Personen der EKO-Belegschaft nach Westdeutschland.[137] Aus den Akten des EKO zur Republikflucht – soweit dort Geburtsorte vermerkt sind – lässt sich ablesen, dass die Umsiedler unter den »Repu-blikflüchtlingen« unterrepräsentiert waren.[138] Damit unterschied sich die Situation in Eisenhüttenstadt deutlich von den DDR-Verhältnissen insgesamt. In den Jahren 1953 bis 1961 flohen zwischen 2,7 und 3,6 Millionen Menschen aus der DDR; dar-unter waren 600.000 bis 950.000 ehemalige Umsiedler, folglich zwischen 22 und 35 Prozent.[139] Die meisten Schätzungen beziffern ihre Gesamtzahl auf rund 900.000, was einem Drittel aller Umsiedler entspräche – eine überproportional hohe Zahl, wenn man davon ausgeht, dass 1946 in der SBZ zwischen 20 und 25 Prozent der Einwohner Umsiedler waren. Wenn man die von Helge Heidemeyer ermittelten Zahlen berücksichtigt, ergibt sich, dass unter den ca. 2,67 Millionen Flüchtlingen rund 868.800 Vertriebene waren, also 31,4 Prozent. Bei genauerer Betrachtung fällt auf, dass 52 Prozent aller Umsiedler, die aus der DDR in die BRD flohen, diese bis Ende 1953 verlassen hatten und in dieser Zeit (1949–53) 38 Prozent aller »Republik-flüchtlinge« stellten, während sie in den verbleibenden Jahren bis zum Mauerbau (1953–61) nur noch 27 Prozent ausmachten.[140]

Die Erklärungen hierfür sind vielfältig: Einerseits gab es Push-Faktoren wie die Anerkennung der Oder-Neiße-Grenze oder die Verbote von landsmannschaft-lichen Vereinigungen und die damit verbundenen repressiven Maßnahmen der SED-Regierung. Andererseits sind die Pull-Faktoren aus der Bundesrepublik in Form von Hochkonjunktur, Wohlstandszuwachs und Lastenausgleich wohl kaum geringer zu veranschlagen.[141] Viele der in der direkten Nachkriegszeit recht planlos verteilten Umsiedler mussten »ihren Wohnort abermals […] wechseln und sich selbst einen Ar-beitsplatz suchen«[142], wodurch eine Binnenmigration, nicht selten auch über die Zo-nengrenzen hinweg, stattfand.[143] Nachdem eine Remigration der Umsiedler, also eine Rückkehr in ihre Heimat in den ehemaligen deutschen Ostgebieten, nicht mög-lich war, mussten jene, die entweder dem Sozialismus ablehnend gegenüberstanden oder sich durch die SED-Maßnahmen nicht genügend integriert sahen, zwangsläufig in den Westen abwandern. Dies stellt jedoch keinen Gradmesser für die Integrationsleistungen in der BRD dar, denn eine echte Integration der Vertriebenen fand sowohl in West- als auch Ostdeutschland erst mit der zweiten Generation statt.[144]

Fazit

Insgesamt betrachtet war die materielle Versorgung der Umsiedler, v. a. mit Wohnraum und Arbeit, in Fürstenberg/Stalinstadt günstiger als in weiten Teilen der SBZ/ DDR und insbesondere in Brandenburg. Auch wenn sich die Qualität ihrer Unterbringung weder aus der Anzahl der mit Wohnraum versorgten Umsiedler noch aus der bloßen Festlegung einer Wohnraumnorm bzw. der Pro-Kopf-Wohnfläche für Fürstenberg ablesen lässt, weisen die Zahlen doch auf eine relativ günstige Situation der Umsiedler in der kaum zerstörten Oderstadt hin. Auch das Arbeitsplatzangebot, v. a. beim Aufbau des EKO, fiel deutlich besser aus als in der restlichen DDR. Die Versorgungslage blieb in der DDR insgesamt bis Mitte der 1950er Jahre eher schlecht, wobei auch hier bei der EKO-Wohnstadt für die »Kollegen im ersten sozialistischen Betrieb und [die] Einwohner der ersten sozialistischen Stadt der DDR«[145] Vorzugsbedingungen herrschten.

Interessant ist der Blick auf die Belegschaftszahlen des EKO. Einerseits scheinen die bisher angenommen Zahlen, die den Umsiedleranteil an den Beschäftigten mit 25 bis 30 Prozent beziffern, realistisch; die Untersuchung der Wohnungsverteilung in der EKO-Wohnstadt 1951/52 stützt diese Annahme. Andererseits bestätigen die Daten der Kaderstatistik eine Einschätzung, wonach die Vertriebenen in den ersten Jahren des EKO fast die Hälfte aller Beschäftigten ausmachten. Folglich könnte der Umstand, dass sie am neu geschaffenen Wohnraum verhältnismäßig wenig beteiligt wurden (ca. 25 Prozent) als Indiz für die bereits zuvor günstige Wohnungssituation in Fürstenberg (Oder) gelten. Eindeutige Aussagen lassen sich jedoch erst treffen, wenn der Anteil der Umsiedler an der Belegschaft des EKO zweifelsfrei geklärt ist.

Ebenso dürfte die geografische Lage Fürstenbergs die Integration befördert haben. Denn ein Großteil der Umsiedler, die sich hier nach dem Krieg aufhielten, kam aus den direkt östlich der Oder gelegenen, ehemaligen ostbrandenburgischen Gebieten. Dies erleichterte ihr Ankommen in der neuen Heimat insofern, als die konfessionellen, kulturellen und sozioökonomischen Gegensätze zwischen den Flüchtlingen und der alteingesessenen Bevölkerung vergleichsweise gering gewesen sein dürften. Somit war also die Ablehnung der Fremden bzw. die ihnen entgegengebrachte Skepsis weniger ausgeprägt als in vielen anderen Teilen der SBZ.[146]

Für die entstehende EKO-Wohnstadt bzw. Stalinstadt scheint also die These, dass sich sowohl die Umsiedler als auch die Einheimischen in der Fremdheit der neuen sozialistischen Ordnung zurechtfinden und in die Nachkriegsgesellschaft integrieren mussten, zutreffend zu sein.[147] Beide Gruppen waren gezwungen, sich mit den neuen politischen Bedingungen und der schwierigen ökonomischen Lage dieser

Daß es mir gut geht, verdanke ich unserer Regierung

1945 wurde unser Volk durch die Sowjetarmee vom Hitlerfaschismus befreit, und ein neues Leben begann.

Für mich als ehemaliger Umsiedler sah es zu Anfang nicht gerade rosig aus. Jedoch im Zuge der Entwicklung und nach der Gründung der Deutschen Demokratischen Republik wurde das anders. Unser Staat ist um das Wohlergehen seiner Werktätigen besorgt und alle seine Maßnahmen gelten nur ihnen. So habe ich mich in beruflicher und damit natürlich auch in finanzieller Hinsicht verbessert. Ich habe meine Arbeit, und ich bin mit meinem Leben zufrieden. Dies alles danke ich unserer Regierung, die eine Friedenspolitik betreibt, und deshalb wird es für mich in den Tagen der Volksbefragung höchste Verpflichtung sein, meine Stimme dem Frieden zu geben.

Anni Conrad, Weichenschmiererin.

»Bericht« aus der Betriebszeitung (Organ der Betriebsparteiorganisation der SED des Eisen-hüttenkombinates J. W. Stalin/Stalinstadt) des EKO »Unser Friedenswerk« vom 21.6.1954.

Transformationszeit zu arrangieren. Die Integration in die DDR-Gesellschaft war zuerst eine materielle – »über eine zweite, sozialistische Industrialisierung«[148]. Für eine Organisation und öffentliche Artikulation der Umsiedler war v. a. mit Blick auf das Verhältnis zwischen der DDR und der VR Polen sowie die Oder-Neiße-Grenze kein Platz in der DDR-Gesellschaft. Das immaterielle Konzept von »Heimat« sowie die Verarbeitung des Erlebten wurden – auch um soziale Unzufriedenheit und politische Unruhe zu verhindern – durch Ideologie und Propaganda überlagert. Die im Vergleich zur Gesamt-DDR günstige materielle Integration sowie die relative Nähe der Umsiedler zur Heimat verminderten im EKO und in Eisenhüttenstadt Verlusterfahrung und Konfliktpotenzial.

Während also das Umsiedlerproblem in der DDR durchaus nicht, wie von der SED verkündet, im Zuge des Umsiedlergesetzes von 1950 bereits gelöst war, traf dies für Fürstenberg-Stalinstadt-Eisenhüttenstadt zumindest in materieller Hinsicht annähernd zu. Durch den Aufbau einer komplett neuen, modellhaft sozialistischen Stadt ohne alteingesessene Bevölkerung wurde zumindest in den ersten Jahren der DDR eine nivellierte Gesellschaft – wenngleich mit all ihren eigenen Schwierigkeiten – geschaffen, in der sich Umsiedler ebenso wie andere aus der DDR zugezogene Arbeiter eine Existenz aufbauen mussten und konnten.

Anmerkungen

1 Siehe hierzu besonders Michael Schwartz, Vertriebene und »Umsiedlerpolitik«. Integrationskonflikte in den deutschen Nachkriegsgesellschaften und die Assimilationsstrategien in der SBZ/DDR 1945–1961, München 2004; neuer: Heike Amos, Die Vertriebenenpolitik der SED 1949 bis 1990, München 2009.

2 Allgemein zur historischen Entwicklung des sozialistischen Städtebaus und der »16 Grundsätze des Städtebaus« vgl. Werner Durth, Städtebau und Weltanschauung, in: Rosemarie Beier (Hrsg.), Aufbau West – Aufbau Ost. Die Planstädte Wolfsburg und Eisenhüttenstadt in der Nachkriegszeit (= Buch zur Ausstellung des Deutschen Historischen Museums vom 16. Mai bis 12. August 1997), Ostfildern-Ruit 1997, S. 35–49; zu Eisenhüttenstadt im Besonderen vgl. ebd., S. 44f.

3 Vgl. André Steiner, Von Plan zu Plan. Eine Wirtschaftsgeschichte der DDR, Bonn 2007, S. 65.

4 Jochen Cerny, Die Herausbildung sozialistischer Kollektive und Arbeiterpersönlichkeiten beim Aufbau des Eisenhüttenkombinats Ost (EKO) 1950–1952, in: Jahrbuch für Geschichte 17 (1977), S. 419–463, hier S. 420.

5 Schwartz, Vertriebene und »Umsiedlerpolitik«, S. 1189.

6 Dagmar Semmelmann, Zur Integration aus lebensgeschichtlicher Sicht. Eingliederungsverläufe von Flüchtlingen und Vertriebenen in der SBZ/DDR dargestellt am Sonderfall Eisenhüttenstadt, in: Dierk Hoffmann/Michael Schwartz (Hrsg.), Geglückte Integration? Spezifika und Vergleichbarkeiten der Vertriebenen-Eingliederung in der SBZ/DDR, München 1999, S. 321–333, hier S. 321.

7 Vgl. Amos, Vertriebenenpolitik, S. 9; Christoph Kleßmann, Flucht und Vertreibung im 20. Jahrhundert – ein zeitgeschichtlicher Abriß, in: Elke Mehnert (Hrsg.), Landschaften der Erinnerung. Flucht und Vertreibung aus deutscher, polnischer und tschechischer Sicht, Berlin/Bern/Frankfurt a.M. u. a. 2001, S. 14–40, hier S. 14.

8 Vgl. Philipp Ther, Deutsche und polnische Vertriebene. Gesellschaft und Vertriebenenpolitik in der SBZ/DDR und in Polen 1945–1956, Göttingen 1998, S. 92.

9   Zitiert nach: Ebd., S. 91f.

10   Vgl. Sabina Schroeter, Die Sprache der DDR im Spiegel ihrer Literatur: Studien zum DDR-typischen Wortschatz, Berlin/New York 1994, S. 96. In der Tat scheint die sprachliche Nähe zur Terminologie der nationalsozialistischen Umsiedlungspolitik nicht reflektiert worden zu sein.

11   Zitiert nach: Das Potsdamer Abkommen: Dokumentensammlung, hrsg. von der Historischen Gedenkstätte des Potsdamer Abkommens Cecilienhof, Potsdam, Berlin 1975, S. 231.

12   Schroeter, Sprache, S. 95.

13   Stattdessen wird in der Forschung entweder von »Umsiedlern« oder Vertriebenen gesprochen. Die Begrifflichkeit des untergegangenen deutschen Staates ist also zusammen mit diesem untergegangen, während die bundesdeutsche Begrifflichkeit überlebt hat. Vgl. Ther, Deutsche und polnische Vertriebene, S. 88: »In der Bundesrepublik, die auf eine ungebrochene Geschichte zurückblickt, hat man dagegen meist ganz selbstverständlich die Begriffe Flüchtlinge oder Vertriebene auch nach 1990 benutzt.«

14   Vgl. Ther, Deutsche und polnische Vertriebene, S. 89. Die US-amerikanische Besatzungsmacht favorisierte den »Vertriebenen«-Begriff gegenüber jenem des »Flüchtlings«, durchgesetzt hat sich aber letztendlich die oben genannte Kombination »Heimatvertriebene und Flüchtlinge«. Vgl. Amos, Vertriebenenpolitik, S. 19.

15   Vgl. Manfred Wille (Hrsg.), Die Vertriebenen in der SBZ/DDR: Dokumente, Bd. III Parteien, Organisationen und die »Umsiedler« 1945–1953, Wiesbaden 2003, hier Dok. 492, S. 423–426.

16   Vgl. Gesetz über den Lastenausgleich (Lastenausgleichsgesetz – LAG); http://www.gesetze-im-internet.de/bundesrecht/lag/gesamt.pdf, letzter Zugriff: 18.3.2010, § 11 Vertriebener, S. 5f.

17   Alexander von Plato/Wolfgang Meinicke, Alte Heimat – Neue Zeit: Flüchtlinge, Umgesiedelte, Vertriebene in der Sowjetischen Besatzungszone und in der DDR, Berlin 1991, S. 24. Der Begriff des »Umgesiedelten« macht die Vorgänge vergleichbarer mit anderen erzwungenen Umsiedlungen vor und nach 1945; er ist dadurch aber nicht weniger problematisch.

18   Zu einer intensiven Auseinandersetzung mit den unterschiedlichen Begriffen bzw. der Begriffsbildung vgl. Ther, Deutsche und polnische Vertriebene, S. 88–100. In der vorliegenden Arbeit werden die Begriffe »Vertriebene« und »Umsiedler« synonym verwendet, wo eine Unterscheidung nötig ist, wird diese kenntlich gemacht.

19   Vgl. Michael Schwartz, Vertriebenenproblem und Umsiedlerpolitik in der SBZ/DDR; http://www.fes.de/Magdeburg/pdf/6_10_14_schwartz.pdf, letzter Zugriff: 18.3.2010, S. 1.

20   Vgl. Stefan Kowal/Helga Schultz, Neue Grenzen – alte Nachbarn. Deutsche und Polen im Widerstreit von großer Politik und regionaler Kooperation 1919–1990, in: Hans-Jürgen Wagener/Heiko Fritz (Hrsg.), Im Osten was Neues. Aspekte der EU – Osterweiterung, Bonn 1998, S. 174–195, hier S. 180f.

21   Provinzialverwaltung Mark Brandenburg – Amt für deutsche Umsiedler, Aufruf zu den Aufgaben der Umsiedler-Ausschüsse, Abschrift, 9.9.1946, Stadtarchiv Eisenhüttenstadt (weiter: StA EHS), D I 1, Sig. 1, unpag.

22   Vgl. Andreas Ludwig, Eisenhüttenstadt: Wandel einer industriellen Gründungsstadt in den fünfziger Jahren, Potsdam 2000, S. 20. Der Tätigkeitsbericht des Einwohnermeldeamtes weist für den 1.9.1947 unter 7.700 Einwohnern 2.100 Umsiedler aus, im letzten Quartal des Jahres 1947 entfielen von 1.000 Zugängen weitere 700 auf Umsiedler. Vgl. Tätigkeitsbericht Einwohnermeldeamt, 13. Februar 1948, StA EHS, A I 02, Sig. 7, unpag.; Gerald Christopeit, Die Vertriebenen im Gründungsjahr der DDR – Versuch einer Standortbestimmung anhand ihrer Lage im Land Brandenburg 1949, in: Manfred Wille (Hrsg.), 50 Jahre Flucht und Vertreibung: Gemeinsamkeiten und Unterschiede bei der Aufnahme und Integration der Vertriebenen in die Gesellschaften der Westzonen/Bundesrepublik und der SBZ/DDR, Magdeburg 1997, S. 256–270, hier S. 257: »Von den 9.225 Einwohnern sind 3600 Umsiedler.«

23   Protokoll des Umsiedler-Ausschusses von der Sitzung am 10.1.1949, StA EHS, A I 02, Sig. 6, unpag.

24   Spätestens durch die Währungsreform in den westlichen Besatzungszonen, die folgende sowjetische Blockade West-Berlins und die daraus resultierende Gegenblockade der SBZ durch die West-Alliierten 1948 wurde die SED gezwungen, sich wirtschaftlich und politisch Richtung Osten zu wenden. Der Außenhandel der SBZ/DDR mit den Ländern Ost- und Südosteuropas stieg von neun Prozent 1947 auf 68 Prozent im Jahr 1950 an. Vgl. Steiner, Plan, S. 63f.

25 Zitiert nach: Wille, Dokumente, Bd. III, Dok. 415, S. 365.
26 Vgl. Christopeit, Die Vertriebenen, S. 257 zur Stimmung unter den Umsiedlern in Fürstenberg (Oder), anlässlich des »Volksbegehrens für Einheit und gerechten Frieden«: »[…] wenn wir uns einzeichnen in die Liste zum Volksbegehren, haben wir unser Urteil unterschrieben, unser Schicksal besiegelt und wir können nie in unsere Heimat zurück.«
27 Hanns Jürgen Küsters/Daniel Hofmann/Carsten Tessmer, Einleitung, in: Dokumente zur Deutschlandpolitik, Reihe 2, 9. Mai 1945 bis 4. Mai 1955, Bd. 3, 1. Januar bis 31. Dezember 1950, Veröffentlichte Dokumente, München 1997, S. IX–LXIV, hier S. XLVII.
28 Michael Schwartz, Sowjets – Kommunisten – Einheimische – Vertriebene. Zum Spannungsfeld der »Umsiedler«-Integration in der SBZ/DDR, in: Josef Pilvousek/Elisabeth Preuß (Hrsg.), Aufnahme – Integration – Beheimatung: Flüchtlinge und Vertriebene und die »Ankunftsgesellschaft«, Münster 2009, S. 9–27, hier S. 17f.
29 Vgl. Wolfgang Meinicke, Zur Integration der Umsiedler in die Gesellschaft 1945–1952, in: Zeitschrift für Geschichtswissenschaft 36 (1988), S. 867–878, hier S. 869: »Die Akzeptanz der neuen Grenze an Oder und Neiße blieb über lange Jahre das Kernproblem der politischen Seite der Lösung der Umsiedlereingliederung.« Vgl. auch Regine Just, Zur Lösung des Umsiedlerproblems auf dem Gebiet der DDR 1945 bis Anfang der fünfziger Jahre, in: Zeitschrift für Geschichtswissenschaft 35 (1987), S. 971–984, hier S. 981f.
30 Vgl. Cerny, Herausbildung, S. 432f.
31 Ebd., S. 436.
32 Insgesamt stammten 72 Prozent der Umsiedler auf dem Gebiet der SBZ/DDR aus Polen. Vgl. Rudi Goguel, Polen, Deutschland und die Oder-Neisse-Grenze, Berlin 1959, S. 563, Anm. 1.
33 Der Landrat Guben an die Herren Bürgermeister des Kreises einschl. Fürstenberg/Oder, 27.10.1945, StA EHS, A I 02, Sig. 9, unpag.; dasselbe Schreiben findet sich auch in: Ebd. A I 02, Sig 10, o.S. [Hervorhebungen im Original]. Indes liegt hierzu, soweit diese Bestände erschlossen sind, weder ein Befehl der SMAD noch der SMA der Provinz Brandenburg vor. Vgl. Jan Foitzik, Inventar der Befehle des Obersten Chefs der Sowjetischen Militäradministration in Deutschland (SMAD) 1945–1949, offene Serie, München u. a. 1995; Klaus Geßner, Befehle der Sowjetischen Militäradministration des Landes Brandenburg 1945–1949, Frankfurt a.M. u.a. 1997; Klaus Geßner/Wladimir W. Sacharow, Inventur der offenen Befehle der Sowjetischen Militäradministration des Landes Brandenburg: Nach der Überlieferung der Russischen Föderation, Frankfurt a.M. u.a. 2002. Bemerkenswert ist die zitierte Weisung auch deshalb, weil die ersten lokalen Polizeikräfte zwar schon in den Wochen nach Kriegsende gebildet wurden, es ihnen aber eigentlich erst 1946 seitens der SMAD erlaubt war, sich zu bewaffnen. Vgl. Richard Bessel, Grenzen des Polizeistaates: Polizei und Gesellschaft in der SBZ und frühen DDR, 1945–1953, in: Richard Bessel/Ralph Jessen (Hrsg.), Die Grenzen der Diktatur: Staat und Gesellschaft in der DDR, Göttingen 1996, S. 224–252, hier besonders S. 224–227.
34 Vgl. Helga Schultz, Die Oderregion in wirtschafts- und sozialhistorischer Perspektive, in: Helga Schultz/Alan Nothnagle (Hrsg.), Grenze der Hoffnung: Geschichte und Perspektiven der Grenzregion an der Oder, Potsdam 1996, S. 79–13, hier S. 80f.; Kowal/Schultz, Neue Grenzen, S. 187f.
35 Ther, Deutsche und polnische Vertriebene, S. 324; vgl. Jürgen Ast/Kerstin Mauersberger, Zweite Heimat Brandenburg: Flucht, Vertreibung, Neuanfang, Berlin 2000, S. 7: »Heimweh nach den Landschaften der Kindheit wurde gleichgesetzt mit Revanchismus, und öffentliche Äußerungen in dieser Richtung konnten strafrechtlich verfolgt werden.«
36 Siehe dazu Jenny Richter/Heike Förster/Ulrich Lakemann, Stalinstadt – Eisenhüttenstadt: Von der Utopie zur Gegenwart. Wandel industrieller, regionaler und sozialer Strukturen in Eisenhüttenstadt, Marburg 1997, S. 19.
37 Vgl. EKO Stahl GmbH (Hrsg.), Einblicke: 50 Jahre EKO Stahl, Eisenhüttenstadt 2000, S. 46; Richter u. a., Stalinstadt, S. 20. Richter nennt nur fünf mögliche Standorte, Magdeburg wird nicht genannt, wahrscheinlich weil es früh aus den Planungen ausschied.
38 Zum Einfluss der Arbeitskräftelenkung siehe das Kapitel »Die Arbeiterschaft des EKO«.
39 Vgl. Axel Gayko, Investitions- und Standortpolitik der DDR an der Oder-Neiße-Grenze, in: Helga Schultz (Hrsg.), Bevölkerungstransfer und Systemwandel: Ostmitteleuropäische Grenzen nach dem Zweiten Weltkrieg, Berlin 1999, S. 275–303, hier S. 286.

40 Vgl. ebd. S. 287.

41 Vgl. Schultz, Oderregion, S. 79.

42 Gayko, Investitions- und Standortpolitik, S. 279.

43 Vgl. hierzu die Anmerkungen zum Mythos »wo einst nur Sand und Kiefern waren…« bei Dagmara Jaješniak-Quast, Stahlgiganten in der sozialistischen Transformation. Nowa Huta in Krakau, EKO in Eisenhüttenstadt und Kunčice in Ostrava (= Phil. Diss. Frankfurt (Oder) 2007), S. 115f.; Jörn Schütrumpf, »Wo einst nur Sand und Kiefern waren…«: ›Vergangenheitsbewältigung‹ im Eisenhüttenkombinat Ost, in: Rosemarie Beier (Hrsg.), Aufbau West – Aufbau Ost. Die Planstädte Wolfsburg und Eisenhüttenstadt in der Nachkriegszeit (= Buch zur Ausstellung des Deutschen Historischen Museums vom 16. Mai bis 12. August 1997), Ostfildern-Ruit 1997, S. 141–147, hier S. 147.

44 Unternehmensarchiv EKO Stahl GmbH, Volkseigener Betrieb Bandstahlkombinat »Hermann Matern« (weiter: VEB BKE EKO), A 251, S. 61.

45 Vgl. Dierk Hoffmann, Aufbau und Krise der Planwirtschaft: Die Arbeitskräftelenkung in der SBZ/DDR 1945 bis 1963, München 2002, S. 374.

46 Ludwig, Eisenhüttenstadt, S. 29.

47 VEB BKE EKO, A 251, S. 61.

48 So bestand auch für Fürstenberg (Oder) laut Kommandanturbefehl, zumindest 1946, Zuzugssperre. Vgl. Der Bürgermeister Fürstenberg/Oder 12.4.46 an Herrn Paul M. in Neumünster/Holstein, StA EHS, A I 02, Sig. 8, unpag.

49 Vgl. Hoffmann, Aufbau, S. 209.

50 Michael Schwartz, Vertriebene als Fremde: Integrationsprobleme deutscher Zwangsmigranten in der SBZ/DDR, in: Christian Th. Müller/Patrice G. Poutrus (Hrsg.), Ankunft – Alltag – Ausreise: Migration und interkulturelle Begegnung in der DDR-Gesellschaft, Köln u. a. 2005, S. 135–173, hier S. 138.

51 Vgl. Schwartz, Sowjets, S. 9f.

52 Anfangs war in Eisenhüttenstadt eine Kirche geplant, schlussendlich aber nicht gebaut worden. Vgl. Jaješniak-Quast, Stahlgiganten, S. 269.

53 Ther, Deutsche und polnische Vertriebene, S. 205.

54 Schwartz, Sowjets, S. 13.

55 Vgl. Andreas Kossert, Kalte Heimat: Die Geschichte der deutschen Vertriebenen nach 1945, Bonn 2008, S. 205; Schwartz, Vertriebenenproblem, S. 5.

56 Sven Olaf Oehlsen, Vertriebenenlager in Brandenburg 1945–1953, Potsdam 2006, S. 78.

57 Vgl. Schwartz, Sowjets, S. 12.

58 Paul Lüttinger, Der Mythos der schnellen Integration: Eine empirische Untersuchung zur Integration der Vertriebenen und Flüchtlinge in der Bundesrepublik Deutschland, in: Zeitschrift für Soziologie 1 (1985), S. 20–36.

59 Schwartz, Vertriebene und »Umsiedlerpolitik«, S. 1193.

60 Schwartz, Sowjets, S. 16.

61 Vgl. Stefan Nagelstutz, »Umsiedler« in der SBZ/DDR. Vertriebenenintegration in der SBZ/DDR 1945–1953, Saarbrücken 2009, S. 109.

62 Aus diesem Grund wurde die Vertriebenenförderung 1952/53 ersatzlos abgeschafft. Vgl. Michael Schwartz, Vertriebene, Evakuierte, Bombengeschädigte, Kriegsheimkehrer sowie Kriegsbeschädigte und Kriegshinterbliebene, in: Dierk Hoffmann/Michael Schwartz (Hrsg.), Deutsche Demokratische Republik 1949–1961. Im Zeichen des Aufbaus des Sozialismus, Baden-Baden 2004, S. 592–641, hier S. 594.

63 Wolfgang, Zank, Wirtschaft und Arbeit in Ostdeutschland, 1945–1949, München 1987, S. 145; vgl. Schwartz, Sowjets, S. 18.

64 Zank, Wirtschaft, S. 145; vgl. Schwartz, Sowjets, S. 18, Zitat: Schwartz, Vertriebenenproblem, S. 6.

65 Zitat: Cerny, Herausbildung, S. 432f.; vgl. Just, Lösung, S. 981f.

66 Vgl. Oehlsen, Vertriebenenlager, S. 67.

67 Just, Lösung, S. 980. Dieser Faktor war jedoch schwer messbar und spielte daher in den Überlegungen nur eine untergeordnete Rolle.

68 Michael Schwartz, Brandenburg als Schmelztiegel? Vertriebenenproblem, »Umsiedlerpolitik« und regionale Gesellschaftsentwicklung 1945–1953, in: Christoph Kleßmann/Burghard Ciesla/Hans-Her-

mann Hertle (Hrsg.), Vertreibung, Neuanfang, Integration. Erfahrungen in Brandenburg, Potsdam 2001, S. 59–73, hier S. 66.

69 Ast/Mauersberger, Zweite Heimat, S. 7.

70 Schwartz, Brandenburg, S. 61.

71 Ast/Mauersberger, Zweite Heimat, S. 63.

72 Zitiert nach: Manfred Wille (Hrsg.), Die Vertriebenen in der SBZ/DDR: Dokumente, Bd. II: Massentransfer, Wohnen, Arbeit 1946–1949, Wiesbaden 1999, Dok. 231, S. 229f.

73 Der Bezirksvorsteher Schönfließ N/L an den Herrn Landrat Sozialamt Guben, 5. August 1946, StA EHS, D I 1, Sig. 1, unpag.

74 Schwartz, Brandenburg, S. 65f.

75 Ebd. S. 65.

76 Vgl. ebd., S. 65; zur Umverteilung von Wohnraum vgl. Philipp Ther, Vertriebenenpolitik in der SBZ/DDR und in Polen 1945–1950, in: Hoffmann/Schwartz (Hrsg.), Geglückte Integration?, S. 137–159, hier S. 147f.

77 Rechenschaftsbericht Abtlg. Wohnungsamt, ohne Datum, StA EHS, A I 02, Sig. 7, unpag.

78 Vgl. Gemeindevertretersitzungen 1946, Wohnungskommission Fürstenberg/O. an den Vorsitzenden der Gemeindevertretung, 14.11.1946, StA EHS, o. Sig., unpag., und Protokoll der Gemeindevertretersitzung vom 13.12.1946, ebd., unpag.

79 Vgl. VEB BKE EKO, A 691, 291; VEB BKE EKO, A 261, 41. Einen guten Eindruck der Nachkriegsjahre in Frankfurt und des Lagers Gronenfelde bieten die Kindheitserinnerungen Heidemarie Buckis, der Tochter des stellvertretenden Lagerkommandanten des Heimkehrerlagers Gronenfelde: Heidemarie Bucki, Das Lager: Über das größte Heimkehrerlager des Osten in der vergessenen Stadt Frankfurt/Oder und den Überlebenskampf einer jungen Familie, Halle 2008; vgl. auch Oehlsen, Vertriebenenlager; Helmut Hirthe, Das Heimkehrerlager Gronenfelde – wichtige Station auf dem Weg in ein neues Leben, in: Wolfgang Buwert (Hrsg.), Gefangene und Heimkehrer in Frankfurt (Oder) 1945–1950/56: Studien, Potsdam 1998, S. 56–92.

80 Ast/Mauersberger, Zweite Heimat, S. 81.

81 Nachdem am 1.1.1951 das EKO ein selbständiger Betrieb geworden war, gab es de facto zwei Wirtschaftseinheiten auf dem Baugelände: das EKO und die Bau-Union. Die Zuständigkeiten waren jedoch nicht eindeutig geklärt. Vgl. EKO-Stahl, Einblicke, S. 59f.

82 Vgl. Jajeśniak-Quast, Stahlgiganten, S. 216. Dem VEB Bau-Union Fürstenberg wurden 1952 pro fertig gestelltem Block (412 Wohnungen) nur zwölf Wohnungen (drei Prozent) zur Verfügung gestellt. Vgl. VEB BKE EKO, A 644, S. 86; ebd., S. 103.

83 Vgl. EKO Stahl GmbH, Einblicke, S. 116.

84 Vgl. VEB BKE EKO, A 644, S. 86; ebd., S. 103; ebd. S. 162ff.; VEB BKE EKO, A 255, S. 119.

85 Vgl. Cerny, Herausbildung, S. 429:»Im Frühjahr 1951 soll hier fast jeder vierte Werktätige ein Umsiedler gewesen sein.« Vgl. Abschnitt »Die Arbeiterschaft des EKO«.

86 Vgl. Schwartz, Brandenburg, S. 61.

87 Vgl. Schwartz, Sowjets, S. 10.

88 Der Landrat an die Herren Bürgermeister des Bezirks, einschl. Fürstenberg/Oder, 25.11.1946, StA EHS, D I 1, Sig. 1, unpag.

89 Vgl. Jörg Rösler, Literaturkritik: Zum Umsiedlerproblem in der Wirtschafts- und Sozialpolitik der SED 1945 bis 1949/1950, in: Jahrbuch für Wirtschaftsgeschichte 1988, Nr. 2, S. 109–126, hier S. 113.

90 Ebd., S. 115.

91 Vgl. Schwartz, Vertriebenenproblem, S. 8.

92 Vgl. Arnd Bauerkämper, Rezension von: Schwartz, Vertriebene und »Umsiedlerpolitik«. http://www.sehepunkte.de/2005/01/6680.html, letzter Zugriff: 30.3.2010.

93 Etwa das Gablonzer Kunsthandwerk in Thüringen, vgl. Hoffmann, Aufbau, S. 213.

94 Vgl. Amos, Vertriebenenproblem, S. 12; Hoffmann, Aufbau, S. 213. Die Bedeutung für den gesamten Arbeitsmarkt, blieb aber mit 8.000 Vertriebenen (0,6 Prozent) in 61 Genossenschaften relativ gering.

95 Schwartz, Sowjets, S. 14.

96   Vgl. Abschrift Bürgermeisterei Bremsdorf, 22.7.1946, StA EHS, A I 02, Sig. 3; vgl. Just, Lösung, S. 979, besonders Anm. 38; für Brandenburg: Oehlsen, Vertriebenenlager, S. 79.

97   Schwartz, Sowjets, S. 14. Im Ergebnis waren die Umsiedler im öffentlichen Dienst im Vergleich zur alteingesessenen Bevölkerung überrepräsentiert: 18 zu 13 Prozent. Vgl. Horst Barthel, Die wirtschaftlichen Ausgangsbedingungen der DDR: Zur Wirtschaftsentwicklung auf dem Gebiet der DDR 1945–1949/50, Berlin 1979, S. 67, Tab. 35.

98   Manfred Wille, SED und »Umsiedler« – Vertriebenenpolitik der Einheitspartei im ersten Nachkriegsjahrzehnt, in: Hoffmann/Schwartz (Hrsg.), Geglückte Integration?, S. 91–104, hier S. 92.

99   Michael Schwartz, Apparate und Kurswechsel. Zur institutionellen und personellen Dynamik von ›Umsiedler‹-Politik in der SBZ/DDR 1945–1953, in: Hoffmann/Schwartz (Hrsg.), Geglückte Integration?, S. 105–135, hier S. 107, Anm. 9.

100   Hauptcharakteristika waren Skalenökonomie und gering qualifizierte Produktionsarbeiter; zu einer intensiveren Auseinandersetzung mit den Unternehmenstypen der sozialistischen Planwirtschaft, besonders an Oder und Neiße, vgl. Gayko, Investitions- und Standortpolitik.

101   Hoffmann, Aufbau, S. 177; vgl. Hoffmann, Die Lenkung des Arbeitsmarktes in der SBZ/DDR 1945–1961. Phasen, Konzepte und Instrumente, in: Peter Hübner/Klaus Tenfelde (Hrsg.), Arbeiter in der SBZ-DDR, Essen 1999, S. 41–80, hier S. 61. Zank stellt dagegen fest, dass »sich im Angebot an Facharbeitern bestenfalls partielle Lücken ausmachen [lassen]. Dasselbe gilt für das hochqualifizierte Personal.« (Zank, Wirtschaft, S. 57).

102   Vgl. Zank, Wirtschaft, S. 58; Nagelstutz, »Umsiedler«, S. 50; Hoffmann, Aufbau, S. 209, Zitat: Ebd., S. 210.

103   Richard Holzhausen, Ohne Freundschaft mit Polen – kein Frieden, in: Sekretariat der Deutschen Volkskongreßbewegung (Hrsg.), Die Umsiedler und die Oder-Neiße-Grenze, Berlin o.J., S. 10–16, hier S. 14.

104   Zank, Wirtschaft, S. 84.

105   Vgl. Ast/Mauersberger, Zweite Heimat, S. 73; Nagelstutz, »Umsiedler«, S. 50; Hoffmann, Aufbau, S. 186.

106   Barthel, Ausgangsbedingungen, S. 55. Barthel vergleicht die Struktur der Umsiedler in der sowjetischen Besatzungszone mit jener in Bayern und kommt zu dem Ergebnis, dass es in Bayern acht Prozent mehr arbeitsfähige Männer über 14 Jahre gab als in der SBZ und der Anteil der Kinder an den Vertriebenen in der SBZ mit 31 Prozent um fünf Punkte höher lag als in Bayern. Vgl. Günter Braun, Daten zur demographischen und sozialen Struktur der Bevölkerung, in: Martin Broszat/Hermann Weber (Hrsg.), SBZ-Handbuch. Staatliche Verwaltungen, Parteien, gesellschaftliche Organisationen und ihre Führungskräfte in der Sowjetischen Besatzungszone Deutschlands 1945–1949, 2. Aufl., München 1993, S. 1069–1074, hier S. 1070, Tab. 1.

107   Vgl. Hoffmann, Aufbau, S. 211: »Im Gegensatz dazu lag der vergleichbare Wert für die Gesamtbevölkerung um die Hälfte höher nämlich bei 60,1 Prozent.« Vgl. Wille, Dokumente II, S. 488f.; Barthel, Ausgangsbedingungen, S. 56.

108   Gerhard Riege, Die Staatsbürgerschaft der DDR, 2. Aufl., Berlin 1986, S. 165.

109   Vgl. Cerny, Herausbildung, S. 429. Jaśeśniak-Quast geht von bis zu 50 Prozent aus. Vgl. Dagmara Jaśeśniak-Quast, Die sozialistische Planstadt Eisenhüttenstadt im Vergleich mit Nowa Huta und Ostrava-Kunčice, in: Thomas M. Bohn (Hrsg.), Von der »europäischen Stadt« zur »sozialistischen Stadt« und zurück? Urbane Transformationen im östlichen Europa des 20. Jahrhunderts, München 2009, S. 99–113, hier S. 109; Jaśeśniak-Quast, Stahlgiganten, S. 115: »Ein Beispiel: Im August 1951 wurde Block II Typ 514 mit 24 Familien bezogen. Von diesen 24 Hauptmietern waren 15 Umsiedler registriert. Damit betrug die Aussiedlerrate allein bei den Einwohnern dieses Hauses über 65 Prozent.« Die Angaben von Jaśeśniak-Quast stimmen aber nicht mit den Zahlen aus VEB BKE EKO, A 255, S. 119 überein, nach denen von den 24 Wohnungen elf mit Umsiedlerfamilien belegt wurden, was aber immer noch einem Anteil von 46 Prozent entspricht. Vgl. EKO-Stahl GmbH, Einblicke, S. 57: »Fast jeder dritte Beschäftigte im EKO stammte aus einer Familie, die aus den ehemaligen deutschen Ostgebieten geflüchtet oder vertrieben wurden war.«

110   Axel Gayko, Die Industrialisierung des brandenburgischen Grenzsaums an Oder und Neiße in der 50er und 60er Jahren – Bevölkerung und Arbeitsmarkt unter Berücksichtigung polnischer Grenzpendler, in: Hübner/Tenfelde (Hrsg.), Arbeiter, S. 205–234, hier S. 282.

111 Michael Schwartz, Vertrieben in die Arbeiterschaft. »Umsiedler« als »Arbeiter« in der SBZ/DDR 1945–1952, in: Hübner/Tenfelde (Hrsg.), Arbeiter, S. 81–128, hier S. 97.

112 VEB BKE EKO, A 251, S. 61; Jaješniak-Quast, Planstadt, S. 109.

113 Vgl. VEB BKE EKO, A 1629, S. 37f., ebd., S. 51–73 (mehrfache Ausfertigungen der einzelnen Statistiken). Ungenauigkeiten bestehen einerseits in den durch die Grenzziehung geteilten Städten (Frankfurt (Oder) und Guben), andererseits ist natürlich anhand der Geburtsorte nicht ersichtlich, wo die Menschen 1945 (bzw. 1.9.1939) ihre »Heimat« hatten. Der o.g. Anteil der Umsiedler scheint jedoch zu hoch (Beschäftigte aus ehemaligen deutschen Ostgebieten und geteilten Städten machen zusammen 57,3 Prozent aus); entweder spiegelt er wirklich den insgesamt hohen Anteil an der Arbeiterschaft der EKO wider (vgl. Anm. 109) oder ist in der selektiven Aufnahme der erfassten Beschäftigten zu suchen.

114 Quelle: VEB BKE EKO, A 1629, S. 37f.; ebd., S. 51–73; ebd., A 1629, S. 133–137.

115 Vgl. Oehlsen, Vertriebenenlager, S. 78; Ther, Deutsche und polnische Vertriebene, S. 271 (Zitat); Schwartz, Vertriebenenproblem, S. 9.

116 Vgl. Cerny, Herausbildung, S. 429. Cerny stellt für Jugendliche im Alter bis zu 25 Jahren einen höheren Wert (28,3 Prozent) fest.

117 Quelle: VEB BKE EKO, A 1629, S. 37f.; ebd., S. 51–73; ebd., A 1629, S. 133–137.

118 Vgl. VEB BKE EKO, A 1612, S. 123f.: Der Anteil der SED-Mitglieder wird mit 41 Prozent angegeben, als weitere Vergleichswerte: 54 Prozent parteilos, ein Prozent CDU, ein Prozent LDPD, drei Prozent NDPD. Anspruch auf Vollständigkeit stellen nur die Daten aus VEB BKE EKO, A 1629, S. 133–137.

119 Die »Ausreißer« bei den Beschäftigten aus den geteilten Städten sind wahrscheinlich der geringen Zahl dieser Gruppe geschuldet, soweit diese aus den Daten ersichtlich ist. Zur Alters- und Gewerbestruktur vgl. Cerny, Herausbildung, S. 460–463. Cerny untersucht die Gesamtbelegschaft anhand von Kaderakten, die eine deutlich bessere statistische Grundlage bieten als die hier verwendeten Daten, aus denen aber durch die fehlende Angabe des Geburtsortes die Herkunft nicht ersichtlich ist. Vgl. ebd., S. 463.

120 Quelle: VEB BKE EKO, A 1629, 37f.; ebd., S. 51–73; ebd., A 1629, S. 133–137.

121 Hier ist eher das Gegenteil der Fall. Vgl. Anm. 97.

122 Vgl. Anm. 109.

123 Vgl. Ast/Mauersberger, Zweite Heimat, S. 63.

124 Zu Umverteilungen »für den Wiederaufbau der öffentlichen Versorgung nach dem Krieg« durch das 1939 erlassene Reichsleistungsgesetz am Beispiel Thüringens vgl. Thomas Heil, Die Verwaltungsgerichtsbarkeit in Thüringen 1945–1952: Ein Kampf um den Rechtsstaat, Tübingen 1996, S. 115ff.

125 Vgl. Der Bürgermeister an den Landrat, 6.3.1946; Zitat: Brief des Johannes B. an Herrn Bürgermeister Schulz in Fürstenberg (Oder), 20.10.1947; Der Rat der Stadt Guben an Herrn B., 20.5.1948, alle in: StA, EHS, A I 02, Sig. 3–Sig. 5, unpag.

126 Vgl. Protokoll des Umsiedlerausschusses am 12.7.1948, StA, EHS, A I 02, Sig. 5, unpag.

127 Vgl. Der Bürgermeister an den Umsiedlerausschuss, 21.7.1948, StA, EHS, A I 02, Sig. 3, unpag. Siehe ebf. StA EHS, RS 1951: Auch im Jahr 1951 scheinen Teile der Umsiedler nicht genügend mit Kleidungsmitteln versorgt gewesen zu sein.

128 Vgl. VEB BKE EKO, A 652, S. 167.

129 Von Herbst 1947 bis Herbst 1948. Vgl. Just, Lösung, S. 981. Die Gemeindevertreter Fürstenbergs (Oder) beschloss im Oktober einstimmig, »im Rahmen der Umsiedlerwoche der Volkssolidarität die größtmögliche Unterstützung angedeihen zu lassen«. (Gemeindevertretersitzungen 1947, Niederschrift über die Beratung der Gemeindevertreterversammlung, 28.10.1947, StA EHS, o. Sig., unpag.).

130 Eine detaillierte Auflistung der 1947 in Brandenburg gespendeten Gegenstände findet sich bei Ast/Mauersberger, Zweite Heimat, S. 110.

131 Vgl. Ther, Deutsche und polnische Vertriebene, S. 322.

132 Wille, Dokumente III, S. 348 spricht davon, dass die Vertriebenen »den Sturz des Ulbricht-Regimes [...] erreichen wollten. [...] Auch die Aufkündigung der Oder-Neiße-Grenze wurde verlangt.« Analog stellt Fromm fest: »In Stalinstadt, dem späteren Eisenhüttenstadt, das ein Zentrum des Aufstandes im Land Brandenburg war, wurden die Forderungen nach dem Fall der Oder-Neiße-Grenze laut.« (Günter Fromm, Nieder mit der Regierung! Der 17. Juni in Stalinstadt und Fürstenberg/Oder, in Arbeitsgruppe

Stadtgeschichte (Hrsg.), Eisenhüttenstadt: »Erste sozialistische Stadt Deutschlands«, Berlin 1999, S. 138–148, hier S. 143). Die Forderung nach der Revision der Grenze war wohl eher eine Begleiterscheinung, zumindest war dies in Fürstenberg/Stalinstadt nicht der zentrale Punkt des Streiks.

133 Vgl. Streik in Fürstenberg/Oder am 17.6.53 – Offener Widerstand der Bevölkerung, verfasst von einem Einkäufer der VEB Schiffswerft, 23.6.1953, StA EHS, S 69, unpag. Der Augenzeugenbericht benennt 5.000 Demonstranten, sowie 400 Verhaftungen und drei Tote. Diese Zahlen scheinen jedoch anhand der Angaben in der Forschungsliteratur zu hoch. Vgl. Ludwig, Eisenhüttenstadt, S. 64; Volker Koop, Der 17. Juni 1953, Legende und Wirklichkeit, Berlin 2003, S. 98. Des Weiteren ist außer in diesem Augenzeugenbericht nirgends die Rede von Todesopfern.

134 Die Aussage von Koop, 17. Juni 1953, S. 98, dass die Protestierenden »in Richtung Stalinstadt marschierten. Der Zug […] führte weiter in die Stadt hinein«, ist falsch. Vgl. hierzu Dagmar Semmelmann/Gudrun Prengel/Ursula Krüger (Hrsg.), Eisenhüttenstädter Lesebuch, Berlin 2000, S. 58; Ludwig, Eisenhüttenstadt, S. 64; Streik in Fürstenberg/Oder am 17.6.53 – Offener Widerstand der Bevölkerung, verfasst von einem Einkäufer der VEB Schiffswerft, 23.6.1953, StA, EHS, S 69, unpag.

135 Dagmar Semmelmann, »Schauplatz Stalinstadt/EKO« Erinnerungen an den 17. Juni 1953, Potsdam 1993, S. 6.

136 Zitat: Jaśniak-Quast, Stahlgiganten, S. 238; vgl. Semmelmann, »Schauplatz Stalinstadt/EKO«, S. 27.

137 Vgl. Jaśniak-Quast, Stahlgiganten, S. 160f.

138 Vgl. VEB BKE EKO, A 226.

139 Zur Problematik der Statistiken in Bezug auf Vertriebene vgl. Karl Heinz Schaefer, Anmerkungen zur Zahl der in der SBZ/DDR zwischen 1945 und 1990 lebenden Vertriebenen, in: Manfred Wille (Hrsg.), 50 Jahre Flucht und Vertreibung. Gemeinsamkeiten und Unterschiede bei der Aufnahme und Integration der Vertriebenen in die Gesellschaften der Westzonen/Bundesrepublik und der SBZ/DDR, Magdeburg 1997, S. 55–68, hier S. 59–62. Die unterschiedlichen Zahlen finden sich bei Schaefer, Anmerkungen, S. 65; Schwartz, Sowjets, S. 11; Schwartz, Vertriebene, S. 1192; Schwartz, Apparate, S. 134, Anm. 147; Helge Heidemeyer, Flucht und Zuwanderung aus der SBZ/DDR 1945/1949–1961: Die Flüchtlingspolitik der Bundesrepublik Deutschland bis zum Bau der Berliner Mauer, Düsseldorf 1994, S. 44, Tab. 3.

140 Vgl. Heidemeyer, Flucht, S. 44, Tab. 3.

141 Ebd., S. 53ff.

142 Hoffmann, Aufbau, S. 212.

143 Die Besatzungsmächte versuchten, dies durch eine Grenzsperre für Flüchtlinge aus der SBZ stoppen. Vgl. Heidemeyer, Flucht, S. 75, 54f. Die Weiterwanderung von Vertriebenen kann nur als Kriegsfolge gewertet werden, wenn sie bis 1950 stattfand. Eine Ab- bzw. Weiterwanderung in den Westen fiel vielen Vertriebenen jedoch deutlich leichter als Nicht-Vertriebenen, da sie in ihren neuen Wohnorten weniger stark gebunden waren.

144 Vgl. Schwartz, Vertriebenenproblem, S. 8; Schwartz, Vertriebene als Fremde, S. 156.

145 VEB BKE EKO, A 652, S. 167.

146 Vgl. Ther, Deutsche und polnische Vertriebene, S. 280.

147 Vgl. Schwartz, Vertriebene und »Umsiedlerpolitik«, S. 1188f.; Semmelmann, Zur Integration aus lebensgeschichtlicher Sicht, S. 321; Dagmar Semmelmann, Zur Integration der Flüchtlinge und Vertriebenen aus lebensgeschichtlicher Sicht (hypothetische Annäherung), in: Manfred Wille (Hrsg.), 50 Jahre Flucht und Vertreibung: Gemeinsamkeiten und Unterschiede bei der Aufnahme und Integration der Vertriebenen in die Gesellschaften der Westzonen/Bundesrepublik und der SBZ/DDR, Magdeburg 1997, S. 336–351, hier S. 339.

148 Kowal/Schultz, Neue Grenzen, S. 183.

Als Deutsche unter Deutschen?
»Übersiedler aus der VR Polen« in der DDR ab 1964

Claudia Schneider

Zuwanderer aus der Volksrepublik Polen stellten die größte Gruppe der Migranten, die dauerhaft oder zeitweise in die Sowjetische Besatzungszone (SBZ) und spätere DDR einreisten. Waren es zunächst die als »Umsiedler« bezeichneten Flüchtlinge und Vertriebenen, die zu einem bedeutenden Anstieg der Bevölkerungszahlen in der SBZ beitrugen und für Aufbau sowie in den Konflikten der Nachkriegsgesellschaft eine wichtige Rolle spielten,[1] so dauerte die Zuwanderung verschiedenster Gruppen und Einzelpersonen auch nach Gründung der DDR an. Allein die Politik der Familienzusammenführung bis 1959 ermöglichte ca. 50.000 Menschen die Ausreise aus der Volksrepublik Polen in die DDR.[2] Später waren es v. a. Vertragsarbeiter und Grenzgänger aus dem Nachbarland, die ab Mitte der 1960er Jahre als zeitweilige Arbeitsmigranten den chronischen Personalmangel der DDR-Volkswirtschaft mildern halfen.[3] Und schließlich waren da noch jene ehemaligen polnischen Staatsbürger, die, wenngleich in geringer, höchstens dreistelliger Zahl, als sogenannte *displaced persons* in der deutschen Nachkriegsgesellschaft »hängen geblieben« waren, sowie die Heiratsmigranten späterer Zeit. Oft rekrutierte sich diese letztgenannte Gruppe aus Personen, die im Rahmen von Ausbildung, Studium und Arbeit, also einem temporär begrenzten Aufenthalt, ohnehin bereits im Land waren bzw. dorthin zurückkehrten.

Neben der Zuwanderung gab es zu jeder Zeit auch eine umgekehrte Migrationsbewegung nach Polen, deren Zahl jedoch nie an die der in die DDR Einreisenden heranreichte. Die Wanderungsbewegungen zwischen der DDR und der Volksrepublik Polen waren also sehr umfangreich, wurden jedoch, bis auf den visafreien Grenzverkehr ab 1972, nie Gegenstand offizieller Verlautbarungen.[4]

Dies galt auch für ein Migrationsphänomen abseits der skizzierten Zuwanderungen, das aus wissenschaftlicher Sicht bislang übersehen worden ist, obwohl es eine der größten Gruppen betraf. Mit einer Direktive des Ministeriums des Innern begann ab 1964 die »Übersiedlung von Bürgern der Volksrepublik Polen«[5] in die DDR. Es gelangten Menschen ins Land, die offiziell auf Grundlage des Bedarfs an Arbeitskräften ausgewählt wurden, gleichzeitig jedoch bei ihrer Einreise die deutsche Staatsangehörigkeit bzw. DDR-Staatsbürgerschaft erhielten. Sie stammten überwiegend aus den früheren deutschen Ostgebieten und den Grenzgebieten der Vorkriegszeit, waren also ehemalige deutsche Staatsbürger bzw. sogenannte Autochthone.[6] Zusammen mit den eigentlichen »Werktätigen« wurden auch ihre Familien in der Nähe der jeweiligen Arbeitsorte, die über die gesamte DDR vertreut lagen, angesiedelt. Dadurch öffnete sich die DDR einer Zuwanderung, die sowohl der Logik der Gewinnung von Arbeitskräften als auch ethnischen Kategorien folgte.

Die Übersiedler-Politik der DDR führt damit auf einer theoretischen Ebene auf das Feld der Migrations- sowie jenes der DDR-Zeitgeschichte. Entsprechend nimmt der vorliegende Beitrag[7] den v. a. von Klaus Bade formulierten Ansatz der historischen Migrationsforschung auf,[8] um die Übersiedlerpolitik anhand mehrerer analytischer Kategorien zu untersuchen. Dabei werden das »Wanderungsgeschehen und das Handeln im Migrationsprozess vor dem Hintergrund der Entwicklung von Bevölkerung, Wirtschaft, Gesellschaft, Politik und Kultur in den Ausgangs- und Aufnahmeräumen«[9] betrachtet. Fragen nach dem Umfang der Migration können ebenso beantwortet werden wie nach Verläufen und Strukturen der Wanderung und Prozessen, etwa nach bestimmenden politischen und gesellschaftlichen Kräften, Motivationen der Migranten, Mentalitäten und der Funktion von Netzwerken.[10] Für diesen umfassenden Ansatz spricht, dass für den vorliegenden Untersuchungsgegenstand die Akteursperspektive genauso prominent zu beachten ist wie auf staatlicher Ebene wirksame politische Rahmenbedingungen. In einem Drei-Ebenen-Modell der Untersuchung von Wanderungen bilden diese Rahmenbedingungen im Verhältnis von DDR und VR Polen – unter Einbeziehung der Systemkonkurrenz zur Bundesrepublik – die Makroebene. Auf der Mikroebene werden ausschnittsweise individuelle Entscheidungen einzelner Übersiedler nachgezeichnet, während für die mittlere Ebene regionale kulturelle, soziale und ökonomische Faktoren in den Ausreisegebieten Oberschlesien sowie Ermland und Masuren Ziel der Forschung sein sollen.[11]

Da das vorgeschlagene Konzept Migration nicht ausschließlich als einmalige zielgerichtete Bewegung in geografischen Räumen versteht, sondern auch soziale und kulturelle Räume in den Blick nimmt, können Fragen zu den auslösenden Faktoren der Ab- bzw. Zuwanderung ergänzt werden um solche zu individuellem und kollektivem Verhalten. Ins Bild geraten somit explizit Netzwerke der Übersiedler, etwa in Form von Verwandtschaftsverhältnissen, die zu einer Kettenwanderung führten, sowie die durchaus genutzte Möglichkeit, die DDR auch wieder Richtung Polen oder Bundesrepublik zu verlassen. Die von Vertretern »transnationaler« Zugriffe vorgebrachte Kritik an den »klassischen« Migrationstheorien, diese unterlägen einer zu linearen, eindimensionalen Annahme abgeschlossener Räume, wird denn auch von Jochen Oltmer für die historische Migrationsforschung zurückgewiesen, da »bei der Untersuchung historischer Bewegungen schon lange grenzüberschreitende Netzwerke und Identitäten im Mittelpunkt standen, die als Phasen des Übergangs im langen Prozess der Integration interpretiert wurden oder sich durch Rück- und Weiterwanderung auflösten«[12].

Anschließend an diese Überlegungen soll geklärt werden, wie Migration und v. a. Integration von Übersiedlern in die DDR in die Politik- und Sozialgeschichte der DDR zu verorten sind. Staatliche Vorgaben trafen in diesem Fall von Anfang an auf den »Eigen-Sinn« der Akteure: Zwar regelte die zugrunde liegende Direktive sehr genau und detailliert, wie die Übersiedlung erfolgen sollte, doch war der Entschluss zur Ausreise aus der VR Polen bereits von individuellen Faktoren abhängig. Die mit der Migrationsentscheidung verbundenen Erwartungen einer Verbesserung der Lebensverhältnisse begegneten dem Verwaltungshandeln in der DDR aber auch in der Volksrepublik Polen und formten dieses ihrerseits. Die daraus entstehenden Eigendynamiken hatten mehr Einfluss auf den Verlauf der gesamten Übersiedlungsaktion als etwaige politische Intentionen, die im Rahmen eines umfassenden Herrschafts- und Gestaltungsanspruches entstanden. Wenn es Ziel einer Sozialgeschichte der DDR sein soll, »die Eigendynamik gesellschaftlichen Handelns jenseits von Anpassung und Widerstand zu analysieren, ohne dass dabei der Stellenwert von Gewalt und Repression aus dem Blickfeld gerät«[13], so bieten die Übersiedlung von polnischen Autochthonen und ehemaligen deutschen Staatsbürgern und ihre Integration vielfältige Untersuchungsansätze. Das Spannungsfeld lässt sich auch auf den außenpolitischen Bereich erweitern: Die Intentionen der Berliner Staatsführung mussten der innerdeutschen Systemkonkurrenz in der Frage der Ausreise der sogenannten »deutschen Minderheit« ebenso Rechnung tragen, wie dem schwierigen Verhältnis zum sozialistischen Bruderstaat Polen. Beides gelang, wie zu zeigen ist, nur unzureichend.

Ingesamt folgt die Untersuchung den Pfaden eines sozialgeschichtlichen, noch nicht zu Ende deklinierten Konzepts der DDR-Historiografie, das zwar den umfassenden Herrschafts- und Gestaltungsanspruch der SED anerkennt, gleichzeitig jedoch die Frage nach den Grenzen der Diktatur stellt.[14] Dabei wird anerkannt, dass die Gesellschaft in einem beträchtlichen Ausmaß von politischen Vorgaben durchdrungen war, diese zentralstaatlichen Eingriffe aber durch gesellschaftliche Dynamiken angeeignet, gedeutet und überformt wurden.[15]

Bedingt durch den Mangel an Forschungsliteratur zum gesamten Themenkomplex stützt sich die Arbeit weitgehend auf Archivquellen, um Vor-Ort-Entscheidungen untergeordneter Instanzen sichtbar zu machen. Eingaben von Übersiedlern bilden angesichts einer fehlenden publizistischen Öffentlichkeit eine der wichtigsten Quellen zur Darstellung der Interaktion von Politik, Verwaltung und »eigensinnigen« Bürgern. Da mit der Annahme der DDR-Staatsbürgerschaft aus ehemaligen Übersiedlern gleichberechtigte DDR-Bürger wurden, ist zudem ein relativ schnelles Verschwinden dieser Personengruppe aus den Archivquellen zu konstatieren. Selbst das Ministerium für Staatssicherheit war nach bisherigem Kenntnisstand weder vor noch während oder nach der Übersiedlung an der gruppenspezifischen »Ausforschung« dieser Menschen interessiert. Für die sozialhistorischen Hintergründe der Ausreise sowie der politischen Intentionen der Polnischen Vereinigten Arbeiterpartei (PVAP)[16] wurden die Überlieferungen mehrerer polnischer Archive auf zentraler und regionaler Ebene gesichtet. Die Materiallage für die polnische Ausreisepolitik gegenüber der DDR ist insgesamt sehr uneinheitlich und lässt einen breiten Interpretationsspielraum zu, dessen Eingrenzung auch von der polnischen Fachliteratur bisher kaum geleistet worden ist.

Vorgeschichte: Von den Familienzusammenführungen zur Registrierung als DDR-Bürger 1951–63

Die überlieferten Antragskarten der Übersiedlungswilligen ab dem Jahr 1964 geben Hinweise darauf, wer sich um die Einreise in die DDR bewarb. Zwar sind die Angaben zur – auf älteren Karten noch abgefragten – Nationalität mit Vorsicht zu betrachten, da sich die Antragsteller vom Ausfüllen mit »deutsch« wohl v. a. eine positive Bearbeitung erhofften. Die deutschen Sprachkenntnisse wurden im Folgenden jedoch von den DDR-Auslandsvertretungen mündlich abgefragt, sodass hier falsche bzw. übertriebene Angaben auffallen mussten. Anhand der Wohnorte kann eine deutliche Konzentration der Antragsteller in den damaligen Wojewodschaften Opole, Katowice und Olsztyn ausgemacht werden, was nahelegt, dass hier ehemalige Staatsbürger des Deutschen Reiches und sogenannte Autochthone übersiedelten. Diese hatten im Fokus einer jahrzehntelangen Politik nationaler, mit mörderischer Konsequenz verfolgter Homogenisierung gestanden, mit der Deutschland und Polen im Zeitalter der Weltkriege versucht hatten, die nationale Gemengelage in den ehemaligen östlichen Grenzgebieten des Deutschen Reiches entlang ethnischer Kriterien zu »ordnen«. Oberschlesier und Masuren waren dabei sowohl Betroffene als auch Beteiligte einer ethnisierenden Zwangskonstruktion,[17] die an der hybriden Identität eines Großteils der Bevölkerung in der Praxis scheiterte, ohne legitimatorisch aufgegeben zu werden. Nach dem Zweiten Weltkrieg entschied die zugeschriebene nationale Zugehörigkeit über die Ausweisung und Vertreibung sogenannter Reichs- und Volksdeutscher aus den »wiedergewonnenen Gebieten« der Volksrepublik Polen. Gleichzeitig spielten die sogenannten Autochthonen eine entscheidende Rolle bei der Legitimation der Westverschiebung der Grenzen und sollten nach der Phase der wilden Vertreibungen im Land gehalten werden. Die politische und wirtschaftliche Entwicklung der Volsrepublik Polen konnte deren Ausreisewunsch verursachen, verstärken oder abschwächen; in jedem Fall stellte die Ausreise für viele Einheimische eine Option zur Verbesserung der Lebensumstände dar. Zum Teil bedingt durch die Kriegs- und Nachkriegsfolgen, zum Teil aufgrund früherer Auswanderungen besaßen zudem viele sogenannte Autochthone Verwandte und Freunde in der Bundesrepublik bzw. der DDR, sodass neben Informations- auch Migrationsnetzwerke vorhanden waren. Von polnischer Seite wurde die Ausreisefrage innen- und außenpolitisch zu vielfältigen Zwecken instrumentalisiert und hing damit von den wechselnden politischen Intentionen der Herrschenden ab.

Die Beschäftigung mit den in Polen verbliebenen Ausreisewilligen erfolgte in der DDR nach 1949 widerwillig und ohne einheitliche Linie.[18] Die ideologische Grundannahme einer mit Gründung der DDR erfolgten Abnabelung vom historischen Erbe des »Dritten Reiches« schloss mit ein, dass gänzlich neue Beziehungen zu den östlichen Nachbarstaaten aufgebaut werden konnten. Minderheitenprobleme sollten sich gemäß den ideologischen Grundannahmen durch den Aufbau einer sozialistischen Gesellschaft quasi von selbst lösen. Damit stellten etwa die noch in Polen vorhandenen Ausreisewilligen einen komplizierten Faktor in der ohnehin schwierigen, »zwangsverordneten Freundschaft« (L. Mehlhorn) zwischen DDR und Polen dar, die selbst nach Abschluss des Görlitzer Vertrages durch gegenseitiges Misstrauen geprägt blieb.[19] Spätestens der Abbruch einer eigenständigen »Umsiedlerpolitik« 1953 drückte aus, dass deutsche Minderheiten im Ausland offiziell nicht mehr existierten. Somit wurden alle in der VR Polen verbliebenen Ausreisewilligen zu Problemfällen, die im Rahmen gesonderter Vereinbarungen zur Familienzusammenführung und Kriegsfolgenbereinigung möglichst ohne Aufsehen in der DDR aufgenommen werden sollten. Die interne Linie der SED-Führung stützte sich auf die Hoffnung, das »Problem« möglichst rasch und endgültig zu lösen, ohne sich offiziell dazu äußern zu müssen.[20] Das Prozedere der Ausreise aus Polen und der Einreise in die DDR war von 1951 bis 1959 durch ständige Irritationen beider Seiten geprägt. Einen nicht zu unterschätzenden Einfluss auf dieses gegenseitige Misstrauen hatte das Bemühen der Bundesrepublik, eine Auswanderung aller von ihr als Deutsche im Sinne des Grundgesetzes betrachteten Personen aus Polen zu erreichen. Seit 1954 war der DDR auf diesem ohnehin heiklen außenpolitischen Feld durch die Erfolge des westdeutschen Deutschen Roten Kreuzes (DRK) bei den Verhandlungen über Familienzusammenführungen mit der VR Polen eine ungeliebte Konkurrenz erwachsen. Dank des DRK konnten zwischen 1956 und 1958 ca. 270.000 Menschen Polen in Richtung Bundesrepublik verlassen.[21] Nach der Aufnahme diplomatischer Beziehungen zwischen der Bundesrepublik und der UdSSR sowie dem Beginn des politischen »Tauwetters« in Polen 1956 musste die DDR zudem befürchten, dass auch zwischen Bonn und Warschau diplomatische Beziehungen aufgenommen werden würden. Für Ost-Berlin wurde die Lage damit noch heikler: In ihrem Selbstverständnis fühlte sich die DDR für die Ausreisewilligen nur dann zuständig, wenn diese Angehörige in der DDR besaßen, die sie »anforderten«. Sie betrachtete den polnischen Umgang mit den Minderheiten zwar mit Argwohn, war aber im Sinne der angestrebten »brüderlichen Beziehungen« und v. a. der Abhängigkeit von polnischen Rohstoffen nur zu gern bereit, das polnische Vorgehen zu tolerieren. Erst die bundesdeutschen Erfolge auf dem Gebiet der Ausreise scheinen die DDR-Führung veranlasst zu haben, eigene Ziele und Strategien für den Umgang mit den in Polen verbliebenen Deutschstämmigen zu formulieren.[22]

Die Familienzusammenführungen endeten auf beiderseitigen Wunsch bereits 1959, nachdem ca. 80.000 Menschen in die DDR gekommen waren, von denen vermutlich ein Teil in die Bundesrepublik weiterreiste. Seit 1957 wurden Angehörige dieser Personengruppe in Polen auf eigenen Wunsch als DDR-Bürger registriert, ohne dass ein Ausreisewunsch vorliegen musste. Die DDR-Auslandsvertretungen nahmen auch hierbei Rücksicht auf die polnische Seite, die eine Registrierung in autochthonen Gebieten, also den Wojewodschaften Katowice, Opole, Olsztyn, Gdańsk und Białystok ablehnte. Ziel sollten aus DDR-Sicht die verstärkte »Möglichkeit der politisch-ideologischen Beeinflussung«, eine »Zurückdrängung der Ausreisepsychose« sowie die Möglichkeit sein, »diese Personengruppe für den Aufbau des Sozialismus in unseren Ländern zu gewinnen«.[23] Aufgrund der von Warschau vorgegebenen geografischen Einschränkung, aber wohl v. a. durch die abwartende Haltung der betroffenen Bevölkerung in Kombination mit der ungenügenden Information verlief die Registrierungsaktion äußerst schleppend und stagnierte seit 1961. Hinzu kam eine deutliche Änderung der Politik der PVAP in der Minderheitenfrage, die nach dem kurzen Tauwetter seit 1959/60 erneut auf die Bildung eines homogenen Nationalstaats zielte. Die DDR vollzog diese erneute Wendung mit, v. a. weil sie mit einer Verhärtung des Verhältnisses zur Bundesrepublik verbunden war. Seit 1963 wurden

Registrierungen als DDR-Bürger nur noch vorgenommen, wenn ein Ausreisewunsch in die DDR vorlag.[24] Eine Übersiedlung in die DDR war jedoch nur im Rahmen einer Familienzusammenführung möglich und wurde sowohl von den DDR-Behörden als auch von polnischer Seite sehr restriktiv gehandhabt. Damit war die Auswanderung aus Polen nur noch in Einzelfällen möglich, was 1962 und 1963 zu jeweils ca. 1.200 bzw. 1.100 Einreisen in die DDR führte.[25] Verhandlungen über die Errichtung einer bundesdeutschen Handelsmission in Warschau ab 1962/63 wurden von der DDR nicht zu Unrecht als Annäherung Polens an den anderen deutschen Staat gedeutet und von einer im Vergleich zur DDR hohen Zahl von ca. 9.000 bzw. 6.600 Ausreisen in die Bundesrepublik begleitet.[26] Insgesamt mussten die Ausreisewilligen Anfang der 1960er Jahre jedoch davon ausgehen, dass die polnischen Grenzen für die überwiegende Zahl von ihnen geschlossen bleiben würden.

Zur Situation in den Ausreisegebieten bzw. in Polen Anfang der 1960er Jahre

In Polen werden für die Zeit vor dem März 1968 unter dem Stichwort »mała stabilizacja« (Kleine Stabilisierung) zwölf Jahre der vermeintlichen gesellschaftlichen und politischen Ruhe nach dem blutigen Oktober in Posen 1956 subsumiert. Diese Stabilität speiste sich aus mehreren Quellen, von denen hier nur die große Popularität von Parteichef Władysław Gomułka, die erfolgreiche Instrumentalisierung des bundesrepublikanischen Feindbildes aus Angst vor erneuten Grenzverschiebungen, eine – damit zusammenhängende – nationalstaatliche Homogenisierungspolitik[27] sowie, nach den massiven gesellschaftlichen Umbrüchen der stalinistischen Periode, eine gewisse Sehnsucht nach Ruhe genannt werden sollen.[28] Nicht behoben war indes das Legitimitätsdefizit, das v. a. aus der Unfähigkeit der Regierung erwuchs, eine ausreichende Versorgung der Bevölkerung zu gewährleisten. In den gesamten 1960er Jahren gelang es zu keiner Zeit, die planwirtschaftlichen Probleme in den Griff zu bekommen. Diese manifestierten sich in fortwährenden Mangelerscheinungen bei der Versorgung mit Grundnahrungsmitteln und Brennstoff sowie in starken Preissprüngen. Die schwierige wirtschaftliche Situation ohne Aussicht auf schnelle Besserung der ständigen Versorgungsschwierigkeiten, die zu einem stagnierenden oder gar sinkenden Lebensstandard führte, kann als ein Faktor für eine erneute Ausreisewelle aus Polen ausgemacht werden. Dazu kamen durch das starke Bevölkerungswachstum unmittelbar nach dem Krieg und in den 1950er Jahren ausgelöste Verdrängungsprozesse, welche die sogenannten Autochthonen besonders betrafen. Für 1965 bis 1970 wurde ein demografisches Hoch mit einem starken Anstieg der erwerbsfähigen Bevölkerung prognostiziert, mit dem die polnische Planwirtschaft überfordert war.[29] Die Betriebe wurden periodisch angewiesen, ihr Lohnbudget nicht zu überziehen und auf eine Mindestqualifikation ihres Personals zu achten, was im Klartext bedeutete, dass sie Entlassungen, sogenannte »Freistellungen von der Arbeit«, vornehmen mussten. In solchen Fällen waren die schwächsten Gruppen der polnischen Arbeitsgesellschaft betroffen, besonders Frauen, Ungelernte und politisch missliebige Personen. Dazu konnten auch ehemalige deutsche Staatsbürger und die Autochthonen zählen, wie Antragsteller dem Konsulat der DDR in Breslau berichteten.[30] Die Staatsmacht selbst versuchte, die negative Stimmung der Bevölkerung mit Durchhalteparolen zu überdecken, und bediente sich dazu auch nationalistischer Parolen. Besonderes Augenmerk wurde dazu unter dem Begriff »Revisionismus« auf vorhandene oder vermeintliche Bedrohungen der polnischen Souveränität gelegt. Ehemalige deutsche Staatsbürger bzw. Autochthone standen damit weiterhin unter Generalverdacht. Der politische Druck zur Nivellierung der kulturellen und sprachlichen Besonderheiten führte in vielen Fällen zur Stärkung eines Sonderbewusstseins und weiterführend zur Abgrenzung von der polnischen Umgebung.[31] Dazu kamen gesamtgesellschaftliche Entwicklungen, die Gefühle des Fremdseins in der eigenen Heimat verstärkten, Modernisierungsängste eines Teils der alteingesessenen Bevölkerung und schließlich eine gewisse Sogwirkung, die durch die Ausreisebewegung selbst entstand und das Gefühl des »Zurückbleibens« in einer fremden Umgebung verstärkte. Durch die sehr restriktive Ausreisepolitik Anfang der 1960er Jahre hatte sich zudem ein gewisser Druck in den autochthonen Gebieten aufgebaut, dem jede Möglichkeit, Polen zu verlassen, als Ventil dienen würde.

Anstieg der Übersiedlungsanträge 1964 und Reaktionen

Ab Herbst 1963 sah sich das DDR-Konsulat in Danzig mit einer überraschend hohen Zahl von Anträgen auf Transitvisa in die Bundesrepublik konfrontiert. Zurückgeführt wurde dieser Anstieg auf den polnischen Versuch, die Zahl der Staatenlosen zu verringern und dazu alle Betroffenen zur Annahme des polnischen Personalausweises zu überreden sowie eine kurzfristig erfolgte Aufweichung der Ausreisekriterien.[32] Vermutet wurde außerdem ein Zusammenhang mit der Errichtung einer bundesdeutschen Handelsvertretung in Warschau, die zwar nicht die Aufnahme diplomatischer Beziehungen zwischen der Bundesrepublik und der Volksrepublik Polen bedeutete, gleichwohl aber aus Ostberliner Sicht eine Verbesserung der Beziehungen implizierte. Mit der Jahreswende 1963/64 stiegen plötzlich auch die Antragszahlen auf Einreise in die DDR beim Konsulat in Breslau stark an.[33] Die DDR-Auslandsvertretung war von diesem Anstieg auf ca. 3.000 Anträge in den ersten zwei Monaten überrascht und meldete die Gründe, die von den Antragstellern angegeben wurden, nach Ost-Berlin. Demnach kam es zu diskriminierendem Verhalten der polnischen Mehrheitsbevölkerung, das schlechte Beherrschen der polnischen Sprache behinderte den beruflichen Aufstieg, und einzelne Betriebe, besonders in Zabrze, legten sogar die Ausreise bzw. Übersiedlung nahe. Hinzu kämen verminderte Einkommensmöglichkeiten gegenüber polnischen Kollegen und ein höherer Lebensstandard in der DDR.[34] Das Konsulat riet in seiner Stellungnahme, den Anträgen zuzustimmen, und begründete dies wie folgt: 1.» die polnische Seite zeigt gewisses Interesse an der Übersiedlung dieser Bürger[;] 2. liegt die Übersiedlung im Interesse der Bürger deutscher Nationalität [...;] 3. sind wir unsererseits an Arbeitskräften interessiert[;] 4. würden wir damit in gewisser Hinsicht den Bestrebungen Westdeutschlands, Einfluß auf diese Bürger zu nehmen, entgegentreten.«[35]

Die DDR-Botschaft fühlte auf Grundlage der Angaben in diesem Schreiben bei den Genossen des ZK der PVAP, Abteilung Außenpolitik, vor, erhielt aber die Auskunft, dass man davon nichts wisse und den Bericht zur Kenntnis nehme und überprüfe.[36] Diese polnische Taktik, sich nicht von den Genossen in Ost-Berlin in die Karten schauen zu lassen, entsprach dem Muster, das bereits bei den Familienzusammenführungen der 1950er Jahre deutlich geworden war.[37] Der 1963 zum Botschafter der DDR in Warschau bestellte Karl Mewis hatte anscheinend trotz einer fehlenden expliziten polnischen Zustimmung den Eindruck gewonnen, die Volksrepublik sei an der Ausreise gewisser Bevölkerungsteile interessiert. Er informierte am Rande des 5. Plenums des ZK der SED im Februar 1964 den Vorsitzenden des Ministerrates Willi Stoph von den Anträgen. Dieser holte sich Rückendeckung von ZK-Generalsekretär Walter Ulbricht, der eine Übersiedlung von Antragstellern, »welche Facharbeiter sind bzw. es werden können«[38], für zweckmäßig hielt. Nach der grundsätzlichen Zustimmung des Politbüros zu »Umsiedlungen aus Polen in die DDR« (sic!) Ende März 1964[39] konnte Mewis zwei Monate später endlich auch eine quasi-offizielle polnische Stellungnahme nach Berlin übermitteln: »Gen.[osse] Czesak (Leiter der Abt. Internationale Verbindungen des ZK der PVAP) teilte mir mit, daß ein Beschluß der zuständigen Parteileitung zur Frage der Übersiedlung von Familien aus dem Konsularbezirk Wroclaw vorliegt. [...] Wir haben keinerlei Bedenken und halten es auch nicht für notwendig, eine Begrenzung der Zahl festzulegen. Es soll allein das Bedürfnis der DDR ausschlaggebend sein. Für uns ist das in jedem Falle eine Erleichterung. Wir werden dafür sorgen, daß die Ausreise erleichtert wird.«[40]

Mitte 1964 waren die besonders von der Ausreisefrage betroffenen Wojewodschaften Olsztyn, Katowice, Opole und Wrocław übereingekommen, die bisherige Ausreisepraxis zu lockern.[41] Damit wurden Ausreisen in die DDR insofern erleichtert, als auch Einladungen örtlicher Behörden anerkannt wurden, also keine Verwandten für eine Familienzusammenführung mehr vorhanden sein mussten. Für die Bundesrepublik sollten Ausreisegenehmigungen weiterhin die Ausnahme sein; trotzdem stieg hier die Zahl der Ausreisenden von ca. 6.000 im Jahr 1963 auf 11.500 im Jahr 1964 an.[42] Ausreisegenehmigungen in die DDR wurden 1964 dagegen nur für 1.700 Personen erteilt. Der Grund für dieses Ungleichgewicht dürfte darin liegen, dass die DDR in ihrem Vorgehen weit über das von polnischer Seite Tolerierbare hinausging. Mewis hatte nach seiner Unterredung im ZK der PVAP die Lage folgendermaßen nach Berlin weitergemeldet: »Jetzt ist der Weg frei[,] und meines Erachtens ist es eine Notwendigkeit[,] eine exakte Verantwortung dafür festzulegen, wer in Berlin dafür sorgt, daß die nun schon 3.000 Antragsteller schnell in die zuständigen Bezirke und Orte eingewiesen werden. Die Genossen des ZK lassen uns tatsächlich freie Hand. Wir können also noch in diesem Jahr mehrere tausend Familien übernehmen, falls wir sie unterbringen können.«[43] Daraufhin wurde dort der Beschluss des Ministerrates der DDR vom 9. Juni 1964 »über Maßnahmen zur Regelung der Übersiedlung von polnischen Staatsbürgern in die DDR« durch eine Direktive des Ministers des Innern umgesetzt.[44]

Das Sonderverfahren der Übersiedlungen 1964/65

In der Direktive des Innenministeriums wurden detaillierte Vorgaben zur »arbeits- und wohnraummäßigen Eingliederung«, zum Antragsverfahren bei den DDR-Auslandsvertretungen und zur Bearbeitung dieser Anträge durch das Ministerium des Innern, zur »Aufnahme von Bürgern der Volksrepublik Polen« in der DDR sowie zur »Einbürgerung der Übersiedler in die deutsche Staatsangehörigkeit« gemacht. Die Bezirke sollten zunächst die am dringendsten benötigten Arbeitskräfte in den »volkswirtschaftlichen Schwerpunkten« ermitteln und die Bereitstellung von geeignetem Wohnraum notfalls mit Auflagen an die betroffenen Kreise sichern. Diese Meldung sollte über einen Regierungsbeauftragten mit Sitz beim Ministerium des Innern den Auslandsvertretungen der DDR in Polen zugeleitet werden und als Grundlage dienen, die Antragsteller zu beraten und von jedem volljährigen Übersiedlungswilligen eine Zustimmungserklärung zur Annahme des vorgeschlagenen Wohnortes bzw. der vorgeschlagenen Arbeitsstelle zu erhalten. Mit der Zustimmung konnte eine »Bescheinigung über die Genehmigung der Einreise zum ständigen Aufenthalt in der Deutschen Demokratischen Republik« erteilt werden, die wiederum bei den polnischen Behörden zur Beantragung der Ausreise diente. Für die Einreisegenehmigung und damit die gesamte Übersiedlung galten strikte Fristen: Die Genehmigung war acht Wochen gültig. Die Übersiedler sollten drei Tage vor ihrer Ausreise die Auslandsvertretungen informieren, damit diese Meldung über den Regierungsbeauftragten an die Kreise weitergegeben und so die »letzten Vorbereitungen für die Aufnahme gesichert werden« konnten.

Für die Aufnahme in der DDR waren ebenso umfangreiche Vorausplanungen getroffen worden: Neben einem Beauftragten an den Grenzbahnhöfen Frankfurt (Oder) und Görlitz war die Zusammenarbeit mit diversen Organisationen vorgesehen: so dem Deutschen Roten Kreuz, der Nationalen Front, »den gesellschaftlichen Organen in den Betrieben«, bis hin zu den Jungen Pionieren und der FDJ. Neben dem Ministerium des Innern waren das Ministerium der Finanzen (für Überbrückungsgeld und Kredite), das Ministerium für Volksbildung (Einschulung und Betreuung der Kinder) und das Industrie- sowie das Landwirtschaftsministerium (zur Ermittlung des Arbeitskräftebedarfs) involviert. Mit dem Übersiedlungsantrag wurde »gleichzeitig um den Erwerb der deutschen Staatsangehörigkeit nachgesucht«. Die Übersiedler sollten also quasi sofort nach ihrer Einreise zu Bürgern der DDR werden und dazu eine Einbürgerungsurkunde sowie einen Personalausweis erhalten.[45]

In der Zusammenschau fallen mehrere bemerkenswerte Aspekte der Direktive auf: Grundlage der Einreise war ausschließlich der Arbeitskräftebedarf bzw. der zur Verfügung stehende Wohnraum. Eine weitere Überprüfung der Anträge außer durch die DDR-Auslandsvertretungen war nicht vorgesehen, sodass nicht etwa der Regierungsbeauftragte und damit das Ministerium des Innern über die Einreise entschieden, sondern Konsular- und Botschaftsvertreter. Dies widersprach der bis dahin geübten Praxis einer langwierigen und genauen Prüfung der Anträge auf Einreise durch verschiedene Verwaltungsebenen des Innenministeriums. Auffällig ist auch die kurze Gültigkeit der ausgestellten Einreisegenehmigungen: Nach der von DDR-Botschafter Mewis gemeldeten grundlegenden Zustimmung der polnischen Seite zur erleichterten Ausreise rechnete man im Ministerium für Äußere Angelegenheiten, aber auch in den Entscheidungsgremien des ZK offenbar mit einem Entgegenkommen der polnischen Seite. Insgesamt lassen die schnelle Beschlussfassung inklusive der Regelung aller bürokratischen Details und die rasche, zeitnah geplante Umsetzung darauf schließen, dass den beteiligten Ministerien des Innern und für Äußere Angelegenheiten daran gelegen war, möglichst schnell eine beträchtliche Zahl der Antragsteller in die DDR überzusiedeln. Zum einen stand zu befürchten, dass eine lange Bearbeitungszeit der Bundesrepublik die Möglichkeit eröffnen würde, die Übersiedlungswilligen in ihrem Sinne zu beeinflussen, zum anderen galt es, die grundsätzliche Zustimmung Warschaus zur Ausreise angesichts der wiederholten Schwankungen in der polnischen Minderheitenpolitik so schnell wie möglich zu nutzen. Mit der schnellen Umsetzung riskierte man jedoch einen überstürzten Beginn der Übersiedlungsaktion, wobei man zusätzlich die polnischen Vorbehalte und Empfindlichkeiten unterschätzte.

Die DDR sah nach der generellen Zustimmung Polens zur Ausreise keinen Grund, sich in irgendeiner Weise zurückzuhalten. So erteilte das Konsulat in Breslau in hoher Zahl Einreisegenehmigungen (ca. 11.700 von Juni bis etwa August 1964), die in Kombination auch einen Antrag auf Wechsel der Staatsbürgerschaft enthielten.[46] Dies irritierte wiederum die polnische Seite, die sich intern über eine mangelnde Vorabinformation durch die DDR beschwerte.[47] Dazu kam ein Moment, dass beide Seiten so nicht vorausgesehen hatten. Die westliche Presse berichtete unter der Überschrift »Zone drängt Deutsche zum Verlassen der polnisch verwalteten Gebiete«,[48] es werde versucht, »die unter polnischer Verwaltung stehenden Deutschen zur Annahme von Sowjetzonen-Pässen und zur Umsiedlung ›in die Heimat‹ zu bewegen«.[49] Grundlage dieser Berichte waren Angaben des DRK (West), das von Übersiedlungswilligen Anfragen erhielt, ob die angebotene Ausreise in die DDR angenommen werden solle. Das DRK verhielt sich zurückhaltend, warnte jedoch, dass eine Ausreise aus der DDR nicht möglich sei.[50]

Neben einer objektiven Berichterstattung waren in der westlichen Presse und im Rundfunk auch Spekulationen über eine Massenaussiedlung der gesamten mit 800.000 angegebenen Zahl der »im polnischen Machtbereich lebenden Deutschen«[51] zu vernehmen. Der Österreichische Rundfunk, der im südlichen Teil Polens zu empfangen war, berichteten ebenfalls über die geplante Übersiedlungsaktion. Bei den Einheimischen entstand so der Eindruck, es komme zu einer zwangsweisen Massenaussiedlung in die DDR in Größenordnungen von bis zu 150.000 Menschen.[52] Gerüchte um diese angeblich geplante Massenaussiedlung ließen wiederum die Antragszahlen auf Ausreise in die Bundesrepublik in die Höhe schnellen, was die polnischen Behörden in Alarmzustand versetzte. Botschafter Mewis musste mehrfach die so entstandenen Wogen im Warschauer Außen- und Innenministerium glätten,[53] stand aber gleichzeitig unter erheblichem Druck aus Berlin, die Übersiedlungsaktion voranzubringen, um die freien Arbeitsstellen und Wohnungen in der DDR zu belegen. In einem Schreiben an den Stellvertretenden Außenminister König machte er für die polnische Empfindlichkeit das Drängen auf Einhalten der Acht-Wochen Einreisefrist bzw. auf beschleunigte Bearbeitung der Ausreiseanträge verantwortlich: »So entspricht das zwar dem Wunsch der Genossen [des Innenministeriums der DDR, Anm. d. Verf.], die meinten, dass man Wohnungen nicht länger als 8 Wochen freihalten könne, aber man kann aussenpolitische Fragen nicht auf der Basis solcher inneren Angelegenheiten regeln.« Und weiter: »Nach Rücksprache mit den verschiedensten Genossen [in Polen, Anm. d. Verf.] bin ich zu der Schlussfolgerung gekommen, dass ein Hochspielen dieser Terminfragen in die Ebene des Ministerrates oder des Politbüros dazu führen kann, dass der ursprüngliche Beschluss auf Freizügigkeit für uns rückgängig gemacht wird.«[54]

Bereits im August 1964 gab der Ministerrat der DDR dem Drängen aus den Bezirken nach und ermöglichte die Freigabe der blockierten Wohnungen und die Besetzung der freigehaltenen Arbeitsplätze, da eine schnelle massenhafte Ausreise aus Polen von den DDR-Auslandsvertretungen nicht mehr erwartet wurde.[55] Durch eine grundsätzliche Änderung im Verfahren sollten die Einreisegenehmigungen jetzt vom Ministerium des Innern gemäß »des Arbeitskräftebedarfs der Volkswirtschaft [...] und den geltenden gesetzlichen Bestimmungen«[56] erteilt und die bisher bewilligten Einreisen dort nochmals überprüft werden. Damit war die Sonderbehandlung der Übersiedlungswilligen aus Polen beendet, die nach der Direktive vom Juli 1964 an den für Einreisefragen zuständigen Stellen im Innenministerium vorbei hätte erfolgen sollen und auf einen grundsätzlichen Konflikt zwischen Außen- und Innenministerium in dieser Frage hindeutet. Zudem waren die polnischen Stellen wohl von der Menge der Einreiseanträge überrascht, was wiederum die Frage aufwirft, was sie über die Zustände in den autochthonen Gebieten wussten. Sie bestanden gegenüber dem DDR-Botschafter auf einer Zahl von höchstens 3.000 Ausreisen pro Jahr.[57]

Mewis selbst sah durchaus die Möglichkeit eines grundsätzlichen Misserfolgs der Übersiedlungsaktion inklusive negativer Auswirkungen auf die Beziehungen der DDR zur Volksrepublik. Er gab zwar dem Innenministerium die Schuld am Scheitern der ersten Direktive,[58] verschwieg aber wohlweislich, dass er selbst die polnische Empfindlichkeit in der Ausreise- und damit der Minderheitenfrage gründlich unterschätzt hatte. Die Irritationen über das Vorgehen der jeweils anderen Seite setzten sich nach den Problemen bei den Familienzusammenführungen zwischen der DDR und der Volksrepublik in den 1950er Jahren auch in diesem Fall fort. Die bereits erteilten Einreisegenehmigungen bedeuteten aber für beide Seiten ein grundsätzliches Problem: Für die DDR stand ihre Reputation unter den sogenannten Autochthonen und ehemaligen deutschen Staatsbürgern auf dem Spiel, denen man eine Anfälligkeit für die westdeutsche Propaganda unterstellte. Zudem war die Möglichkeit, polnische Arbeitskräfte ohne weitere zwischenstaatliche Vereinbarungen zu übernehmen, anscheinend nach wie vor verlockend. Für Warschau stellten die Ausreisewilligen ein noch größeres Problem dar, saßen diese doch nach Erhalt ihrer formalen Einreisegenehmigung in die DDR auf gepackten Koffern und wurden zudem bei Bekanntwerden ihres Ausreisewunsches noch stärker diskriminiert als zuvor, häufig gar von ihrer Arbeitsstelle »freigestellt«, was ihre Unzufriedenheit nur verstärkte. Beide Seiten mussten also daran interessiert sein, das Problem der Übersiedlungen schnell und ohne Aufsehen zu lösen. Dabei war aber keine Seite zu Kompromissen bereit: Die Volksrepublik wollte keine Sonderbehandlung der Ausreisen in die DDR, letztere wiederum hielt an ihrem bürokratischem Verfahren fest, das die selektive Einreise von möglichst vielen Arbeitskräften sichern sollte.

Von der Neuformulierung 1965 bis zur Einstellung des Sonderverfahrens 1987

Mit einem Beschluss des Präsidiums des Ministerrates im August 1965 und einer geänderten Direktive im folgenden Monat trug die DDR den polnischen Vorgaben weitgehend Rechnung. Man bezog sich in den Bestimmungen für die Bearbeitung der Anträge auf den Schriftwechsel zwischen den Innenministern beider Staaten von 1959/60, die im Anschluss an die teilweise in Massentransporten erfolgten Familienzusammenführungen ein individualisiertes Verfahren für die Übersiedlung aus Polen in die DDR vorsahen. Dabei behielt sich die Volksrepublik Polen eine genaue Prüfung jedes einzelnen Ausreiseantrages vor, die sich in der grundsätzlichen Abfolge nicht von dem für die Bundesrepublik gültigen Prozedere unterschied.[59] Zwar akzeptierte die Volksrepublik aufgrund der erwähnten Änderungen in der Ausreisepolitik auch Anträge, ohne dass Familienangehörigen vorhanden waren, sie war jedoch nicht bereit, die Bearbeitung wie von der DDR gewünscht zu beschleunigen. Das im Vergleich zur ersten Direktive grundlegend überarbeitete Verfahren vom August 1964 wurde durch die neue Direktive noch einmal bestätigt. Nach Entgegennahme der Anträge der Übersiedlungswilligen durch die DDR-Konsulate und einer grundsätzlichen Prüfung des Antragstellers auf seine Eignung wurden die Gesuche dem Innenministerium zugeleitet. Dieses prüfte anhand der Listen der von den Bezirken benötigten Arbeitskräfte, wohin sich der Antragsteller mit dem angegebenen Beruf in der DDR vermitteln ließ. Der positive Bescheid ging über die Bezirksräte den Kreisen zu, die sich bereits bei der Ermittlung des Arbeitskräftebedarfs um die Bereithaltung entsprechenden Wohnraums zu kümmern hatten. Durch die Bürgermeister der zukünftigen Wohnorte bzw. auch den zukünftigen Anstellungsbetrieb erhielt der Antragsteller seine individuelle Einladung in die DDR, die sechs Monate gültig war und sowohl die grundsätzliche Einreisegenehmigung als auch die Grundlage des Ausreiseantrages darstellte. Bereits enthalten war der Antrag auf Einbürgerung in die DDR.[60]

Weitere Regelungen unterschieden sich nicht wesentlich von der früheren Direktive vom Juni 1964. In der überwiegenden Zahl der Fälle wurden die Einreisen genehmigt. So vermeldete eine Statistik des Ministeriums des Innern für den Zeitraum Juli 1964 bis März 1965, von über 18.400 beantragten Einreisegenehmigungen seien rund 16.600 erteilt worden. Bei den restlichen 1.800 abgelehnten Anträgen handelte es sich um »Personen polnischer Nationalität sowie Invaliden oder Altersrentner ohne Angehörige in der DDR«[61]. Die Zielrichtung der gesamten Übersiedlungsaktion spiegelt sich in dieser Statistik eindeutig wider: Die Selektion erfolgte zunächst anhand der Eignung als Arbeitskraft, ein zweites Kriterium war die Nationalität des Antragstellers, wobei diese v. a. am Vorhandensein deutscher Sprachkenntnisse festgemacht worden sein dürfte, denn weitere Kriterien wie die nationale Selbstzuschreibung waren durch die Auslandsvertretungen nur schwer zu überprüfen.

Trotz der mehrfachen Konsultationen Mewis' mit den polnischen Genossen im Innen- und Außenministerium blieben die Einreisezahlen in die DDR weit hinter den Erwartungen zurück: So hatten bis März 1965 nur 874 Antragsteller von den polnischen Behörden die Ausreisegenehmigung erhalten, wovon wiederum erst 722 in der DDR eingetroffen waren.[62] Für die polnische Seite stand bei der Bearbeitung der Anträge im Vordergrund, »daß keine zeitliche und örtliche Konzentration« der Ausreisewilligen auftrat. »Das betonten die Genossen immer wieder, um deutlich zu machen, daß sie aus politischen Gründen keine Unruhe unter der Bevölkerung einzelner Städte und Gebiete entstehen lassen möchten.«[63] So sei es bereits zu einer Häufung von Anträgen in Zabrze, Racibórz und Gliwice gekommen, die eine »künstliche Ausreisepsychose« hervorgerufen und damit politische Schwierigkeiten verursacht habe.[64] Aus polnischer Sicht stellte die vermehrte Antragstellung auf Übersiedlung in die DDR also ebenso einen Unsicherheitsfaktor für die Stabilität der autochthonen Bevölkerung dar wie die noch zahlreicheren Ausreiseanträge in die Bundesrepublik. Die Angst vor einem »Präzedenzfall«, bei dem ein generelles Ansteigen der Ausreiseanträge vermutet wurde, ließ keine irgendwie geartete Sonderbehandlung der Übersiedlungsanträge in die DDR zu.[65]

Dies war aus DDR-Sicht nur schwer verständlich, schließlich unterhielt man »diplomatische Beziehungen, während solche Beziehungen zu Westdeutschland nicht«[66] bestanden. Anscheinend konnten sich die Verantwortlichen in der DDR nicht vorstellen, dass die überwiegende Zahl der ehemaligen deutschen Staatsbürger und Autochthonen die Ausreise in die Bundesrepublik einer Übersiedlung in die DDR weit vorzog und dass jede Unruhe in den autochthonen Gebieten genau eine solche Ausreisebewegung initiieren bzw. verstärken musste, die wiederum die gesellschaftliche Stabilität der Volksrepublik sowie deren propagiertes Selbstbild eines homogenen Nationalstaates bedrohte. Zwar stiegen die Einreisezahlen in die DDR seit 1964 auf über 5.600 Personen im Jahr 1966 an, danach war jedoch wieder eine Abnahme der Übersiedlungen festzustellen: So reisten 1970 noch gut 3.000 Personen ein, während 1974 nur noch knapp 1.000 Personen übersiedelten.[67] Nach einem kurzzeitigen Hoch von über 1.200 Personen im Jahr 1975 nahm die Zahl der Übersiedelnden kontinuierlich ab.[68] In den 1980er Jahren wurden auch Übersiedlungen aufgrund von Ehen mit DDR-Bürgern in die Statistik aufgenommen, sodass von 239 Einreisen 1987 nur 24 nicht zu Ehepartnern erfolgten. Damit verlor die Direktive ihren ursprünglichen Sinn. Das gesonderte Vorgehen wurde 1987 endgültig beendet und neue Anträge auf Übersiedlung in das normale Verfahren der ständigen Einreise in die DDR einbezogen.[69]

Die Gesamtbilanz der Übersiedlungen fiel somit ambivalent aus: Das Ziel, von der Auswanderungswelle aus Polen (und in Konkurrenz zur Bundesrepublik) zu profitieren, konnte nur in den Jahren 1964–74 in Ansätzen erreicht werden. Der insgesamt gesehen relativ überschaubare Bevölkerungszuwachs von ca. 35.000 Personen[70] konnte den Verlust der DDR an Menschen nicht annähernd ausgleichen. Demgegenüber standen beträchtliche administrative Kosten bei der Planung, Umsetzung und »Problembehandlung«.

Umsetzung und Problemfelder der Direktive in der DDR

Bereits im ersten Anlauf zur administrativen Regelung im Juni 1964 zeigte sich, welche Faktoren für das Ge- oder Misslingen der gesamten Übersiedlungsaktion entscheidend sein würden. Mit der »Vorbereitung der arbeits- und wohnungsmäßigen Eingliederung« waren die für die staatliche Seite die wichtigsten Grundvoraussetzungen für eine erfolgreiche Übersiedlung geschaffen. In Kombination mit einer schnellen Einbürgerung sollte dies zu einer raschen Integration in die DDR-Gesellschaft führen. Zum einen beruhte dies auf den Erfahrungen mit den Flüchtlingen und Vertriebenen, deren erfolgreiche Aufnahme als »Umsiedler« in der Nachkriegszeit ganz wesentlich vom Vorhandensein von Erwerbs- und Wohnmöglichkeiten bestimmt gewesen war. Zum zweiten konnte die DDR mit der schnellen Bereitstellung von Arbeit und Wohnung aus Sicht der Herrschenden gegenüber den vermeintlich unsicheren Verhältnissen in der Bundesrepublik durchaus punkten. Und zum dritten trug die möglichst unmittelbare »Eingliederung« auch dazu bei, etwaigen kollektiven Interessenbekundungen der Übersiedler bzw. deren gesellschaftlicher Segregation vorzubeugen. Für die Antragsteller in Polen war ein Einfluss auf die Wahl ihres zukünftigen Wohn- und Arbeitsortes nur in sehr begrenztem Umfang gegeben: Sie konnten zwar auf den Antragskarten einen Wunschort angeben, der sich jedoch nur »nach dem Bedarf und den volkswirtschaftlichen Interessen«[71] der DDR verwirklichen ließ. Da die Arbeitsstellen in Abhängigkeit vom vorhandenen Wohnraum über die ganze DDR verteilt waren, wurde zudem vermieden, dass sich Übersiedlerfamilien in großer räumlicher Nähe konzentrierten. In weiteren Punkten beider Direktiven von 1964 und 1965 wurden die Einschulung der Kinder, die Zahlung von Überbrückungsgeldern und die Vergabe von Krediten sowie Hilfen »gesellschaftlicher Organisationen« beim Einleben am Wohnort und im Betrieb geregelt.[72]

Die Direktiven gaben also ein umfassendes Programm für die möglichst rasche, unauffällige Integration der Übersiedler an ihren neuen Wohn- und Arbeitsorten vor. Demgegenüber stand eine grundsätzlich zu vermutende Bereitschaft der Übersiedler, sich als »Deutsche unter Deutschen« an die Mehrheitsgesellschaft anzupassen, um ihre Übersiedlung vor sich und ihrer sozialen Umwelt zu rechtfertigen.[73] Andererseits hatten die Übersiedelnden zudem das Ziel, ihre materielle Lage fühlbar zu verbessern. Dass beide Zielvorstellungen mitunter kollidierten und welche Probleme dies für die Durchführung der gesamten Übersiedlungsaktion besonders auf den untersten Verwaltungsebenen hervorrief, soll im Folgenden an Beispielen aus den Bezirken Potsdam, Frankfurt (Oder) und Cottbus gezeigt werden. Hier waren aufgrund der wirtschaftlichen und Beschäftigungsstruktur unterschiedliche Möglichkeiten für die Ansiedlung von Übersiedlern vorhanden. Sie reichten von großindustriellen Arbeitsplätzen, wie den Braunkohlekombinaten in der Niederlausitz, bis hin zu rein landwirtschaftlichen Tätigkeiten, die sich verstreut in ganz Brandenburg fanden. Beide Bereiche litten unter chronischem Arbeitskräftemangel und stellten daher für die Arbeitsverwaltung der DDR Schwerpunkte der »Gewinnung von Arbeitskräften« dar. Wichtiger als der Bedarf an Arbeitskräften war jedoch der Wohnraumbestand. Die Verfügbarkeit von Wohnungen erwies sich als der zentrale Faktor für die Aufnahme von Übersiedlern in einzelnen Gemeinden oder Städten und steht daher bei den anschließenden Beispielen im Vordergrund.

Zwar gelang es dem stark zentralisierten Verwaltungsapparat unter Federführung des Innenministeriums 1964 sehr schnell, die zuständigen Vertreter in den Abteilungen Innere Angelegenheiten der Räte der Bezirke zu informieren,[74] doch konstatierten diese frühzeitig Probleme bei der Bereithaltung von Wohnungen. »Es wurde vor allem darauf hingewiesen, dass ein längeres Freihalten von Wohnraum durch verzögertes Eintreffen der Übersiedler, was sich über Wochen hinziehen kann, von der Bevölkerung nicht verstanden werden wird und darüber hinaus auch unnötige Kosten entstehen (Miete).«[75] Einige Vertreter der Bezirke wünschten sich vom Ministerium des Innern zudem »eine zentrale Argumentation, um diese Probleme in den Bezirken der Bevölkerung einheitlich zu erläutern«[76]. Als sich im August 1964 abzeichnete, dass mit einer schnellen Übersiedlung nicht zu rechnen war, wurden als erstes bisher blockierte Wohnungen in den Bezirken freigegeben. Die sich teilweise über Jahre hinziehenden Ausreiseverfahren aus Polen waren immer wieder Gegenstand von Beschwerden untergeordneter Dienststellen, die leerstehende Wohnungen vor ihrer eigenen Bevölkerung rechtfertigen mussten. Der Rat des Bezirkes Frankfurt (Oder) berichtete 1969, dass »hier viele Wohnungssuchende auf Zuweisung einer Wohnung seit Jahren warten« und »nicht wenig Diskussionen unter der Bevölkerung und sogar bei den Mitarbeitern der staatlichen Organe« entstünden.[77]

Mit den ersten Übersiedlungen ab etwa Herbst 1964 zeichnete sich ein zusätzliches Problemfeld ab, das die untergeordneten Verwaltungsebenen beunruhigte. So berichtete der Cottbuser Rat bereits im Dezember 1964, dass die »polnischen Bürger« Forderungen nach »Neubauwohnungen, Wohnungen am gleichen Ort, wo Verwandte oder Bekannte wohnen[,] und die Unterbringung nur in Städten« erhöben.[78] Im Mai 1965 weigerten sich zwei Familien, »Wohnungen in Dörfern zu beziehen[,] und lehnten, nachdem ihnen keine Zusicherung der Einweisung z. B. nach Hoyerswerda-Neustadt gegeben werden konnte, eine Arbeitsaufnahme in einem Braunkohlenwerk ab«[79]. Familie K. verlangte dagegen eine Neubauwohnung in Vetschau bzw. in einer Stadt, da ihnen »bei der Übersiedlung in Bezug auf die Neubauwohnung ein solches Versprechen gegeben worden«[80] sei. Im Oktober 1969 berichtete der Bezirk

Frankfurt (Oder), dass Eisenhüttenstadt »bis 1970 nicht in der Lage ist, Familien einzugliedern, weil der Wohnungsbau bis zu diesem Zeitpunkt eingestellt ist. [...] Die Bezirkshauptstadt Frankfurt (O.) weist grundsätzlich die Aufnahme von Familien in diesem Jahr zurück.«[81] Es würden zunehmend Einladungen von Gemeinden ausgestellt, weil in den Städten die Zahl der Wohnungssuchenden im Vergleich zur Bevölkerungszahl sehr hoch sei.

Mit dieser Tendenz waren jedoch neue Probleme verbunden, die bereits seit Beginn der Übersiedlungsaktion in Einzelfällen auftraten. Integraler Bestandteil des Antrags auf Übersiedlung war eine formale Zustimmung, in der DDR jede angebotene Arbeit, auch in der Landwirtschaft, anzunehmen. Die Auslandsvertretungen waren gehalten, jeden Antrag auf Zustimmung zu dieser Verpflichtung zu prüfen. Für die Antragsteller musste es so aussehen, dass Gesuche ohne eine solche Bereitschaftserklärung nicht bearbeitet würden. Vermutlich in der Annahme, dass sich eine solche formale Bereitschaftserklärung vor Ort verhandeln ließe, akzeptierten die Übersiedler auch Einladungen, in denen eine kleine Gemeinde als Wohnort und eine Landwirtschaftliche Produktionsgenossenschaft als Arbeitsplatz angegeben waren, obwohl sie selbst keinesfalls auf dem Land leben und arbeiten wollten. Die mit den Übersiedlern befassten Verwaltungsstellen vor Ort machten sich darauf ihren eigenen Reim: »Es handelt sich dabei meistenteils um solche Familien, die in der VR Polen in größeren Industriebetrieben gearbeitet bzw. in Industriezentren gewohnt haben, sich schriftlich bereiterklärten, in Gemeinden Wohnraum zu beziehen, jedoch nach ihrer Übersiedlung es ablehnten, in kleinen Städten bzw. Gemeinden zu wohnen.«[82]

Die Aussicht, auf dem Land zu wohnen, war für aus den traditionellen industriellen Zentren Oberschlesiens stammende Menschen gleichbedeutend mit einem sozialen Abstieg, da das Landleben im Polen der 1960er und 1970er Jahre als extrem rückständig galt. Eine Migration, die mit einer Statusverbesserung einhergehen sollte, war also nur in vergleichbare oder bessere Lebensverhältnisse wie die zurückgelassenen zu akzeptieren. Die von den Problemen betroffenen Verwaltungsstellen in der DDR gingen deshalb teilweise ihren eigenen Weg, um sich vor weiteren Auseinandersetzungen zu schützen: So schrieb der Kreis Rathenow 1973 die ihm zugewiesenen Familien zunächst an und teilte mit, »welche Möglichkeiten der Unterbringung für sie bestehen«, und wollte wissen, ob »sie damit einverstanden sind. Erst nach Eingang der Antwort soll die Einladung ausgestellt werden.«[83] Die schwierige Bereitstellung von Wohnungen wurde auch als Grund dafür angegeben, warum die Ausstellung von Einladungen für genehmigte Anträge zum Teil äußerst schleppend verlief. Im Oktober 1969 stellte beispielsweise der Bezirk Frankfurt (Oder) fest, dass noch 110 Anträge aus den Jahren 1964–68 in Bearbeitung seien, wovon für 40 Anträge keine Einladungen ausgestellt werden konnten, »weil der erforderliche Wohnraum bisher nicht zur Verfügung gestellt werden konnte«[84]. Der Bezirk Potsdam beschwerte sich intern über die mangelhafte Arbeit der Kreise Potsdam/Land und Zossen, »weil es [...] zu keiner Einigung mit der Wohnraumlenkung kommt«[85].

Die Wohnungsfrage bot somit fortwährend Konfliktpotenzial zwischen den Verantwortlichen in den Abteilungen für Inneres der Bezirke und den entsprechenden Verwaltungsstellen in den Kreisen. Die Bezirke leiteten die vom Ministerium des Innern genehmigten Einreiseanträge an die Kreise weiter, je nach deren vorab erfolgter Bedarfsmeldung an Arbeitskräften. Da zwischen Bedarfsmeldung und Einreise mehrere Monate oder sogar Jahre liegen konnten, war es für die Kreise bzw. für die Städte und Gemeinden in der Regel nicht möglich, Wohnungen so lange freizuhalten. Deshalb wurden seit Anfang der 1970er Jahre in großen Städten verstärkt Übergangswohnungen, sogenannte Zwischenunterkünfte, geschaffen, in denen die Übersiedler bis zu ihrer endgültigen Wohnungszuweisung wohnen konnten. Obwohl der sofortige Bezug einer Wohnung eigentlich in den Verwaltungsvorschriften vorgegeben war, kam es besonders zu Beginn der Übersiedlungsaktion, aber auch später vereinzelt zu Einreisen über die sogenannten Bezirksheime. Diese waren für alle in die DDR dauerhaft einreisenden Personen, also besonders für die West-Ost-Migranten, geschaffen worden. Trotz der an sich vorab avisierten Anreise an den vorgesehenen Wohnort blieben Einreisende teilweise länger in den Bezirksheimen, oft auch, um ihre Wünsche betreffs Wohnort und Wohnungsausstattung durchzusetzen. Ende 1964 weigerte sich z. B. Familie O. mit vier jugendlichen Kindern, eine »neurenovierte 4-Zimmer-Altbau-Wohnung zu beziehen und hält sich deshalb immer noch im Bezirksheim auf, weil es einfach nicht möglich ist, große Wohnungen anderweitig sofort zu beschaffen«[86].

Eine weitere aus Sicht der Übersiedler sehr lohnende Strategie war das Verfassen von Eingaben, um ihre Ziele zu erreichen. So musste der Bezirk Cottbus 1966 feststellen, »daß es hin und wieder zu Eingaben der Übersiedler kommt wegen ungenügender Vorbereitung der Wohnungen«[87]. Eine weitere Möglichkeit, die Lebensumstände zu verbessern, bestand darin, sich eigenständig eine andere Arbeitsstelle mit dazugehöriger Wohnung zu suchen. Drei Familien, die 1966 in den Bezirk Cottbus eingewiesen wurden, machten sich selbst auf den Weg nach Riesa, um dort Arbeit zu finden, da »sie in einer Stadt leben wollen [...], weil die Braunkohlenwerke ja nicht in den Städten[,] sondern in den Gemeinden liegen«[88]. Oft führte diese eigenmächtige Suche zu Konflikten der Bezirke untereinander, weil der Zuzug der Übersiedler in andere als die für sie vorbereiteten Wohnungen und Arbeitsplätze die Planungen durcheinander warf, »für die viel Zeit und Mühe aufgewandt wurde«[89]. Für die meisten Städte mit ihrer ohnehin miserablen Wohnraumversorgung waren die Übersiedler v. a. eine Belastung, die nur in einigermaßen geregelte Bahnen gelenkt werden konnte, wenn Betriebe aus ihrem eigenen Kontingent Wohnungen bereitstellten, um im Gegenzug Arbeitskräfte zu bekommen, wie dies bei den Großbetrieben der Niederlausitz teilweise möglich war. In den Landgemeinden war eine Unterbringung in der Regel einfacher; allerdings führte hier die Herkunft der überwiegenden Anzahl der Übersiedler aus den städtischen Zentren Oberschlesiens zu Konflikten, die meistens nur durch Abwanderung der Neubürger gelöst werden konnten. Dagegen waren Ermländer und Masuren, aber auch Menschen aus den landwirtschaftlich geprägten Regionen des Oppelner Schlesiens durchaus bereit, in Landgemeinden zu wohnen.

Insgesamt lässt sich aber für die »arbeitsmäßige Eingliederung« der Übersiedler ein zunächst überraschend geräuschloser Vollzug konstatieren. Übereinstimmend berichten die Analysen wie etwa die des Bezirkes Cottbus aus dem Jahr 1979: »Die Eingliederung in den Arbeitsprozeß erfolgte reibungslos. Sie besitzen einen guten Kontakt zu ihren Arbeitskollektiven und zeichnen sich durch gute Arbeitsdisziplin aus.«[90] Die Abteilung Innere Angelegenheiten dieses Bezirkes errechnete 1966 sogar, wie viel Werbungskosten für Arbeitskräfte aus der DDR dem Bezirk durch die Übersiedler gespart würden und welche Wertschöpfung sie in der Industrie pro Arbeitskraft und insgesamt erbrächten.[91] Der Bezirk Potsdam konnte 1969 mitteilen, »daß die übergesiedelten Bürger eine gute Arbeitsmoral haben und gute Arbeitsleistungen vollbringen. Sie werden daher in den Kollektiven sehr geschätzt.«[92]

Besonders im überschaubaren Bereich der Landgemeinden konnten die Verantwortlichen durch eine erfolgreiche Aufnahme von Übersiedlern ihre eigenen Arbeitskräfteprobleme verringern: »Da in fast allen landwirtschaftlichen Betrieben unseres Kreises ein Mangel an landwirtschaftlichen Fachkräften besteht, ist jeder Vorstand der L[andwirtschaftlichen] P[roduktions]G[enossenschaften] bzw. Leiter der V[olks]E[igenen] G[üter] bemüht, durch gute Vorbereitung z. B. Wohnungsbereitstellung sowie materielle und finanzielle Unterstützung des Einleben der Bürger zu erleichtern.«[93] Wenn, wie in diesem Fall, bereits vor der Einreise ein direkter brieflicher Kontakt »die zu erwartenden Wohnverhältnisse, die Verdienstmöglichkeiten sowie die Möglichkeiten der Qualifizierung« klärte, konnten sich die Neubürger, etwa jene elf Familien, die im zweiten Halbjahr 1969 in den Kreis Bad Freienwalde übersiedelten, aus Sicht der Verwaltung »sehr schnell in das gesellschaftliche Leben eingewöhnen«.[94] Schwierigkeiten bestanden schon eher, wenn Übersiedler ihrem in Polen ausgeübten Beruf in der DDR nicht oder nur eingeschränkt weiter nachgehen konnten. Diese Problematik betraf besonders Bergarbeiter aus dem in Polen unter Tage betriebenen, mit hohem Sozialprestige behafteten Steinkohleabbau. Oft wollten sie die Arbeit in einem offenen Braunkohletagebau zunächst nicht annehmen, wie Berichte des Bezirkes Cottbus aus dem Jahr 1966 belegen.[95] Gleichzeitig regelten Betriebe wie das Kombinat Schwarze Pumpe im Jahr 1965 bereits sehr detailliert, wie die Aufrechterhaltung der »Bergbaurechte«, also besonderer Renten- und Entlohnungsansprüche, nach einer Übersiedlung zu handhaben sei.[96]

Für die relativ unproblematisch erscheinende Integration der Übersiedler an ihrem Arbeitsplatz lassen sich migrationssoziologische Gründe anführen: Der Wechsel von der einen sozialistischen Arbeitsgesellschaft in die andere war Mitte der 1960er und in den 1970er Jahren offenbar keine unüberwindliche Herausforderung. In ihrem Verständnis konnten die Übersiedler zudem eine vorübergehende Schlechterstellung rechtfertigen, bot die DDR-Arbeitswelt doch zahlreiche Aufstiegs- und bei Nicht-Gefallen auch Umstiegschancen in verwandte Berufe oder andere Betriebe. Angesichts des allgegenwärtigen Mangels an Arbeitskräften war die Suche nach einem besseren Arbeitsplatz in Kombination mit einer verbesserten Wohnsituation ein durchaus gewinnversprechendes Unterfangen, das zwar die zentral koordinierten Planungen der Verwaltung störte, für die Übersiedler im Zweifelsfall jedoch positiv endete.

Schlussbemerkungen

Mit den »Übersiedlungen von Bürgern aus der VR Polen« kam es zu einer Migrationsbewegung in die DDR, die historisch spezifische Züge trug. Einerseits war der Bedarf an Arbeitskräften Auslöser der staatlichen Aktivitäten beim Zustandekommen der Migration, sodass selektiv nur jene Menschen übersiedeln konnten, deren Arbeitskraft in der DDR benötigt wurde. Andererseits wanderten aber auch deren Familien mit ein und wurden zu gleichberechtigten DDR-Bürgern, wobei wiederum im Hintergrund eine Auswahl infolge ethnischer Einstufung als »Deutsche« maßgeblich war. Diese Kategorisierung stand durch die schwierige Gemengelage in den Ausreisegebieten auf wackligen Beinen und wurde ebenso wie bei Einreisen in die Bundesrepublik aufgrund von Sprachkenntnissen bzw. anhand von Urkunden aus nationalsozialistischer Zeit vollzogen. Die Kombination aus halboffizieller Übernahme von Arbeitskräften bei gleichzeitiger ethnischer Selektion stellte einen eigenen Weg der DDR dar, der deutliche Unterschiede zu den in der Bundesrepublik eingeschlagenen Pfaden einer politisch differenziert motivierten Zuwanderung von Aussiedlern auf der einen und Gastarbeitern auf der anderen Seite erkennen lässt.

Migrationshistorisch lässt sich die Übersiedlungsaktion zunächst klassisch durch das Vorhandensein von Push- und Pull-Faktoren in den Ausreisegebieten der VR Polen und im Einreiseland DDR darstellen. Diese Faktoren waren sowohl politischer als auch wirtschaftlicher und kultureller Natur. Hinzu kamen individuelle Entscheidungen, denn gerade die Konkurrenzsituation von DDR und Bundesrepublik machte eine bewusste Wahl zwischen der Übersiedlung in einen der beiden Staaten möglich. In der Rahmenhandlung der Beziehungen zwischen Warschau, Berlin und Bonn lässt sich weiterhin zeigen, wie sich die Konkurrenz der beiden deutschen Staaten in einem Drittstaat auswirkte, in dem Teile der Bevölkerung potenziell an einer Ausreise interessiert waren. Der für die Volksrepublik Polen in ihrem Selbstverständnis als homogener Nationalstaat und rechtmäßiger Erbe der ehemaligen Ostgebiete des Deutschen Reiches problematische Auswanderungswunsch von Teilen der sogenannten autochthonen Bevölkerung war Ursache vielfältiger Irritationen im Verhältnis zur DDR. Die klarere Haltung der Bundesrepublik im Bereich der deutschen Staatsbürgerschaft konnte zwar einerseits zur Aufrechterhaltung eines eindeutigen Feindbildes genutzt werden, andererseits erschien die DDR mit ihrem Versuch, die jeweiligen polnischen Politiken nachzuvollziehen, im Zweifelsfall eben nicht als Anwalt der »Deutschen« in Polen und verfügte über entsprechend geringe Verhandlungsmacht. In der Folge vermochte die gesamte Übersiedlungsaktion nur in Ansätzen die Ziele der beiden »Bruderstaaten« zu verwirklichen.

Das Ergebnis der nahezu unsichtbaren Integration der Zuwanderer in der DDR-Gesellschaft lässt wiederum einen Vergleich zur Aussiedlermigration in die Bundesrepublik zu: Offenbar war die Gruppe aufgrund ihrer Herkunft, ihrer Selbst- und Fremdzuschreibung als »Deutsche« und ihrer zugleich vorhandenen ökonomischen Migrationsgründe bereit, sich überwiegend an die Mehrheitsgesellschaft anzugleichen. Im Gegensatz zur Bundesrepublik war allerdings das Interesse der DDR-Dienststellen vollständig darauf gerichtet, Sonderinteressen gar nicht entstehen zu lassen: Wer bereits wenige Tage nach seiner Ankunft die Arbeit aufnehmen und sich gleichzeitig mit seiner Familie in einer neuen Wohnumgebung einfinden musste, war aus der Sicht des Staates zum einen mit den wichtigsten »proletarischen Errungenschaften« versorgt, zum anderen aber auch im politischen Sinne ruhiggestellt. Wie Andrea Schmelz am Beispiel der West-Ost-Migranten aus der Bundesrepublik zeigt, war »Eingliederung« für die DDR »ein einseitiger Prozess der Anpassung der Neuankömmlinge an die Aufnahmegesellschaft«[97]. Die Zielrichtung des umfassenden Aufnahmeverfahrens für die Übersiedler war also auch darauf gerichtet, eine komplette und v. a. geräuschlose Assimilation der Übersiedler an ihre soziale Umwelt zu erreichen.

Andererseits wird an diesem eigentlich per Direktive detailliert vorgegebenen Verfahrensweg der Übersiedlung deutlich, wie die beteiligten Personen Einfluss auf staatliche Vorgaben nahmen. Sowohl der »Eigen-Sinn« der Übersiedler als auch die an der Verwaltung des Vorganges beteiligten Personen bestimmten in erheblichem Maße über Erfolg oder Misserfolg der Direktive und gaben ihr jeweils neue Impulse. So war etwa das Vorhandensein von Wohnraum bzw. der Wille der Mitarbeiter in den Verwaltungen der Städte und Gemeinden, diesen knappen Wohnraum für die Übersiedler nutzbar zu machen, für die erfolgreiche Umsetzung der Direktive, also die Gewinnung von Arbeitskräften, wichtiger als zentralstaatliche Vorgaben. Die Übersiedler selbst wussten den vorgegebenen engen Spielraum ebenfalls zu nutzen, um ihre mit der Migrationsentscheidung verbundenen ökonomischen Ziele zu verwirklichen. Das Interesse der beteiligten Personen, die eben nicht nur von staatlichen Vorgaben abhängig, sondern auch Gestalter ihres eigenen Lebens waren, bestimmte die Umsetzung der Direktiven daher wesentlich mit.

Anmerkungen

1 Vgl. den Text von Alexander Goller in diesem Band. Zum Thema liegen mittlerweile zahlreiche Untersuchungen vor, in Auswahl: Michael Schwartz, Vertriebene und »Umsiedlerpolitik«. Integrationskonflikte in den deutschen Nachkriegs-Gesellschaften und die Assimilationsstrategien in der SBZ/DDR 1945–1961, München 2004; vergleichend: Philipp Ther, Deutsche und polnische Vertriebene. Gesellschaft und Vertriebenenpolitik in der SBZ/DDR und in Polen 1945–1956, Göttingen 1998.

2 Dazu Beate Ihme-Tuchel, Die DDR und die Deutschen in Polen. Handlungsspielräume und Grenzen ostdeutscher Außenpolitik 1948–1961, Berlin 1997.

3 Vgl. Rita Röhr, Hoffnung, Hilfe, Heuchelei. Geschichte des Einsatzes polnischer Arbeitskräfte in Betrieben des DDR-Grenzbezirks Frankfurt/Oder 1966–1991, Berlin 2001.

4 Eine Übersicht über den Forschungsstand findet sich bei Anja Mohnke in diesem Band.

5 »Übersiedler« bzw. »Übersiedlung« waren offizielle DDR-Termini für den erlaubten dauerhaften Grenzübertritt. Übersiedler waren also auch Menschen, die in die Bundesrepublik ausreisen durften. Die hier untersuchte Gruppe wurde in der DDR-Verwaltungssprache zumeist als »Übersiedler aus der VR Polen« bezeichnet. Deshalb wird am Übersiedler-Begriff festgehalten, da er eine Abgrenzung zu anderen Migrantengruppen aus der VR Polen ebenso ermöglicht wie zur Gruppe der aus Polen in die Bundesrepublik ausgereisten Aussiedler. »Übersiedler in die BRD« werden als solche gesondert erwähnt.

6 Der Autochthonen-Begriff wird von einigen deutschen Wissenschaftlern abgelehnt, da es sich hier um eine polnische Begriffsdeutung handelte, u. a. um damit die Westverschiebung Polens nach dem Zweiten Weltkrieg zu legitimieren. Der in der deutschen Forschung verwendete Gegenpart »schwebendes Volkstum« ist allerdings durch seine Verwendung während der NS-Zeit diskreditiert. Eine andere Sammelbeschreibung für die einheimische Bevölkerung von Oberschlesien, Ermland und Masuren konnte sich bisher nicht durchsetzen.

7 Der Beitrag beruht auf ersten Ergebnissen eines Promotionsprojektes, das mit Unterstützung der DFG am Lehrstuhl für Zeitgeschichte der Martin-Luther-Universität Halle-Wittenberg bearbeitet wird.

8 Siehe u. a. Klaus J. Bade, Historische Migrationsforschung, in: IMIS-Beiträge 20 (2002), S. 21–44.

9 Jochen Oltmer, Migration im 19. und 20. Jahrhundert, München 2010, S. 62.

10 Vgl. Bade, Migrationsforschung, S. 30.

11 Die drei Ebenen beruhen auf den Überlegungen von D. Hoerder, Segmented Macro Sytems, zitiert nach: Oltmer, Migration, S. 62f.

12 Ebd., S. 64.

13 Henrik Bispinck u. a., Die Zukunft der DDR-Geschichte, in: Frank Möller (Hrsg.), Abgrenzung und Verflechtung, Berlin 2008, S. 178.

14 Programmatisch etwa Thomas Lindenberger, »Herrschaft und Eigensinn«, in: Thomas Lindenberger (Hrsg.), Herrschaft und Eigensinn in der Diktatur. Studien zur Gesellschaftsgeschichte der DDR, Köln 1999, S. 13–27.

15 Zum Stand der Debatte vgl. Arndt Bauerkämper, Die Sozialgeschichte der DDR, München 2005, S. 45ff.

16 Polnisch: Polska Zjednoczona Partia Robotnicza (PZPR).

17 Näheres dazu u. a. bei Juliane Haubold-Stolle, Mythos Oberschlesien. Der Kampf um die Erinnerung in Deutschland und in Polen 1919–1956, Osnabrück 2008; Andreas Kossert, Preußen, Deutsche oder Polen. Die Masuren im Spannungsfeld des ethnischen Nationalismus 1870–1956, Wiesbaden 2001.

18 Auf Deutsch immer noch grundlegend: Ihme-Tuchel, DDR.

19 Vgl. Burkhard Olschowsky, Einvernehmen und Konflikt. Das Verhältnis zwischen der DDR und der Volksrepublik Polen 1980–1989, Osnabrück 2005, S. 43.

20 Vgl. Ihme-Tuchel, DDR, S. 53.

21 Vgl. ebd., S. 31.

22 So auch Ihme-Tuchel, DDR, S. 43.

23 Registrierung der deutschen Staatsbürger in der VRP S. 1, PAAA, Bestand MfAA, A 17151, zitiert nach: Ihme-Tuchel, DDR, S. 44.

24 Vgl. Ihme-Tuchel, DDR, S. 51.

25 Dot. wyjazdów emigracyjnych, Archiwum Ministerstwa ds. Spraw Zagranicznych, 2-26/W-18/T-116, Bl. 9.

26 Vgl. ebd.

27 Ausführlich dazu Marcin Zaremba, Komunizm, legitymacja, nacjonalizm. Nacjonalistyczna legitymacja władzy komunistycznej w Polsce, Warszawa 2005, hier S. 263.

28 Marcin Zaremba, Społeczeństwo polskie lat sześćdziesiątych. Między »mała stabilizacją« a »mała destabilizacją« in: Konrad Rokicki (Hrsg.), Oblicza Marca 1968, Warszawa 2004, S. 26. Weiterführende Hinweise zum Thema der 1960er Jahre bei Jerzy Eisler, Polski Rok 1968, Warszawa 2006.

29 Bericht der Wirtschaftspolitischen Abteilung der Botschaft Warschau vom 17.3.1964, BArch, DO/1/2826, S. 40.

30 Bericht der Konsularabteilung der Botschaft Warschau an MfAA, 28.1.1964, PAAA, Bestand MfAA, A 1816 Fiche 1, Bl. 62.

31 Vgl. Piotr Madajczyk, Niemcy polscy 1944–1989, Warszawa 2001, S. 273ff.

32 Aktenvermerk über die am 24.7.1964 erfolgte Beratung mit dem Konsul, Gen. Litke [...], BArch, DO 1/14549.

33 Bericht des Konsulats der DDR in Wroclaw über die Entwicklung der Übersiedlungsanträge vom 14.1.1964, PAAA, Bestand MfAA, A 1816, Fiche 1, Bl. 54.

34 Bericht des Konsulats in Wroclaw, 14.1.1964, PAAA, Bestand MfAA, C 519/76, Fiche 2, Bl. 98–105.

35 Ebd.

36 Aktenvermerk, 4.2.1964, PAAA, Bestand MfAA, C 519/76, Fiche 2, Bl. 107.
37 Vgl. Ihme-Tuchel, DDR, S. 30.
38 [Brief von] B. Leuschner An den Staatssekretär im MfAA, Gen O. Winzer, 2.4.1964, BArch, DC 20/2822.
39 Protokoll Nr. 11/64 der Sitzung des Politbüros des Zentralkomitees am Dienstag, dem 31.3.1964 [...], BArch-SAPMO, DY 30/4675.
40 Übersiedlungen von Bürgern der Volksrepublik Polen in die DDR, BArch-SAPMO, DY 30 IV A 2/13.
41 Archiwum Akt Nowych, PZPR, 237/VII/4971, S. 179–185, zitiert nach: Madajczyk, Niemcy, S. 284.
42 Dot. wyjazdów emigracyjnych [...], Archiwum Ministerstwa ds. Spraw Zagranicznych, Z-26/W-18/T-116, Bl. 9.
43 Übersiedlungen von Bürgern der Volksrepublik Polen in die DDR, BArch-SAPMO, DY 30 IV A 2/13.
44 Direktive des Ministers des Innern und Chefs der Deutschen Volkspolizei zur Durchführung des Beschlusses des Präsidiums des Ministerrates vom 9.6.1964 über Maßnahmen zur Vorbereitung und Durchführung der Übersiedlung von Bürgern der Volksrepublik Polen in die Deutsche Demokratische Republik vom 24.6.1964, SächsStAL, Bestand Bezirkstag und Rat des Bezirkes Leipzig, Nr. 10299.
45 Ebd.
46 Bericht über eine Unterredung von Botschafter Mewis im ZK der PVAP Januar 1965, BArch, DO 1/14550.
47 NRD: Stosunki bilateralne, Archiwum Ministerstwa ds. Spraw Zagranicznych, Z-26/W-5/t-43, Bl. 180.
48 Der Tagesspiegel v. 24.7.1964, S. 1.
49 Ebd.
50 Vgl. ebd.
51 FAZ v. 24.7.1964, S. 1.
52 NRD: Stosunki bilateralne, Archiwum Ministerstwa ds. Spraw Zagranicznych, Z-26/W-5/t-43, Bl. 181.
53 Information über den Stand der Verwirklichung des Beschlusses des Ministerrates zur Gewinnung von Arbeitskräften in Polen Warschau, 6.7.1964, PAAA, Bestand MfAA, A 1816, Fiche 1, Bl. 125.
54 Information des Gen. Mewis, 6.7.1964, PAAA, Bestand MfAA, C 519/76, Fiche 3, Bl. 232.
55 Zusammenfassender Bericht über den bisherigen Stand der Durchführung des Beschlusses [...], 9.6.1964, BArch, DO 1/14550.
56 Direktive des Ministers des Innern und Chefs der Deutschen Volkspolizei über das Verfahren der Übersiedlung von Bürgern der Volksrepublik Polen [...] vom 8. August 1964, BStU, MfS, BdL, Dok. Nr. 015064.
57 Aktenvermerk zu einer Besprechung des Botschafters Mewis und des 1. Sekretärs der Botschaft der DDR in Warschau, Lembke, im ZK der PVAP, 23.1.1965, PAAA, Bestand MfAA, A1816, Fiche 1, Bl. 142.
58 Vgl. ebd.
59 NRD: Stosunki bilateralne, Archiwum Ministerstwa ds. Spraw Zagranicznych, Z-26/W-5/t-43, Bl. 180.
60 Direktive des Ministers des Innern und Chefs der Deutschen Volkspolizei über das Verfahren der Übersiedlung von Bürgern der Volksrepublik Polen [...], 24.9.1965, BStU, MfS, BdL, Dok. Nr. 010291.
61 Einschätzung der [...] Maßnahmen zur Regelung der Übersiedlung von polnischen Staatsbürgern in die DDR [...], 13.4.1965, BArch, DO 1/14550.
62 Ebd. Problematisch ist bei den Statistiken die teilweise fehlende Unterscheidung zwischen der Zahl der Anträge und der damit erfassten Personenzahl. Die Anträge wurden von einem Familienmitglied, in der Regel dem Mann als Haupternährer, gestellt und galten für die gesamte mitreisende Familie. Dies waren zumeist Ehefrau und Kinder, teilweise auch Eltern oder Schwiegereltern(teile)

im Rentenalter. Dies erschwert eine genaue Angabe der Zahl der übergesiedelten Menschen erheblich.

63 Vermerk über eine Unterredung des Genossen Mewis im ZK der PVAP [...] am 23.1.1965, BArch, DO 1/14550.

64 Ebd.

65 Ebd.

66 Auszug aus einem Aktenvermerk über ein Gespräch von Botschafter Mewis mit dem Generaldirektor des polnischen MfAA [...] am 24.11.1964, BArch, DO 1/14549.

67 Information zum Stand und der Entwicklung der Antragstellung und Einreisen von Bürgern aus der Volksrepublik Polen in die DDR [...] Zeitraum Juni 1964 bis 31.12.1987, BArch, DC 20/12828.

68 Ebd.

69 Vorschlag [und] Standpunkt zur Veränderung der Zuständigkeit für die Bearbeitung und Entscheidung von Anträgen auf Übersiedlung von Bürgern der Volksrepublik Polen [...], 9.4.1987, BArch, DO 1/17105.

70 Information zum Stand [...], BArch, DC 20/12828; Die Statistik für das letzte Jahr der Direktive weist 38.151 nach diesem gesonderten Verfahren übergesiedelte Personen aus. Angesichts der generell problematischen Zählweise (siehe Anm. 62) und der Einbeziehung von Heiratsmigranten in den 1980er Jahren kann in der Darstellung nur auf einen ungefähreren Schätzwert zurückgegriffen werden.

71 Direktive des Ministers des Innern und Chefs der Deutschen Volkspolizei [...], 24.6.1964, SächsStAL, Bestand Bezirkstag und Rat des Bezirkes Leipzig, Nr. 10299.

72 Ebd.

73 Diese migrationssoziologischen Überlegungen werden durch Vergleiche mit Aussiedlern in der Bundesrepublik nahegelegt. Vgl. etwa Christoph Pallaske, Migrationen aus Polen in die Bundesrepublik Deutschland in den 1980er und 1990er Jahren. Migrationsverläufe und Eingliederungsprozesse in sozialgeschichtlicher Perspektive, Münster 2002, S. 172f.

74 1. Bericht über die Durchführung des Beschlusses des Präsidiums des Ministerrates vom 9.6.1964 [...], 26.6.1964, BArch, DO 1/14550.

75 Ebd.

76 Ebd.

77 Rat des Bezirkes Frankfurt (O), Information zu Problemen der Übersiedlung von Bürgern aus der VR-Polen in den Bezirk [...], 8.10.1969, BLHA Potsdam, Rep. 601, Nr. 7801.

78 [Schreiben der] Abteilung Innere Angelegenheiten [an das] MfAA, Konsularabteilung, 16.02.1965, BArch, DO 1/14659.

79 Ebd.

80 Ebd.

81 Ebd.

82 Ebd.

83 Rat des Bezirkes Potsdam, Jahresanalyse 1972 über die ständige Einreise von Bürgern der VR Polen [...], 5.4.1973, BLHA Potsdam, Rep. 401, Nr. 20688.

84 Rat des Bezirkes Frankfurt (O), Information zu Problemen der Übersiedlung von Bürgern aus der VR-Polen in den Bezirk [...], 8.10.1969, BLHA Potsdam, Rep. 601, Nr. 7801.

85 Rat des Bezirkes Potsdam, Jahresanalyse 1972 über die ständige Einreise von Bürgern der VR Polen [...], 5.4.1973, BLHA Potsdam, Rep. 401, Nr. 20688.

86 [Schreiben des] Rates des Bezirkes Cottbus [an] MdI betr. Übersiedlung von Bürgern der VR Polen in die DDR, 28.12.1964, BArch, DO 1/14659.

87 Rat des Bezirkes Cottbus, Information über die Durchsetzung der Direktive [...] vom 24.9.1965, 18.2.1965, BLHA Potsdam, Rep. 801, Nr. 20197.

88 Ebd.

89 Rat des Bezirkes Potsdam, Jahresanalyse 1972 über die ständige Einreise von Bürgern der VR Polen [...], 5.4.1973, BLHA Potsdam, Rep. 401, Nr. 20688. Zur Wohnraumsituation vgl. auch den Beitrag von Maria Klessmann in diesem Band.

90 Rat des Bezirkes Cottbus, Analyse zur Eingliederung polnischer Familien [...] 26.6.1979, BLHA Potsdam, Rep. 801, Nr. 422.

91 Rat des Bezirkes Cottbus, Information über die Durchsetzung der Direktive [...] vom 24.9.1965, 18.2.1965, BLHA Potsdam, Rep. 801, Nr. 20197.

92 Rat des Bezirkes Frankfurt (O), Information zu Problemen der Übersiedlung von Bürgern aus der VR-Polen in den Bezirk [...], 8.10.1969, BLHA Potsdam, Rep. 601, Nr. 7801.

93 [Bericht des] Rates des Kreises Bad Freienwalde/O. [für das] Jahr 1969, BLHA Potsdam, Rep. 601, Nr. 7801.

94 Ebd.

95 [Schreiben des] Rates des Bezirkes Cottbus [an] MdI betr. Übersiedlung aus der VR Polen in die DDR, 18.2.1966, BLHA Potsdam, Rep. 801, Nr. 20170.

96 Maßnahmeplan zur Einstellung und wohnungsmäßigen Unterbringung von Übersiedlern aus der VR Polen im Kombinat Schwarze Pumpe [ca. Ende 1965], BLHA Potsdam, Rep. 801, Nr. 20197.

97 Andrea Schmelz, Migration und Politik im geteilten Deutschland während des Kalten Krieges. Die West-Ost-Migration in die DDR in den 1950er und 1960er Jahren, Opladen 2002, S. 267.

Das Medizinerehepaar
Ingeborg und Samuel Mitja Rapoport und die
akademische Remigration in die SBZ/DDR

Regine Otto

In der historischen Migrationsforschung nimmt die Rückkehr von Auswanderern eine vergleichsweise randständige Position ein, scheint diese doch weit weniger Herausforderungen und Schwierigkeiten zu implizieren als der vorausgegangene Schritt in die Fremde. Khalid Koser hat entsprechend festgestellt, »Returning home« sei »one way that people stop being migrants«.[1] Mutet dies auf den ersten Blick einleuchtend an, so stellt sich doch die Frage, ob die Rückkehr nicht ebenso eine doppelte Migrationserfahrung bedeuten kann. Dies mag besonders für jenen Fall der Auswanderung gelten, der von vornherein als Interim und in dem die Rückkehr stets mitgedacht ist, dem Exil. Hier kann die Remigration, die nicht selten mit fundamentalen politischen und sozialen Umwälzungen des verlassenen Landes einhergeht, die Rückkehr in die Fremde bedeuten.

Die vorliegende Untersuchung widmet sich dem Aspekt der akademischen Remigration in die (SBZ) Sowjetische Besatzungszone bzw. DDR in der Zeit von 1945 bis 1961. Das Handbuch der deutschsprachigen Emigration[2] gibt keine eindeutige Definition dafür, wer als Remigrant gilt. So können beispielsweise Personen, die sich dauerhaft niederlassen, aber auch Gastprofessoren, die nur für einen kurzen Aufenthalt verweilen, als Remigranten bezeichnet werden. Hier wird der Begriff Remigrant für jene zuvor ausgewanderten Personen verwendet, die nach 1945 mit der Absicht in die SBZ/DDR gelangten, dort längerfristig zu bleiben. Die Dauer ihres Aufenthaltes spielt dabei keine Rolle. Der Beobachtungszeitraum entspricht dem Umstand, dass der Hauptteil der Remigranten in den ersten Nachkriegsjahren in die SBZ/DDR gelangte. Der Fokus liegt *erstens* auf Akademikern, die aus dem Exil nach Berlin kamen und dort eine Lehrtätigkeit an der Humboldt-Universität aufnahmen. *Zweitens* werden anhand dieser Wissenschaftler Merkmale der Wissenschaftsemigration und -remigration herausgearbeitet.

Die folgende Untersuchung gliedert sich in drei Teile. Ein erster Abschnitt stellt den politischen Hintergrund und die Entwicklung der Humboldt-Universität in den ersten Nachkriegsjahren dar. Im zweiten werden anhand einzelner Biografien Merkmale der Remigration herausgearbeitet. Das Medizinerehepaar Ingeborg und Samuel Rapoport steht im Zentrum des dritten Abschnitts. Beide durchliefen zeitnah vergleichbare Stationen der Emigration und Remigration in einem ähnlichen Fachgebiet. Trotzdem entwickelten sich ihre Karrieren ganz unterschiedlich, was die Frage aufwirft, wo Verzögerungen oder Beschleunigungen ihrer Laufbahnen entstanden und aus welchen Gründen. Wie beeinflussten Exil und Remigration ihre Karrierewege? Wo gab es eventuell Brüche in ihren persönlichen und beruflichen Biografien?

Die Rückkehr von Wissenschaftlern wurde von der Exilforschung erstmals in dem 1991 erschienenen Jahrbuch für *Exilforschung* unter dem Titel *Exil und Remigration* behandelt und von Sven Papcke knapp als »Forschungsdefizit« charakterisiert.[3] 1996 präsentierten Claus-Dieter Krohn und Patrick von zur Mühlen die ersten substanziellen Ergebnisse zu diesem Forschungsfeld.[4] Seither ist eine Reihe von Monografien erschienen, darunter Studien zur Wirkungsgeschichte der Remigration in Politik, Kultur und Wissenschaft in der BRD bis 1960.[5] Einen ersten Überblick zur Remigration gab Marita Krauss in ihrer grundlegenden Studie *Heimkehr in ein fremdes Land.*[6] Zudem liegen (auto)biografische Veröffentlichungen herausragender Einzelpersönlichkeiten wie Willy Brandt vor.[7] Entsprechende einzel- und kollektivbiografische Forschungsarbeiten sind teils auch für die Sowjetische Besatzungszone bzw. die DDR vorgelegt worden.[8] Besondere Beachtung hat dabei bisher die Rückkehr von Künstlern, Literaten und Architekten in die SBZ/DDR erfahren.[9] Angesichts der insgesamt noch sehr überschaubaren gruppenbiografischen Forschung zur Remigration in die DDR, begibt sich diese Arbeit auf weitgehend unerforschtes Terrain. Mit Ausnahme Mario Kesslers, der sich mit der Remigration von Historikern in die SBZ/DDR befasst hat,[10] und Dieter Hoffmann, der in einem Aufsatz die Rückkehr von (Natur-)Wissenschaftlern am Beispiel der Physiker Martin Strauss, Fritz Lange und Klaus Fuchs beschreibt,[11] liegen kaum einschlägige Forschungsarbeiten vor. Auch in den zuletzt in großer Zahl erschienenen Universitätsgeschichten fand das Thema bisher eher sporadisch Erwähnung.[12]

Die Berliner Universität in der Nachkriegszeit

Nach dem Ende des Zweiten Weltkriegs teilten die Siegermächte Deutschland in vier Besatzungszonen und Berlin in ebenso viele Sektoren auf. Da Berlin keiner der vier Besatzungsmächte unterstand, sondern von einer Alliierten Kommandantur regiert wurde, oblag die Verwaltung der Universität dem Magistrat von Berlin. Doch nach kurzer Magistratszuständigkeit unterstellte die sowjetische Besatzungsmacht die Berliner Universität im September 1945 der Deutschen Verwaltung für Volksbildung (DVV). Damit war sie dem Zugriff der Alliierten Kommandantur entzogen und fiel in die alleinige Zuständigkeit der sowjetischen Behörden.[13] Am 8. Januar 1946 verordnete die SMAD per Befehl Nr. 4 die Eröffnung als »Universität zu Berlin«. Erst 1949 erhielt sie den Namen Humboldt-Universität, nachdem im Dezember des Vorjahres die Freie Universität im amerikanischen Sektor gegründet worden war.[14]

Die Wiederaufnahme des Lehrbetriebes war von Beginn an mit großen Schwierigkeiten verbunden. Zum einen war die Universität durch den Krieg stark beschädigt worden; über 50 Prozent der Gebäude waren völlig zerstört.[15] Zum anderen ergaben sich durch Kriegsgefallene unter den Hochschullehrern, eine anfangs strenge Entnazifizierungspolitik und die Abwanderung vieler Professoren und Dozenten in den Westen beim Lehrpersonal erhebliche Lücken.[16] Verschärft wurde der Personalverlust durch den von den Alliierten veranlassten *brain drain*, in dessen Folge hoch qualifizierte Technik- und Naturwissenschaftler Deutschland verließen.[17] Nach einer Zählung von Siegward Lönnendonker war der Lehrkörper der Berliner Universität, der im Wintersemester 1944/45 noch knapp über 1.000 Personen betragen hatte, zum Wintersemester 1946/47 auf 289 gesunken.[18] Bis zum Sommersemester 1949 war die Anzahl der Professoren und Dozenten nur geringfügig auf 423 angestiegen.[19] Aufgrund des so entstandenen Personalmangels und der anhaltenden Abwanderung von Hochschullehrern in den Westen änderte sich im Laufe des Jahres 1947 die Haltung der sowjetischen Besatzer gegenüber der Entnazifizierungspolitik. Um die Arbeitsfähigkeit der Hochschulen zu gewährleisten, erlaubte die SMAD die Wiedereinstellung nomineller NSDAP-Mitglieder, die keine Funktion innerhalb der Partei wahrgenommen und auch sonst keine politische Aktivität gezeigt hatten. Häufig kehrten sie aber nicht an ihre einstigen Institute oder Fakultäten zurück, sondern auf andere Stellen, um personelle Kontinuitäten zu verhindern.[20] Seit 1948 begann schließlich eine gezielte Integration der ehemaligen NSDAP-Mitglieder in den Hochschuldienst. Dies betraf insbesondere junge NS-belastete Hochschullehrer, die am Anfang ihrer akademischen Karriere standen.[21] Viele von ihnen strebten nun eine Professur an, die ihnen vielfach auch gewährt wurde. Die Reintegration von politisch belastetem Hochschulpersonal war seit 1947/48 ein zentrales Element der sowjetischen und (ost)deutschen Personalpolitik.[22]

Akademische Remigration in die SBZ/DDR 1945–1961

Ausmaß der Remigration

Im Vergleich zur Emigration war Remigration kein Massenphänomen. Nach 1933 waren aus Deutschland und Österreich rund eine halbe Million Menschen wegen politischer oder rassischer Verfolgung ins Exil geflohen.[23] Nach dem Krieg entschied sich nur ein kleiner Teil von ihnen – nach bisherigen Schätzungen rund 30.000 Menschen[24] – für eine Rückkehr nach Deutschland. Während von den politischen Emigranten immerhin 60 Prozent zurückkamen, waren es bei anderen Gruppen höchstens 25 Prozent.[25] Nur zwischen vier und fünf Prozent der jüdischen Vertriebenen traten den Rückweg an. Davon waren etwa 12.000 bis 15.000 jüdischen Glaubens und in einer jüdischen Gemeinde registriert.[26] Von den etwa 2.000 Wissenschaftlern, die Deutschland während der nationalsozialistischen Herrschaft verlassen hatten, machte sich nur etwa jeder Zehnte auf den Rückweg. Eine genaue Rückkehrquote aller wissenschaftlichen Disziplinen lässt sich nur schwer ermitteln. Die Bandbreite beträgt etwa neun bis 20 Prozent.[27] Nach bisherigen Forschungen fanden sich an der Berliner Universität in den ersten Nachkriegsjahren mindestens 30 Remigranten ein. Sie verteilten sich auf fünf der zehn Fakultäten, wobei die Mehrheit eine Lehrtätigkeit an der Geisteswissenschaftlichen Fakultät aufnahm. Nach 1945 waren Remigranten an folgenden Fakultäten anzutreffen: an der Philosophischen Fakultät etwa Alfred Meusel und Wolfgang Steinitz; an der Medizinischen Fakultät z. B. Ingeborg und Samuel Mitja Rapoport; an der Wirtschaftswissenschaftlichen Fakultät (namentlich) Jürgen Kuczynski; an der Mathematisch-Naturwissenschaftlichen Fakultät z. B. Katharina Boll-Dornberger und Ewald Edlinger; sowie an der Juristischen Fakultät etwa Arthur Baumgarten und Lola Zahn.

Schwierige »Heimkehr«

Nach dem Ende des Zweiten Weltkriegs schickte die sowjetische Führung eine Gruppe kommunistischer Emigranten aus der UdSSR zum Aufbau der Sowjetischen Besatzungszone nach Ostdeutschland.[28] Diese hatten sich durch langjährige Parteiarbeit ausgewiesen, im Apparat der Komintern gearbeitet, deren Schulungen durchlaufen und die stalinistischen Säuberungen überstanden.[29] In der SBZ wurden sie nun mit wichtigen Führungsaufgaben und Schlüsselfunktionen betraut. Das Führungspersonal der späteren SED um Wilhelm Pieck und Walter Ulbricht gehörte nahezu geschlossen dieser Gruppe an.

Seit Sommer 1944 hatte sich die KPD-Führung mit dem Thema der Remigration auseinander gesetzt. Den politisch verantwortlichen Kadern war bewusst, dass die Anzahl der in der Sowjetunion befindlichen Emigranten – hier ging man von 600 Personen aus – für die Aufbauarbeiten nicht ausreichen würde.[30] Daher drängten die Parteikader darauf, dass möglichst viele Exilanten mit entsprechender politischer Zuverlässigkeit möglichst schnell in die SBZ zurückkehrten. Nach Schätzung der KPD-Leitung hielten sich außerhalb der Sowjetunion noch etwa 300 deutsche Kommunisten in Schweden, 300 in den USA, Mexiko und der Schweiz sowie 600 in Frankreich, Belgien, Holland und Norwegen auf.[31] Auch die sowjetische Führung schätzte den Nutzen von Emigranten hoch ein. Die amerikanische Militärregierung hingegen äußerte Zweifel am Einsatz von Remigranten in administrativen Positionen mit der Begründung, dass »sie zu lange außer Landes gewesen und somit nicht mit der aktuellen Lage vertraut«[32] seien. Auch mit fortschreitender Dauer änderte sich daran nur wenig: Im Zuge des aufkommenden Kalten Krieges waren politisch allzu weit links verortete Remigranten in den Westzonen generell »wenig willkommen«[33].

Die KPD-Führung erstellte unterdessen eine Übersicht aller Mitglieder der Partei, die sich im Exil befanden und »die als nächste für die Arbeit in Deutschland in Frage kommen«. Hierzu wurden von der Leitung der jeweiligen kommunistischen Exilgruppe neben der Beschreibung der beruflichen Qualifikation auch Charakteristika bezüglich der »Qualifikation für die Parteiarbeit« verlangt. Von den rückkehrwilligen deutschen Kommunisten forderte die KPD-Führung außerdem einen schriftlichen Antrag mit Lebenslauf und Auskunft über die berufliche Qualifikation sowie mehrere Bürgschaften ein.[34] Zudem erfasste eine zweite Darstellung alle Politiker und Persönlichkeiten aus der nicht-kommunistischen Emigration, die gleichwohl »für eine enge Zusammenarbeit« mit der Parteiführung infrage kamen. Hierunter verstand man »deutsche, antifaschistische Schriftsteller«, »Sozialdemokraten«, »Bürgerliche Intellektuelle« »Katholische Politiker« und sogar »Deutschnationale«. Angesichts des eklatanten Personalmangels war man wenig wählerisch, schienen doch viele vermeintliche Klassenfeinde für den Wiederaufbau unverzichtbar.[35]

Die Rückreise der Remigranten war mit vielen Schwierigkeiten verbunden. Angesichts großer Versorgungsprobleme in allen Besatzungszonen Deutschlands hatte

der Alliierte Kontrollrat in seiner Proklamation Nr. 2 vom 20. September 1945 festgelegt, dass »niemand ohne eine von den Vertretern der Alliierten [...] ausgestellte
Erlaubnis nach Deutschland einreisen darf«[36]. Personen, die für die Besatzungsbehörden von Nutzen waren, konnten freilich ungehindert einreisen, wenn sie über die
notwenigen Reisedokumente verfügten.[37] Die Rückkehr deutscher Staatsbürger wurde nur dann genehmigt, wenn sie vor 1939 in der jeweiligen Zone gelebt hatten. Zudem mussten sie einen Wohnungsnachweis, ein Stellenangebot, den Nachweis ihrer
beruflichen Qualifikation und eine Einladung der Verwaltung, in der eine Beschäftigung in Aussicht gestellt wurde, vorweisen.[38] Ein- und Durchreise durch die Westzonen war fortan aus formalen Gründen ausgeschlossen. Die Rückführung von Remigranten, die sich außerhalb der Sowjetunion befanden, gestaltete sich damit
schwierig. Zahlreiche Remigranten erhielten erst ab 1946 die Möglichkeit in die
Sowjetische Besatzungszone zu kommen.[39] So konnten beispielsweise Kommunisten
aus Mexiko erst im Mai 1946, aus Großbritannien erst im Sommer desselben Jahres
zurückkehren.[40]

Merkmale akademischer Remigration

Jeder Remigrationsverlauf ist ein Einzelschicksal, deshalb sind verallgemeinernde
Aussagen schwer zu treffen. Dennoch zeigen sich einige Gemeinsamkeiten unter den
Lebenswegen der akademischen Remigranten an der Humboldt-Universität, die eine
vergleichende Betrachtungsweise zulassen. Zunächst erfolgt daher ein prosopogra-
fischer Überblick. Das Geburtsjahr der akademischen Remigranten lag zwischen
1890 und 1910; mehrheitlich war ihnen ein bürgerlicher Hintergrund in jüdischen
Familien gemeinsam. Zum Zeitpunkt ihrer Flucht verfügten sie überwiegend über
eine wissenschaftliche Ausbildung – jedoch nicht unbedingt in Form eines Diploms
oder einer Promotion. Nach 1945 entschieden sie sich ganz bewusst für die Rückkehr
in die SBZ/DDR und gingen ganz überwiegend nach Ostberlin, unabhängig davon,
ob sie ursprünglich Berliner Herkunft gewesen waren. Zu unterschiedlichen Zeiten
nahmen sie eine Dozentur an der Humboldt-Universität Berlin an. Die Stadt galt damals als wichtigster Ort des Zeitgeschehens, gleichsam als Nahtstelle zwischen Ost
und West. Hier konnten die Remigranten, die teilweise aus den westlichen Exilländern kamen, als Vermittler zwischen den sich verhärtenden Fronten des Kalten Krieges
agieren.[41] So gründete der Publizist und Literaturwissenschaftler Alfred Kantorowicz[42] im Juli 1947 nach seiner Rückkehr die Monatszeitschrift *Ost und West*, die eine
Brücke zwischen den beiden Fronten bauen sollte. Das Projekt scheiterte indes bereits
zwei Jahre nach Erscheinen der ersten Ausgabe mit der Gründung der zwei Staaten
BRD und DDR. Auf Druck der SED wurde die Zeitschrift eingestellt.[43]

   Die Lebensläufe der akademischen Remigranten weisen auch Ähnlichkeiten
hinsichtlich der Wahl des Exillandes, ihrer politischen Einstellung und der damit
verbundenen Rückkehr auf. Die Situation in den Naturwissenschaften war eine
gänzlich andere als beispielsweise in den Geschichtswissenschaften. Diesen Fragen
wird in den folgenden Abschnitten zu Rahmenbedingungen von Exil und Rückkehr
im Aufnahme- bzw. im Remigrationsland nachgegangen.

Der überwiegende Teil der Remigranten kehrte aus der westlichen Welt in die SBZ/DDR zurück, insbesondere aus Großbritannien und den Vereinigten Staaten von Amerika. Diese beiden Länder waren nach 1933 die Hauptaufnahmeländer für die vertriebenen Wissenschaftler geworden. Von den etwa 2.000 exilierten Wissenschaftlern hatten allein 1.300 Männer und Frauen eine Zuflucht in den USA gefunden[44] und dies obwohl Amerika anfangs nicht zu den Hauptaufnahmeländern gezählt hatte. Grund hierfür war eine Fehleinschätzung der Emigranten über die Dauer der nationalsozialistischen Herrschaft. Man erwartete nur kurze Übergangslösungen, sodass viele Flüchtlinge die Nachbarländer Deutschlands für ihr Exil wählten; für manche, die ab 1939 den deutschen Truppen nicht mehr entkamen, erwies sich dies als fataler Irrtum.[45]

Vertriebene Wissenschaftler gingen zunächst v. a. nach Großbritannien, insbesondere nach London, weil dort schon früh spezielle Hilfsprogramme eingerichtet wurden, die befristete Anstellungen boten.[46] So wurde beispielsweise im Mai 1933 ein *Academic Assistance Council* (AAC) gegründet, der zum einen in Not geratene Wissenschaftler für eine Übergangszeit finanziell unterstützte, zum anderen mit wissenschaftlichen Arbeitsmöglichkeiten in Großbritannien vermittelte.[47] Eine nicht kleine Anzahl exilierter Wissenschaftler wanderte derweil in die Türkei aus, »wo für die Modernisierungsdiktatur Kemal Atatürks gezielt vertriebene deutsche Gelehrte gesucht wurden«[48].

In den USA herrschte anfangs wegen der Weltwirtschaftskrise und des »politischen Isolationismus« in der akademischen Öffentlichkeit wenig Interesse an deutschen Wissenschaftlern.[49] Das änderte sich erst in den folgenden Jahren, als man erkannte, dass die übergesiedelten Wissenschaftler aus dem deutschsprachigem Raum einen qualitativen Gewinn für das Land bedeuteten. Wegen ihrer hohen fachlichen Qualifikation wurde ihnen die Einreise in die USA in den 1930er und 1940er Jahren erleichtert, gerade im Vergleich zu geringer qualifizierten Flüchtlingen, für welche die Tür vielfach geschlossen blieb.[50] Akademiker, die eine Stelle an einer amerikanischen Universität oder Forschungsinstitution vorweisen konnten, wurden mittels sogenannter Non-Quota-Visen von den allgemeinen Zuwanderungsbeschränkungen ausgenommen.[51]

Außerdem unterstützten zahlreiche Hilfsorganisationen, wie das *Emergency Comittee in Aid of Displaced German/Foreign Scholars,* oder große Stiftungen wie die *Rockefeller Foundation* vertriebene Wissenschaftler, indem sie Finanzmittel zur Verfügung stellten, um die Vermittlung deutscher und europäischer Akademiker an amerikanische Hochschulen zu ermöglichen.[52] In der Regel konnten Wissenschaftler, mit nur kurzen Unterbrechungen, ihre Karriere im Exil fortsetzten, viele von ihnen mit großem Erfolg. Daher kehrten nur etwa zehn Prozent nach dem Zweiten Weltkrieg nach Europa zurück.[53]

Die akademischen Remigranten der Berliner Universität gelangten überwiegend freiwillig und sehr bewusst in die SBZ/DDR, einige allerdings auch auf eher zufälligen Wegen. Meist waren die Gründe ihrer Rückkehr politischer Natur. Diejenigen Remigranten, die aus politischen Gründen zurückkamen, nahmen in der Regel die erste Gelegenheit wahr, nach Deutschland zu reisen. Die Heimkehr in die vom Krieg zerstörten Gebiete konnten diese Remigranten nur bewältigen, weil sie mit der persönlichen biografischen Entscheidung höhere Ziele verbanden, nämlich den Aufbau eines anderen, neuen Deutschlands, für das sie im Exil gekämpft hatten.[54] Die politischen Remigranten waren in aller Regel schon vor 1933 in der Kommunistischen Partei organisiert gewesen oder im Exil politisiert worden. Während des Exils hatten sich einige der Emigranten deutschen Widerstandsgruppen angeschlossen, die noch während des »Dritten Reiches« an einer neuen Ordnung für Deutschland gearbeitet hatten. Somit hatten sie während dieser Zeit, durch ihre politische Tätigkeit im Exil, eine geistige Verbindung zur Heimat gewahrt und die Rückkehr nach dem Ende des NS-Regimes nie – oder doch zumindest nicht explizit – infrage gestellt.[55] Es gehörte teilweise sogar zum Selbstverständnis, nach dem Krieg in die Sowjetische Besatzungszone zu gehen, insbesondere in den sowjetischen Sektor Berlins. Alfred Meusel[56] und Jürgen Kuczynski[57] gehörten beispielsweise der im Londoner Exil gegründeten *Freien deutschen Bewegung* an, die im September 1943 ins Leben gerufen wurde. Diese Organisation bereitete ihre Mitglieder mittels Schulungen und Vorträgen auf die Rückkehr nach Deutschland vor.[58]

Die akademischen Remigranten, die sich mit der kommunistischen Ideologie identifizierten, zeigten sich rasch bemüht, ihre Studenten durch eine sozialistische Erziehung aktiv an ihrem politischen Weltbild teilhaben zu lassen. Sie hofften, damit die nach der Sozialisation im »Dritten Reich« erforderliche Umerziehung der Studenten zu erreichen, und vertraten innerhalb ihrer Disziplinen pronociert den Gedanken eines sozialistischen Aufbaus. So ging es Meusel darum, zu »der Überwindung der nationalsozialistischen Residuen und an der Entfaltung einer wahrhaft humanistischen Denkweise unter der deutschen studierenden Jugend beizutragen«[59]. Er bekräftigte die Vorstellung, wirklich gebraucht zu werden, zusätzlich mit folgenden Worten: »[E]s ist mir in all den Jahren klar geblieben, daß ich so bald wie möglich in mein Vaterland zurückkehren wollte, um mich mit den Mitteln der wissenschaftlichen Erkenntnis für den Aufbau eines besseren Deutschland einzusetzen. Viel zu spät für meine Ungeduld ist dieser Zeitpunkt nun gekommen.«[60]

In einem Aufruf des Kulturbundes zur demokratischen Erneuerung Deutschlands, eine SMAD-Gründung und spätere Massenorganisation der DDR, vom November 1945 heißt es: »Ihr sollt wissen, daß Euch die Heimat nicht vergessen hat und daß wir auf Euch warten, indem wir durch die Schaffung eines freiheitlichen Deutschlands den Tag Eurer Heimkehr vorbereiten. [...] Laßt Euch sagen, daß Deutschland Eurer bedarf.«[61]

Der Aufruf des im Spätsommer des Jahres konstituierten Kulturbundes gehörte zu den ersten öffentlichen Erklärungen dieser Art und wies die Richtung für eine aktive Rekrutierungspolitik der neuen Machthaber in der SBZ. Doch obwohl die offizielle Politik erst in den Ländern der SBZ, dann der DDR Rückkehrwillige willkommen hieß, waren die Bedingungen im Remigrationsland für sie schwierig. Das galt besonders für die »Westmigranten«. Deutlich wird dies am Beispiel der Naturwissenschaftler und Mediziner. Gemessen an der Gesamtzahl der Dozenten an der Humboldt-Universität stellten die Remigranten nur eine kleine Minderheit. Ein Grund für die geringe Rückkehrquote lag darin, dass es kaum Rückrufe exilierter Wissenschaftler gab. Der Lehrbetrieb an der Berliner Universität in der Nachkriegszeit wurde zudem mit den als »unbelastet« eingestuften bürgerlichen Gelehrten sowie mit bereits emeritierten Dozenten fortgeführt.[62] Die Berliner Universität entließ vorläufig ehemalige NSDAP-Mitglieder, wodurch 85 Prozent der Hochschullehrerschaft ausschieden.[63]

Allerdings gab es aufgrund des so entstandenen Personalmangels, der durch die wenigen Remigranten nicht kompensiert werden konnte, Ausnahmeregelungen. Zunächst wurden die Entnazifizierungsrichtlinien gelockert, nach 1948 folgte dann das offizielle Ende der Säuberung, und die Reintegration der »belasteten« Dozenten in den Lehrbetrieb begann.[64]

Das hatte teilweise ganz pragmatische Gründe, denn gerade in den medizinischen und naturwissenschaftlichen Fächern war man auf Fachwissen dringend angewiesen.[65] Im Jahr 1954 stellten in den medizinischen und naturwissenschaftlichen Fächern Hochschullehrer, die bis Kriegsende der NSDAP angehört hatten, einen Anteil von 30 bis 50 Prozent.[66] Dies dokumentierte, in welchem Ausmaß die SMAD auf die Integration der ehemaligen NSDAP-Mitglieder zurückgriff. Dieser Trend setzte sich weiter fort infolge einer verstärkten Westberufung: Durch die stetig ansteigende Auswanderung bzw. »Republikflucht« von Hochschullehrern in den 1950er Jahren entstand eine Bedarfslücke an qualifizierten Wissenschaftlern. Eigene Berufungen aus den westlichen Besatzungszonen sollten diese zwar kompensieren, doch dies misslang aus verschiedenen Gründen.[67] Entweder ließen sich Akademiker aus den westlichen Besatzungszonen erst gar nicht auf Gespräche ein, oder aber sie stellten materielle Forderungen, die nicht erfüllbar waren. Zugleich überwand der Machtapparat der SED sein generelles Misstrauen gegenüber »allem Westlichen« nur schwer, sodass »mancher Berufungsvorgang in der Genehmigungsprozedur stecken blieb«. Hinzu kam, dass die an der Universität bereits tätigen Professoren aus Furcht vor Konkurrenz eine ablehnende Haltung gegenüber Dozenten aus dem Westen einnahmen.[68]

Nicht zuletzt waren diese wechselseitigen Berufungen und Abwerbungen »Bestandteil der politischen und kulturellen Rivalität zwischen den beiden deutschen Staaten und ihres Anspruchs das bessere Deutschland zu repräsentieren«[69]. Zudem verhinderte gerade die hohe Kontinuität im Wissenschaftsbetrieb der DDR, v. a. in den Naturwissenschaften oder der Medizin, dass in den Nachkriegsjahren ein wirklicher Markt für attraktive Posten entstand.[70] Das änderte sich zwar mit der zunehmenden Abwanderung und der Initiierung ambitionierter Forschungsprogramme, aber zu diesem Zeitpunkt wurde eine Rückkehr von Wissenschaftlern durch die Verschärfung der politischen Konfrontation beider deutscher Staaten bereits erschwert, sodass entsprechende Bemühungen meist zu spät kamen.

Die emigrierten Naturwissenschaftler und Mediziner, die sich nach 1945 an der Humboldt-Universität einfanden, gelangten v. a. in den 1950er Jahren in die DDR. Der Zeitpunkt und Kontext ihrer Rückkehr ist auf die politische Entwicklung zurückzuführen. Weil die meisten dieser Remigranten zum linken politischen Spektrum zählten bzw. Mitglieder der KPD waren, gerieten sie mit Verschärfung des Kalten Krieges in ihren Aufnahmeländern, namentlich den USA, in Schwierigkeiten. Ende der 1940er bzw. Anfang der 1950er Jahre, während der McCarthy-Ära, setzte beispielsweise in den USA eine systematische Verfolgung von Kommunisten ein, die – sofern sie keine gebürtigen Staatsbürger waren – nun zur Emigration gedrängt wurden.[71] So gelangten viele in die DDR, die ihnen nicht nur Schutz, sondern auch attraktive berufliche Möglichkeiten in Aussicht stellte.

Ein generelles Recht auf Rückkehr existierte in der DDR zwar nicht. Da allerdings der Bedarf an erfahrenen Kadern groß war, wurden v. a. von der KPD/SED Initiativen zur Rückkehr der sich im westlichen Exil befindenden Emigranten ergriffen.[72] Die sowjetische Besatzungsmacht betrachtete die »Westmigranten« dagegen nur als Reserve.[73] Trotzdem war auch für die Rückkehrer aus den westlichen Exilländern ein schneller beruflicher Aufstieg möglich. Wegen des großen Kaderbedarfs, den die Einparteienherrschaft der SED erforderte, wurden politisch loyale Remigranten generell zunächst im Verwaltungsapparat oder in der Parteizentrale eingesetzt. Einige der Remigranten, die in den 1950er Jahren eine Lehrtätigkeit an der HU aufnahmen, waren oftmals vorher im Verwaltungsapparat tätig gewesen. Für die kommunistischen Machthaber standen zunächst der Aufbau eines zuverlässigen Machtapparates von Partei und Staat sowie ein funktionierendes Gesundheitswesen im Vordergrund.[74] In der Zentralverwaltung für Gesundheitswesen befanden sich daher allein sieben Remigranten in Leitungspositionen. Darunter waren die drei Ärzte Kurt Winter, Carl Coutelle und Eva Schmidt-Kolmer die in den 1950er Jahren ebenfalls eine Dozentur an der HU innehatten.[75]

Fallbeispiel: Das Medizinerehepaar Samuel Mitja Rapoport und Ingeborg Rapoport

»Amerika bedeutete für mich zunächst einmal Erlösung vom Faschismus und Befreiung. Das Gefühl für die DDR war das Gefühl des Schaffens und etwas aufzubauen.«[76]

Das Medizinerehepaar Ingeborg und Samuel Mitja Rapoport lernte sich 1944 im Kinderkrankenhaus in Cincinnati kennen. Beide waren im Abstand von einem Jahr, 1937 und 1938, in die USA emigriert, Samuel Mitja Rapoport aus Österreich und Ingeborg Rapoport aus Deutschland. Anfang der 1950er Jahre gelangten sie über Umwege gemeinsam in die DDR. Obwohl beide zeitnah ähnliche Stationen der Emigration und Remigration durchliefen, entwickelten sich ihre Karrieren doch bemerkenswert unterschiedlich. Im Folgenden geht es darum, die Berufswege beider vergleichend nachzuzeichnen und den Einfluss der verschiedenen (R)emigrationsetappen zu bestimmen. Daneben wird auch der Frage nachgegangen, welche Vorstellungen von Lehre und Forschung die beiden Mediziner aus dem Exil mit in die DDR brachten.

Das erste Leben: Kindheit und Jugend

Samuel Mitja Rapoport wurde 1912 als Sohn jüdischer Eltern in der galizischen Stadt Woloczysk, unmittelbar an der Grenze zu Österreich-Ungarn, geboren. Die Familie wohnte von 1916 bis 1919 in Odessa, wo sie den russischen Bürgerkrieg erlebte. Als Rapoport sieben Jahren alt war, zog die Familie nach Wien. Dort besuchte er 1922 zunächst die Volksschule und ein Jahr später das Realgymnasium.[77] Die Stadt Wien war für Samuel Rapoports politische und wissenschaftliche Sozialisierung von entscheidender Bedeutung. Hier schloss er sich im Jugendalter der sozialistischen Arbeiterjugend an. Mit 19 Jahren – es war die Zeit des aufkommenden Austrofaschismus in Österreich – trat er der Sozialdemokratischen Partei bei und kämpfte 1934 im Februaraufstand der Arbeiterorganisation auf der Seite des sozialistischen Schutzbundes gegen die rechtsradikalen Heimwehren. Nach der Zerschlagung des Aufstandes setzte er seine politische Tätigkeit in der illegalen Kommunistischen Partei Österreichs (KPÖ) fort.[78]

In Wien entwickelte er neben der politischen Arbeit ein großes Interesse an biochemischen Fragestellungen. Da es in den 1930er Jahren kein spezielles Fach Biochemie gab, studierte er seit 1930 an der Wiener Universität Chemie und Medizin.[79] 1936 promovierte er zum Dr. med. Während des Studiums veröffentlichte er bereits erste Artikel in wissenschaftlichen Zeitschriften wie etwa der renommierten *Biochemischen Zeitschrift*.[80] Nach Abschluss des Studiums erhielt Rapoport ein Forschungsstipendium an der *Children's Hospital Research Foundation* in Cincinnati. Das Institut für Kinderheilkunde war eine der anerkanntesten medizinischen Behandlungs- und Forschungsstätten in den Vereinigten Staaten.[81] Hatte Rapoport ursprünglich vorgehabt, nur ein Jahr in den USA zu bleiben, sollte er infolge der politischen Entwicklungen – 1938 erfolgte der sogenannte Anschluss Österreichs an das Deutsche Reich – nicht mehr nach Wien zurückkehren.

Ingeborg Syllm wurde am 1912 in Kibri/Kamerun, damals noch deutsche Kolonie, geboren. Ihr Vater war hanseatischer Kaufmann, die Mutter Pianistin. Bereits kurz nach ihrer Geburt kehrte die Familie nach Deutschland zurück. Die Kindheit verbrachte sie in Alt-Ralstedt, einem Vorort von Hamburg, später wohnte die Familie im Stadtteil Eckendorf. Hier besuchte Syllm mehrere Schulen und legte 1931 das Abitur an einem Mädchen-Realgymnasium ab. Die Familie mütterlicherseits besaß einen jüdischen Hintergrund, doch Ingeborg Syllm wurde im christlichen Glauben erzogen.[82] Einer Partei oder politischen Organisation gehörte sie in ihrer Jugendzeit nicht an, ihre eigene Familie beschrieb sie später als unpolitisch.[83] Für Ingeborg Syllm verlief ihre wissenschaftliche Ausbildung weniger gradlinig als die ihres späteren Ehemannes. Im Frühjahr 1932 nahm sie das Studium der Medizin in Hamburg auf, doch bereits ein Jahr später kamen die Nationalsozialisten an die Macht. Seitdem verschlechterten sich die Bedingungen für jüdische Ärzte in Deutschlands zusehends. Schon im Februar und März 1933 verloren die meisten jüdischen Mediziner ihre Funktionen in Ärztekammern und Arztvereinen. Im Dezember 1935 wurde jenen Ärzten, die keinen »Ariernachweis« erbringen konnten, die Approbation entzogen. Und schließlich erklärte die vierte Verordnung des

Reichsbürgergesetzes vom 25. Juli 1938 die Approbation aller jüdischen Ärzte für ungültig.[84]

Trotz dieser politischen Entwicklungen setzte Ingeborg Syllm, die nach den Nürnberger Rassegesetzen von 1935 als »Halbjüdin« galt, ihr Studium zunächst relativ unbehelligt fort, 1937 bestand sie das medizinische Staatsexamen. Im Übergang zur Praxis wirkten sich die rassistischen Gesetze des NS-Staates jedoch auch auf ihre Laufbahn umgehend aus. So durfte Syllm zum einen ein viermonatiges Pflichtpraktikum nicht mehr absolvieren, zum anderen konnte sie die begonnene Doktorarbeit zwar beenden, allerdings wurde sie zur mündlichen Prüfung nicht mehr zugelassen.[85] Damit scheiterte ihre Promotion zum Dr. med. Zu diesem Zeitpunkt wurde Syllm bewusst, dass ihre Aussichten, eine Approbation als praktizierende Ärztin in Deutschland zu bekommen, chancenlos waren. Sie bewarb sich deshalb in Albert Schweitzers Hospital in Lambaréné (Gabun), wurde jedoch abgelehnt. Ihre Mutter organisierte schließlich die Auswanderung nach Amerika, und so emigrierte Syllm 1938 allein in die USA.[86]

Das zweite Leben: Emigration in die USA

In den USA beantragte Samuel Mitja Rapoport zunächst das sogenannte *First Paper*, das ihm nach fünf Jahren und nach Ablegen einer Prüfung gewährt wurde.[87] Beide Rapoports wurden schließlich voll naturalisierte amerikanische Staatsbürger. Samuel Rapoport setzte seine Karriere in Cincinnati fort und beendete 1939 ein Zusatzstudium der Chemie mit der Promotion.[88] Anschließend übernahm er eine Lehrtätigkeit am Kinderkrankenhaus in Cincinnati. Außerdem übertrug man ihm die Leitung einer eigenen physiologisch-chemischen Abteilung zunächst provisorisch und ab 1946 permanent. Im selben Jahr übernahm er die Leitung des chemischen Laboratoriums des Kinderkrankenhauses der Universität.[89]

Bereits ein Jahr nach seiner Einreise in die USA veröffentlichte Rapoport in renommierten Fachzeitschriften.[90] Den Höhepunkt seiner Forschungstätigkeit erreichte er in der Zeit des Zweiten Weltkriegs, als er ein Verfahren zur Konservierung roter Blutkörperchen entwickelte. Mit diesem Verfahren war er in der Lage, Erythrozyten – statt der bisher üblichen sieben Tage – bis zu drei Wochen zu konservieren. Diese Errungenschaft sollte sich bereits im Zweiten Weltkrieg als lebensrettend erweisen. Rapoport erhielt dafür später vom amerikanischen Präsidenten Harry S. Truman das *Certificate of Merit*, die höchste Auszeichnung für Zivilisten in den USA.[91] Im Jahr 1947 erforschte er in Japan gemeinsam mit einer kleinen amerikanischen Ärztegruppe die Kinderkrankheit *Ekiri*, die jährlich mehrere Tausend Todesopfer forderte. Dabei erkannten die Forscher, dass Kalziummangel der Auslöser für die Krankheit war.[92]

Noch vor Kriegsende hatte Rapoport 1944 Ingeborg Syllm am Kinderkrankenhaus Cincinnati kennengelernt und zwei Jahre später geheiratet; aus der Ehe sollten insgesamt vier Kinder hervorgehen. Schon bis dahin war Syllms Berufsweg jedoch weitaus weniger geradlinig verlaufen als der ihres späteren Ehemannes. Bevor sie 1944 nach Cincinnati kam, hatte sie bereits an mehreren Krankenhäusern in den USA gearbeitet. Das Kinderspital in Cincinnati bildete die letzte Station auf ihrem wissenschaftlichen Weg in Amerika.[93] Die Startbedingungen im Exil waren für Syllm schwer gewesen. Im Gegensatz zu Samuel Rapoport, der mit einem Stipendium in die USA gelangt war, besaß sie wenig mehr als jene 38 Reichsmark, die mitzunehmen ihr die antijüdischen nationalsozialistischen Devisenvorschriften gestattet hatten.[94] In den USA bemühte sie sich zunächst um die Anerkennung ihres Medizinabschlusses, das heißt um die Zulassung zum *National Medical Board.*[95] Dafür hatte sie allerdings erst eine Sprachprüfung zu absolvieren, die allein schon 32 Mark erforderte.[96] Die Zeit, bis sie den Bescheid über die Zulassung zum *Medical Board* erhielt, überbrückte sie mit zwei Praktika, bei denen sie zumindest freie Kost und Logis erhielt. Schließlich teilte man ihr mit, dass ihr deutsches Staatsexamen nicht anerkannt würde.[97] Syllm traf deshalb die Entscheidung, erneut zu studieren. Doch die Zulassung zu einem geeigneten Bildungsinstitut erwies sich als schwierig, da sie sich ein Studium finanziell nicht leisten konnte. Zudem gab es in den USA zu diesem Zeitpunkt einen Numerus Clausus für Frauen.[98]

»Das erste College, an dem ich mich bewarb, war die Columbia-University, und sie fragten mich nur eine Frage, wie viel Geld haben Sie, und damit war das Interview zu Ende. Und das zweite Interview war in diesem Women's Medical College in Pennsylvania. Die hatten eben die Bedingung gestellt, daß ich erstens 1000 Dollar beschaffen müsse, und daß ich nachweisen müsse, wo ich wohne, um keinem auf der Tasche zu liegen.«[99]

Die *Women's Medical School* umging zwar den Numerus Clausus und ermöglichte so Frauen ein Medizinstudium, doch die finanziellen Hürden zum Eintritt waren relativ hoch. Ingeborg Syllm erhielt die erforderlichen 1.000 Dollar schließlich in Form eines vom *Jewish Council* vermittelten Stipendiums. Das deutsche Examen wurde ihr zumindest teilweise angerechnet, sodass sie nur die beiden letzten Jahre an der *Women's Medical School* absolvieren musste.[100] 1942 – fünf Jahre nachdem sie ihr deutsches Staatsexamen bestanden hatte – erhielt sie schließlich den Doktor der Medizin.[101] Zu diesem Zeitpunkt besaß ihr späterer Mann bereits zwei Doktortitel. Syllms sehr gute Zeugnisse verschafften ihr ein Praktikum am *Baltimore General Hospital* der *Johns Hopkins University* und schließlich ab 1944 ein Praktikum am *Children's Hospital* in Cincinnati, wo sie sich auf das Fachgebiet der Pädiatrie (Kinderheilkunde) spezialisierte. Sie forschte fortan v. a. zur Bedeutung des Kalziums bei Neugeborenen, gemeinsam mit ihrem Ehemann veröffentlichte sie erste eigene wissenschaftliche Artikel. Von 1946 bis 1948 war sie Forschungsassistentin und stellvertretende Leiterin der Universitäts-Poliklinik für Pädiatrie in Cincinnati.[102]

Im Hinblick auf den bald folgenden, dritten Lebensabschnitt war diese Zeit auch insofern von Bedeutung, weil Syllm im Exil politisch aktiv wurde. Beeinflusst durch ihren Ehemann, trat sie drei Monate nach ihrer Ankunft in Cincinnati der kleinen Kommunistischen Partei der USA (CPUSA) bei. Die Rapoports widmeten ihre politische Arbeit in erster Linie der Gleichberechtigung der schwarzen Bevölkerung und der Verbesserung der sozialen Lage der Arbeiter. Um rassistische Vorurteile abzubauen, organisierten sie gemeinsame Picknicks, *square dances* und Zusammenkünfte. Jeden Sonntag verteilten sie die Zeitung *The Worker*, um politische Aufklärungsarbeit zu leisten und neue Leser für die Zeitung zu gewinnen. Samuel Rapoport war neben seiner Arbeit für die Kommunistische Partei auch in der Gewerkschaftsbewegung tätig. 1948 unterstützten beide im Wahlkampf den liberalen Kandidaten der *Progressive Party*, Henry Wallace. Ingeborg Rapoport begann in Cincinnati ebenfalls ihre aktive Friedensarbeit. Für den Stockholmer Appell sammelte sie über 1.000 Unterschriften.[103] Das Engagement für den Frieden setzte sie später in der Deutschland fort, indem sie sich für die *International Physicians for the Prevention of Nuclear War* (IPPNW) engagierte.[104]

Nach dem Ende des Krieges änderte sich das politische Klima in den USA innerhalb nur weniger Jahre grundlegend, und angesichts ihrer politischen Betätigungen mussten die Rapoports Anfang der 1950er Jahre das Land verlassen. Mit der Verschärfung des Kalten Krieges begann die amerikanische Regierung, Sympathisanten und Mitglieder der Kommunistischen Partei zu diskriminieren und zu verfolgen. Die lokale konservative Presse in Cincinnati beschuldigte die Rapoports der subversiven Tätigkeit, und als sie 1950 an einem Kinderarztkongress in Schweiz teilnahmen, erfuhren sie, dass sie vor das berüchtigte *McCarthy Committee* geladen werden sollten. Daraufhin kehrte Samuel Rapoport – gleichsam spiegelbildlich zu seiner Entscheidung 1938 – nicht mehr in die USA zurück, und Ingeborg Rapoport holte in einer Nacht- und Nebelaktion die Kinder aus Cincinnati nach Zürich.[105] Die Familie zog zuerst nach Wien. Dort bewarb sich Samuel Rapoport um eine Stelle als Biochemiker am Institut für Medizinische Chemie, die aber infolge amerikanischer Interventionen erfolglos blieb. Auch die Bewerbungsversuche in anderen Ländern scheiterten trotz intensiver Bemühungen befreundeter Wissenschaftlerkollegen. Zum ersten Mal konnte Samuel Rapoport nicht nahtlos an seine berufliche Laufbahn anknüpfen.

Die entscheidende Wendung folgte erst Ende 1951, als er durch Vermittlung der KPÖ das Angebot erhielt, die Leitung eines Blutforschungsinstituts zu übernehmen, dessen Gründung an der Berliner Akademie der Wissenschaften geplant war.[106] Im Februar 1952 erfolgte die Übersiedlung in die DDR, und so begann schließlich das »dritte Leben« der Rapoports. Vor diesem Hintergrund erscheint die Übersiedlung in die DDR nicht als »klassische« Remigration, sondern vielmehr als erneute Flucht ins Exil. Nach eigener Einschätzung der beiden hätten sie ohne die Verfolgung durch McCarthys Untersuchungsausschuss die USA vermutlich niemals verlassen.[107] Die Rückkehr nach Deutschland fiel den Rapoports nicht leicht, da sie sich in Amerika »daheim« und akzeptiert gefühlt hatten: »Ich liebte die USA, das Land, die Menschen, die Vielfältigkeit der Landschaften und der Bevölkerung, die Ideen von Toleranz und Freiheit des ursprünglichen und eigentlichen Amerika. Ich war dieser neuen Heimat dankbar, dass sie mich vor dem Hitlerfaschismus gerettet hat, und bin ein durch und durch loyaler USA-Bürger gewesen.«[108]

Das dritte Leben: Übersiedlung in die DDR

Die Entscheidung, in die DDR zu gehen, trafen die Rapoports zum einen wegen der beruflichen Chancen v. a. von Samuel Rapoport und zum anderen wegen der Perspektive, einen Beitrag dazu zu leisten, den Sozialismus in der DDR aufzubauen. Ursprünglich hatte Ingeborg Rapoport vorgehabt, nie wieder nach Deutschland zurückzukehren, doch in der DDR sahen die Rapoports ein anderes, potenziell besseres Deutschland. In einem Zitat Ingeborg Rapoports heißt es: »Meine inneren Vorbehalte gegenüber Deutschland waren sicherlich noch tiefer und verborgener. Sie wurden gespeist durch die niemals vom Verstande her auflösbaren Schmerzen persönlicher Erfahrungen. Aber wir sagten uns beide, daß diese DDR ein anderes Deutschland sei, ein antifaschistisches, geläutertes, ein demokratisches Deutschland mit dem Ziel, den Sozialismus aufzubauen. Diese Erwägungen bestimmten unsere Entscheidung.«[109]

Als die Rapoports im Februar 1952 am Bahnhof Friedrichstrasse eintrafen, wurden sie von einem Vertreter des Staatssekretariats für Hochschulwesen der DDR in Empfang genommen. Dieser informierte Samuel Rapoport bereits am Bahnhof, dass er nicht wie versprochen, die Leitung des Blutforschungsinstituts, sondern – aufgrund des Wechsels Karl Lohmanns von der Humboldt-Universität an das Medizinisch-Biologische Institut der Akademie der Wissenschaften in Berlin-Buch – die Professur für Physiologische Chemie sowie das Direktorat des gleichnamigen Instituts an der Medizinischen Fakultät der HU, d.h. der Charité, übernehmen sollte.[110] Wie andere Remigranten vor und nach ihnen wurden die Rapoports zunächst im unzerstörten Teil des Hotels Adlon am Pariser Platz untergebracht. Ab 1952 konnten sie dann ein kleines, neu gebautes Haus in der sogenannten »Intelligenzsiedlung« in Niederschönhausen beziehen. In dieser neu entstandenen Siedlung wohnten überwiegend aus der Emigration zurück- oder den Konzentrationslagern entkommene Künstler und Wissenschaftler, die angesichts der Wohnungsnot in der Nachkriegszeit keine andere Unterkunft fanden.[111]

Die Rapoports sahen ihre Aufgabe zunächst im Aufbau des Biochemischen Instituts, das sich auch sieben Jahre nach dem Krieg in einem »desolaten personellen, baulichen und apparativen Zustand« befand. Dies wog umso schwerer, als im September 1952 bereits 300 Studenten unterrichtet werden sollten.[112] Rapoport, der durch seine Ausbildung in Amerika nachhaltig geprägt worden war, ging mit seinen Studenten – für den deutschen akademischen Betrieb höchst ungewöhnlich – kameradschaftlich um. Trotz seiner Führungsaufgaben blieb Rapoport gegenüber seinen Kollegen und Studenten eher kollegial, ohne sich die typischen, ausgeprägten Hierarchien an deutschen Kliniken zeigen zu machen. Innovativ war zudem, dass er den direkten Kontakt zu den Studenten suchte. Er machte seine Schüler mit modernen wissenschaftlichen Arbeits- und Denkmethoden vertraut, regte sie durch Diskussionen zum Ideenaustausch an und führte Seminargruppen als interaktive Lehrformen ein.[113] Dadurch prägte er das wissenschaftliche Denken seiner Schützlinge nachhaltig, ebenso wie durch sein 1962 erschienenes Lehrbuch *Medizinische Biochemie*, das er »den Studenten, deren Nichtwissen und Neugierde der ständige Stachel eines Lehrer sind«, widmete. Die Veröffentlichung wurde über die Grenzen der DDR hinaus erfolgreich und erschien in Ost- und Westdeutschland in mehreren Auflagen.[114]

In der DDR konnte Samuel Rapoport zudem sehr rasch an seine erfolgreiche Wissenschaftskarriere anknüpfen. Er beeinflusste die Entwicklung der biomedizi-

ADN-Foto, 30.10.1985: »Vertreter des Komitees ›Ärzte der DDR zur Verhütung eines Nuklearkrieges‹ besuchten das Bezirkskrankenhaus Cottbus. Sie führten Gespräche in verschiedenen Bereichen des Hauses – Prof. Dr. Ingeborg Rapoport diskutierte z. B. mit Schwestern des Kinderklinik.«

nischen Forschung wesentlich, beispielsweise durch seine Mitgliedschaft im Forschungsrat der DDR und als Mitglied des 1962 gegründeten Rats für Planung und Koordinierung der medizinischen Wissenschaft.[115] Durch Rapoports Einfluss legte man seit den 1960er Jahren in der biomedizinischen Forschung besonderes Augenmerk auf Interdisziplinarität.[116] Um die biowissenschaftliche Forschung in der DDR zu profilieren und wettbewerbsfähig zu machen, startete man unter seiner Verantwortung ambitionierte Großprojekte, die sich ausdrücklich am Diskurs der westlichen *Scientific Community* orientierten.[117] Zudem trat Rapoport regelmäßig als Initiator internationaler Kongresse auf und hatte großen Anteil daran, die biochemische Forschung in der DDR anschlussfähig an die internationale Wissenschaft zu machen. Für seine wissenschaftlichen Leistungen erhielt Rapoport eine Reihe von Auszeichnungen. Er war Ehrendoktor mehrerer Universitäten, Nationalpreisträger und Träger des Vaterländischen Verdienstordens der DDR.

Auch Ingeborg Rapoport blieb in ihrem dritten Leben wissenschaftlich aktiv. 1952 stieg sie, nach dreijähriger Pause wegen der Geburt ihres vierten Kindes, wieder ins Berufsleben ein. Sie arbeitete zunächst als Oberärztin in der Kinderabteilung des Hufeland-Krankenhauses in Berlin-Buch, verspürte jedoch schon bald den Drang, wieder in die Forschung zu wechseln, um theoretisch und experimentell zu arbeiten.[118] Aus diesem Grund begann sie 1953 eine Aspirantur zur Erlangung der Habilitation am Lehrstuhl für Kinderheilkunde der Charité.[119] Sie gab also mit 41 Jahren die reguläre Laufbahn einer Ärztin auf und wechselte zu einer Labortätigkeit. Da es für praktizierende Ärzte angesichts des chronischen Personalmangels nicht ohne Weiteres möglich war, ins Labor zu wechseln, war ihr dieser Schritt nur durch die Erlangung eines wissenschaftlichen Grades möglich. Fünf Jahre später, nun bereits im Alter von 47 Jahren, habilitierte sich Rapoport an der Humboldt-Universität Berlin. Damit war sie – trotz der gerne herausgestellten Frauenförderprogramme in der DDR – eine von relativ wenigen Frauen, die sich habilitieren konnten.[120] Auch in der DDR blieben weibliche Professoren zu dieser Zeit eine Ausnahme. Nach ihrer Habilitation wurde sie zunächst Assistenzärztin in der Kinderklinik der Charité und somit erneut quasi-Berufsanfängerin. 1964, im Alter von 52 Jahren, erhielt sie schließlich einen Lehrauftrag als Professorin für Pädiatrie. In ihren Vorlesungen lehrte sie ebenfalls nach dem US-amerikanischen Modell, in kleinen Gruppen, im Beisein von Assistenten und vielfach direkt am Krankenbett. 1967 wurde sie als Professorin mit vollem Lehrauftrag berufen.[121] In den 1960er Jahren entwickelte sie mit der Neonatologie ein neues Forschungsgebiet, das ihr internationale Anerkennung einbrachte. Unter ihrer Leitung entstand eine der ersten Abteilungen für Früh- und Neugeborene in den sozialistischen Ländern mit Intensivstation, Labor und Forschungsprojekt. Zu ihren Symposien reisten Wissenschaftler auch aus Amerika an.[122] In der DDR widmete Ingeborg Rapoport zudem einen Großteil ihrer politischen Arbeit dem Kampf um Frauenrechte. Sie arbeitete sowohl im Frauenausschuss der Charité als auch der Humboldt-Universität mit und war dort u. a. daran beteiligt, Analysen über den Anteil von Frauen in Wissenschaft und Forschung zu erstellen.

Beide Rapoports galten in der DDR als Ausnahmewissenschaftler und genossen daher nicht wenige Privilegien. So konnten sie ihre österreichischen Pässe zunächst behalten und daher auch nach dem Mauerbau 1961 ins Ausland reisen. Erst 1968 wurden sie auf eigenen Wunsch Bürger der DDR. Als Frau und überzeugtes Parteimitglied war im Fall von Ingeborg Rapoport die privilegierte Stellung an besondere politische Missionen gekoppelt. In ihrer Biografie beschrieb sie, dass sie mehr als einmal auf Tagungen vorgeschickt worden sei, um die »moralische Stärke der DDR Medizin«[123] zu demonstrieren: »Wenn ich fuhr, bürdete mir man stets einen politischen Auftrag auf: den energischen Einsatz für die internationale Anerkennung der medizinisch-wissenschaftlichen Gesellschaften der DDR, irgendeine Protestaktion.«[124] Auch im Umgang mit den bürgerlichen Kollegen erteilte die SED den Parteimitgliedern besondere Aufgaben. Die Abteilung Wissenschaften der ZK hielt sie dazu an, die »alte Intelligenz mit Geduld und Verständnis für uns zu gewinnen«[125]. In vielfacher Weise nahmen die Rapoports, wie Remigranten aus westlichen Exilländern überhaupt, somit die Position von Grenzgängern und Außenseitern an.[126]

»Als NS-Verfolgte und Emigranten repräsentierten sie im Nachkriegsdeutschland und an der Nachkriegsuniversität die Minderheit derjenigen, die sich dem Hitlerregime von Anfang bis zum Ende verweigert hatten. Als moskauferne bürgerliche Linksintellektuelle standen sie eher am Rand als im Zentrum des kommunistischen Parteimilieus. Und als Intellektuelle ohne glatte akademische Karriere und ohne universitäre Hausmacht, dafür aber mit sichtbarer Protektion durch die neue politische Macht waren sie marginale Männer [sic!] des akademischen Betriebes.«[127]

Trotz – oder wegen – ihrer akademischen Ausnahmestellung verhielten sich daher insbesondere die konservativen Hochschullehrer ablehnend gegenüber den Rapoports. Samuel M. Rapoport berichtete später, dass seine Vorstellungen von einem demokratischen und modernen Lehrbetrieb zunächst auf anhaltenden Widerstand der etablierten Eliten gestoßen seien.[128] Diese Schwierigkeiten, ihre im Exil gemachten Erfahrungen in den DDR-Wissenschaftsbetrieb umzusetzen, waren keineswegs untypisch. Wie Dieter Hofmann nachgezeichnet hat, galt dies besonders in den Naturwissenschaften und der Medizin, da diese Disziplinen nach 1945 von hoher personeller Kontinuität gekennzeichnet blieben und weitgehend von den alten Eliten dominiert wurden. Ein ganz anderes Bild zeigte sich dagegen beispielsweise in den Geschichtswissenschaften, »wo remigrierte Historiker wichtige Impulse bei der Durchsetzung einer marxistisch-leninistischen Geschichtskonzeption ausübten«[129].

Schlussbemerkungen

Im Vergleich beider Karrierewege verlief Samuel Mitja Rapoports berufliche Entwicklung nahezu gradlinig, fast unbeeinflusst durch Emigration und Remigration. Einzig nach der Ausreise aus den USA vermochte er für kurze Zeit keine Anstellung zu finden. In der DDR konnte er dann jedoch seine Laufbahn erfolgreich fortführen und ein vielfältiges Spektrum von Tätigkeiten entfalten. Rapoports Wirken war mitentscheidend dafür, dass es gelang, die biomedizinische Forschung der DDR international zu profilieren und wettbewerbsfähig zu machen.

Ingeborg Rapoports beruflicher Werdegang wurde dagegen weit stärkerdurch die politischen Entwicklungen negativ beeinflusst. Emigration und Remigration wirkten sich zum Teil sichtlich hemmend auf ihre Laufbahn aus. So erreichte sie erst fünf Jahre nach ihrem deutschen Staatsexamen den medizinischen Doktorgrad in den USA. Und auch in der DDR musste sie wiederum eine Requalifizierungsphase durchlaufen, ehe sie ihre wissenschaftliche Tätigkeit fortführen konnte. Trotz dieser Rückschläge und Verzögerungen entwickelte sie ihre beruflichen Ziele stetig weiter und verfolgte energisch deren Umsetzung. Gleichwohl ist die Wirkung von Emigration und Remigration für Ingeborg Rapoports Karriere nicht einseitig als hinderlich zu bewerten. Zwar verstärkte der Ortswechsel die ohnehin bestehenden Diskriminierungen für Frauen, die höhere berufliche Ziele anstrebten, besonders in diesem Fachgebiet, erkennbar, gerade im Fall der Auswanderung in die USA. Doch spricht einiges dafür, dass die spätere Remigration für ihre berufliche Entwicklung zumindest insofern förderlich war, als die DDR aufgrund des Fachkräftemangels Frauen in ihrer beruflichen Entwicklung besonders unterstützte und Aufstiegschancen eröffnete, die etwa in Westdeutschland weit weniger bestanden.

Dass sich in der DDR bei entsprechender Qualifikation zusätzliche Karrieremöglichkeiten eröffneten, weil gutes Personal permanent rar war, galt indes nicht nur für Frauen, sondern bot akademischen Remigranten grundsätzlich eine bedenkenswerte Option, zumindest dann, wenn sie die politischen Grundüberzeugungen des sozialistischen Staates teilten. Die Frage, wie attraktiv diese Angebote unter dem Strich waren, hatte jedoch viel mit den Einschränkungen zu tun, die das System den Disziplinen im Einzelnen auferlegte. Für Naturwissenschaften mochte es in mancher Hinsicht leichter sein als für Sozialwissenschaftler, die obligatorisch Marx und Lenin zitieren mussten, wollten sie publikations- und professurfähig sein. Manche verließen daher frustriert die DDR wieder Richtung Westen wie eben Alfred Kantorowicz oder Ernst Bloch, ohne dort notwendigerweise völlig zufrieden zu sein.

Derweil war das Regime durchaus bereit, für akademische Aushängeschilder wie Samuel Rapoport mehr Zugeständnisse zu machen. Größere Reisefreiheit und Zugang zu wissenschaftlichen Ressourcen, die weniger exzeptionelle Kollegen nicht oder nur eingeschränkt zur Verfügung standen, zeugten von dieser Privilegierung und trugen zudem zu Rapoports anhaltendem und v. a. auch die Blockgrenzen überschreitenden Erfolg bei.

Im Gegenzug transferierten gerade in den politisch weniger aufgeladenen Wissenschaften die akademischen Rückkehrer Know-how inhaltlicher und methodischer Art sowie in Form internationaler Kontakte mit in die DDR, von der diese enorm profitierte und in der Tat ein attraktiver Wissenschaftsstandort blieb, was sich nicht zuletzt in der beträchtlichen Beliebtheit unter ausländischen Studierenden ausdrückte. Gewissermaßen handelte es sich hier um einen Fall intellektueller Kettenmigration.[130]

Ob die Rapoports derart in der DDR ankamen, dass sie wirklich aufhörten, Migranten zu sein, oder ob man nicht eher von sukzessiven Stadien der Migration sprechen müsste, lässt sich nur schwer ermessen. Ingeborg Rapoports Statement, sie hätten die USA nicht freiwillig verlassen, deutet dieses zumindest an. Andererseits schildete das Ehepaar in einer Dokumentation über ihre »drei Leben«, dass sie den Mauerfall und die Wiedervereinigung 1989/90 als schmerzlich empfanden, bedeutete dies doch erneut den Verlust von Heimat. Was die DDR dabei für die Rapoports mehr war: nationale, politische oder berufliche Heimat, bleibt am Ende offen.

Anmerkungen

1   Khalid Koser, International Migration. A Very Short Introduction, Oxford 2007, S. 21.

2   Vgl. Claus-Dieter Krohn/Patrik von zur Mühlen/Gerhard Paul/Lutz Winckler, Handbuch der deutschsprachigen Emigration 1933–1945, Darmstadt 1998, S. 1157.

3   Vgl. Claus-Dieter Krohn/Erwin Rotermund/Lutz Wickler u. a. (Hrsg.), Exil und Remigration, Band 9, München 1991.

4   Claus-Dieter Krohn/Patrick von zur Mühlen, Rückkehr und Aufbau nach 1945. Deutsche Remigranten im öffentlichen Leben Nachkriegsdeutschland, Marburg 1997.

5   Vgl. Claus-Dieter Krohn/Axel Schildt, Zwischen den Stühlen? Remigranten und Remigration in der deutschen Medienöffentlichkeit der Nachkriegszeit, Hamburg 2002; Anikó Szabó, Vertreibung Rückkehr Wiedergutmachung. Göttinger Hochschullehrer im Schatten des Nationalsozialismus, Göttingen 2000.

6   Marita Krauss, Heimkehr in ein fremdes Land. Geschichte der Remigration nach 1945, München 2001.

7   Vgl. Peter Merseburger, Willy Brandt 1913–1992. Visionär und Realist, Stuttgart/München 2002; Gregor Schöllgen, Willy Brandt. Die Biographie, Berlin/München 2001.

8   Etwa Peter Erler,»Nach Hitler kommen wir«. Dokumente zur Pragmatik der Moskauer KPD-Führung 1944/45 für Nachkriegsdeutschland, Berlin 1994; Katrin Hartewig, Zurückgekehrt. Die Geschichte der jüdischen Kommunisten in der DDR, Köln 2000.

9   Vgl. Andreas Schätzke, Rückkehr aus dem Exil. Bildende Künstler und Architekten in der SBZ und frühen DDR, Berlin 1999; Kornélia Papp, Remigranten in der SBZ/DDR und in Ungarn nach 1945. Ein Vergleich, Göttingen 2009.

10 Mario Keßler, Exilerfahrung in Wissenschaft und Politik. Remigrierte Historiker in der frühen DDR, Köln/Weimar/Wien 2001.

11 Vgl. Dieter Hoffmann, Die Remigration von (Natur-)Wissenschaftler in die DDR: das Beispiel der Physiker Martin Strauss, Fritz Lange und Klaus Fuchs, in: Sabine Schleiermacher/Norman Pohl (Hrsg.), Medizin, Wissenschaft und Technik in der SBZ und DDR. Organisationsformen, Inhalte, Realitäten, Husum 2009, S. 41–78.

12 Vgl. Horst Bredekamp/Adam S. Labuda, In der Mitte Berlins. 200 Jahre Kunstgeschichte an der Humboldt-Universität, Berlin 2010; Kristin Kleibert, Die Juristische Fakultät der Humboldt-Universität zu Berlin im Umbruch. Die Jahre 1948 bis 1951 Berlin 2010; Carlo Jordan, Kaderschmiede Humboldt-Universität zu Berlin. Aufbegehren, Säuberungen und Militarisierung 1945–1989, Berlin 2001; Wolfgang Girnus/Klaus Meier, Die Humboldt-Universität Unter den Linden 1945 bis 1990: Zeitzeugen – Einblicke – Analysen, Leipzig 2010; Tobias Schulz, »Sozialistische Wissenschaft«. Die Berliner Humboldt-Universität, Köln/Wien, 2010; Die sechsbändige Geschichte der Universität Unter den Linden, 1810–2010: Biographie einer Institution, Praxis ihrer Disziplinen, hrsg. von Rüdiger vom Bruch/Heinz-Elmar Tenorth, lag vor Fertigstellung dieses Aufsatzes leider noch nicht vor.

13 Vgl. Peter Th. Walther, Von 1945 bis zur Gründung der Freien Universität Berlin, in: Zentrum für interdisziplinäre Frauenforschung (Hrsg), Von der Ausnahme zur Alltäglichkeit. Frauen an der Berliner Universität unter den Linden, Berlin 2003, S. 143–150, hier S. 144.

14 Siehe dazu Ulla Ruschhaupt/Heide Reinsch, Die ersten Jahre nach der Wiedereröffnung der Universität 1946–1951, in: Zentrum für interdisziplinäre Frauenforschung, Von der Ausnahme, S. 151–172, hier S. 151.

15 Vgl. Ilko-Sascha Kowalczuk, Geist im Dienste der Macht. Hochschulpolitik in der SBZ/DDR 1945–1961, Berlin 2003, S. 105.

16 Vgl. Jens Thiel, »… dass es jetzt leider noch unmöglich ist, politische belastete Professoren durch politisch unbelastete Professoren zu ersetzten.«, in: Sabine Schleiermacher/Andreas Malycha (Hrsg.), Wissenschaft macht Politik. Hochschulen in politischen Systemumbrüchen 1933 und 1945, Stuttgart 2009, S. 101–123, hier S. 101.

17 Dazu: John Gimbel, Science Technology and Reparations: Exploitation and Plunder in Postwar Germany, Stanford, 1990; Matthias Judt/Burghard Ciesla, Technology Transfer Out of Germany After 1945, Amsterdam u.a., 1996; Thiel, »politische belastete Professoren«, S. 101.

18 Vgl. Siegward Lönnendonker, Freie Universität Berlin. Gründung einer politischen Universität, Berlin 1988, S. 34.

19 Vgl. Hubert Laitko, Wissenschaftler im Berlin der frühen Nachkriegszeit. Bausteine und Fragestellungen zu einem Soziogramm, in: Rüdiger vom Bruch/Brigitte Kaderas (Hrsg.), Wissenschaften und Wissenschaftspolitik. Bestandsaufnahme zu Formationen, Brüchen und Kontinuitäten im Deutschland des 20. Jahrhunderts, Stuttgart 2002, S. 373–392, hier S. 75.

20 Vgl. Andreas Malycha, Der Umgang mit politisch belasteten Hochschullehrern an der Medizinischen Fakultät der Universität Berlin in den Jahren 1945–1949, in: Rüdiger vom Bruch/Uta Gerhardt/Aleksandra Pawliczek (Hrsg.), Kontinuitäten und Diskontinuitäten in der Wissenschaftsgeschichte des 20. Jahrhunderts, Stuttgart 2006, S. 93–110, hier S. 94.

21 Andreas Malycha, Hochschulpolitik in den vier Besatzungszonen Deutschlands. Inhalt und Absichten der Alliierten und der deutschen Verwaltungen 1945 bis 1949, in: Schleiermacher/Schagen, Wissenschaft, S. 29-47, hier S. 34.

22 Ebd.

23 So bei Krohn/Mühlen/Paul u.a., Handbuch der deutschsprachigen Emigration, S. XI.

24 Vgl. Krauss, Heimkehr, S. 9.
25 Vgl. Marita Krauss, Die Rückkehr einer vertriebenen Elite. Remigranten in Deutschland nach 1945, in: Günther Schulz (Hrsg.), Vertriebene Eliten. Vertreibung und Verfolgung von Führungsschichten im 20. Jahrhundert, München 2001, S. 103–124, hier S. 105.
26 Vgl. Marita Krauss, Jewish Remigration, An Overview of an Emerging Discipline, in: Leo Baeck Institute Yearbook XLIX (2004), S. 107–119, hier S. 107.
27 Zahlenangaben nach Krohn, Handbuch, S. 681, 683 und Ahrens, Remigranten, S. 6.
28 Vgl. Krauss, Remigration, S. 115.
29 Vgl. Sabine Schleiermacher, Rückkehr der Emigranten. Ihr Einfluss auf die Gestaltung des Gesundheitswesens in der SBZ/DDR, in: Schleiermacher/Pohl, Medizin, S. 79–94, hier S. 80f.
30 Vgl. Michael F. Scholz, Skandinavische Erfahrungen erwünscht? Nachexil und Remigration. Die ehemaligen KPD-Emigranten in Skandinavien und ihr weiteres Schicksal in der SBZ/DDR, Stuttgart 2000, S. 45.
31 Erler, »Nach Hitler kommen wir«, S. 108, 110.
32 Jan Foitzik, Politische Probleme der Remigration, in: Krohn, Exil und Remigration, S. 104-114, hier. S. 104. Dies galt indes v. a. für die deutsche Verwaltung. Die amerikanischen Besatzungsbehörden griffen durchaus auf das Know-how exilierter Deutscher zurück.
33 Ebd.
34 Vgl. Schleiermacher, Rückkehr, S. 81f.
35 Vgl. Erler, »Nach Hitler kommen wir«, S. 111.
36 Zitiert nach Scholz, Skandinavische Erfahrungen, S. 43.
37 Vgl. Schleiermacher, Rückkehr, S. 82.
38 Ebd.
39 Ebd.
40 Vgl. Scholz, Skandinavische Erfahrungen, S. 47.
41 Vgl. Sabine Krehan, Die Reintegration von Juristen jüdischer Herkunft an den Berliner Universitäten nach 1945, Berlin 2007, S. 347.
42 Alfred Kantorowicz emigrierte 1933 nach Frankreich. Dort war er Generalsekretär des Schutzverbandes Deutscher Schriftsteller im Exil. Von 1936 bis 1938 war er Soldat und Offizier bei den Internationalen Brigaden im spanischen Bürgerkrieg. 1939 floh er aus Frankreich in die USA, wo er als Publizist arbeitete und als Mitarbeiter beim Radiokonzern *Columbia Broadcasting System* in New York tätig war. 1947 kehrte er nach Deutschland zurück. Nach der Einstellung von *Ost und West* 1949 übernahm er eine Professur für neue deutsche Literatur an der HU. 1957 verließ er aus der DDR und lebte bis zu seinem Tod 1979 in Hamburg. Vgl. Universitätsarchivder Humboldt-Universität (HU-Archiv) Personalakte nach 1945: Kantorowicz, Alfred.
43 Vgl. Friedrich Albrecht, Ost und West. Eine Zeitschrift im Kalten Krieg, in: Michael Grunewald (Hrsg.), Der Europadiskurs in den deutschen Zeitschriften, (1945–1955), Bern/Berlin/Bruxelles u. a. 2001, S. 45–71, hier S. 45f.
44 Vgl. Krohn, Handbuch, S. 683ff.
45 Vgl. Claus-Dieter Krohn, »Weimar« in Amerika: Vertriebene deutsche Wissenschaftler an der New School for Social Research in New York, in: Hartmut Lehmann (Hrsg.), Nationalsozialismus in den Kulturwissenschaften, Göttingen 2004, S. 289–304, hier. S. 289.
46 Ebd.
47 Vgl. Reinhard Rürup, Schicksale und Karrieren. Gedenkbuch für die von den Nationalsozialisten aus der Kaiser-Wilhelm Gesellschaft vertriebenen Forscherinnen und Forscher, Göttingen 2008, S. 119.
48 Krohn, »Weimar«, S. 289.
49 Ebd.
50 Vgl. Barbara Picht, Erzwungener Ausweg. Hermann Broch, Erwin Panofsky und Ernst Kantorowicz im Princetoner Exil, Darmstadt 2008, S. 10f.
51 Vgl. Picht, Erzwungener Ausweg, S. 11.
52 Ebd.
53 Vgl. Krohn, Handbuch, S. 10.
54 Vgl. Krehan, Reintegration, S. 347.

55 Vgl. ebd., S. 345.

56 Alfred Meusel (1896–1960) emigrierte 1934 nach Dänemark und Großbritannien. 1946 kam er nach Ostberlin und erhielt im selben Jahr eine Professur an der HU. Er wurde der erste marxistische Ordinarius für Geschichte an der Berliner Universität. Vgl. HU-Archiv Personalakte nach 1945: Meusel, Alfred.

57 Jürgen Kuczynski (1904–1997) emigrierte 1936 nach Großbritannien und kehrte 1945 in amerikanischer Uniform nach Deutschland zurück. Ursprünglich war er von der KPD als Wirtschaftsminister vorgesehen, wurde aber dann für den wissenschaftlichen Aufbau eingesetzt. 1946 erfolgte die Berufung auf den Lehrstuhl für Wirtschaftsgeschichte. Vgl. HU-Archiv Personalakte nach 1945: Kuczynski, Jürgen.

58 Cordula Lissner, Den Fluchtweg zurückgehen. Remigration nach Nordrhein und Westfalen 1945–1955, Essen 2006, S. 37.

59 Zitiert nach Keßler: Exilerfahrung, S. 70f.

60 Ebd.

61 Ruf an die Emigranten. Aufruf des Kulturbundes zur demokratischen Erneuerung Deutschland an die geistige Emigration. Deutsche Volkszeitung v. 17.11.1945, S. 3, zitiert nach: Schätzke, Rückkehr aus dem Exil, S. 32f. Zum Kulturbund vgl. Gerd Dietrich, Kulturbund, in: Gerd-Rüdiger Stephan/Andreas Herbst/Christine Krauss u. a. (Hrsg.), Die Parteien und Organisationen der DDR. Ein Handbuch, Berlin 2002, S. 530–559.

62 Vgl. Thiel, »politisch belastete Professoren«, S. 103.

63 Vgl. Rüdiger vom Bruch, Studieren in Trümmern. Die Wiedereröffnung der Berliner Universität im Januar 1946, Berlin 2006, S. 13.

64 Vgl. Malycha, Hochschulpolitik, S. 37.

65 Siehe vom Bruch, Studieren in Trümmern, S. 14.

66 Vgl. ebd.

67 Vgl. Ralph Jessen, Akademische Elite und kommunistische Diktatur. Die ostdeutsche Hochschullehrerschaft in der Ulbricht-Ära, Göttingen 1999, S. 297ff.

68 Ebd., S. 300.

69 Hoffmann, Remigration, S. 44.

70 Vgl. ebd., S. 46.

71 Ebd. S. 44.

72 Vgl. Scholz, Skandinavische Erfahrungen, S. 87.

73 Ebd.

74 Vgl. Schleiermacher, Rückkehr der Remigranten, S. 85f.

75 Vgl. ebd. S. 86ff. Kurt Winter (1910–1987) emigrierte 1933 nach Palästina, 1935 in die Schweiz und ab 1937 war er Arzt bei den Internationalen Brigaden im spanischen Bürgerkrieg. 1938 ging er von Spanien nach Paris und von dort aus 1939 nach Oslo. 1940 siedelte er schließlich nach Schweden über, wo er bis zu seiner Rückkehr nach Deutschland 1946 blieb. Dort arbeitete er in verschiedenen psychiatrischen Einrichtungen. 1951 habilitierte Winter an der HU, von 1956 bis 1975 leitete er dort das Hygieneinstitut. 1957 vertrat er den Lehrstuhl für Sozialhygiene. Carl Coutelle (1908–1993) emigrierte 1933 über die Schweiz in die UdSSR, wo er in verschiedenen Funktionen als Arzt arbeitete. 1939 meldete er sich als freiwilliger Helfer für das Chinesische Rote Kreuz, von 1940 bis 1942 war er Arzt in der chinesischen Armee. 1945 kam er nach Berlin und nahm eine Tätigkeit in der DZVG auf. Von 1959 bis 1963 war er Professor an der Humboldt-Universität. Eva Schmidt-Kolmer (1913–1991) emigrierte 1938 aus Österreich über die Schweiz und Frankreich nach Großbritannien. Dort leitete sie das Sekretariat der Hilfsorganisation *Council of Austrians in Great Britain* und 1939 war sie Mitbegründerin des Sekretariats des *Austrian Centers*. 1946 kam sie nach Berlin und war von 1946 bis 1948 in der DZVG tätig; 1958 Habilitation an der HU, 1961 Professur mit Lehrauftrag an der Medizinischen Fakultät.

76 Zitat Ingeborg Rapoport, in: Die Rapoports – Unsere drei Leben, TV-Dokumentation von Britta Wauer und Sissi Hüetlein, D. 2004.

77 Vgl. Hans Mikosch/Gerhard Oberkofler, Über die zweimalige Emigration von Samuel Mitja Rapoport aus Wien (1937 und 1952). Einige Archivnotizen, in: Mitteilungen der Alfred Klahr Gesellschaft, Nr. 3, 2008, S. 14–22, hier S. 14.

78 Vgl. Gisela Jacobasch/Lothar Rohland, Samuel Mitja Rapoport (1912–2004), Berlin 2005, S. 19.

79 Vgl. Brunhild Fölsch/Walter Grünzweig, Marxismus und jüdische Identität. Der Biochemiker Samuel Mitja Rapoport, in: Das Jüdische Echo, Nr. 49, 2000, S. 337–345, hier S. 341.

80 Vgl. Mikosch/Oberkofler, Rapoport, S. 14. Seine erste wissenschaftliche Arbeit wurde 1933 unter dem Titel »Mikromethode für die Acetylbestimmung« in der *Biochemischen Zeitschrift* veröffentlicht.

81 Ebd.

82 Vgl. Patricia Fürst, »Und dann sind wir hierher gekommen und haben versucht, unser Scherflein beizutragen.«, in: An ihnen wird Geschichte deutlich. Sieben Porträts ehemaliger Wissenschaftlerinnen der Humboldt-Universität, hrsg. vom Zentrum für interdisziplinäre Frauenforschung der Humboldt Universität Berlin, Berlin 1999, S. 70–87, hier S. 70f.

83 Ingeborg Rapoport, zitiert nach: Wauer/Hüetlin, Die Rapoports.

84 Vgl. Claudia Huerkamp, Bildungsbürgerinnen. Frauen im Studium und in akademischen Berufen 1900–1945, Göttingen 1996, S. 240f.

85 Ingeborg Rapoport, Meine ersten drei Leben, 2. Aufl., Berlin 2002, S. 80.

86 Vgl. Fürst, Scherflein, S. 73.

87 Das *First Paper* ist die offizielle Absichtserklärung, Bürger der Vereinigten Staaten von Amerika zu werden.Vgl. Rapoport, Meine ersten drei Leben, S. 161.

88 Vgl. Mikosch/Oberkofler, Rapoport, S. 16.

89 Ebd.

90 1938 erschien Rapoports erste Veröffentlichung im *Journal of Biological Chemistry.*

91 Vgl. Eberhard Hofmann, Nachruf auf Samuel Mitja Rapoport 27.11.1912–07.07.2004, in: Biospektrum Nr. 5 (2004), S. 643f., hier S. 643.

92 Ebd.

93 Vgl. Fürst, Scherflein, S. 77.

94 Rapoport, Meine ersten drei Leben, S. 97.

95 Vgl. Fürst, Scherflein, S. 74. Das *National Medical Board* organisiert eine staatlich anerkannte Prüfung, die aus insgesamt drei Teilen besteht (zwei schriftlichen und einem mündlichen). Diese Prüfung bildet die Vorraussetzung für die Erteilung der Approbation als Arzt oder Ärztin.

96 Rapoport, Meine ersten drei Leben, S. 97.

97 Die Anerkennung des Medizinabschlusses war in den USA Angelegenheit der einzelnen Staaten, die Einwanderung war Bundessache. Als Ingeborg Syllm in die USA kam, gab es keine automatische Anerkennung ihres medizinischen Abschlusses mehr, als Schutz des einheimischen Arbeitsmarktes vor Immigranten.

98 Vgl. Fürst, Scherflein, S. 76.

99 Interview mit Ingeborg Rapoport, zitiert nach: Fürst, Scherflein, S. 76.

100 Vgl. Fürst, Scherflein, S. 76.

101 Dazu Ulla Ruschhaupt/Heide Reinsch, Die ersten Jahre nach der Wiedereröffnung der Universität 1946–1951. West-Remigrantinnen, in: Zentrum für Interdisziplinäre Frauenforschung, Von der Ausnahme, S. 151–172, hier S. 168.

102 Vgl. Ruschhaupt/Reinsch, West-Remigrantinnen, S. 168.

103 Rapoport, Meine ersten drei Leben, S. 162f. Der Stockholmer Appell wurde 1950 auf dem Weltfriedenskongress zum Verbot von Kernwaffen verkündet.

104 Vgl. Fürst, Scherflein, S. 78.

105 Vgl. Hofmann, Rapoport wird 90, in: Jacobasch/Roland: Rapoport, S. 9–18, hier S. 11.

106 Rapoport, Meine ersten drei Leben, S. 243f.

107 Vgl. Hofmann, Rapoport wird 90, S. 10.

108 Rapoport, Meine ersten drei Leben, S. 162.

109 Ebd.

110 Rapoport, Meine ersten drei Leben, S. 245; Hofmann, Rapoport wird 90, S. 11.

111 Rapoport, Meine ersten drei Leben, S. 246ff.

112 Vgl. Hofmann, Rapoport wird 90, S. 13.

113 Ebd., S. 14.

114 Samuel Mitja Rapoport, Medizinische Biochemie, 9. Aufl., Berlin (Ost) 1987.

115 Vgl. Johanna Bleker/Volker Hess, Die Charité. Geschichte(n) eines Krankenhauses, Berlin 2010, S. 212.

116 Vgl. Andreas Malycha, Biowissenschaften im Zeichen von Forschungsplanung und Fortschrittsdenken in der DDR; http://www.scienceblogs.de/wissenschaft-und-wiedervereinigung/2009/11/samuel-mitja-rapoport-biowissenschaften-im-zeichen-von-forschungsplanung-und-fortschrittsdenken-in-der-ddr.php, letzter Zurgiff: 6.12.2010.

117 Ebd.

118 Rapoport, Meine ersten drei Leben, S. 276f.

119 Ebd., S. 278.

120 Vgl. Ulla Ruschhaupt, Die Universität nach der II. Hochschulreform 1951, in: Zentrum für Interdisziplinäre Frauenforschung, Von der Ausnahme, S. 173–196, hier S. 189.

121 Vgl. Ruschhaupt/Reinsch, Die ersten Jahre, S. 168.

122 Vgl. Die Rapoports – Unsere drei Leben.

123 Vgl. Gunilla-Friederike Budde, Frauen der Intelligenz. Akademikerinnen in der DDR 1945 bis 1975, Göttingen 2003, S. 234.

124 Rapoport, Meine ersten drei Leben, S. 396f.

125 Ebd., S. 373.

126 Vgl. Jessen, Akademische Elite, S. 322.

127 Ebd.

128 Vgl. Hoffmann, Remigration, S. 76.

129 Ebd.

130 Zu den ausländischen Studierenden in der DDR vgl. Damian MacCon Uladh, Studium bei Freunden? Ausländische Studierende in der DDR bis 1970, in: Christian Th. Müller/Patrice Poutrus (Hrsg.), Ankunft – Alltag – Ausreise: Migration und interkulturelle Begegnung in der DDR-Gesellschaft, Köln/Weimar/Wien 2005, S. 175–220.

Integration und Identität
Die spanischen politischen Flüchtlinge in der DDR

Aurélie Denoyer

Am 7. September 1950 wurde in Frankreich ein landesweiter Polizeieinsatz durchgeführt, der den Namen »Operation Boléro-Paprika«[1] trug, da nicht nur spanische (»Bolero«), sondern auch osteuropäische Kommunisten (»Paprika«) im Zentrum dieser Unternehmung standen. Die Operation, deren Ziel 397 ausländische Kommunisten waren, führte zur Festsetzung von 292 Personen zwölf verschiedener Nationalitäten, darunter 251 Spanier, hauptsächlich ehemalige *Guerilleros*.[2] Dass sich der Einsatz v. a. gegen spanische Kommunisten richtete, hatte verschiedene Gründe:[3] Der Paradigmenwechsel in Bezug auf die spanischen Kommunisten in Frankreich ist einerseits auf den Verlust des politischen Rückhalts in der Regierung Paul Ramadiers ab 1947 durch Ausschaltung der kommunistischen Minister zurückzuführen. Zugleich erfolgte eine stärkere Ausrichtung Frankreichs an der Außenpolitik der USA, die durch den französischen NATO-Beitritt weiter gefestigt wurde. In der Folge war im politischen Diskurs Frankreichs eine Gleichsetzung von Stalinismus und der antifranquistischen Opposition zu beobachten, die im Ergebnis zu der offiziellen Einschätzung führte, die ausländischen Kommunisten seien eine Sicherheitsbedrohung für Frankreich. Schlussendlich wurden infolge der »Operation Bolero-Paprika« 176 Spanier verhaftet und die Mehrheit in Korsika oder Algerien unter Hausarrest gestellt. 33 von ihnen wurden jedoch vom Innenministerium über Straßburg sofort in die DDR ausgewiesen.[4] Einige Monate später erfolgte die Familienzusammenführung in Dresden.[5]

Während der Exilaufenthalt in Frankreich den spanischen Kommunisten – aufgrund der Ähnlichkeit der Sprachen, der Nähe zum Heimatland und zu anderen in Frankreich lebenden Spaniern – die Integration in die dortige Gesellschaft erleichtert hatte,[6] stellte das zweite Exil in der DDR eine ungleich größere Herausforderung dar. Nicht nur die fremde Sprache, sondern auch das Fehlen einer spanischen Gemeinschaft verhinderte eine reibungslose Integration. Dennoch bedeutete die Ankunft in der DDR für die Gruppe auf den ersten Blick auch eine positive Etappe ihres Exils, stand das staatssozialistische System doch für die Verwirklichung ihrer politischen Ideale und spiegelte den Inhalt ihres politischen Kampfes in Spanien wider.

Ziel dieses Beitrags ist es, die Niederlassung dieser politischen Flüchtlinge in Dresden und die Gründung ihrer Exilgemeinschaft zu beschreiben,[7] um im Anschluss daran zu untersuchen, inwieweit diese Emigranten in der ostdeutschen Gesellschaft integriert wurden. Diese beiden Abschnitte basieren auf einer Untersuchung der staatlichen Archive in Berlin und Dresden[8] und konzentrieren sich auf die erste Generation der spanisch-kommunistischen Flüchtlinge. Der letzte Abschnitt beschäftigt sich mit der individuellen Identitätskonstruktion im Exil. Grundlage dafür sind die in Interviews gesammelten Erzählungen der zweiten Flüchtlingsgeneration, die sich nach Erreichen des Erwachsenenalters die Frage nach ihrer Identität stellen und dabei eine Brücke zwischen zwei bzw. drei Nationalitäten schlagen müssen.

Empfang in der DDR und Bildung des Kollektivs

Die Ankunft der Flüchtlinge in der DDR

Die Ankunft der spanischen Kommunisten erfolgte in zwei Etappen. Eine erste Gruppe verließ Frankreich bereits Anfang September 1950 und wurde an der innerdeutschen Grenze von der Volkspolizei in Plauen, die von ihrer Ankunft nichts wusste, in Empfang genommen. Diese war es dann auch, die das Innenministerium der DDR über die Ankömmlinge informierte. Offenbar hatten die Ausgewiesenen die Grenze problemlos passieren können. Eine zweite Gruppe kam einige Tage später in Dresden an und wurde zunächst provisorisch im Hotel Bayrischer Hof in Schleiz untergebracht. Ein erster, Mitte September 1950 unternommener Versuch, die Personaldaten und Sozialprofile der spanischen Einwanderer zu erfassen,[9] erbrachte nur wenige Informationen: Die spanischen Flüchtlingen weigerten sich, Auskunft zu geben, da sie zuerst Anweisungen der Kommunistischen Partei Spaniens (KPS) erwarteten. Nach einer intensiven Korrespondenz zwischen der SED und der KPS wurde ihnen jedoch relativ schnell der Status politischer Migranten zuerkannt.[10]

Eine entsprechende Liste vom November 1950 benannte 49 Personen, darunter 34 Spanier.[11] Noch im Dezember des Jahres fiel die Entscheidung, die spanischen

Die spanischen Kommunisten in Malchow (15.1.1951), einige Monate nach ihrer Ankunft.

Kommunisten in Dresden unterzubringen. Im Januar 1951 zogen sie in die Arndt-straße, unweit des Villenviertels Weißer Hirsch; im April 1951 erfolgte der Nachzug der Frauen und Kinder aus Frankreich.[12] 1952 wurden die Gebäude von der sowje-tischen Besatzungsmacht in Besitz genommen, woraufhin den Spaniern neue Woh-nungen in drei Häusern in der Neustadt nahe des Stadtzentrums zugewiesen wur-den: Diese befanden sich in der Hechtstraße, wo bis zur Auflösung des Kollektivs das Zentrum der spanischen Immigration in der DDR blieb.[13] Anschließend an diese Gebäude gab es ein weiteres kleines Haus, das den »Spanienklub« beherbergte, in dem sich das Sozialleben der Migranten hauptsächlich abspielte.

Sozialstruktur des Kollektivs

Nach der Familienzusammenführung waren etwa zwei Drittel der erwachsenen spa-nischen Mitglieder des Kollektivs in Dresden Männer, nur ein Drittel Frauen; hinzu kamen vier Französinnen, die ihren spanischen Männern ins ostdeutsche Exil gefolgt waren. Im Mai 1951 bestand die Gruppe in Dresden aus 85 Personen: 31 Männer, 21 Frauen sowie 33 Kinder und Jugendliche.[14] Von einer Ausnahme abgesehen, waren alle Frauen mit einem der ausgewiesenen Männer verheiratet. Dass sich unter den weiblichen Exilanten ganz überwiegend Frauen fanden, die ihren Ehemännern nach-gereist waren, erklärt sich daraus, dass die Operation »Bolero-Paprika« fast aus-schließlich Männer betroffen hatte.[15] Die meisten Mitglieder des spanischen Kollek-tivs wurden in die Produktion eingegliedert und waren dort als einfache Arbeiter tätig, denn die Mehrheit der in der DDR aufgenommenen Spanier verfügte nur über ein geringes formales Bildungsniveau, da ihre Ausbildung zumeist im Widerstands-kampf und unter illegalen Bedingungen stattgefunden hatte. Auch die schwachen ideologisch-theoretischen Kenntnisse der Spanier wurden von der SED in der Folge oft kritisiert,[16] Maßnahmen zur Abhilfe wurden jedoch der KPS überlassen. Nur zwei Männer wurden wegen ihrer Sprachkenntnisse als Übersetzer in internationalen Organisationen, wie der Internationalen Demokratischen Frauenföderation, einge-stellt.[17]

Ein Blick auf die einzelnen Biografien[18] zeigt, dass die aus Frankreich Ausgewie-senen gewissermaßen über einen gemeinsamen Lebensverlauf verfügten, dessen wichtigste Stationen nahezu alle absolviert hatten: den Kampf für die Spanische Re-publik ab 1931, das Engagement in der republikanischen Armee im Jahr 1936, das Rückzugserlebnis (*Retirada*) im Februar 1939,[19] die Internierung in den Lagern von Argelès, Gurs oder Vernet,[20] die Beteiligung an der Gruppierung für ausländische Arbeiter (*Groupement de Travailleurs Etrangers*) und das Engagement in der franzö-sischen *Résistance* ab 1941,[21] ihre nicht immer reibungslos verlaufene Integration in Frankreich nach dem Zweiten Weltkrieg[22] und, zu guter Letzt, ihre gemeinsame Aus-weisung aus Frankreich im Jahr 1950. Trotz fehlender persönlicher Beziehungen un-tereinander, die auf die Jahre vor dem Exil zurückgingen, geht die Vermutung wohl nicht fehl, dass sich in der Gruppe ein Gefühl der Solidarität auf der Grundlage die-ser gemeinsamen Erfahrungen etablierte. Auch die Eingliederung in das Kollektiv bereitete den Mitgliedern wahrscheinlich keine größeren Schwierigkeiten, da ihnen die Organisationsstrukturen der KPS bereits aus dem französischen Exil und ihrer Heimat vertraut waren.

Politische Organisation der Spanier in der DDR

Sämtliche Männer in der Gruppe waren Mitglieder in der KPS oder der Vereinigten Sozialistischen Partei Kataloniens. Das Kollektiv war politisch organisiert, ein von der KPS ernannter Verantwortlicher wurde von der SED offiziell anerkannt. Prinzipiell mussten die spanischen Kommunisten eine Versammlung pro Woche abhalten, in der sie die grundlegenden Theoretiker der kommunistischen Bewegung studierten, insbesondere Marx, Lenin und Stalin. Im Laufe der Zeit ließ die Mobilisierung der Immigranten aufgrund der Entfernung von ihrem Land und der relativen Einsamkeit, in der sie sich befanden, nach. Ihre Isolation rührte zum großen Teil aus der unzureichenden Kenntnis der deutschen Sprache, lag jedoch auch in der Tatsache begründet, dass ihnen auf politischer Ebene nur zwei autorisierte Ansprechpartner zur Verfügung standen: das Zentralkomitee der SED und die Bezirksleitung der SED in Dresden, der sie direkt unterstanden.[23]

Die Aktivitäten des Kollektivs in Dresden wurden von der Delegation der KPS in Prag überwacht, die ebenfalls über Ausschluss oder Wiedereingliederung in die Partei entschied. Aber auch die SED übte eindeutig Kontrolle über das Kollektiv aus und forderte von dessen Verantwortlichem einen monatlichen Bericht.[24] Zu verschiedenen Zeiten wurden die Spanier außerdem vom Ministerium für Staatssicherheit (MfS) überwacht, so zum Beispiel bei ihrer Ankunft 1950[25] oder nach der Spaltung innerhalb der KPS im Jahr 1968. Das Jahr 1968 hatte weitreichende Auswirkungen auf die in der DDR lebenden spanischen Kommunisten, da sich sowohl das Verhältnis der SED zu den Spaniern als auch die Wahrnehmung der »Schwesterpartei« durch die Einwanderer veränderte. Das Alltagsleben der Anhänger des Eurokommunismus wurde fortan spürbar erschwert und durch das MfS kontrolliert.[26]

Materielle und finanzielle Hilfe

Die Spanier erhielten nach ihrer Ankunft genau auf sie zugeschnittene Hilfen, über die von Fall zu Fall entschieden wurde. Zunächst übernahm die Volkssolidarität die materielle und finanzielle Unterstützung, wobei es sich hauptsächlich um den Kauf von Kleidung und die Deckung der Reisekosten für die nachziehenden Familien aus Frankreich handelte. Bis zu diesem Zeitpunkt mussten sich die dort Zurückgebliebenen auf ihre eigene Arbeitskraft sowie auf die Solidarität der Genossen der spanischen und französischen Kommunistischen Parteien stützen, um ihre finanzielle Existenz zu sichern, da der französische Staat keine Kosten für sie übernahm. Später finanzierte die Volkssolidarität den Kauf von Einrichtungs- und Haushaltsgegenständen, die Kosten für Miete usw. Neben dieser Hilfe wurde die Mehrheit der spanischen Flüchtlinge aufgrund ihrer Beteiligung am französischen Widerstand als Verfolgte des Naziregimes (VdN) anerkannt,[27] was ihnen das Recht auf eine Rente und weitere Privilegien gab, etwa zusätzliche Urlaubstage, bevorzugte und kostenlose Gesundheitsfürsorge sowie – ein in der Mangelwirtschaft der DDR erheblicher Bonus – Vorrang bei der Beschaffung von Wohnraum.[28]

Die aktive Unterstützung seitens der DDR lässt sich nicht allein mit humanitären oder ideologischen Gründen erklären. Vielmehr wurden die Spanier von der DDR-Führung teils in erheblichem Maße instrumentalisiert, um aus ihrer Präsenz eine gewisse Legitimation sowie einen Prestigegewinn sowohl auf internationaler Ebene als auch gegenüber der eigenen Bevölkerung ableiten zu können. Der spanische Bürgerkrieg wurde in der ideologischen Propaganda der SED mystifiziert und dazu benutzt, den antifaschistischen Ursprung der DDR zu unterstreichen.[29] Viele führende Parteimitglieder der SED hatten sich v. a. in den internationalen Brigaden für die Seite der Spanischen Republik engagiert. Die Unterstützung der spanischen Exilanten sollte in der Bevölkerung als humanistische Fortsetzung dieses antifaschistischen Engagements verstanden werden. Fraglich ist indes, ob dieser Versuch der Instrumentalisierung auch mit einer echten Integrationspolitik des Aufnahmelandes verbunden war.

Ausprägungen der Integration in die ostdeutsche Gesellschaft

Die Soziologin Dominique Schnapper schlägt vier Dimensionen vor, um die Integration von Migranten bewerten zu können: die strukturelle, die soziale, die kulturelle und die identitätsstiftende Integration.[30] Die Sprachkenntnis stellt dabei das Hauptkriterium dar, um die kulturelle Integration einzuschätzen. Das Berufsleben und die Beteiligung in staatlichen Organisationen sind demnach gute Indizien, um den Grad der strukturellen Integration von Einwanderern zu beurteilen. Weitere brauchbare Kriterien für den sozialen Integrationsgrad der Spanier in der ostdeutschen Gesellschaft sind z. B. Lebensgemeinschaften, in diesem Fall mit DDR-Bürgern.[31] Diese waren bei den Männern bereits ab der ersten Generation häufig zu beobachten, führten zu binationalen Familiengründungen und nahmen in der zweiten Generation weiter zu. Damit stellte sich auch die Frage nach einem Wechsel der Staatsbürgerschaft: Trotz der binationalen Ehen waren solche Schritte für die erste Generation kaum zu verzeichnen. Oberstes Ziel der Immigranten, das nicht nur von der KPS vorgegeben war, sondern das sich das Kollektiv ebenfalls selbst gesetzt hatte, blieben die Rückkehr nach Spanien und die Weiterführung des Kampfes gegen das Franco-Regime. Dies traf sich unterdessen mit der Linie der SED, die den Wechsel der Staatsbürgerschaft gleichfalls ablehnte und damit begründete, dass die Gewährung der DDR-Staatsangehörigkeit eben die Rückkehr der spanischen Widerstandskämpfer erschweren und damit den eigentlichen Sinn des Exils unterlaufen würde.[32]

Sprachkenntnisse und Berufsleben

Bereits 1951 war das Erlernen der deutschen Sprache durch die Spanier aus der Sicht der SED einer der Kernpunkte ihrer Eingliederung in den Alltag der DDR. Sie erhielten daher wöchentliche Deutschkurse, an denen jedoch nicht alle Mitglieder der

Gruppe teilnahmen. Während der ersten Jahre nahmen im Durchschnitt etwa zehn Personen dieses Angebot wahr.[33] Nachdem ein Bericht aus dem Jahr 1956 die unzureichenden Sprachkenntnisse der spanischen Exilanten hervorhob, entschied die SED, den Begabtesten einen sechs Monate dauernden Kurs anzubieten. 1964 wurden darum in den Klubräumen der Hechtstraße erneut Sprachkurse angeboten.[34] Es ist schwierig, die Wirkung dieser Maßnahmen zu bewerten, da sich das Kollektiv ab Ende der 1950er Jahre ständig um weitere Neuankömmlinge – der KPS angehörende spanische Studenten[35] oder ehemalige Insassen der franquistischen Gefängnisse[36] – erweiterte, mithin die Gruppe jener, die für einen Sprachkurs infrage kamen, nicht kleiner wurde.

Auch die erfolgreiche berufliche Integration der Exilanten hing von ihren Sprachkenntnissen ab. Doch trotz der offenbar durchwachsenen Fortschritte auf diesem Gebiet besaßen im Oktober 1951 alle arbeitsfähigen Männer wie auch die Mehrheit der Frauen[37] – dank der Unterstützung durch die Volkssolidarität – eine Arbeitsstelle. Die Anstellungen entsprachen allerdings nicht immer den jeweiligen fachlichen Qualifikationen, und eine berufliche Weiterentwicklung war aufgrund fehlender Sprachkenntnisse selten möglich.[38]

Tatsächlich sollte die Elterngeneration zu keiner Zeit richtig Deutsch lernen, wie sich auch Mercedes A. erinnert:[39] »Meiner Mutter zum Beispiel, wenn sie erzählte, dass sie 30 Jahre in der DDR verbracht hatte (...). Man hätte es wirklich nie geglaubt (...), wie sie sprach (...). Sie konnten es viel mehr verstehen, als dass sie es sprachen.«[40] Auch SED-Parteifunktionäre zeigten sich wiederholt empört, so etwa auf einem Treffen der ehemaligen Interbrigaden 1966: »Sie [die spanischen Genossen] sind so viele Jahre hier und wie viel hast du dabei, die Deutsch sprechen? Sie wollen politisch hoch geschult sein und wollen nicht die Sprache lernen.«[41]

Für die Migranten war es jedoch nicht allein aufgrund mangelnder Bereitschaft schwierig, eine neue Sprache zu erlernen, verfügten doch viele von ihnen nur über ein geringes formales Bildungsniveau und wenig Erfahrungen mit schulischem Lernen. Auch das fortgeschrittene Lebensalter und die beruflichen Belastungen wirkten sich negativ auf die Lernmotivation aus, und es fehlte die Bereitschaft, angesichts solcher Schwierigkeiten noch am Abend oder an den Wochenenden einen Sprachkurs zu besuchen. Und nicht zuletzt ließ die Hoffnung auf eine baldige Rückkehr in die Heimat ein Erlernen der deutschen Sprache nicht als notwendig erscheinen.

Die mangelnde Beherrschung der Sprache begrenzte die Anpassung an und die Interaktion mit der Mehrheitsgesellschaft. Kontakte zwischen Spaniern und Deutschen blieben anfangs weitgehend auf die berufliche Sphäre und den Einkauf im »Konsum« beschränkt. So kann sich Mercedes A. beispielsweise nicht daran erinnern, dass jemals ein Arbeitskollege ihres Vaters bei ihnen zu Hause war, und fügt hinzu: »Die ersten Deutschen, die wir im Kollektiv gesehen haben, waren die deutschen Frauen, die mit den ledigen Spanier zusammen waren.«[42] In der Erinnerung der damals jungen Frau erklärte sich dies mit der Sprachbarriere sowie der Ausbildung des spanischen Kollektivs als Mikrogesellschaft, die ihre Mitglieder vor der Isolation schützte, sie jedoch auch nicht ermutigte, Kontakte mit Deutschen zu suchen.

Für die Kinder der Exilanten, welche die deutsche Schule besuchten und die ihren Eltern oft als Übersetzer dienten, verhielt es sich indes anders. Enrique B.[43] fasst dies folgendermaßen zusammen: »Als Kind erlernt man sehr schnell Sprachen (…). Die Integration ist gut gelaufen. Wir waren trotzdem ein bisschen unter uns, die Kinder der Kolonie (…). Aber wir waren gut integriert (…), außerdem trieb ich sehr viel Sport. Ich spielte Fußball und war deswegen immer mit deutschen Kindern zusammen.«[44] Hier zeigte sich deutlich, dass die Beherrschung der deutschen Sprache durch die Kindergeneration und ihre Eingliederung in die ostdeutsche Schule die Integration in die DDR-Gesellschaft sichtbar erleichterte[45] und einen merklichen Unterschied zwischen den spanischen Exilanten und ihren Kindern markierte.

Mitgliedschaft in staatlichen Organisationen

Die aktive Mitgliedschaft in den staatlichen Massenorganisationen ermöglichte es den Spaniern, verstärkt Deutsch zu sprechen, und erleichterte den Kontakt zu deutschen Mitbürgern. Die Mehrheit des spanischen Kollektivs waren Mitglieder der KPS oder der *Juventud Socialista Unificada* (JSU), wobei die Mitglieder der JSU gleichzeitig der Freien Deutschen Jugend (FDJ) angehörten. Im Gegensatz dazu war die Parallelmitgliedschaft in KPS und SED nicht erlaubt, was allerdings nie ein Problem darstellte, da die Mitgliedschaft in der KPS als gleichrangiges Äquivalent zu jener in der SED galt. Alle berufstätigen Spanier waren ferner Angehörige des Freien Deutschen Gewerkschaftsbundes (FDGB) und meist auch als Mitglieder bei der Deutsch-Sowjetischen Freundschaft (DSF) eingeschrieben. Über ihr tatsächliches Engagement ist jedoch nur wenig bekannt, v. a. mangels entsprechender Quellenüberlieferungen.

Die wichtigste Ausnahme stellen die zahlreichen Berichte des FDGB über die Unterstützung der Gruppe bei Hilfsaktionen zugunsten Spaniens innerhalb des Solidaritätskomitees für Spanien dar.[46] Das Komitee wurde im Juli 1963 von der SED gegründet. Die Solidaritätsaktionen betrafen im Wesentlichen drei Bereiche: Spanien, die KPS und die spanischen Kollektive in der DDR. Zuvorderst konzentrierte sich die geleistete Hilfe auf materielle, finanzielle und ideelle Unterstützung des Kampfes der KPS gegen das Franco-Regime sowie auf die Aufklärung der DDR-Bevölkerung über die Lebensbedingungen in Spanien. Dabei unterstützte das Komitee etwa Protestbewegungen, Festveranstaltungen der KPS, Einladungen spanischer Intellektueller und leistete materielle und finanzielle Unterstützung der spanischen Kommunisten in der DDR auf medizinischer, bildungspolitischer und beruflicher Ebene.[47] Faktisch war das Solidaritätskomitee für das spanische Volk das Aushängeschild der Kooperation zwischen beiden kommunistischen Parteien.

Eine aktive Rolle der in der DDR lebenden Spanier im Komitee ist in den Akten zwar gelegentlich zu erkennen, eine ernsthafte und gleichberechtigte Eingliederung innerhalb der Organisation war jedoch keinesfalls gegeben. Es blieb bis zur Auflösung ein vornehmlich deutsch besetztes Gremium, in dem die Spanier eine eher symbolische Rolle spielten. So deutet nicht wenig auf eine eher formelle Mitgliedschaft hin, die für ihre Integration wohl kaum von Belang war und eher dafür spricht, dass ihr Engagement in dieser Organisation nur auf dem Papier existierte. Auch die Arbeit bei den Jungen Pionieren oder in der FDJ war mit ähnlichen Widersprüchen behaftet: Zwar geben zahlreiche Berichte Auskunft über die Aktivitäten der Spanier, doch heben die Zeitzeugen ihren Status als »Außenstehende« auch in dieser Organisation hervor. »Wir waren nicht genauso engagiert wie die deutschen Pioniere und wir hatten trotz allem eine Art Sonderrolle.«[48]

In keinem Fall kann von einer Assimilierungsabsicht seitens der DDR-Regierung gesprochen werden; es handelte sich eher um den – mehr oder weniger unverbindlichen – Wunsch nach Integration. Trotz einiger konkreter Integrationsofferten von den deutschen Behörden an die spanischen Exilanten in Form der angebotenen Sprachkurse, der Beschaffung von Arbeitsplätzen und ihrer Eingliederung in verschiedenen staatlichen Organisationen, führten diese Maßnahmen indes nur selten zu greifbaren Ergebnissen. Die Gründe dafür lagen zum einen in einem wenig ausgeprägten Integrationswillen der Spanier, bedingt durch deren Alltagsbelastungen und die Hoffnung auf einen politischen Wechsel in Spanien sowie die dann mögliche Heimkehr. Zum anderen aber war die selbst gewählte Zurückhaltung auch Folge ihrer offiziellen Einstufung als spanische »Politmigranten«, aufgrund derer sie in der DDR-Gesellschaft immer fremd blieben.[49] Ungeachtet ihrer besseren Integration in die deutsche Gesellschaft definierten sich auch die Kinder der Exilanten weiterhin als Spanier, und dieses Verbundenheitsgefühl war bestimmend für die Zuschreibung ihrer Nationalität. Dies wirft die Frage auf, wie die Mechanismen funktionierten, über welche die nationale, kulturelle und politische Identität übertragen wurden.

Identitätskonstruktion und Exilerfahrung

Tradierung einer nationalen, kulturellen und politischen Identität

Die Überlieferung des Exilgedächtnisses innerhalb der Familie fungiert als Hauptmechanismus für die Tradierung einer nationalen, kulturellen und politischen Identität:[50] Dieses Gedächtnis wird bruchstückartig übermittelt und ist mit Auslassungen behaftet. Die Familienstrukturen im Exil verkomplizieren sich – die Abwesenheit des Vaters oder der Tod eines Elternteils ist ein häufiges Phänomen in dieser Art Familiengeschichte, ebenso wie die Trennung von Geschwistern – und stellen Hindernisse für die Überlieferung dar.[51] Enrique B. erzählt: »Ich habe wenige Erinnerungen daran [sein Leben innerhalb des Kollektivs, Anm. A.D.] (...). Man sagt mir immer, dass ich da keine Mutter hatte (...). Eigentlich ist es die Mutter, die erzählt. Vielleicht fehlt mir das.«[52]

Ebenso stellten der Aktivismus der Eltern und ihre Arbeit im Untergrund ein Hemmnis für die familieninterne Überlieferung dar. »Der Nachteil ist, dass mein Vater nie darüber sprechen wollte [die Gründe für seine Ausweisung aus Frankreich, Anm. A.D.] (...). Genauso wie er mit mir sehr wenig über den Krieg in Spanien gesprochen hat, hat er mit mir auch nie darüber gesprochen. (…). Das sind Leute, die viel im Untergrund gearbeitet haben, die viele Dinge getan haben (…). Vielleicht sind sie in Bezug darauf gehemmt worden?«[53]

Entsprechend stießen die politischen Aktivitäten intern durchaus auch auf Kritik, insbesondere zwischen den Generationen, da das politische Engagement für das familiäre Leben von Nachteil war: »Mein Vater war nicht oft da, weil er aktiv war (…), und das, das ist (…), ich würde nicht sagen, das schwache Glied, aber die Schwachstelle eines jeden Aktivistenkindes.«[54] Dennoch wurde der Aktivismus von den Kindern der spanischen Exilanten oft selbst übernommen. Enrique B. etwa trat 1987 dem *Mouvement contre le racisme et pour l'amitié entre les peuples* (Vereinigung gegen Rassismus und für Völkerfreundschaft) bei und engagiert sich seither für Menschen ohne Aufenthaltserlaubnis (»*Sans Papiers*«) und v. a. für Kinder, deren Eltern von der Ausweisung bedroht sind.[55] Auch an sich selbst konstatiert er, das Verhalten seines Vaters übernommen und sein politisches Engagement vor sein Familienleben gestellt zu haben: »Der Aktivismus ist trotz allem mit Opfern verbunden. Man lässt die Familie aus, die Kinder, die Enkel, man wählt es bewusst, und manchmal wird einem das vorgeworfen. Und das ist gerechtfertigt.«[56]

Schließlich wurde die politische Orientierung und Sensibilität der ehemaligen Aktivisten oft von der nachfolgenden Generation übernommen, obwohl es sich dabei eher um die Weitergabe grundlegender Werte (Humanismus, Solidarität) handelte als um die kommunistische Ideologie im engeren Sinn. Die Kinder konnten dem Engagement ihrer Eltern im Nachhinein durchaus auch ziemlich ablehnend gegenüberstehen; Mercedes A. etwa kritisiert die bedingungslos pro-sowjetische Haltung der Generation ihrer Eltern: »Es war die Periode, während der (…), auch wenn Stalin tot war und der 20. Kongress stattgefunden hatte (…), die alten Kommunisten dachten immer noch, dass alles, was die UdSSR machte, gut war.«[57] Auch die vorbehaltlose Unterordnung unter die Parteilinie vor allen anderen Denkweisen gibt – zumindest in der Rückschau – Anlass zu Kritik: »Ich glaube, dass sie für die Partei alles gaben und dass die Partei für sie immer Recht behielt.«[58] In der Erinnerung der zweiten Generation werden die eigenen Emanzipationsprozesse mit den großen politischen Ereignissen korreliert, wenn sich Mercedes A. 40 Jahre später erinnert, wie sie mit zunehmendem Alter auf Distanz zur Kommunistischen Partei Spaniens ging: »Ich hatte dieses Ideal des Kommunismus bereits abgelegt. 1968 kam, und im Anschluss daran bin ich mir immer klarer darüber geworden, dass all das niemals Wirklichkeit werden wird.«[59]

Selbstwahrnehmung und Selbstdefinition

Für die Kinder der Exilanten gestalteten sich Selbstwahrnehmung und Selbstdefinition als besonders große Herausforderungen, und die Frage, welches der möglichen Identifikationsangebote letztlich überwog, war oft nicht eindeutig zu beantworten.[60] Mindestens war zwischen jener Identität zu wählen, welche die Eltern an ihre Kinder weitergaben, und jener, die sie sich im Aufnahmeland aneignen konnten.[61] In der Praxis gestaltete sich diese Wahl oft noch weit komplizierter. Die Kinder der spanischen Immigranten, die Zuflucht in der DDR fanden, gelangten zum großen Teil über ein Drittland – Frankreich – in ihre neue Heimat. Der Lebensweg von Mercedes A. illustriert dies beispielhaft: 1934 in Spanien geboren, wurde sie mit zwei Jah-

Ein spanischer Exilant mit seiner deutschen Frau und ihrer gemeinsamen Tochter, 1960er Jahre.

ren von ihren Eltern in die Sowjetunion geschickt. Sie traf ihre Eltern 1945 in Toulouse wieder und folgte ihrem aus Frankreich ausgewiesenen Vater 1951 in die DDR, wo sie bis 1975 lebte. Anschließend kehrte sie nach Spanien zurück, entschied sich aber 1990 für eine Rückkehr nach Berlin: »Ich fühle mich ein bisschen von allem. Teils Französin, teils Spanierin, teils Russin und Deutsche. Ich merke es vor allem an der Art und Weise, wie ich die Dinge sehe (...). Aber ich denke, was mich am meisten beeinflusst hat, ist von elterlicher Seite her das Spanische und von meinem Lebensweg her auch viel das Deutsche.«[62]

Diese Art von Lebens(ver)lauf mutet extrem an, stellte jedoch für viele Kinder politischer Flüchtlinge in der DDR die Regel dar. Auch für Enrique B., der selbst nur in Frankreich und in der DDR lebte, leiten sich daraus die gleichen Schwierigkeiten bei der Selbstdefinition ab. Wie andere Kinder der Gruppe musste er mit einem dreifachen kulturellen Referenzsystem zurechtkommen: »Es ist schwierig, auf drei Kulturen zu sitzen (...). Drei Kulturen, das ist kompliziert. Außerdem ist es kompliziert, weil die Kultur, in der ich am wenigsten gelebt habe, die spanische ist. Ich habe spanische Eltern, aber ich habe nie in Spanien gelebt.«[63]

Gehen oder bleiben?

»Der Wille nach Spanien zurückzukehren war stark, da man als Kind politischer Exilanten mit dem gepackten Koffer aufwächst, mit dem selben Koffer, mit dem man zurückkehrt.«[64]

Der Zweck des Exils war es, durch die Arbeit von dort, Franco zu besiegen und danach in das eigene Land zurückzukehren. Die Frage allerdings, wie man sich in »seinem« Land fühlen würde, wenn man das erste Mal (wieder) einen Fuß dorthin setzte, blieb im Exil meist im Bereich des Spekulativen.[65] Als mit dem Ende der Franco-Diktatur 1975 und der folgenden Demokratisierung die Möglichkeit der Rückkehr erstmals Realität wurde, erschien die vermeintliche Heimkehr vielmehr wie die Reise in ein zweites Exil.[66] Entsprechend unterschiedlich fielen die individuellen Entscheidungen aus: Während sich ein Teil des spanischen Kollektivs in Spanien niederließ, blieben andere erst in der DDR, dann im vereinigten Deutschland oder kehrten wiederum nach einigen Jahren dorthin zurück. Einige der Migranten, die sich entschieden, nach Spanien zurückzukehren, wurden mit der großen Distanz konfrontiert, die zwischen ihnen und jenen bestand, die im Land geblieben waren. Es existierte eine große Diskrepanz zwischen den Vorstellungen, die sie im Exil vom Ursprungsland entwickelt hatten und der vor Ort vorgefundenen Wirklichkeit. In gewisser Weise bildete für manche der Ein- und Auswanderer erst diese Konfrontation einen Schlüssel zur eigenen Identität, wie Mercedes A. bemerkt: »Ich bin nach Spanien zurückgekehrt, um Spanierin zu werden. Und mit der Zeit wurde mir klar, dass ich das niemals sein werde (…), ich würde immer anders denken.«[67]

Dabei pflegte v. a. die zweite Generation eine ambivalente Beziehung zu Spanien. Einerseits existierte es als Traumland, dessen Bild durch die Nostalgie und die Erzählungen der Eltern übersteigert positiv ausfiel. Auf der anderen Seite gab es das Gefühl des Unrechts, den Erinnerungskonflikt aufgrund der fehlenden offiziellen Anerkennung der Opfer des Franco-Regimes,[68] Enrique B., der sich für die Rückkehr nach Frankreich entschied, verstörte insbesondere der erinnerungspolitische Übergang von der Diktatur zur Demokratie und die allzu zaghafte Verurteilung des Franco-Regimes: »Also, alles, was mit der Erinnerung zusammenhängt, alles was heute geschieht, um die Leichen der ermordeten Republikaner zu finden (…). Also bitte! Dafür hat man wie viele Jahre gebraucht? 33 Jahre nach seinem Tod! Heute hat man dabei Erfolg! (…) Und immer noch gegen Widerstände! (…) Also, ich bin von Wechsel frustriert (…). Eine Partei wie die KPS, die den Franquismus sowohl von außen, als auch von innen bekämpft hat, während der ganzen Zeit Francos und seiner Politik (…) nach dem Wechsel (…) konnte sie die Früchte ihres Engagements nicht ernten. (…) Jedenfalls stelle ich das fest.«[69]

Nicht zuletzt haben die Kinder der Exilanten eine besondere, weil dauerhafte Beziehung zur DDR entwickelt. Auch wenn sie die Schwächen des ostdeutschen Regimes durchaus erkennen und den dort herrschenden Mangel an Freiheit verurteilen, verteidigen sie bis heute das untergegangene Land, das ihnen einst einen Sonderstatus gewährte, und verweisen regelmäßig auf die Wohltaten, die ihnen die DDR erwiesen habe, etwa den Zugang zu Bildung, die aktive Frauenförderung oder die bedingungslose Hilfe der SED für die KPS, zumindest bis 1968.

Schlussbemerkungen

In der Gesamtschau wurden die spanischen politischen Flüchtlinge in der DDR wohlwollend empfangen: Die offen bekundete politische Loyalität der Gruppe, ihr Enthusiasmus bei der Beteiligung am Aufbau des Sozialismus sowie die neu gewonnene Legitimität, welche die DDR gegenüber ihrer Bevölkerung daraus ziehen konnte, waren für die SED Gründe der Ermunterung genug, das soziale und berufliche Leben der spanischen Mitbürger einfacher zu gestalten – ohne allerdings die Kontrolle und die Überwachung ihrer Aktivitäten je zu vernachlässigen. Diese freundliche Aufnahme wurde durch eine zumindest teilweise Integration in die ostdeutsche Gesellschaft verstärkt, auch wenn die Kontakte zur einheimischen Bevölkerung stets begrenzt blieben. So standen den Mitgliedern des Kollektivs Wohnungen zur Verfügung, sie erhielten Arbeitsplätze, und ihre Kinder besuchten deutsche Schulen. Gleichwohl stieß die Integrationsfähigkeit der Elterngeneration erkennbar an Grenzen, die v. a. durch ihr Ziel, nach Spanien zurückzukehren, das sie nie aus den Augen verloren, begründet wurde.

Wie in Familien mit Migrationshintergrund häufig, galt dies indes nicht für die Generation der Kinder. Diese wuchsen weit weniger isoliert auf, verließen die enge Sozialgruppe des Kollektivs öfter als ihre Eltern und profitierten dabei v. a. von ihrer Einbindung in das ostdeutsche Schulsystem. Für die zweite Generation der Spanier in der DDR geriet das politische Exil daher zu einer strukturierenden biografischen Erfahrung, in der dem National- und Identitätsgefühl sowie den Beziehungen mit der Ursprungs- und der Aufnahmegesellschaft ein besonderes Gewicht zukam. Der Bezug zu – meist drei – verschiedenen Kulturen, gestattete es ihnen nicht, ihre nationale oder kulturelle Zugehörigkeit klar zu definieren. Der Mythos der Heimkehr nach Spanien blieb für diese Migrantengruppe ein sehr zentrales Thema, auch wenn die tatsächliche Rückkehr oft mit einer Desillusionierung einherging, wie auch mit dem Gefühl, ein Leben lang zwischen verschiedenen Ländern und Kulturen zu stehen.

Anmerkungen

1 Siehe dazu Enrique Lister, Das Verbot der Kommunistischen Partei Spaniens in Frankreich im September 1950, in: Beiträge zur Geschichte der Arbeiterbewegung 45 (2004), H. 3, S. 135–154; Phryné Pigenet, L'opération ›Boléro-Paprika‹ ou la protection des étrangers à l'épreuve de la Guerre Froide, in: Revue d'histoire moderne et contemporaine 46 (1999), S. 296–310; Geneviève Dreyfus-Armand, Exil des républicains espagnols en France. De la guerre civile à la mort de Franco, Paris 1999; Anne Dulphy, La politique de la France à l'égard de l'Espagne, Diplomatie et histoire, Paris 2002.
2 Vgl. Charles et Henri Farreny, 1942–1944, Résistance Espagnole dans le Sud-Ouest, l'Affaire Reconquista de España, Toulouse 2009.

3   Für mehr Informationen siehe Aurélie Denoyer, »L'opération Boléro-Paprika: Origines et conséquences«, acte du colloque »La guerre d'Espagne dans l'histoire de France« tenue le 7 et 8 mars à Nérac (im Erscheinen).

4   Die Archivbestände, die bis jetzt untersucht worden sind, lassen keinen Rückschluss zu, ob die französische Polizei ihnen die Wahl zwischen Hausarrest oder Ausweisung in Länder jenseits des Eisernen Vorhangs ließ.

5   In den recherchierten Akten ist nicht ausdrücklich erklärt, warum die SED Dresden als Hauptsitz der spanischen Kolonie wählte. Betrachtet man jedoch zum einen, dass bereits Kinder der griechischen Kommunisten ab 1949 in Dresden aufgenommen wurden (vgl. Andreas Stergiou, Im Spagat zwischen Solidarität und Realpolitik: die Beziehungen zwischen der DDR und Griechenland und das Verhältnis der SED zur KKE, Mannheim/Möhnesee 2001), und zum anderen, dass Dresden eines der industriellen Zentren der DDR bildete, was die Suche nach Arbeitsplätzen in der Produktion für Neuankömmlinge erleichterte, lässt sich somit die Wahl plausibel erklären.

6   Siehe Geneviève Dreyfus Armand, L'exil des républicains espagnols en France, Paris 1999 und Denis Peschanski/Pierre Milza (Hrsg.), Exil et migration: Italiens et Espagnols en France (1938–1946), Paris 1994.

7   Siehe die diversen Artikel über dieses Thema in Axel Kreienbrink, Der Umgang mit Flüchtlingen in der DDR am Beispiel der spanischen »politischen Emigranten«, in: Totalitarismus und Demokratie 2 (2005), S. 317–344; Hartmut Heine, El exilio republicano en Alemania Oriental. (República Democrática Alemana-RDA), in: Migraciones & Exilios, 2001, S. 111–121; Jean Mortier/Monique Da Silva, L'exil espagnol en RDA, in: La guerre d'Espagne. L'histoire, les lendemains, la mémoire, Paris 2007, S. 269–287; Patrice Poutrus, Asyl im Kalten Krieg – Eine Parallelgeschichte aus dem geteilten Nachkriegsdeutschland, in: Totalitarismus und Demokratie 2 (2005), S. 273–288.

8   Bundesarchiv, Landesarchiv Berlin, DEFA-Archiv und Behörde der Bundesbeauftragten für die Unterlagen des Staatssicherheitsdienstes der ehemaligen Deutschen Demokratischen Republik (BStU); Sächsisches Hauptstaatsarchiv, Dresden.

9   Schreiben vom 19.9.1950, Bundesarchiv (fortan BArch), DY 30 IV 2/20/271.

10 Für mehr Informationen über den Begriff »Polit.Migranten« siehe Poutrus, Asyl.

11 Schreiben vom 17.10.1950, BArch, DY 30 IV 2/20/271.

12 Schreiben vom 2.4.1951, BArch, DY 30 IV 2/20/271.

13 Zwei weitere spanische Kollektive wurden später gegründet: In Berlin siedelte sich eine Gruppe an, deren Mitglieder zumeist Mitarbeiter internationaler Organisationen waren, in Leipzig wurden ab Mitte der 1960er Jahre junge spanische Kommunisten zum Studium zugelassen. Vgl. Informe al secretariado del PCE sobre la RDA, 10.7.1970, Archivo historico del PCE (fortan AHPCE), Fondo Emigracion Politica. Caja 96 / 1.2: Alemania. PCE. Informes.

14 Schreiben vom 21.5.1951, BArch, DY 30 IV 2/20/272.

15 Insgesamt wurden nur 13 Frauen ausgewiesen, von denen zwei spanischer Herkunft waren. Eine von ihnen war Irene Falcon, die Sekretärin von Dolores Ibárruri. Nach einigen Wochen wurde sie nach Moskau geschickt, um ihre Arbeit für Ibárruri weiterzuführen. Bei der zweiten Spanierin handelte es sich um Theodora Carro, die nach der Verhaftung ihres Mannes im Oktober 1950 entschied, ihn ins Exil zu begleiten, und ebenfalls ausgewiesen wurde. Vgl. Information sur Leandro Carro, 22.10.1950, Archives Nationales, Paris, F7 16114.

16 Im Verlauf einer Versammlung der Interbrigadisten im Jahr 1966 kam es z. B. zu heftiger Kritik gegenüber den Spaniern wegen ihres Sprach- und Bildungsniveaus. Einer der SED-Genossen teilte mit: »Selbst über die Fragen, was sich in Spanien vollzieht, kann ich aufgrund der Informationsbulletins besser antworten als die Spanier selbst.« (FDGB-Bezirksvorstand, Sächsisches Hauptstaatsarchiv Dresden (fortan HStA), 12465/1137).

17 Vgl. Schreiben vom 29.1.1952, BArch, DY 30 IV 2/20/271. Die Internationale Demokratische Frauenföderation wurde am 1. Dezember 1945 in Paris als Dachorganisation antifaschistischer Frauenorganisationen gegründet.

18 Siehe Heinz Bude, Rekonstruktionen von Lebenskonstruktionen – eine Antwort auf die Frage, was die Biographieforschung bringt, in: Martin Kohli/Robert Günter (Hrsg.), Biographie und soziale Wirklichkeit, Neue Beiträge und Forschungsperspektiven, o.O. 1984, S. 7–28; Dorothee Wierling, Gebo-

ren im Jahr Eins. Der Jahrgang 1949 in der DDR. Versuch einer Kollektivbiographie, Berlin 2002. Die Hauptquellen, die es ermöglichen, Biografien dieser Personen zu erstellen, befinden sich in den Archiven der Verfolgten des Naziregimes im HStA Dresden. Die individuellen Biografien wurden gesammelt und prosopografisch aufbereitet, um die Lebenswege der Gruppe zu rekonstruieren. Verschiedene Kategorien – wie persönliche Daten, Berufsweg, Migrationserfahrung, Kriegserfahrung, politisches Engagement und geografische Mobilität – wurden in Betracht gezogen.

19   Vgl. José Cubero, Les républicains espagnols, Pau 2004.

20   Vgl. Denis Peschanski, La France des camps, Mayenne 2002.

21   Vgl. Denis Peschanski, Des étrangers dans la Résistance, Paris 2002.

22   Vgl. Exil politique et migration économique. Espagnols et Français au 19ème et 20ème siècle. Ouvrage collectif, Paris 1991.

23   Schreiben vom 28.2.1952 und vom 7.4.1952, BArch, DY 30/IV 2/20/271.

24   SED Landesleitung Sachsen, Schreiben vom 31.5.1951, HStA Dresden, 11856 IV A/1807.

25   Im Protokoll Nr. 11 der Sitzung des Politbüros des Zentralkomitees am 3.10.1950 stand zu lesen: »Die Genossen im Ministerium für Staatssicherheit werden beauftragt, die Leute [die aus Frankreich ausgewiesenen und in die DDR eingewiesenen Emigranten] zu überprüfen.« (BArch, DY 30/IV 2/2/111).

26   Im Mai 1973 erstellte das Ministerium für Staatssicherheit eine Liste mit der politischen Orientierung der KPS-Mitglieder in Dresden, Berlin und Leipzig, um aufzuschlüsseln, wer mit Antonio Garcia, Enrique Líster oder Santiago Carillo sympathisierte. Interessant ist, dass die Spanier, die ab dem Jahr 1970 als inoffizielle Mitarbeiter eingestellt worden waren, ausschließlich Anhänger Lísters oder Garcias (also pro-sowjetisch) waren. Im Gegensatz dazu wurden die Anhänger Carillos oft als »opportunistisch« und »geldgierig« beschrieben. Siehe Information über Auffassungen von in der DDR lebenden spanischen Kommunisten über die Lage in der KPS, 29.5.1973, BStU, MfS ZAIG/2182.

27   SED Landesleitung, Schreiben vom 31.5.1951, HStA Dresden, 11856 IV A/1807.

28   Internationale Verbindungen – Zentralkomitee der SED, BArch, DY 30/IV 2/20/271, darin die Schreiben vom 12.9.1950, 7.11.1950, 20.2.1951, 8.4.1952 u. a.; Schreiben vom 11.12.1962, 13.12.1962 und vom 7.2.1963, BArch, DY 30 IV A 2/20/534.

29   Siehe Michael Uhl, Mythos Spanien, Bonn 2004.

30   Vgl. Dominique Schnapper, Qu'est-ce que l'intégration, Paris 2007. Die identitätsstiftende Integration wird im folgenden Abschnitt untersucht.

31   Die Eheschließungen zwischen spanischen Staatsbürger und DDR-Bürgerinnen waren von der Leitung des spanischen Kollektivs vorher zu genehmigen. Vgl. das Schreiben der SED Bezirksleitung Dresden Internationale Verbindungen vom 2.3.1964, HStA Dresden, 1396 IV A 2/18/646.

32   Schreiben vom 4.5.1965, BArch, DY 30/IV 2/20/534.

33   Schreiben vom 15.9.1953, BArch, DY 30/IV 2/20/271.

34   SED Bezirksleitung Dresden Internationale Verbindungen, Schreiben vom 15.1.1964, HStA Dresden, 1396 IV/A/2/18/646.

35   Sie wurden meistens in dem Leipziger Kollektiv eingegliedert. Vgl. Informe al secretariado del PCE sobre la RDA, 10.7.1970, AHPCE, Fondo Emigracion Politica. Caja 96/1.2: Alemania, PCE. Informes.

36   Wie z.B Antonio Gil Benet: Er wurde bis 1964 in Burgos eingekerkert und fand nach seiner Freilassung Asyl in der DDR, wo er bis 1976 blieb. Ein Dokumentarfilm der DEFA, »Canto de Fé« (1965) von Karlheinz Mund, erzählt seine Geschichte.

37   Schreiben vom 30.10.1951, BArch, DY 30/IV 2/20/271.

38   Bezirksleitung Dresden Internationale Verbindungen, Schreiben vom 6.6.1951 und vom 22.5.1956, HStA Dresden, SED, 11856 IV A 1807.

39   Interviews mit Mercedes A., Berlin am 15.12.2007 und um 1.4.2008. Mercedes A. wurde 1935 in Spanien geboren. Sie wurde 1937 in die Sowjetunion geschickt, wo sie bis 1945 blieb. 1945 fand sie zu ihren Eltern in Toulouse (Frankreich) zurück. Nach der Ausweisung ihres Vaters im September 1950 fuhr sie im Mai 1951 gemeinsam mit ihrer Mutter zu ihm in die DDR. Dort blieb sie bis zum Jahr 1975, als sie sich entschied, nach Spanien zurückzukehren. 1990 zog sie wieder nach Berlin und lebt seitdem dort.

40   Interview mit Mercedes A., Berlin 2008.

41 FDGB Bezirksvorstand Dresden, Niederschrift über die Beratung der Kameraden der ehemaligen Interbrigaden, 4.08.1966, HStA Dresden, 12465/1137.
42 Interview mit Mercedes A., Berlin 2008.
43 Interview mit Enrique B., Paris am 18.12.2008. Enrique B. wurde 1942 in Frankreich geboren. Seine Mutter starb bei seiner Geburt. Er lebte zwischen 1951 und 1972 in der DDR, ehe er sich 1972 entschied, nach Frankreich zurückzukehren. Er lebt seitdem in Paris.
44 Interview mit Enrique B., Paris 2008.
45 Vgl. Philippe Dewitte (Hrsg.), Immigration et Intégration, l'état des savoirs, Paris 1999.
46 FDGB-Bezirksvorstand, Bezirksvorstand Dresden Solidaritätsmaßnahmen – Spanische Emigranten in Dresden (1963–1964), HStA Dresden, 12465/1047.
47 FDGB-Bezirksvorstand, HHStA Dresden, 12465/1137: Information über Protestbewegung gegen die Schandurteile der Franco-Justiz über die sechzehn baskischen Patrioten, Festveranstaltung und Empfang zum 50. Jahrestag der KPS, 30 Millionen Peseten für den KPS, Unterstützung des Klubs der spanischen Genossen.
48 Interview mit Mercedes A., Berlin, 2007.
49 Vgl. u. a. Patrice G. Poutrus, Mit strengem Blick. Die sogenannten Polit. Emigranten in den Berichten des MfS, in: Jan C. Behrends/Thomas Lindenberger/Patrice Poutrus (Hrsg.), Fremde und Fremd-Sein in der DDR. Zu historischen Ursachen der Fremdfeindlichkeit in Ostdeutschland, Berlin 2003, S. 231–250.
50 Vgl. Carmela Maltone, Exil et identité. Les antifascistes italiens (1924–1940), Pessac/Bordeaux 2006.
51 Die Trennung innerhalb der Familien betrifft alle Familien der vorliegenden Zielgruppe. Eine erste Trennung fand im 1939 mit der *Retirada* statt, eine zweite im Jahr 1950.
52 Interview mit Enrique B., Paris 2008.
53 Ebd.
54 Ebd.
55 Dieses Engagement steht in engem Zusammenhang mit seiner Lebenserfahrung: Als sein Vater 1950 aus Frankreich ausgewiesen wurde, blieb er mit seinem Bruder allein zurück, da seine Mutter bei seiner Geburt gestorben war, und wurde von einer spanischen Nachbarsfamilie aufgenommen, bevor beide Kinder im Mai 1950 wieder zu ihrem Vater umziehen durften.
56 Interview mit Enrique B., Paris 2008.
57 Interview mit Mercedes A., Berlin 2008
58 Interview mit Mercedes A., Berlin 2007.
59 Interview mit Mercedes A., Berlin 2008.
60 Vgl. Michel Oriol, L'ordre des identités, in: Revue européenne des migrations internationales 1 (1985), H. 2, S. 171–185.
61 Vgl. Claudia Peters, Identität und Exil. Lebensgeschichten ehemaliger Exilanten und ihre Identitätskonstruktionen, Hamburg 2007.
62 Interview mit Mercedes A., Berlin 2008.
63 Interview mit Enrique B., Berlin 2008.
64 Interview mit Mercedes A., Berlin 2007.
65 Vgl. Rolland Denis/Luc Capdevilla, Pour une histoire de l'exil français et belge, in: Matériaux pour l'histoire de notre temps 67 (2002), S. 1–10.
66 Vgl. Sabin Stefana, Die Welt als Exil, Göttingen 2008.
67 Interview mit Mercedes A., Berlin, 2007.
68 Ein erster Schritt für diese Anerkennung wurde am 31. Oktober 2007 mit der Verabschiedung das spanische *Ley de Memoria Historica* (Gesetz des historischen Andenkens) unternommen. Dieses Gesetz würdigt die Opfer auf beiden Seiten des spanischen Bürgerkrieges und während der Diktatur Francos.
69 Interview mit Enrique B., Paris 2008.

Freiräume und Kompromisse
Chilenische Künstler in der DDR

Laura Amelie Haber

Die Nachricht vom blutigen Staatsstreich am 11. September 1973 in Chile verursachte einen weltweiten Aufschrei des Protests. Das chilenische Militär hatte den ersten demokratisch gewählten, sozialistischen Präsidenten der Geschichte, Salvador Allende, und sein linkes Regierungsbündnis, die *Unidad Popular*, gestürzt und Augusto Pinochet an seiner Stelle eingesetzt. Die anhaltenden Repressionen der 17-jährigen Diktatur des Generals trieben etwa eine Million Chilenen ins Exil. Von dort aus waren sie aktiv bemüht, die Menschenrechtsverletzungen in ihrem Land publik zu machen, und setzten eine Welle der Solidarität in Gang, der sich internationale Organisationen, engagierte Bürger und Regierungen anschlossen. Während in westeuropäischen Ländern Solidaritätskomitees vornehmlich durch zivilgesellschaftliche Initiativen gegründet wurden, war die »Solidarität mit dem chilenischen Volk« in der DDR von Anfang an eine hochoffizielle Angelegenheit. Im Vergleich zu Vorgängergruppen erhielten die sogenannten »chilenischen Patrioten« die umfangreichsten staatlichen Unterstützungsleistungen. Sie reichten von Winterkleidung, Neubauwohnungen und einem nach Familiengröße gestaffelten Überbrückungsgeld bis zu zinslosen Krediten zur Wohnungseinrichtung in Höhe von 13.000 bis 18.000 DDR-Mark – alles in allem »mehr als ein Almosen«[1], wie Patrice Poutrus mit einem Blick in die Sozialstatistik der DDR der 1970er Jahre feststellt.

Die materielle Unterstützung wurde ergänzt durch medizinische und soziale Betreuung sowie die Beschaffung von Kindergarten-, Schul- und Ausbildungs- sowie Arbeitsplätzen.[2] Da seit dem Putsch zwischen der DDR und Chile keine offiziellen politischen Beziehungen mehr bestanden, wurde in Berlin das »Büro Antifaschistisches Chile« als Ersatz einer diplomatischen Vertretung geschaffen und vornehmlich mit Mitgliedern der *Unidad Popular* besetzt. Es kümmerte sich um die Organisation von Solidaritätsveranstaltungen, um Reisegenehmigungen, Eheschließungen und Scheidungen, kurz: um sämtliche Belange der Chilenen in der DDR. Unter den rund 2.000 aufgenommenen Flüchtlingen aus Chile[3] befanden sich einige der höchsten Funktionäre der *Unidad Popular*, aber zum Beispiel auch die spätere chilenische Präsidentin Michelle Bachelet, die nach ihrer Flucht vor den Pinochet-Schergen in Potsdam lebte und an der Berliner Humboldt-Universität Medizin studierte. Damit steht sie beispielhaft für die chilenische Emigration, denn diese war überwiegend eine intellektuelle und ihre akademische Aus- und Weiterbildung im Exil keine Ausnahme.

Daran anknüpfend ist es das Anliegen dieses Beitrags, die Gruppe chilenischer Künstler in der DDR ins Blickfeld zu nehmen, allein schon wegen der außergewöhnlichen Rolle, welche die Exilkultur im Kampf gegen die Militärdiktatur in Chile spielte. Sie kann als Fortsetzung des enormen künstlerischen Engagements für die politischen Ziele der *Unidad Popular* gelten, dessen Entwicklung innerhalb einer sozialistischen Diktatur wie jener der DDR der näheren Betrachtung wert scheint. Die bislang einzige wissenschaftliche Publikation, die sich spezifisch chilenischen Künstlern in der DDR widmet, stammt von Martina Polster, die 2001 eine Studie zur chilenischen Exilliteratur in der DDR veröffentlichte. Darin setzt sie sich v. a. mit dem Schaffen der Schriftsteller Roberto Ampuero, Carlos Cerda und Omar Saavedra auseinander. 2005 knüpfte sie daran mit einem Aufsatz an, in dem sie die Erfahrungen lateinamerikanischer Exilautoren im geteilten Deutschland gegenüberstellt.[4] Manche der Betroffenen beschäftigten sich selbst mit ihren Erlebnissen und ihrem Werdegang im Exilland DDR, die Anzahl ihrer Beiträge bleibt aber überschaubar. Zuletzt stellte der Berliner Regisseur Carlos Medina 2009 in dem Buch »Deutschland mit beschränkter Haftung« als einer von 20 Migranten unterschiedlicher Herkunft seine Biografie vor.[5] Schließlich nennt das im Frühjahr 2010 erschienene »Lexikon: Künstler in der DDR« unter den etwa 7.000 aufgeführten Personen, die sämtliche Richtungen der bildenden Künste vertreten, auch vier chilenische Emigranten.[6] In dieser schmalen Auswahl erschöpft sich bereits die Zahl der Beiträge aus der Zeit nach 1990. Hinweise und Kommentare zu einzelnen Künstlern, die vor 1990 entstanden sind, finden sich hier und da in Ausstellungskatalogen, Theaterspielplänen oder Zeitungsartikeln, wobei jeweils die Intentionen der Darstellung einer SED-gelenkten Medienberichterstattung zu berücksichtigen sind.[7]

Angesichts der begrenzten Literaturbasis beruhen die hier vorgestellten Untersuchungsergebnisse zu einem nicht unerheblichen Anteil auf Archivmaterial. Allerdings ist der Bestand des Ministeriums für Kultur im Bundesarchiv in Berlin-Lichterfelde noch überwiegend unbearbeitet, sodass jenes Material, das für den Handlungsbereich des Ministeriums und dessen untergeordnete Behörden dort zu vermuten wäre, etwa Schriftwechsel zur Eingliederung der chilenischen Künstler in Arbeitsstellen, noch nicht einsehbar ist. Lediglich allgemeine Fragen der »chilenischen politischen Emigranten« in der DDR, die als solche bereits Gegenstand anderer Beiträge waren[8] und die politischen und administrativen Rahmenbedingungen betreffen, können im Bundesarchiv nachverfolgt werden. Die kursorische Recherche in der Bundesbehörde für die Stasi-Unterlagen (BStU) bestätigt zudem, dass das Ministerium für Staatssicherheit über beinahe jeden der aufgenommenen Flüchtlinge Informationen sammelte. Indes ist bei der Verwendung der BStU-Unterlagen quellenkritische Vorsicht in besonderem Maße geboten, da es sich vielfach um subjektive Personeneinschätzungen, Spekulationen und Gerüchte handelt. Aus den Aussagen »Informeller Mitarbeiter«, zu denen die Staatssicherheit chilenische Emigranten ebenso anzuwerben versuchte wie DDR-Bürger, können aber dennoch Hinweise auf die Lage der chilenischen Emigrantengemeinde und insbesondere Arbeitsprobleme gewonnen werden. Zweifellos ist an der Vorgehensweise des Personals der Staatssicherheit der DDR abzulesen, dass es die Gutgläubigkeit seiner »Gäste« ausnutzte, die sich ihrem Gastgeber aus Dankbarkeit für die empfangene Solidarität zur Auskunft verpflichtet fühlten, doch nicht ohne dass sie ihre Gewissenskonflikte angesichts der Geheimhaltungs- beziehungsweise Mitteilungspflicht gegenüber ihrer eigenen Partei zum Ausdruck brachten.

Schließlich verwahrt das Archiv der Stadt Rostock detailgenaue Informationsberichte aus den städtischen Ämtern, die hauptsächlich die ersten Wochen der dort gegründeten chilenischen Künstlerkolonie schildern. Um die archivalisch nicht zu schließenden Informationslücken zu füllen, wurden zwischen September 2009 und April 2010 Interviews mit Zeitzeugen geführt. Bei den Gesprächspartnern handelte es sich um chilenische Künstler, die heute noch in Berlin leben, sowie deren deutsche Freunde beziehungsweise Kollegen aus der DDR-Zeit.

Soweit es die dargestellte Quellenlage erlaubt, möchte dieser Beitrag die Ergebnisse von Martina Polster auf dem Gebiet der Literatur um die künstlerischen Sparten Musik, Theater, Tanz und bildende Kunst ergänzen. Es ergibt sich von selbst, dass die Kolonie in Rostock, wo sich die große Mehrheit der chilenischen Künstler in der DDR aufhielt, den Schwerpunkt der Untersuchung bildet, allerdings nicht ohne den einen oder anderen Lebensweg bzw. spätere Erfahrungen der Künstler an anderen Orten zum Vergleich und ergänzend heranzuziehen.

Die Fragestellung umfasst dabei zwei Seiten: Ausgehend vom Befund der materiellen Sicherheit chilenischer Exilanten in der DDR und den Berufs- und Ausbildungsmöglichkeiten, die ihnen grundsätzlich zur Verfügung standen, ist zum einen der Status der Berufsgruppe der Künstler zu klären sowie danach zu fragen, mit welcher Haltung der Gastgeber den überzeugten Anhängern der *Unidad Popular* gegenüberstand. Zum anderen gelten Künstler gemeinhin als intellektuelle Avantgarde und als besonders berufene Kritiker gesellschaftlicher Defizite. Vor dem Hintergrund der SED-Diktatur wirft das die Frage auf, inwieweit chilenische Künstler auch die Schwachstellen im System ihres Exillands aufspürten, wie sie darauf reagierten und ob ihrer Meinungs- und Entfaltungsfreiheit in der sozialistischen Diktatur in irgendeiner Form Grenzen gesetzt waren: War ihre Vorstellung von sozialistischer Kunst eine andere als jene der SED-Staatsführung? Welche Entwicklungen machte ihr Schaffen, welche Veränderungen ihre politische Einstellung durch?

In der Beantwortung dieser Fragen folgt der Aufbau des Beitrags weitgehend der Chronologie der Ereignisse. Der Ankunft der ersten chilenischen Flüchtlinge ab dem Herbst 1973 folgen zwei Phasen, in die sich ihr Aufenthalt in der DDR bis zur deutschen Wiedervereinigung 1989/90 grob gliedern lässt: In den Anfangsjahren des Exils befanden sich die Empfänger solidarischer Unterstützung in der eher passiven Rolle des Gastes, der die Eigenschaften und Funktionsweise seiner Umgebung erst nach und nach kennenlernt. Sie fühlten sich zunächst mit offenen Armen willkommen geheißen, umsorgt und regelrecht verwöhnt, später aber auch immer wieder vor den Kopf gestoßen, weshalb nicht wenige die Konsequenz zogen, der sozialistischen Diktatur den Rücken zu kehren. Um das Jahr 1980 herum begannen jene, die sich gleichwohl mit den Beschränkungen der DDR arrangiert hatten und von den Privilegien profitierten, die man ihnen als Vorzeigeausländern einräumte, sich in eigener Initiative um ihre berufliche Weiterbildung zu bemühen, sodass wiederum einige von ihnen dank ihres Arbeitswillens und ihrer Ausdauer Raum zur persönlichen und künstlerischen Verwirklichung finden konnten.

Vor der genaueren Auseinandersetzung mit der Arbeits- und Lebenswelt chilenischer Künstler in der DDR soll aber an dieser Stelle ein kurzer Rückblick auf die künstlerischen Entwicklungen in Chile unmittelbar vor und während der Regierungszeit der *Unidad Popular* – auch im Vergleich mit der kulturpolitischen Situation in der DDR – Anhaltspunkte zur besseren Einordnung liefern.

Aus Chile in die DDR: ein System, zwei Perspektiven

Sowohl im sozialistischen Chile als auch in der DDR nahmen Kunst und Kultur aus der Perspektive der Politik einen hohen Status ein, wenngleich mit entscheidenden Unterschieden. Der Regierungszeitraum der *Unidad Popular* von 1970 bis 1973 einschließlich der vorangegangenen Wahlkampagnen seit etwa Mitte der 1960er Jahre markierte für Chile einen gesellschaftlichen Aufbruch, zu dessen wichtigsten Impulsgebern gerade auch die Szene sozialkritischer und politisch links stehender Künstler zählte. Durch neue Kunstformen[9] – maßgeblich das Neue Chilenische Lied und die Wandbilder sogenannter Malbrigaden im öffentlichen Raum – fanden die Ideen von einer gerechteren Gesellschaft massive Verbreitung v. a. bei jungen Menschen und den nichtbürgerlichen, sozial benachteiligten Bevölkerungsschichten. Nicht zuletzt trug das Engagement der Künstler in entscheidendem Maße zum Wahlsieg der *Unidad Popular* 1970 bei.[10] Spätestens in ihrem Regierungsprogramm vom Dezember 1969 erkannte das linke Wahlbündnis die Bedeutung des künstlerischen Beitrags zur Verwirklichung der politischen Ziele offiziell an.[11] Der Entwurf des Kulturkonzepts wurde allerdings nie in eine verbindliche Kulturpolitik übertragen, stattdessen wurde staatliche Unterstützung zum Teil auf unüberlegte Weise verteilt und später von akuteren Problemen verdrängt.[12] Massenveranstaltungen und die gemeinsamen Auftritte von Künstlern und Politikern bezeugten jedoch, wie weit die Identifikation mit dem Volk reichte und wie radikal sich der größte Teil der chilenischen Künstler, die mehrheitlich im kleinbürgerlichen und studentischen Milieu verortet waren, in den Dienst zur Realisierung der politischen Ziele stellte.

In der DDR dagegen diktierte die politische Führung mit dem sogenannten »sozialistischen Realismus« die ideologischen und künstlerischen Leitlinien nach sowjetischem Vorbild. Die Herausforderung für die Künstler lag deshalb darin, eine Balance zwischen Anpassung und Autonomie zu finden,[13] um gleichzeitig der Zensur der eigenen Werke vorzubeugen und auf eine Beteiligung an der ausschließlich staatlich organisierten Förderung zu hoffen. Zwar kennzeichnet die Gesamtentwicklung der SED-Kulturpolitik bis zum Ende der 1980er Jahre eine Tendenz »in Richtung ertrotzter Freizügigkeit«[14], doch waren ihre Schwankungen zwischen Liberalität und Repression kaum vorhersehbar. So fand der Großteil der politischen Emigranten aus Chile Aufnahme in der DDR zu einem Zeitpunkt, als jene Hoffnungen, die Erich Honecker bei seinem Amtsantritt 1971 mit seinen Äußerungen geweckt hatte, dass es auf dem Gebiet von Kunst und Literatur keine Tabus geben dürfe, noch anhielten.[15] Spätestens mit der Ausbürgerung des Liedermachers Wolf Biermann 1976 erlitt die neue Zuversicht allerdings einen schweren Rückschlag. Es folgte eine große Ausreisewelle von Künstlern, die bis zur deutschen Wiedervereinigung nicht mehr abriss.[16] Warum die Gastfreundschaft des SED-Staates auch viele chilenische Künstler nicht lange halten konnte, darauf wird dieser Beitrag zurückkommen.

Die politischen Flüchtlinge aus Chile durchliefen üblicherweise einen Zwischenaufenthalt in einem der eigens eingerichteten Aufnahmeheime der DDR, bevor sie auf verschiedene Städte und Betriebe verteilt wurden. Hier erfolgten eine medizinische Grunduntersuchung sowie der erste Sprachunterricht, v. a. aber führten Beauftragte des Ministeriums für Staatssicherheit Gespräche mit Einzelpersonen und Ehepaaren. Die Abfrage detaillierter Daten, die in sogenannten »Aussprachevermerken«[17] festgehalten wurden, dienten der möglichst genauen Personeneinschätzung, nicht nur um geeignete Arbeits- und Studienplätze suchen zu können, sondern auch um die Asylsuchenden politisch zu verorten und Kenntnisse über deren Kontakte ins kapitalistische Ausland zu erlangen. Dahinter stand auch die Sorge um eingeschleuste Spione des chilenischen Geheimdienstes; generell wollte das Aufnahmeland DDR jedoch seine Bevölkerung nicht mit »unerwünschten Gästen« in Kontakt bringen. Nach eigener Schätzung dürfte die Gesamtzahl chilenischer Künstler in der DDR um die 70 betragen haben. Für die vorliegende Arbeit konnten »Aussprachevermerke« von 27 von ihnen als Datengrundlage herangezogen werden, um ein soziologisches Profil der Berufsgruppen zum Zeitpunkt ihrer Ankunft zu erstellen. Dabei wurden alle künstlerischen Sparten, also auch Schriftsteller, berücksichtigt sowie jene, die neben ihrer eigentlichen Ausbildung und Berufserfahrung autodidaktische Fertigkeiten und Laientätigkeiten im künstlerischen Bereich zu Protokoll gaben, die sie in der DDR aber zum Hauptberuf entfalteten. Die Tabelle auf S. 118 fasst die Ergebnisse ausgewählter Informationen zusammen.

Aus diesem Gesamtbild ist hervorzuheben, dass es sich bei jenen chilenischen Künstlern, die in die DDR gelangten, in der Mehrheit um Männer und fast ausschließlich um relativ junge Menschen im Alter zwischen 20 und 40 Jahren handelte, die meist ihren Ehe- bzw. Lebenspartner oder die Familie mitbrachten – insgesamt 14 Kinder kamen mit diesen 27 Erwachsenen aus Chile in die DDR. Es zeigt sich außerdem ein klares Übergewicht von Mitgliedern der Kommunistischen Partei (KP) bzw. des Kommunistischen Jugendverbandes (KJV), nur etwa ein Drittel gehörte der Sozialistischen Partei (SP) an oder war parteilos. Zieht man zum Vergleich die Aufnahmestatistik der DDR-Behörden (Stand 7. März 1974)[18] heran, vertraten die chilenischen Kommunisten zwar auch insgesamt eine deutliche Mehrheit unter den politischen Emigranten aus Chile, dennoch lag ihr Anteil in der Berufsgruppe der Künstler deutlich höher. Der Anteil der Mitglieder der Sozialistischen Partei wiederum war in beiden Fällen nahezu identisch, während Parteilose und vereinzelte Mitglieder kleinerer Parteien zusammengenommen mit einem knappen Drittel einen größeren Anteil an der Gesamtzahl chilenischer Politemigranten vertraten, als es innerhalb der Künstlergruppe der Fall war. Dies illustriert die starke Politisierung der chilenischen Kunst, in deren Spektrum im Aufnahmeland DDR außerdem kommunistische Haltungen dominierten.[19]

Vom MfS gesammelte personenbezogene Daten der chilenischen Künstler, 1974

Geschlecht	Weiblich	8
	Männlich	19
Alter (1974)	20–29 Jahre	14
	30–39 Jahre	11
	40–49 Jahre	1
	50 oder älter	1
Ehestand	Ledig	3
	Verheiratet bzw. Lebensgemeinschaft (davon Ankunft ohne Partner)	22 (1)
	Geschieden	2
Parteizugehörigkeit	KP/KJV	17
	SP	4
	Parteilose (davon Angabe »Sympathisant KP«)	6 (2)
Ausbildung	Im Studium bzw. abgeschlossenes Studium (davon im künstlerischen Bereich)	26 (19)
	Berufsausbildung	1
Künstlerisches Betätigungsfeld*	Bildende Kunst	5
	Musik	11
	Literatur	5
	Tanz	1
	Theater	7
Reiseweg	Direkt in die DDR	14
	Zwischenaufenthalt in einem anderen Land	13
Ankunft in der DDR	Bis Ende 1973	3
	Januar/Februar 1974	8
	März/April 1974	9
	Mai 1974 oder später	3
	Keine Angabe	4
Aufnahmeheim	Hotel »Lunik« Eisenhüttenstadt	3
	FDGB-Schule Fangschleuse	8
	FDGB-Heim Ferch	2
	FDGB-Heim Groß-Kühnau	3
	FDGB-Schule Grünheide	2
	Gästehaus Leutenberg	3
	FDGB-Heim Petzow	5
	Ferienheim Spreewerder	1
Vorstellungen/Wünsche für die DDR	Studium weiterführen bzw. beenden	4
	Am liebsten Beruf	7
	Jede Tätigkeit, aber am liebsten Beruf	4
	Jegliche Aufgabe vonseiten der Partei/DDR-Organe	3
	Schon durch die Partei festgelegt	**5
	Keine Angabe	4

* In zwei Fällen wurden mehrfache Betätigungen gezählt; **Gruppe *Aparcoa.*

Derweil zeigte sich, dass die wenigsten der Ankömmlinge klare Vorstellungen von ihrem Aufnahmeland hatten, geschweige denn darüber, welche Tätigkeit sie dort ausüben würden. Die Vorbereitungen zur Ausreise aus Chile, die nicht selten einer Flucht gleichkam und mit traumatischen Erlebnissen von Gewalt und Repression verbunden war, hatten in aller Regel keine Zeit gelassen, sich über das Bevorstehende Gedanken zu machen. Insbesondere aber bestand die Überzeugung, das Exil könne nicht von langer Dauer sein, da sich Pinochet nicht dauerhaft an der Macht würde halten können. Roberto Rivera verblüffte daher das Ausmaß der Fürsorgemaßnahmen, welche die DDR ihm und seiner Familie zuteilwerden ließ: »Unsere Wohnung hatte ein Kinderzimmer, ein Schlafzimmer, Wohnzimmer, Küche und Bad. Und alles schon drinnen, alles. Gardinen, alles. Selbst die Zahnbürste. Alles. Alles war fertig. Mit Radio, mit Fernsehen, alles. Alles neu. Waren wir ein bisschen geschockt. Dachten wir, was soll das, die meinen, wir werden hier für immer und ewig bleiben. Und wir sagten, wir werden in zwei oder drei Monate nach Chile zurück. Das kann nicht wahr sein. Das haben wir gedacht, waren wir naiv. Wollten wir nicht mal die Handtücher benutzen. Alles fertig!«[20]

Rivera, Musiker und Komponist, kam Ende Januar 1974 als Leiter der Gruppe *Tiemponuevo* in die DDR. Da er ebenso wie einer seiner beiden Kollegen seinen Lebensunterhalt bislang als Zahnarzt verdient hatte, waren an der Poliklinik Karl-Marx-Stadt Stellen für sie vorgesehen, die sie parallel zu den Auftritten mit *Tiemponuevo* ausfüllen sollten. Riveras Bedenken, beides vereinbaren zu können, bestätigten sich spätestens, als Mitte August die Proben am Theater von Karl-Marx-Stadt begannen, das *Tiemponuevo* für seine Inszenierung des *Joaquín Murieta* von Pablo Neruda engagiert hatte. Der Chefarzt der Poliklinik wehrte sich gegen die schwierige Koordinierung der Arbeitszeiten, sodass der Bezirk beschloss, die Konzert- und Gastspieldirektion solle *Tiemponuevo* als Musiker unter Vertrag nehmen. Rivera schätzte sich zufrieden mit dieser Entscheidung, denn für ihn bedeutete sie den Abschied von der ohnehin ungeliebten Tätigkeit in der Poliklinik, die weder seiner vorherigen Stellung in Chile als Fachzahnarzt mit Privatpraxis und Universitätsposten noch seiner Auffassung vom Sinn des politischen Exils entsprochen hatte, wie er selbst unmissverständlich erklärt: »[…] wir sind nicht von Chile weggegangen, weil wir Zahnarzt waren, sondern Musiker waren und ich habe gesagt, wir müssen weiter Musik machen hier. Das ist, müssen wir, war Solidarität von Chile auf der ganzen Welt. Also, mit paar Zähne raus von der Sachsen, ich habe gesagt, machen wir nichts für Chile, sondern für uns. Also haben wir weiter Musik gemacht.«[21]

Das Beispiel von *Tiemponuevo* macht eine der unmittelbaren Folgen des chilenischen Exils mit seinen psychologischen, materiellen und sozialen Bedingungen deutlich: Das dringende Bedürfnis, den Kampf in der Heimat zu unterstützen, die vorhandenen Strukturen in den Gastländern und die breite Solidaritätsbewegung, die ein zahlreiches und begeistertes Publikum garantierte, beförderte viele Laien und Halbprofis zu hauptberuflichen Künstlern – und Kultur zur primären »Waffe« im Kampf gegen Pinochet im Ausland. Insgesamt gilt die chilenische Exilkultur der 1970er und 1980er Jahre als ein »explosives Phänomen«[22].

Das Aufnahmeland DDR bot dafür besondere Bedingungen. Da die Chile-Solidarität der SED-Regierung für ihre Aufwertung im westlich-kapitalistischen Ausland und insbesondere auch für die Demonstration einer grundsätzlichen Übereinstimmung zwischen Parteiführung und Bevölkerung nutzte,[23] fiel die Unterstützung der chilenischen Künstler in der DDR entsprechend großzügig aus. Ihre glückliche Lage schildert Desiderio Saavedra Pino im einleitenden Text einer Anthologie chilenischer Autoren und bildender Künstler als »einzigartiges Kapitel chilenischer Kultur im Exil«[24]. Dagegen müssten Kollegen in kapitalistischen Ländern angesichts der dort herrschenden Gesetze des Marktes im Normalfall ihre Existenz aus dem Erlös anderer Arbeiten fristen und könnten sich nur über eine beschränkte Zeit dem künstlerischen Schaffen widmen.[25] Insofern zeichnete chilenische Künstler in der DDR – gegenüber Künstlern in westlichen Aufnahmeländern – das Privileg einer staatlich gesicherten Existenz aus.

Das Vorrecht, ihren eigentlichen Beruf ausüben zu können, unterschied sie aber auch von ihren Landsleuten in der ostdeutschen Republik: Jost Maurin weist darauf hin, dass, obwohl die chilenischen Emigranten fast ausschließlich der Intelligenz angehörten, gewissermaßen eine Proletarisierung stattgefunden habe, indem man sie überwiegend in der materiellen Produktion beschäftigte.[26] Dabei handelte es sich indes nicht um einen von den deutschen Genossen aufgezwungenen Beschluss, sondern um den eindeutigen Wunsch der chilenischen Führung, die den Standpunkt vertrat, dass ihre Landsleute gegenüber den DDR-Bürgern nicht bevorzugt behandelt werden sollten, zumal es der DDR an Arbeitskräften mangelte.[27] Die Schauspielerin Teresa Polle hält es daher rückblickend nicht für selbstverständlich, sondern geradezu für ein »Wunder, wenn man in Ausland ist und man hat diese Möglichkeit, in so einer fremde Sprache ihre Arbeit zu machen«[28]. Wie das enge Zusammenleben mit Landsleuten im selben Wohnblock, habe es ihr geholfen, die Trennung von der Familie und die ständige Ungewissheit, wie lange sie ihrer Heimat würde fernbleiben müssen, zu ertragen.

Da es der begrenzte Rahmen dieses Beitrags nicht erlaubt, die Vielfältigkeit der Erfahrungen und die Individualität der Lebenswege chilenischer Künstler in der DDR ausführlich zu behandeln, sollen hier nur wenige Beispiele einen flüchtigen Eindruck vermitteln: Mit dem Verkauf bunter Farbdrucke des Grafikers Víctor Tapia starteten der FDGB und das Solidaritätskomitee der DDR Solidaritätsaktionen für die »›zu Hause‹ lebenden und kämpfenden Chilenen«[29]; der Sohn eines in Berlin exilierten kommunistischen Senators machte 1977 sein Grafikdiplom an der Kunsthochschule Berlin-Weißensee. Santos Chávez, dessen Holzschnitte seine innige Beziehung zu seiner Heimat und zu seinen Wurzeln im Volk der Mapuche zum Ausdruck bringen, hatte unter der Diktatur in Chile nervöse Jahre der Angst und Überwachung erlebt, als er sich 1978 in Ostberlin niederließ – für nur kurze Zeit, denn nach Auslaufen seines ersten Vertrags und der Aufenthaltsgenehmigung blieb ihm die ansonsten übliche Solidarität verwehrt.[30] Er musste sich in Westberlin durchschlagen, ehe ihm 1981 ein Angebot des DDR-Kinderbuchverlages zum erneuten Aufenthaltsrecht im sozialistischen Teil Deutschlands verhalf. Erst Anfang der

1980er Jahre wählte hingegen der erfolgreiche Filmschauspieler Fernando Gallardo den Weg ins Exil, er wurde künstlerischer Leiter des Hans-Otto-Theaters Potsdam. Schließlich wäre noch Guillermo Deisler zu nennen, der im März 1974, aus Frankreich kommend, in der DDR eintraf. Am Sorbischen Nationaltheater in Bautzen gestaltete er das Bühnenbild einer Neruda-Inszenierung, bevor er aufgrund von Entscheidungen chilenischer Genossen und eines Abkommens zwischen den sozialistischen Staaten »als Kontingentflüchtling nach Bulgarien ›verbannt‹«[31] wurde, wie er es selbst formulierte. Erst 1986 konnte er wieder in die DDR zurückkehren, wo er bis zu seinem Tod 1996 in Halle lebte.

Schon diese rasche Skizze verdeutlicht die Heterogenität der Lebenswege chilenischer Künstler im DDR-Exil und lässt vorschnelle Verallgemeinerungen wenig ratsam scheinen. Obwohl in manchem Fall eine biografische Perspektive gewinnbringende Erkenntnisse ans Tageslicht bringen könnte, wäre ein solches Unterfangen aufgrund der schlechten Datenlage für viele Personen nur schwer umzusetzen. Anders steht es unterdessen um den Wirkungsort am Volkstheater Rostock, der wegen der hohen Konzentration chilenischer Künstler im Mittelpunkt der folgenden Ausführungen steht.

Zu Gast: Privileg und Verpflichtung

Die Organisation der Solidaritätsarbeit oblag den wiedervereinten politischen Parteien der chilenischen Linken im Ausland. Nachdem die Leitung der *Unidad Popular* in der DDR den Wunsch geäußert hatte, gegebenenfalls auf die konzentrierten Kräfte der in der DDR befindlichen Künstler zurückgreifen zu wollen, reagierte das Präsidium des Ministerrats der DDR am 11. April 1974 mit einem Beschluss, der dem Ministerium für Kultur die »Bildung einer zentralen Kulturgruppe«[32] auftrug, die ab 1975 aus den Mitteln des Staatshaushalts zu fördern sei. »Zentral« ist hier allerdings nicht wörtlich zu nehmen; »chilenische Genossen« hin oder her, die Staatsführung wollte nicht das Risiko eingehen, die ausländischen Künstler in der Hauptstadt der DDR und somit in nächster Nähe zu Westberlin anzusiedeln, wo sie sich wesentlich einfacher in den Kulturbetrieb hätten integrieren können.[33]

Stattdessen fiel die Wahl auf Rostock. Vom »Theaterfürsten«[34] Hanns Anselm Perten streng geführt, galt das dortige Volkstheater neben Leipzig als einer der beiden »Versuchsorte« für zeitgenössische ausländische Theaterstücke in der DDR.[35] Der parteitreue Generalintendant verfügte über persönliche Verbindungen ins Politbüro und willigte ein, sich um die adäquate Anleitung der ausländischen Gäste zu kümmern. Darüber hinaus bot die Sektion Lateinamerikawissenschaften der örtlichen Wilhelm-Pieck-Universität Stellen für Literaturwissenschaftler und Schriftsteller. Die Unterbringung war in Neubaublocks in den Stadtbezirken Lütten-Klein und Evershagen gesichert. Schon die Ankunft einer ersten größeren Gruppe von etwa 50 Chilenen[36] wurde durch die Anwesenheit hochrangiger Politik- und Gewerkschaftsvertreter beehrt und als medien- und öffentlichkeitswirksames Ereignis inszeniert. Den »Höhepunkt«[37] dieser Begrüßungstage hielt der Stadtrat für Kultur in einem seiner Informationsberichte fest: Bei einem Treffen aller »chilenischen Genossen« mit 40 Kollegen des Volkstheaters sowie Presse- und Gewerkschaftsvertretern hätten die Angehörigen des Volkstheaters Patenschaften für die Chilenen übernommen und das Technikerkollektiv des Theaters habe sich zu 700 freiwilligen Arbeitsstunden für die Wohnungseinrichtung verpflichtet. Das Spektakel gelebter Solidarität begleitete eine Aufnahmegruppe der »Aktuellen Kamera«, um auch den Rest der Republik daran teilhaben zu lassen.

Im Umkreis zweier Ensembles sollte sich das Hauptgeschehen der chilenischen Exilkultur in Rostock entwickeln. Die fünf Mitglieder der Folkloregruppe *Aparcoa*, Angehörige des Kommunistischen Jugendverbandes, waren auf den Beschluss ihrer Partei hin in der DDR zusammengekommen, daneben gründeten Schauspieler das etwa zehnköpfige *Teatro Lautaro*. Einzelne Künstler fanden zudem als Musiker, Dramaturgen oder Regieassistenten am Volkstheater Rostock eine bezahlte Beschäftigung. Über die folgenden Monate und Jahre verstärkten neue Mitglieder die Künstlerkolonie. Sie kamen oftmals über Kontakte zu ihren Kollegen vor Ort oder wurden vom Büro Antifaschistisches Chile delegiert, das in jedem einzelnen Fall seine Zustimmung geben musste. Die Verfügbarkeit von Arbeitsstellen und Wohnraum überprüften die Stadt- und Bezirksbehörden; soweit möglich, lieferte das Ministerium für Staatssicherheit seinen Beitrag mit einer politischen Einschätzung der betreffenden Personen. Die endgültige Entscheidung für die Umsiedlung von Einzelfällen traf anscheinend jeweils ein zentrales DDR-Organ.[38] Ab 1974 entwickelte sich das Volkstheater der Ostseestadt zum »Dreh- und Angelpunkt für die chilenische Exilgemeinde in der DDR auf dem Kunst- und Kultursektor«. 1975 hatte es insgesamt 40 Chilenen engagiert.[39]

Studenten der Architekturschule der Universität Chile in Santiago hatten 1965 die Gruppe *Aparcoa* gegründet. In Rostock stießen zwei neue Musiker zu ihnen: Im November 1974 nahm das Ministerium für Kultur die Unterbringung des Pianisten und Dirigenten Marcelo Fortín »in der chilenischen Künstlergruppe am Rostocker Theater« vor, der Bariton und Jungkommunist Juan Carvajal wurde Ende Januar 1975 in das Ensemble integriert.[40] Mit den beiden veränderte sich der Klang von *Aparcoa*, weg von der reinen Folklore hin zu mehr Universalität. Gleichzeitig gehörten zum Programm nun auch Lieder wie *El pueblo unido jamás será vencido* und *Venceremos*, was den Musikern ein größeres öffentliches, wenngleich nicht unbedingt künstlerisches Ansehen im Ausland einbrachte, als sie es in Chile jemals erreicht hatten.[41] Denn im Gegensatz zu anderen berühmten Gruppen des Neuen Chilenischen Liedes und trotz der Unterstützung durch die Kommunistische Partei hatte es *Aparcoa* vor dem Putsch fast ausnahmslos vermieden, ein pamphletartiges Repertoire zu pflegen und offen Stellung zugunsten der Regierung der *Unidad Popular* zu beziehen. Auf der Exilbühne der internationalen Solidarität waren die Kompromisse im Programm der Annäherung an ein Publikum geschuldet, für dessen stereotype Erwartungshaltung ein letztlich doch nur oberflächliches Interesse und die einseitige Information der Medien verantwortlich sein mochten. Dagegen stellt der Bericht Jutta Voigts in der Wochenzeitung *Sonntag* eine Ausnahme dar: »Das Lateinamerikanische ist nicht vertraut, manche Sorte Musik gefällt einfach nicht. Der fatale Zusammenhang von Exotik und Solidarität: Das Publikum erwartet nun schon Ponchos, Folklore und Melancholie.«[42] Obgleich der Vertrag mit dem Volkstheater Rostock *Aparcoa* zu regelmäßigen Auftritten dort verpflichtete, versuchte das Ensemble, diese mit seinen zahlreichen Tourneen in sozialistische wie auch westliche Länder zu arrangieren. Beispielsweise führte es 1975 sein wohl erfolgreichstes Werk, den »Großen Gesang« von Pablo Neruda, während einer kompletten Spielzeit im Théâtre d'Orsay in Paris auf.[43]

Unterdessen konnte die materielle Sicherheit, die ein Leben in der DDR bot, andere Probleme nicht aufwiegen. Das Ministerium für Staatssicherheit verfolgte jedwede Andeutung einer Krise innerhalb der Gruppe akribisch, wollte man doch einen Motivationsverlust in Sachen kollektiver Solidaritätsarbeit – mit allen seinen vorhersehbaren oder unvorhersehbaren Folgen – unter allen Umständen vermeiden. So notierte ein Rostocker MfS-Leutnant im Frühjahr 1976, dass die zentrale Leitung der Kommunistischen Partei Chiles aus politischer Notwendigkeit Gespräche mit *Aparcoa* geführt habe: Gedanken einiger Mitglieder, sich von der Gruppe zu trennen und sich beruflich weiterzuqualifizieren, lägen u. a. darin begründet, dass diese auf eine baldige Rückkehr nach Chile hofften und dort die Frage erwarteten, was sie gelernt hätten. Sie hätten nicht die Absicht, im Beruf eines Sängers langfristig ihre berufliche Perspektive zu sehen.[44] Schließlich waren nicht alle Ensemblemitglieder ausgebildete Musiker, andere hatten ihr Studium wegen des Putsches unterbrechen müssen und bislang nicht die Möglichkeit erhalten, es im DDR-Exil zu Ende zu führen oder ihre Fähigkeiten unter professioneller Anleitung weiterzuentwickeln.

Dazu war es für das Volkstheater ein Ärgernis, dass die vielen Tourneen die Planung der Konzerte in Rostock erschwerten, und für *Aparcoa* eine lästige Pflicht, für jedes weitere Verlassen der DDR Reisegenehmigungen einholen zu müssen. Die Bitte an die chilenische Kommunistische Partei, sich in Italien niederlassen zu dürfen, wurde abgelehnt.[45] Die endgültige Ausreise eines ersten Mitglieds im Juni 1976 zur Aufnahme eines Ökonomiestudiums in Paris erfolgte in Abstimmung mit dem Kommunistischen Jugendverband Chiles und wurde noch als unproblematisch für das Fortbestehen des Ensembles wahrgenommen.[46] Allerdings erhielt das Sekretariat des SED-Zentralkomitees (ZK) schon ein Jahr später die Mitteilung über die endgültige Auflösung *Aparcoas*, in der ein leiser Vorwurf an die »chilenischen Genossen« mitschwang: »Seitens der KP Chiles und des Kommunistischen Jugendverbandes Chiles ist kleinbürgerlichen Erscheinungen in der Gruppe nicht ausreichend entgegengewirkt worden.«[47] Zwei der Mitglieder folgten ihrem ehemaligen Kollegen nach Frankreich, ein drittes setzte sein Architekturstudium in einem südamerikanischen Land fort. Die Schmälerung des kollektiven Engagements durch die Bevorzugung individueller Interessen war schlimm genug, doch das Verlassen der DDR bedeutete in den Augen sowohl der chilenischen als auch der deutschen politischen Vorgesetzten einen noch schlimmeren Verstoß gegen die sozialistische Moral: »Für denen waren Verräter, nicht Individualist oder Egoist, die waren Verräter.«[48] Über die weitere Verfahrensweise mit den übrigen Mitgliedern *Aparcoas* hatte man sich schon zwei Monate zuvor in der Abteilung Internationale Verbindungen im ZK und im Innenministerium befasst.[49] Marcelo Fortín arbeitete weiter als Musiker am Volkstheater Rostock und qualifizierte sich als Dirigent durch ein Fernstudium in Rostock und Berlin. Juan Carvajal wurde Aspirant der Fachrichtung Gesang an der Musikhochschule Hanns Eisler in Berlin.[50] Julio Alegría blieb am Volkstheater Rostock, betätigte sich jedoch hauptsächlich politisch als Sekretär seiner Parteigruppe und widmete sich außerdem der Malerei, bevor er im Oktober 1983 nach Chile zurückkehrte.[51]

Anders als *Aparcoa* gründete sich das *Teatro Lautaro* erst in der DDR; der Schauspieler Carlos Medina übernahm die Regieführung. Der Name, den die neue chilenische Theatergruppe am Volkstheater Rostock wählte, geht auf einen Befreier der chilenischen Nationalgeschichte zurück: Lautaro, Kriegshäuptling der Mapuche, hatte im 16. Jahrhundert bedeutende Siege gegen die spanischen Eroberer errungen. Dem Drang folgend, zu »erzählen, was in meiner Heimat passiert«[52], setzte die Truppe als erstes Stück *Margarita Naranjo*, ein Gedicht aus Pablo Nerudas *Großem Gesang*, in Szene. Es erzählt den Hungerstreik einer Frau, deren Mann unter dem autoritären und antikommunistischen Regime des chilenischen Präsidenten Gabriel González Videla verhaftet wurde. Zusammen mit einer deutschen Schauspielerin, die den Text in der Übersetzung vortrug, lud das *Teatro Lautaro* im Juli 1974 zur Uraufführung ein.[53] Die Inszenierung des Kinderstücks *Der geflochtene Kreis*, einer sehr freien Version von Bertolt Brechts *Kreidekreis*, im folgenden Jahr brachte der Gruppe große Anerkennung sowie Einladungen nach Frankreich, Portugal und in die Niederlande.[54] Nun sollten die chilenischen Schauspieler aber vertragsgemäß auch einzeln in verschiedenen Inszenierungen des Volkstheaters mitwirken, was die gemeinsamen Proben und Auftritte des *Teatro Lautaro* wegen der zum Teil unterschiedlichen Arbeitszeiten einschränkte. Nachdem sie in Chile bei ihren Tourneen durchs Land bis zu dreimal täglich aufgetreten waren, fühlten sie sich zudem nicht ausgelastet. Um der Langeweile entgegenzuwirken, organisierte die Truppe eigenmächtig einen Auftritt in der Kantine der Warnowwerft, wo außerdem das Publikum eher ihren Gewohnheiten entsprach: »Und dann kam, also, von der Intendant, das war eine große Persönlichkeit in der DDR, Hanns Anselm Perten, er rief mich an: [*Mit tiefer Stimme*] ›[...] pass mal auf, Carlos, in den Sozialismus ist es andere. Wenn du für die Arbeiter spielen möchtest, musst du mir sagen und ist kein Problem.‹ [*Lacht*] So auf freundliche Weise, er wollte mir sagen: ›So geht nicht [*weiterlachend*], Carlos, du kannst einfach nicht sagen, och, wir spielen für die Arbeiter und ihr spielt für die Arbeiter, ne?‹«[55]

Hinter der scheinbar freundlichen Zurechtweisung der chilenischen Theaterkollegen, die aus Unkenntnis und Arbeitseifer Hierarchien und Dienstwege missachtet hatten, verbarg sich großes Misstrauen. Immer seltener wurde das *Teatro Lautaro* für den Spielplan des Volkstheaters bedacht. Die Gruppe war darüber »todunglücklich«[56], ohne den wahren Grund zu kennen. Erst später, berichtet Carlos Medina, sei ihnen klar geworden, dass auf DDR-Seite Befürchtungen bestanden, sie könnten zur politischen Mobilisierung anregen, weil sie die Zuschauer nach der Vorstellung um ihre Meinung über das Stück und die schauspielerische Leistung bitten wollten.[57] Dabei knüpften sie lediglich an ihre Traditionen in Chile an: Eine Handvoll Mitglieder des *Teatro Lautaro* hatte vor der Emigration bereits im *Teatro Nuevo Popular* der chilenischen Gewerkschaftsorganisation CUT zusammengearbeitet. Als Vorkämpfer des sogenannten demokratischen Sozialismus Allendes waren sie es gewohnt, das Publikum zur Partizipation und Diskussion zu ermutigen.

Ebenso unerwartet wurde das *Teatro Lautaro* von den Vorbehalten gegen Reisen selbst in sozialistische Länder und im Inland getroffen. Erst nach einem zwei Jahre währenden Kampf durfte es zum Beispiel »eine kleine Tournee durch einige Städte in der DDR«[58] machen, ein nicht nachvollziehbarer Widerspruch in den Augen der Chilenen, wollten sie doch genau das tun, wozu man sie aufforderte, nämlich »denunzieren, was in Chile vorgeht«[59]. Der SED-Staat selbst schien sich kontraproduktiv zu verhalten, wenn er sich gegen Auftritte seiner »Vorzeigegenossen«[60], Repräsentanten des antifaschistischen Widerstands und der DDR-Solidarität, auf eigenen wie auf fremden Bühnen sträubte und ihre Präsenz auf Rostock einschränkte. Zu erklären war dies zumindest teilweise damit, dass hier ein Mann mit guten Verbindungen seine Machtposition ausspielte. Dem Rostocker Intendanten war offensichtlich nicht an Erfolgen chilenischer Künstler gelegen, die nicht auf sein Verdienst zurückzuführen waren. Die »chilenischen Patrioten« in der Obhut Pertens sollten v. a. der Leuchtkraft seines Theaterimperiums, das er sich in der grauen Ostseestadt geschaffen hatte, einen exotischen Glanz verleihen.

Inzwischen beschaffte sich Carlos Medina für sein Studium am 1975 von Manfred Wekwerth neu gegründeten Regieinstitut in Berlin eine Zweitwohnung. Abgesehen von politischen Beweggründen war das Studium Brechts das Ziel gewesen, weshalb der junge Theatermann die DDR für sein Exil gewählt hatte. Nun weigerte sich der Rostocker Intendant Perten ein Jahr lang strikt, ihn aus seiner Pflicht als Leiter des *Teatro Lautaro* zu entlassen, bis er ihm in einer Sitzung die Bedingung stellte: »[*Mit verstellter Stimme, ärgerlich*] ›Okay‹ – [*richtet sich im Sitzen auf, spricht normal*] er war ein großer Mann – [*wieder mit verstellter Stimme*] ›du gehst nach Berlin, aber deine Frau bleibt hier!‹«[61] Medina wurde nicht nur unter Druck gesetzt, sondern auch von einem der beiden Eheleute, die zur Betreuung der chilenischen Emigranten eingesetzt wurden, hauptsächlich für die zu beobachtenden »Differenzen innerhalb des Teatro Lautaro«[62] verantwortlich gemacht: »[K]lar, ich war der egoistische Schwein, Individualist, dass ich das verlasse. Aber wissen Sie, perspektivisch gesehen, ja, es war die Chance, so habe ich eine einmalige Ausbildung bekommen.«[63]

Anstelle Medinas übernahm Víctor Carvajal die Leitung der Theatergruppe, an ihrer unbefriedigenden Situation änderte sich nichts. Einladungen von anderen Theatern und Solidaritätsorganisationen der DDR sowie aus dem sozialistischen und nichtsozialistischen Ausland verschwieg ihr die Theaterleitung des Öfteren. Die Chilenen selbst erhoben, abgesehen von finanziellen Motiven, den – berechtigten – Vorwurf, dass ihre Existenz eher der Popularität des Volkstheaters diene; sie selbst dagegen verlören mit solch begrenzter Tätigkeit ihre Ausstrahlung für die Sache der Solidarität und des proletarischen Internationalismus.[64] Im Sommer 1978 holten sie sich Hilfe von außerhalb, um die Einladung zum Theaterfestival der lateinamerikani-schen Länder in Portugal, das im November desselben Jahres stattfand und von der UNESCO organisiert wurde, annehmen zu können:»Mit Hilfe des Ministeriums für Kultur und des Büros Chile Antifaschista [sic!] soll das V[olks]T[heater]R[ostock] gezwungen werden, aktive Maßnahmen zur Realisierung der Reise zu unternehmen.«[65] Ob die höchste DDR-Kulturinstanz tatsächlich Fürsprache hielt, ist nicht belegt. Jedenfalls erteilte das Volkstheater Rostock erst im letzten Moment seine Genehmigung.[66]

Der Einladung der Hochschule für Schauspielregie zu einem neunmonatigen Lehrgang sollten die seit Herbst 1977 nur mehr vier[67] Mitglieder der Gruppe wiederum erst nach langem Hinhalten folgen dürfen, aus Sicht der Theaterleitung wohl mit gutem Grund, denn durch die Genehmigung besserte sich die Stimmung innerhalb der chilenischen Schauspielergruppe zwar »spürbar«[68], doch die Zukunft des *Teatro Lautaro* blieb mit ihrer häufigen Abwesenheit von Rostock ungewiss. Insbesondere einige Frauen fühlten sich offenbar psychisch belastet durch den Umstand, »fürs Nichtstun« bezahlt zu werden, lieber würden sie »in irgendeinem ganz armen Land [...] arbeiten [,] wo sie wenigstens für ihr Brot arbeiten« könnten.[69] Ende Januar 1980 fand unter Teilnahme von Repräsentanten des Büros Antifaschistisches Chile aus Berlin sowie einem Stellvertreter des Bezirksrats und der Theaterleitung ein Gespräch zur Situation der chilenischen Emigranten am Volkstheater Rostock statt. Dieses offizielle Treffen bestätigte die bereits eingetretenen Tatsachen: Das *Teatro Lautaro* wurde »mit Wirkung vom 31.01.80 offiziell aufgelöst, da es seit ca. einem Jahr keine Aktivitäten mehr zeigte und ein Teil der Mitglieder bereits im Ausland«[70] lebte. Den Chilenen, von denen die meisten ohnehin schon begonnen hatten, sich beruflich anderweitig zu orientieren, wurde nun die Möglichkeit eingeräumt, sich ohne vorherige Abstimmung mit dem Volkstheater Rostock individuell um Arbeitsrechtsverhältnisse und Qualifikationen zu kümmern.

Mitte des Jahres 1980 arbeiteten nur noch zehn der vormals 40 chilenischen Exilanten für das Volkstheater Rostock.[71] Wenn nicht schon früher, so war die Künstlerkolonie spätestens jetzt im Auflösen begriffen; die kollektive Tätigkeit chilenischer Künstler im Gastland DDR endete weitgehend und bewirkte damit auch einen Bedeutungsverlust des ostdeutschen Exilstandorts im Widerstand gegen die Pinochet-Diktatur. Die Unterlagen des Ministeriums für Staatssicherheit geben Auskunft über verschiedene Bestrebungen, zu neuen künstlerischen Formationen zusammenzufinden. Anfang der 1980er Jahre bestand zum Beispiel eine musikalische Folkloregruppe, die wöchentlich probte, viele Veranstaltungen durchführte und in die sich zeitweilig auch deutsche Freunde integrierten.[72]

Diversifizierung, Künstlerwege, Persönlichkeiten

Hinsichtlich ihrer Hauptbeschäftigungen gingen jedoch die Wege der Künstler sichtbar auseinander. Einige hatten sich umorientiert: Aus Musikern wurden Bühnenbildner oder Schauspieler, aus Schauspielern Regieassistenten oder Autoren. In aller Regel bestand die Unterbeschäftigung jedoch fort, sodass sie durch Weiterbildung und freischaffende oder zusätzliche Tätigkeiten beispielsweise als Dozenten an der Schauspielschule Rostock für ihre berufliche Auslastung sorgten. Als die chilenische Regierung durch die Veröffentlichung von Namenslisten das Rückkehrverbot für Exilanten ab 1980 nach und nach aufzuheben begann, erhielten 1983/84 auch jene Chilenen, die noch oder nicht mehr in Rostock lebten, die Erlaubnis in ihre Heimat zurückzukehren. Daraufhin wagte manch einer von ihnen den Schritt, zumal die Kommunistische Partei zur Verstärkung der Untergrundarbeit in Chile aufrief. Andere entschieden sich für lateinamerikanische Länder, Schweden oder Frankreich oder sahen bessere berufliche Chancen in anderen Städten, meist in Ost-Berlin. Die deutsche Wiedervereinigung erlebten die allerwenigsten Angehörigen der einstigen »Künstlerkolonie« in Rostock auf deutschem Boden. Omar Saavedra, der Mitglied des *Teatro Lautaro* gewesen war und sich inzwischen vollständig auf sein schriftstellerisches Schaffen konzentrierte, verlegte erst Anfang der 1990er Jahre seinen Wohnsitz nach Berlin. Und es blieb auch der Schauspieler Mario Fuentes, der sich dem *Teatro Lautaro* erst ein Jahr vor seiner Auflösung angeschlossen hatte; er arbeitete am Volkstheater Rostock, bis 1991 sein Vertrag auslief.[73]

Die Künstler, die nach der Auflösung der Kolonie in Rostock weiterhin in der DDR lebten, fanden sich nun soweit in ihrem Gastland zurecht, dass sie ihre berufliche Integration erheblich verbessern konnten. Das Berliner Regieinstitut und das Berliner Ensemble, das Theater Brechts, stellten besondere Anziehungspunkte für ehemalige Mitglieder des *Teatro Lautaro* dar. Carlos Medina hatte sich mit Hilfe einer deutschen Bekannten selbst über die Einwände seiner eigenen Partei – »[a]m liebsten hätten die mich in der Produktion gesehen«[74] – hinweggesetzt und war seinen Kollegen vorausgegangen, um sich seinen beruflichen Traum zu verwirklichen. Nach vier Jahren Studium am Berliner Regie-Institut arbeitete er als erster ausländischer Stammregisseur fünf Jahre lang am Berliner Ensemble.[75]

Medinas wichtigstes Werk war zweifellos *Der kleine Prinz*, das acht Jahre lang erfolgreich lief und in seinem Umgang mit dem Thema Emigration wie kein anderes die Biografie des Chilenen und die Zuschauer in der DDR zusammenführte: Während der Regisseur seinem Publikum, dem die Möglichkeit die Welt kennenzulernen verwehrt war, zeigen wollte, »dass der kleine Prinz, nachdem er die Welt gesehen hat, auf seinen winzigen Planeten zurückkehren will, weil er begriffen hat, dass dort seine Verantwortung liegt«[76], beschäftigte ihn, den Emigranten, der seine Heimat seit vielen Jahren verlassen hatte, persönlich diese Gewissensfrage. Unter den Kollegen, in der Requisitenabteilung, in Kantinengesprächen spürte Medina das große Bedürfnis der Menschen, über das Leben außerhalb der DDR zu erfahren, sich und ihre Sehnsüchte mitzuteilen: »[…] das war krass, also, ich lebte in der Emigration und die lebten in der inneren Emigration.«[77] Die Selbstzensur sei das Schmerzlichste für ihn gewesen, denn darin erkannte er die Angst der Bauern vor dem Patron wieder, denen er gemeinsam mit dem *Teatro Nuevo Popular* in Chile ihr Recht auf Meinungsfreiheit vor Augen geführt hatte. In der Rolle des Künstlers hatte er sich als Teil von gesellschaftlichen Veränderungsprozessen wahrgenommen und die Kunst als Mittel zur Verwirklichung eines Traums begriffen.[78] Dass seine Kollegen in einem sozialistischen Land nun ihre Sprachlosigkeit, die ihnen die Hierarchie des Apparats auferlegte, erduldeten und sich nicht dagegen artikulierten, schien Medina unverständlich: »Später war mir klar, dass sie haargenau wussten, worum es ging, aber aus Angst haben sie nichts gesagt. Sie schwiegen, nicht etwa weil sie keine Meinung hatten, sondern gerade weil sie eine hatten.«[79]

Die Machtstrukturen des Systems, das ihm so großzügige Privilegien gewährte, während es die eigenen Bürger streng am Zügel hielt, bekam Medina aber auch als Eingriff in seine eigene Arbeit zu spüren, als er im belgischen Antwerpen für *Mutter Courage und ihre Kinder* eine Bühne des Deutschen Theaters bilden wollte und das Kulturministerium die Ausreise eines Schauspielers verbot, dessen Mutter im Westen lebte. Während sich der chilenische Regisseur um Angebote nicht zu sorgen brauchte und sogar im Ausland inszenieren durfte, fühlte er sich hin- und hergerissen zwischen dem Erlebnis vieler Ungerechtigkeiten und der Rechtfertigung der Mängel einer Staatsform, für die er selbst gekämpft hatte, mit Berufung auf den Kalten Krieg und den Schutz, den die Mauer vor dem »Feind« bieten sollte. Dennoch dürfe er für die Chance, eine Ausbildung als Theaterregisseur bei Manfred Wekwerth, einem der wichtigsten Schüler Brechts bekommen zu haben, im Nachhinein nicht undankbar sein, äußert er heute. Denn die Menschen in der DDR hätten ihm das Gefühl vermittelt, dass seine Arbeit gebraucht würde, was ihm sehr viel Kraft gegeben und die »Zeit, wenn man in der Fremde währt, leichter gemacht«[80] habe.

Nicht nur Medina arbeitete am Berliner Ensemble, auch in seinem Freund und Kollegen Alejandro Quintana, der seinen Vertrag mit dem Volkstheater Rostock 1981 aufgelöst hatte, um als freischaffender Regisseur tätig zu werden, erkannte Wekwerth ein vielversprechendes Talent. Wenn es auch nicht gerade bescheiden klinge, so Quintana im Interview, habe er gespürt, dass dieses Angebot nach jahrelanger bewusster und aufopferungsvoller Arbeit nicht länger ein bloßes Produkt der Solidarität gewesen sei, obgleich Wekwerth sich auch grundsätzlich sehr für die Chilenen eingesetzt habe.[81] Dieselbe Großzügigkeit und Hilfsbereitschaft erfuhr Teresa Polle, die wie Quintana Anfang der 1980er Jahre Rostock verließ und ihrem Mann Carlos Medina mit einem Schauspielervertrag ans Berliner Ensemble folgte. Dank der Kulanz Wekwerths, eines »von höchster Ebene der SED protegierten«[82] Intendanten, verlängerte sie ihr Dauervisum für Westberlin regelmäßig, denn »wenn die Arbeitgeber gibt dir die Genehmigung, fast immer hat funktioniert«[83], danach verweigerten das Büro Antifaschistisches Chile und die Volkspolizei der DDR selten ihre Einwilligung. Genauso wenig brauchte sich Polle nach einer zwischenzeitlichen Rückkehr nach Chile um einen neuen Vertrag mit dem Berliner Ensemble zu sorgen. Dass sie den tagelangen, penetranten Stasiverhören über die Zeit ihrer Abwesenheit letztendlich entging, schreibt sie ebenfalls dem Einschreiten des Intendanten zu: »Einen Tag habe ich gefragt Manfred Wekwerth, wieso fragen mich immer dieselbe und noch dieselbe und er hat, ich glaube, diesen Tag dort angerufen und gesagt, denke ich, dass so etwas war, weil ein Tag ich war mit die Nerven am Ende und ich hab gesagt: [*Mit verweinter Stimme*] ›Ich kann nicht mehr!‹ [*Lacht.*] Ich war mit die Nerven am Ende und dann haben mir nie mehr gefragt.«[84]

Die Atmosphäre des Theaters und die Menschen, denen sie in diesem Bereich der Gesellschaft begegnet sei, so vermutet Polle rückblickend, hätten in ihr, trotz des Widerspruchs, den eine sozialistische Diktatur für sie darstellte, den Eindruck geweckt, dass die Bedingungen in der DDR lockerer gewesen seien als in anderen realsozialistischen Staaten. Dennoch unterlag gerade die hierarchisch strukturierte Theaterwelt besonders stark den Stimmungsschwankungen der höchsten politischen Ebene. Zum Beispiel konnte Medina seinen Vorschlag, am Deutschen Theater das Stück *Emigranten* von Sławomir Mrozek zu inszenieren, Mitte der 1980er Jahre nicht durchsetzen, weil der Autor in Polen »irgendwas unterschrieben«[85] hatte. Dagegen empfand der freischaffende Künstler César Olhagaray die Entwicklung der bildenden Kunst in der DDR als äußerst dynamisch und unabhängig; die kritische Bewegung, die Mitte der 1980er Jahre in der Sowjetunion an Fahrt gewann, übte seiner Meinung nach einen Einfluss aus, dem man sich nicht entziehen konnte. Der in Dresden lebende Chilene beteiligte sich an Mail Art und Perestroika-Bewegung und entwickelte eine Art von Performance, die er »Bildtheater« nannte. Indem er in einer multimedialen Aktion Malerei, Körperausdruck, Raum und Musik verband, dadurch die Arbeit des Künstlers offenlegte und außerdem die Zuschauer am Schaffensprozess beteiligte, strebte er »Transparenz« und die »Demokratisierung der Kunst« an.[86]

Das Interesse für die Politik seines Gastlandes stellte sich bei Olhagaray allerdings erst nach zehn Jahren Exil ein, in denen er sich vorrangig auf Studium und Familie konzentriert hatte. Nachdem der Architektur- und Tanzstudent wegen seiner Tätigkeit als leitendes Mitglied der *Brigadas Ramona Parra*, der Malbrigade des

ADN-Foto, 6.6.1974: »Über sein Wandbild, das er für das Solidaritätszentrum der 15. Arbeiterfestspiele gemalt hat, spricht der junge chilenische Künstler Cesar (2.v.r.) mit Erfurter Jugendlichen. Cesar war Architekturstudent in Chile.«

Kommunistischen Jugendverbandes in Chile, zwei Tage nach dem Militärputsch verhaftet worden war, hatte er 1974 auf Einladung der DDR das Studium der Malerei und Grafik an der Hochschule für Bildende Künste in Dresden aufgenommen. Hier heiratete er außerdem eine DDR-Bürgerin und wurde Vater von vier Kindern. Neben der Realisierung von Wandbildern bei Solidaritätsaktionen[87] und zur Kiezverschönerung[88], hatte der junge Olhagaray bereits 1976 als Grafiker in der DDR Popularität erlangt. Die *Wochenpost* druckte neben drei weiteren Grafiken mit »La lucha continua – Der Kampf geht weiter« auch eine seiner Arbeiten in ihrem Beitrag zur Intergrafik 76 ab,[89] während Dietmar Eisold dasselbe Werk in einem Bericht des *Neuen Deutschland* zur Ausstellung »Chile im Herzen«, die im September 1977 in der Neuen Berliner Galerie zu sehen war, unter den Arbeiten weiterer chilenischer Exilkünstler als eines der beeindruckendsten hervorhob: »Cesar nutzt das traditionsreiche Symbol der geballten Faust, um Widerstandswillen und -kraft erlebbar zu machen. Aus dem Leib eines Gefallenen wächst diese Faust malhaft empor, unverletzbar, voll gebündelter Energie.«[90]

Vom deutlichen persönlichen Bruch in seiner Entwicklung und Befindlichkeit, den er 1982 erlebte, berichtet Olhagaray im Filmporträt von Alexej Nitusov.[91] Anhand eines Bildes erklärt er darin, wie er die »Bestie« in sich, den Schmerz und die Trauer über sein Schicksal und die Sehnsucht nach seiner Heimat, herausgelassen habe. Durch seine Familie in der DDR sei schließlich eine heitere und ironische Komponente in seine Bilder gekommen. Gerade seine Kinder seien für ihn von enormer Wichtigkeit gewesen, um den jahrelangen Verlust der Verbindung zu Verwandten und Freunden in Chile, die wegen politischer Beobachtung nicht möglich war, zu kompensieren.[92] In der vielfältigen Kunst César Olhagarays mischten sich außerdem zahlreiche unterschiedliche Einflüsse. Als Sohn einer chilenischen Mutter und eines französischen Vaters hatte er schon als Kind Zugang sowohl zu den großen Kulturen der lateinamerikanischen Urvölker als auch zur Pariser Schule gefunden. Was Olhagaray nun in Europa neben der Beschäftigung mit den alten Meistern und dem Kubismus besonders schätzte, war die Möglichkeit, Museen der Maya-Kultur oder afrikanischer Kunst zu besuchen.[93] Nach der Lockerung der Visumsbedingungen durch das Büro Antifaschistisches Chile habe er oftmals andere west- und osteuropäische Länder bereist. Die vielen Anregungen mündeten in Personal- und Kollektivausstellungen u. a. in Italien, Frankreich, Bulgarien, der BRD und sogar in Japan, Kanada und Mexiko sowie im 3. Hauptpreis der »100 ausgewählten Grafiken«, mit dem ihn die DDR 1985 ehrte. 1988 zog Olhagaray nach Berlin, um an der Humboldt-Universität Kunstpädagogik zu studieren.

Im selben Jahr begann *Tiemponuevo* unter dem Titel »Tiempuneuvo lädt ein« im Kulturlokal »Wabe« im Stadtteil Prenzlauer Berg regelmäßige Konzertabende zu veranstalten, finanziert aus dem Budget des Komitees für Unterhaltungskunst. Die Mitglieder der Gruppe hatten einige Jahre zuvor ihren Wohnsitz von Karl-Marx-Stadt nach Berlin verlegt, wo sie einerseits freischaffend tätig waren, andererseits für die betreuende Konzert- und Gastspieldirektion Berlin deren Programme zusammen mit Unterhaltungskünstlern der DDR ausführten, bis sie darauf nicht mehr angewiesen waren. In der Hauptstadt schien nun der richtige Moment gekommen, die Idee einer sogenannten *Peña* in der DDR zu verwirklichen. In der Form einer offenen Bühne, zu der sich Liedermacher und Publikum beständig trafen, hatten die *Peñas* in Chile eine wichtige Förderrolle für die Bewegung progressiver Künstler eingenommen.[94] Bevor er ins Exil ging, war Rivera selbst Organisator der *Peña de Valparaíso* in seiner Heimatstadt gewesen, wo die bekanntesten Musiker des Neuen Chilenischen Liedes aufgetreten waren. Allerdings musste Rivera seine Geldgeber in der DDR erst von einem solchen Konzept überzeugen: »War ein Novum in der DDR, weil wir haben der Hoheit für machen, was wir wollen, und das war kompliziert in der DDR. Die wollten immer kontrollieren, ja? [...] in einer Versammlung, wo ich war am Anfang, haben gesagt: ›Und vielleicht ihr braucht eine Unterstützung von einer‹ – wir kannten den Mann, den kannte ich sehr gut – ›der euch hilft.‹ Habe ich gesagt: ›Wenn ihr nicht vertraut, machen wir keine *Peña*. Wir entscheiden, wer spielt und wie das Programm läuft.‹ War Ruhe in der Saal, und die haben das Risiko genommen.«[95]

War der Versuch des *Teatro Lautaro*, das Publikum mittels Diskussionen in eine offenere Theaterform einzubinden, von den Vorgesetzten in Rostock noch abgeblockt worden, so fiel die Eröffnung der *Peña* von *Tiemponuevo* in den späten 1980er Jahren nun in einen Zeitraum, als die bereits erodierende Staatsmacht kaum noch in der Lage war, sich um die Einhaltung kulturpolitischer Maßgaben zu sorgen. Gerade der Stadtteil Prenzlauer Berg war damals bekannt für seine junge und ambitionierte Künstlerszene, die weitgehend abgeschottet von der Politik längst ihre eigenständige Entwicklung vorantrieb. Das Angebot von *Tiemponuevo* sprach sich herum, neben lateinamerikanischen Größen wie Daniel Viglietti oder Mercedes Sosa traten DDR-Liedermacher wie Angelika Weiz oder Gerhard Schöne in der »Wabe« auf, aber auch junger Nachwuchs, der die Gelegenheit nutzte, auf sich aufmerksam zu machen.

Gestaltungsräume wie diese zeigen, dass für jene chilenischen Künstler, die ihr Leben im DDR-Exil so einrichteten, dass sie weder am Verlust der Heimat zugrunde gingen noch vor den Mechanismen ihres Gastlandes kapitulierten, die Lebens- und Arbeitsbedingungen im »real existierenden Sozialismus« des SED-Staats durchaus eine Alternative zum kapitalistischen System darstellten. Dabei gaben nicht zuletzt neu gegründete, in der DDR verwurzelte Familien einigen Künstlern emotionalen Halt wie auch die nötige Orientierung, sich dem Klima, der Sprache und Mentalität auf deutschem Boden anzupassen und im Berufsleben zurechtzufinden. So hatte zum Beispiel Roberto Rivera am Theater Karl-Marx-Stadt die Schauspielerin Cornelia Schmaus kennengelernt, Tochter des Schriftstellers Stephan Hermlin. Sie wurde nicht nur Riveras zweite Ehefrau,[96] sondern verbreiterte auch das soziale und kulturelle Umfeld, in dem sich beide bewegten. Rivera stand dadurch stets der Theaterwelt nahe und fand Anreize und Kontakte, stärker als bisher aus seinen kompositorischen Fähigkeiten zu schöpfen, indem er Musik für Inszenierungen oder Filme schrieb.

Die »große Sympathie und Wärme«[97] der Menschen, die Solidarität einer Mehrheit in der Bevölkerung, die »in diesem Fall nicht dekretiert«[98] war, ermutigte die Exilanten, sich den Anforderungen ihrer Lage zu stellen. Neben der allgemeinen Popularität lateinamerikanischer Kultur seit etwa Mitte der 1960er Jahre lag das Interesse an den »chilenischen Patrioten« in Allendes Projekt des »demokratischen Sozialismus« begründet, von dessen Vorbild man sich insgeheim mehr Demokratie im eigenen Land versprach. Trotz des Schocks, den seine Zerschlagung auslöste, glomm der hoffnungsvolle Schimmer am Horizont in einem Land ohne Reise- und Meinungsfreiheit nach: »Wir kamen, also, der Putsch war zwar eine Tatsache, aber es war zu früh, um sofort zu be-, verarbeiten, also, für uns stärker, was wir gelassen haben, das war diese schöne drei Jahre, tausend Tage der Unidad Popular und das haben wir vermittelt, das haben wir erzählt, nicht so sehr den Putsch.«[99] Die Metapher vom »Fenster zur Welt«, die so häufig für die Funktion der Bücher ausländischer Autoren im DDR-Alltag verwendet wird, überträgt der Schauspieler Thomas Neumann retrospektiv auch auf seine chilenischen Kollegen: »Das heißt nicht, dass man alle geliebt hat, denen man begegnet ist, aber man war neugierig, jedenfalls war ich es. [...] Ohne was zu wissen, war da die Bereitschaft, die Leute kennenzulernen und von denen zu lernen.«[100]

Dort, wo chilenische Emigranten dem Bedürfnis nach »Bestätigung von einer Vorstellung, wie das Leben sein könnte«[101], Antworten aus dem eigenen Erfahrungsschatz geben konnten, vollzog sich eine Annäherung, die, ohne unmittelbares Verständnis zu implizieren, die interkulturelle Verständigung zumindest anregte. Für Susanna Borchers, die 1977 am Ballett des Volkstheaters Rostock engagiert wurde, gaben die Chilenen »dem Theaterleben eine besondere Farbe, eine einmalige Atmosphäre und einen weit über die Stadt hinaus wirkenden Ruf. Ihre künstlerische Arbeit war vielseitig, dynamisch und für die Rostocker Theaterleute überaus stimulierend.«[102] Am Berliner Ensemble empfand Thomas Neumann, nachdem er sich auf die ihm zunächst fremde Arbeitsweise von Carlos Medina eingelassen hatte, diese wie eine neue Schule, die ihm eine andere Art von Theaterverständnis eröffnet habe: »[...] das ist eine ganz andere Kultur dahinter, ne, in Südamerika. Da gibt es eben auch Dinge, die nicht bis zum Schluss benennbar sind, das hat mir eigentlich gefallen.«[103]

Wie kaum ein zweiter aber steht der Name Patricio Bunsters für einen methodischen und intellektuellen Transfer, den er durch seine Tätigkeit in der DDR leistete. Schon bei seiner Ankunft im Exilland trug der 1924 geborene Solotänzer und Choreograf des Chilenischen Nationalballets den Ruf einer »Legende«[104]. Dass er bei seinen Schülern, Kollegen und Freunden in der DDR einen tiefen Eindruck hinterließ, davon zeugt umfangreich ein Band, den Edith Kühl 1990 an der Akademie der Künste zu Berlin zusammenstellte.[105] Über seine Beeinflussung durch die »Laban-Jooss-Leeder-Methode«[106], das heißt durch die Lehren der drei großen Theoretiker des modernen deutschen Tanztheaters, bemerkte Bunster 1987 in einem Berliner Akademie-Gespräch: »So konnte ich, als ich 1973 als politischer Emigrant in die DDR kam, den Tanzschaffenden wertvolle Traditionen zurückbringen, die wir von ehemaligen deutschen Emigranten übernommen hatten.«[107] Mitglieder des Balletts von Jooss, Begründer des Folkwang-Tanztheaters in Essen, hatten sich während des Zweiten Weltkriegs in Santiago niedergelassen und dort das *Ballett Nacional Chileno* aufgebaut.

Der überzeugte Kommunist Bunster, der sich die Popularisierung des Tanzes zur Lebensaufgabe gemacht hatte, erhielt, wie seine Landsleute und Künstlerkollegen, 1974 eine Anstellung am Volkstheater Rostock. 1979 verlegte der Choreograf seinen Hauptwohnsitz nach Dresden. Obwohl er zugleich Gastdozent an der Theaterhochschule »Hans Otto« in Leipzig, am *Laban Center* in London und in der BRD war und sich für das Amateurkunstschaffen in der DDR einsetzte, wirkte er bis zu seiner Rückkehr nach Chile 1985 v. a. als Dozent an der Palucca Schule.[108] Sein Einfluss auf die Entwicklung des Modernen Tanzes an der Schule sei von entscheidender Bedeutung gewesen, schreibt die Tanzpädagogin Eva Winkler rückblickend, wenngleich die DDR seine künstlerischen Potenzen für das Theater noch in weit größerem Maße hätte nutzen können.[109] Trotz bestehender Kontakte wurde Bunster nicht für Choreografien von Ballettwerken an den großen Theatern der DDR herangezogen, mit Ausnahme von *Leuchten wird mein Schatten* 1979 an der Komischen Oper Berlin. So arbeitete Bunster – angefangen von der Ausbildung der Schauspieler des *Teatro Lautaro*, von denen er Alejandro Quintana und Carlos Medina auf den Weg »zu inzwischen namhaften Regisseuren«[110] brachte – während seines elfjährigen Aufenthaltes in der DDR v. a. als Pädagoge und Ballett-Theoretiker.

Schluss

Gewiss hatte die gesicherte Existenz der chilenischen Künstler im SED-Staat auch ihren Preis, wie Udo Bartsch, ehemaliger Staatssekretär für Kultur der DDR-Wenderegierung unter Lothar de Maizière, in der Rückschau unmissverständlich klarstellt: »[...] sie konnten dann auch nicht so tun und machen, was sie wollten, sondern Wohlverhalten, politisches, war immer unterlegt. Und wer das nicht brachte, dem nützte auch sein Talent nichts«.[111] Grundsätzlich stand hinter der außergewöhnlich großzügigen Solidarität der DDR mit politischen Flüchtlingen aus Chile das Hauptmotiv, sie für die politische Propaganda zu instrumentalisieren. Ihre öffentlichen Auftritte dienten dazu, immer wieder neu die Antipoden Antifaschismus und Antiimperialismus vorzuführen, und dies häufig im Rahmen kultureller Veranstaltungen. Wenigstens in den ersten Jahren des Exils richtete sich das Schaffen chilenischer Künstler in der DDR fast ausschließlich auf Chile und transportierte insofern einen antifaschistischen Kampfgeist, wie ihn sich die Gastgeber nur wünschen konnten. Mit jugendlichem Elan setzten sie ihr Engagement für die SED ein, die in ihren Augen »eine gerechte Sache: Sozialismus«[112] vertrat.

Früher oder später mussten sich die Betroffenen allerdings die Widersprüche im Staatssystem der DDR eingestehen, die ihren eigenen Vorstellungen eines »real existierenden Sozialismus« entgegenstanden. Die Reaktionen und Strategien damit umzugehen fielen unterschiedlich aus: Wer nicht den radikalen Schritt vollzog, die DDR zu verlassen, mochte aus Dankbarkeit für die empfangene Solidarität – und sei es, weil die eigenen Parteigenossen dies anordneten – Mängel geflissentlich übersehen und durch die positiven Seiten aufwiegen, welche die DDR in Bereichen wie medizinischer Versorgung, Kinderbetreuung und der materiellen Existenzsicherung zu bieten hatte. Anstatt die Probleme einfach zu verdrängen, bestand eine weitere Taktik auch in der Argumentation, die De-facto-Diktatur des Gastlandes sei damit zu rechtfertigen, dass sich der Sozialismus erst im Aufbau befinde und eben noch an manchen Stellen reformbedürftig sei.

Daneben versuchten chilenische Künstler immer wieder, an ihre Traditionen aus den Zeiten der *Unidad Popular* anzuknüpfen und aktiv Freiräume zu schaffen. Während die Kunst der Wandbilder aus Sicht des Gastgebers von vornherein ein erwünschtes Einsatzmittel für Solidaritätsaktionen darstellte, zeigte das Regime sich skeptisch, sobald das Publikum bei Theateraufführungen um seine Meinung gebeten werden sollte oder keine Kontrolle mehr zu gewährleisten war, wer auf einer offenen Bühne auftrat. Chilenische Künstler stießen in der DDR also dann an Grenzen, wenn ihre Kunstformen und der damit einhergehende Geist der Freiheit eine Gefährdung der bestehenden Ordnung befürchten ließen. Das Misstrauen galt indes eher der eigenen Bevölkerung als den Gästen: Nachdem viele chilenische Künstler die DDR nach wenigen Jahren wieder verlassen hatten, brauchte man sich um die rechte Gesinnung, das heißt um die künstlerischen Inhalte, der verbliebenen keine allzu großen Sorgen machen. Zugleich ließ sich ihre stilistische Freiheit unter dem Label der »Exotik« vertreten, die sie als Ausländer repräsentierten und welche die Attraktivität ihrer Kunst steigerte, ob im Bild oder auf der Bühne.

Manche Künstler sahen sich schließlich veranlasst, den Bezug zur Wirklichkeit ihres Publikums herzustellen, wie etwa Carlos Medina in seiner Inszenierung des *Kleinen Prinzen*. Es fiel ihm gleichzeitig schwer, die Machtlosigkeit, die seine deutschen Kollegen angesichts der Ungerechtigkeiten des Systems erfuhren, einfach hinzunehmen. Nach der früheren Konzentration auf Chile stellte die thematische Hinwendung zu Erfahrungen aus dem Exilalltag damit eine zweite Phase im Schaffensprozess der chilenischen Künstler dar. Doch nach wie vor enthielten ihre Werke im weitesten Sinne den Appell zum Aufbau einer besseren Welt, einer gerechteren Gesellschaft, wie sie es zu Zeiten der *Unidad Popular* angestrebt hatten. Obwohl sie viele Länder des »kapitalistischen« Westens sahen oder gerade weil sie regelmäßig die Möglichkeit dazu hatten, kehrten sie freiwillig »hinter die Mauer« zurück. Nicht zuletzt vor dem Spiegel der Militärdiktatur in ihrem Heimatland, wo Arbeitslosigkeit, Gewalt und Angst vor Verhaftung an der Tagesordnung standen, boten ihnen materielle Sicherheit, Ruhe und Ordnung in der DDR eine Alternative, deren Wert mit Händen zu greifen war.

Unterschiede in den verschiedenen künstlerischen Sparten sind jedoch klar erkennbar: So konnte einerseits César Olhagaray den Aufwind in der Kulturpolitik, der Anfang der 1970er Jahre eingesetzt hatte, in der freischaffenden Szene der bildenden Kunst als eine ununterbrochen fortgesetzte Entwicklung wahrnehmen; andererseits war die hierarchisch strukturierte Theaterwelt bei der Genehmigung von Stücken oder Auslandsreisen den Stimmungsschwankungen der höchsten politischen Ebene ausgesetzt beziehungsweise von den arbeitsrechtlichen Vorgesetzten abhängig. Letztlich blieben in der DDR denjenigen, die genug Anpassungswillen und Eigeninitiative zeigten, die Möglichkeiten zu ihrer künstlerischen Verwirklichung nicht verwehrt. Ihre Zahl mag am Ende gering gewesen sein, aber aus einigen engagierten jungen Menschen, die zum Teil als Autodidakten und Halbprofis im Exilland angekommen waren, entwickelten sich individuelle Künstlerpersönlichkeiten, die sich gesellschaftlich integrierten und im alltäglichen Kulturleben der DDR einen Beitrag leisteten, dessen Wert für die Bevölkerung des beengten Landes im Wortsinne immens war.

Anmerkungen

1   Patrice Poutrus, »Teure Genossen«. Die »politischen Emigranten« als »Fremde« im Alltag der DDR-Gesellschaft, in: Christan Th. Müller/Patrice G. Poutrus (Hrsg.), Ankunft – Alltag – Ausreise. Migration und interkulturelle Begegnung in der DDR-Gesellschaft, Köln/Weimar/Wien 2005, S. 221–266, hier S. 261.

2   Vgl. Karlheinz Möbus, Chilenische Emigranten in der DDR, in: Gotthold Schramm (Hrsg.), Flucht vor der Junta. Die DDR und der 11. September, Berlin 2005, S. 157f.

3   In vielen Medienberichten kursiert dagegen die Zahl von 5.000 aufgenommenen Chilenen, doch konnte dies im Abgleich mit Archivunterlagen nicht bestätigt werden. Wissenschaftliche Untersuchungen halten sich meist an die Angabe von etwa 2.000 politischen Flüchtlingen aus Chile: Zwar bestehe kein Vergleich zu den über 30.000 chilenischen Emigranten in den USA oder den knapp 10.000 in Schweden, die Chilenen stellten »aber doch in der DDR die größte Gruppe seit der Aufnahme griechischer Bürgerkriegsflüchtlinge in den Anfangsjahren des Staates«, so Sebastian Feldmeier, Chile in Politik und Gesellschaft der DDR – Diplomatie und Solidarität 1970–1973 (= Unveröffentlichte Magisterarbeit, Berlin 2006), S. 62.

4   Vgl. Martina Polster, Chilenische Exilliteratur in der DDR, Marburg 2001; Martina Polster, Zweite Heimat DDR, zweite Heimat BRD – Erfahrungen lateinamerikanischer Exilierter und Autoren im geteilten Deutschland, in: Sebastian Thies/Susanne Dölle/Ana María Bieritz (Hrsg.), ExilBilder. Lateinamerikanische Schriftsteller und Künstler in Europa und Nordamerika, Berlin 2005, S. 87.

5   Carlos Medina, Und was ist nun Heimat? Die Reise nach Ithaka, in: Maricarmen De Saavedra (Hrsg.), Deutschland mit beschränkter Haftung. Die Kunst »deutsch« zu sein, Berlin 2009, S. 276–298.

6   Dietmar Eisold (Hrsg.), Lexikon: Künstler in der DDR. Berlin 2010.

7   Vgl. dazu den Beitrag von Jessika Haack in diesem Band.

8   Siehe neben dem Beitrag von Poutrus, Teure Genossen, u. a. auch Raimund Krämer, Die ganz andere Beziehung, in: der Freitag, 19.9.2003; http://www.freitag.de/2003/39/03390801.php, letzter Zugriff: 13.11.2010 und Jost Maurin, Die DDR als Asylland: Flüchtlinge aus Chile 1973–1989, in: Zeitschrift für Geschichtswissenschaft 51 (2003), S. 814–831.

9   Für ausführliche Darstellungen dieser Kunstformen, zur Rolle der Künstler und den politischen Zusammenhängen siehe u. a. den Aufsatzband von Martin Jürgens/Thomas Metscher (Hrsg.), Kunst und Kultur des demokratischen Chile, Fischerhude 1977; die Forschungsarbeit von Osvaldo Rodríguez Musso, La Nueva Canción Chilena. Continuidad y reflejo, La Habana 1988; sowie insbesondere die Webseite mit dem Titel »Chile: Breve Imaginería política. 1970–1973«; http://www.abacq.net/imagineria, letzter Zugriff: 27.4.2010.

10   Vgl. Friederike Steiner, Kultureller Wandel in Chile von 1969–1993. Dargestellt am Beispiel der »literatura testimonial«, der Liedbewegung, des Muralismo und der Arpilleras, Münster 1998, S. 191.

11   Vgl. den Abschnitt »Cultura y Educación« (Kultur und Bildung) des Regierungsprogramms der Unidad Popular, in: Chile. Breve imaginería política. 1970–1973; http://www.abacq.net/imagineria/frame5b.htm#07, letzter Zugriff: 27.4.2010.

12   Vgl. Antonio Skármeta, Kunst und Kultur in Chile während der Regierung Allende, in: Jürgens/Metscher (Hrsg.), Kunst und Kultur, S. 78. Nicht unplausibel scheint allerdings auch die Vermutung Steiners, dass bestimmte Richtlinien die Vielfalt der entstehenden Kunst möglicherweise verhindert hätten (siehe Steiner, Wandel, S. 192).

13   Vgl. Paul Kaiser, Malerfürsten im »Kunstkombinat« – Thesen zum Zusammenhang von Kunstsystem und Künstlerrolle in der bildenden Kunst der DDR, in: Michael Berg u.a. (Hrsg.), Die unerträgliche Leichtigkeit der Kunst. Ästhetisches und politisches Handeln in der DDR, Köln/Weimar/Wien 2007, S. 127.

14   Edwin Kratschmer, Kunst im Clinch oder Kunst zwischen Apologetik und Selbstbehauptung – Ein Abriss mit 14 Exkursen, in: Berg u.a. (Hrsg.), Die unerträgliche Leichtigkeit, S. 77–104, hier S. 81.

15   Vgl. ebd., S. 93.

16   Vgl. Stefan Wolle, Die heile Welt der Diktatur. Alltag und Herrschaft in der DDR 1971–1989, 2., durchges. Aufl., Bonn 1999, S. 243.

17   Da sie ans Innenministerium weitergeleitet wurden, sind diese »Aussprachevermerke« nicht nur in den Unterlagen der BStU überliefert, sondern auch im Bestand DO 1 des Bundesarchivs innerhalb der Klassifikationsgruppe »Politemigranten und Asyl«.

18   Anzahl politischer Emigranten aus Chile am 7.3.1974: insgesamt 550 Personen, davon 174 Mitglieder der KP/des KJV, 51 Mitglieder der SP/des SJV, 132 Parteilose inkl. vereinzelte Mitglieder kleinerer Parteien und 193 Kinder. Entnommen aus: ZK der SED, Abt. Int. Verb.: Parteien, Organisationen, Emigranten und chilenische Einrichtungen in der DDR, BArch-SAPMO, DY 30/13710, unpag.

19   Thomas Wright und Rody Oñate stellen »gewisse naturgegebene politische Wesensverwandtschaften« (Thomas Wright/Rody Oñate, La diáspora chilena. A 30 años del golpe militar, 2. Aufl., México D.F. 2002, S. 125) fest, die das jeweilige Ziel der Exilanten beeinflusst hätten: Die UdSSR und ihre osteuropäischen Alliierten sowie Kuba hätten sich besonders gegenüber der KP verpflichtet gefühlt, aber gleichzeitig dazu tendiert, Sozialisten und Mitglieder des *Movimiento de la Izquierda Revolucionaria* (Bewegung der Revolutionären Linken) aufzunehmen. Dagegen habe sich die vergleichsweise geringe Zahl exilierter Christdemokraten von Ländern angezogen gefühlt, in denen die katholische Kirche stark vertreten war, wie Italien, BRD und Venezuela. Die in Westeuropa konzentrierte Sozialistische Internationale habe sich in besonderer Weise für die Mitglieder der Radikalen Partei interessiert. Nicht zu vernachlässigen sind allerdings weitere Einflussfaktoren, die Wright/Oñate benennen, wie zum Beispiel die mit der Immigrationspolitik verknüpfte Anwerbung ausländischer Arbeitskräfte durch Schweden, Kanada und Australien, ebenso wie purer Zufall, gerade in einer eiligen Fluchtsituation, den Bestimmungsort entscheiden mochte.

20   Interview mit Roberto Rivera, Berlin am 6.10.2009 und 12.10.2009.

21   Ebd.

22   Carlos Orellana, Revista a las revistas chilenas del exilio (1973–1990), 2001; http://www.abacq.net/imagineria/revistas.htm, letzter Zugriff: 30.5.2010.

23   Poutrus, Teure Genossen, S. 260.

24   Saavedra Pino: Ein einzigartiges Kapitel chilenischer Kultur im Exil, in: Salvattori Coppola (Hrsg.), Ich trage Chile in meiner Seelentasche, Rostock [ca. 1985], S. 3.

25   Ebd., S. 5.

26   Vgl. Maurin, Die DDR als Asylland, S. 821.

27   Ähnlich verfuhr man in den Anfangsjahren auch in Reisefragen. Vgl. Victoria Eglau, »›Die Freiheit in jene mächtigen Mülltonnen unter der Schneehaube werfen‹ – Chilenen im DDR-Exil.« Manuskript zu einem Feature des Deutschlandfunk, gesendet am 24.10.2006, S. 6; http://www.dradio.de/download/60306, letzter Zugriff: 9.5.2010.

28   Interview mit Teresa Polle, Berlin am 15.2.2010.

29   Solidaritätskomitee der DDR (Hrsg.), Víctor Tapia, Chile: Kunst und Widerstand, o.O, o.J. [um 1976], Umschlagtext zur Grafikmappe.

30   Leider berichtet die Witwe des Künstlers nicht von den genaueren Gründen, weshalb Santos Chávez trotz seines mehrfach geäußerten Wunsches, längere Zeit in der DDR zu bleiben, nicht einmal im Büro Antifaschistisches Chile Unterstützung fand: »Mit ungültigem Visum wurde er schließlich über die Grenze nach Westberlin gebracht und seinem Schicksal überlassen.« (Eva Chávez, Santos Chávez, ein Leben zwischen Chile und Deutschland, in: Thies/Dölle/Bieritz (Hrsg.), ExilBilder, S. 130).

31   Mail Artists' Index 2007, Guillermo Deisler – Leben und Arbeit, 1. Mai 2007; http://mailartists.wordpress.com/2007/05/01/guillermo-deisler, letzter Zugriff: 25.5.2010.

32   Präsidium des Ministerrats: Beschluß über die Aufnahme, Betreuung und Eingliederung politischer

Emigranten aus Chile in der DDR (»Vertrauliche Ministerratssache«), 11.4.1974, BArch, DC 20-I/4/2956, Bl. 2. Diese Maßnahme war von den Änderungen und Ergänzungen, die das Sekretariat des ZK der SED vornahm und die das Präsidium in einem zweiten Beschluss am 1. August 1974 bestätigte, nicht betroffen und wurde unverändert beibehalten (siehe Präsidium des Ministerrats: Genossen Mittag/Protokollbeschluß, 25.7.1974, BArch, DC 20-I/4/2956 sowie Präsidium des Ministerrats: Beschluß über die Aufnahme, Betreuung und Eingliederung politischer Emigranten aus Chile in der DDR (»Vertrauliche Ministerratssache«), 1.8.1974, BArch, DC 20-I/4/3128).

33 Dieses Privileg blieb der Parteielite vorbehalten. Vgl. Feldmeier, Chile, S. 63.

34 Thomas Irmer/Matthias Schmidt, Die Bühnenrepublik. Theater in der DDR, Bonn 2006, S. 102.

35 Vgl. Barrie Baker, Theatre Censorship in Honecker's Germany. From Volker Braun to Samuel Beckett, Bern 2007, S. 123.

36 Interview mit Carlos Medina, Berlin am 10.9.2009 und 23.10.2009.

37 Stadtverordnetenversammlung und RdS/Abt. Kultur: 4. Informationsbericht über den Aufenthalt der chilenischen Bürger, 22./23.4.1974, Stadtarchiv Rostock, 2.1.1. 6826, Bl. 1, Pommerenke.

38 So beziehen sich verschiedene Schreiben, die den städtischen Behörden Informationen und Anweisungen zur Eingliederung weiterer chilenischer Emigranten erteilten, auf eine »zentrale Entscheidung« oder »zentrale Festlegung« zum Beispiel des MfK oder der zentralen Arbeitsgruppe Chile, wenngleich die Floskel »in Abstimmung mit dem Büro Antifaschistisches Chile« den Wert der beiderseitigen Absprache betont. Siehe dazu die Akte: Stadtverordnetenversammlung und RdS, Abt. Innere Angelegenheiten: Chilenische Politemigranten, Stadtarchiv Rostock, 2.1.1. 9663, 1973–1979.

39 Vgl. Polster, Chilenische Exilliteratur, S. 29, 86.

40 Stadtverordnetenversammlung und RdS, Abt. Innere Angelegenheiten: [Schreiben Marlow an Kochs], 7.11.1974, Stadtarchiv Rostock, 2.1.1.9663; Stadtverordnetenversammlung und RdS, Abt. Innere Angelegenheiten: [Schreiben Marlow an Kochs], 20.1.1975, Stadtarchiv Rostock, 2.1.1.9663.

41 Vgl. Jorge Castillo, »Aparcoa«; http://www.musicapopular.cl/3.0/index2.php?op=Artista&id=1340, letzter Zugriff: 2.5.2010.

42 Jutta Voigt, Chilenen in der DDR, in: Sonntag 37 (1975), S. 7, zitiert nach: Polster, Zweite Heimat DDR, S. 87.

43 Vgl. Castillo, »Aparcoa«.

44 Treffbericht, 31.3.1976, BStU, MfS, BV Rostock, AP 355/77, Bl. 55.

45 Vgl. Castillo, »Aparcoa«.

46 Vgl. [Unbetitelt], 2.10.1976, BStU, MfS, BV Rostock, AP 355/77, Bl. 62.

47 ZK der SED, Informationen für das Sekretariat: Information für das Sekretariat Nr. 106/77, 18.8.1977, BArch-SAPMO, DY 30 J IV 2/3 J/2262, unpag.

48 Interview mit Carlos Medina, Berlin am 10.9.2009 und 23.10.2009.

49 MdI, HA Innere Angelegenheiten: Vermerk, [Juni 1976], BArch, DO 1/17127, unpag.

50 Chilenische Aspiranten, BStU, MfS, HA XX – 3235, Bl. 7, Datum unbekannt. Die Aspiratur entsprach der Promotionsphase.

51 MdI, HA Innere Angelegenheiten: [Kleiner Notizzettel], o.D., BArch, DO 1/17000, unpag.

52 Interview mit Carlos Medina, Berlin am 10.9.2009 und 23.10.2009.

53 Vgl. Hanns Anselm Perten (Hrsg.), »Stücke und Erklärungen«, in: Diskurs 9: Teatro Lautaro. Theaterarbeit im Exil, Volkstheater Rostock 1976, o.S.

54 Vgl. Pedro Bravo-Elizondo, Un director chileno en el Berliner Ensemble (Entrevista con Alejandro Quintana Contreras), in: Latin American Theatre Review 2 (1987), S. 114; https://journals.ku.edu/index.php/latr/article/view/696/671, letzter Zugriff: 10.5.2010.

55 Interview mit Carlos Medina, Berlin am 10.9.2009 und 23.10.2009.

56 Ebd.

57 Ebd.

58 Ebd.

59 Ebd.

60 Interview mit Dr. Udo Bartsch, Berlin am 14.12.2009.

61 Interview mit Carlos Medina, Berlin am 10.9.2009 und 23.10.2009.

62 Stadtverordnetenversammlung und RdS: Informationsbericht über politische, soziale und arbeitsmä-

ßige Probleme der chilenischen Politemigranten (»Vertrauliche Dienstsache«), 20.7.1979, Archiv der Hansestadt Rostock, 2.1.1. 9663, Abt. Innere Angelegenheiten.

63 Interview mit Carlos Medina, Berlin am 10.9.2009 und 23.10.2009.

64 Bericht über durchgeführtes Kontaktgespräch mit dem IM-Kandidaten »Lantaro« [sic!], Reg.-Nr. I/527/78, 21.4.1978, BStU, MfS, BV Rostock, AIM 724/82, Bd. I.I, Bl. 53, Abt. II/1.

65 Bericht über ein durchgeführtes Kontaktgespräch mit dem IM-Kandidaten »Lantaro« [sic!], 31.8.1978, BStU, MfS, BV Rostock, AIM 724/82, Bd. I.I, Bl. 59f., Abt. II.

66 Bericht über eine durchgeführte Werbung mit dem IM-Kandidaten »Lautaro«, Reg.-Nr. I/327/78, 1.11.1978, BStU, MfS, BV Rostock, AIM 724/82, Bd. I.I, Bl. 89, Abt. II/1.

67 Gewerkschaft Kunst: [Bericht Reynas], 11.10.1977, SAPMO-BArch, DY 43/871, unpag.

68 Treffbericht, 7.2.1979, BStU, MfS, BV Rostock, AIM 724/82, Bd. I.I, unpag., Abt. II/1.

69 Tonbandabschrift, 27.3.1979, BStU, MfS AIM 3704/84, Bd. I.I, Bl. 47f., Abt. II/1.

70 [M]ündlicher Bericht des IMS »Maria Perez«, 13.2.1980, BStU, MfS, BV Rostock AIM 3704/84, Bd. II.I, unpag., Abt. II/1.

71 [M]ündlicher Bericht des IMS »Maria Perez«, [August 1980], BStU, MfS, BV Rostock AIM 3704/84, Bd. II.I, unpag.

72 Bericht zum Treff mit »Heros«, 16.6.1982, BStU, MfS, BV Rostock, AP 1666/83, Bl. 34.

73 Vgl. Eike Stedefeldt, Wo die Freiheit abgeschafft ist, Manuskript des Autorenbeitrags, erschienen im Sammelband von A. Kahane/E. Torossi (Hrsg.), Begegnungen, die Hoffnung machen, Freiburg 1993; http://www.stedefeldt.de/Herder.htm, letzter Zugriff: 20.5.2010.

74 Medina, Und was ist nun Heimat?, S. 279.

75 Vgl. ebd., S. 294.

76 Ebd., S. 282.

77 Interview mit Carlos Medina, Berlin am 10.09.2009 und 23.10.2009.

78 Vgl. Medina, Und was ist nun Heimat?, S. 283.

79 Ebd., S. 285.

80 Interview mit Carlos Medina, Berlin am 10.09.2009 und 23.10.2009.

81 Vgl. Bravo-Elizondo, Un director chileno, S. 4.

82 Irmer/Schmidt, Bühnenrepublik, S. 162.

83 Interview mit Teresa Polle, Berlin am 15.2.2010.

84 Ebd.

85 Interview mit Thomas Neumann, Berlin am 28.11.2009.

86 Interview mit César Olhagaray, Berlin am 8.9.2009.

87 Jürgen Fensch, Bild der Solidarität, in: Ostsee-Zeitung v. 23.9.1974.

88 Mit Farbe und Pinsel gegen kahle Hausfronten. Künstlerbrigade will Umwelt phantasievoll verschönern, in: Sächsische Zeitung, 21./22.9.1985.

89 Bernhard Hönig, Kunst auf der Höhe der Zeit, in: Wochenpost, Nr. 48, 1976, S. 15.

90 Dietmar Eisold, Ausstellung kämpferischer Kunst im Exil. »Chile im Herzen« in der Neuen Berliner Galerie, in: Neues Deutschland, 6.9.1977, S. 3.

91 Vgl. Play Art – Ein Porträt. Deutschland 2006. Produktion: SAE Institute Berlin. Regie/Autor: Alexej Nitusov. Ca. 43 Min.

92 Vgl. Interview mit César Olhagaray in Berlin am 8.9.2009.

93 Vgl. ebd.

94 Vgl. Rodríguez, La Nueva Canción Chilena, S. 62–67. In zwei Kapiteln widmet sich der Autor den Künstlern und dem Programm der *Peñas*.

95 Interview mit Roberto Rivera, Berlin am 6.10. und 12.10.2009.

96 Vgl. ebd.

97 Interview mit Carlos Medina, Berlin am 10.9.2009 und 23.10.2009.

98 Krämer, Beziehung.

99 Interview mit Carlos Medina, Berlin am 10.9.2009 und 23.10.2009.

100 Interview mit Thomas Neumann, Berlin am 28.11.2009.

101 Interview mit Carlos Medina, Berlin am 10.9.2009 und 23.10.2009.

102 Edith Kühl (Hrsg.), Patricio Bunster. Wege – Begegnungen, Berlin, 1990, S. 56.

103 Interview mit Thomas Neumann, Berlin am 28.11.2009.

104 »Von jung und alt, von Künstlern und Intellektuellen wurde ‚Patto‘ mir schon als Legende eingeführt
– und zu den schönsten Erinnerungen gehören tatsächlich auch alle Zusammenarbeiten mit ihm«, so
der Regisseur Heinz-Uwe Haus in Kühl, Bunster, S. 48.

105 Das Buch mit dem Titel »Patricio Bunster. Wege Begegnungen« enthält neben diesen Berichten über
den persönlichen Umgang mit Bunster und seine Arbeitsweise, autobiografischen Aussagen und wissenschaftlichen Texten zahlreiche Fotos und Abbildungen von Plakaten sowie detaillierte Daten zu
seinem Leben und Werk.

106 Tanztheater international. Akademie-Gespräche 1987 mit Antonio Gades, Maurice Béjart, Pina
Bausch, John Neumeier und Patricio Bunster, hrsg. vom Verband der Theaterschaffenden der DDR,
Berlin 1988, S. 65.

107 Ebd., S. 63.

108 Vgl. Sächsische Akademie der Künste, Patricio Bunster; http://www.sadk.de/bunster.html, letzter Zugriff: 22.5.2010.

109 Vgl. Eva Winkler, Jeder Name ein Gesicht. Geschichten aus den Jahren 1965 bis 1980, in: Ralf Stabel
(Hrsg.), Palucca Schule Dresden. Geschichte und Geschichten, Dresden 2000, S. 76f.

110 Ebd., S. 46.

111 Interview mit Dr. Udo Bartsch, Berlin am 14.12.2009.

112 Interview mit Carlos Medina, Berlin am 10.9. und 23.10.2009.

II. Zu Gast bei Freunden? Vertragsarbeiter in der DDR

Migrationspolitik in der DDR
Bilaterale Anwerbungsverträge
von Vertragsarbeitnehmern

Mirjam Schulz

Bilaterale Anwerbungsverträge als arbeitsmarktpolitisches Mittel werden v. a. mit dem westdeutschen Arbeitskräfteimport der Wirtschaftswunderjahre in Verbindung gebracht und haben in der historischen Forschung breite Beachtung gefunden.[1] Auch die vom nationalsozialistischen Regime mit dem italienischen Bündnispartner in den 1930er Jahren geschlossenen Verträge sind wohlbekannt, wenngleich im Detail deutlich schlechter ausgeleuchtet.[2] Weniger eingehend untersucht sind indes jene Anwerbeverträge, welche die DDR – später als die Bundesrepublik, jedoch über einen längeren Zeitraum hinweg – schloss und die in kaum vermeidbarer Parallelität den »Gastarbeitern« auf der einen Seite der Mauer die »Vertragsarbeiter« auf der anderen gegenüberstellten. Der starke Fokus auf die DDR als Auswanderungsland übersieht dabei, dass die ostdeutsche Republik, nicht anders als viele europäische Staaten, infolge der verheerenden Bevölkerungsverluste der beiden Weltkriege, der hohen Abwanderungszahlen in den Westen und der Wiederaufbaukonjunktur seit den 1950er Jahren einen strukturellen Mangel an Arbeitskräften aufwies und sich daher gezwungen sah, diese – allen ideologischen Bedenken zum Trotz – aus anderen Ländern zu rekrutieren.

Diese Arbeitsmigration in die DDR geriet jedoch erst nach der politischen Wende 1989/90 in den Fokus des Forschungsinteresses. Konkreter Anlass dafür war die ungeklärte Zukunft der ausländischen Arbeitskräfte nach der Wiedervereinigung der beiden deutschen Staaten. Die ersten, meist sozialwissenschaftlichen Publikationen entstanden daher Anfang der 1990er Jahre und stützten sich häufig auf Beobachtungen und Gespräche mit ehemaligen Vertragsarbeitern. Die Pionierarbeit von Eva-Maria und Lothar Elsner gab einen ersten Einblick in die Ausländerpolitik der DDR und in den damit verbundenen Umgang mit Vertragsarbeitern, der jedoch seitdem als revisionsbedürftig kritisiert worden ist.[3] Einen skizzenhaften Überblick über den Einsatz von Vertragsarbeitern bietet Dirk Jaspers Aufsatz, der jedoch zeitliche und inhaltliche Lücken hinsichtlich der Verträge aufweist.[4] Sandra Gruner-Domićs Studie unternahm erstmals den Versuch, die bilateralen Regierungsabkommen geschlossen und diachron darzustellen.[5] Doch erst die wegweisenden Arbeiten von Patrice Poutrus stellen einen Durchbruch in der Forschung dar, da diese auf breiter empirischer Basis Ausländerpolitik und Fremdenfeindlichkeit in der DDR historisch analysieren.

Eingebettet in den größeren zeithistorischen Rahmen bilden wirtschaftliche, arbeits- und außenpolitische Faktoren das analytische Raster der vorliegenden Arbeit. Nach einem Vergleich der Ausgangslage von DDR und BRD werden die Grün-

ARBEITSVERTRAG

HOP ĐONG LAO ĐONG

Dieser Arbeitsvertrag wird auf der Grundlage des „Abkommens vom 11. April 1980 zwischen der Regierung der Deutschen Demokratischen Republik und der Regierung der Sozialistischen Republik Vietnam über die zeitweilige Beschäftigung und Qualifizierung vietnamesischer Werktätiger in Betrieben der Deutschen Demokratischen Republik" zwischen dem

Hợp đồng lao động này đự' o' c ký kết trên co' sở! hiệp đinh ngày 11 tháng 4 năm 1980 cua' chính phủ nứ'o'c CHDCĐứ'c và chính phủ nứ'o'c CHXHCN Việt nam về việc lao động co thờ'i han và năng cao trình độ cho ngừ'o'i lao động Việt nam ở' các xi nghiệp giữ'a

VEB Textil-u.Konfektionsbetrieb

(Bezeichnung des Betriebes)   Cottbus

(Tên nhà máy)
và

und   Kolln.

(Name des Werktätigen)

(Tên ngừ' o' i lao động)

geb. am

(Sinh ngày _____ tháng _____ năm _____)
vó'i nhữ'ng điều kiện dứ'o'i đây.

zu den nachfolgend genannten Bedingungen abgeschlossen.

Artikel 1

Điều 1

Die Rechte und Pflichten des Werktätigen und des Betriebes ergeben sich aus dem Arbeitsgesetzbuch und den anderen arbeitsrechtlichen Bestimmungen der Deutschen Demokratischen Republik, aus dem Abkommen vom 11. April 1980 zwischen der Regierung der Deutschen Demokratischen Republik und der Regierung der Sozialistischen Republik Vietnam, aus den anderen Dokumenten, die Bestimmungen zur Durchführung des genannten Abkommens enthalten, sowie aus diesem Arbeitsvertrag.

Quyền lợ'i và nghĩa vụ của ngừ'o'i lao động và nhà máy đự'o'c đặt ra dự' a theo cuốn luật lệ lao động và nhữ' ng quy định luật lệ lao động khác của nứ'o'c CHDCĐứ'c, dự'a theo hiệp định ký ngày 11 tháng 4 năm 1980 giữ'a chính phủ nứ'o'c CHDCĐứ'c và chính phủ nứ'o'c CHXHCN Việt nam, dự' a theo nhữ' ng tài liệu khác có quy định về việc thự' c hiện hiệp định trên, cũng như dự' a theo họ' p đụng lao động này.

Artikel 2

Điều 2

Kolln. Ngu████, ███, ████

(Name des Werktätigen)

(Tên ngừ' o' i lao động)

beginnt am _____ 3.4.87 _____

bắt đầu làm ngày _____

die Tätigkeit als _____

công việc làm _____

mit nachstehender Arbeitsaufgabe _____

công việc làm sau đó _____

für die Dauer von _____ 5 _____ Jahren.

trong thờ'i gian là _____ năm.

Als Arbeitsort wird _____ Cottbus _____ vereinbart.

Đia điểm lao động dự' o' c thỏa thuận là

Artikel 3

Điều 3

1. Der Werktätige erhält für die vereinbarte Arbeitsaufgabe entsprechend

1. Ngừ'o'i lao động nhận lu'o'ng phù họ'p vó'i

Te-Be-Le

(Bezeichnung des zutreffenden Rahmenkollektivvertrages)

Gehalt

Lohn nach der Lohngruppe _____ 8 = 950,--M

(tền họ' p đồng thuộc phạm vi tờ sản xuất)
cho công việc đã thỏa thuận theo lu'o'ng bậc

Er hat mindestens Anspruch auf den gesetzlich garantierten Mindestbruttolohn (§ 96 Arbeitsgesetzbuch).

2. Der Werktätige erhält einen Grundurlaub von _____ 18 _____ Arbeits-

Ngừ'o'i lao động có quyền tìm hiểu về số tiền lu'o'ng chu'a' khấu trừ' tối thiểu dự'o'c bảo đảm theo luật lệ (chu'o'ng 96 cuốn luật lệ lao động).

2. Ngừ'o'i lao động dự'o'c nghỉ phép co' bản

tagen, einen arbeitsbedingten Zusatzurlaub von _____ 5 _____ Arbeits-

ngày trong thờ'i gian lao động, nghỉ phép thêm khi

tagen, einen Zusatzurlaub für _____

có công việc cần thiết _____ ngày trong thờ'i gian loa động, nghỉ phép thêm trong thờ'i gian lao

von _____ Arbeitstagen

động khi _____ là

gemäß _____

_____ ngày theo

(Angabe der zutreffenden arbeitsrechtlichen Vorschriften)

Tổng cộng thờ'i gian nghỉ phép hàng năm

(chỉ dẫn quy định của luật lao động)

Der jährliche Erholungsurlaub beträgt insgesamt _____ 23 _____ Arbeitstage.

là _____ ngày.

Artikel 4

Điều 4

1. Der Betrieb ist insbesondere verpflichtet,
– alle Voraussetzungen für hohe Arbeitsleistungen des Werktätigen sowie für eine hohe Arbeitsdisziplin, für Ordnung und Sicherheit im Arbeitsprozeß zu schaffen,

1. Xí nghiệp có nhiệm vụ,
– tạo mọi điều kiện cho ngừ'o'i lao động có năng xuất lao động cao, có kỷ luật lao động và có trật tự cũng như' an toàn trong quá trình lao động,

Arbeitsvertrag einer vietnamesischen Vertragsarbeiterin im VEB Textil- und Konfektionsbetrieb Cottbus, 1987, S. 1.

- dem Werktätigen im Prozeß der produktiven Tätigkeit praktische Berufserfahrungen zu vermitteln und ihm entsprechend seinen Bildungsvoraussetzungen und erworbenen Kenntnissen in der deutschen Sprache die Teilnahme an der beruflichen Aus- und Weiterbildung im Rahmen der betrieblichen Erwachsenenqualifizierung zu gewährleisten,
- dem Werktätigen Arbeitskleidung und Körperschutzmittel entsprechend den in der DDR geltenden Normen kostenlos zur Verfügung zu stellen (Arbeitskleidung und Körperschutzmittel bleiben Eigentum des Betriebes),
- dem Werktätigen Wohnraum in einer Gemeinschaftsunterkunft entsprechend den Festlegungen des Abkommens bereitzustellen.

2. Der Werktätige hat seine Arbeitspflichten mit Umsicht und Initiative wahrzunehmen. Er ist insbesondere verpflichtet,
- seine Arbeitsaufgaben ordnungs- und fristgemäß zu erfüllen,
- die Arbeitszeit und die Produktionsmittel voll zu nutzen,
- die Arbeitsnormen und andere Kennzahlen der Arbeitsleistung zu erfüllen,
- Material sparsam zu verwenden und Qualitätsarbeit zu leisten,
- das sozialistische Eigentum vor Beschädigung und Verlust zu schützen,
- die Bestimmungen über den Gesundheits- und Arbeitsschutz und den Brandschutz sowie über Ordnung, Disziplin und Sicherheit einzuhalten,
- die gebotenen Möglichkeiten zur sprachlichen und beruflichen Qualifizierung zu nutzen.

Der Werktätige hat die Heimordnung der Gemeinschaftsunterkunft einzuhalten und die monatliche Miete in der festgelegten Höhe zu entrichten.

Artikel 5

Alle Änderungen in den persönlichen Verhältnissen, die für das Arbeitsrechtsverhältnis Bedeutung haben, (Eheschließung, Geburt eines Kindes u. a.) hat der Werktätige dem Betrieb unverzüglich mitzuteilen.

Artikel 6

Die in diesem Arbeitsvertrag getroffenen Vereinbarungen können nur durch einen schriftlichen Vertrag gemäß § 49 Arbeitsgesetzbuch geändert werden.

Artikel 7

1. Das Arbeitsrechtsverhältnis endet nach Ablauf der unter Artikel 2 dieses Arbeitsvertrages genannten Dauer. Der Betrieb informiert den Werktätigen rechtzeitig vor dem vorgesehenen Termin der Rückreise in die SR Vietnam schriftlich über den genauen Termin der Beendigung des Arbeitsrechtsverhältnisses.
2. Vor Ablauf der unter Artikel 2 dieses Arbeitsvertrages genannten Dauer kann die Arbeitsrechtsverhältnis entsprechend den Festlegungen des Abkommens nur nach vorheriger Zustimmung der Bevollmächtigten beider Abkommenspartner gelöst werden.

Artikel 8

Für alle sich aus diesem Arbeitsvertrag ergebenden Streitfälle sind die Organe zur Entscheidung von Arbeitsstreitfällen der Deutschen Demokratischen Republik zuständig. Das gilt nicht für Streitfälle über die Auflösung des Arbeitsvertrages. Hierüber entscheiden die Bevollmächtigten beider Abkommenspartner.

Artikel 9

Mit der Unterzeichnung des Arbeitsvertrages werden durch den Betrieb folgende Unterlagen ausgehändigt:

AO und BKV sind im Bereich
einzusehen.

Cottbus ___, den ___ 15.4.1987 ___

Unterschrift des Betriebsleiters   Unterschrift des Werktätigen

VEB Textil- und Konfektionsbetrieb Cottbus
Abteilung Kader

(741) Ag 101-84-3277

- truyền đạt cho người lao động những kinh nghiệm thực tế trong quá trình lao động và đảm bảo cho họ tham dự vào các lớp tiếp tục nâng cao và đào tạo nghề nghiệp trong phạm vi nâng cao trình độ cho những người lớn tuổi trong xí nghiệp tương ứng với điều kiện đào tạo và khả năng tiếng Đức của họ,
- trang bị cho người lao động quần áo lao động và phương tiện bảo hộ lao động theo tiêu chuẩn quy định ở nước CHDCĐức không trừ tiền (quần áo lao động và phương tiện bảo hộ lao động là sở hữu của nhà máy),
- chuẩn bị sẵn cho người lao động chỗ ở trong khu tập thể theo quy định của hiệp định.
2. Người lao động cần lĩnh hội nghĩa vụ của họ thận trọng và sáng tạo. Họ có nhiệm vụ,
- hoàn thành công việc theo đúng quy định và thời hạn,
- sử dụng triệt để thời gian lao động và phương tiện lao động,
- hoàn thành tiêu chuẩn lao động và các cơ sở năng xuất lao động khác,
- sử dụng vật liệu tiết kiệm và bảo đảm lao động có chất lượng,
- bảo quản tài sản XHCN tránh bị hư hỏng và mất mát,
- giữ đúng những quy định về bảo vệ sức khỏe, bảo hộ lao động và tránh hỏa hoạn cũng như trật tự, kỷ luật và an toàn,
- tận dụng những khả năng sẵn có để nâng cao trình độ nghề nghiệp và tiếng Đức.

Người lao động cần phải giữ trật tự vệ sinh trong khu nhà ở tập thể và trả tiền nhà hàng tháng theo mức độ đã quy định.

Điều 5

Tất cả những quan hệ cá nhân có ảnh hưởng tới quan hệ lao động (cưới xin, sinh con, v. v . . .) người lao động cần phải báo ngay cho xí nghiệp.

Điều 6

Những thỏa thuận trong hợp đồng này chỉ có thể được thay đổi bằng hợp đồng văn bản theo chương 49 cuốn luật lệ lao động.

Điều 7

1. Quan hệ luật lao động kết thúc sau quá trình thời gian đã nêu ở điều 2 của hợp đồng này, xí nghiệp thông báo cho người lao động kịp thời trước vào thời gian được quy định xác của việc kết thúc quan hệ luật lao động trước về thời gian về nước CHXHCV Việt nam đã định.
2. Việc xóa bỏ hợp đồng trước thời hạn đã nêu ở điều 2 hợp đồng này theo quy định của hiệp định chỉ khi có sự thỏa thuận trước của những người toàn quyền của hai bên ký hiệp định.

Điều 8

Đối với tất cả những trường hợp bản cãi xuất phát từ hợp đồng lao động này sẽ do các cơ quan của CHDCĐức có thẩm quyền đảm nhận giải quyết. Điều đó không có giá trị đối với những trường hợp bản cãi về việc xóa bỏ hợp đồng lao động. Về việc này, Sự quyết định sẽ do những người toàn quyền của hai bên ký hiệp định.

Điều 9

Cũng với việc ký kết hợp đồng lao động xí nghiệp sẽ trao tay những hồ sơ sau đây:

___, ngày ___

Lãnh đạo xí nghiệp   Người lao động

VEB Textil- und Konfektionsbetrieb Cottbus
Abteilung Kader

Arbeitsvertrag einer vietnamesischen Vertragsarbeiterin im VEB Textil- und Konfektionsbetrieb Cottbus, 1987, S. 2.

145

de für den ausländischen Arbeitskräfteeinsatz dargelegt. Durch eine typisierende Gruppierung werden die jeweiligen Verträge anschließend analysiert und zugleich die zeitliche Entwicklung der Vertragsarbeit in der DDR nachgezeichnet. Der Schwerpunkt der Untersuchung liegt nicht auf den Lebensbedingungen der Vertragsarbeiter, sondern auf den Maßnahmen und Beschlüssen, die vom Ministerrat der DDR, dem Staatssekretariat für Arbeit und Löhne und anderen beteiligten Institutionen der Staatsführung gefasst wurden. Abschließend wird die Situation der Vertragsarbeiter zum Zeitpunkt der politischen Wende betrachtet, als für ihre Arbeitskraft plötzlich kein Bedarf mehr bestand.

Vertragsarbeiter – Gastarbeiter im Sozialismus?

Unter den rund 191.000 Ausländern – die Zahl versteht sich ohne die sowjetischen Besatzungstruppen –, die im Wendejahr 1989/90 in der DDR lebten, bildeten die Vertragsarbeiter mit einer Zahl von etwa 95.000[6] die bei Weitem größte Gruppe, weit vor Auszubildenden, Studenten und politischen Emigranten.[7] Verglichen mit der Bundesrepublik und der dort seit den 1950er Jahren verzeichneten Einwanderung sogenannter Gastarbeiter verblieb die Ausländerbeschäftigung in der DDR damit ganz offensichtlich auf einem deutlich niedrigeren Niveau. Innerhalb des Rats für gegenseitige Wirtschaftshilfe (RGW) stand die DDR jedoch mit einem Ausländeranteil von ungefähr einem Prozent an der erwerbstätigen Bevölkerung an führender Stelle:[8] Im Vergleich zur Arbeitsmigration in Westeuropa sind deutliche Unterschiede hinsichtlich des Ausmaßes und der Modalitäten bei der Anwerbung festzustellen. Parallelen zeigen sich jedoch bei der gesellschaftlichen Wirkung sowie den Motiven für den Einsatz von ausländischen Arbeitern.[9]

Dass es sich bei der Anwerbung dieser Vertragsarbeitnehmer um ein ähnliches Phänomen wie das der Gastarbeiter in der Bundesrepublik handelt, wurde von dem Regime der SED stets geleugnet. Die Anwerbepraxis Westdeutschlands stellte in den Augen – oder wenigstens in der Propaganda – der DDR-Führung die Fortsetzung des NS-Fremdarbeitereinsatzes dar. Die ablehnende Haltung diente damit nicht zuletzt der Abgrenzung von der Praxis des kapitalistischen Westens.[10] Dessen ungeachtet sind Parallelen zwischen beiden Phänomenen der Beschäftigung ausländischer Arbeiter festzustellen. So dominierte in beiden deutschen Staaten das Dogma des Nicht-Einwanderungslandes die Ausländerpolitik,[11] wenngleich in der DDR mit einer gewissen Berechtigung. Gemeinsamkeiten zeigten sich auch in Bezug auf die Beschäftigungsfelder der Vertragsarbeiter, ihr Ansehen bei der Bevölkerung sowie ihren Einsatz im unmittelbaren Produktionsbereich, unter härtesten Arbeitsbedingungen und meist im dreischichtigen Rhythmus. Auch die nicht selten konzentrierte Form der Unterbringung in separaten Wohnheimen, die Auswahl der Arbeitskräfte sowie insbesondere das zugrundeliegende Movens des Arbeitskräftemangels weisen auf Gemeinsamkeiten zwischen der DDR und der BRD in diesem Bereich hin.[12]

Unterschiede gab es bei der Herkunft und Zahl der angeworbenen Arbeitskräfte sowie in den propagierten Motiven der Anwerbung, die im sozialistischen

Kontext als bruderstaatliche Hilfe bezeichnet wurde. Die BRD hingegen warb in – nach damaligen Standards – in der Entwicklung befindlichen Ländern wie Italien, der Türkei und Spanien, um den Arbeitskräftebedarf zu decken, der durch die Wiederaufbaukonjunktur entstanden war. Eine weitere und deutlich sichtbare Abweichung zeigte sich im unmittelbaren Arbeits- und Lebensalltag: Während die Gastarbeiter ein Leben in einer Demokratie führten und einklagbare Rechte besaßen, lebten die Vertragsarbeiter in dem repressiv-diktatorischen System der DDR und hatten außer ihren in den Regierungsabkommen festgeschriebenen Rechten und Verpflichtungen kaum eine juristische Basis, von der aus sie Ansprüche geltend machen konnten. Schließlich divergierten auch die Entwicklungspfade beider Immigrationen deutlich: Während in der Bundesrepublik seit den 1970er Jahren der Übergang zum Einwanderungsland wenigstens faktisch erkenn- und unumkehrbar war,[13] blieb die DDR schon allein aufgrund des geringen Anteils der Vertragsarbeiter an der Gesamtbevölkerung von einem solchen Status weit entfernt, zumal auch das Rotationsprinzip, anders als im Westen, weitgehend umgesetzt wurde und sich eine Vertragsarbeitergemeinschaft lange Zeit kaum verstetigen konnte. Auch wenn in der Literatur häufig die individuelle Motivation als zentrale Abweichung von der westeuropäischen Arbeitsmigration genannt wird, ist diese Aussage nicht pauschal für alle Gastarbeiter in der BRD gültig. Für den Import von ausländischen Arbeitern wurden ebenfalls Anwerbemaßnahmen betrieben. Ähnliches gilt für das Argument, dass die Vertragsarbeiter in der DDR sich von den Gastarbeitern der BRD durch das kollektive Anwerben auf der Basis zwischenstaatlicher Abkommen unterschieden.[14]

Bilaterale Abkommen zur Regelung des Einsatzes von Vertragsarbeitern

Die mit den Entsendeländern geschlossenen Abkommen regelten den Einsatz der Vertragsarbeiter in dem jeweiligen Einsatzbetrieb. Darin enthalten waren nicht nur der zeitliche und personelle Umfang des Einsatzes, sondern auch Regelungen zu Lohn, Sozialleistungen, Weiterbildung und Sprachkursen. Auch genaue Angaben zum Einsatzort und der Wohnunterkunft wurden festgehalten. Da die Zeitspanne zwischen dem ersten Vertrag von 1966 und den letzten, 1989/90 unterzeichneten Aufhebungsverträgen relativ breit ist, sind weitere pauschale Angaben dazu wenig hilfreich. Umso naheliegender scheint daher eine thematisch gegliederte Darstellung der Verträge, wobei eine diachrone Aufteilung, die auf der Hand liegt, eine Teilung in drei Phasen sinnvoll erscheinen lässt. Demnach entspricht die erste Phase der Anwerbung der Qualifizierung von Arbeitskräften aus benachbarten sozialistischen RGW-Staaten ab Mitte der 1960er Jahre. Dazu zählen jene Abkommen, die mit Polen und Ungarn geschlossen wurden. Charakteristisch für die zweite Anwerbephase, die Mitte der 1970er begann, ist die Erhöhung der Zahl der Arbeitskräfte, die nun nicht mehr aus RGW-Staaten kamen, sondern auch aus Algerien und Kuba. Die dritte Phase kann plakativ als »Massenimport« von Arbeitern beschrieben werden und umfasst die letzten zehn Jahre des Bestehens der DDR. Die Arbeitskräfte wurden nun in großer Zahl ins Land geholt, als letzter Versuch, das marode Wirtschaftssystem der DDR zu retten. Hierzu wurden Verträge mit Mosambik, Vietnam, der Mongolei, Angola und China geschlossen.

Ein alternatives Modell gruppiert die jeweiligen Anwerbeländer nach politischen Kriterien, d.h. nach den materiellen Regelungsbereichen und Verhandlungsbedingungen. Es soll für die nachfolgende Analyse der Verträge verwendet werden, da auf diese Weise Gemeinsamkeiten und Unterschiede genereller und mit typisierender Absicht zu fassen sind. Die drei Gruppen umfassen die der DDR benachbarten RGW-Länder (1), junge sozialistische, nicht-europäische Staaten (2) und sozialistische Länder, deren Arbeitsentsendung nicht konstant und zahlenmäßig gering war (3).

Qualifizierungsverträge mit benachbarten RGW-Partnern

Durch die schwindende Zahl an Arbeitskräften im eigenen Land sah sich die DDR schon in den 1950er Jahren zunehmend mit dem Problem konfrontiert, die von Bulgarien, Rumänien und Ungarn geforderten Warenlieferungen zu erfüllen. Der Bau der Berliner Mauer 1961 verhinderte zwar den weiteren Wegzug von Arbeitskräften aus der DDR, konnte aber das entstandene Defizit nicht aktiv ausgleichen. Bereits zu diesem Zeitpunkt unternahm die Staatsleitung der DDR daher verschiedene, jedoch erfolglose Versuche, Arbeitskräfte aus dem Ausland zu rekrutieren.[15]

Polnische Vertragsarbeiter

Erst durch eine stärkere Betonung der Qualifizierungskomponente eines solchen Arbeitskräftetransfers gelang es der DDR schließlich, 500 polnische Arbeiter für einen Einsatz in Braunkohlebetrieben über die Dauer von ein bis zwei Jahren zu gewinnen.[16] Das nach außen hin propagierte Ziel der Förderung von wirtschaftlicher und sozialer Annäherung unter den Partnern des RGW sowie des Ausgleichs von Entwicklungsdifferenzen sollte durch den Arbeitskräfteaustausch in Kombination mit Qualifizierungsprogrammen erreicht werden.[17] Diese erste bilaterale Vereinbarung zwischen der DDR und Polen wurde am 17. März 1963 als »Qualifizierungsvertrag« unterschrieben.[18] Vonseiten der DDR wurde daher den polnischen Vertragspartnern vorgeschlagen, dass ihre Arbeiter einen ständigen Aufenthalt in der DDR beantragen könnten.[19]

Auf das polnische Arbeitskräftepotenzial griff die Ostberliner Regierung 1971 erneut zurück, als sie am 25. Mai einen weiteren Vertrag[20] unterzeichnete. Das Regierungsabkommen sah einen befristeten, zwei- bis dreijährigen Einsatz von polnischen Arbeitern bis Ende 1972 in der DDR vor, die dort eine Wohnunterkunft erhalten sollten.[21] Die Kosten dafür sowie für Sozialleistungen hatte die DDR zu tragen. Das Abkommen beinhaltete außerdem die unentgeltliche Teilnahme an einem Deutschkurs sowie die Erstattung der Reisekosten und das Recht auf Urlaub. Außerdem forderte Polen die vollen Lohnsteuerbeiträge sowie 70 Prozent der Sozialversicherungsbeiträge der Arbeiter. Durch Zusatzvereinbarungen wurde festgelegt, dass die polnischen Arbeiter in Gruppen von mindestens 50 Personen einzusetzen seien. Der polnische Staat hatte die Aufgabe, für Dolmetscher in den Betrieben, in denen polnische Arbeiter eingesetzt wurden, zu sorgen. Die Mitgliedschaft im FDGB war erwünscht.[22]

Die Umsetzung der Vertragsbedingungen bereitete jedoch Schwierigkeiten, die charakteristisch für die Anwerbung ausländischer Arbeitnehmer werden sollten. Als 3.900 mehrheitlich qualifizierte Arbeitskräfte anreisten, war die Zahl zu groß, um die Vertragsarbeiter in den verschiedenen Industrieorten, an denen sie eingesetzt werden sollten, unterzubringen. Etwa 1.000 polnische Arbeiter wurden daher vorübergehend in Berlin einquartiert.

Etwa ein Jahr nach dem Abschluss des Regierungsabkommens forderte Polen die Gleichstellung der entsandten Arbeitskräfte mit DDR-Bürgern in Bezug auf Entlohnung.[23] Polen forderte eine Zahlung von acht Mark Trennungsgeld pro Tag ebenso wie die Kostenübernahme für einen alle drei Monate zu gewährenden Heimaturlaub. Schulungen und berufliche Weiterbildung der polnischen Arbeiter sollten vergütet werden. Ferner sollte die DDR für die Verpflegung sowohl an Arbeits- wie an freien Tagen garantieren, der 22. Juli als Nationalfeiertag der Volksrepublik sollte arbeitsfrei sei, und für Pendler sowie für Arbeiter, deren Wohnort sich weiter als drei Kilometer vom Arbeitsplatz entfernt befand, sollte ein kostenloser Transport ermög-

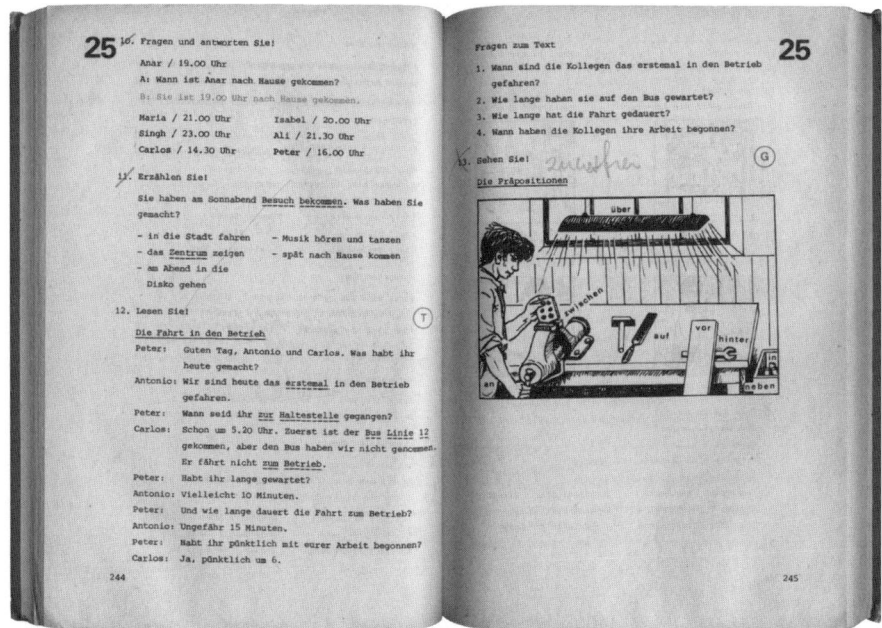

Auszug aus: »Guten Tag, Kollege!« Elementarlehrbuch Deutsch für Ausländer, Leipzig 1984.

licht werden. Der Betrieb sollte den ausländischen Arbeitern Arbeitskleidung zur Verfügung stellen sowie einmal während des gesamten Aufenthaltes der Vertragsarbeiter in der DDR einen Familienurlaub bezahlen. Um die polnische Regierung finanziell zu entlasten, wurden zudem Forderungen nach der Zahlung von Ausgleichskosten für die Anwerbung und Betreuung der Arbeiter in Höhe von 1.200 Mark pro Jahr und Arbeiter gestellt. Zusätzlich sollte die DDR 100 Prozent der Gesamtsumme der Versicherungsbeiträge an die VR Polen zur Deckung der Ausgaben überweisen, die bei der Anwerbung anfielen.[24]

Die Annahme dieser Änderungsvorschläge durch die DDR hatte starke Auswirkungen auf künftige Abkommen, auch mit anderen Vertragspartnern. Zwei Jahre später, am 20. Juni 1973, wurde der Vertrag mit Polen geändert.[25] Die bezahlte Freistellung zur Qualifizierung stand den polnischen Arbeitern zwar weiterhin nicht zu, doch erhielt die polnische Regierung fortan in der Tat 100 Prozent der Lohnsteuer und einen Betrag für Anwerbekosten. Solange keine Kündigung von polnischer Seite erfolgte, verlängerte sich das bilaterale Abkommen automatisch um drei weitere Jahre.[26] Am 25. und 26. Oktober 1976 wurden neue Vereinbarungen über den Einsatz polnischer Arbeiter in Betrieben der DDR für das Jahr 1977 getroffen. Der Beschluss über den Einsatz von durchschnittlich 6.440 Arbeitern wurde im Jahresprotokoll festgehalten, konnte jedoch aus unterschiedlichen Gründen nicht konstant erfüllt werden.[27]

Zehn Jahre später, ein Jahr vor dem Mauerfall, waren immer noch fast ausschließlich ausgebildete polnische Facharbeiter in DDR-Betrieben tätig. Ihre beruflichen Qualifikationen entsprachen häufig jenen der DDR-Arbeiter.[28] Der zusätzliche Aufwand pro Arbeiter war dabei im Vergleich zu anderen Arbeitskräfteabkommen und in Relation zu der erbrachten Leistung niedriger bzw. die Produktivität höher. Das Staatssekretariat für Arbeit und Löhne hielt daher fest: »Kämen statt der polnischen Werktätigen die gleiche Anzahl vietnamesischer Werktätiger zum Einsatz, würde sich der Nutzen – vor allem wegen des dann höheren Valutaaufwandes – von 93 Mio. Mark auf 53 Mio. Mark verringern.«[29]

Polnische Pendler

Trotz nicht unerheblicher Binnenmigration aus ländlichen Regionen Mecklenburgs und Brandenburgs in die im Süden der Republik gelegenen Industriegebiete, verzeichneten etwa Sachsen und Thüringen ab 1964 einen Bevölkerungsrückgang. Auch die Lausitz, in der vorwiegend Textil- und Elektroindustrie angesiedelt war, hatte mit einem starken Bevölkerungsschwund zu kämpfen. Die DDR-Regierung war daher besonders um den Einsatz polnischer Arbeitskräfte in dieser Region bemüht: Ein bilaterales Abkommen wurde im Juli 1966 geschlossen, um den Grenzbezirken Cottbus, Dresden und Frankfurt (Oder) durch den Einsatz von polnischen Vertragsarbeitern unter die Arme zu greifen. In dort angesiedelten Kombinaten wurden polnische Pendler beschäftigt, die täglich die Grenze mit dem polnischen Personalausweis und dem Ausweis eines DDR-Betriebes überquerten. Arbeitsrechtlich waren sie laut Abkommen ihren Kollegen aus der DDR gleichgestellt.[30] Die Beschäftigung polnischer

Arbeitskräfte wurde jedoch von der DDR-Regierung – ganz im Duktus der Solidarität – damit begründet, einen Beitrag zur Milderung des polnischen Arbeitskräfteüberschusses, zur Qualifizierung und zur Erhöhung des Lebensstandards für Teile der polnischen Bürger zu leisten.[31]

Angestellt wurden insbesondere polnische Frauen für eine Dauer von höchstens zwei bis drei Jahren. Bis zum Mauerfall pendelten durchschnittlich 2.500 Polen zur täglichen Arbeit in die DDR. In den Betrieben waren sie meist im Zwei- und Dreischichtsystem angestellt.[32] Trotz der Tatsache, dass die Pendler ihren Wohnort in Polen beibehielten, wurde ihnen der Nettolohn zu 100 Prozent in Mark ausgezahlt. Die bilateralen Pendlervereinbarungen waren für die DDR günstig, da aufgrund der Wohnraumknappheit in der DDR bereits die Unterbringung der eigenen Bevölkerung extreme Probleme bereitete und eine Zusatzbelastung durch Vertragsarbeiter entsprechend gerne vermieden wurde. Ein Transfer von Sozialleistungen war vertraglich nicht vorgesehen.[33] Die bilaterale Vereinbarung von 1966 über die »Grenzpendler« galt unbefristet.[34] Als Polen am 13. Dezember 1981 den Kriegszustand verhängte, riss das Interesse der DDR an einer Arbeitskräftekooperation mit Polen schlagartig ab, aus Angst, dass die dortige Krise sich auf das eigene Land auswirken könnte. Erst mit der Stabilisierung der politischen Situation in Polen 1985/86 rückte das ökonomische Interesse der DDR an den polnischen Arbeitern wieder in den Vordergrund. Zum Jahresende 1987 kündigte Polen jedoch das Pendlerabkommen. Ein im folgenden Jahr unterzeichneter neuer Vertrag, der vorsah, 10.000 polnische Arbeitskräfte pro Jahr zu entsenden, wurde durch den Zusammenbruch der DDR nicht mehr umgesetzt.[35]

Bei den polnischen Arbeitspendlern handelte es sich um eine besondere Form der Arbeitsmigration auf der Basis von bilateralen Regierungsabkommen. Aufgrund der Nichtbeanspruchung eines Wohnsitzes und ihrer meist hohen Qualifizierung bot das Abkommen beträchtliche Vorteile und Kosteneinsparungen für die DDR. Daher wurde die Beschäftigung polnischer Pendlern eine Konstante im System der wechselhaften Arbeitspolitik der DDR.[36]

Ungarn

Nach dem Vorbild der Kooperation mit Polen wurde am 26. Mai 1967 mit dem Abkommen zwischen der DDR und der ungarischen Volksrepublik der Mechanismus der Vertragsarbeit zum Ausgleich des Arbeitskräftemangels weiter ausgebaut.[37] Ein wichtiges Motiv für das Abkommen war für die ungarischen Vertragspartner die Wirtschaftsreform im eigenen Lande, die zu zahlreichen Entlassungen führte. Offiziell wurde das Abkommen als Beitrag zum sogenannten Jungfacharbeiteraustausch mit einer Laufzeit von zwei bis drei Jahren betrachtet. Implizites Ziel war es, dem reinen Arbeitskräfteexport entgegenzuwirken und zu beiderseitigem Vorteil zu kooperieren. Die DDR jedoch hielt sich nicht an die im Abkommen enthaltenen Bedingungen,[38] wonach Neubausiedlungen geschaffen und die notwendige Infrastruktur bereitgestellt werden sollten. Für das Jahr 1967 war ursprünglich der Einsatz von 2.800 Arbeitskräften vorgesehen, 1968 sollten es 5.800 sein und 1969 weitere 5.000

Ungarn. Insgesamt kamen jedoch während des Vertragszeitraums nur rund 12.000 Arbeiter.[39] Zwischen 1968 und 1975 waren zwischen 5.000 und 6.000 ungarische Arbeiter beschäftigt. Sie wurden in Neubausiedlungen ohne die notwendige Infrastruktur oder Freizeitangebote untergebracht, was insbesondere in Karl-Marx-Stadt und Leipzig zu Problemen führte. Auch kam es häufig zu Vorkommnissen und Disziplinverstößen ungarischer Arbeiter, die sich gegen die schlechten Wohn- und Arbeitsverhältnisse zur Wehr setzten oder die Erwartungen, die von der DDR-Führung an sie gestellt wurden, nicht erfüllten.[40]

Arbeitskräftetransfer im Zeichen proletarischer Solidarität

Nach den ersten Erfahrungen mit Arbeitskräften aus benachbarten RGW-Staaten schloss die DDR ab Mitte der 1970er Jahre Verträge mit »jungen« sozialistischen Staaten außerhalb des europäischen Blocks. Im Sinne der propagierten proletarischen Solidarität sollten junge Arbeitskräfte die sozialistische Gesellschaftsordnung am Beispiel der DDR kennenlernen.[41] Die erworbenen gesellschaftlichen und praktischen Kenntnisse sollten die Arbeiter später bei der Rückkehr in ihre Heimat zum Aufbau des dortigen Sozialismus nutzen. Hinsichtlich der eigenen wirtschaftlichen Lage stellte der Arbeitskräfteaustausch für die jeweiligen Länder eine Entlastung ihrer Arbeitsmärkte dar, was sich die DDR bei den Verhandlungen zu Nutze machte, um entsprechend günstige Vertragskonditionen zu erreichen. Zudem wurde der Einsatz von Vertragsarbeitern von nun auch dazu genutzt, um die Staatsschulden der jeweiligen Länder bei der DDR zu tilgen.[42]

Algerien

Nach der Unterzeichnung des bilateralen Abkommens[43] mit der VR Algerien am 11. April 1974, das einen vierjährigen Einsatz in der DDR vorsah, wurde ein probeweiser Einsatz von 500 Arbeitern in fünf Betrieben der Kohle- und Baustoffindustrie sowie des Landmaschinenbaus festgelegt, von denen zwischen dem 8. und 11. August 1974 jedoch nur 368 Algerier anreisten. Das Protokoll zum Abkommen hielt fest, dass der Aufenthalt der algerischen Arbeiter ohne Familienangehörige erfolgte und deren Besuch nur mit ausdrücklicher Genehmigung erlaubt war. Außerdem war für die Ein- und Ausreise ein spezielles Reisedokument erforderlich, welches das *Office National de la Main d'Œuvre* ausstellte. Fast alle algerischen Arbeiter waren als Auszubildende tätig und verfügten daher, verglichen mit den polnischen und ungarischen Arbeitern, über eine geringere Qualifikation.[44]

Pro Jahr war der Einsatz von maximal 3.000 algerischen Arbeitern in Betrieben der Industrie, des Bau- und Verkehrswesens vorgesehen, bei denen es sich jedoch nicht um Vorbestrafte oder um Arbeiter handeln durfte, die bereits in kapitalistischen Ländern gearbeitet hatten.[45] Für die algerischen Vertragsarbeiter galten im Wesentlichen die gleichen Vertragsbedingungen wie für die polnischen und ungarischen Kollegen. Die Kosten für Qualifizierungsmaßnahmen hatten die Algerier jedoch selbst zu tragen, was auf eine deutliche Verschiebung der Interessenlage der DDR-

ADN-Foto, 14.9.1959: »Menschen, die mitarbeiten, mitplanen und mitregieren: Einer der zwei jungen Algerier, die seit einigen Wochen im VEB Silika- und Schamottenwerk Rietschen arbeiten, es ist der junge Arbeiter Laid Debbah, der an der Fräsbank in der Schlosserei des Werkes tätig ist. ›In Frankreich mußten wir in Angst leben: Wir wurden verfolgt. Deshalb kamen wir hierher. Hier ist keine Angst, hier kann man in Frieden arbeiten.‹«

Regierung bzw. auf eine größere Bereitschaft, diese explizit zu formulieren, schließen ließ. Auch die Kosten für den Rückflug nach Vertragsende mussten diese Arbeiter selbst übernehmen.[46]

Die algerische Seite schlug 1975 vor, den Arbeitseinsatz auszuweiten, und die DDR-Führung stimmte dem aufgrund der »positiven Erfahrungen« zu.[47] Der Einsatz wurde auf fast 60 Betriebe ausgedehnt. Ihre Leistungen zur Sozialversicherung erhielten die Arbeiter nach ihrer endgültigen Rückkehr in ihre Heimat von der dafür zuständigen Institution der VR Algerien. In der Folge traten jedoch unvorhergesehene Probleme auf, als über 600 algerische Arbeiter in acht Betrieben ihre Arbeit niederlegten, um gegen unzureichende Einsatzbedingungen zu protestieren. Daher wurde die Anreise 1975 zunächst gestoppt, 1976 folgten Maßnahmen zur Stabilisierung des Einsatzes, wobei auch die Arbeits- und Lebensbedingungen der algerischen Arbeiter verbessert werden sollten. 1977 wurde die Neuanreise von über 1.000 Arbeitern für das darauffolgende Jahr beschlossen, die im Kombinat »Fortschritt« in Neustadt eingesetzt werden sollten. Für die Ausreisekosten nach Beendigung des Arbeitsverhältnisses mussten die algerischen Arbeiter allerdings weiterhin selbst aufkommen, was eine enorme finanzielle Belastung bedeutete.[48]

Für Algerien war die Unterzeichnung des Abkommens gleichwohl von großer Bedeutung, insbesondere in der Außendarstellung. Die algerische Nachrichtenagentur APS meldete, dass das Land »nicht mehr ein Reservoir von billigen und gefügigen Arbeitskräften für die kapitalistischen Unternehmen darstellt« und »in zweifacher Hinsicht einem Bedarf Rechnung trägt, dem Algeriens an qualifizierten Arbeitskräften im Rahmen der Planung und dem der Volkswirtschaft der DDR«.[49] Dieses Abkommen könne daher einen Beitrag dazu leisten, die Emigration von Arbeitskräften in imperialistische Staaten einzuschränken, die soziale Lage der Menschen zu verbessern und Arbeiter mit einer höheren Qualifizierung sowie sozialistischem Bewusstsein zur Unterstützung der progressiven Kräfte und der sozialistischen Entwicklung der Volkswirtschaft zurückzuerhalten.[50] Enttäuscht zeigte sich indes die DDR, als bei den Verhandlungen über die Bedingungen des Abkommens die algerische Seite erklärte, es bestehe ein Interesse daran, »günstige Abkommensbedingungen mit der DDR zu erreichen, um damit gegenüber Drittstaaten, in denen algerische Arbeiter beschäftigt sind (wie z.B. Frankreich, Belgien und Westdeutschland), auftreten zu können«[51].

Dennoch war eine Kooperation mit Algerien auch über den Arbeitskräfteaustausch hinaus für die DDR interessant. Durch die algerischen Erdölvorkommen erhoffte man sich eine größere Unabhängigkeit von der UdSSR und eine Linderung des eigenen permanenten Rohstoffmangels. Im März 1976 wurde das Abkommen zwischen der DDR und Algerien erneut geändert. Von nun an erhielten die algerischen Arbeiter Trennungsgeld, das jedoch nicht transferierbar war. Außerdem wurde beschlossen, Beauftragte des algerischen Staates in Betrieben der DDR einzusetzen, in denen algerische Arbeiter arbeiteten. An die Änderungen schlossen sich auch Maßnahmen an, die der politisch-ideologischen Erziehung der Arbeiter dienen sollten.[52]

Insgesamt betrachtet, gestaltete sich die Arbeitskräftekooperation mit der Demokratischen Volksrepublik Algerien konfliktreich, insbesondere aufgrund enttäuschter Erwartungen an die Lebens- und Arbeitsbedingungen und damit letztlich auch an den real existierenden Sozialismus in der DDR. Anfang der 1980er Jahre kam es zu »erheblichen Differenzen über die Behandlung der Algerier in der DDR« zwischen beiden Ländern, weshalb die algerische Regierung ein Gesetz gegen die Ausbeutung algerischer Staatsbürger durch fremde Staaten verabschiedete. Dies führte innerhalb kürzester Zeit zur Kündigung des Regierungsabkommens sowie zur Rückbeorderung aller Algerier aus der DDR.[53]

Kuba

Am 3. Mai 1978 schloss die DDR ein Abkommen mit Kuba zur Beschäftigung und Qualifizierung, das unbegrenzt gültig war.[54] Für Kuba hatte die Arbeitskräftekooperation eine politische Bedeutung, die über die gesamte Vertragsdauer mehrfach und wiederholt unterstrichen wurde.[55] Bis 1979 war ursprünglich die Einreise von 2.000 Arbeitern und ein Einsatz in rund 70 Betrieben vorgesehen, tatsächlich kamen jedoch 4.266.[56] Für den Zeitraum zwischen 1981 und 1985 war sogar die Anreise von insgesamt 20.000 kubanischen Arbeitern geplant, die zur Umsetzung des Fünf-jahresplanes 1980–85 beitragen sollten.[57]

Für 1988 kündigte die kubanische Regierung jedoch an, das Abkommen nicht fortzusetzen und keine neuen Arbeiter mehr zu entsenden. Intern begründete die DDR-Staatsführung diesen Schritt damit, dass Kuba die Arbeitskooperation mit den sozialistischen Brüderländern Europas aus grundsätzlichen Erwägungen schrittweise beenden wolle.[58] Auslöser für den Rückzug mögen jedoch auch die gewalttätigen Auseinandersetzungen in der ČSSR zwischen tschechischen und kubanischen Arbeitern bei einem lokalen Volksfest gewesen sein. In jedem Fall waren zu diesem Zeitpunkt noch etwa 10.000 kubanische Arbeiter in der industriellen Produktion der DDR tätig[59] und nach Einschätzung Ostberlins nötig, um »den zeitweilig auftretenden zusätzlichen Bedarf an gesellschaftlichem Arbeitsvermögen zu decken bzw. kubanische Einsatz- und Qualifizierungswünsche zu realisieren«[60]. Dennoch endete 1989 offiziell die planmäßige vierjährige Einsatzzeit, die jedoch für über 100 Arbeiter um sechs Monate, für weitere 150 Arbeiter um ein Jahr sowie für rund 1.200 Arbeiter um zwei Jahre verlängert werden konnte.[61]

Mosambik

Am 24. Februar 1979 schloss das Ministerium für Arbeit und Soziales das Abkommen zwischen der Regierung der DDR und der Regierung der VR Mosambik »über die zeitweilige Beschäftigung mosambikanischer Werktätiger in sozialistischen Betrieben der DDR«[62]. Die Mosambikaner gelangten nach demselben Verfahren wie die übrigen Vertragsarbeiter in die DDR. Ähnlich wie die Kubaner mussten sie bis zu 25 Prozent ihres monatlichen Nettolohnes als Sparanlage ins Heimatland transferieren, erhielten das Geld jedoch vielfach später nicht vom Staat zurück. Die Arbeitsverträge galten zunächst für fünf Jahre. Die Mosambikaner wurden meist in der Elektroindustrie sowie im Braunkohlebergbau eingesetzt, »um die stabile Versorgung mit Elektroenergie bei jedem – für sie besonders hartem – Wetter zu gewährleisten«.

Zwischen 1979 und 1983 betrug die Zahl der mosambikanischen Arbeiter in der DDR ca. 5.500. Bereits 1984 ging die Zahl aber um mehr als 2.000 zurück, erhöhte sich danach bis 1987 erneut um ca. 6.500 Personen. Als 1987 die polnische Regierung bessere Arbeitsbedingungen forderte und ein Jahr später Kuba aus dem Vertrag auszusteigen drohte, bot die DDR der mosambikanischen Regierung an, 3.500 weitere Arbeitskräfte einzustellen. Gemeinsam mit dem Staatssekretariat im Ministerium für Außenhandel erarbeitete das SfAL einen Vorschlag für die Neueinreise von Mosambikanern, wonach Transferbeträge aus den Einkommen der Arbeiter und der Anteil der Sozialleistungen als Tilgung der mosambikanischen Schulden bei der DDR abgerechnet werden sollten.[63] Dieser Plan war jedoch für das Finanzministerium Mosambiks aus finanziellen und moralischen Gründen unannehmbar.[64]

1989 waren rund 15.500 Mosambikaner in der DDR beschäftigt, nur etwa ein Zehntel von ihnen Frauen.[65] Auch in diesem Fall schlichen sich bald Irritationen in die Zusammenarbeit beider Staaten ein. In einem Brief der mosambikanischen Regierung an den Vorsitzenden der Staatlichen Plankommission wurde nochmals auf das ursprüngliche, beiderseitig gewinnversprechende Konzept des Arbeitseinsatzes der mosambikanischen Arbeiter hingewiesen. In einem anderen Schreiben der VR Mosambik an die Abteilung Ausländische Arbeitskräfte des Staatssekretariats für Arbeit und Löhne merkte das Land Probleme beim Einsatz der mosambikanischen Arbeiter an. Demnach erfolgten keine Vorkontrollen hinsichtlich der Qualifikation der Arbeiter durch die Betriebe vor ihrem Einsatz. Bemängelt wurde zudem, dass nicht die Berufsausbildung im Vordergrund stehe, sondern – wie etwa im Papierwerk Coswig – allein die Planerfüllung. Die Regierung in Maputo forderte daher eine »fundiertere Berufsausbildung«[66] und die Verbesserung der Lebensbedingungen der Arbeiter. Als diese Verbesserungen ausblieben, kam es bei mosambikanischen Arbeitern u. a. im Januar 1989 im VEB Gewächshausanlagen Vockerode zu Arbeitsniederlegungen, mit denen sie gegen ihre geringen Lohnzahlungen protestierten. Das Ministerium für Arbeit und Löhne löste dieses Problem jedoch durch Repression und setzte die frühzeitige Rückkehr der Arbeiter in die Heimat durch.[67]

Vietnam

Auf der Grundlage des Abkommens vom 11. April 1980 »über die zeitweilige Beschäftigung und Qualifizierung vietnamesischer Werktätiger in Betrieben der DDR«[68] nahmen etwa 5.500 vietnamesische Arbeiter, darunter 1.400 vorher in der DDR ausgebildete Facharbeiter zwischen 18 und 35 Jahren, eine berufliche Tätigkeit in Volkseigenen Betrieben der DDR auf.[69] Der Lohntransfer in das Heimatland betrug lediglich 15 Prozent der Nettosumme.[70] Die wenige Monate später verabschiedete Rahmenrichtlinie vom Juli 1980 unterstrich die inzwischen deutlich erkennbare Unterteilung der Vertragsarbeiter in zwei Kategorien und eine klare Rangfolge unter den Regierungsabkommen. So wurden Sozialleistungen nicht einheitlich geregelt und Vertragsarbeiter aus europäischen sozialistischen Staaten sowie aus Kuba materiell wie ideell meist besser gestellt als Kollegen aus den sozialistisch orientierten Entwicklungsländern.[71] Verschärft wurde diese Entwicklung durch den wachsenden Druck, den technischen Rückstand durch eine größere Schichtauslastung der Produktionsanlagen auszugleichen. Daher übernahmen immer mehr Vertragsarbeiter zunehmend häufiger Tätigkeiten, die keine besondere Qualifizierung erforderten. Demzufolge war der ökonomische Aufwand der DDR beim Einsatz der vietnamesischen Arbeiter niedriger als bei der Beschäftigung von Arbeitern aus anderen außereuropäischen Ländern, die eine Ausbildung genossen.[72]

Ab 1985 wurde daher mit Vietnam explizit vereinbart, dass die Arbeitstätigkeit Vorrang vor der Qualifizierung hatte.[73] Trotz des Widerstandes aufseiten der vietnamesischen Zuständigen setzte sich die DDR durch und machte sich die Abhängigkeit Vietnams von den Erlösen der Arbeitsmigranten zur Entlastung des eigenen Arbeitsmarktes zunutze, was dazu führte, dass das südostasiatische Land 1989 mit 59.000 Vertragsarbeitern – neben Polen und vor Mosambik (15.500) – das größte Kontingent an Arbeitern in der DDR stellte.[74] Die vietnamesischen Arbeiter waren hauptsächlich in der Leichtindustrie beschäftigt, insbesondere aufgrund der großen Abwanderung deutscher Arbeitskräfte aus diesem Bereich infolge unattraktiver Löhne und veralteter Technologie.[75]

Als 1988 etwa 4.500 Vietnamesen nach einem fünf- bis sechsjährigen Arbeitsaufenthalt in der DDR in ihre Heimat zurückkehrten, ergaben sich bei der Rückreise zahlreiche Probleme, da bestehende zollrechtliche und Ausfuhrvorschriften für Konsumgüter teilweise missachtet wurden. Das MfAL beschrieb in diesem Zusammenhang die Sparsamkeit als typisches Verhalten der Vietnamesen, die am Ende ihres Aufenthaltes Konsumgüter wie Mopeds, Fahrräder, Nähmaschinen, Seide, Zucker und Reise für die Heimat erwerben wollten.[76] Es wurden daraufhin Beschränkungen erlassen, die das Ministerium in bezeichnender Diktion begründete:»Mit Fernsehgeräten, Kühlschränken und Möbeln können die Werktätigen unter den Lebensbedingungen Vietnams nichts anfangen.«[77]

Angola

Am 29. März 1985 unterzeichneten Vertreter der DDR mit der VR Angola ein Regierungsabkommen zur Entsendung von etwa 300 Angolanern für die Dauer von vier Jahren in die DDR.[78] Die Arbeiter sollten ausschließlich im Produktionsprozess an Arbeitsplätzen, die im Zusammenhang mit der im Abkommen vorgesehenen Aus- und Weiterbildung standen, und insbesondere in Bereichen,»in denen kooperative Beziehungen zu Einrichtungen der Volksrepublik Angola bestehen«, eingesetzt werden. Die Ausgestaltung des Abkommens ähnelte somit stark den bilateralen Verträgen mit Kuba und Mosambik. Für 1987 wurde die Übersendung von 400 Arbeitern beschlossen, von denen jedoch weniger als ein Drittel anreisten. Damit belief sich 1987 die Zahl der angolanischen Arbeiter in der DDR auf ungefähr 500. Im folgenden Jahr erhöhte sie sich auf über 1.200 und lag 1989 schließlich bei rund 1.650 Arbeitern.

Dass es auch mit Angola bei der Durchführung des Regierungsabkommens zu Problemen kam, ist einer Aktennotiz über ein Gespräch im September 1988 im SfAL zu entnehmen. Die DDR-Regierung kritisierte dabei die unbefriedigende Leistung Luandas bei der Entsendung angolanischer Arbeiter und forderte für die Zukunft einen genauen Plan mit einem klar definierten Zeitraum. Die angolanische Seite forderte ihrerseits eine Regelung über die Entlohnung von Sprachmittlern und Gruppenleitern als Anreiz, um derartige Funktionen zu übernehmen.[79] Ein Durchbruch wurde offenbar nicht erzielt, denn schon Ende 1989 befanden sich nur noch gut 1.100 angolanische Arbeiter in der DDR, darunter rund 100 Frauen.[80]

Andere sozialistische Länder

Die dritte Analysegruppe umfasst die Mongolei und China, die, obgleich sozialistische Staaten, außerhalb des sowjetischen Blocks und damit auch des Einflussbereichs der DDR lagen. Vertragsarbeiter aus beiden Ländern waren nur in verhältnismäßig kleiner Zahl und über keinen längeren Zeitraum hinweg in der DDR vertreten.

Mongolei

Am 26. Februar 1982 wurde eine Vereinbarung des SfAL mit der Mongolischen Volksrepublik[81] zum Einsatz von Arbeitern für ein bis zwei Jahre getroffen. Aus der Erfahrung mit bisherigen Arbeitskräftekooperationen heraus wurde bei unentschuldigtem Fehlen an nur einem Tag die monatliche Trennungsentschädigung um 50 Prozent verringert, und »bei unentschuldigtem Fehlen an zwei oder mehr Tagen […] für den betreffenden Monat keine Trennungsentschädigung gezahlt«[82]. Die Zusammenarbeit kam indes bald wieder zum erliegen, ehe 1988 erneut 130 Arbeiter entsandt wurden. Die Beschäftigung mongolischer Arbeiter stellte folglich keine konstante Form des Arbeitseinsatzes in den Betrieben der DDR dar.

Dennoch sollten ab 1989/90 ca. 300 Arbeiter in Betrieben der Fleischverarbeitung und der Leichtindustrie im Bereich der Textilverarbeitung für zwei bis drei Jahre eingesetzt werden. Beide Seiten wollten die Zusammenarbeit auf dem Gebiet der zeitweiligen Beschäftigung und Qualifizierung mongolischer Arbeiter in Betrieben der DDR bis zum Jahr 2000 ausbauen.[83] Mongolische Bürger zwischen 18 und 40 Jahren mit einer abgeschlossenen Facharbeiterausbildung sollten für die Dauer von vier Jahren in die DDR geschickt werden. Die Betriebe hatten die Rückreisekosten zu tragen und für die Rückkehr garantieren. Die mongolischen Arbeiter konnten bis zu 60 Prozent ihres Nettoeinkommens transferieren. Sprachliche und berufliche Qualifizierungen mussten sie jedoch außerhalb der Arbeitszeit erwerben, wozu jedoch in den seltensten Fällen Zeit und Geld blieb.[84]

China

Nach den Grundsatzvereinbarungen zwischen der DDR und der VR China vom 9. April 1986 wurde die Beschäftigung chinesischer Arbeiter für die Dauer von zwei bis vier Jahren in Industriebetrieben der DDR festgelegt. Die 18- bis 25-jährigen Arbeiter sollten auf Kosten ihres eigenen Landes in die DDR einreisen, wobei die DDR die Kosten für die Formalitäten sowie für die Rückkehr übernahm. Vor der Aufnahme ihrer Tätigkeit in den Betrieben der DDR mussten die chinesischen Arbeiter einen Sprachkurs sowie einen zwischen ein und drei Monate dauernden Lehrgang absolvieren. Die Vereinbarung wurde auf der Grundlage der »Gleichberechtigung und des gegenseitigen Vorteils«[85] beschlossen und galt für zehn Jahre. 1990 betrug die Zahl der chinesischen Arbeiter in der DDR etwa 800, die hauptsächlich im Schwermaschinen- und Anlagenbau sowie im Eisenbahnwesen tätig waren. Eine Kündigung der Grundsatzvereinbarung war nicht vorgesehen.[86]

Für die Kooperation mit China liegen nur sehr wenige aussagekräftige Quellen vor.[87] Hinsichtlich der Anwerbung neuer Arbeitskräfte scheint es weitgehende Pläne gegeben zu haben, die den Einsatz von bis zu 90.000 chinesischen Fachkräften in der DDR vorsahen. Jasper erwähnt, dass in diesem Zusammenhang auch Gesetze vorbereitet worden seien, die eine Einbürgerung von Ausländern in der DDR attraktiv machen sollten, um so den Arbeitskräftemangel in der DDR längerfristig beheben zu können, was einen Paradigmenwechsel in der Migrationspolitik und im Selbstverständnis der DDR als Nichteinwanderungsland bedeutet hätte.[88] Im Jahr 1988 erfolgten zudem umfangreiche Neu- und Ausbaumaßnahmen von Unterkünften für ausländische Arbeiter, da die Zahl der Neuanreisen nicht den verfügbaren Wohnplätzen entsprach. Hinzu kam, dass die Bevölkerung nicht auf einen solchen Politikwechsel vorbereitet war und sich nach der großen Anreisewelle 1987 Ausländerfeindlichkeit gegen die überwiegend in Neubaugebieten ansässigen ausländischen Arbeiter artikulierte.[89]

Struktur und Hierarchie der bilateralen Abkommen

Die Gemeinsamkeit der bilateralen Anwerbeabkommen liegt zunächst im Formalen: Stets waren Angaben zu der Anzahl der Arbeiter, der Aufenthaltsdauer sowie ihrer Unterbringung enthalten. Hinzu kamen Regelungen hinsichtlich des Lohnes und der Sozialleistungen. Doch hier endeten die Ähnlichkeiten zumeist schon, wurden doch auffallend große Unterschiede zwischen etablierten RGW-Staaten und »jungen« sozialistischen Ländern gemacht. Insbesondere gegenüber Polen sah sich die DDR stets stärker verpflichtet, Warschau entgegenzukommen, um auch weiterhin von den vergleichsweise hoch qualifizierten Arbeitskräften des Nachbarlandes zu profitieren. In diesem Zusammenhang sind auch die Pendlerverträge zu nennen, die der DDR aufgrund der herrschenden Wohnraumknappheit im eigenen Land noch zusätzlich entgegenkamen.

Nicht zu übersehen war auch die wachsende Entfernung von der ursprünglich vertraglich vorgesehenen Komponente der Berufsqualifizierung in den Verträgen mit den Partnerländern. Ebenso wurden Kinder- und Trennungsgeld mit fortschreitender Zeit gekürzt oder gar ganz weggelassen. Insbesondere in den 1980er Jahren wurden in die Abkommen Paragrafen aufgenommen, die eine Verrechnung der Arbeitnehmerleistungen mit den Schulden des jeweiligen Entsendelandes bei der DDR vorsahen. Darin spiegelte sich abermals das Grunddilemma der DDR: Einerseits bestand dringender Bedarf an ausländischen Arbeitern, andererseits war das hierfür nötige Anreizsystem finanziell immer weniger tragbar.

In quantitativer Hinsicht ist eine deutliche Entwicklung von einem zahlenmäßig begrenzten Einsatz qualifizierter Arbeiter hin zu einem – für DDR-Verhältnisse – regelrechten Massenimport an Arbeitern festzustellen, was insbesondere auf Mosambik und Vietnam zutraf. Diese in den 1980er Jahren und noch kurz vor dem Mauerfall angeworbenen Arbeiter wurden hauptsächlich für Tätigkeiten eingesetzt, die keinerlei Qualifizierung voraussetzten und folglich der Kompensation der sinkenden Produktivität in der DDR dienten.

Insgesamt lassen sich daher drei Vertragstypen ausmachen, die den Vertragsarbeitereinsatz in der DDR kennzeichnen. Der erste umfasst Qualifizierungsverträge, wie sie mit den RGW-Partnerländern Polen und Ungarn geschlossen wurden. Aufgrund einer überschaubaren Zahl entsandter Arbeiter konnten diese entsprechend gezielt eingesetzt und ausgebildet werden. Polen fiel innerhalb dieser Gruppe eine Sonderrolle zu, da das Land als einziges über eine Dauer von fast 25 Jahren Arbeiter in die DDR schickte. Der zweite Vertragstyp wurde mit Ländern geschlossen, die der

DDR aufgrund eigener wirtschaftlicher Interessen über den Arbeitseinsatz hinaus attraktiv erschienen. Dazu zählen Kuba und Algerien, die ihrerseits als sogenannte junge sozialistische Staaten Interesse an einer Kooperation hatten. Aufgrund des Erdölvorkommens hatte die DDR ein besonderes Auge auf Algerien geworfen, um unabhängiger von der Mineralölversorgung durch die UdSSR zu werden. Angola, Mosambik, China und Vietnam schließlich zählen zu einer dritten Gruppe,[90] mit denen Abkommen geschlossen wurden, um die Zahl der Vertragsarbeiter vor der Wende deutlich in die Höhe zu treiben. Obgleich der Fokus der Anwerbung immer stärker auf der Kompensation wirtschaftlicher Rückständigkeit und der Planerfüllung lag, gestaltete sich die reale Situation für die DDR immer paradoxer. Die vermeintlich billigen Arbeiter leisteten weniger und erwiesen sich effektiv als teurer für die DDR, da diese sich zu immer höheren Zahlungen gegenüber den Entsendeländern verpflichtete, um Arbeiter in ihr Land zu holen.

Die Konsequenzen der politischen Wende für die Vertragsarbeiter

Noch am Vorabend des Mauerfalls, kurz vor dem Untergang der DDR, hielt der Arbeitskräfteimport ungebrochen an. Die Entscheidung, ausländische Arbeiter anstelle nicht zu finanzierender technischer Innovationen einzuführen, war in den bilateralen Regierungs- und Ministerabkommen begründet. Die politischen und gesellschaftlichen Veränderungen, die sich zunächst in den angrenzenden Staaten des sowjetischen Machtbereiches ankündigten, erfassten 1989 schnell die DDR und damit auch ihre Wirtschaft. Mit dem rapiden, regelrecht turbulenten Übergang von der Planwirtschaft zur Marktwirtschaft waren finanzielle Engpässe und Produktionsstillegungen sowie folglich betriebsbedingte Kündigungen verbunden. Diese betrafen frühzeitig auch die Vertragsarbeiter, deren Weiterbeschäftigung rasch problematisch wurde, zumal sie für keine der innenpolitischen Akteure in beiden deutschen Staaten eine Priorität darstellte.

Das MfAS der DDR erhielt daher Ende des Jahres 1989 den Auftrag, Verhandlungen zu führen, um die bilateralen Abkommen nicht weiter zu verlängern. Dabei sollte auch auf die Möglichkeit einer vorzeitigen Heimreise ausländischer Arbeiter hingewiesen werden, falls eine weitere Beschäftigung in der DDR nicht gesichert werden konnte.[91] Eine vorgezogene Beendigung der Arbeitsverträge war jedoch nur in Übereinstimmung zwischen beiden Vertragspartnern möglich. Das Arbeitsministerium erhielt daher verstärkt Anträge zur vorzeitigen Auflösung von Arbeitsverträgen von Betrieben, die reklamierten, die Beschäftigung der Vertragsarbeiter sei zu teuer und angesichts steigender Arbeitslosigkeit dauerhaft untragbar. Viele Betriebe kündigten bereits die Mietverträge für die Wohnheime, in denen die ausländischen Arbeiter untergebracht waren.

Aus Angst vor einer erzwungenen Rückkehr in ihr Heimatland flohen zahlreiche Vertragsarbeiter in die BRD, wo sie meist Antrag auf Asyl stellten. Zudem sahen sich viele Ausländer durch zunehmende, von der Staatsmacht nicht länger eingehegte Fremdenfeindlichkeit sowie durch rechtliche und wirtschaftliche Unsicherheit zu einer Rückkehr in ihr Heimatland veranlasst.[92] Um diese nur bedingt freiwillige Rückkehrbereitschaft zu nutzen, beauftragte das MfAS die staatliche Fluggesellschaft Interflug im Sommer 1990 mit der Organisation von Flügen und dem Verkauf der Tickets.[93] Der DDR-Staatsleitung erschien es außerdem nötig, die vorzeitige Heimreise der ausländischen Bürger durch eine einmalige finanzielle Unterstützung zu stimulieren und so einerseits einen Beitrag für deren soziale Absicherung in ihren Heimatländern zu leisten, andererseits die Rückwanderung der einst ins Land geholten Arbeitskräfte möglichst geräusch- und konfliktlos über die Bühne zu bringen.[94]

Während diese Initiativen v. a. auf die private Rückkehrbereitschaft der Betroffenen setzten, lösten sie nicht das Problem der bindenden zwischenstaatlichen Verträge. Zudem standen die Grundlagen der neuen DDR-Ausländerpolitik, an deren Veränderungen Almuth Berger als Ausländerbeauftragte maßgeblich beteiligt war, nun erkennbar im Spannungsverhältnis zwischen eigenen politischen Strategien und dem westdeutschem Vorbild. Folglich galt es, eine Lösungsstrategie für die Arbeiter zu entwickeln, die auf der Basis von bilateralen Regierungsabkommen in der DDR arbeiteten. Im Februar 1990 forderte der Runde Tisch die Regierung Modrow auf, auf die steigende Ausländerfeindlichkeit zu reagieren, aber niemanden gegen seinen Willen nach Hause zu schicken.[95] Da viele Verträge noch bis 1995 Gültigkeit besaßen, boten die Regierungsabkommen nun eine Schutzfunktion in Bezug auf die Aufenthaltsrechte der Arbeiter. Im Mai 1990 waren rund 60 Prozent[96] der Vertragsarbeiter von der betrieblichen Kündigungswelle betroffen. Die Regierung unter Ministerpräsident Lothar de Maizière nahm daher Verhandlungen mit den Hauptentsendeländern Vietnam, Mosambik und Angola auf, deren Leitung Almuth Berger übernahm, und beendete damit die weitere Einreise von Vertragsarbeitern.[97]

Am 18. Mai 1990 unterzeichneten die BRD und die DDR den Staatsvertrag über die Wirtschafts-, Währungs- und Sozialunion. Damit übertrug die DDR-Regierung die fiskalpolitische Verantwortung der BRD und ernannte sie zur Rechtsnachfolgerin für bestehende völkerrechtliche Verträge, darunter die bilateralen Anwerbeabkommen. Um diese abzulösen, wurden Abfindungen und Rückkehrhilfen für die Vertragsarbeiter beschlossen. Am 13. Juni erließ daher der Ministerrat, der weiterhin großen Einfluss auf die Verhandlungen hatte, die »Verordnung über die Veränderung von Arbeitsverhältnissen ausländischer Bürger, die auf der Grundlage von Regierungsabkommen in der DDR beschäftigt und qualifiziert werden«[98] sowie eine Durchführungsbestimmung. Nach § 2 war eine Kündigung aus »zwingenden Gründen« wie der Umstellung des Produktionsprofils, der Einstellung der Produktion oder des Umweltschutzes möglich. § 4 regelte die Ansprüche der Vertragsarbeiter auf einen finanziellen Ausgleich von 70 Prozent bei einer vorzeitigen Heimreise sowie die Gewährung der Unterbringung im Wohnheim bis zur Ausreise. Der Betrieb hatte dabei die Aufgabe, die Organisation und Finanzierung der Heimreise sowie eine Unterstützung beim Versand persönlicher Gegenstände zu gewährleisten. Falls die Vertragsarbeiter trotz einer Kündigung bleiben wollten, durften sie dies bis zum offiziellen Vertragsende (§ 6). Im Fall der Zahlungsunfähigkeit des Unternehmens hatte das Ministerium für Finanzen die Kosten zu tragen.

Mit dem Einigungsvertrag, der am 3. Oktober 1990 geschlossen wurde, trat das bundesdeutsche Asylrecht auch in den fünf neuen Bundesländern in Kraft. Zugleich wurden die Vertragsarbeiter mit den Gastarbeitern der BRD in den meisten Belangen gleichgestellt, mit Ausnahme eines wesentlichen Punktes: Die Aufenthaltsbewilligung für die ausländischen Arbeiter der ehemaligen DDR war kein Daueraufenthaltsrecht wie es im Fall der Gastarbeiter der alten BRD galt. Damit traten auch die Ansprüche auf finanzielle Leistungen, die im Abkommen vom 18. Juli 1990 festgehalten wurden, außer Kraft. Diese Regelung leistete den gewünschten Effekt, und die meisten Ausländer reisten noch in der zweiten Hälfte des Jahres 1990 aus. Am Ende des Jahres befanden sich nur noch 28.000 ehemalige Vertragsarbeiter in Deutschland, die bei Weitem überwiegende Mehrheit von ihnen Vietnamesen.[99]

Schlussbetrachtungen

Seit ihrer Gründung hatte die DDR mit offenkundigem Arbeitskräftemangel sowie mit wirtschaftlichen Schwierigkeiten aufgrund ihrer Rohstoffabhängigkeit und des wachsenden technologischen Rückstandes zu kämpfen. Diese Probleme konnten trotz der hochgesteckten Ziele der staatlichen Wirtschaftsplanung nicht behoben werden. Der Einsatz von ausländischen Arbeitern, zur Milderung eines Engpasses konzipiert und zuletzt in großem Maßstab praktiziert, konnte diese grundlegenden, systemischen Effekte nicht beheben. Im Gegenteil, der Zuzug ausländischer Arbeitnehmer verstärkte noch die Knappheit in diversen Versorgungsbereichen, von Wohnraum bis zu Konsumgütern.

Die Entwicklung des Vertragsarbeitereinsatzes zeigte zudem, wie sehr sich die v. a. anfänglich propagierte staatliche Politik der Qualifizierung und Hilfeleistung gegenüber sozialistischen »Bruderstaaten« zu einem rein ökonomisch motivierten Import von Arbeitskräften wandelte, die zur Kompensation des technischen Rückstandes und zur permanenten Auslastung der Maschinen eingesetzt wurden. Hinter den Regierungsabkommen, welche die rechtliche Basis für den Einsatz der Vertragsarbeiter darstellten, verbarg sich zudem der Versuch der DDR, strategische Kooperationen mit sozialistischen Ländern aufzubauen und zu stärken. Als zweiter deutscher Staat sah sich die DDR dabei stets in Konkurrenz mit der großen und wirtschaftlich ungleich stärkeren Bundesrepublik. Während in den 1960er und 1970er Jahren die Möglichkeit zu Kontakten und einer festen Einbindung der Entsendeländer in die sozialistische Gemeinschaft durchaus eine Leitidee darstellte, zeigte sich bei den Verhandlungen und in der Umsetzung der Regierungsabkommen, dass der propagierte proletarische Internationalismus und die Völkerfreundschaft geringe Relevanz beanspruchen konnten, wenn es um harte finanzielle Fakten ging. Die ökonomische Notwendigkeit des Vertragsarbeitereinsatzes dominierte und verdrängte zunehmend den Qualifizierungsansatz, der gerade für die Entsender anfangs ein zentrales Element in den Abkommen dargestellt hatte. Von einer einheitlichen Anwerbepolitik gegenüber ausländischen Arbeitskräften kann daher kaum gesprochen werden, vielmehr veränderten sich die Bedingungen für die Vertragsarbeiter im Laufe der drei beschriebenen Zeitabschnitte deutlich.

Allen Entsendeländern gemein waren die wirtschaftlichen Schwierigkeiten und das Bevölkerungswachstum, das einen Anstieg der Arbeitslosigkeit bewirkte. Insbesondere in der dritten Phase der Anwerbung kann daher ein Paradoxon bei der Entsendung von Arbeitskräften beobachtet werden: Für die jeweiligen Herkunftsländer galt die DDR trotz ihres wirtschaftlichen Niedergangs als ein industriell nach wie vor weiter entwickeltes Land. Folglich stellte der Arbeitskräftetransfer aus dieser Perspektive eine Hilfe dar und zwar sowohl für die Entsendeländer als auch für die DDR, die zur Kompensation sinkender Produktivität auf mehr und billigere Arbeitskräfte angewiesen war. In welchem Maße der Vertragsarbeitereinsatz wirklich rentabel war, gilt es noch zu berechnen. Die geringeren Löhne allein dürfen indes nicht darüber hinweg täuschen, dass die Betriebe und damit immer auch der Fiskus steigende Kosten zu tragen hatten, die sich u. a. aus den Zahlungen an die Entsendeländer und den Kosten für die Unterbringung der Arbeiter ergaben. Andererseits unterstellt eine solche Überlegung eine betriebswirtschaftliche Rationalität, die in den Betrieben nicht oder nur eingeschränkt bestand. In der Logik der DDR-Wirtschaft ging es darum, das Plansoll zu erfüllen – und dies war vielen Betrieben in den 1980er Jahren ohne den Einsatz von Vertragsarbeitern nicht mehr möglich.

Anmerkungen

1   Vgl. Ulrich Herbert, Geschichte der Ausländerpolitik in Deutschland. Saisonarbeiter, Zwangsarbeiter, Gastarbeiter, Flüchtlinge, München 2001; Karin Hunn, »Nächstes Jahr kehren wir zurück...«. Die Geschichte der türkischen »Gastarbeiter« in der Bundesrepublik, Göttingen 2005; Yvonne Rieker, »Ein Stück Heimat findet man ja immer«. Die italienische Einwanderung in die Bundesrepublik, Essen 2003.

2   Vgl. Cesare Bermani/Sergio Bologna/Brunello Mantelli, Proletarier der »Achse«. Sozialgeschichte der italienischen Fremdarbeit in NS-Deutschland 1937 bis 1943, Berlin 1997.

3   Vgl. Eva-Maria Elsner/Lothar Elsner (Hrsg.), Ausländerpolitik und Ausländerfeindschaft in der DDR (1949–1990), in: Texte zur politischen Bildung 13, o.S. Vgl. zur Forschungsdiskussion im Anschluss an Elsner/Elsner den Beitrag von Anja Mohnke in diesem Band.

4   Vgl. Dirk Jasper, Ausländerbeschäftigung in der DDR, in: Marianne-Krüger Potratz (Hrsg.), Anderssein gab es nicht. Ausländer und Minderheiten in der DDR, Münster/New York 1991, S. 151–190.

5   Vgl. Sandra Gruner-Domić, Zur Geschichte der Arbeitskräftemigration in der DDR. Die bilateralen Verträge zur Beschäftigung ausländischer Arbeiter (1961–1989), in: Internationale wissenschaftliche Korrespondenz zur Geschichte der deutschen Arbeiterbewegung 32 (1996), H. 2, S. 204–230. Vgl. ebenso Sandra Gruner-Domić, Beschäftigung statt Ausbildung. Ausländische Arbeiter und Arbeiterinnen in der DDR (1961–1989), in: Jan Motte/Rainer Ohlinger/Anne von Oswald, 50 Jahre Bundesrepublik – 50 Jahre Einwanderung. Nachkriegsgeschichte als Migrationsgeschichte, Frankfurt a.M. 1999, S. 215–240.

6   Die statistischen Angaben über die tatsächliche Anzahl der Vertragsarbeiter in der DDR schwanken. Das Ministerium für Arbeit und Löhne (MfAL) nennt für das Jahr 1989 die Zahl 95.000: Ministerium

für Arbeit und Löhne, Information über die Realisierung der Abkommen über die zeitweilige Beschäftigung ausländischer Werktätiger im Jahre 1989, o.D., BArch, DQ 3/2143, Bl. 1. Bei den statistischen Angaben im Anhang dieser Arbeit wird jedoch die Zahl 93.500 verwendet, die Bade/Oltmer nennen. Vgl. Klaus J. Bade/Jochen Oltmer, Mitteleuropa. Deutschland, in: Klaus J. Bade/Pieter C. Emmer/ Leo Lucassen/Jochen Oltmer (Hrsg.), Enzyklopädie. Migration in Europa. Vom 17. Jahrhundert bis zur Gegenwart, Paderborn/Zürich/München 2007, S. 162.

7   Die Zahlen entstammen den Angaben des Statistischen Bundesamts vom 31.12.1989, wonach sich 191.190 Ausländer in der DDR aufhielten. In: Elsner/Elsner, Ausländer, S. 59. Vgl. Oliver Rändchen, Fremde in Deutschland: Vietnamesen in der DDR, Berlin 2000, S. 78ff. Zu den rund 580.000 militärischen und zivilen Angehörigen der Roten Armee sowie ihren Familien, die sich zum Zeitpunkt der Wende in der DDR befanden, vgl. Silke Satjukow, Besatzer.»Die Russen« in Deutschland 1945–1994, Göttingen 2008.

8   Vgl. Klaus J. Bade, Europa in Bewegung. Migration vom späten 18. Jahrhundert bis zur Gegenwart, München 2002, S. 339.

9   Vgl. Jasper, Ausländerbeschäftigung, S. 151.

10 Ebd.

11 Vgl. Uli Sextro, Gestern gebraucht, heute abgeschoben. Die innenpolitische Kontroverse um die Vertragsarbeitnehmer der ehemaligen DDR, Dresden 1996, S. 113.

12 Ebd.

13 Die BRD nahm ab Ende der 1970er Jahre jährlich mehr Zuwanderer auf als Kanada und Australien, die bis dahin als klassische Einwanderungsländer galten. Vgl. Bade, Mitteleuropa, S. 398.

14 Vgl. Jasper, Ausländerbeschäftigung, S. 151.

15 Angedacht waren die Beschäftigung junger Ingenieure, Techniker und Facharbeiter aus der UdSSR sowie die Qualifizierung bulgarischer Arbeiter: Ministerrat der DDR, Beschluss über die Gesamtkonzeption für Verhandlungen mit der UdSSR und der Volksrepublik Bulgarien über den Einsatz von Werktätigen auf diesen Ländern, 30.11.1961, BArch, Nr. I/4-512, Bl. 81–105.

16 Vgl. Dennis Kuck, »Für den sozialistischen Aufbau ihrer Heimat?« Ausländische Vertragsarbeitskräfte in der DDR, in: Jan C. Behrends u.a. (Hrsg.), Fremde und Fremd-Sein in der DDR. Zu den historischen Ursachen der Fremdenfeindlichkeit in Ostdeutschland, Berlin 2003, S. 271.

17 Vgl. Helga Marburger/Gisela Helbig/Eckhard Kienast/Günter Zorn, Situation der Vertragsarbeitnehmer der ehemaligen DDR vor und nach der Wende, in: Helga Marburger (Hrsg.), »Und wir haben unseren Beitrag zur Volkswirtschaft geleistet«. Eine aktuelle Bestandsaufnahme der Situation der Vertragsarbeitnehmer der ehemaligen DDR vor und nach der Wende, Frankfurt a.M. 1993, S. 4–75, hier S. 9.

18 Vgl. Ministerrat der DDR: Entwurf des Abkommens zwischen der Regierung der DDR und der Regierung der Volksrepublik Polen über den Einsatz polnischer Werktätiger im Braunkohlebergbau der DDR, 6.12.1962, BArch, MB, Nr. I/4-655, Bl. 116–168. Vgl. Gruner-Domić, Geschichte, S. 206.

19 1965 erhielten auf diese Weise 127 Polen die Staatsbürgerschaft der DDR. Ein Jahr später reagierte die polnische Regierung jedoch auf die Maßnahmen der DDR, da diese nur mit örtlichen Behörden abgesprochen worden waren, und in der Folge musste die DDR-Regierung ihren Beschluss zur Übersiedlung zurücknehmen. Die polnische Regierung limitierte zudem den Zuzug von arbeitsfähigen Personen und deren Familien auf 3.000 im Jahr. Vgl. Ministerrat, Beschluss über die Aufhebung des Beschlusses des Präsidiums des Ministerrates vom 9.6.1964 über Maßnahmen zur Vorbereitung und Durchführung des Übersiedlung von Bürgern der Volksrepublik Polen in die DDR, 26.8.1965, BArch, MB, Nr. I/4-1179, Bl. 48–51.

20 Vgl. Staatssekretariat für Arbeit und Löhne (SfAL), Abkommen zwischen der Regierung der DDR und der Regierung der Volksrepublik Polen über die Zusammenarbeit auf dem Gebiet der Beschäftigung polnischer Werktätiger in Betrieben der DDR, 25.5.1971, BArch, DQ 3/1812.

21 Ministerrat der DDR: Brief von K. Fichtner an den Vorsitzenden des Ministerrates der DDR, Willi Stoph, 29.9.1972, BArch, DC 20/9985.

22 SfAL, Abkommen zwischen der Regierung der DDR und [...] Polen über die Zusammenarbeit [...], 25.5.1971, BArch, DQ 3/1812. Eine Begründung für die Zahl ist in den Akten nicht ersichtlich. Es liegt jedoch die Vermutung nahe, dass einerseits die Verwaltung einer solchen Gruppengröße finanziell

und personell leichter fiel als bei kleineren Gruppen. Andererseits könnte diese Zahl auch eine Mindestanzahl von Vertragsarbeitern darstellen, mit der der jeweilige Betrieb rechnen konnte.

23 Ministerrat der DDR, Brief von K. Fichtner an den Vorsitzenden des Ministerrates der DDR, Willi Stoph, 29.9.1972, BArch, DC 20/9985.

24 Ministerrat der DDR, Vorgeschlagene Veränderungen und Ergänzungen zum Abkommen zwischen der Regierung der VRP und der Regierung der DDR über die zeitweilige Beschäftigung polnischer Werktätiger in Betrieben der DDR, 25.5.1971, BArch, DC 20/9985.

25 Insgesamt wurde der Vertrag mit der VR Polen dreimal geändert und in Form von Vereinbarungen am 18.10.1973, am 12.12.1981 sowie am 19.12.1985 festgehalten. Vgl. dazu Staatssekretariat für Arbeit und Löhne, BArch DQ 3/1812 und SfAL, BArch DQ 3/2140.

26 Ministerrat der DDR, Beschluss über die Angleichung der Bedingungen des mit der Ungarischen Volksrepublik bestehenden Regierungsabkommens über die zeitweilige Beschäftigung von Werktätigen an das Regierungsabkommen mit der Volksrepublik Polen, 1.11.1973, BArch, MB Nr. I/4-2960, Bl. 99–102.

27 SfAL, Jahresprotokoll für 1976 zum Abkommen zwischen der Regierung der DDR und der Regierung der Volksrepublik Polen über die zeitweilige Beschäftigung polnischer Werktätiger in Betrieben der DDR, 18.10.1973, BArch, DQ 3/2140.

28 SfAL, Vorlage für das Sekretariat des Zentralkomitees der SED. Betreff: Fortsetzung der Arbeitskräftekooperation mit der Volksrepublik Polen, 3.5.1988, BArch, DQ 3/1791, Bl. 2. Neben den polnischen Vertragsarbeitern wurden zusätzlich auch Ingenieure und Ärzte aus Polen beschäftigt, um den Mangel an technisch und wissenschaftlich qualifizierten Kräften auszugleichen.

29 Ebd.

30 Ministerrat der DDR, Beschluss über die Verwirklichung der Vereinbarung zwischen dem Staatlichen Amt für Arbeit und Löhne der DDR und dem Komitee für Arbeit und Löhne der Volksrepublik Polen über die Grundsätze der Beschäftigung polnischer Werktätiger aus Grenzbezirken der Volksrepublik Polen in Betrieben der Grenzbezirke der DDR, 7.7.1966, BArch, MB, Nr. I/4-1375, Bl. 80–85; SfAL, Direktive für die Verhandlungen mit dem Ministerium für Arbeit und Sozialwesen der VR Polen über die Abstimmung neuer Abkommensgrundlagen zur Fortsetzung der Arbeitskräftekooperation ab 1988, BArch, DQ 3/1791, Bl. 1ff. [1987]. Ein Beispiel für die Einsatzorte war der VEB Elektroschaltgeräte Görlitz und Oppach, in dem 75 Pendler beschäftigt waren.

31 Ministerrat der DDR, Informationen über den Stand der Vorbereitungen und notwendige Schlussfolgerungen beim Einsatz polnischer Arbeitskräfte in Betrieben der DDR in Grenzbezirken, 18.10.1965, BArch, MB Nr. I/4-1201, Bl. 60.

32 Ministerrat der DDR, Beschluss über den Bericht der bisherigen Erfahrungen und Ergebnisse aus dem Einsatz ungarischer und polnischer Werktätiger, 7.1.1970, BArch, MB, Nr. I/4-2116, Bl. 173.

33 Ministerrat der DDR, Brief des Leiters des Staatlichen Amtes für Arbeit und Löhne an den Stellvertreter des Vorsitzenden des Ministerrates, Wolfgang Rauchfuß, 8.2.1972, BArch, DC 20/9992; Ministerrat der DDR, Informationen über den Stand der Vorbereitungen und notwendige Schlussfolgerungen beim Einsatz polnischer Arbeitskräfte in Betrieben der DDR in Grenzbezirken, 18.10.1965, MB, Nr. I/4-1201, Bl. 58–67. Vgl. Christoph Kleßmann (Hrsg.), Arbeiter im »Arbeiterstaat« DDR. Deutsche Traditionen, sowjetisches Modell, westdeutsches Magnetfeld. (1945 bis 1971) (= Geschichte der Arbeiter und Arbeiterbewegung in Deutschland seit dem Ende des 18. Jahrhunderts, Bd. 14), unter Mitarbeit von Gerhard A. Ritter, Bonn 2007, S. 617.

34 MfAL, Thesen für ein Gespräch über die Beschäftigung und Qualifizierung von Werktätigen aus befreundeten Ländern in Betrieben der DDR, 10.10.1986, BArch, DQ 3/2143, Bl. 1.

35 SfAL, Beschluss zum Abschluss eines Abkommens zwischen der Regierung der DDR und der Volksrepublik Polen über die Zusammenarbeit auf dem Gebiet der Beschäftigung polnischer Werktätiger in Betrieben der DDR, 3.7.1988, BArch, DQ 3/1791, Bl. 4; Ministerium für Arbeit und Löhne: Beschluss über die Änderungsbedingungen zur Realisierung des Abkommens zwischen der Regierung der DDR und der Volksrepublik Polen über die Zusammenarbeit auf dem Gebiet der Beschäftigung polnischer Werktätiger in Betrieben der DDR, 5.9.1988, BArch, DQ 3/2127.

36 Vgl. Röhr, Beschäftigung, S. 289.

37 SfAL, Abkommen über die zeitweilige Beschäftigung junger ungarischer Werktätiger in sozialisti-

schen Betrieben der DDR zum Erwerb praktischer Berufserfahrungen, 26.5.1967, BArch, DQ 3/2132. Vgl. Kuck, Aufbau, S. 272.

38 Inhaltlich entsprach das Abkommen im Großen und Ganzen dem Pendlerabkommen mit Polen.

39 Ministerrat der DDR, Information des Leiters des Staatliches Amtes für Arbeit und Löhne beim Ministerrat Rademacher an den Stellvertretenden des Vorsitzenden des Ministerrates, Wolfgang Rauchfuß, 18.11.1968, BArch, DC 20/11893.

40 Ministerrat der DDR, Information über die Rückführung ungarischer Werktätiger im Oktober 1970, 11.8.1970, BArch, DC 20/9991.

41 MfAL, Analyse des Einsatzes ausländischer Werktätiger im Rahmen der Regierungsabkommen mit der UVR, VRP und DVRA, 1977, BArch, DQ 3/2138, Bl. 5.

42 MfAL, Besonderheiten der Abkommen der DDR mit der UVR, VRP und DVRA, 1977, BArch, DQ 3/2138, Bl. 2.

43 SfAL, Abkommen zwischen der Regierung der DDR und der Regierung der Demokratischen Volksrepublik Algerien über die Zusammenarbeit bei der zeitweiligen Beschäftigung algerischer Werktätiger bei gleichzeitiger Vermittlung von beruflichen Erfahrungen sowie der Qualifizierung im Prozess produktiver Tätigkeit in sozialistischen Betrieben der DDR, 11.4.1974, BArch, DQ 3/1811.

44 MfAL, Analyse des Einsatzes ausländischer Werktätiger im Rahmen der Regierungsabkommen mit der UVR, VRP und DVRA«, 1977, BArch, DQ 3/2138, Bl. 12.

45 Vgl. Almut Riedel, Doppelter Sozialstatus, späte Adoleszenz und Protest. Algerische Vertragsarbeiter in der DDR, in: Kölner Zeitschrift für Soziologie und Sozialpsychologie 53 (2001), H. 5, S. 76–95.

46 MfAL, Vorlage für die Kommission des Politbüros des ZK der SED zur Koordinierung der ökonomischen, kulturellen und wissenschaftlich-technischen Beziehungen der DDR zu Ländern Asiens, Afrikas und des arabischen Raums, 6.9.1979, BArch, DC 20/17161, S. 2.

47 Ministerrat der DDR, Information über die Einreise algerischer Werktätiger in die DDR auf der Grundlage des zwischen der Regierung der DDR und der Demokratischen Volksrepublik Algerien abgeschlossenen Abkommens, 11.4.1974, BArch, DC 20/17160, Bl. 83ff.; MfAL, Analyse des Einsatzes ausländischer Werktätiger im Rahmen der Regierungsabkommen mit der UVR, VRP und DVRA, 1977, BArch, DQ 3/2138, Bl. 2.

48 SfAL, Protokoll zum Abkommen zwischen der […] DDR und […] der DVRA […],11.4.1974, BArch, DQ 3/1811. Die Praxis der Übertragung der Reisekosten auf die Herkunftsländer wurde, abgesehen von Kuba, von diesem Zeitpunkt an charakteristisch und betonte den temporär geprägten Charakter des Vertragsarbeitereinsatzes.

49 Ministerrat der DDR, Information über den Abschluss eines Regierungsabkommens mit der DVRA, 15.4.1974, BArch, DC 20/17134, Bl. 2.

50 Ministerrat der DDR, Information über Stand und Ergebnisse der Verhandlungen über den Abschluss eines Regierungsabkommens mit der DRVA, 5.4.1974, BArch, DC 20/17134, Bl. 2.

51 Ebd.

52 SfAL, Maßnahmen zur Qualifizierung der Leitung des Einsatzes, der Betreuung und der politisch-ideologischen Arbeit mit den algerischen Werktätigen in der DDR, 5.1.1976, BArch, DQ 3/1811.

53 Zitat: Hanns Thomä-Venske, Notizen zur Situation der Ausländer in der DDR, in: Zeitschrift für Ausländerrecht und Ausländerpolitik 3 (1990), S. 126; vgl. Jasper, Ausländerbeschäftigung, S. 162.

54 MfAS, Abkommen zwischen der Regierung der DDR und der Regierung der Republik Kuba über die zeitweilige Beschäftigung kubanischer Werktätiger bei gleichzeitiger Qualifizierung im Prozess produktiver Tätigkeit in sozialistischen Betrieben der DDR, 3.5.1978, BArch, DQ 3/2127.

55 Siehe dazu u. a. SfAL, Niederschrift über die Gespräche zwischen dem Stellvertreter des SfAL der DDR, Horst Rademacher, und dem Stellvertreter des Staatlichen Komitees für Arbeit und Sozialversicherung der Republik Kuba, Hector Martinez Brito, 27.–30.6.1981, BArch, DQ 3/2130.

56 SfAL, Niederschrift über die Beratung zwischen den Vertretern des SfAL der DDR und des Staatlichen Komitees für Arbeit und Sozialversicherung der Republik Kuba über die zeitweilige Beschäftigung und Qualifizierung kubanischer Werktätiger in Betrieben der DDR, 26.10.–2.11.1981, BArch, DQ 3/1810, Bl. 2.

57 MfAS, Brief von Wolfgang Beyreuther an das 1. Mitglied des Politbüros und Sekretär des ZK der SED, Dr. Günter Mittag, 16.12.1980, BArch, DQ 3/2130.

58 MfAS, Information über die Durchführung des Abkommens über die zeitweilige Beschäftigung kubanischer Werktätiger in der DDR, 20.11.1987, BArch, DQ 3/2127.

59 SfAL, Verlängerung des zeitweiligen Einsatzes kubanischer Werktätiger, 8.12.1988, BArch, DQ 3/2130.

60 SfAL, Information über die Durchführung des Abkommens über die zeitweilige Beschäftigung kubanischer Werktätiger in der DDR, 5.5.1988, BArch, DQ 3/2130.

61 SfAL, Vereinbarung auf der Grundlage von Artikel 1 der Vereinbarung zum Abkommen zwischen der Regierung der DDR und der Regierung der Republik Kuba über die zeitweilige Beschäftigung kubanischer Werktätiger bei gleichzeitiger Qualifizierung im Prozess produktiver Tätigkeit in sozialistischen Betrieben der DDR, 3.5.1978, BArch, DQ 3/2130.

62 MfAS, Abkommen zwischen der Regierung der DDR und der Regierung der Volksrepublik Mocambique über die zeitweilige Beschäftigung mocambiquanischer Werktätiger in sozialistischen Betrieben der DDR, o.D., BArch, DQ 3/2143, Bl. 1–14.

63 Vgl. Hans-Joachim Döring, »Es geht um unsere Existenz«: Die Politik der DDR gegenüber der Dritten Welt am Beispiel von Mosambik und Äthiopien, Berlin 1999, S. 230ff.

64 Zentralkomitee der SED, Vorlage für das Politbüro des ZK der SED, G. Schürer, W. Siegert, A. Schalk, o.D., BArch, DE 1/55151.

65 MfAS, Jahresprotokoll 1989 zum Abkommen zwischen der DDR und der Volksrepublik Mocambique über die zeitweilige Beschäftigung mocambiquanischer Werktätiger in Betrieben der DDR, o.D., BArch, DQ 3/2131; vgl. Gruner-Domić, Geschichte, S. 215ff.

66 MfAS, Brief vom Staatssekretariat für Arbeit der VRM, Vertretung in der DDR, 24.8.1988, BArch, DQ 3/2131.

67 SfAL, Vermerk über eine Beratung zu einem besonderen Vorkommnis im VEB Gewächshausanlagen Vockerode, o.D., BArch, DQ 3/2131.

68 MfAS, Abkommen zwischen der Regierung der DDR und der Regierung der Sozialistischen Volksrepublik Vietnam über die zeitweilige Beschäftigung und Qualifizierung vietnamesischer Werktätiger in Betrieben der DDR, 11.4.1980, BArch, DQ 3/2143 und DQ 3/1810.

69 Ebd., Bl. 2.

70 MfAL, Gegenüberstellung von Fakten und Bedingungen aus den Regierungsabkommen zum Einsatz ausländischer Werktätiger in Betrieben der DDR, o.D.; vgl. Gemeinsame Niederschrift über die Verhandlungen zwischen der Delegation des SfAL der DDR und des Ministeriums für Arbeit, Kriegsversehrte und Sozialwesen der SRV, 5.–11.12.1988, in: Elsner/Elsner, Ausländer, S. 182–190.

71 Vgl. Andreas Müggenburg, Die ausländischen Vertragsarbeitnehmer in der ehemaligen DDR. Darstellung und Dokumentation, Bonn 1996, S. 11.

72 Vgl. ebd., S. 179ff.; Kuck, Aufbau, S. 273.

73 Vgl. Müggenburg, Vertragsarbeitnehmer, S. 10.

74 Ministerrat der DDR, Schreiben vom Ministerrat der DDR, des Stellvertretenden des Vorsitzenden, an den Generalsekretär des ZK der SED, 24.10.1986, BArch, DY 30/2493, Bl. 235.

75 1989 waren allein in der Leichtindustrie 26.256 Vietnamesen tätig.

76 MfAL, Information zur Durchführung der Beschlüsse der Parteiführung und des Ministerrates über die Beschäftigung ausländischer Werktätiger, 1988, BArch, DQ 3/2138, Bl. 6.

77 Ebd., Bl. 6.

78 SfAL, Abkommen zwischen der Regierung der DDR und der Regierung der Regierung der Volksrepublik Angola über die zeitweilige Beschäftigung und Qualifizierung angolanischer Werktätiger in Betrieben der DDR, 29.3.1985, BArch, DQ 3/1811.

79 SfAL, Aktennotiz über ein Gespräch am 12. September 1988 im SfAL mit dem Vertreter des Ministeriums für Arbeit und Soziale Sicherheit der VRA in der DDR, Manuel da Costa, 13.9.1988, BArch, DQ 3/2135.

80 MfAL, Information über die Realisierung des Abkommens über die zeitweilige Beschäftigung ausländischer Werktätiger im Jahre 1989, o.D., BArch, DQ 3/2143, Bl. 1.

81 SfAL, Vereinbarung zwischen dem SfAL der DDR und dem Staatlichen Komitee für Außenwirtschaftsbeziehungen der Mongolischen Volksrepublik über die zeitweilige Beschäftigung und weitere Qualifizierung mongolischer Werktätiger in Betrieben der DDR, 1989, BArch, DQ 3/2139.

82 MfAS, Brief von Rademacher an den Stellvertreter des Vorsitzenden der SPK, Siegfried Wenzel, 21.9.1988, BArch, DQ 3/2138.

83 SfAL, Informationen über einige Probleme beim zeitweiligen Einsatz mongolischer Bürger, 1980, BArch, DQ 3/1082; MfAL, Konzeption zum Einsatz ausländischer Werktätiger 1991–1995, 1989, BArch, DQ 3/2139, Bl. 4; Staatssekretariat für Arbeit und Löhne: Aktennotiz über ein Gespräch mit dem Handels- und Wirtschaftsrat der Botschaft der Mongolischen Volksrepublik der DDR, Gongoryn Dojod, BArch, 12.2.1988, DQ 3/2129.

84 SfAL, Vereinbarung zwischen dem SfAL der DDR und dem Ministerium für Außenwirtschaftsbeziehungen und Versorgung der MVR über die zeitweilige Beschäftigung und Qualifizierung mongolischer Werktätiger in Betrieben der DDR, 1989, BArch, DQ 3/2139.

85 MfAS, Grundsatzvereinbarung zwischen der Regierung der DDR und der Regierung der Volksrepublik China über Beschäftigung und Qualifizierung chinesischer Werktätiger in sozialistischen Industriebetrieben der DDR, 9.4.1986, BArch, DQ 3/2129.

86 MfAS, Grundsatzvereinbarung zwischen der [...] DDR und der [...] VR China [...] vom 9.4.1986, 17.8.1990, BArch, DQ 3/2129.

87 Noch geringer ist der Bestand über die Kooperation mit Nordkorea. 1986 befanden sich etwa 870 koreanische Werktätige in der DDR. Vgl. MfAL, Information über die Realisierung der Abkommen über die zeitweilige Beschäftigung ausländischer Werktätiger im Jahre 1989, o.D., BArch, DQ 3/2143, Bl. 1.

88 Vgl. Jasper, Ausländerbeschäftigung, S. 163.

89 Vgl. MfAL, Information über die Realisierung der Abkommen über die zeitweilige Beschäftigung ausländischer Werktätiger im Jahre 1989, o.D., BArch, DQ 3/2143, Bl. 4f.

90 Ebenso lassen sich hier die Mongolei und Nordkorea nennen.

91 Vgl. Annegret Schüle, Vertragsarbeiterinnen und -arbeiter in der DDR: »Gewährleistung des Prinzips der Gleichstellung und Nichtdiskriminierung«?, in: 1999. Zeitschrift für Sozialgeschichte des 20. und 21. Jahrhunderts 17 (2002), S. 80–100, hier S. 96.

92 Vgl. Sextro, Gestern gebraucht, S. 58.

93 MfAS, Information an alle DDR-Betriebe – Endausreise ausländischer Arbeitskräfte durch Interflug, 3.7.1990, BArch, DQ 3/2136.

94 Vgl. Schüle, Vertragsarbeitnehmer, S. 69f.

95 Vgl. ebd., S. 53ff.

96 Der Tagesspiegel, 24.5.1990, zitiert nach: Sextro, Gestern gebraucht, S. 62.

97 Vgl. Sextro, Gestern gebraucht, S. 63.

98 MfAL, Verordnung über die Veränderung von Arbeitsrechtsverhältnissen ausländischer Bürger, die auf der Grundlage von Regierungsabkommen in der DDR beschäftigt und qualifiziert werden, unterzeichnet vom Ministerpräsident de Maizière und dem Minister für Arbeit und Soziales Dr. Hildebrandt, 13.6.1990, BArch, DE 10/656.

99 Ebd.

Vertragsarbeiter in der Leichtindustrie am Beispiel des VEB Textilkombinat Cottbus

Anja Strnad

Auf den ersten Blick scheint die Analogie naheliegend: Die sogenannten Vertragsarbeiter, angeworbene ausländische Arbeitskräfte, waren die Gastarbeiter der DDR. Ein zweiter Blick lässt in quantitativer Hinsicht Zweifel aufkommen. Selbst jene rund 95.000 Menschen, die im Jahr der deutschen Wiedervereinigung in den Volkseigenen Betrieben (VEB) beschäftigt waren, standen weit hinter den Millionen ausländischen Beschäftigten im Westen Deutschlands zurück. Von einem Anteil an der erwerbstätigen Bevölkerung von über zehn Prozent, wie er in den 1970er Jahren in der Bundesrepublik erreicht worden war, blieb die DDR zeit ihres Bestehens weit entfernt. Ein dritter Blick schließlich verrät, dass die Beschäftigung mit den Vertragsarbeitern gleichwohl auf interessante Fragen verweist und dies insbesondere angesichts des Umstandes, dass in einer Zentralplanwirtschaft wie jener der DDR streng genommen Arbeitsmigration gar nicht vorgesehen war. Doch in den 40 Jahren, in denen die DDR existierte, wurden diese ausländischen Arbeitskräfte gezielt angeworben und waren in den VEB der verschiedensten Industriebereiche tätig. Bereits Mitte der 1960er Jahre hatte die SED-Regierung begonnen, zwischenstaatliche Abkommen zur Beschäftigung »ausländischer Werktätiger«, wie ausländische Arbeitnehmer in der DDR offiziell bezeichnet wurden, mit anderen Ländern zu schließen. Die kollektiv angeworbenen und aufgrund der bilateralen Basis im Rückblick als Vertragsarbeiter[1] bezeichneten Arbeiter und Arbeiterinnen wurden meist nach einem Rotationsprinzip mehrere Jahre in der DDR eingesetzt. Insbesondere der zunehmende Arbeitskräfteverlust durch die Abwanderung in die Bundesrepublik erschwerte der DDR-Wirtschaft eine stabile Entwicklung und führte schließlich zur Migration ausländischer Arbeitskräfte.

Dabei korrespondierten die Branchen, in denen die Arbeiter eingesetzt wurden, erkennbar mit der jeweiligen industriellen Schwerpunktsetzung der DDR-Wirtschaft. Während bis in die 1960er Jahre vornehmlich die Schwerindustrie ausgebaut wurde und neben der stetig bedeutsamen Energiewirtschaft Arbeitskräfte benötigte, erlangten ab den späten 1960er Jahren andere Industriezweige und damit das produzierende Gewerbe Vorrang in den Planungen Ost-Berlins. Mit dem Einsatz der Vertragsarbeiter in der Leichtindustrie in den 1980er Jahren erreichte die Arbeitsmigration in der DDR ihren Höhepunkt. Aufgrund des Mangels an eigenen Arbeitskräften und der in den verschiedenen Wirtschaftsprogrammen selbst eingeforderten höheren Arbeitsproduktivität entdeckte die SED-Regierung die Vertragsarbeiter als Lösung für eines ihrer drängendsten ökonomischen Probleme. Am Beispiel der Arbeitskräftekooperation mit der Sozialistischen Republik (SR) Vietnam lässt sich die Abkehr von einer bilateralen Kooperation und Unterstützung im Rahmen praktischer »Internationaler Solidarität« hin zu einem einseitigen wirtschaftlichen Nutzen für das Aufnahmeland verdeutlichen. Zwischen 1987 und 1989 expandierte die Vertragsarbeit über alle bis dahin gekannten Maße hinaus, denn aufgrund der veralteten Maschinen und einer vergleichsweise geringen Arbeitsproduktivität war dieser Industriezweig nur noch mit einem hohen Arbeitskräfteeinsatz überlebensfähig. Um diesen Bedarf zu befriedigen, griff die DDR nun massenhaft auf das Vertragsarbeiterpotenzial zurück.[2]

Vor dem Hintergrund dieser Ausgangssituation beabsichtigt die vorliegende Arbeit, die Arbeitsmigration in der Leichtindustrie der DDR anhand der Betriebsstudie eines Textilbetriebes aus dem ehemaligen Bezirk Cottbus[3] exemplarisch nachzuzeichnen und gleichzeitig in einen wirtschaftspolitischen Kontext einzubetten. Am Beispiel des VEB Textilkombinats Cottbus (TKC) wird gezeigt, welche Zusammenhänge zwischen der industriepolitischen Entwicklung der DDR und der Vertragsarbeit als spezifischer Form der Arbeitsmigration bestanden und wie die offizielle Industriepolitik die Beschäftigung ausländischer Arbeitskräfte im Bereich der Leichtindustrie, insbesondere der Textil- und Bekleidungsindustrie, beeinflusste.[4] Dabei legt die Betriebsstudie zum TKC dar, wie der Bezirk Cottbus aufgrund der dort traditionell ansässigen Textilindustrie von der Planungsverwaltung ausgewählt wurde, um zu einem der modernsten und bedeutendsten Zentren der Textilproduktion in der DDR ausgebaut zu werden. Der mikrogeschichtliche Fokus auf einen Betrieb bedeutet indes auch, dass eine tiefer gehende Analyse der Regierungsabkommen nicht geleistet und nur insofern eingearbeitet werden kann, wie sie für die Betrachtung des Fallbeispiels TKC relevant ist.[5] Zudem geht es bei der Untersuchung weniger um die Alltagsbedingungen der Arbeitsmigranten am TKC als vielmehr darum, aus der Perspektive der wirtschaftlichen Erfordernisse der DDR sowie des betreffenden Betriebs die Notwendigkeit herauszuarbeiten, ausländische Arbeitskräfte zu beschäftigen, sowie die Zusammensetzung und den Umfang des Vertragsarbeitereinsatzes in der Leichtindustrie und speziell in der Region Cottbus zu umreißen.

Die wissenschaftlichen Vorarbeiten zum Thema Vertragsarbeit sind trotz des verfügbaren, umfangreichen Aktenmaterials beschränkt. Zahlreiche Publikationen über Migranten in der DDR entstanden zu einer Zeit, als aufgrund der zunehmenden, gewalttätigen Ausländerfeindlichkeit in ostdeutschen Städten zu Beginn der 1990er Jahre das Thema verstärkt in den Mittelpunkt des öffentlichen Interesses gelangte. Sie verfolgten jedoch eine Perspektive, in der vorrangig nach Gründen für den gewalttätigen Umgang mit Ausländern in den neuen Bundesländern gesucht wurde.[6] Im Zuge dieser öffentlich geführten Debatte wurde auch das Thema Arbeitsmigration Gegenstand wissenschaftlicher Forschungen und damit erstmals in belastbaren Veröffentlichungen aufgegriffen. In den Jahren 2000 bis 2005 folgten zahlreiche Beiträge zur Migrationsforschung in der DDR.[7] Der überwiegende Teil der Publikationen beschreibt in Auszügen die Geschichte der verschiedenen bilateralen Vertragsabkommen oder wendet sich einer bestimmten Vertragsarbeitergruppe zu, meist aus einer Makroperspektive. Einzelne Betriebsstudien sind dagegen in der Literatur bisher selten vertreten.[8] Daher fehlen auch Untersuchungen zu Vertragsarbeitern im Bezirk Cottbus weitgehend, obwohl der Bezirk mit den dort vorhandenen Industriebereichen, insbesondere der Energie-, Textil- und der Chemischen Produktion, zu den bedeutenden Industriestandorten der DDR zählte. Auch die Fokussierung auf eine Industriebranche und speziell auf ausgewählte Betriebe des Textil produzierenden und verarbeitenden Gewerbes ist in dieser Form bislang nur in sehr wenigen Fällen erfolgt. Hervorzuheben ist hier die Pionierarbeit Annegret Schüles, die sich in einer Monografie sowie einer Reihe von Aufsätzen jedoch v. a. auf den Aspekt der weiblichen Industriearbeit am Beispiel des VEB Leipziger Baumwollspinnerei konzentriert,[9] sowie Leonore Ansorgs Studie zu weiblichen Leitungskadern und Arbeiterinnen in einem DDR-Textilbetrieb.[10]

Aufgrund der Forschungslücken muss die vorliegende Arbeit in erheblichem Maße auf bislang ungenutzt gebliebenes Quellenmaterial zurückgreifen. Ausgewertet wurden Archivmaterialen und Dokumente der Stiftung Archiv der Parteien und Massenorganisationen (SAPMO) des Bundesarchivs in Berlin Lichterfelde, die Betriebsakten des TKC, die sich im Brandenburgischen Landeshauptarchiv (BLHA) in Potsdam befinden, sowie Materialien des Zentralarchivs der Bundesbeauftragten für die Unterlagen des Staatssicherheitsdienstes der ehemaligen DDR (BStU) und des Archivs der Außenstelle in Frankfurt (Oder), in dem die Akten zum Bezirk Cottbus gelagert sind. Bei den Unterlagen des Ministeriums für Staatssicherheit (MfS) handelt es sich insbesondere um Material der Hauptabteilung (HA) XVIII des MfS, die für die Überwachung ausländischer Arbeitskräfte, die sogenannte politisch-operative Sicherung, zuständig war. Da das MfS die ausländischen Bürger als latente Gefahr für die innere Sicherheit der DDR betrachtete, wurden diese genauestens beobachtet.[11]

Der Schwerpunkt des Aufsatzes liegt auf der Darstellung der Vertragsarbeit im Stammbetrieb TKC vor dem Hintergrund industriepolitischer Entscheidungen der DDR.[12] Da die Geschichte der Vertragsarbeit im ausgewählten VEB ohne eine genauere Untersuchung der Betriebsgeschichte kaum zu bewerten ist, setzt sich ein erster Abschnitt mit der Entwicklung der Textilindustrie und der Entstehung des TKC auseinander. In einem kurzen Exkurs wird dabei auf die verstärkte Bildung von Kombinaten ab den 1960er Jahren und deren Bedeutung innerhalb der DDR-Wirtschaft eingegangen.

Ebenso beleuchtet werden die Wechselwirkungen zwischen dem Ausbau des Cottbuser Textilkombinats und der regionalen Bedeutung der Stadt Cottbus. Dabei werden in einem zweiten Teil insbesondere die Gründe für den regionalen Arbeitskräftemangel thematisiert, der den Einsatz von Vertragsarbeitern im TKC ab den frühen 1970er Jahren erforderlich machte.[13] Ein dritter Abschnitt behandelt die Entwicklung der Vertragsarbeitnehmer im Bereich der Leichtindustrie der DDR. Schließlich wird im letzten Teil am Beispiel des Einsatzes vietnamesischer Arbeitskräfte im TKC konkret beschrieben, wie sich die Vertragsarbeit in dieser Branche im Laufe des letzten Jahrzehnts der DDR wandelte, ehe die gewonnenen Erkenntnisse abschließend zusammengefasst werden.

Die Entwicklung der Textilindustrie
in der Region Cottbus und das TKC

Die Entstehung des Textilkombinats in Cottbus knüpfte an eine lange Tradition der Tuchindustrie in der Region an und wurde letztendlich durch die Fusionierung benachbarter Betriebe aus verwandten Industriezweigen möglich.[14] Aufgrund der zahlreichen Textilfirmen, die sich in der Region bereits im 19. Jahrhundert angesiedelt hatten, stellte die Branche schon vor der Gründung der DDR einen der prägenden Industriezweige in der Lausitz.[15] Noch vor dem Zweiten Weltkrieg, im Jahr 1935, waren bereits 58 Unternehmen der Textilindustrie in Cottbus ansässig und produzierten insbesondere Streich- und Kammgarnstoffe für Damen- und Herrenbekleidung. Des Weiteren waren Webereien, Spinnereien, Tuchfabriken, zahlreiche Färbereien sowie Fabriken, die sich der Teppichherstellung widmeten, in großer Zahl vertreten. 1946 wurden 42 Firmen verzeichnet, die entweder neu gegründet worden waren oder aber den Krieg überstanden hatten und wieder produzierten. Im Zuge der sowjetischen Besatzung und der Gründung der DDR wurden die privaten Textilunternehmen schrittweise verstaatlicht. Zwei Beispiele, die diese allmähliche Umstrukturierung der zahlreichen Textilbetriebe in der Region veranschaulichen, sind der VEB Tuchfabrik Cottbus und der VEB Bekleidungswerke Cottbus (BeWeCo), die später ebenfalls zum TKC gehörten. Der VEB BeWeCo wurde 1952 gegründet und versammelte fünf vormals private oder staatliche Textilunternehmen der Region. Fast gleichzeitig entstand ab 1953 der VEB Tuchfabrik durch die Zusammenlegung privater und halbstaatlicher Betriebe in mehreren Etappen, die sich bis 1976 hinzogen. Im Jahr 1966 war durch solche Fusionen die Zahl der textilindustriellen Betriebe in Cottbus bereits auf 24 gesunken.[16] Mit der Gründung des Textilkombinats Cottbus im Jahr 1969 wurden schließlich drei große Volkseigene Betriebe, der VEB Tuchfabrik Cottbus, der VEB Bekleidungswerke Cottbus und zusätzlich der VEB Wollwarenfabrik Cottbus in das Kombinat integriert. Damit war der Konzentrationsprozess unter den selbstständigen Textilbetrieben in Cottbus vorerst abgeschlossen.[17]

Durch die Bildung von Großkombinaten wie eben dem TKC versuchte der Staat ab den späten 1960er Jahren, Produktionszweige zusammenzuschließen, die sich technisch und ökonomisch ergänzten. Ziel dieser Zusammenlegungen industriell verwandter Betriebe war es, Synergieeffekte von Produktion und Forschung an einem Standort nutzbar zu machen. Die Kombinate wurden somit strukturbestimmend für die Wirtschaft der DDR. Immer mehr Volkseigene Betriebe wurden im Rahmen dieser wirtschaftlichen Umgestaltungsprozesse fusioniert und der qualifizierteste, größte Betrieb zum Stammbetrieb und Sitz des Unternehmens bestimmt. Die gesamte Leitung eines Kombinats erfolgte durch einen Generaldirektor, während die die jeweiligen Betriebe juristisch und ökonomisch weiterhin unter eigenem Namen produzierten. Die Kombinate wurden entsprechend ihrer Brancheneinordnung einem Industrieministerium unterstellt.[18]

Auch der Ausbau des Textilkombinats in Cottbus zielte auf die Entwicklung eines leistungsfähigen Produktionsverbundes durch Konzentrationsprozesse, basierend auf dem Modell »zur Anwendung des ökonomischen Systems des Sozialismus«[19] im TKC. Der Ministerrat der DDR hatte im Februar 1969 den Beschluss gefällt, in Cottbus ein sozialistisches Großkombinat im Bereich der Textilindustrie zu gründen und auf diesem Weg die bis dahin unzureichende Versorgung der DDR-Bevölkerung mit Textilien dauerhaft zu sichern. Die Errichtung des neuen Großkombinats sah mit der Zusammenlegung der vorhandenen Textilbetriebe und deren Umstrukturierung zunächst zwei Ausbaustufen des TKC vor, eine geplante dritte Ausbaustufe beinhaltete die Einbeziehung des Raumes Forst. Sämtliche Maßnahmen, die unter dem Begriff *Sonderprogramm Cottbus* zusammengefasst wurden, zielten letztlich auf die Entwicklung eines Kombinats ab, welches auf dem Weltmarkt wettbewerbsfähige Oberbekleidung herstellen sollte.[20] Durch die Fusionierung von 14 bereits bestehen-

Zur Bildung des TKC geplante Zusammenschlüsse (Stand 1969)

Nr.	In TKC einzugliederndes Unternehmen	Privates Unternehmen	Vorherige Zuordnung
1	VEB Textilkombinat Cottbus als Stammbetrieb		VVB Volltuch
2	VEB Forster Tuchfabriken		VVB Volltuch
3	VEB Spremberger Textilwerke		VVB Volltuch
4	VEB Gubener Wolle		VVB Volltuch
5	VEB Feintuchfabrik Finsterwalde		VVB Volltuch
6	VEB Oberlausitzer Volltuchfabrik Görlitz		VVB Volltuch
7	VEB Luckenwalder Volltuchfabrik		VVB Volltuch
8	VEB Bekleidungswerke Cottbus		VVB Konfektion
9	VEB Herrenmode Dresden		VVB Konfektion
10	VEB Bekleidungswerke Spreequelle Neugersdorf		VVB Konfektion
11	VEB Bekleidungswerke Hero Bischofswerda		Wirtschaftsrat Dresden
12	VEB Bekleidungswerke Novitas Radebeul		Wirtschaftsrat Dresden
13		C.H. Pürschel, Forst	VVB Volltuch
14		Paasche, Burg	VVB Volltuch

Quelle: Grobstudie zur Bildung des sozialistischen Kombinats VEB Textilkombinat Cottbus, 27.5.1969, BArch, DG/4/2094, 2/2.

den Textil- und Konfektionsbetrieben, die bis dato unterschiedlichen Vereinigungen Volkseigener Betriebe (VVB) angehörten,[21] sollte das Textilkombinat Cottbus entstehen (siehe Tabelle »Zur Bildung des TKC geplante Zusammenschlüsse«). Der VEB Textilkombinat in der Gerhard-Hauptmann-Straße in Cottbus wurde ausgewählt, als Stammbetrieb für das neu entstehende Kombinat in der Lausitz zu fungieren.[22]

Nach seiner Gründung wurde das TKC dem Zuständigkeitsbereich des Ministeriums für Leichtindustrie unterstellt. Das neue Großkombinat, das mit der Gründung die vorher selbstständigen beziehungsweise in VVBs eingebundenen Betriebe repräsentierte, verfügte 1969 über rund 12.100 Beschäftigte.[23] Durch den Zusammenschluss integrierte es insgesamt sieben Produktionsstufen der Textilherstellung und -verarbeitung mit einem Gesamtumsatz von annähernd 900.000 TM.[24] Der Stammbetrieb selbst verfügte im Gründungsjahr 1969 über rund 2.700 Beschäftigte. Fünf Jahre nach der Bildung des Kombinates, 1974, hatte sich diese Zahl bereits verdoppelt und die Belegschaft war auf 5.200 Mitarbeiter, darunter 1.000 Lehrlinge, angewachsen. Das Durchschnittsalter der Belegschaft lag bei 26 Jahren.[25] Die hohen Lehrlingszahlen sowie der Altersdurchschnitt verweisen darauf, dass der Betrieb in kurzer Zeit enorm gewachsen war, und die Ausbildung eine Maßnahme darstellte, den großen Bedarf an Arbeitskräften zu decken.[26] Der hohe Anteil weiblicher Beschäftigter von rund 75 Prozent entsprach dabei einerseits der in der DDR üblichen Quote und folgte andererseits dem in der Branche typischen Muster eines traditionell hohen Frauenanteils.[27] Im TKC wurde durchgängig im Drei- bzw. Vierschichtsystem gearbeitet, inklusive der Wochenenden, um die volle Auslastung der Maschinen zu gewährleisten. Lediglich in dem Bereich des Kombinats, der für die Konfektion zuständig war, wurde ein Zweischichtsystem eingeführt.[28]

Nach der Beendigung des kompletten Ausbaus des Kombinates 1977 hatte das TKC die wichtigsten Betriebe der textilen Flächenherstellung in sich vereint und beschäftigte 16.400 Arbeiter und Angestellte. Innerhalb der gesamten Textilindustrie der DDR produzierte es rund 17 Prozent aller textilen Flächen, an der Produktion von sogenannten Großrundgestricken[29] – auf die das TKC spezialisiert war – hielt es einen Anteil von 63 Prozent. Für mit dieser Technologie hergestellte Anzüge, Kostüme und Mäntel der Herren- und Damenkonfektion war das TKC als alleiniger Hersteller vorgesehen. Insgesamt konzentrierte sich die Produktion des Kombinats auf Material aus 100 Prozent Polyester, welches durch die Verarbeitung der Chemieseide ermöglicht wurde.[30]

Kurz, von der Fusionierung der bestehenden Textilbetriebe zum TKC und der territorialen Konzentration der Textilproduktion versprach sich die Regierung einen wesentlich höheren volkswirtschaftlichen Nutzen sowie Erleichterungen angesichts des Dauerproblems der Ressourcenknappheit.[31] Die Bildung des Textilkombinats setzte zudem auf die regionale Verflechtung mit dem Chemiefaserwerk Guben[32] und infolge dessen auf die verstärkte Herausbildung eines textilchemischen Zentrums in der Region sowie einer damit einhergehenden Konzentration der Aus- und Weiterbildung.[33] Im Raum Cottbus-Guben-Forst sollte ein völlig neues und wettbewerbsfähiges textil-chemisches Zentrum von internationalem Rang aufgebaut werden.[34]

Die Arbeitskräftesituation im Raum Cottbus

Aufgrund des Gründungsbeschlusses durch den Ministerrat der DDR, der den Ausbau des Kombinats veranlasste, erlangte nicht nur das TKC selbst, sondern der gesamte Industriezweig einen neuen Stellenwert in der Region. Mit dem fusionierten Textilkombinat verbanden sich große Erwartungen an die wirtschaftliche Weiterentwicklung der Textilindustrie. Neben den absehbaren Standortvorteilen durch die traditionelle Bedeutung der Tuchindustrie sowie der zu erwartenden textilen Erfahrung der vorhandenen Facharbeiter war die allgemeine Arbeitskräftesituation im Bezirk Cottbus ausschlaggebend für den Ausbau des TKC. Insbesondere die Zahl der bereits mit der Branche vertrauten weiblichen Beschäftigten galt als ausreichend.[35] Da die Region Cottbus in den 1950er Jahren Männern Arbeitsplätze v. a. in der wachsenden Energieindustrie und in der in Cottbus entstandenen Militärbasis bot, wurde zudem mit dem Zuzug von Frauen und somit mit einem ausreichenden Arbeitskräftepotenzial fest gerechnet.[36]

Bereits zum Ende des folgenden Jahrzehnts wurde jedoch ein akuter Arbeitskräftemangel in der Textilindustrie festgestellt. Insbesondere aufgrund von Wohnungsmangel und ungenügender Ausbildung fehlte es an Beschäftigten, ein Defizit, das zunächst durch die sogenannte Arbeitskräftelenkung behoben werden sollte. Diese Strategie beinhaltete einerseits die Neuausbildung von Lehrlingen, andererseits den Abzug von Arbeitskräften anderer Standorte des Großunternehmens, um diese dann in den Werken mit akutem Mangel einzusetzen.[37] Insgesamt jedoch wuchs durch die Zusammenlegung der regionalen Textilbetriebe zum Großkombinat der Arbeitskräftebedarf der Textilbranche stetig, ohne dass dieser ausreichend gedeckt werden konnte. Hinzu kam der unerwartete Beschluss der DDR-Regierung, die geplanten Ausbaumaßnahmen zwei Jahre vorfristig fertigzustellen, was die Zahl der benötigten Fachkräfte zusätzlich erhöhte (siehe Tabelle »Geplanter Arbeitskräftebedarf des TKC«). Offizielle Angaben dazu, warum die Bauzeit derart verkürzt wurde, sind nicht dokumentiert. Dennoch kann von einer planwirtschaftlich bedingten Entscheidung ausgegangen werden, mit der die wachsenden Produktionsrückstände in der Textilindustrie abgefedert werden sollten. Offiziell sprach die DDR-Regierung lediglich und höchst allgemein vom erwarteten volkswirtschaftlichen Nutzen aufgrund der verkürzten Realisierungszeit des Ausbaus.

Der nunmehr anvisierte Zeitplan war jedoch stets von der erfolgreichen Arbeitskräftebereitstellung abhängig. Forderte die Tempoverschärfung des TKC-Aufbaus 1970 bereits 200 zusätzliche Beschäftigte, stieg im folgenden Jahr der Arbeitskräftebedarf noch einmal sprunghaft an und lag bei 350 Personen mehr als ursprünglich vorgesehen. 1972 wuchs die Zahl der benötigten Arbeiter auf 4.150 an und erreichte damit bereits zwei Jahre früher jenen Wert, der ursprünglich erst für das Jahr 1974 veranschlagt worden war.[38] Inwieweit die Arbeitskräfte letztlich tatsächlich zur Verfügung standen, geht aus den Dokumenten nicht hervor. Die Beschäftigung ausländischer Arbeiter zeigt jedoch, dass die Planer von unrealistischen Arbeitskräftereserven ausgegangen waren und sich deutlich verkalkuliert hatten.[39]

Geplanter Arbeitskräftebedarf des TKC

Arbeiter und Angestellte/Jahr	1968	1969	1970	1971	1972	1973	1974
Lt. Grundsatz-entscheidung	2.751	2.751	3.000	3.350	3.750	4.000	4.150
Lt. Neuester Terminologie	2.751	2.751	3.200	3.700	4.150	-	-

Quelle: Grobstudie zur Bildung des sozialistischen Kombinats VEB Textilkombinat Cottbus, 27.5.1969, BArch, DG/4/2094, 2/2.

Diese alleinige Ausrichtung der Industriepolitik an der Planerfüllung war charakteristisch für das Wunschdenken der Partei- und Staatsführung, das die realen Gegebenheiten, insbesondere in der demografischen Entwicklung der DDR, nicht berücksichtigte. Anfang der 1970er Jahre konnte sich jedoch auch die SED-Spitze nicht mehr der Erkenntnis entziehen, dass das Arbeitskräfteangebot nicht mit dem geplanten Wirtschaftswachstum Schritt hielt und die wirtschaftlichen Zielsetzungen mit der verfolgten Personal- und Planungspolitik nicht einzuhalten waren. In der Folge war ein konsequenter Rationalisierungskurs gefordert, der an einigen Standorten Arbeitsplätze einsparen half, um diese für die Verwendung in anderen Werken freizustellen.[40] Die DDR setzte zunächst auf eine interne Lösung des Problems mittels einer zweigliedrigen Rationalisierung: einerseits durch die Einsparung von Arbeitskräften, andererseits durch eine ständige Steigerung der Arbeitsproduktivität. Innerhalb eines Großunternehmens war es so möglich, Arbeitskräfte aufgrund von Rationalisierungsmaßnahmen »freizusetzen«, also aus einem Betrieb abzuziehen, und an Standorte zu delegieren, an denen sie benötigt wurden. Dieses Verfahren wurde auch im TKC praktiziert und Arbeiter aus dem Forster Werk im Stammbetrieb eingesetzt.[41]

Dennoch führten auch die Rationalisierungsmaßnahmen nicht zum gewünschten Ergebnis. 1977 fehlten in der gesamten Leichtindustrie noch immer Arbeitskräfte, die im Wirtschaftsplan der DDR zwar einkalkuliert waren, aber effektiv nicht zur Verfügung standen. Der Mangel an Arbeitskräften wurde neben den materiellen und organisatorischen Gründen schnell als eine weitere Ursache für die entstandenen Vertragsrückstände aufgedeckt. Trotz unzähliger Überstunden konnte auch das TKC den staatlich verordneten Produktionsvorgaben nicht mehr nachkommen. Eine Arbeitsgruppe des Ministerrats konstatierte 1977, dass 69 von 448 Betrieben der Leichtindustrie ihren Plan in der Leistungsabwicklung oder im Absatz nicht erfüllt hatten. Mehr als die Hälfte der fraglichen Betriebe entfielen dabei auf die VVB und Kombinate der Textilindustrie. Als ein Schwerpunkt wurde explizit das TKC genannt.[42] In diesen Leistungsausfällen zeigte sich deutlich, dass die DDR – speziell in der Textilindustrie – nicht in der Lage war, die Anforderungen bezüglich des Arbeitskräftepotenzials sowie die selbst auferlegten, dringend erforderlichen Rationalisierungsmaßnahmen zu bewerkstelligen.

Der Einsatz ausländischer Arbeitskräfte in der Leichtindustrie der DDR

Aufgrund der geschilderten wirtschaftlichen Bedingungen war bereits ab den 1960er Jahren der Weg für eine ausgedehnte Arbeitsmigration zunehmend frei geworden. Die SED-Regierung musste einsehen, dass trotz ihrer Versuche, die vorhandenen Arbeitskräfte bestmöglich zu rationalisieren, ihre ambitionierten Ziele nicht zu erreichen waren. So war die anfangs nur zurückhaltend in Anspruch genommene Beschäftigung von Vertragsarbeitern, die mit dem Abkommen zwischen der DDR und der VR Polen 1963 begann[43] und nach dem Pendlerabkommen von 1966 auf andere Staaten ausgeweitet wurde,[44] in den 1970er und 1980er Jahren weiter intensiviert worden.

Obwohl es anfängliche Vorbehalte gab, diese propagandistisch gern als kapitalistische Form der Ausbeutung attackierte Nutzung ausländischer Arbeitskräfte als sozialistisches Land zu übernehmen,[45] wurde die Kooperation mit sozialistischen Staaten mittels bilateraler Abkommen in den folgenden Jahren quantitativ ausgebaut. Die gelenkte Anwerbung von Arbeitskräften wurde zu einem gängigen Instrument und zielgerichtet für die eigenen wirtschaftspolitischen Zwecke genutzt.[46] Während die Abkommen in den Anfangsjahren noch den beiderseitigen Nutzen für die Vertragspartner erkennen ließen,[47] unterstrich spätestens der »Massenimport«[48] vietnamesischer Arbeiter Ende der 1980er Jahre eine rein ökonomisch orientierte Anwerbepolitik der DDR, die vorrangig das Ziel verfolgte, Ausländer als Ersatz für nicht vorhandene deutsche Arbeitskräfte einzusetzen.

Das Textilkombinat Cottbus stellt als Betrieb der Leichtindustrie ein klassisches Fallbeispiel für diese massive Ausweitung der Beschäftigung von vietnamesischen Vertragsarbeitern dar. Die hohen Beschäftigungszahlen in dieser Industriebranche rührten v. a. daher, dass ab 1987 auf der Basis eines neuen Abkommens mit der SR Vietnam eine enorme Anzahl vietnamesischer Arbeitskräfte in die DDR geholt wurde.[49] In den Kosten-Nutzen-Rechnungen, welche die DDR ab 1978 regelmäßig durchführte, um die Beschäftigung ausländischer Arbeitskräfte zu bewerten, erzielten die vietnamesischen Arbeitskräfte neben den polnischen Vertragsarbeitern und bedingt durch die zwischenzeitliche Abberufung der kubanischen Arbeitnehmer durch deren Regierung den höchsten ökonomischen Nutzen für die DDR.[50] Gleichwohl unternahm Ost-Berlin Mitte der 1980er einen neuerlichen Versuch, die Vertragsarbeit bis auf wenige betriebliche Ausnahmen abzuschaffen und die nötigen Arbeitskräfte für die Produktion durch Rationalisierungsmaßnahmen, Modernisierung und den Einsatz von Mikroelektronik selbst zu sichern. Als dieses Vorhaben jedoch 1985 scheiterte, griff der SED-Staat in einer Kehrtwende nun wieder nachdrücklich auf die ausländischen Arbeiter zurück.[51] Im Rahmen der Neuverhandlungen wurde schließlich 1987 vertraglich explizit – und von entwicklungspolitischer Rhetorik fast ungetrübt – festgeschrieben, dass bei der Beschäftigung und Qualifizierung der vietnamesischen Vertragsarbeiter zukünftig die Möglichkeiten und Interessen der DDR zu berücksichtigen waren.[52]

Bereits das Regierungsabkommen von 1980 hatte für die vietnamesischen Arbeitskräfte den überwiegenden Einsatz in der Leichtindustrie explizit festgelegt.[53] Mit den neuen Verträgen von 1987 verstärkte sich diese Entwicklung noch, wie die quantitativen Einsatzzahlen zeigen: Während in den vier Jahren zwischen 1982 und 1986 rund 8.000 Arbeiter und Arbeiterinnen aus der SR Vietnam in DDR-Betrieben beschäftigt waren, planten die zuständigen Ministerien, ab 1987 mehr als 33.000 vietnamesische Arbeitskräfte zu beschäftigen. Für 1988 war die Einreise weiterer 31.500 vietnamesischer Vertragsarbeiter vorgesehen, mit der Folge, dass 1989 insgesamt mehr als 53.000 Arbeiter aus Vietnam in der DDR tätig waren.[54] Allein für den Einsatz in der Leichtindustrie waren im Jahr 1988 rund 17.600 der 24.000 erwarteten vietnamesischen Arbeitskräfte vorgesehen.[55] Die vietnamesischen Arbeitnehmer stellten damit ab 1987 die größte Gruppe der angeworbenen ausländischen Arbeitskräfte insgesamt wie auch in der Leichtindustrie. Es waren jedoch nicht ausschließlich Arbeitskräfte aus der SR Vietnam in diesem Industriezweig tätig. Auch Vertragsarbeiter aus Polen, Kuba, und Mosambik waren laut den vertraglichen Vereinbarungen der Regierungsabkommen und den dazugehörigen Jahresprotokollen vorrangig in den Betrieben der Leichtindustrie beschäftigt.[56]

Vertragsarbeiter im Textilkombinat Cottbus

In der DDR koordinierte das Staatssekretariat für Arbeit und Löhne (SfAL) die genaue Verfahrensweise beim Einsatz von Vertragsarbeitern. Diese Koordination erfolgte in Zusammenarbeit mit den jeweils zuständigen Industrieministerien; im Fall des TKC war dies das Ministerium für Leichtindustrie (MfL). Das MfL teilte die Vertragsarbeiter den ausgewählten Betrieben in seinem Bereich zu und bat den Generaldirektor, dem Ministerium mögliche Einsatzbereiche in seinem Betrieb mitzuteilen.[57] Dieses Verfahren wurde bereits im Rahmen der Berufsausbildung und Verteilung der ausländischen Auszubildenden auf die Betriebe genutzt. Dabei war der Betrieb für die Gewährleistung der Berufsschule, der Sprachausbildung und der Unterbringung der »im Auftrag des MfL« angeworbenen ausländischen Auszubildenden während dieses Zeitraums verantwortlich, selbst wenn bereits bekannt war, dass diese nach der erforderlichen Sprachausbildung in einen anderen Betrieb zur fachberuflichen Ausbildung wechseln würden.[58]

Im Textilkombinat Cottbus begann der Einsatz ausländischer Arbeitskräfte in den frühen 1970er Jahren. Zuvor hatte das TKC Erfahrung in der Ausbildung junger ausländischer Facharbeiter im textilen Bereich sowie in den der Branche zugehörigen technischen Berufen gesammelt.[59] Die Vertragsarbeiter wurden den Einsatzbetrieben vom MfL zugeteilt. Dabei handelte es sich jeweils um kleinere Gruppen in Begleitung eines Betreuers. In den Betrieben angekommen, absolvierten sie eine fünfmonatige Sprachintensivausbildung, bevor die praktische Schulung in den Produktionsstätten begann. Der Ort der Sprachausbildung und des sich anschließenden vertraglich geregelten Arbeitseinsatzes stimmten nicht zwangsläufig überein, da der Sprachkurs von

ADN-Foto, 30.3.1989: »Ins Herz geschlossen hat Anneliese Schäfter, Qualitätskontrolleurin in der Zentralen Vorarbeit des Stammbetriebes vom Textilkombinat Cottbus, ihre junge vietnamesische Kollegin Huyn Than Thyet. An Wochenenden und zu Geburtstagen lädt sie das zierliche Mädchen zu sich nach Hause ein oder fährt mit ihr übers Land. Liebevoll wird die ältere Frau auch von vielen anderen der ausländischen Arbeiterinnen ›unsere Mutti‹ genannt. Die Cottbuser Arbeiterinnen liebgewonnen, schätzen deren Fleiß, Willen, Auffassungsgabe und Einsatzbereitschaft.«

der Arbeit abgekoppelt war. Er stellte jedoch die Voraussetzung für den Eintritt in das Arbeitsleben in der DDR dar.

Die ersten polnischen Vertragsarbeiterinnen wurden im April 1972 im TKC beschäftigt und damit bereits ein Jahr nachdem das entsprechende Abkommen über den Einsatz polnischer Arbeitskräfte in der DDR geschlossen worden war. Ursprünglich waren für einen ersten Einsatz 200 polnische Arbeiterinnen vorgesehen gewesen, doch nur 50 begannen im April 1972 ihre Arbeit;[60] bis September nahmen 108 weitere polnische Frauen ihre Arbeit im Textilkombinat auf. 21 polnische Arbeiterinnen wurden jedoch bereits im selben Monat mit der Begründung disziplinärer Verstöße in ihre Heimat zurückgeschickt, sodass im März 1973 noch 137 polnische Vertragsarbeiter zum festen Bestandteil der Belegschaft des TKC gehörten. Damit gab es im Stammbetrieb des TKC zunächst lediglich eine kleine Gruppe polnischer »Werktätiger«, während im Partnerbetrieb, dem Chemiefaserwerk Guben, zur gleichen Zeit bereits über 1.200 polnische Arbeiter und Arbeiterinnen beschäftigt wurden.[61] Für das Jahr 1974 waren laut den Jahresprotokollen erneut 150 weibliche Arbeitskräfte für das TKC vorgesehen, und ein Jahr später sollten weitere 100 polnische Kräfte, davon 60 weibliche und 40 männliche Personen, die Arbeit im TKC aufnehmen.[62]

Neben den polnischen Frauen arbeiteten auch kubanische Arbeiterinnen im Textilkombinat. Eine detaillierte Dokumentation der Beschäftigung ausländischer Arbeitskräfte für den Zeitraum 1973–80 war auf der Basis der hier vorliegenden Archivquellen nicht möglich.[63] Erst für das Jahr 1980 kann anhand einer Statistik festgestellt werden, dass allein polnische und vietnamesische Vertragsarbeiter in den Betrieben des TKC beschäftigt waren.[64] Insgesamt fiel in den 1970er Jahren die Zahl der Vertragsarbeiter im TKC für einen Betrieb des produzierenden Gewerbes relativ gering aus, insbesondere in Anbetracht der Gesamtzahl ausländischer »Werktätiger« im Bezirk Cottbus, die für das Jahr 1980 bereits bei 8.177 lag.[65]

In welchem Ausmaß sich die Beschäftigungsbedingungen für Arbeitskräfte aus der SR Vietnam durch das Abkommen von 1980 änderten, lässt sich an dem Einsatz vietnamesischer Arbeiter im TKC 1982 zeigen. Da die Betriebe in eigenen Einsatzkonzeptionen sowohl die Arbeitsbedingungen als auch die Unterbringung der Vertragsarbeiter spezifizieren mussten – denn die Regierungsabkommen zwischen der DDR und der vietnamesischen Regierung enthielten lediglich Richtlinien –, legte auch das TKC einen entsprechenden Plan für die vietnamesischen Arbeitskräfte vor.[66] In der Einsatzkonzeption für 50 vietnamesische Arbeitskräfte vom November 1981 zeichneten sich die Unterschiede zum Qualifizierungscharakter vorhergehender Beschäftigungsverhältnisse erkennbar ab, wurden doch erstmals ausdrücklich Fachkräfte mit langjähriger Berufserfahrung für einen Einsatz in der DDR angeworben.[67] Statt der üblichen Teilnahme an einem fünfeinhalb Monate dauernden Deutsch-Intensivlehrgang erhielten die vietnamesischen Männer und Frauen einen einmonatigen Grundkurs, der dazu diente, erste Sprachkenntnisse sowie »praktische Fähigkeiten der künftigen Tätigkeit« zu vermitteln. Der Einsatz in den Produktionsstätten des TKC war einen Monat nach ihrer Ankunft und unmittelbar nach Absolvierung des vierwöchigen Grundlehrgangs für den Julibeginn 1982 angesetzt.[68]

Dabei sollte die Einhaltung des in der DDR üblichen Deutsch-Programms für ausländische Auszubildende gewährleistet, jedoch von den vorgeschriebenen 200 Stunden lediglich 80 im Grundlehrgang absolviert werden. Die restlichen 120 Stunden waren im Zuge des folgenden Arbeitseinsatzes im Textilkombinat in der Freizeit nachzuholen. Der Einsatz erfolgte im Bereich Dedotex als Facharbeiter für Textiltechnik im Dreischichtsystem.[69] 21 Personen wurden für den Bereich Strickerei, 18 Personen für die Konerei und 14 Personen in der Färberei und Veredlung eingeteilt. Der Einsatz war auf vier Jahre ausgelegt.[70] Als Zielvorgaben wurden auch hier die Möglichkeit zur Weiterqualifizierung vertraglich festgeschrieben und der Facharbeiterabschluss in Aussicht gestellt. Dafür mussten die verbliebenen 120 Deutschstunden und die Facharbeiterausbildung an der Betriebsakademie zusätzlich absolviert werden.[71] Ob dieser somit offiziell noch immer vorhandene Ausbildungsanspruch an die Beschäftigung ausländischer Arbeitskräfte garantiert wurde beziehungsweise inwiefern er von den ausländischen Arbeiterinnen und Arbeitern in der Praxis wahrgenommen werden konnte, muss an dieser Stelle offen bleiben.

Mit der massiv ausgeweiteten Beschäftigung vietnamesischer Arbeitskräfte ab dem Jahr 1987 veränderten sich erneut sowohl die Größenordnung als auch die

Einsatzbedingungen der Vertragsarbeiter im TKC signifikant. Die Zuweisung der Arbeiter auf das Textilkombinat erfolgte zweckgebunden und auf Beschluss des Ministerrates der DDR.[72] Um die Versorgung der DDR-Bevölkerung mit Kinderbekleidung zu decken und gleichzeitig bis dahin notwendig gewesene, nur mit Devisen mögliche Importe durch die eigene Produktion ersetzen zu können, entschied der Ministerrat der DDR, das TKC-Werk Konfektion mit der zusätzlichen Produktion von 200.000 Kinderjacken zu beauftragen. Die Produktionssteigerung sollte durch die Beschäftigung von weiteren 460 vietnamesischen Arbeitskräften realisiert werden.[73] Mit diesem Einsatzbeschluss wurde ein direkter Zusammenhang zwischen den Produktionsanforderungen und der Zuweisung von ausländischen Arbeitskräften dokumentiert, der exemplarisch für die gesamte Textilindustrie stand.

Die Einreise einer Gruppe von 100 vietnamesischen Arbeitskräften war für Anfang April 1987 geplant, weitere 360 Vertragsarbeiter sollten geschlossen im Juni anreisen. 80 Arbeitskräfte der ersten Gruppe wurden für den Zweischichtbetrieb in der Forster Betriebsstätte eingesetzt, die verbleibenden 20 sowie die später erwarteten 360 Arbeiter waren für einen Einsatz im Dreischichtsystem des Stammbetriebs vorgesehen. Dies stellte den Betrieb jedoch vor enorme Herausforderungen, wie ein Bericht der Staatssicherheit festhielt. Während für die ersten 100 vietnamesischen Arbeitskräfte »die materiellen Voraussetzungen im Arbeitsprozess sowie die Unterkünfte in Cottbus gesichert« waren, blieben »alle Fragen, die mit den im Juni zu erwartenden 360 Vietnamesen zusammenhängen« völlig offen.[74] Insbesondere der Einsatz in den Produktionsstätten des TKC, die Unterbringung und die Problematik des gleichzeitigen Anlernens einer so großen Zahl ungelernter Arbeiterinnen und Arbeiter ohne Deutschkenntnisse und Facharbeiterwissen besorgte die Belegschaft, die einen Monat vor Ankunft der ersten Gruppe vom Generaldirektor informiert wurde.[75] Eine Einsatz- und Ausbildungskonzeption für die erwarteten Arbeitskräfte, wie sie bei den 1982 eingereisten vietnamesischen Arbeiterinnen und Arbeitern noch vorzulegen gewesen war, schien es 1987 nicht zu geben. Eine mögliche Erklärung für die erheblichen Defizite in Vorbereitung und Planung mag darin zu suchen sein, dass die Betriebsleitung aufgrund der unüberschaubaren Zahl der neu einreisenden Arbeitskräfte mit der Koordination überfordert war. Ein Umstand, der einmal mehr die Abhängigkeit der Betriebe von den zentralen Entscheidungen der Staatsführung widerspiegelte.

Schlussbemerkungen

Die Betriebsstudie zur Beschäftigung von Vertragsarbeitern im TKC vor dem spezifischen Hintergrund des Industriestandortes Cottbus gewährt einen paradigmatischen Einblick in die Ausländerbeschäftigung in der Leichtindustrie. Insbesondere der enorme, weder innerhalb der DDR noch durch gezielte Immigration zu deckende Bedarf an Beschäftigten, den der Industriezweig zum Ende der 1980er Jahre aufwies und dem mit der Anwerbung einer hohen Anzahl an Vertragsarbeitern, v. a. vietnamesischer Herkunft, zu begegnen versucht wurde, stehen exemplarisch für die ökonomischen Defizite der ostdeutschen Wirtschaft in den letzten Jahren der DDR. Der binnen weniger Jahre massiv gesteigerte Einsatz der vietnamesischen Arbeitskräfte in den späten 1980er Jahren, der im direkten Zusammenhang mit den Produktionsanforderungen der DDR im Bereich der Leichtindustrie stand und die wachsende ökonomische Abhängigkeit des Staates von den Vertragsarbeitern belegt, wird durch die Fallstudie des TKC bestätigt. Zwar stößt der Versuch einer vollständigen Dokumentation des Einsatzes ausländischer Arbeitskräfte im Textilkombinat Cottbus in quantitativer wie in qualitativer Hinsicht nach gegenwärtigem Forschungsstand an empirische Grenzen; erst die genaue Anzahl der am TKC tätigen Vertragsarbeiter sowie eine Aufschlüsselung nach deren Herkunft werden präzisere Rückschlüsse zulassen, welchen Stellenwert die ausländischen Arbeitskräfte für den Textilbetrieb hatten. Dennoch vermittelt die vorliegende Studie ein erstes Bild davon, welchem Wandel sich der Einsatz ausländischer, insbesondere vietnamesischer Arbeitskräfte unterzog und welcher industriepolitischen Logik der Planwirtschaft er unterlag.

Das gesamte Textilkombinat verzeichnete 1987 mit 11,3 Prozent der Belegschaft zwar eine überdurchschnittlich hohe Quote ausländischer Beschäftigter, verglichen mit der gesamten DDR-Industrie, wo er bei 6,8 Prozent lag. Dies war v.a. dem gehäuften Einsatz der Vertragsarbeiter in den Produktionsbereichen Baumwolle sowie Wolle/Seide innerhalb des TKC geschuldet. In beiden Bereichen gab es mit 10,8 Prozent respektive 9,7 Prozent einen hohen Anteil ausländischer Arbeitskräfte. Dagegen fiel im TKC-internen Bereich der technischen Textilien mit 4,4 Prozent und der Trikotagen mit 1,9 Prozent die Beschäftigung ausländischer Arbeitnehmer wesentlich geringer aus. Unter Berücksichtigung des vorhandenen Zahlenmaterials lässt sich somit resümieren, dass im Stammbetrieb des TKC, verglichen mit anderen Bereichen des Textilkombinats sowie anderen Textilbetrieben der Leichtindustrie, eine geringere Zahl von Vertragsarbeitern und für die Leichtindustrie verhältnismäßig wenige vietnamesische Arbeitskräfte eingesetzt wurden. Insbesondere im direkten Vergleich etwa mit dem Chemiefaserwerk Guben wird sichtbar, dass andere Werke noch in weit größerem Ausmaß auf die Beschäftigung von ausländischen Arbeitskräften angewiesen waren, ohne die ihre Produktion nicht aufrecht zu erhalten gewesen wäre.[76]

Mit den bisher gesammelten Informationen ist dagegen nicht abschätzbar, ob und in welchem Umfang die Beschäftigung von Vertragsarbeitern Produktivität und Wirtschaftlichkeit des TKC beeinflusste beziehungsweise die sofortige Aufkündigung der Arbeitsverhältnisse nach dem politischen Umbruch 1989/90 den Verlust der Wettbewerbsfähigkeit verursachte oder beschleunigte.[77] Auch im Hinblick auf die Verteilung der ausländischen Arbeitskräfte innerhalb des Leichtindustriesektors auf die einzelnen Betriebe bleiben offene Fragen. Das größte der bislang wenig bestellten Felder stellt jedoch die qualitative Analyse – sowohl aus der Perspektive der ausländischen Arbeiter als auch der deutschen Belegschaften – dar. Wie die Beteiligten Arbeit und Alltag erfuhren, ist bislang nur sporadisch Gegenstand der historischen Betrachtung geworden.[78]

Anmerkungen

1   Vgl. Annegret Schüle, Vertragsarbeiterinnen und -arbeiter in der DDR: »Gewährleistung des Prinzips der Gleichstellung und Nichtdiskriminierung«?, in: 1999. Zeitschrift für Sozialgeschichte des 20. und 21. Jahrhunderts 17 (2002), S. 80–100, hier S. 81; Dirk Jasper, Ausländerbeschäftigung in der DDR, in: Marianne Krüger-Potratz, Anderssein gab es nicht: Ausländer und Minderheiten in der DDR, Münster/New York 1991, S. 151–189.

2   Vgl. Anja Strnad, Vertragsarbeit in der DDR. Ausländische Arbeitskräfte in ausgewählten Betrieben des ehemaligen Bezirks Cottbus (= unveröff. Masterarbeit, Europa-Universität Viadrina, Frankfurt (Oder) 2010).

3   Im Zuge der Wiedervereinigung 1990 wurden die Länder auf dem Gebiet der DDR wieder eingeführt und die bis dahin bestehenden Bezirke aufgelöst. Der größere Teil des Bezirkes Cottbus ging im Land Brandenburg auf, einzelne Landkreise wurden dem Freistaat Sachsen (Hoyerswerda, Weißwasser) bzw. dem Land Sachsen-Anhalt (Jessen) angegliedert.

4   Unter dem Begriff der Leichtindustrie wurden in der DDR vornehmlich die Textil-, Bekleidungs-, Lederwaren- und Schuhindustrie subsumiert. Vgl. Artikel »Ministerrat der DDR, Ministerium für Leichtindustrie«, in: Andreas Herbst/Winfried Ranke/Jürgen Winkler, So funktionierte die DDR, Bd. 2, Lexikon der Organisationen und Institutionen, Reinbek 1994, S. 677f. Da der Schwerpunkt der vorliegenden Arbeit auf der Textilindustrie liegt, werden die Begriffe Leicht- und Textilindustrie fortan synonym verwendet.

5   Vgl. dazu den Beitrag von Mirjam Schulz in diesem Band.

6   Vgl. Jan C. Behrends/Dennis Kuck/Patrice Poutrus, Historische Ursachen der Fremdenfeindlichkeit in den neuen Bundesländern, in: Aus Politik und Zeitgeschichte B39 (2000), S. 15–21 sowie den Sammelband von Jan C. Behrends/Thomas Lindenberger/Patrice Poutrus (Hrsg.), Fremde und Fremdsein in der DDR: historische Ursachen der Fremdenfeindlichkeit in Ostdeutschland, Berlin 2003. Vgl. auch den Literaturbericht von Anja Mohnke in diesem Band.

7   Einen sehr guten und prägnanten Überblick über den aktuellen Forschungsstand geben Mike Dennis/ Eva Kolinsky/Karin Weiss, Erfolg in der Nische? – Die vietnamesischen Vertragsarbeiter in der DDR und Ostdeutschland, in: Karin Weiss/Mike Dennis (Hrsg.): Erfolg in der Nische? – Die Vietnamesen in der DDR und in Ostdeutschland, Münster 2005, S. 7–15.

8   Gruner-Domić untersuchte die kubanische Arbeitsmigration und erwähnte in ihrem Forschungsbeitrag zu den kubanischen Arbeitskräften zahlreiche Betriebe, in denen diese Vertragsarbeiter eingesetzt waren. Ihr Blick richtete sich dabei vorrangig auf die Lebensbedingungen der kubanischen Arbeitsmigranten. Vgl. Sandra Gruner-Domić, Kubanische Arbeitsmigration in die DDR 1978–1989. Das Arbeitskräfteabkommen Kuba-DDR und dessen Realisierung, Berlin 1997.

9   Annegret Schüle, »Die Spinne«: Die Erfahrungsgeschichte weiblicher Industriearbeit im VEB Leipziger Baumwollspinnerei, Leipzig 2001 sowie Annegret Schüle, »Proletarischer Internationalismus« oder »ökonomischer Vorteil für die DDR«? Mosambikanische, angolanische und vietnamesische Arbeitskräfte im VEB Leipziger Baumwollspinnerei (1980–1989), in: Archiv für Sozialgeschichte 42 (2002), S. 191–210. In späteren Aufsätzen ändert sich ihr Fokus, und Schüle problematisiert die Fremdenfeindlichkeit in Ostdeutschland und den Umgang mit Vertragsarbeitern bezüglich ihrer Rechte in der DDR-Gesellschaft. Vgl. Annegret Schüle, Vertragsarbeiterinnen, S. 80–100; Annegret Schüle, »Die ham se sozusagen aus dem Busch geholt.« Die Wahrnehmung der Vertragsarbeitskräfte aus Schwarzafrika und Vietnam durch Deutsche im VEB Leipziger Baumwollspinnerei, in: Behrends/Lindenberger/Poutrus (Hrsg.), Fremde und Fremdsein, S. 283–298.

10 Leonore Ansorg, »Ick hab immer von unten Druck gekriegt und von oben«. Weibliche Leitungskader und Arbeiterinnen in einem DDR-Textilbetrieb. Eine Studie zum Innenleben der DDR-Industrie, in: Archiv für Sozialgeschichte 39 (1999), S. 123–165.

11 Befehl Nr. 3/81 zur weiteren Qualifizierung des politisch-operativen Sicherung der sich ständig oder zeitweilig in der DDR aufhaltenden Ausländer, 25.2.1981, BStU, MfS Nr. 6694; 5. Durchführungsbestimmung zur Dienstanweisung Nr. 1/82 vom 30.3.1982, 3.1.1983, BStU, MfS BVCb 828; Dienstanweisung Nr. 1/82 zur politisch-operativen Sicherung in der Volkswirtschaft der Deutschen Demokratischen Republik eingesetzter ausländischer Werktätiger, 30.3.1982, BStU, MfS Nr. 5491. Vgl auch Dennis/Kolinsky/Weiss, Erfolg, S. 9.

12 Trotz des wirtschaftspolitischen Ansatzes ist es an dieser Stelle nicht möglich, die Wirtschaftsgeschichte der DDR ausführlich nachzuvollziehen. Eine kurze und dennoch umfassende Darstellung gibt André Steiner, Von Plan zu Plan. Eine Wirtschaftsgeschichte der DDR, Bonn 2004. Auch eine reguläre Unternehmensgeschichte des TKC würde den Rahmen sprengen, sodass die folgenden Ausführungen skizzenhafter Natur sind. Verwiesen sei hier auf Müller, der für die Anwendung mikrotheoretischer Ansätze in der unterbeleuchteten DDR-Unternehmensgeschichte plädiert. Vgl. Armin Müller, Institutionelle Brüche und personelle Brücken. Werkleiter in Volkseigenen Betrieben der DDR in der Ära Ulbricht, Köln 2006, S. 3ff.

13 Auf einen Abriss der historischen Entwicklung der Arbeitsmigration in der DDR wird an dieser Stelle verzichtet. Für eine ausführliche Abhandlung vgl. Schulz, Vertragsarbeiter in diesem Band.

14 Die Stadt Cottbus erhielt bereits im Jahr 1405 das Recht, Tuche herzustellen. Vgl. 50 Jahre Textilindustrie in Cottbus. VEB Textilkombinat Cottbus von 1968 bis 1990, Dokumentation herausgegeben von der ACOL Gesellschaft für Arbeitsförderung mbH Cottbus, S. 19.

15 Konzeption zur Neuprofilierung der Textil- und Bekleidungsindustrie der Bezirksstadt Cottbus zur Erzielung eines höheren Versorgungseffektes bei gleichzeitiger kooperativer Bindung an das Chemiefaserkombinat Wilhelm-Pieck-Stadt-Guben, o.D., BArch, DG/4/2094, 2/2.

16 Für eine detaillierte Auflistung der Textilbetriebe von 1935, 1946 und der einzelnen Cottbuser Textilbetriebe und Betriebszusammenführungen vgl. Anlagen 2–9 der ACOL-Dokumentation.

17 Vgl. ACOL-Dokumentation, S.10 sowie Anlagen 4–7 mit detaillierten Auflistungen der Privatbetriebe, die vor 1969 zu Volkseigenen Betrieben und dann schließlich zum TKC zusammengeschlossen wurden.

18 Eine erste Welle der Betriebszusammenlegungen gab es in den späten 1960er Jahren im Zuge der Wirtschaftsreformen des Neuen Ökonomischen Systems (NÖS) sowie des Ökonomischen Systems des Sozialismus (ÖSS). Ein zweites Mal wurden Eingliederungen von Betrieben in Großkombinate in den Jahren 1968 bis 1971 forciert. Vgl. Ilja Mieck, Kleine Wirtschaftsgeschichte der neuen Bundesländer, Stuttgart 2009, S. 166; Annette Wilczek, Einkommen – Karriere – Versorgung. Das DDR-Kombinat und die Lebenslage seiner Beschäftigten, Berlin 2004; Reiner Breuer, Zum Prozeß der Kombinatsbildung in der Industrie der DDR am Ende der sechziger Jahre, in: Jahrbuch für Wirtschaftsgeschichte 1983, H. 4, S. 25–51.

19 Grobstudie zur Bildung des sozialistischen Kombinats VEB Textilkombinat Cottbus, 27.5.1969, BArch, DG/4/2094, 2/2. Das Ökonomische System des Sozialismus war ein komplexes Programm der wirtschaftlichen Reformen der DDR in den 1960er Jahren. Vgl. dazu Steiner, Von Plan zu Plan, S. 129ff.

20 Konzeption zur Neuprofilierung […], o.D. (wie Anm. 15), BArch, DG/4/2094, 2/2.

21 Die VVB waren eine Vorstufe der später gebildeten Kombinate.

22 In einigen Quellen wird dagegen der VEB Textil- und Konfektionsbetrieb als Stammbetrieb bezeichnet. Ob die verschiedenen Betriebe Folge einer Umbenennung waren oder zu unterschiedlichen Zeiten als Stammbetrieb dienten, geht aus den Akten nicht hervor.

23 Grobstudie […], 27.5.1969 (wie Anm. 19), BArch, DG/4/2094, 2/2.

24 In der DDR angegeben als 900.000 TM Warenproduktion/Industrieabgabepreis (IAP). Die Produktionsstufen beinhalteten alles von der Materialaufarbeitung über Spinn-, Strick- und Webverfahren bis zur Gewebeveredlung und Konfektion von Damen- und Herrenoberbekleidung. Vgl. Grobstudie […], 27.5.1969 (wie Anm. 19), BArch, DG/4/2094, 2/2.

25 Information zur Vorbereitung der Vertrauensleutevollversammlung im Textilkombinat Cottbus am 3.1.1975 (Stammbetrieb), 14.12.1974, BArch, DY/34/10243.

26 Ähnliche Beobachtungen machte auch Ansorg in ihren Untersuchungen zum Obertrikotagenbetrieb »Ernst Lück«. Vgl. Ansorg, Druck, S. 130.

27 Auch die Beschäftigungsquote deckt sich mit Ansorgs Forschungen und scheint charakteristisch für einen Textilbetrieb. Vgl. ebd., S. 128.

28 Information […], 14.12.1974 (wie Anm. 25), BArch, DY/34/10243.

29 Stoffart, entsteht durch Anwendung eines bestimmten Verfahrens der Textilindustrie mit Strickmaschinen.

30 Die Polyesterseide wurde im Chemiefaserwerk Guben hergestellt, mit dem das TKC eng kooperierte. Vgl. Bericht über Probleme der weiteren Entwicklung des VEB Textilkombinat Cottbus (TKC), 14.6.1977, BArch, DC/20/10359.

31 Grobstudie [...], 27.5.1969 (wie Anm. 19), BArch, DG/4/2094, 2/2.

32 Das Chemiefaserwerk in Guben gehörte selbst nicht zum Textilkombinat, beide Betriebe kooperierten jedoch eng miteinander. Die Produktionen der Betriebe waren insbesondere aufgrund der Entwicklung der neuen Kunstfaser »Präsent 20« in der DDR verbunden – ein zu 100 Prozent aus Polyester bestehendes, pflegeleichtes Gewebe, welches ursprünglich im TKC produziert wurde und später für die gesamte Textilproduktion der DDR bedeutsam war. Die Nähe zu dem Chemiefaserhersteller in Guben ist folglich als einer der entscheidenden Gründe für den Ausbau des TKC zu betrachten. Die produktionstechnische Verflechtung mit dem Gubener Betrieb war eine wichtige Voraussetzung für die Konfektionsproduktion des TKC. Das Textilkombinat bezog und verarbeitete bis zu 25 Prozent der gesamten Polyesterseide-Produktion des Gubener Werks. Vgl. ACOL-Dokumentation S. 19, 35.

33 Stellungnahme zur Vorlage zur Herbeiführung der Ergänzung der Grundsatzentscheidung über die Durchführung des volkswirtschaftlich strukturbestimmenden Investitionsvorhabens VEB Textilkombinat Cottbus, 24.12.1970, BArch, DG/4/2094, 2/2.

34 Maßnahmeplan zur Lösung der Aufgaben im TKC CB in Auswertung des Besuches des Ersten Staatssekretärs des Zentralkomitees (ZK) der SED und Vorsitzenden des Staatsrates, Genossen Walter Ulbricht am 2.7.1970, 14.7.1970, BArch, DG/4/2094, 1/2.

35 Der Geschlechteraspekt war folglich prägend für die Arbeitsrealität des TKC, steht jedoch in der vorliegenden Arbeit nicht im Kern des Interesses. Eine detaillierte Analyse der Feminisierung der Branche und des Einsatzes von Frauen in der Textilindustrie hat Schüle am Beispiel des VEB Leipziger Baumwollspinnerei vorgelegt. Vgl. Schüle, »Die Spinne« (siehe Anm. 9).

36 Vgl. ACOL-Dokumentation, S. 19.

37 Konzeption [...], o.D. (wie Anm. 15), BArch, DG/4/2094, 2/2.

38 Grobstudie [...], 27.5.1969 (wie Anm. 19), BArch DG/4/2094, 2/2.

39 Nachweisbar ist die Fehlplanung von Arbeitskräften nicht nur für das TKC, sondern auch für das Chemiefaserwerk Guben. Vgl. Strnad, Vertragsarbeit, S. 70ff., 78ff.

40 Aufgaben aus dem Schlusswort des Genossen Honecker auf dem 8. Plenum, die durch die Abteilung einzuleiten bzw. zu kontrollieren sind, 14.12.1972, BArch, DY/30/6422.

41 Grobstudie [...], 27.5.1969 (wie Anm. 19), BArch, DG/4/2094, 2/2.

42 Bericht über Ursachen und Probleme der Vertragsrückstände in der VVB Deko, der VVB Konfektion, dem Textilkombinat Cottbus und anderen Bereichen der Leichtindustrie, 14.4.1977, BArch, DC/20/20367.

43 Mit dem sogenannten Qualifizierungsvertrag von 1963 begann die Anwerbung und Beschäftigung von 500 polnischen Arbeitern in Braunkohlebetrieben der DDR. Vgl. Sandra Gruner-Domić, Zur Geschichte der Arbeitskräftemigration in der DDR. Die bilateralen Verträge zur Beschäftigung ausländischer Arbeiter (1961–1989), in: Internationale wissenschaftliche Korrespondenz zur Geschichte der deutschen Arbeiterbewegung 32 (1996), S. 204–230, hier S. 206ff.

44 Es folgten Abkommen mit Ungarn (1967), Polen (1971), Algerien (1974), Kuba (ab 1978), Mosambik (1979), Vietnam (1980), Angola (1985), und China (1986). Vgl. Strnad, Vertragsarbeit, S. 30–43.

45 Vgl. Gruner-Domić, Arbeitskräftemigration, S. 204.

46 Vgl. Jasper, Ausländerbeschäftigung, S. 151.

47 In Dokumenten zu den Vorverhandlungen der Regierungsabkommen wird ersichtlich, dass die jeweiligen Regierungen die Situation zu beeinflussen versuchten, um ihrerseits einen volkswirtschaftlichen Nutzen aus der Arbeitskräftekooperation zu ziehen. Auch die Regierungsabkommen enthielten solche Aussagen. Das Abkommen der DDR mit Mosambik beispielsweise machte genaue Angaben zu den ökonomischen Beziehungen zwischen beiden Ländern. In dem Vertrag wurde festgeschrieben, dass man gewillt war, einen Markt für DDR-Erzeugnisse zu schaffen sowie ein Textilkombinat in Mosambik zu bauen. Vgl. Abkommen zwischen der Regierung der Deutschen Demokratischen Republik und der Regierung der Volksrepublik Mocambique über die zeitweilige Beschäftigung mocambiquanischer Werktätiger in sozialistischen Betrieben der Deutschen Demokratischen Republik, 24.2.1979, BStU, MfS BVCbs XVIII 127.

48 Vgl. den Beitrag von Mirjam Schulz in diesem Band.

49 Vgl. Strnad, Vertragsarbeit, S. 39ff.

50 Ebd., S. 43ff. und die dazugehörige Tabelle 3, S. 96.

51 Festlegungen zur Ausarbeitung von Konzeptionen zur Ablösung der in Betrieben der DDR beschäftigten ausländischen Werktätigen, 27.2.1985, BArch, DQ/3/2138.

52 Protokoll zur Änderung und Ergänzung des »Abkommens zwischen der Regierung der Sozialistischen Republik Vietnam und der Regierung der Deutschen Demokratischen Republik über die zeitweilige Beschäftigung und Qualifizierung vietnamesischer Werktätiger in Betrieben der Deutschen Demokratischen Republik« vom 11. April 1980, 26.1.1987, BArch, DQ/3/1810, 1/2.

53 Vgl. Mike Dennis, Die vietnamesischen Vertragsarbeiter und Vertragsarbeiterinnen in der DDR, 1980–1989, in: Weiss/Dennis (Hrsg.), Erfolg in der Nische?, S. 15–49, hier S. 15.

54 Vgl. Gruner-Domić, Arbeitskräftemigration, S. 218f. Bzgl. der statistischen Angabe für 1989 vgl. Information zur Anreise vietnamesischer und mocambicanischer Werktätiger im I. Quartal 1989, 31.3.1989, BArch, DQ/3/2138.

55 Gründe für den vermehrten Einsatz vietnamesischer Arbeitskräfte in der Leichtindustrie wurden in den Abkommen und Protokollen zu den Verhandlungen zwischen der DDR und der SR Vietnam nicht angegeben und müssen daher vorerst offen bleiben. Vgl. Jahreseinschätzung zur politisch-operativen Lage unter den ausländischen Werktätigen in der DDR, 30.9.1987, BStU, MfS HA XVIII 5881.

56 Neben der oftmals vorhandenen Festschreibung in den Regierungsabkommen erfolgte eine genaue Aufschlüsselung der Einsatzbereiche der ausländischen Arbeitskräfte in sogenannten Jahresprotokollen, in denen die DDR-Regierung den Einsatzort nach Industriebereich und die Größenordnung des Einsatzes einige Monate vor Anreise der Arbeitskräfte gegenüber dem Entsendeland zu spezifizieren hatte. Vgl. exemplarisch Jahresprotokoll 1987 zum Abkommen zwischen der Regierung der DDR und der SR Vietnam über die zeitweilige Beschäftigung und Qualifizierung vietnamesischer Werktätiger in Betrieben der DDR vom 11. April 1980 in der Fassung des Protokolls vom 26.1.1987, BArch, DQ/3/2143.

57 Schreiben an den Generaldirektor des TKC, 19.11.1979, BLHA, Rep. 907 Textilkombinat Cottbus, Nr. 1555.

58 Direktive zur Durchführung der Sprachintensivausbildung im VEB Forster Tuchfabriken in der Zeit vom 28.2.1983–15.7.1983, 28.2.1983, BLHA, Rep. 907 Textilkombinat Cottbus, Nr. 1555.

59 Der Umfang der Ausbildungs-Migration fiel jedoch, verglichen mit der Vertragsarbeit, verhältnismäßig gering aus. 1981 befanden sich insgesamt 76 ausländische Bürger aus verschiedenen Ländern zu einer Ausbildung im Textilkombinat. Vertragsarbeiter wurden dagegen häufig erst ab einer Gruppengröße von 50 Personen in einem Betrieb eingesetzt, da sich andernfalls die anfallenden Kosten und die Organisation nicht gerechnet hätten. Vgl. Analyse des Einsatzes ausländischer Werktätiger im Rahmen der Regierungsabkommen mit der UVR, VRP und DVRA, 1977, BArch, DQ/3/2138; Bericht über die Erfahrungen und Ergebnisse bei der Ausbildung ausländischer Bürger in den Betrieben der Kombinate, 2.11.1981, BLHA, Rep. 907 Textilkombinat Cottbus, Nr. 1555. Ausgebildet wurde in den Berufen Textilfacharbeiter, Kleiderfacharbeiter, Technologen der Kleiderherstellung, Facharbeiter für Näherzeugnisse, Betriebsschlosser, Instandhaltungsmechaniker, Mechaniker, Facharbeiter für Textiltechnik, Zerspanungsfacharbeiter, Lehrmeister Instandhaltung Textiltechnik.

60 Bericht über weitere Hinweise im Zusammenhang mit dem Einsatz von Arbeitskräften aus dem sozialistischen Ausland im VEB Kraftwerk Lübbenau/Vetschau, im Gaskombinat Schwarze Pumpe und im Textilkombinat Cottbus, 2.6.1972, BStU, MfS BVCbs AKG 4833.

61 Vgl. Information über weitere Hinweise und Diskussionen im Zusammenhang mit dem Einsatz von Arbeitskräften aus dem sozialistischen Ausland in einigen Betrieben des Bezirkes Cottbus, 29.3.1973, BStU, MfS BVCbs AKG 3682.

62 Vgl. die Jahresprotokolle zu den Grenzpendlerabkommen zwischen der DDR und der VR Polen, BArch, DQ/3/1812; BArch, DQ/3/2140; sowie die Jahresprotokolle zu den Regierungsabkommen zwischen der DDR und der VR Polen, BArch, DQ/3/1812 und BArch, DQ/3/2140.

63 Eine Erfassung der Einsatzorte für die kubanischen Vertragsarbeiter war ab dem Jahr 1981, und damit kurz nach Abschluss des Regierungsabkommens, nicht mehr verpflichtend. Vgl. Strnad, Vertragsarbeit, S. 55.

64 Bei den polnischen Vertragsarbeitern handelte es sich vermutlich um Arbeitskräfte, die bereits in den 1970er Jahren ins TKC kamen, da dem Textilkombinat laut den Jahresprotokollen zum Abkommen mit der VR Polen 1980 keine polnischen Arbeitskräfte zugeteilt wurden.

65 Übersicht über erfaßte ausländische Werktätige im Bezirk Cottbus, 31.10.1980 des Rat des Bezirkes Cottbus, Amt für Arbeit und Löhne, BStU, MfS BVCbs XVIII 610. Ein auffällig großer Teil der ausländischen Arbeitskräfte, die im Bezirk Cottbus zu diesem Zeitpunkt tätig waren, arbeitete im Chemiefaserwerk Guben (1.303 Vertragsarbeiter) oder war im Braunkohletagebau Jänschwalde und damit im Energiesektor beschäftigt (2.334).

66 Vgl. Strnad, Vertragsarbeit, S. 50.

67 Abkommen zwischen der Regierung der Deutschen Demokratischen Republik und der Regierung der Sozialistischen Republik Vietnam über die zeitweilige Beschäftigung und Qualifizierung vietnamesischer Werktätiger in Betrieben der Deutschen Demokratischen Republik, 11.4.1980, BArch, DQ/3/2143; BArch, DQ/3/1810, 1/2.

68 Ergänzung der Einsatzkonzeption vom 16.11.1981. Einsatz von Bürgern aus der SR Vietnam, 19.4.1982, BLHA, Rep. 907 Textilkombinat Cottbus, Nr. 1555.

69 Als Dedotex wurde eine Kunstfaser bezeichnet, die im Chemiefaserwerk Guben hergestellt und insbesondere zur Herstellung von Teppichen und Möbelstoffen genutzt wurde.

70 Einsatzkonzeption des VEB Textil- und Konfektionsbetrieb Cottbus, DB Kader/Bildung, für den Einsatz von Bürgern aus der SR Vietnam, 16.11.1981, BLHA, Rep. 907 Textilkombinat Cottbus, Nr. 1555. In der Konerei wird das Garn für die Webereien vorbereitet, in Kartons verpackt und anschließend für den Transport freigegeben.

71 Ergänzung der Einsatzkonzeption vom 16.11.1981 […], 19.4.1982 (wie Anm. 68), BLHA, Rep. 907 Textilkombinat Cottbus, Nr. 1555.

72 Dem Beschluss des Ministerrates zur Produktionssteigerung im TKC ging ein offizieller Beschluss des Ministerrats vom 17. Februar 1987 voraus, wonach wegen akuter Unterversorgung der DDR-Bevölkerung mit Kindertextilien und zur Vermeidung von NSW-Importen die erhöhte Produktion mit einem zusätzlichen Bedarf an Arbeitskräften in der Leichtindustrie zu realisieren war. Vgl. Schüle, Proletarischer Internationalismus, S. 198f.; Andreas Müggenburg, Die ausländischen Vertragsarbeitnehmer in der ehemaligen DDR. Darstellung und Dokumentation, hrsg. von der Beauftragten der Bundesregierung für die Belange der Ausländer, Berlin 1996, S. 51–59.

73 Bericht zum Einsatz vietnamesischer Arbeitskräfte, 6.4.1987, BStU, MfS BVCbs XVIII 759.

74 Ebd. [Hervorhebung im Original].

75 Vgl. ebd.

76 Schüle beziffert dagegen beim VEB Leipziger Baumwollspinnerei den Anteil der ausländischen Arbeitskräfte auf circa 25 Prozent an der Belegschaft. Vgl. Schüle, Proletarischer Internationalismus, S. 192. Dies steht jedoch auf den ersten Blick im Widerspruch mit Statistiken von 1987, wonach der Betrieb Oberbekleidung Lößnitz mit 16,8 Prozent und der VEB Oberbekleidung Berlin mit 15,6 Prozent die höchsten Anteile ausländischer Arbeitnehmer im Bereich der Textilindustrie aufwiesen. Vgl. »Information zur Durchführung der Beschlüsse der Parteiführung und des Ministerrates über die zeitweilige Beschäftigung ausländischer Werktätiger« von 1988, BArch, DQ/3/2138. Für die Einsatzgrößen im CFW vgl. Strnad, Vertragsarbeit, S. 79ff.

77 Die Situation der Vertragsarbeiter nach 1989/90 ist nicht Bestandteil der vorliegenden Studie. Informationen zu diesem Thema finden sich u. a. bei Helga Marburger/Gisela Helbig/Eckhard Kienast/Günter Zorn, Situation der Vertragsarbeiter der ehemaligen DDR vor und nach der Wende, in: Helga Marburger (Hrsg.), »Und wir haben unseren Beitrag zur Volkswirtschaft geleistet«: eine aktuelle Bestandsaufnahme der Situation der Vertragsarbeitnehmer vor und nach der Wende, Frankfurt a.M. 1993, S. 4–75; Müggenburg, Die ausländischen Vertragsarbeitnehmer. Zur wirtschaftlichen Situation der ostdeutschen Kombinate nach der Wiedervereinigung vgl. André Steiner, Ausgangsbedingungen für die Transformation der DDR-Wirtschaft: Kombinate als künftige Marktunternehmen?, in: Zeitschrift für Unternehmensgeschichte 54 (2009), S. 139–157.

78 Vgl. v. a. die Arbeiten von Schüle, »Proletarischer Internationalismus«; Schüle, »Die ham se sozusagen aus dem Busch geholt«; Katja Illgen (Hrsg.), »Zweite Heimat«. Vietnamesen berichten über ihr Leben in Deutschland 1980–1995, Erfurt 2007 sowie die Ausstellung »Als Arbeitskraft willkommen. Vietnamesische Vertragsarbeiter in der DDR«, Brandenburgische Landeszentrale für Politische Bildung, Potsdam, 25. März bis 10. Juli 2009.

»Wohnen-Arbeiten«
Zu den Wohnbedingungen vietnamesischer Vertragsarbeiter in Ost-Berlin

Maria Klessmann

»Abgeschottete Wohnheime«, »Baracken« oder schlicht durchschnittliche Arbeiterwohnheime – das Spektrum der Bezeichnungen für die Wohnunterkünfte vietnamesischer »Werktätiger« in der DDR ist vielfältig.[1] Zwar gibt es in der Literatur zahlreiche starke Urteile über die Wohn- und Lebenswelt vietnamesischer Vertragsarbeiter in der DDR, diese scheinen aber oft eher auf allgemeinen Annahmen als auf substantiierter Forschung zu basieren. Die vorliegende Arbeit setzt es sich im Unterschied dazu zum Ziel, bestehende Hypothesen und Schlüsse auf der Grundlage eigener Forschungen zu prüfen. Im Folgenden wird daher der Frage nachgegangen, wie vietnamesische »Werktätige«, die ab 1980 als Vertragsarbeiter nach Ost-Berlin kamen, von den staatlichen Behörden der DDR untergebracht wurden.

Die einschlägige Literatur zu den Vertragsarbeitern in der DDR ist sich meist einig darüber, dass die Mehrzahl der ausländischen Vertragsarbeiter »grundsätzlich kollektiv in Wohnheimen des Einsatzbetriebes«[2] und strikt getrennt von ihren deutschen Kollegen untergebracht worden sei. So ist zu lesen, dass die »Unterbringung in der DDR [...] nach Geschlechtern getrennt in betriebseigenen, barackenähnlichen Wohnheimen«[3] erfolgt sei. Anderswo heißt es, ein »charakteristisches Merkmal der Wohnsituation ausländischer Vertragsarbeiter sei die Unterbringung in getrennten Wohnunterkünften«[4] sowie die »systematische Abschottung«[5] gewesen. Und: »[N]ur die Vietnamesen leben seit ihrem ersten bis zum letzten Arbeitstag fünf bzw. mehr Jahre in Gruppen zusammen in den ödesten Landschaften, den eintönigsten Betonklötzen oder total heruntergekommenen Baracken.«[6] Kurz, das von der Forschung gezeichnete Bild ist höchst einheitlich, ohne jedoch auf einer breiten empirischen Basis aufbauen zu können.

Demgegenüber soll hier versucht werden, quellengestützte Aussagen über den Aufenthalt der vietnamesischen »Werktätigen« in Ost-Berlin zu treffen. Es gilt, Widersprüche in den historischen Quellen – zumal und im Vergleich zu einschlägiger Fachliteratur über Migrationserfahrungen in der DDR – nicht zu glätten, sondern herauszuarbeiten und nach Erklärungen zu suchen. Wilhelm Breuer beispielsweise zeigt in seiner Studie zu »Ausländerfeindlichkeit in der ehemaligen DDR« einerseits, dass die Wohnsituation von den befragten Ausländern als eher zufriedenstellend angesehen wurde (63,2 Prozent der Befragten), andererseits aber auch, dass der Wunsch nach Verbesserung der Wohnverhältnisse in der Umfrage zu »Maßnahmen der Verbesserung der Lebenslage der Ausländer« an zweiter Stelle rangiert.[7] Inwieweit also gängige Vorstellungen der differenzierten Lebenswelt der Vertragsarbeiter entsprechen, wird im Folgenden kritisch hinterfragt. Dabei unternimmt die vorliegende Arbeit den Versuch einer Bestandsaufnahme der Wohn- und Lebensverhältnisse vietnamesischer Vertragsarbeiter in Ost-Berlin zu Zeiten der DDR, und dies konkret ab 1980, da eine Einwanderung größeren Ausmaßes erst im letzten Jahrzehnt der DDR zu verzeichnen war.[8]

Verschiedene Aspekte stehen dabei im Mittelpunkt der Betrachtung: die Handhabung der vertraglichen Regelungen zwischen der DDR und der Sozialistischen Republik Vietnam (SRV) am Beispiel der Unterbringung vietnamesischer Vertragsarbeiter, die Trennung der Vertragsarbeiter von der Mehrheitsgesellschaft und die Kontrolle der Arbeiterwohnheime. Dafür bettet die Studie die Quartierfrage der Migranten in den größeren Kontext von Wohnungsbau und Wohnungsbaupolitik in der DDR ein und spürt die Standorte jener Wohnheime und Betriebe in Ost-Berlin auf, in denen vietnamesische Vertragsarbeiter wohnten bzw. arbeiteten. Die Integration von Migranten wurde hauptsächlich auf den ökonomischen Bereich begrenzt, da der Kontakt zur DDR-Bevölkerung nicht erwünscht war und die zeitlich befristeten Verträge von einem nur temporären Aufenthalt der Arbeiter ausgingen.

Aus diesem Blickwinkel ergibt sich eine Reihe von erkenntnisleitenden Fragen: Entsprach die Unterbringung vietnamesischer Vertragsarbeiter den üblichen Standards in den Arbeiterwohnheimen für »Werktätige« in der DDR, so wie es das Regierungsabkommen zwischen der DDR und der SRV ursprünglich vorsah? Wie lassen sich die Ideale des sozialistischen Wohnens mit Standards in Arbeiterwohnheimen vereinbaren? Wie schlugen sich die Bemühungen der Behörden, die Integration der ausländischen »Werktätigen« zu vermeiden, in einer segregierenden Unterbringung der Vertragsarbeiter nieder? Lebten die Vietnamesen folglich vorwiegend in Arbeiterwohnheimen, die ausschließlich von ausländischen Vertragsarbeitern bewohnt wurden, oder entsprach vielmehr das Zusammenleben ausländischer und inländischer Arbeiter der Regel?

Im Folgenden wird zunächst ein kurzer Überblick über die Migrationsgeschichte der vietnamesischen Vertragsarbeiter in der DDR und insbesondere in Ost-Berlin gegeben, um anschließend die Wohnsituation der vietnamesischen »Werktätigen« am Beispiel Ost-Berlins zu betrachten. Hierbei wird untersucht, welche Unterbringungsmöglichkeiten für vietnamesische Vertragsarbeiter in Ost-Berlin bestanden und inwieweit sich die vertraglichen Regelungen zwischen der DDR und der SR Vietnam auch in der Ausgestaltung der Wohn- und Lebenswelt der Vertragsarbeiter niederschlugen. Die meisten vietnamesischen Vertragsarbeiter gelangten an die industriell geprägten Standorte Ost-Berlin, Cottbus, Leipzig und Chemnitz (Karl-Marx-Stadt).[9] Im Rahmen dieser Untersuchung wird der Blick exemplarisch auf Ost-Berlin begrenzt, in der Annahme, dass ein breites Spektrum an unterschiedlichen Unterbringungsformen in den Städten und damit den Hauptwohn- und Lebensorten der vietnamesischen Vertragsarbeiter hier besonders wahrscheinlich ist. Den Abschluss bildet ein Blick auf die aktuelle Situation der vietnamesischen Minderheit in Ost-Berlin, wobei der Frage nachgegangen wird, ob und inwieweit Kontinuitäten in der Migrationsgeschichte über den Mauerfall hinaus festzustellen sind. Was geschah mit der Mehrheit der vietnamesischen Vertragsarbeiter nach der Wiedervereinigung? Leben die meisten Vietnamesen in Berlin heute noch oder wieder im Ostteil der Stadt? Was wurde aus den Betrieben in Ost-Berlin, in denen Vietnamesen arbeiteten?

Mit dem Fokus auf die Vertragsarbeiter, welche die größte Ausländergruppe in der DDR stellten und durch die staatlich gelenkte Wohnungsvergabe massenhaft in Arbeiterwohnheimen untergebracht wurden, verbindet sich zugleich eine heuristische Einschränkung. Vietnamesen, die primär aufgrund eines Studiums bzw. einer Ausbildung in die DDR einreisten, werden nicht berücksichtigt, was indes gerechtfertigt erscheint, da ihre Zahl wesentlich geringer und ihre Unterbringung stärker individuell gestaltet waren. Des Weiteren – und dies impliziert eine wichtigere Limitierung – stellt die folgende Untersuchung nicht die vietnamesischen Migranten als Akteure in den Vordergrund, weshalb auf die Einbeziehung von Erfahrungs- und Erlebnisberichten sowie Interviews verzichtet wird. Die Migrationserfahrung der Einwanderer selbst kann dementsprechend nur sehr bedingt berücksichtigt werden und bleibt weiteren Studien vorbehalten.

Vietnamesische Vertragsarbeiter in der DDR. Ein Überblick

Nach den Mitgliedern der sowjetischen Besatzungsmacht bildeten die vietnamesischen Vertragsarbeiter die größte ausländische Gruppe in der DDR; 1989 lebten rund 60.000 Vietnamesen hier.[10] Die Einwanderung aus Vietnam in die DDR hatte mit der Entsendung von Studenten und Lehrlingen begonnen, die zum Zweck der Aus- und Weiterbildung in die DDR gekommen waren. Mit einem »Abkommen zwischen der Regierung der Deutschen Demokratischen Republik und der Regierung der Sozialistischen Republik Vietnam über die zeitweilige Beschäftigung und Qualifizierung vietnamesischer Werktätiger in Betrieben der Deutschen Demokratischen Republik« setzte ab 1980 eine verstärkte Arbeitsmigration aus dem einen in das andere »sozialistische Bruderland« ein.[11] Mit zusätzlichen Vereinbarungen in den darauffolgenden Jahren verlagerte sich der Schwerpunkt endgültig vom Zweck der Ausbildung auf den Arbeitseinsatz in der DDR, wo man den wachsenden Arbeitskräftemangel zu bekämpfen versuchte. Auch auf vietnamesischer Seite verbanden sich mit den Abkommen größere politische Ziele, etwa die Linderung von Arbeitslosigkeit und die Hoffnung auf Qualifizierung und Know-how-Transfer. Insofern handelte es sich um einen beiderseits gelenkten Arbeitsaustausch, der nicht vorrangig individuell motiviert war.

In den offiziösen Mitteilungen der DDR wurde die Anwerbung, wie etwa in einer »Information über die Arbeit ausländischer Werktätiger in Berliner Betrieben« zur Vorlage des Berliner Stadtrates 1983, v. a. mit gleichsam entwicklungspolitischen Objektiven begründet. Das Grundanliegen bestand darin:

- »durch unmittelbare Teilnahme an der Erfüllung unserer volkswirtschaftlichen Aufgaben Erfahrungen der modernen Produktion zu vermitteln,
- sie unter Berücksichtigung ihres Bildungsniveaus im Rahmen der Erwachsenenqualifizierung zum Teilfacharbeiter, Facharbeiter oder Meister aus- bzw. weiterzubilden,

- sie mit unserer Politik und unseren Erfahrungen der politischen Leistungsfähigkeit so vertraut zu machen, dass die Mehrheit von ihnen in ihren Heimatländern als politische Funktionäre in den Betrieben eingesetzt werden können.«[12]

Offiziell war für die meisten Vertragsarbeiter ein Einsatz über fünf Jahre in der DDR vertraglich vorgesehen. Bei besonderen Leistungen des Arbeitnehmers war eine Verlängerung des Arbeitseinsatzes um zwei Jahre möglich.[13]

Die Mehrheit jener Vietnamesen, die aufgrund des Regierungsabkommens von 1980 in die DDR gelangten, waren junge, alleinstehende Männer im Alter zwischen 18 und 35 Jahren.[14] Vor Aufnahme der Arbeit sollten die Neuankömmlinge einen Lehrgang im Umfang von mindestens 200 Stunden erhalten, der »Grundkenntnisse der deutschen Sprache, der künftigen Tätigkeit, Gesundheits- und Arbeitsbestimmungen sowie Verhaltensanforderungen im Betrieb und in der Freizeit«[15] vermitteln sollte. Dieser Deutschkurs stellte in den meisten Fällen die einzige vorgesehene Integrationshilfe vonseiten der DDR für die ausländischen »Werktätigen« dar. Bereits hier wurde deutlich, dass das Aufnahmeland kaum Interesse an der Integration der ausländischen Vertragsarbeiter über den Arbeitsprozess hinaus hatte, während im Gegensatz dazu die Reglementierungen von Regierungsseite bis in das Privatleben der Vertragsarbeiter hineinreichten.

Schon im Jahr 1982 lebten circa 10.000 Vietnamesen in der DDR, in den folgenden fünf Jahren bis 1987 kamen circa 25.000 hinzu. Für 1988 wurde dann die höchste Einreisequote ausländischer »Werktätiger« in die DDR insgesamt verbucht: Aus der SR Vietnam reisten in den ersten vier Monaten des Jahres 1988 rund 10.800 Arbeiter an, davon etwa 7.700 Männer und 3.100 Frauen. Der Gesamteinsatz vietnamesischer Arbeitskräfte belief sich zu diesem Zeitpunkt auf über 35.600.[16] Es war vorgesehen, die meisten von ihnen in der Leichtindustrie (8.400), im Bauwesen (4.000), dem Allgemeinen Maschinen-, Landmaschinen- und Fahrzeugbau (3.500) sowie in der Elektrotechnik und Elektronik (3.250) einzusetzen. Weitere wichtige Arbeitsgebiete für die vietnamesischen Arbeiter in der DDR waren im Jahr 1988 die Kohleförderung und -verarbeitung sowie die Energieerzeugung (2.000), die Chemische Industrie (2.900), der Werkzeug- und Verarbeitungsmaschinenbau (1.600) und das Verkehrswesen (1.600).[17]

In Ost-Berlin lagen die Schwerpunkte des Arbeitseinsatzes der Vietnamesen in der Textilindustrie, der Elektrotechnik, der Autoindustrie und im Maschinenbau.[18] Ferner arbeiteten sie im medizinischen Bereich, im Verkehrswesen bzw. bei der Luftfahrtindustrie (Interflug) und in der agrarischen Produktion (LPG). Erst ab 1988 wurden vietnamesische Arbeiter auch auf dem Bau eingesetzt.[19] Das Bild der Industriezweige in Ost-Berlin, in denen Vietnamesen tätig waren, fiel somit vielfältig aus und deckte ein breites Spektrum an Einsatzorten ab, wenngleich damit noch nicht viel darüber gesagt ist, welche Arbeiten sie tatsächlich ausübten. Laut einer Stadtratssitzung zur »Information über die Arbeit ausländischer Werktätiger in Berliner Betrieben« waren Mitte des Jahres 1983 insgesamt 567 Vietnamesen in zwölf Berliner Betrieben eingesetzt, rund ein Zehntel aller 5.883 ausländischen »Werktätigen« in Berlin.[20] Fünf Jahre später sollte sich die Situation deutlich gewandelt haben: Mitte des Jahres 1988 belief sich die Gesamtzahl der ausländischen Beschäftigten auf 6.215, die auf 46 Berliner Kombinate, Betriebe und Einrichtungen verteilt waren. Davon waren nunmehr 4.123 Vietnamesen, die in 32 Berliner Betrieben eingesetzt wurden und mit rund zwei Dritteln eine deutliche Mehrheit aller in Berlin tätigen ausländischen Vertragsarbeiter stellten.[21] Die vietnamesischen Vertragsarbeiter lebten überwiegend in den Ost-Berliner Bezirken Lichtenberg, Marzahn und Friedrichshain, wo sich auch die Mehrzahl der Betriebe befand, in denen vietnamesische »Werktätige« eingesetzt wurden.

Wenn offizielle Berichte die Arbeitsleistung der in Berliner Betrieben beschäftigten Vietnamesen bewerteten, schnitten diese überwiegend sehr positiv ab. Ihre Arbeit wurde von Arbeitskollektiven mit »höchster Normerfüllung«, Attributen wie »fleißig und diszipliniert«, »Höflichkeit und Bescheidenheit« und »seltenem Fehlen bei der Arbeit« beschrieben.[22] Auch im Vergleich zu kubanischen und mosambikanischen Arbeitern wurde ihre »Arbeitsleistung und Disziplin«[23] höher bewertet. Entsprechend heißt es in einem Sitzungsprotokoll des Berliner Magistrats 1988 zum Einsatz ausländischer »Werktätiger« in lokalen Betrieben und Einrichtungen in durchaus repräsentativem Tenor: »Insgesamt kann eingeschätzt werden, dass – nach Überwindung anfänglicher Schwierigkeiten durch Anpassungs-, Qualifizierungs- und Einarbeitungszeiten, insbesondere bei den vietnamesischen Werktätigen – gute Arbeitsergebnisse durch die ausländischen Werktätigen erreicht werden.«[24]

Wohnungsbau und Wohnungsbaupolitik in Ost-Berlin

Die Wohnungsbaupolitik der DDR wird gemeinhin fast synonym mit den ebenso allgegenwärtigen wie unübersehbaren Plattenbausiedlungen gesetzt. Dies stellt indes eine verkürzte Wahrnehmung dar, entwickelte sich doch die Dominanz der industriell gefertigten Plattenbauweise im Neubau erst sukzessive unter dem doppelten Einfluss ideologischer Prämissen sozialistischen Wohnens einerseits sowie wachsender wirtschaftlicher Beschränkungen andererseits und setzte sich vollständig erst in den 1970er Jahren durch. Das »Sozialistische Wohnen« sollte ein Wohnen für alle sein, das gleiche Bedingungen und gleiche, erschwingliche Preise für Wohnraum vorsah. »Eine Wohnung musste folglich alle reduzierten Funktionen des Wohnens, Schlafens, Essens und der Hygiene beinhalten. Entscheidend für die Realisierung war jedoch die Machbarkeit der industriellen Herstellung. Nicht die Bedürfnisse der Bewohner, sondern die Möglichkeiten des Fließbands gaben letztendlich den Ausschlag.«[25]

Wohnungen wurden zentral zugewiesen und subventioniert. Die Mietzahlungen entsprachen demzufolge nicht den tatsächlichen Kosten, sondern stellten einen Beitrag zur sozialistischen Gemeinschaft dar.[26] »Es bestand somit nicht nur eine staatliche Erfassung und Kontrolle des Wohnungsbestandes, sondern auch eine Zuweisung und schließlich sogar die Möglichkeit, einen Zwangsmietvertrag zu verordnen«[27], falls der Vermieter oder Mieter nicht bereit waren, den Vertrag über eine bestimmte Wohnung abzuschließen. Hinzu kam, dass die Mieten staatlich festgelegt wurden und im Durchschnitt bei einer Ost-Mark je Quadratmeter lagen. Die Miete betrug damit nur ungefähr drei Prozent des durchschnittlichen Haushaltseinkommens und lag somit weit niedriger als der in Westdeutschland übliche Anteil von durchschnittlich 18 bis 25 Prozent. Indes trug die staatliche Subventionierung nicht nur zu geringen Lebenshaltungskosten bei, sondern führte auch dazu, dass in der DDR permanent kaum Geld für die Instandhaltung der Wohnungen bereitstand.[28] Dies nahm die Regierung indes in Kauf, spielten doch die Vereinheitlichung des Wohnraums und die staatlich geregelte Vergabe von Wohnungen eine zentrale Rolle bei der Konstruktion eines relativ homogenen Zusammenlebens in der sozialistischen Gemeinschaft. »Die Wohnungsbaupolitik und die Plattenbauweise waren im übertragenen Sinn ein Spiegel und gleichzeitig ein Mittel zur Gestaltung der gesellschaftlichen Verhältnisse der DDR, wo nicht einfach so vor sich hin gewohnt wurde. Das Wohnen in einer Plattenbausiedlung sollte schließlich dem Schlagwort der ›entwickelten sozialistischen Persönlichkeit‹ und seiner Lebensweise Ausdruck verleihen. Ziel der SED war es, durch den staatlichen Wohnungsbau die Klassen- und Schichtenunterschiede der Menschen aufzuheben, gleiche Wohnungen für gleiche Menschen zu bauen.«[29]

Der endgültige Durchbruch der Plattenbauten ging mit dem wohnungsbaupolitischen Paradigmenwechsel der 1970er Jahre einher, als man begann, verstärkt neu zu bauen statt lediglich vorhandene Wohnungen instand zu halten oder zu modernisieren. V. a. an Stadträndern entstanden viele Neubaugebiete »auf der grünen Wiese«, und die sogenannte Plattenbauweise wurde zum vorherrschenden Wohnhaustyp. Mit dem Bauboom der 1970er und 1980er Jahre wurden innerhalb weniger Jahre ganze Siedlungen, wie in den Bezirken Marzahn und Hellersdorf, neu geschaffen, sodass in Ost-Berlin binnen kurzer Zeit fast jeder zweite Haushalt in einer industriell gefertigten Wohnung lebte.[30] Das staatliche Wohnungsbauprogramm der DDR hatte zur Folge, dass der bestehende Altbaubestand vernachlässigt wurde und kaum noch Gelder in die Restaurierung und Modernisierung alter Gebäude flossen. Die Konzentration auf den Wohnungsneubau ging dementsprechend einher mit verfallenden innerstädtischen Altbaugebieten und der Ballung der Stadtbevölkerung an den Rändern der Städte.[31] Erst nach 1990 setzte ein massiver Imageverlust der Plattenbausiedlungen ein, der zu einer starken Entmischung der Bevölkerung in den Neubaugebieten führte und bis heute das Image der »Platte« prägt.

Einerseits galten Arbeiter und damit auch ausländische »Werktätige« während der DDR als wichtigster Teil der sozialistischen Gemeinschaft und des Fortschritts. Andererseits hatte der nicht erwünschte Kontakt der ausländischen »Werktätigen« zur DDR-Bevölkerung eine »konzentrierte wohnraummäßige Unterbringung in Arbeiterwohnheimen«[32] zur Folge. Die viel gepriesene Formel des proletarischen Internationalismus stieß hier sehr deutlich an ihre Grenzen.[33] Die vietnamesischen Arbeiter wurden zwar in den »guten«, weil modernen Neubauten einquartiert, genossen aber davon abgesehen keine besonderen Privilegien, sondern wurden vielmehr gezielt von der Mehrheitsbevölkerung ferngehalten und entsprechend »konzentriert« untergebracht. Dies fügte sich in ein größeres Muster segregierter Wohn- und Lebensräu-

ADN-Foto, 31.12.1976: »Modern und großzügig gestaltet ist der Stadtteil Neubrandenburg-Ost (Foto). Sein Antlitz wird wesentlich bestimmt von der WBS 70-Bauserie, die das WBK Neubrandenburg als erstes Wohnungsbaukombinat der Republik einführte. In das Jahr 1977 gehen die rund 5.700 Werktätigen der WBK Neubrandenburg mit Planvorsprung, denn bis zum Jahresende 1976 werden sie zusätzlich 66 Wohnungen übergeben haben.«

me, denn »[d]urch die staatliche Wohnungsvergabe entstand in der DDR eine räumliche Verteilung der Bevölkerung vor allem nach Alter, beruflicher Qualifikation und auf Grund politischer Privilegien. Dadurch bildete sich ein soziales Gefälle zwischen den Großsiedlungen mit vorwiegend jungen und qualifizierten Haushalten und den Altbauquartieren mit älteren und weniger qualifizierten.«[34] Unterdessen zählten zu den Folgen des verfallenden Altbaubestands und des Baubooms an den Stadträndern auch die fehlende Infrastruktur und hohe Aufwendungen für den Verkehr. Dies zeigten die zahlreichen Anstrengungen der staatlichen Behörden, die Arbeiterwohnheime so gut wie möglich an die Infrastruktur anzubinden oder gegebenenfalls Einrichtungen wie zum Beispiel Gesundheitszentren und Apotheken neu zu gründen, um die Versorgung der Anwohner zu gewährleisten.[35]

Die Rechtsträgerschaft der Arbeiterwohnheime in Ost-Berlin lag bei den Betrieben, beim VEB Kommunale Wohnungsverwaltung oder bei der Abteilung Wohnungspolitik der nachgeordneten Einrichtung »Arbeiterwohnheimverwaltung«.[36] Die Arbeiterwohnheimverwaltung in Ost-Berlin wurde 1974 gegründet und verwaltete zu Beginn 2.400 Betten in fünf Wohnheimen; 1976/77 waren es bereits 13.500 Plätze in 13 Wohnheimen. Die Zahl der Mitarbeiter stieg von 1974 bis 1977 von 90 auf 327, was den Bedarf nach neuen Wohnungen und deren Verwaltung widerspiegelte.[37]

Beim Bau von Arbeiterwohnheimen gab es bestimmte architektonische Typen, die besser geeignet waren als andere.[38] Die Typenbauweise bezog sich auf die serielle Bauweise nach einem bestehenden Muster. In der DDR waren die Plattenbautypen

»Wohnungsbauserie 70« (WBS 70), P2, WHH GT 18 (Wohnhochhaus in Großtafel-bauweise mit 18 Geschossen) und Q3A am weitesten verbreitet, wobei WBS 70 die bis heute am häufigsten realisierte Form des Plattenbaus in Ost-Deutschland darstellt. Bei der Errichtung von Arbeiterwohnheimen in Plattenbauweise wurden etwa die Typen »Großer Dreesch/Schwerin« und »Neubrandenburg« bevorzugt.[39] Die Häuser der WBS 70, die nach Bezirken bzw. Städten in der DDR benannt wurden, bestanden vorwiegend aus fünf, sechs oder elf Geschossen. Eine Geschossanzahl von fünf, wie im Fall des Wohnungsbautyps »Schwerin«, konnte 120 bis 150 Wohnungen beinhalten. Bei elfgeschossigen Häusern, wie dem Typ »Neubrandenburg«, waren bis zu 300 Wohnungen pro Haus möglich.[40] Die Bevorzugung dieser architektonischen Bautypen lässt demnach noch kein Muster im Bau von Arbeiterwohnheimen erkennen.

»Wohnen-Arbeiten« – Zu Arbeiterwohnheimen und Betrieben mit vietnamesischer Belegschaft in Ost-Berlin

Die funktionale Einheit »Wohnen-Arbeiten« galt als offizielle Prämisse in der Planung und im Bau von Arbeiterwohnheimen, d.h. die Wohnheime wurden nicht losgelöst von den dazugehörigen Betrieben, sondern als Teil einer umfassenden Konzeption sozialistischen Lebens und Arbeitens betrachtet. Dies galt auch und gerade für die vietnamesischen Einwanderer, bildete doch der Arbeitseinsatz das zentrale Motiv für ihre Anwesenheit in der DDR. Durch das verbreitete Schichtsystem in Betrieben, den Druck nach Normerfüllung, dem Wunsch nach materieller Versorgung der Verwandten in der Heimat und mangelnder Integrationsbestrebungen vonseiten der DDR stand die Arbeit im Mittelpunkt des Lebens der Vertragsarbeiter.

In Ost-Berlin entstanden von 1974 bis 1977, also innerhalb von drei Jahren, insgesamt acht neue Arbeiterwohnheime, sodass es 1977 13 Wohnheime gab. Die Belegung wuchs laut eines Sitzungsprotokolls zu den »Erfahrungen und Maßnahmen zur weiteren Verbesserung der Unterbringung und Betreuung in den Arbeiterwohnheimen« von 17.000 Plätzen 1978 auf 25.000 im Folgejahr an, ohne dass jedoch auch die Anzahl der Wohnheime gestiegen wäre. Kurze Zeit später, 1980, existierten immerhin bereits 17 Arbeiterwohnheime, davon je eines in den Bezirken Mitte, Prenzlauer Berg und Weißensee, zwei weitere in Pankow – und ganze zwölf in Lichtenberg.[41]

Die Zahl der Heime lässt indes nur bedingt Rückschlüsse auf den Bedarf zu. Die Durchschnittsgröße je Arbeiterwohnheim lag 1980 bei 1.410 Plätzen, was darauf hinweist, dass es sich vorwiegend um große Wohnhaustypen handelte.[42] Die Bettenplätze verteilten sich 1980 auf Ein- bis Vier-Bettzimmer. Dabei machten Ein- und Zwei-Bettzimmer 33,4 Prozent der Zimmerstruktur in Arbeiterwohnheimen aus; Drei-Bettzimmer stellten 40,9 Prozent und Vier-Bettzimmer 25,7 Prozent der Einheiten.[43] Für Ende der 1980er Jahre ist von einer systematischen Überbelegung der Arbeiterwohnheime auszugehen, da aufgrund des Arbeitskräftemangels mehr ausländische Vertragsarbeiter ins Land kamen, als ursprünglich geplant gewesen war, ohne dass die Zahl der Bettenplätze proportional zunahm.

Arbeiterwohnheime in Ost Berlin für ausländische Bewohner (Auswahl)

Arbeiterwohnheime in Ost-Berlin	Stadtteil	Platzanzahl/ Wohneinheiten	Bemerkungen
Storkower Straße 114	Pankow	286 Pl.	
Gehrenseestraße 2	Weißensee	2.572 Pl.	
Vesaliusstraße 32	Pankow (Heinersdorf)	758 Pl.	
Ilsestraße 66	Karlshorst	1.024 Pl.	
Prenzlauer Allee/ Grellstraße	Prenzlauer Berg (Pankow)	220 WE	
Wiesenburger Weg (auf dem Betriebs- gelände)	Friedrichshain	k.A.	für ausländische »Werktätige« des VEB BVF Berliner Vergaser- und Filterwerke, Frankfurter Allee 71, 1035 Berlin
Genslerstraße 18	Hohenschönhausen	k.A.	heute Hotel Kolumbus

1980 waren 1.979 Menschen aus folgenden Ländern, die zum Sozialistischen Wirtschaftsgebiet zählten (sogenannte SW-Länder), in Berliner Arbeiterwohnheimen untergebracht: Polen (548 Personen), Kuba (487), Ungarn (274), Vietnam (247), Mosambik (181), ČSSR (178) und einige wenige Einwanderer aus Bulgarien, Rumänien, Jugoslawien und der Mongolei sowie 48 »Werktätige« aus den NSW-Ländern (= Nichtsozialistisches Wirtschaftsgebiet) Schweden, Finnland, Österreich und Dänemark.[44] Diese Zahlen wecken indes Zweifel an den Thesen von vollständiger Isolierung und Gettoisierung der ausländischen Vertragsarbeiter, da die Größen der Wohnheime die Anzahl ausländischer »Werktätiger« bei Weitem überstiegen und somit die Heime zu groß waren, um einzelne Einwanderergruppen national geschlossen unterzubringen.

Die meisten Wohnheime in Ost-Berlin waren direkt an die jeweiligen Betriebe angegliedert und lagen daher auf dem Betriebsgelände. Daneben gab es aber auch Unterkünfte außerhalb des Betriebsgeländes, und in seltenen Fällen wurden Vertragsarbeiter in »normalen« Wohnhäusern untergebracht – wenngleich dies von der Arbeiterwohnheimverwaltung in bezeichnender Terminologie als zweckentfremdeter, zeitweiliger Zustand betrachtet wurde.[45]

Die Mehrzahl der vietnamesischen Vertragsarbeiter in Ost-Berlin arbeitete in den Betrieben VEB NARVA-BGW, im VEB Glaswerk Stralau und im VEB Berliner Werkzeugmaschinenfabrik Marzahn (BWF). Der VEB NARVA-BGW war ursprünglich aus dem Glühbirnenhersteller Osram hervorgegangen und befand sich in Berlin-Friedrichshain.[46] Im VEB NARVA waren 1983 insgesamt 102 vietnamesische »Werktätige« beschäftigt. Diese Zahl blieb über die nächsten Jahre hinweg weitgehend konstant.[47] Im Glaswerk Stralau, früher Stralauer Glashütte AG und ebenfalls in Berlin-Friedrichshain gelegen, wurden 1983 126 vietnamesische »Werktätige« eingesetzt, 1985 waren es nur noch 100.[48] Der VEB Berliner Werkzeugmaschinenfabrik Marzahn (BWF) befand sich in Berlin-Marzahn und gehörte zum VEB Werkzeugmaschinenfabrikkombinat »7. Oktober«. Ende 1982 arbeiteten 76 Vietnamesen in dem Berliner Betrieb,[49] 1983 waren es 74, davon 40 im Stammbetrieb. Bis 1985 stieg ihre Zahl auf 100 Arbeiter.[50] Die Fluktuation ist nur schwer zu bestimmen, doch scheint sie insgesamt begrenzt gewesen zu sein; aus dem Betrieb heraus wurden – aufgrund von »Disziplinlosigkeit« – lediglich zwei Anträge auf Rückführung vietnamesischer Mitarbeiter gestellt.[51]

Betriebe in Ost-Berlin mit vietnamesischer Beleschaft

Volkseigene Betriebe	Adresse
VEB Berlin Damenmoden	Grünbergerstr. 40, Berlin Friedrichshain, heute Sitz der Stadtbibliothek
VEB Treffmodelle	Greifswalderstr. 212/213, Berlin Friedrichshain
VEB Herrenbekleidung Fortschritt	Rudolf-Reusch-Str., Berlin Lichtenberg
VEB Kombinat Oberbekleidung	k.A.
DP Fernmeldebauamt	k.A.
Interflug	k.A.
VEB KIB im Kombinat ATB (VEB Kraftfahrzeuginstandsetzungsbetrieb im Kombinat Autotrans Berlin)	k.A.
VEB RWB im Kombinat ATB (VEB Reparaturwerk Berlin im Kombinat Autotrans Berlin)	k.A.
LPG »Berliner Norden«	k.A.
Krankenhaus Friedrichshain	Landsberger Allee 49, Berlin Friedrichshain
VEB Stern-Radio Berlin	Liebermannstr., Weißensee; ab 1986 Erweiterungswerk in Berlin Marzahn
VEB Berliner Werkzeugmaschinenfabrik Marzahn (BWF)	Berliner Chaussee, Berlin Marzahn
VEB Glaswerk Stralau Stralauer Halbinsel Nienburger Glaswerken (heute Ardagh Glass)	Berlin Friedrichshain
VEB NARVA-BGW, Heute Mitteldeutscher Warenzeichenverband NARVA e.V.	Heutiges Oberbaumcity-Gelände, Berlin Friedrichshain
Berliner Vergaser- und Filterwerke	Frankfurter Allee 71, Berlin Friedrichshain

Die Situation in den Arbeiterwohnheimen war genauen Regeln der Heimordnung und ständigen Kontrollen durch – teils auch vietnamesische – Gruppenleiter unterworfen. Kontrollinstanzen und -mittel in den Arbeiterwohnheimen waren sogenannte Heimehepaare, Pförtner, Heimbetreuer, Mitarbeiter der Wohnheimverwaltung, Wohnungs- und Zimmerverantwortliche und zum Beispiel Wettbewerbe um das schönste Zimmer.[52] Darüber hinaus wurden in Berlin Angehörige der Volkspolizei (VP) als sogenannte Abschnittsbevollmächtigte (ABV) einzelnen Straßen oder Wohngebieten zugeteilt. Im Protokoll einer Stadtratssitzung zu den »Erfahrungen und Maßnahmen zur weiteren Verbesserung der Unterbringung und Betreuung in den Arbeiterwohnheimen« von 1980 heißt es über die Abschnittsbevollmächtigten: »In 7 Wohnheimen sind ABV der Deutschen Volkspolizei eingesetzt, und in 10 Wohnheimen erfolgt die Betreuung durch die ABV der Wohnheime.«[53] Dies weist darauf hin, dass es Abschnittsbevollmächtigte gab, die nur für einzelne Arbeiterwohnheime zuständig waren. Dabei stellte der ABV in dem ihm zugeteilten Abschnitt oder Wohnheim die Aufnahme und Weiterleitung von Anzeigen sicher und konnte Einschätzungen über die Bewohner seines Abschnitts abgeben, wobei der Schutz »des sozialistischen Staats- und Gesellschaftsaufbaus gegenüber individuellen Bürgerrechten«[54] Vorrang hatte.

Schließlich wollten die Behörden auch die Zusammenarbeit mit der Bevölkerung, die im Umfeld der Wohnheime ansässig war, zwar spät, aber signifikant intensivieren. Dementsprechend hieß es in einem Sitzungsprotokoll des Magistrats von Berlin von 1988 zum Thema »Information über den zeitweiligen Einsatz ausländischer Werktätiger in Betrieben und Einrichtungen Berlins«: »Für die Information der Bürger der Wohngebiete, in denen ausländische Werktätige wohnen, haben sich regelmäßige Zusammenkünfte der Beauftragten der Betriebe mit den gesellschaftlichen Kräften des Wohngebietes, mit Vertretern der Arbeiterwohnheimverwaltung und mit Vertretern vorhandener Handels- und Gesundheitseinrichtungen, bewährt.«[55]

An anderer Stelle wurden die zu ergreifenden Maßnahmen noch konkretisiert und die doppelte Zielsetzung – die Kooptierung der Bevölkerung für die Zwecke des Überwachungsstaats einerseits und ihre Gewöhnung an wachsende Ausländerzahlen andererseits – deutlich zum Ausdruck gebracht:»[...] die politisch-ideologische Arbeit mit der Bevölkerung in den Wohngebieten und mit den Werktätigen in den Betrieben des Gesundheitswesens, Bildungswesens, der Dienstleistungseinrichtungen, des Handels und der Gaststätten [ist zu intensivieren, M.K.], damit diesen die politische Bedeutung des zeitweiligen Einsatzes ausländischer Werktätiger erläutert wird und sie mit den spezifischen Problemen, unterschiedlicher Lebensgewohnheiten und gesellschaftlichen Verhaltensweisen bekannt gemacht werden.«[56]

Arbeiterwohnheime in der DDR wurden kontinuierlich kontrolliert, und Heimordnungen sahen uniform vor, dass »[j]edes Vorkommnis und jeder Verdacht auf Vorkommnisse, welche die allgemeine Sicherheit und das Volkseigentum gefährden, [...] dem jeweiligen Leiter oder der Arbeiterwohnheimverwaltung gemeldet werden«[57] müsse. In einer Auflistung der »Vorkommnisse und Verstöße gegen Ordnung und Sicherheit durch Heimbewohner im Zeitraum 1.1.1980 bis 5.12.1980« fand sich entsprechend eine breite Palette solchermaßen gemeldeter Regelbrüche wieder. Mit 10.095 Notierungen für das Jahr 1980 kam der Sammeltatbestand »[m]utwillige Zerstörungen, Sachbeschädigungen, Diebstähle, Einbrüche auch kleinerer Art in den Wohnheimen« an erster Stelle. »Festgestellte illegale Übernachtungen« (450 Vorkommnisse, »darunter [42] Minderjährige«) und »stark verschmutzte Zimmer von Heimbewohnern, mit denen Erziehungsmaßnahmen eingeleitet wurden« (380 Vorkommnisse), bildeten die zweit- und dritthäufigsten registrierten Vergehen in Berliner Arbeiterwohnheimen im Jahr 1980, gefolgt von »unbefugte[r] Nutzung von Feuerlöschern vorwiegend unter Alkoholeinfluß« (51) und »Schlägereien mit Körperverletzung vorwiegend unter Alkoholeinfluß« (34).[58] Allerdings wurde dabei nicht nach Nationalitäten differenziert, sodass sich diese Angaben auf alle in Ost-Berliner Wohnheimen untergebrachten Arbeiter bezogen. Dennoch machen die Befunde deutlich, wie genau Vorkommnisse erfasst und die Wohnheime kontrolliert wurden. Spezifisch für ausländische Heimbewohner fiel indes die Sanktionierung von tatsächlichen und vermeintlichen Verstößen aus: Die Missachtung von Wohnheimregeln stand unter Androhung von Arbeitsplatzverlust und Abschiebung in das jeweilige Heimatland. Im Fall der vietnamesischen Vertragsarbeiter wurden Delikte außerdem der Ost-Berliner Botschaft gemeldet, was zusätzliche Sanktionen durch die Behörden des Entsendelandes zumindest ermöglichte.[59]

In den Arbeiterwohnheimen gab es kein Recht auf die freie Wahl der Wohngemeinschaften; mit wem man zusammenwohnte, wurde behördlich festgelegt. In den Wohnheimen herrschte in der Regel strikte Geschlechtertrennung, auch bei Familien, sodass Ehepartner und Familien in den meisten Fällen getrennt untergebracht wurden. Dementsprechend fiel auch die Kritik der Heimbewohner aus: Die Trennung von Paaren, die Überbelegung der Zimmer bzw. der eklatante Platzmangel, unzureichende Sauberkeit und die mangelnde Betreuung nach der Arbeitszeit rangierten weit oben auf der Liste der Kritikpunkte an der Unterbringung in den Berliner Arbeiterwohnheimen schon im Jahr 1980.[60]

In den Unterkünften für ausländische »Werktätige« sollten den Bewohnern, laut Regierungsabkommen von 1980, fünf Quadratmeter pro Kopf zugewiesen werden, in offensichtlichem Gegensatz zu den in der DDR sonst üblichen zwölf Quadratmetern pro Person.[61] Maximal sollte ein Zimmer von vier Personen bewohnt werden, wie das Regierungsabkommen von 1980 ebenfalls vorsah.[62] Auch die Ausstattung der Wohnungen für ausländische Arbeiter scheint von Wohnheim zu Wohnheim stark variiert zu haben. Waren manche mit Kantinen, Sporträumen, Bibliotheken, Nähstuben oder Bügelräumen sehr gut eingerichtet, entsprach dies keineswegs der Regel.[63] Dies lag auch daran, dass Ausstattung und Verhaltensregeln innerhalb der Unterkünfte durch die jeweilige Heimordnung geregelt wurden. In den Arbeiterwohnheimen Besuch zu empfangen, war meist nur bedingt möglich und bedurfte einer Anmeldung. Des Weiteren durfte Besuch nur für eine begrenzte Zeit und abends lediglich bis 22 Uhr empfangen werden. Hierbei kam es wiederholt zu nächtlichen »Razzien«, um »illegalem« Besuch vorzubeugen bzw. diesen aufzudecken.[64]

Doppelzimmer im Wohnheim des VEB Getriebewerk Brandenburg, Mitte der 1980er Jahre.

Die infrastrukturelle Anbindung der Arbeiterwohnheime wurde zum Teil detailliert geplant. Es wurde darauf geachtet, dass diese sich in der Nähe von Gesundheitszentren oder Apotheken befanden und dass die Anbindung an den Öffentlichen Nahverkehr günstig war; außerdem wurde Wert darauf gelegt, dass der Weg zum Arbeitsplatz vom jeweiligen Wohnheim kurz ausfiel. Ferner wurden sogenannte »Versorgungsstützpunkte«, also Gaststätten und Einkaufsmöglichkeiten, in die Planung miteinbezogen und in einigen Fällen sogar die Sonneneinstrahlung bzw. Lage des Gebäudes mitbedacht, da dies negative psychologische Wirkungen haben könne (»keine Nordlage«).[65] Auch Verkehrsströme und Verkehrsgewohnheiten der Vertragsarbeiter wurden analysiert, in Kategorien wie »Wohnen-Arbeiten«, »Wohnen-Erholen«, »Wohnen-Stadtzentrum« und Wohnen-Fernbahnhöfe« eingeteilt und zu optimieren versucht.[66] Das Regierungsabkommen von 1980 sah vor, dass die Wegstrecke von den Wohnstätten nicht mehr als 40 Minuten zum jeweiligen Betrieb betragen sollte.[67] Ob und inwieweit es Widersprüche zwischen den fast schon fürsorglich oder – je nach Blickwinkel – auch bevormundend anmutenden Planungen und ihrer Realisierung gegeben hat, ist allerdings kritisch zu hinterfragen.

Die Trennung von deutschen und ausländischen Arbeitern scheint üblich gewesen zu sein, entsprach aber gleichwohl nicht durchgängig der Praxis, wie zum Beispiel die Belegung eines Arbeiterwohnheimes in Berlin Lichtenberg zeigt: »AWH Ilsestraße (Kapazität 1.120 Plätze); In diesem Arbeiterwohnheim sind vorwiegend Beschäftigte der BEWAG (Rekonstruktionsvorhaben Kraftwerk Klingenberg) und des Kombinats Autotrans sowie ausländische Arbeitskräfte untergebracht.«[68]

Ausländische »Werktätige« wurden auch nicht konsequent nach ihrem jeweiligen Herkunftsland getrennt einquartiert. Die verfügbaren Quellen legen den Schluss nahe, dass es keine nur von vietnamesischen Vertragsarbeitern bewohnten Arbeiterwohnheime gab, sondern nach Bedarf und Platz kombiniert wurde, so etwa im Fall des Arbeiterwohnheims des VEB Berliner Vergaser- und Filterwerke am Wiesenburger Weg.[69] Dies war im Grunde eine logische Konsequenz aus dem Umstand, dass die Größe der einzelnen Arbeiterwohnheime – bei einer durchschnittlichen Kapazität von circa 1.100 Plätzen – die Anzahl der Beschäftigten einer Nationalität pro Betrieb bei Weitem überstieg.

Aus ökonomischen Gründen nutzten die Bewohner der Arbeiterwohnheime ihre Wohnungen zum Teil auch als Werkstätten und Lager, die v. a. von vietnamesischen »Werktätigen« zu kleinen Schneiderläden etwa für die in der DDR begehrten Jeans genutzt bzw. umfunktioniert wurden.

»Die vietnamesischen Werktätigen, die in der Mehrzahl aus Großfamilien kommen, sind bestrebt, schon kurze Zeit nach der Anreise, mit materiellen Gütern ihre Familien zu versorgen. Dabei sehen sie sich nach allen sich bietenden Möglichkeiten zum zusätzlichen Erwerb von Zahlungsmitteln um. Das zeigt sich durch das Anfertigen von Bekleidungsgegenständen und durch die Einführung von Gegenständen aus der SRV zum Verkauf in der DDR.«[70]

Dieser Kleinhandel entsprach einerseits dem Bedarf nach bestimmten Gütern in der ostdeutschen Mangelwirtschaft, sorgte aber auch dafür, dass insbesondere die Vietnamesen beschuldigt wurden, der DDR-Bevölkerung die knappen Güter wegzukaufen.[71] In einer jährlichen Einschätzung der Lage der ausländischen Vertragsarbeiter in der DDR durch das Ministerium für Staatssicherheit im Jahr 1989 heißt es: »Aufgrund gesammelter Erfahrungen wurden durch Vertreter zuständiger staatlicher Organe und der Einsatzbetriebe sowie Angehörige der Deutschen Volkspolizei in mehreren Bezirken Kontrollen in Wohnheimen, in denen ausländische Werktätige untergebracht sind, durchgeführt. Übereinstimmend wird berichtet, dass die Wohnunterkünfte vietnamesischer Werktätiger regelrechte Warenlager darstellen. Neben Industriewaren werden zunehmend auch Lebensmittel gehortet. Zerlegte Kleinkrafträder, einschließlich gefüllte Treibstoffbehälter [sic], befinden sich auf den Zimmern, Balkonen und Treppenaufgängen. Erhebliche Verstöße gegen die Sicherheits-, Brandschutz, Gesundheitsschutz- und Hygienebestimmungen sind die Folge. Ungemeldete Übernachtungen haben zugenommen. Sie werden genutzt zur Abwicklung von Spekulationsverhandlungen. Einlasskontrollen sind durch fehlendes Personal äußerst lückenhaft.«[72]

Aus derartigen Hinweisen wird einerseits der Kontrollanspruch von Regime und Behörden deutlich, nicht zuletzt aber auch, dass seine Durchsetzung mittels einer strengen Heimordnung und der strikten Trennung von der Mehrheitsbevölkerung nur in den frühen 1980er Jahren einigermaßen zuverlässig zu gewährleisten war. Mit der zunehmenden Einreise neuer Vertragsarbeiter wurden die Kontrollen immer durchlässiger, und der alltägliche Widerstand der Vertragsarbeiter gegen ihre Lebens- und Wohnsituation nahm ersichtlich offenere Formen an.[73] Der starke Anstieg der Zahl der vietnamesischen Arbeiter in der DDR gegen Ende der 1980er Jahre und der damit einhergehende Bedarf an Unterbringungsmöglichkeiten führten zu einer unübersehbaren Überforderung des Überwachungssystems, sodass Lücken entstanden und »illegale« Unterbringung möglich wurde. Für die Wohn- und Lebenssituation der vietnamesischen Arbeiter führten die Politik staatlicher Zuweisung von Wohnraum und einer relativ konzentrierten Unterbringung zu einer brisanten Situation aus Überbelegung und Überwachung. Verschärft wurde dies angesichts der räumlichen Konzentration durch die Notwendigkeit, soziale Interaktion fast ausschließlich innerhalb der Migrantengruppe respektive mit den anderen ausländischen Arbeitern zu organisieren.

Zusammenfassend ist zu konstatieren, dass die hier ausgewerteten Quellen zu Arbeiterwohnheimen und Betrieben, in denen vietnamesische Vertragsarbeiter tätig waren, keine so zwangsläufige Korrelation zwischen dem Standort der Arbeiterwohnheime und dem Betriebsgelände bzw. dessen unmittelbarer Umgebung nahelegen. Zwar konnten bei Weitem nicht alle Standorte ehemaliger Arbeiterwohnheime in Ost-Berlin ausfindig gemacht werden, zumal häufig aus den Planungen nicht ersichtlich ist, welche Objekte tatsächlich realisiert wurden. Dennoch lässt sich – selbst angesichts des beschränkten Datenmaterials – nicht bestätigen, dass der Standort des Betriebs mit jenem des Arbeiterwohnheims durchweg identisch war.[74] Bestätigt wird indes das Bild stark überwachter, doch mit dem nahenden Ende der DDR zunehmend unkontrollierbarer Arbeiterwohnheime, in denen sich die Bewohner in eigener Initiative die ihnen verwehrten Freiräume schafften. Außer den sehr kleinen Zimmern und der weitgehenden Überwachung, die in vielen Fällen Repressalien nach sich zog, sind zumindest bei der Wahl der Unterbringung zunächst keine strukturellen Benachteiligungen zu erkennen. Die traditionellen Vorstellungen von den schlecht ausgestatteten, veralteten Wohnsilos sind dementsprechend zu qualifizieren: Nicht die Unterbringung in den Platten-Neubauten stellte das eigentliche Problem dar, sondern die Ausgestaltung der Wohn- und Lebenssituation in Form von Überbelegung, Bevormundung und Überwachung. Hier bietet sich künftigen Mikrostudien ein reiches Feld.

Ausblick: Vietnamesen in Ost-Berlin seit der Wende

Insgesamt lebten 1990 noch ungefähr 191.000 Ausländer in der DDR.[75] Den größten Teil machten hiervon die circa 90.000 ausländischen Vertragsarbeiter aus, von denen wiederum circa 60.000 aus Vietnam stammten. Seit der Wiedervereinigung ist diese Zahl rapide gesunken; heute leben nur noch circa 15.000 bis 20.000 ehemalige vietnamesische Vertragsarbeiter in den neuen Bundesländern, davon die Mehrzahl im Raum Berlin-Brandenburg sowie in Magdeburg, Rostock und Leipzig.[76]

Zahl der in Berlin gemeldeten Vietnamesen für das Jahr 2010 nach Stadtteilen[87]

Stadtteil	Vietnamesen	Ausländer insgesamt	Ausländeranteil insgesamt in Prozent
Lichtenberg	4.288	18.068	7,1
Marzahn/Hellersdorf	2.098	9.179	3,7
Friedrichshain/Kreuzberg	1.556	55.446	21,2
Mitte	1.281	88.077	27,0
Pankow	1.092	23.079	6,4
Alle weiteren Stadtteile	> 1.000	-	-
Berlin insgesamt	13.199	457.806	13,5

Während und nach der »Wende« war die Situation der Vertragsarbeiter in der DDR von Unsicherheit geprägt. Die meisten Betriebe mussten Stellen streichen oder wurden ganz geschlossen, viele ausländische »Werktätige« mussten ihren Platz noch vor den deutschen Arbeitnehmern räumen. 1990 kam es im Zuge der Wiedervereinigung zur Auflösung des VEB NARVA und das Werk in Friedrichshain musste 1993 schließen, wobei circa 5.000 Mitarbeiter ihren Arbeitsplatz verloren.[77] Aus dem aufgelösten Betrieb gingen fünf privatwirtschaftliche Unternehmen hervor, darunter in Berlin Lichtenberg die Gesellschaft für lichttechnische Erzeugnisse mbH Berlin (G.L.E.), als Teil des Mitteldeutschen Warenzeichenverbandes NARVA e.V. Das Getränkeflaschenkombinat Berlin wurde 1990 in eine GmbH umgewandelt und 1991 durch die Nienburger Glaswerke (heute Ardagh Glass) übernommen, die den Standort auf der Stralauer Halbinsel 1996 aufgaben und 1997 in Neuenhagen vor der Stadt ein neues Glaswerk errichteten. Der VEB Berliner Werkzeugmaschinenfabrik Marzahn wurde 1990 aufgelöst und in 24 einzelne GmbHs aufgeteilt.

Als die ostdeutsche Wirtschaft Anfang der 1990er Jahre kollabierte, wurden rasch Forderungen nach Rücksendung der vietnamesischen Vertragsarbeiter laut.[78] Nach Schätzungen verloren circa 50 bis 60 Prozent von ihnen mit der Wende ihren Arbeitsplatz, in Ost-Berlin sogar rund 80 Prozent.[79] Die Regierungsabkommen blieben noch bis Ende 1990 in Kraft, sodass die Vertragsarbeiter aus Vietnam zumindest bis zum Ende ihres Arbeitsvertrages in Deutschland bleiben konnten; nach dessen Ablauf hatten sie noch Anspruch auf ein Jahr Arbeitslosengeld und drei Monate Unterkunft in einem betriebseigenen Arbeiterwohnheim, mussten dann aber bis zu 400 Mark Miete zahlen – eine erhebliche Steigerung gegenüber jenen 30 Ost-Mark, die sie zuvor entrichtet hatten. Am Ende dieses Quartals mussten sie in private Unterkünfte wechseln,[80] um so die kostenintensiven Unterkünfte sukzessive zu entmieten.[81]

ADN-Foto, 30.10.1990:
»Schlechte Zeiten sind jetzt für die im Osten Deutschlands lebenden Ausländer angebrochen. Sie verlieren mit als erste ihren Arbeitsplatz und müssen zum Teil horrende Mieten für einen Wohnheimplatz bezahlen. Viele wollen nicht in die Heimat zurückkehren und suchen eine Alternative. Mit dem Campingtisch unter dem Arm und der Ware auf dem Rücken zieht dieser junge Vietnamese allmorgendlich in die Geraer Innenstadt, um sich als fliegender Händler seinen Lebensunterhalt zu verdienen.«

Im Jahr der Wende lebten etwa 4.500 Vietnamesen in Ost-Berlin.[82] Bis Ende 2010 stieg die Zahl der nunmehr in Gesamt-Berlin gemeldeten Vietnamesen auf 13.199, wovon circa die Hälfte Frauen waren. Vietnamesen machen damit 2,9 Prozent der Migranten in der Stadt aus, wobei die Statistiken keinen Unterschied mehr zwischen den Ost- und Westteilen treffen.[83] Dies bedeutet zugleich, dass die genannte Zahl auch vietnamesische Migranten aus dem ehemaligen West-Berlin einschließt, die zum großen Teil Überlebende des Vietnamkrieges, sogenannte *Boatpeople* bzw. deren Familien, sind und somit andere Migrationserfahrungen gemacht haben. Unter den Alterskohorten bildeten im Jahr 2009 die Altersgruppen von 15 bis 45 Jahren (rund 7.450) die Mehrheit, deutlich weniger waren 45 bis 65 Jahre alt (knapp 3.000). Hierin bildet sich das durchschnittlich geringe Alter von angeworbenen Vertragsarbeitern wie Flüchtlingen gleichermaßen ab.[84]

Die höchste Konzentration vietnamesischer Bürger findet sich auch heute noch im Ostteil der Stadt in den Bezirken Lichtenberg, Marzahn-Hellersdorf und Friedrichshain-Kreuzberg.[85] Auffällig ist, dass Lichtenberg und Marzahn/Hellersdorf im Vergleich zu anderen Berliner Stadtteilen ansonsten einen sehr geringen Anteil an Migranten aufweisen.[86] Der hohe Anteil gerade vietnamesischer Einwohner in diesen drei Bezirken spiegelt somit die Verteilung der vietnamesischen Vertragsarbeiter vor 1990 in Ost-Berlin wider, hatten sich doch hier die meisten der einschlägigen Betriebe und Arbeiterwohnheime befunden. Eine nennenswerte Abwanderung innerhalb der Stadt scheint daher ausgeblieben zu sein. Zugleich legt die demografische Verteilung nahe, dass das kurze, gleichwohl zahlenmäßig signifikante Phänomen vietnamesischer Vertragsarbeit die Sozialstruktur der genannten Bezirke – jeder so groß wie eine Mittelstadt – nachhaltig geprägt hat.

Die Großsiedlungen haben nach der Wende eine enorme Abwertung durch das Abwandern qualifizierter Haushalte erfahren, sodass die soziale Durchmischung der Wohnbevölkerung stark abgenommen hat. Das Gros der ehemaligen vietnamesischen Vertragsarbeiter scheint allerdings vor Ort geblieben zu sein. Dies ist auf die dort geschaffenen Strukturen zurückzuführen und lässt vermuten, dass durch die Abwanderung, die diese Bezirke erfahren haben, die Aneignung des öffentlichen Raumes und die Entstehung einer ethnischen Ökonomie erleichtert wurde. Heute sind die meisten Vietnamesen, die zu DDR-Zeiten nach Ost-Berlin kamen, im Einzelhandel tätig. 44 Prozent der Gewerbeanmeldungen in Deutschland durch Personen mit vietnamesischer Nationalität entfallen auf den Einzelhandel und 42 Prozent auf das Gastgewerbe.[88] Da die Mehrzahl der ehemaligen vietnamesischen Vertragsarbeiter mit der Wende arbeitslos wurde, war eine neue selbstständige Berufstätigkeit im Einzelhandel oder Gastgewerbe für sie häufig die einzige Chance, im Land zu bleiben.[89]

»Für die meisten war das vordringlichste Problem, wenn sie bleiben wollten, ihren Arbeitsplatz zu behalten oder einen neuen zu finden. Vor allem von den Vietnamesen wurde die Möglichkeit wahrgenommen, ein ambulantes Gewerbe auszuüben – zunächst mit Ständen auf dem Markt. Imbissbuden mit Frühlingsrollen und Reispfannen bereicherten neben Döner-Ständen sehr bald das früher konkurrenzlose aber recht eintönige Bockwurst- und Boulettenangebot, auch Blumen und Textilien waren gut angenommene Angebote.«[90] Das städtische Bild Ost-Berlins wird dementsprechend vielerorts von einem teilweise vietnamesisch dominierten Einzelhandel – die obligatorischen Blumenläden, Kioske und Zigarettenverkäufer – geprägt und unterstreicht, dass von allen Einwanderergruppen in der DDR just die Vietnamesen einen bleibenden Eindruck hinterlassen haben und heute fester Bestandteil des Berliner Alltags sind.

Unterdessen hat das Zusammenwachsen der beiden Stadthälften offenbar keine nennenswerte Annäherung der beiden unterschiedlichen Migrantengruppen aus Vietnam, der ehemaligen Vertragsarbeiter und der sogenannten Bootsflüchtlinge, befördert: »Auffallend ist, dass es selbst in Berlin weiterhin getrennte Wohnbereiche von ehemaligen Vertragsarbeitern und ehemalige in den ›Westen‹ geflüchteten Kontingentflüchtlingen gibt, die einen verbleiben im Westteil, die anderen im Ostteil der Stadt. Die Wohnstrukturen spiegeln also bis heute die alten politischen Strukturen wider.«[91] Auf diese Weise lässt sich mit nur geringer Überpointierung konstatieren, dass aus den vormaligen Süd- und Nordvietnamesen in Berlin West- und Ostvietnamesen geworden sind.

Schluss

Mit Blick auf den eingangs formulierten Forschungs- oder vielmehr Meinungsstand ergibt sich ein heterogenes Bild. Wie gezeigt, legen bereits die Zahlen vietnamesischer Vertragsarbeiter und Arbeiterwohnheime in Ost-Berlin nahe, dass zumindest Anfang der 1980er Jahre eine getrennte Unterbringung der ausländischen Vertragsarbeiter keineswegs die Regel darstellte. Da die Wohnheime über weit größere Kapazitäten verfügten als die einzelnen Kontingente ausländischer »Werktätiger« beanspruchten, konnten diese schwerlich konsequent unter sich bleiben – es sei denn, die Hälfte der Gebäude hätte leergestanden, was jedoch angesichts des geradezu notorischen Wohnraummangels in der DDR wenig wahrscheinlich ist.

Auch mit Blick auf die Qualität der Unterbringung sind Warnungen vor vorschnellen Schlüssen angezeigt. Hinweise darauf, dass vietnamesische Vertragsarbeiter in heruntergekommenen Baracken gewohnt hätten, fehlen. Allerdings ist auch der einfache Umkehrschluss, alles sei in buchstäblich bester Ordnung gewesen, nicht zulässig. Da man in der DDR von offizieller Seite wenig – und wenn, dann meist beschönigend – über negative Aspekte und Probleme sprach, die in Zusammenhang mit der Arbeitskräftemigration entstanden, ist keineswegs gesagt, dass es keine Wohnheime in extrem schlechtem Zustand gegeben hat. Immerhin jedoch ist anzunehmen, dass auffallend schlechte Bedingungen in den Arbeiterwohnheimen Unmut provoziert hätten, der aktenkundig geworden wäre. Zu bedenken ist ferner, dass die Ansprüche der vietnamesischen Einwanderer angesichts des unmittelbaren Vergleichs mit dem heimatlichen Lebensstandard die Situation zumindest anfangs vermutlich weniger schlimm erscheinen ließen und erst allmählich Diskriminierungen und Benachteiligungen realisiert wurden.

Dass die behördlichen Akten v. a. die staatlichen Bemühungen betonen, die Wohnsituation für die ausländischen Vertragsarbeiter »auf hohem Niveau«[92] zu sichern, kann angesichts von Sprachregelungen und Selbstdarstellung im »sozialistischen Bruderstaat« DDR kaum verwundern, aber eben auch nur eingeschränkte Aussagekraft entfalten. Zudem ist auch bei konzilianter Auslegung davon auszugehen, dass diese Bemühungen und Vorhaben im Laufe der Zeit infolge der sich verschlimmernden Versorgungs- und Autoritätskrise von Staat und Regime immer stärker vernachlässigt wurden und die Funktionalisierung des Lebens der vietnamesischen Vertragsarbeiter in Ost-Berlin noch zunahm. Wie so oft in als temporär angelegten Arbeitsmigrationsprozessen sind viele der ehemaligen vietnamesischen Arbeiter im Land geblieben, und die als temporär geplante Einwanderung hat am Ende die DDR überlebt und ist heute fester Bestandteil des Berliner Stadtbildes geworden.

Anmerkungen

1   Vgl. Senatsverwaltung für Gesundheit und Soziales. Ausländerbeauftragte (Hrsg.), Vietnamesen in Berlin: Bootsflüchtlinge und »Gastarbeiter« wider Willen, Berlin 1990, S. 23, 26.

2   Patrice Poutrus, Die DDR, ein anderer deutscher Weg? Zum Umgang mit Ausländern im SED-Staat, in: Rosmarie Beier-de Haan (Hrsg.), Zuwanderungsland Deutschland. Migrationen 1500–2005, Berlin/Wolfratshausen 2005, S. 120–133.

3   Senatsverwaltung, Vietnamesen, S. 23.

4   Damian Mac Con Uladh, Die Alltagserfahrungen ausländischer Vertragsarbeiter in der DDR: Vietnamesen, Kubaner, Mozambikaner, Ungarn und andere, S. 53, in: Karin Weiss/Mike Dennis (Hrsg.), Erfolg in der Nische? Die Vietnamesen in der DDR und in Ostdeutschland, Münster 2005, S. 51–68.

5   Sanem Kleff/Eberhard Seidel, Stadt der Vielfalt. Das Entstehen des neuen Berlin durch Migration, hrsg. von der Beauftragten des Berliner Senats für Integration und Migration, Berlin 2008. S. 99.

6   Senatsverwaltung, Vietnamesen, S. 26.

7   Wilhelm Breuer u. a., Ausländerfeindlichkeit in der ehemaligen DDR. Studie zu Ursachen, Umfang und Auswirkungen von Ausländerfeindlichkeit im Gebiet der ehemaligen DDR und zu den Möglichkeiten ihrer Überwindung, Köln 1990, S. 90, 95.

8   Für eine umfassende Auswertung des Forschungsstandes zur Migration in der DDR vgl. den Beitrag von Anja Mohnke in diesem Band.

9   Vgl. Stephan Lanz, Berlin aufgemischt: abendländisch – multikulturell – kosmopolitisch? Die politische Konstruktion einer Einwanderungsstadt, Bielefeld 2007, S. 112 und Kleff/Seidel, Vielfalt, S. 97.

10   Süddeutsche Zeitung v. 17.9.1990, zitiert nach: Senatsverwaltung, Vietnamesen, S. 27; vgl. Andreas Müggenberg, Die ausländischen Vertragsarbeiter in der ehemaligen DDR – Darstellung und Dokumentation, hrsg. v. Der Beauftragte der Bundesregierung für die Belange der Ausländer, Berlin 1996, S. 7.

11   Regierungsabkommen zwischen der DDR und SR Vietnam vom 11. April 1980, zitiert nach: Müggenberg, Vertragsarbeiter, S. 83. Vgl. den Beitrag von Mirjam Schulz in diesem Band.

12   Magistrat von Berlin, 12. (ordentliche) Sitzung des Magistrats am 25. Mai 1983, LA Berlin, C. Rep. 100-05/1922, Bl. 1, Büro des Magistrats, 25.5.1983.

13   Vgl. Senatsverwaltung, Vietnamesen, S. 23.

14   Abkommen zwischen der Regierung der Deutschen Demokratischen Republik und der Regierung der Sozialistischen Republik Vietnam über die zeitweilige Beschäftigung und Qualifizierung vietnamesischer Werktätiger in Betrieben der Deutschen Demokratischen Republik, vom 11.4.1980, nach Müggenberg, Vertragsarbeiter, S. 84.

15   Magistrat von Berlin, 27. (ordentliche) Sitzung des Magistrats am 25.7.1988, LA Berlin, C Rep. 100-05/2115, Büro des Magistrats, 25.7.1988, Bl. 4.

16   Brief an Willi Stoph vom 11.5.1988, zitiert nach: Oliver Raendchen, Vietnamesen in der DDR. Ein Rückblick, Berlin 2000, S. 52.

17   Anreiseplan ausländischer Werktätiger 1988, Anlage 1, zitiert nach: Raendchen, Vietnamesen, S. 53. Die den hier angeführten Industriezweigen nach geordneten Zahlen in Klammern beziehen sich auf die jeweils eingesetzten vietnamesischen Vertragsarbeiter.

18   Magistrat von Berlin, 27. (ordentliche) Sitzung des Magistrats am 25. Juli 1988, LA Berlin, C Rep. 100-05/2115, Bl. 4, Büro des Magistrats, 25.7.1988 und Magistrat von Berlin, 4. (ordentliche) Sitzung des Magistrats am 13. Februar 1985, LA Berlin, C Rep. 100-05/1976 (2), Büro des Magistrats, 13.2.1985.

19   Magistrat von Berlin, 27. (ordentliche) Sitzung des Magistrats am 25. Juli 1988, LA Berlin, C Rep. 100-05/2115, Bl. 4, Büro des Magistrats, 25.7.1988.

20   Magistrat von Berlin, 12. (ordentliche) Sitzung des Magistrats am 25. Mai 1983, LA Berlin, C. Rep. 100-05 /1922, Bl. 1, Büro des Magistrats, 25.5.1983.

21   Magistrat von Berlin, 27. (ordentliche) Sitzung des Magistrats am 25. Juli 1988, LA Berlin, C Rep. 100-05/2115, Bl. 4, Büro des Magistrats, 25.7.1988.

22   Magistrat von Berlin, 12. (ordentliche) Sitzung des Magistrats am 25. Mai 1983, LA Berlin, C. Rep. 100-05 /1922, Bl. 5, Büro des Magistrats, 25.5.1983.

23 Ebd.

24 Magistrat von Berlin, 27. (ordentliche) Sitzung des Magistrats am 25. Juli 1988, LA Berlin, C Rep. 100-05/2115, Bl. 6, Büro des Magistrats, 25.7.1988.

25 Robert Liebscher, Wohnen für alle. Eine Kulturgeschichte des Plattenbaus, Berlin 2009, S. 88f.

26 Vgl. Helmut W. Jenkis, Überführung der ostdeutschen Wohnungswirtschaft in die soziale Marktwirtschaft, in: Helmut W. Jenkis (Hrsg.), Kompendium der Wohnungswirtschaft, München/Wien 1996, S. 673–733, hier S. 677f.

27 Ebd., S. 679.

28 Ebd., S. 686.

29 Liebscher, Wohnen, S. 95.

30 Vgl. ebd., S. 87.

31 Vgl. ebd., S. 91f.

32 Magistrat von Berlin, 27. (ordentliche) Sitzung des Magistrats am 25. Juli 1988, LA Berlin, C Rep. 100-05/2115, Bl. 7, Büro des Magistrats, 25.7.1988.

33 Siehe dazu aus anderer Perspektive auch Annegret Schüle, »Proletarischer Internationalismus« oder »ökonomischer Vorteil für die DDR«?: Mosambikanische, angolanische und vietnamesische Arbeitskräfte im VEB Leipziger Baumwollspinnerei (1980–1989), in: Archiv für Sozialgeschichte 42 (2002), S. 191–210.

34 Ulrike Heinz/Wolfgang Kiehle, Wohnungspolitik, in: Uwe Andersen/Wichard Woyke (Hrsg.), Handwörterbuch des politischen Systems der Bundesrepublik Deutschland, Bundeszentrale für politische Bildung, Opladen 2003, S. 3.

35 Magistrat von Berlin, Direktive für den Bau von Arbeiterwohnheimen in Berlin, LA Berlin, C Rep. 110-01/6982, Chefarchitekt, Büro für Städtebau, 1975–1976.

36 Ebd.

37 Magistrat von Berlin, 37. (ordentliche) Sitzung des Magistrats am 25. Oktober 1978, LA Berlin, C Rep. 100-05/1772, Büro des Magistrats, 25.10.1978.

38 Direktive für den Bau von Arbeiterwohnheimen in Berlin, LA Berlin, C Rep. 110-01/6982, Chefarchitekt, Büro für Städtebau, 1975–1976.

39 Ebd.

40 Vgl. Bundesinstitut für Bau-, Stadt- und Raumforschung (BBSR) im Bundesamt für Bauwesen und Raumordnung (BBR) (Hrsg.), Datenbanken des Informationszentrums Plattenbau; http://www.informationszentrum-plattenbau.de/index.php, letzter Zugriff: 1.11.2010.

41 Magistrat von Berlin, 28. (ordentliche) Sitzung des Magistrats am 23. Dezember 1980, LA Berlin, C Rep. 100-05/1845, Anlage 1, Büro des Magistrats, 23.12.1980, Bl. 3. Bei folgenden Arbeiterwohnheimen wurden genaue Adressen und Kapazitäten dazu angegeben: Prenzlauer Berg, Storkowerstr. 114 mit 286 Plätzen; Weißensee, Gehrensee-Str. 2 mit 2.572 Plätzen; Pankow, Vesaliusstr. 32 mit 758 Plätzen und in Blankenburg mit 1.621 Plätzen.

42 Ebd, Bl. 4.

43 Ebd.

44 Ebd., Bl. 9.

45 Vgl. Mac Con Uldah, Alltagserfahrungen, S. 53 und Magistrat von Berlin, Grundsätze für die Vergabe, Nutzung und Verwaltung von Arbeiterwohnheimen in der Hauptstadt der DDR, LA Berlin, C Rep. 100-05/1526, Büro des Magistrats, 1973, Bl. 4.

46 Das NARVA Warenzeichen stammt aus dem Jahr 1966 und ist eine Abkürzung der Lampenbestandteile Nitrogenium, Argon und Vakuum. Seit 1978 trug der Stammbetrieb VEB NARVA zusätzlich den Ehrennamen »Rosa Luxemburg«.

47 Magistrat von Berlin, 12. (ordentliche) Sitzung des Magistrats am 25. Mai 1983, LA Berlin, C. Rep. 100-05/1922, Büro des Magistrats, 25. Mai 1983 und Magistrat von Berlin, 4. (ordentliche) Sitzung des Magistrats am 13. Februar 1985, LA Berlin, C Rep. 100-05/1976 (2), Büro des Magistrats, 13. Februar 1985.

48 Ebd. Aus dem hier berücksichtigten Material wurden keine Gründe ersichtlich, die dazu führten, dass sich die Zahl der vietnamesischen Arbeiter im Glaswerk Stralau bis 1985 verringerte.

49 Brief des BWF an das SAL (Staatssekretariat für Arbeit und Löhne) vom 5.12.1981, zitiert nach: Raendchen, Vietnamesen, S. 78.

50   Magistrat von Berlin, 12. (ordentliche) Sitzung des Magistrats am 25. Mai 1983, LA Berlin, C. Rep. 100-05/1922, Büro des Magistrats, 25.5.1983 und 04. (ordentliche) Sitzung des Magistrats am 13.2.1985, LA Berlin, C Rep. 100-05/1976 (2), Büro des Magistrats, 13.2.1985.

51   Zitiert nach: Raendchen, Vietnamesen, S. 78. Direkte Verweise auf zu den Betrieben gehörende Arbeiterwohnheime wurden bei keinem der drei Betriebe gefunden.

52   Magistrat von Berlin, 27. (ordentliche) Sitzung des Magistrats am 25. Juli 1988, LA Berlin, C Rep. 100-05/2115, Bl. 6, Büro des Magistrats, 25.7.1988.

53   28. (ordentliche) Sitzung des Magistrats am 23. Dezember 1980, LA Berlin, C Rep. 100-05/1845, Anlage 1, Büro des Magistrats, 23.12.1980, Bl. 2.

54   Thomas Lindenberger, Volkspolizei. Herrschaftspraxis und öffentliche Ordnung im SED-Staat 1952–1968, Köln 2003, S. 301.

55   Magistrat von Berlin, 27. (ordentliche) Sitzung des Magistrats am 25. Juli 1988, LA Berlin, C Rep. 100-05/2115, Büro des Magistrats, 25.7.1988, Bl. 6f.

56   Ebd., Bl. 7.

57   Magistrat von Berlin, 15. (ordentliche) Sitzung des Magistrats am 16. April 1975, LA Berlin, C Rep. 100-05/1598, Büro des Magistrats, 16.4.1975.

58   Magistrat von Berlin, 28. (ordentliche) Sitzung des Magistrats am 23. Dezember 1980, LA Berlin, C Rep. 100-05/1845, Anlage 1, Büro des Magistrats, 23.12.1980, Bl. 9.

59   Vgl. Senatsverwaltung, Vietnamesen, S. 23.

60   Magistrat von Berlin, 28. (ordentliche) Sitzung des Magistrats am 23. Dezember 1980, LA Berlin, C Rep. 100-05/1845, Anlage 1, Büro des Magistrats, 23.12.1980, Bl. 3.

61   Staatssekretariat für Arbeit und Löhne, Richtlinie für die Unterbringung ausländischer Werktätiger in Gemeinschaftsunterkünften, Berlin, 8.2.1982, nach: Müggenberg, Vertragsarbeiter, S. 100.

62   Ebd.

63   Direktive für den Bau von Arbeiterwohnheimen in Berlin, LA Berlin, C Rep. 110-01/6982, Chefarchitekt, Büro für Städtebau, 1975–1976.

64   Vgl. Senatsverwaltung, Vietnamesen, S. 23; Kleff/Seidel, Vielfalt, S. 98.

65   Direktive für den Bau von Arbeiterwohnheimen in Berlin, LA Berlin, C Rep. 110-01/6982, Chefarchitekt, Büro für Städtebau, 1975–1976.

66   Ebd.

67   Staatssekretariat für Arbeit und Löhne, Richtlinie für die Unterbringung ausländischer Werktätiger in Gemeinschaftsunterkünften, Berlin, 8.2.1982, nach: Müggenberg, Vertragsarbeiter, S. 99.

68   Direktive für den Bau von Arbeiterwohnheimen in Berlin, LA Berlin, C Rep. 110-01/6982, Chefarchitekt, Büro für Städtebau, 1975–1976.

69   Magistrat von Berlin, Ohne Titel, LA Berlin, C. Rep. 110-01/6692, 8.12.1988.

70   Magistrat von Berlin, 27. (ordentliche) Sitzung des Magistrats am 25. Juli 1988, LA Berlin, C Rep. 100-05/2115, Büro des Magistrats, 25.7.1988, Bl. 5.

71   Vgl. Mirjam Schulz, Migrationspolitik in der DDR, Anwerbung und Einsatz von Vertragsarbeitern (= unveröffentlichte Masterarbeit Frankfurt (Oder) 2009), S. 73 und Dennis Kuck, »Für den sozialistischen Aufbau ihrer Heimat«? Ausländische Vertragsarbeitskräfte in der DDR, in: Jan C. Behrends/Thomas Lindenberger/Patrice G. Poutrus (Hrsg.), Fremde und Fremd-Sein in der DDR. Zu historischen Ursachen der Fremdenfeindlichkeit in Ostdeutschland, Berlin 2003, S. 271–282, hier S. 278f.

72   Jahreseinschätzung zur politisch-operativen Lage unter den ausländischen Werktätigen in der DDR, Berlin (Ost), 7.9.1989, BStU, ZA, ZAIG, 20646, Bl. 28, zitiert nach: Weiss/Dennis, Erfolg, S. 25.

73   Vgl. Weiss/Dennis, Erfolg, S. 23.

74   Es ist davon auszugehen, dass nicht alle Betriebe, in denen vietnamesische Vertragsarbeiter tätig waren, in den hier vorliegenden Akten verzeichnet sind, da nur 15 namentlich genannte Betriebe gefunden wurden, für die vietnamesische Arbeitskräfte ausgewiesen werden, obgleich andere Quellen für das Ende des Jahrzehnts von insgesamt 32 Berliner Betrieben mit vietnamesischer Belegschaft ausgehen. Vgl. oben S. 196f., Anm. 18 sowie die Tabelle »Betriebe in Ost Berlin mit vietnamesischer Belegschaft zu DDR-Zeiten«.

75   Zahl nach Weiss/Dennis, Erfolg, S. 8.

76 Vgl. ebd. Zu den Rückführungsabkommen und der politischen Situation nach der Wende siehe Schulz, Migrationspolitik, S. 71ff.

77 Vgl. Martin Wiebel, East Side Story, Biographie eines Berliner Stadtteils, Berlin 2004; http://www.east-side-story.de/, letzter Zugriff: 1.11.2010.

78 Dazu Schulz, Migrationspolitik, S. 71ff.

79 Vgl. Senatsverwaltung, Vietnamesen, S. 24, 27.

80 Vgl. Almuth Berger, Nach der Wende: Die Bleiberechtsregelung und der Übergang in das vereinte Deutschland, S. 71, in: Weiss/Dennis, Erfolg, S. 69–76.

81 Geförderte Abrisse von ehemaligen Arbeiterwohnheimen haben in Berlin, nach Auskunft der Senatsverwaltung für Stadtentwicklung, nicht stattgefunden. Schriftliche Auskunft von Dirk Böttcher, Senatsverwaltung für Stadtentwicklung Berlin, E-Mail vom 8.12.2009.

82 Süddeutsche Zeitung. 17.9.1990, zitiert nach: Senatsverwaltung, Vietnamesen, S. 27.

83 Statistischer Bericht. Melderechtlich registrierte Ausländer im Land Berlin am 31. Dezember 2010, hrsg. vom Amt für Statistik Berlin-Brandenburg, Potsdam 2011, S. 34f.

84 Vgl. Statistischer Bericht. Melderechtlich registrierte Ausländer im Land Berlin am 31. Dezember 2008, hrsg. vom Amt für Statistik Berlin-Brandenburg, Potsdam 2009, S. 18.

85 Vgl. Rainer Ohliger/Ulrich Raiser, Integration und Migration in Berlin, Zahlen-Daten-Fakten, Berlin 2005, in: Integration und Migration in Berlin. Zahlen-Daten-Fakten, hrsg. vom Beauftragten des Senats von Berlin für Integration und Migration, Berlin 2005, S. 13.

86 Siehe Tabelle »Zahl der in Berlin gemeldeten Vietnamesen für das Jahr 2010 nach Stadtteilen«.

87 Vgl. Melderechtlich registrierte Ausländer im Land Berlin am 31. Dezember 2010, S. 34f.

88 Vgl. Jana Bruder, Unternehmensgründungen durch Personen mit Migrationshintergrund: Analysen des Gründungsverhaltens auf regionaler und individueller Ebene (= Diss. rer. pol. Rostock, 2008), S. 43.

89 Vgl. ebd., S. 13.

90 Berger, Bleiberechtsregelung, S. 73.

91 Weiss/Dennis, Erfolg, S. 87.

92 Magistrat von Berlin, 15. (ordentliche) Sitzung des Magistrats am 16. April 1975, LA Berlin, C Rep. 100-05/1598, Büro des Magistrats, 16.4.1975.

Ausländerkriminalität in der DDR
Eine Untersuchung zu Kriminalität und Kriminalisierung von Mosambikanern 1979–1990

Jürgen Mense

»In der Mehrzahl verbringen [...] Ausländer ihre Freizeit in Gaststätten oder bei Tanzveranstaltungen, wo [...] es dann [...] häufig zu Körperverletzungen bzw. Rowdyhandlungen und anderen Belästigungen kommt.«[1]

Aussagen wie diese werden in der einschlägigen Literatur über Ausländer in der DDR durchaus häufig zitiert.[2] Deuten sie auf eine »Verbrechensflut« durch Ausländer im ehemaligen sozialistischen deutschen Staat hin? Die bisherige Forschung zur Ausländerkriminalität[3] in der DDR zeichnet ein noch unscharfes Bild, das in der vorliegenden Untersuchung präzisiert werden soll. Zwar gingen die DDR-Behörden bereits 1974 davon aus, dass schlechte Lebensbedingungen in den Arbeiterwohnheimen sowie mangelhafte kulturelle Betreuung u. a. zu hohem Alkoholmissbrauch, Gewalt und Kleindelikten unter Ausländern führten.[4] Trotz derartiger Hinweise gibt jedoch bislang keine wissenschaftliche Untersuchung Auskunft über die Kriminalitätsbelastung von Ausländern in der DDR. Thematisiert werden in der Fachliteratur »kriminogene Einflüsse aus der kapitalistischen Welt«[5], so u. a. durch den führenden Kriminologen John Lekschas. Bei Christian Rode, der 1996 mit einer kriminologischen und wissenschaftsgeschichtlichen Arbeit über die Kriminalitätsursachenforschung in der DDR promovierte, in der er 369 kriminologische Forschungsarbeiten der DDR analysierte, findet die Ausländerkriminalität keine Erwähnung.[6] Der westdeutsche Sozialwissenschaftler Arnold Freiburg wies indes schon 1981 im Kriminalitätsvergleich zwischen der DDR und der Bundesrepublik Deutschland (BRD) explizit darauf hin, dass das, was die beiden deutschen Staaten voneinander unterscheide, die fehlende Ausländerkriminalität in der DDR sei, und diese daher kein Gegenstand einer Untersuchung sein könne.[7] Dass diese Annahme unwidersprochen blieb, mag damit im Zusammenhang stehen, dass freies wissenschaftliches Arbeiten in der DDR für in- wie ausländische Forscher nur eingeschränkt möglich war.[8] Entsprechend zieht auch der einflussreiche Berliner Jurist Erich Buchholz, Autor eines Grundlagenwerks über Sozialistische Kriminologie,[9] zwar Vergleiche zwischen der Kriminalität in der DDR und jener in der BRD und diagnostiziert dabei markante Unterschiede – wie etwa die in Ostdeutschland relativ geringe Wirtschaftskriminalität und selbst die praktisch unbekannte Computerkriminalität[10] –, übersieht aber zugleich die Straffälligkeit von Ausländern.[11] Gleichermaßen findet das Thema bei Axel Kreutz keine Beachtung, obwohl er einfache Strafsachen, schwere Straftaten und Jugendkriminalität in der DDR durchaus einer genaueren Prüfung unterzieht.[12]

Derartige Auslassungen und Verkürzungen fügen sich dabei in das Bild einer kriminologischen Forschung, welche die DDR vielfach eher im Lichte des sozialistischen Sollzustandes denn der tatsächlichen Probleme betrachtete und die propagandistische Selbstdarstellung nicht hinterfragte, sondern untermauerte. Entsprechend heißt es im zeitgenössischen Schrifttum, die Täter würden trotz der Schwere ihres Verbrechens in absehbarer Zeit wieder »auf freien Fuß gesetzt«, da sie meist schnell ein Geständnis ablegten und die Verwerflichkeit der Tat einsähen. Aufgrund des »Wiedergutmachewillens« der Täter würden diese problemlos in das gesellschaftliche Leben reintegriert, mittels der Zuweisung eines Arbeitsplatzes und der Festigung der sozialen Beziehungen durch Eingliederung in die Partei- und anderen Massenorganisationen. In der Regel seien diese Straftäter daher nicht wieder strafrückfällig geworden.[13] Dennoch sind Analysen wie jene Buchholz' nicht widerspruchsfrei, wie dieser nach dem Mauerfall selbst eingeräumt hat. In seiner retrospektiven Untersuchung zum »Strafrecht im Osten« erörtert der DDR-Jurist, dass der Personenkreis krimineller Menschen in der DDR, »deren soziale Integration misslang [...], in der Folgezeit kriminell gefährdet bleiben und immer wieder rückfällig werden«[14] musste.

Derartige Widersprüche sind indes lange übersehen worden, sei es, weil bereits die Existenz von Migranten in der DDR allenfalls auf marginales Interesse in den sozial- und kulturwissenschaftlichen Disziplinen stieß,[15] sei es, weil die These vom sozialistischen Staat, in dem Kriminalität nicht vorgesehen war, zumindest bei dessen Verteidigern bis heute verfängt.[16] Ferner haben forschungspraktische Gründe dazu beigetragen, Phänomenen von Ausländerkriminalität (und -kriminalisierung) in der DDR nicht nachzugehen, legt doch die Verbindung zwischen – gerade im Vergleich mit anderen Ländern – der geringen Ausländerquote in der DDR einerseits und der dort statistisch vertuschten Kriminalität andererseits[17] ergiebige Perspektiven auf den ersten Blick nicht gerade nahe. Hinzu trat lange Zeit die Tatsache, dass das notwendige Quellenmaterial für die Forschung nicht zugänglich war, weil die DDR nicht an einer allseitigen Darstellung des Problems interessiert sein konnte bzw. nach 1990 die entsprechenden Dokumente erst verzeichnet werden mussten, ein Prozess der nach wie vor nicht abgeschlossen ist.

Angesichts des großen Forschungsdesiderats kann der vorliegende Beitrag nicht beanspruchen, einen repräsentativen Überblick zu geben. Stattdessen wird das übergeordnete Thema »Ausländerkriminalität in der DDR« in dieser Arbeit auf eine bestimmte Gruppe von straffällig gewordenen Ausländern fokussiert und operationalisiert. Die Gruppe der mosambikanischen Einwanderer wird dabei gewählt,[18] weil sie größtenteils als sogenannte »Vertragsarbeitnehmer« in die DDR kamen und somit für die quantitativ wichtigste Form der Migration in der ostdeutschen Republik stehen.[19] Ferner stellen sie die drittgrößte Ausländergruppe in der DDR neben Arbeitern aus Vietnam und Polen. Schließlich setzt sich der Beitrag zugleich das Ziel, den bisherigen Forschungsstand zu den wenig beachteten mosambikanischen Einwanderern und ihrer Migrationserfahrung in der DDR zu ergänzen. Angesichts der fehlenden Vorarbeiten stützt sich die vorliegende Arbeit überwiegend auf unveröffentlichte Archivquellen aus den Beständen des Bundesarchivs.

Folgende Fragen stehen im Mittelpunkt der Untersuchung: In welchem Umfang und auf welche Weise wurden Mosambikaner straffällig? Welche Organe und

Personen waren an den Strafverfahren beteiligt, und lassen sich dabei typische Muster erkennen? Mit welchen Strafmaßen wurden die Einwanderer bedacht?

Auf diese Weise leistet die Arbeit einen Beitrag dazu, das Phänomen der Ausländerkriminalität in der DDR zu umreißen und in einem Teilbereich zu analysieren. Überdies werden die Geschichte der Mosambikaner im »Arbeiter- und Bauernstaat« skizziert und eine erste Bestandsaufnahme von Daten zu Straffällen präsentiert. Zugleich ergibt sich aus dem Analyserahmen eine wichtige Beschränkung: Es wird hinsichtlich des Samples wie auch des strafrechtlichen Verfahrens jeweils nur ein Teilbereich erfasst, der mit der Registrierung der Ausländer als Tatverdächtige, d.h. der Einleitung des Ermittlungsverfahrens, beginnt und mit der Verurteilung endet. Aussagen über Vorannahmen und Folgen lassen sich auf dieser Grundlage allenfalls mit großer Vorsicht treffen.

Die Straffälligkeit mosambikanischer Migranten wird in quantiativer Hinsicht auf zwei Grundlagen untersucht: den amtlichen und vereinzelt veröffentlichten Kriminalstatistiken sowie den intern geführten und unveröffentlichten Statistiken des Ministeriums des Inneren. Das heißt, es werden nicht die tatsächlich verübten kriminellen Handlungen, sondern die juristisch erfassten Vorwürfe geprüft. Die Untersuchung stellt somit die Sicht der DDR-Behörden und nicht die Perspektive der Mosambikaner dar. Ursachen für die von Mosambikanern verübten Vergehen stehen daher nicht im Blickfeld dieser Arbeit, nicht zuletzt aus quellenkritischen Gründen, da die amtlichen Unterlagen hierüber wenig Aufschluss geben. Die Untersuchung stützt sich auf eine Sekundär- und eine Primärquellenanalyse.[20] Letztere basiert auf der Auswertung von Archivmaterial, da strafrechtliche Vergehen von Migranten zu DDR-Zeiten bislang nicht Gegenstand der wissenschaftlichen Forschung waren. Zurückgegriffen wird auf schriftliche Quellen – hauptsächlich auf Unterlagen der Generalstaatsanwaltschaft der DDR: Statistiken, Protokolle, Anweisungen, Berichte sowie rechnerische (Re-)Konstruktionen von Daten aus Bemerkungen zu grafischen Darstellungen und indirekten Angaben. Nicht alle kriminellen Handlungen in Kriminalstatistiken wurden erfasst. Ein Teil wurde nicht registriert und bleibt somit außerhalb des Horizonts dieser Studie. Weitere Probleme der Kriminalstatistiken der DDR stellen die wechselnde Zählweise, aus der sich ein Mangel an Kompatibilität und Konsistenz ergibt, sowie Lücken in den DDR-Datenerhebungen dar. Das Problem besteht darin, dass teils Taten, teils Personen erfasst wurden, zudem von unterschiedlichen Instanzen mitunter auf der Basis polizeilicher Ermittlungen, aber auch auf der von Gerichtsverfahren. In der Praxis bedeutet dies, dass Täter mehrere Delikte begehen konnten, Delikte von mehreren Tätern gemeinsam begangen sein mochten und/oder dass die polizeiliche Einordnung der Delikte nicht stets der Beurteilung durch die Justiz entsprach. Erschwerend kommt der Zeitfaktor hinzu. Die Täter eines Jahres sind nicht durchweg auch die Abgeurteilten desselben Zeitraums.[21] Daher ist eine Analyse der DDR-Kriminalitätsstatistik mit einer Vielzahl von Problemen behaftet, scheint aber gleichwohl möglich.

Ferner muss in Betracht gezogen werden, dass Kriminalstatistiken als ein Instrument der Selbststilisierung und Propaganda benutzt wurden und in diesem Hinblick optisch attraktiv – d.h. propagandistisch nutzbar – verpackt oder gar nicht erst veröffentlicht wurden, wenn es sich um »unbequeme« Daten handelte.[22] Aufgrund dieser Schwierigkeiten, doch auch im Interesse thematischer Konzentration unternimmt die vorliegende Arbeit keinen kriminologischen Vergleich zwischen den zwei deutschen Staaten. Dass beide Staaten und Gesellschaftssysteme nach 1949 im Wettbewerb miteinander standen, wird hermeneutisch vorausgesetzt, insbesondere mit Blick darauf, dass als Teil der Systemkonkurrenz »[s]tatt einer ›deutschen Kriminalität‹ [...] deren zwei«[23] entstanden. Stattdessen erfolgt vielmehr ein Vergleich der Kriminalität innerhalb der DDR.[24]

Das nachfolgende Kapitel schildert zunächst die Gründe für die Einreise von Mosambikanern in die DDR und skizziert ihr Leben außerhalb ihres Heimatlandes. Dieser Teil wird ausführlicher behandelt, um die Rahmenbedingungen, unter denen Mosambikaner Straftaten verübten, im Blick zu behalten. Im zweiten Abschnitt wird das Aufkommen von Kriminalität und Ausländerkriminalität im Besonderen in der DDR erläutert. Kapitel drei legt im Anschluss daran die Arbeitsweise der DDR-Generalstaatsanwaltschaft bei Strafverfahren unter Beteiligung von Ausländern dar. Der Überblick der am Strafverfahren beteiligten Organe und Personen, die mit der Staatsanwaltschaft zusammenarbeiteten, gibt im Folgenden Rückschlüsse auf den Strafausgang. Im vierten Abschnitt werden die ermittelten Fälle straffällig gewordener Mosambikanern in der DDR untersucht. Dies geschieht zum einen unter Zuhilfenahme der von den DDR-Behörden erarbeiteten statistischen Angaben, zum anderen wird ein Sample von 54 abgeschlossenen Strafverfahren gegen Mosambikaner analysiert, um deren Ergebnisse mit den statistischen Daten der DDR-Behörden zu vergleichen.

Mosambikaner in der DDR

Bis unmittelbar vor der Wende 1989 hatte sich die Zahl der in der DDR lebenden Ausländer auf über 191.000 erhöht; das entsprach 1,2 Prozent der DDR-Bevölkerung.[25] Unter ihnen befanden sich rund 15.500 Mosambikaner, die damit die größte zivile Gruppe (8,1 Prozent) nach den Vietnamesen (60.000, 31,4 Prozent) und den Polen (51.700, 27,1 Prozent) bildeten.[26] Unter den zur Wohnbevölkerung der DDR gehörenden Ausländern dominierten Berufstätige (55,5 Prozent), gefolgt von Lehrlingen (15,1 Prozent) und Studenten (5,3 Prozent).[27] Die Mehrheit der Ausländer, zwischen 56 und 59 Prozent, lebte während der 1980er Jahre in fünf von 15 Bezirken der DDR: Karl-Marx-Stadt [Chemnitz], Dresden, Berlin, Leipzig und Halle.[28] Die Verteilung auf die einzelnen Bezirke blieb dabei konstant, worin sich in erster Linie die vorrangigen Einsatzorte der ausländischen Arbeitskräfte widerspiegelten. In den genannten Bezirken befanden sich industrielle Zentren insbesondere der Schwer- und Leichtindustrie sowie des Maschinenbaus. Unterrepräsentiert im Bezirksvergleich waren Ausländer hingegen in Neubrandenburg, Schwerin und Suhl, vornehmlich ländlich geprägte Bezirke mit geringerer Industriedichte.[29] Der Frauenanteil unter den Ausländern lag 1989 bei 29,8 Prozent (rd. 57.000 Personen). Damit waren ausländischen Frauen unter den Einwanderern einerseits unterrepräsentiert, andererseits mit annähernd einem Drittel signifikant vertreten. Relevant war dies insbesondere vor dem Hintergrund der DDR-Politik, Partnerschaften unter Ausländern und insbesondere Schwangerschaften zu vermeiden. Auf Migrantinnen verzichtet wurde indes nicht, da man diese speziell für jene Tätigkeiten einplante, für die sie vermeintlich besonders qualifiziert bzw. billiger einzusetzen waren, beispielsweise als Näherinnen in der Textilfertigung.

Anzahl von Mosambikanern in der DDR[30]

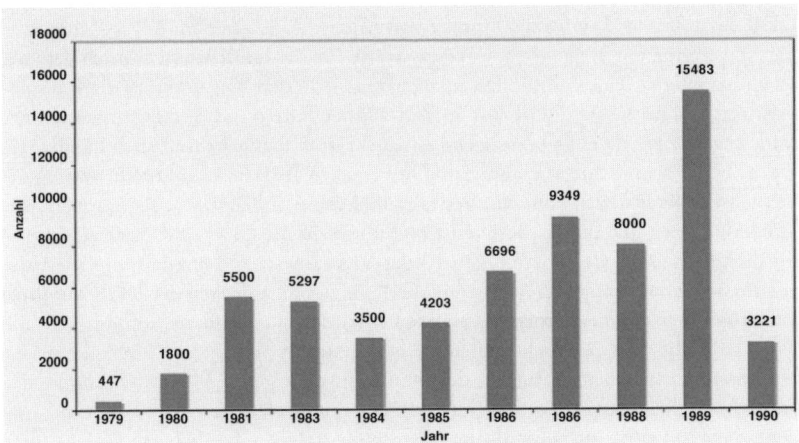

Geregelt wurde die Einreise der Mosambikaner wie bei allen Vertragsarbeitern durch ein Regierungsabkommen. Aufgrund des Abkommens zwischen den Regierungen der DDR und Mosambiks vom 24. Februar 1979 kamen noch im selben Jahr 447 Mosambikaner für eine zeitweilige Beschäftigung in DDR-Betriebe.[31] Vorgesehen war, diese in der DDR auszubilden bzw. weiterzuqualifizieren. Bereits in den beiden folgenden Jahren stieg ihre Anzahl auf 5.500 Beschäftigte (1981), obwohl vertraglich zunächst nur von 2.000 ausgegangen worden war.[32] In den Jahren 1983 bis 1984 nahm die Zahl der mosambikanischen Beschäftigten in der DDR wieder ab, da die vertraglich vereinbarte Beschäftigungszeit von vier Jahren ablief. 20 Prozent der mosambikanischen Werktätigen mit den besten Leistungen und Qualifizierungs-Voraussetzungen konnten jedoch ihre Beschäftigungszeit auf fünf Jahre erweitern; ab 1988 wurde die Aufenthaltsdauer in Zwei-Jahres-Schritten auf maximal zehn Jahre verlängert. Um diese befristete Aufenthaltsgenehmigung brauchten sie sich selbst nicht bemühen: Das DDR-Ausländergesetz sah die Erteilung einer Aufenthaltsgenehmigung aus Gründen der Berufsausbildung ausdrücklich vor.[33] Da die Bestimmungen des DDR-Ausländergesetzes sehr knapp und allgemein gehalten war, stellte das deutlich ausführlichere Regierungsabkommen mit Mosambik die faktische

Grundlage des Aufenthaltes der mosambikanischen Vertragsarbeitnehmer in der DDR dar.[34]

Aus der Perspektive des Entsendelandes verbanden sich mit dem Abkommen gleich zwei ökonomische Vorteile: Zum einen sollten wertvolle Kenntnisse in der Ausbildung erworben und ins Heimatland transferiert werden. Zum anderen trugen die mosambikanischen Arbeiter ab 1983 durch ihre Arbeit aktiv zum Schuldenabbau ihres Landes bei der DDR bei.[35] Die DDR wiederum versprach sich eine Entspannung des Arbeitsmarktes, da es seit Jahren an Arbeitskräften fehlte.[36] Beinahe kontinuierlich, mit Ausnahme des Jahres 1998, stieg zwischen 1985 und Jahr 1989 die Zahl der Mosambikaner auf über 16.000 an.[37] Obwohl es teurer war, Mosambikaner in die DDR einzufliegen als etwa die Einreise von Arbeitskräfte aus dem RGW-Raum, war die Anwerbung der afrikanischen Arbeitskräfte für die DDR wirtschaftlich gesehen scheinbar alternativlos – zumindest solange man nicht den Weg umfassender Rationalisierung beschritt. Die DDR war in den 1980er Jahren auf Vertragsarbeitnehmer stark angewiesen, da es an heimischen Arbeitskräften mangelte und auch Länder wie Polen, Ungarn und Bulgarien aufgrund des eigenen Bedarfs kaum mehr Vertragsarbeitnehmer bereitstellen konnten. Vertragsarbeiter aus anderen, v. a. aus europäischen Ländern kamen überdies zu besseren Konditionen in die DDR und verursachten somit höhere Kosten als Mosambikaner oder Vietnamesen.[38] Letztlich impliziert die anhaltende Anwerbung von Mosambikanern, dass man aufseiten der DDR mit ihrer Leistung unter den gegebenen Umständen zufrieden war. Zudem kam die instabile wirtschaftliche und politische Situation in Mosambik Mitte der 1980er Jahre der Nachfrage nach Arbeitskräften in der DDR sehr entgegen.[39] Mosambik konnte der DDR ausreichend Arbeitskräfte liefern, um den notorisch ungestillten Bedarf der ostdeutschen Industrie zu befriedigen. Allerdings erfolgte inhaltlich ein signifikanter Paradigmenwechsel vom Ausbildungs- hin zum Produktionsgedanken, d. h. vom beiderseitigen zum einseitigen Vorteil des Aufnahmelandes.[40]

Der rapide Rückgang der Zahl der mosambikanischen »Werktätigen« auf wenig mehr als 3.200 im Jahr 1990 erklärt sich aus der Wiedervereinigung der beiden deutschen Staaten und der damit veränderten wirtschaftlichen Ausgangslage.[41] Die Bundesrepublik hatte nicht die Absicht, an die Beziehungen der DDR zu Mosambik mit derselben Intensität anknüpfen, da weder der Außenhandel noch der Einsatz von Arbeitskräften für die BRD von Bedeutung waren.[42] Angesichts des westdeutschen Kurswechsels in der Einwanderungspolitik seit den 1970er Jahren[43] und der zunehmend schlechteren Arbeitsmarktlage nach der Wende verlängerte die Bonner Regierung die Arbeitsverträge der Mosambikaner nicht weiter. Zudem kehrten viele Mosambikaner noch vor dem Ende der vertraglich vereinbarten Aufenthaltsdauer der DDR den Rücken, wohl auch aufgrund einer mangelnden Aufklärung über Alternativen zur weiteren Aufenthaltsgenehmigung, aber auch dem bestehenden Angebot einer Rückkehrprämie.[44] Mit dem 30. Juni 1990 endeten offiziell die Wirtschaftsbeziehungen der DDR mit Mosambik.[45]

Im gesamten Zeitraum zwischen 1979 und 1990 befanden sich schätzungsweise ca. 18.000 Mosambikaner in der DDR, wenn man die mögliche Aufenthaltsverlängerung von vier Jahren mit den Zahlen der in der DDR beschäftigten Mosambikaner korreliert. Andere Schätzungen gehen gar von 20.000 bis 21.600 Personen aus, die zwischen 1979 und 1989 zum Arbeiten in die ostdeutsche Republik kamen.[46] Eindeutige Zahlen lassen sich jedoch nicht feststellen, insbesondere aufgrund der Schwierigkeit, Fluktuation einzukalkulieren.

Aus Mosambik wurden v. a. 18- bis 25-jährige »Werktätige« angeworben,[47] was im Interesse des Entsendelandes lag, da durch den Weggang der jungen Männer der heimische Arbeitsmarkt entlastet wurde und diese gleichzeitig ihre in der Heimat verbliebenen Familien unterstützen konnten.[48] Der Männeranteil unter den mosambikanischen Migranten betrug 90 Prozent und lag damit deutlich über dem durchschnittlichen Männeranteil unter Ausländern in der DDR von 70 Prozent.[49] Die Einwanderer mussten mindestens die Grundschulbildung der 4. Klasse vorweisen können, um in der DDR arbeiten zu dürfen, wobei die entsprechende Auswahl durch amtliche Stellen in Mosambik erfolgte. Daran schloss sich die Feststellung der gesundheitlichen Eignung an, die auf der Grundlage der Vorschriften des DDR-Ministeriums für Gesundheitswesen von gemeinsamen Ärztegruppen vorgenommen wurde. Die Einreise erfolgte ohne Familienangehörige. Reisen in dritte Länder waren im Abkommen für Mosambikaner ausgeschlossen. Zudem erhielten die Arbeiter die Möglichkeit, 25 Prozent des Nettolohnes nach Mosambik zu transferieren, über das sie bei ihrer Rückkehr frei verfügen sollten.[50]

Offenbar wurde nicht überprüft, ob die ausgewählten Personen bereits vorbestraft waren; ebenso wenig wurden die Auswanderer in Mosambik auf das Leben in der DDR vorbereitet, sondern blieben weitgehend auf sich allein gestellt. Zwar wurden einigen von ihnen in Mosambik Filme über die DDR vorgeführt, politische Vorträge gehalten oder die künftigen Vertragsarbeiter mit deutschem Revolutionsliedgut vertraut gemacht.[51] Zu einer Vorbereitung auf den deutschen Alltag trug dies jedoch nur bedingt bei. Dazu kam es in beschränktem Rahmen erst nach Ankunft in der DDR, maßgeblich durch den Sprachunterricht, den die Betriebe durchführten. Der Umfang des Unterrichts schwankte erheblich mit Curricula zwischen 100 und 400 Stunden.[52] Zudem fand eine erneute ärztliche Einstellungsuntersuchung der Arbeitskräfte in der DDR statt. Wurde festgestellt, dass ein ausländischer »Werktätiger« die für ihn vorgesehene Aufgabe nicht ausüben konnte, entschied das Staatssekretariat für Arbeit und Löhne in Abstimmung mit der jeweiligen ausländischen Vertretung über den Wechsel des Betriebes bzw. die Rückführung der betreffenden Person.[53] Die Arbeitskraft eines Werktätigen stand somit bei der Auswahl erkennbar im Vordergrund und entschied über den Einsatz in einem DDR-Betrieb oder die Rückkehr nach Mosambik.

Im Hinblick auf Mosambikaner lässt sich festhalten, dass sich zwei Drittel (Jahre: 1983, 1986, 1987) von ihnen in den Bezirken Karl-Marx-Stadt, Dresden, Berlin, Leipzig und Halle befanden.[54] Dies korrespondierte mit dem Bedarf der dortigen Industriezweige, die mosambikanische Arbeitskräfte verstärkt nachfragten.[55] In den eher unterrepräsentierten Bezirken Neubrandenburg, Schwerin und Suhl lässt sich gegenüber dem dortigen Ausländeranteil eine überproportionale Vertretung von Mosambikanern feststellen. Hier befanden sich in den Jahren 1983, 1986 und 1987 zwischen 6,7 Prozent und rund neun Prozent der Mosambikaner, allerdings mit sinkender Tendenz. Die Verteilung von Mosambikanern auf die einzelnen Bezirke zeigt, dass Mosambikaner besonders stark in den Verwaltungsbezirken Dresden und Karl-Marx-Stadt untergebracht waren. Vietnamesen, Kubaner sowie Ausländer insgesamt verteilten sich gleichmäßig auf alle fraglichen Bezirke.[56]

Die Mosambikaner wohnten, wie die Mehrheit der ausländischen Vertragsarbeiter, überwiegend – jedoch keineswegs immer – von der ostdeutschen Bevölkerung getrennt in Wohnheimen oder »Arbeiterhotels« innerhalb oder außerhalb des Betriebsgeländes. Diese wurden meist streng reglementiert durch vertraulich behandelte Regierungsabkommen und unter »Regie« der DDR-Betriebe verwaltet.[57] Für Vertragsarbeiter war die Unterbringung in Gemeinschaftsunterkünften mit einer Zimmerbelegung von maximal vier Personen vorgesehen, mindestens fünf Quadratmeter Wohnraum mussten pro Person zur Verfügung gestellt werden.[58] Bemerkenswerterweise fehlte diese Festlegung jedoch im Abkommen mit Mosambik.[59] Den Migranten wurde in den Einweisungsplänen für die Zimmerbelegung keine Auswahlmöglichkeit zugestanden. Es war beabsichtigt, dass sich die Quartiere für Mosambikaner auf dem Niveau von DDR-Arbeiterwohnheimen bewegten, maximal 40 Minuten (Fahrtzeit mit öffentlichen Verkehrsmitteln) vom Arbeitsplatz entfernt lagen sowie dass die Miete für alle Vertragsarbeitnehmer höchstens 30 Mark im Monat betrug.[60] Die rigiden Besuchsvorschriften der »Rahmen-Heimordnung« – »[d]er Aufenthalt in der Gemeinschaftsunterkunft ist grundsätzlich nur deren Bewohnern gestattet. Besucher haben sich bei der Einlaßkontrolle zu melden« – wurden von den Wohnheim-Pförtnern unterschiedlich gehandhabt, aber meist scharf eingehalten. Mitunter wurden von den Heimleitungen und Gruppenleitern überfallartige, nächtliche Zimmerkontrollen »zur Vorbeugung gegen illegale Übernachtungen« durchgeführt. Die Heimleitungen besaßen sämtliche Schlüssel und durften alle Räume jederzeit ohne Erlaubnis betreten. Der Zimmerschlüssel musste beim Verlassen der Gemeinschaftsunterkunft bei der Einlasskontrolle hinterlegt werden.[61]

Die in den Regierungsabkommen festgeschriebenen Vorgaben stellten Mindeststandards dar. Nach der Wende gaben immerhin 30 Prozent der Ausländer in der DDR an, in Wohnungen gelebt zu haben, die diese übertrafen; 70 Prozent dagegen hatten – wie vorgesehen – in Wohnheimen mit fünf bis sechs Quadratmetern Wohnfläche pro Person gelebt, hiervon 28 Prozent in Einzel-, 38 Prozent in Zwei- und 34 Prozent in Mehrbettzimmern.[62] Von den Heimbewohnern empfand eine Mehrzahl die Wohnverhältnisse aber als »ausreichend und luxuriös« im Vergleich zu den Wohnbedingungen in ihren Heimatländern. Man war »zufrieden« mit der Unterbringung, wünschte sich aber nach der Wende gleichwohl eine eigene Wohnung. Etwa 60 Prozent der Ausländer wohnten isoliert unter sich, doch immerhin knapp 40 Prozent lebten gemeinsam mit Deutschen unter einem Dach.[63]

Dennoch ist anzunehmen, dass die realen Wohnverhältnisse oft schlechter aussahen als vertraglich vorgesehen: Bewohner berichteten nach der Wende von überbelegten Zimmern, vernachlässigten Sanitär- und Küchenräumen mit nur einer Kochgelegenheit für 50 Personen und von Räumen, in die kaum alle vorgesehenen Betten, Tische und Schränke gepasst hätten.[64] Weitaus bedrückender als die Wohnverhältnisse empfanden viele ausländischen Werktätige die strengen Wohnheimordnungen: Durch die festgelegte Nachtruhe zwischen 22 und 5 Uhr, die Anmelde- und Genehmigungspflicht für übernachtende Familienangehörige und Freunde sowie die Kontrollen oder Abweisung beispielsweise minderjähriger Kollegen durch die Pförtner, fühlten sie sich nicht wie erwachsene Menschen behandelt.[65]

Diskriminierung erfuhren die mosambikanischen Einwanderer nicht nur im Wohnheim, sondern auch in der Fabrik. Im Vergleich zu Migranten aus anderen Ländern waren für Mosambikaner die unattraktiven Arbeitsplätze schon im Abkommen vorgesehen. In Vorbereitung auf entsprechende Tätigkeiten im Heimatland war beabsichtigt, sie im Braunkohletagebau, in der Kupferverarbeitung, der Lastkraftwagenherstellung sowie der Textilindustrie und Landwirtschaft einzusetzen.[66] Die versprochene und erhoffte Facharbeiterausbildung erhielten die jungen Mosambikaner indes nicht. Bestenfalls waren sie als »Teilfacharbeiter« tätig, und im Regelfall wurden sie nur als Hilfskraft angelernt. Völlig ungewiss blieben bis zur Ankunft in Berlin der Einsatzort und die Art des Betriebes. Enttäuschungen waren somit vorprogrammiert. In den Wohnheimen standen den mosambikanischen Arbeitern Gruppenleiter aus der Heimat zur Seite, die für die Vertretung der Interessen der Neuankömmlinge, den Kontakt zwischen Arbeitern und Betriebsleitung, die Koordination der gesellschaftlich-kulturellen Arbeit, die politisch-ideologische Erziehung und für die Einhaltung der Arbeitsdisziplin zuständig waren.[67]

Ausländer hatten mitunter Benachteiligungen am Arbeitsplatz hinzunehmen. Sie mussten oft an älteren Maschinen körperlich anstrengende Arbeiten mit höherer Gesundheitsgefährdung verrichten. Den Vertragsarbeitern gegenüber herrschte zudem nicht selten ein strengeres Pausenregime; beispielsweise konnten sie oft weniger Raucher- oder Kaffeepausen in Anspruch nehmen. Am Arbeitsplatz wurden ihre Leistungen wie auch ihre Beschwerden als weniger wichtig eingeschätzt.[68] Zu Diskriminierungen am Arbeitsplatz kam es zumal dann, wenn etwa Mosambikaner mit dem Hinweis, dass sie ja ohnehin »schwarz« seien, an Maschinen gestellt wurden, wo sie häufig in Kontakt mit Schmieröl kamen.[69] Auch ihre DDR-Kollegen, denen zwar »ihr Klassenauftrag zur Realisierung des Abkommens bewußt gemacht« wurde, die in der Regel zuvor aber nicht auf die Anwesenheit der »fremden« Kollegen vorbereitet worden waren, behandelten Vertragsarbeitnehmer in deren Wahrnehmung gelegentlich wie »Sklaven«,[70] die Schulden der Entwicklungsländer bei der DDR abarbeiteten.[71]

Drastisch beschrieb etwa der wegen Zollvergehen inhaftierte Mosambikaner Manuel S. die Situation der afrikanischen Arbeitskräfte in der DDR:[72] »Ich, Manuel S., bestätige die Verletzung der Rechte hier in der DDR. Es gibt keine Menschlichkeit. [...] Die Regierung der DDR ist Scheiße. Die Regierung der DDR täuscht die afrikanischen Länder, dass sie zu einer Berufsausbildung hierher kommen, während es ein scheinbares Studium und schließlich eine billige Arbeitskraft ist. In der DDR gibt es noch Sklaverei. [...] Man kann von billiger Arbeitskraft oder moderner Sklaverei im Sozialismus sprechen. [...] Was ist das für eine Berufsausbildung, bei der ein 100%-ige Produktionserfüllung gefordert wird und man fast nur einmal im Monat Unterricht hat. Die DDR täuscht uns, daß das eine Berufsausbildung ist. Das ist eine Lüge. Das ist nur eine billige Arbeitskraft (Sklaverei). In unserem Land gibt es auch viel Arbeit und keine Leute. Es ist besser diesen Vertrag zu lösen. Er nützt nur der DDR. Wenn der Vertrag gut wäre, bräuchte man nicht zurückzukehren. Die Sklaverei ist in der Welt schon abgeschafft, es gibt sie nur noch in der DDR, die die unterentwickelten Länder betrügt, damit wir hierherkommen um zu arbeiten.«

Zudem beklagte sich Manuel S. in seinen Schreiben über gesundheitliche Probleme, gegen die seitens der medizinischen Versorgung in der DDR nichts unternommen wurde.[73]

Ab 1987 verstärkten sich zudem gewaltsame Angriffe gegen Ausländer, und provozierte Schlägereien endeten zum Teil sogar tödlich. Verbal wurden Ausländer, insbesondere Mosambikaner, fortan v. a. in Geschäften sowie auf der Arbeit von ihren deutschen Kollegen feindselig behandelt.[74] Deutsche Belegschaften forderten ab 1989 durch Streiks, Kundgebungen und Unterschriftensammlungen die Entlassung mosambikanischer Arbeitskräfte. Probleme wurden v. a. mit den männlichen Arbeitern aus Mosambik geltend gemacht. Als Ursache wurde – mit klassischen ausländerfeindlichen Stereotypen – eine unüberbrückbare kulturelle Differenz behauptet, die sich durch einen angeblichen Mangel an Disziplin und Hygiene sowie sexuelle Belästigungen von deutschen Frauen äußerte, insbesondere in jenen Betrieben, in denen es keinen oder einen geringen deutschen Männeranteil gab, wie in der Leichtindustrie.[75]

Bereits seit Ende der 1970er Jahre häuften sich in der DDR fremdenfeindliche Übergriffe.[76] Die DDR-Führung machte jedoch keinerlei Anstalten zu einer aktiven Integrationspolitik und verharmloste Ausschreitungen als »Rowdytum negativ-dekadenter Jugendlicher«; auf Ursachenforschung wurde weitgehend verzichtet. Weder Anderssein noch Fremdenfeindlichkeit existierten offiziell in der klassenlosen Gesellschaft.[77] Hinzu kam, dass auch in den Behörden der DDR ausländerfeindliche Tendenzen durchaus verbreitet waren. Nach der Wende drangen Berichte an die Öffentlichkeit, denen zufolge auf Gewalttaten gegen Ausländer keine polizeilichen oder staatsanwaltschaftlichen Ermittlungen erfolgt waren, Vertragsarbeitnehmer durch Wohnheimpersonal bevormundet, ihnen die Pässe abgenommen, sie auf Ämtern ignoriert und von Ärzten ungleich behandelt worden waren.[78] Dieser Umgang mit den Vertragsarbeitnehmern stand in offenkundigem Gegensatz zur gerne proklamierten Solidarität.

Ehen zwischen DDR-Bürgern und Ausländern waren zwar grundsätzlich möglich, bedurften aber der Zustimmung durch die Abteilung Innere Angelegenheiten des Rates des Kreises oder der Stadt.[79] Das oftmals restriktiv gehandhabte Verfahren konnte von mehrjähriger – oft gar über fünfjähriger – Dauer sein; die Antragssteller standen häufig unter der Beobachtung des Ministeriums für Staatssicherheit, Verwandte und Nachbarn wurden ausgefragt, Antragssteller am Arbeitsplatz schikaniert.[80] Partnerbeziehungen ohne Trauschein unter Vertragsarbeitnehmern wurden dadurch erschwert, dass voll belegte Zimmer in den Wohnheimen wenig Spielraum für Privatsphäre boten und Heimordnungen »das Wohnen außerhalb der Gemeinschaftsunterkunft«[81] untersagten.

Der Aufenthalt der mosambikanischen Vertragsarbeitnehmer erfolgte unabhängig vom Familienstatus grundsätzlich ohne Familienangehörige: Eine Familienzusammenführung war in den Regierungsabkommen ebenso wenig vorgesehen wie das Heranwachsen einer zweiten oder dritten Generation in der DDR, ganz zu schweigen von einer Einbürgerung.[82] Bei Schwangerschaften von Vertragsarbeiterinnen »während ihres Aufenthaltes in der DDR [...] ist das Staatssekretariat [...] zu informieren und dessen Entscheidung über den Termin der Rückkehr der Werktätigen in das Heimatland abzuwarten«, hieß es in der im Juli 1980 erlassenen Rahmenrichtlinie; »im Falle von Schwangerschaft bei mocambiquanischen Werktätigen [...] hat deren unverzügliche Rückführung [...] zu erfolgen«, bestimmte auch das Jahresprotokoll 1981 mit Blick auf die Mosambiker.[83]

Eine Integration der Vertragsarbeitnehmer in das politische, soziale und kulturelle Leben war von den Regierungen des Entsende- und des Aufnahmelands meist gleichermaßen unerwünscht. Stattdessen lebte ein großer Teil der »Fremden« unter sich in Wohnheimen; ihre Aufenthaltsdauer war streng begrenzt, es wurden ihnen lediglich Grundkenntnisse der deutschen Sprache vermittelt und Privatkontakte mit der einheimischen Bevölkerung von beiden Regierungen misstrauisch beäugt: Diese mussten im Betrieb bzw. bei den Botschaften angemeldet oder beantragt werden.[84] »Integration« wurde v. a. von den DDR-Behörden offenbar ausschließlich als möglichst umfassende Betreuung und Kontrolle verstanden.[85] Die öffentlich ausgegebenen Parolen von Solidarität, Völkerfreundschaft und proletarischem Internationalismus in der DDR verkamen somit zur routinemäßigen und ritualisierten Folklore. Dazu trug das Fehlen von Kontakten zwischen Deutschen und Ausländern bei, die durch die Isolierung von Ausländern einerseits und weitgehend fehlender Reisemöglichkeiten für DDR-Bürger andererseits systematisch unterbunden wurden.[86]

Während die »moderne Form der Fremdarbeiterpolitik des Imperialismus in der Bundesrepublik« von der offiziellen Propaganda häufig angeprangert wurde, blieb eine Diskussion der Ausländerbeschäftigung in der DDR tabuisiert. Durch die umfassend organisierte Isolierung der Vertragsarbeiter und eine gezielte Desinformationspolitik wurde nicht zuletzt verschleiert, dass die Vertragsarbeitnehmer aus wirtschaftlichen Notwendigkeiten der DDR ins Land geholt wurden.[87] Die Regierungsabkommen, so auch der Vertrag mit Mosambik, unterlagen bis wenige Wochen vor der politischen Wende der Geheimhaltung: Zahlen und Fakten in Bezug auf die Vertragsarbeitnehmer durften nicht genannt werden, Arbeitsmigration wurde als Ausbildungspolitik geschönt, Forschungsprojekte wissenschaftlicher Institutionen – beispielsweise über die Lebenssituation der Einwanderer – wurden nicht genehmigt.[88] DDR-Bürger an Universitäten, in Betrieben und in Institutionen hatten sich schriftlich zu verpflichten, keine Kontakte zu ausländischen Bürgern aufzunehmen. Da auch die Herkunftsländer ihre in die DDR entsandten Vertragsarbeitnehmer nicht selten lieber abgeschottet sahen, um die spätere Reintegration im Heimatland nicht zu erschweren, prägte ein verordnetes Nebeneinander bis zuletzt das Bild.[89] Die zurückhaltende Informationspolitik der DDR-Behörden schürte Gerüchte in der einheimischen Bevölkerung, die bisweilen absurde Qualität annahmen, etwa wenn es hieß, dass alle Vertragsarbeitnehmer Westgeld bekämen.[90] Die mangelhafte Integration der Ausländer in der DDR war somit seitens des SED-Regimes selbstverschuldet.

Wohn- und Arbeitsorte der Mosambikaner – in den meisten Fällen ohnehin identisch[91] – lassen sich nur lückenhaft nachvollziehen. Verhältnismäßig selten wurden Mosambikaner in den industriell geprägten Bezirken Halle, Berlin und Leipzig angesiedelt, ohne dass ein besonderer Grund hierfür zu erkennen wäre. Eine Aufschlüsselung von 1983, die beziffert, in welchen Betrieben wie viele Mosambikaner beschäftigt waren, vermittelt einen Überblick ihrer Einsatzorte. Demnach waren sie stets in größeren Gruppen von durchschnittlich 50 bis 60 Personen in je einem VEB (Volkseigener Betrieb) tätig. Sie wurden vornehmlich in den Sektoren der Textil-, Verarbeitungs-, Fahrzeug- und Stahlindustrie beschäftigt.[92] Eine vorzeitige Beendigung des Arbeitsvertrages und damit auch des Aufenthaltes war bei Mosambikanern nach Zustimmung beider Staaten möglich, wenn die Arbeitsfähigkeit nach Krankheit oder Unfall »in absehbarer Zeit« – nach drei Monaten – nicht wiederhergestellt werden konnte. Darüber hinaus erfolgte das vorzeitige Ende des Aufenthaltes auch dann, wenn der betroffene Vertragsarbeitnehmer eklatant gegen die »sozialistische Arbeitsdisziplin« verstieß, die Arbeitsnormen nicht erfüllte oder Rechtsverstöße beging.[93] Ein reguläres Kündigungrecht seitens der mosambikanischen »Werktätigen« bestand demnach nicht.

Kriminalität in der DDR

Die sozialistische Kriminologie der DDR, die auf Erfahrungen und Ergebnissen der sowjetischen Kriminologie beruhte, ging grundsätzlich von drei Maximen aus: Zum einen sei Kriminalität dem Sozialismus generell wesensfremd. Zweitens sei Kriminalität durch die Abschaffung des Privateigentums an den Produktionsmitteln und der damit einhergehenden Ausbeutung beseitigt worden; obsolete soziale Hierarchien infolge der Beseitigung der Klassengesellschaft täten ihr Übriges. Der dritte Grundsatz erklärte, dass die Gesellschaft vom Problem der Kriminalität befreit würde, sobald sich das Bewusstsein für den Sozialismus in der Bevölkerung der DDR ausgeprägt habe.[94] Ungeachtet aller theoretischen Prämissen war Kriminalität im Alltag der DDR gleichwohl – und durchaus sichtbar – existent. Dies ließ sich ansatzweise damit begründen, dass Rudimente kapitalistischen Denkens nach wie vor in den Köpfen der DDR-Bevölkerung vorhanden und das sozialistische Bewusstsein noch nicht ausreichend verinnerlicht seien. Des Weiteren dienten kapitalistische Staaten, wie das imperialistische Westdeutschland, und deren bürgerliche Ideologie als Vorbilder für den einen oder anderen irregeführten DDR-Bürger.[95] Darüber hinaus anerkannte die offizielle Kriminologie, dass es Straftaten gab, die auf keine der oben genannten Gründe zurückzuführen waren, beispielhaft im Bereich der Sexualdelikte. Die in diesen Bereich fallenden Straftaten wurden als »nicht-antagonistisch« angesehen, griffen die sozialistischen Machtverhältnisse also nicht an.[96] Die Vorstellung, wonach Kriminalität ein Relikt aus der Vergangenheit sei, es somit idealiter keine Straftaten geben dürfe, wurde erst Ende der 1980er Jahre offiziell ad acta gelegt. Dies drückte sich in der statistischen Erfassung und Publizierung von Straftaten aus: Bereits 1975 berichtete das westdeutsche Nachrichtenmagazin *Der Spiegel*, dass die DDR-Führung seit 1970 aus Furcht vor der Infragestellung ihrer Ideologie die eigene Kriminalstatistik geheim hielt.[97]

Angaben zur Kriminalitätsbelastung und -entwicklung wurden bis 1971 nur in aggregierten Daten registriert. Wegen eines Anstiegs der Kriminalitätsziffern wurden für die Jahre 1971 bis 1977 keine Zahlen veröffentlicht.[98] Offizieller Mitteilungsort der Entwicklung der Kriminalität in der DDR war der Abschnitt »Rechtspflege« des Statistischen Jahrbuchs der DDR. Ab dem Jahr 1978 wurden Angaben des Vorjahres bezüglich der Kriminalitätsrate in die Jahrbücher aufgenommen.[99] Strikter Geheimhaltung hingegen unterlagen die detailreichen und gründlich geführten kriminalpolizeilichen Statistiken. Bis 1988 wurden diese Ziffern nicht veröffentlicht, da man u. a. »eine Einmischung in die inneren Angelegenheiten«[100] seitens anderer Staaten befürchtete. Zwischen 1977 und 1990 kam es zu einem linearen Anstieg an Straftaten, die Anzahl an Tätern und Verurteilten nahm jedoch ebenfalls linear ab (siehe Tabelle zur »Entwicklung der Kriminalität in der DDR«).

Entwicklung der Kriminalität in der DDR[101]

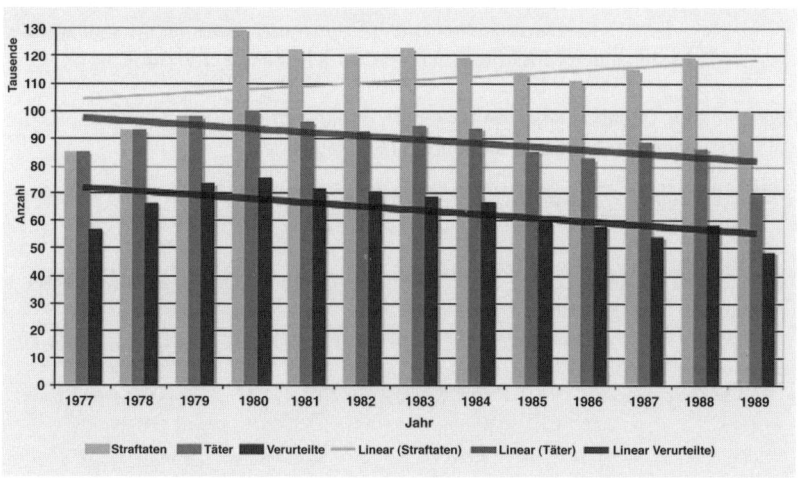

Vergleicht man die Kriminalitätsstatistiken der beiden deutschen Staaten in den 1980er Jahren, so zeigt sich deutlich, dass die Häufigkeitszahl auf jeweils 100.000 Einwohner in der BRD beinahe zehnmal höher lag als jene in der DDR.[102] Die Aufklärungsquote von 80 Prozent, die im Osten doppelt so hoch ausfiel wie im Westen, wurde von den DDR-Organen allerdings manipuliert.[103] Eine Auswirkung auf das Strafrecht der DDR und somit auch auf die Kriminalitätsstatistiken hatte der Beschluss des Staatsrates der DDR vom 17. Juli 1987. Aus Anlass des 38. Jahrestages der DDR wurde eine Allgemeine Amnestie ausgesprochen, was wahlweise die »Korrektur einer im Nachhinein als korrekturbedürftig erkannten Strafpolitik«[104] implizierte oder politisch motiviert war, jedenfalls Rückschlüsse auf die Integrität der DDR-Justiz zuließ.

Beteiligte an Strafverfahren gegen Mosambikaner

Ehe es um die eigentlichen Straftaten geht, wird im Folgenden in knappen Zügen der Ablauf des Strafverfahrens erörtert. Dieses war in drei Abschnitte unterteilt. Gemäß der Anweisung 1/74 der Generalstaatsanwaltschaft vom Januar 1978 war der zuständige Staatsanwalt derjenige, der das Ermittlungsverfahren initiierte und der darüber entschied, »ob und ggf. wie das Verfahren in der DDR zum Abschluß kommen soll«[105]. Darüber hinaus setzte er Bearbeitungszeiten fest, und informierte nach Abschluss des Verfahrens den Staatsanwalt des Bezirkes.[106] Der zuständige (Bezirks-) Staatsanwalt war für die Anleitung und Kontrolle des Verfahrensabschlusses verantwortlich. Bei werktätigen Ausländern in der DDR berichtete er dem Staatssekretariat für Arbeit und Löhne über den Verfahrensabschluss.[107] Die Ermittlungsbehörden standen somit regelrecht in einem Spannungsfeld zwischen zahlreichen beteiligten Organen, die eigene Interessen mit den Verfahren verknüpften. Die Übersicht der »Teilnehmenden Organe/Personen bei einem Ermittlungsverfahren mit einem unter Strafverdacht stehenden Mosambikaner« verdeutlicht diese Verbindungen.

Teilnehmende Organe/Personen bei einem Ermittlungsverfahren
mit einem unter Strafverdacht stehenden Mosambikaner

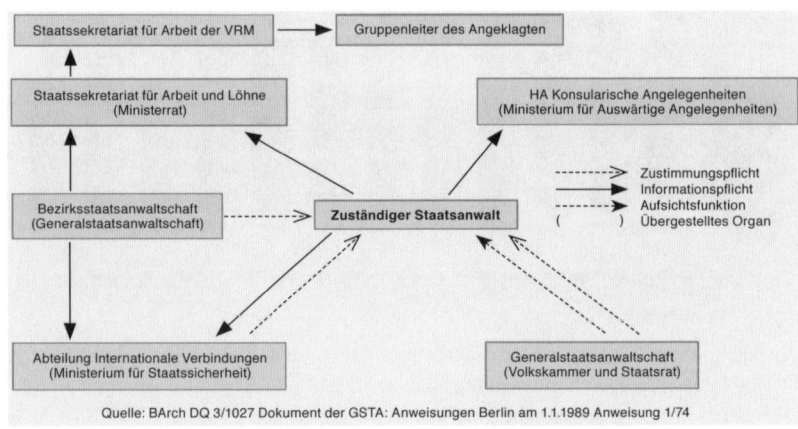

Quelle: BArch DQ 3/1027 Dokument der GSTA: Anweisungen Berlin am 1.1.1989 Anweisung 1/74

In Verfahren gegen mosambikanische Bürger war es indessen nicht vorgesehen, die Staatsanwaltschaft des Heimatstaates um Übernahme der Strafverfolgung zu ersuchen, wie dies bei Verfahren gegen Bürger sozialistischer Staaten des RGW-Raumes – unter Beachtung zwischenstaatlicher Vereinbarungen – der Fall war. Vorgeschrieben war, vor der Beantragung eines Haftbefehls oder einer anderen freiheitsbeschränkenden Maßnahme die Zustimmung des Bezirksstaatsanwaltes oder seines Stellvertreters einzuholen. Sollten bei diesen Ermittlungen außenpolitische Interessen berührt werden, war zuvor die Abteilung Internationale Verbindungen oder in dringenden Fällen der Chef vom Dienst bei der Generalstaatsanwaltschaft zu konsultieren.[108] Im Fall einer freiheitsbeschränkenden Maßnahme bei Ausländern wurden der Abteilung Internationale Verbindungen Durchschriften der Informationen, einschließlich notwendiger Zusatzinformationen, übermittelt. Die Hauptabteilung Konsularische Angelegenheiten des Ministeriums für Auswärtige Angelegenheiten (MfAA) wurde ebenso mit Basisinformationen versorgt.[109]

In Umsetzung des zwischen der DDR und der VRM abgeschlossenen Abkommens über Rechtshilfe vom August 1981[110] gewährleistete das Staatssekretariat für Arbeit und Löhne, dass der mosambikanische Beauftragte des Staatssekretariats für Arbeit, der sich auch in der DDR befand, über etwaige Vorkommnisse unter Beteiligung mosambikanischer Bürger informiert wurde. In der Praxis bedeutete dies, dass bei Verstößen gegen deutsche Strafgesetze, die ein Ermittlungsverfahren nach sich zogen, das Staatssekretariat für Arbeit der VRM über die Art des Vergehens, den Namen des mosambikanischen »Werktätigen« sowie dessen Beschäftigungsort schriftlich zu informieren war. Bei Zustandekommen eines Gerichtsverfahrens sollte der Beauftragte des Staatssekretariats für Arbeit der VRM den jeweiligen Gruppenleiter beauftragen, an der Gerichtsverhandlung teilzunehmen. Die Teilnahme war dem Gruppenleiter allerdings ausschließlich als Zuhörer gestattet. Zugleich sollten Berichte jeweils nach Ausgang des Gerichtsverfahrens, bei Anerkennung auf Freiheitsentzug sowie nach Beendigung des Strafvollzugs für das Staatssekretariat für Arbeit in Maputo verfasst werden.[111] Informationen über abgeschlossene Strafverfahren oder zur Strafverfolgung übergebene Verfahren wurden an das MfAA übersandt. Darüber hinaus wurden dem Berliner Staatssekretariat für Arbeit und Löhne Mitteilungen über abgeschlossene Strafverfahren gegen Ausländer zugeschickt, die aufgrund eines Regierungsabkommens in Betrieben der DDR arbeiteten. Die Generalstaatsanwaltschaft ordnete an, dass zu Sachverhalten mit Auslandsbezug keinerlei Veröffentlichungen vorzunehmen seien. Dies erklärt das Fehlen von Medienberichten über Straftaten in der DDR, an denen Ausländer beteiligt waren.[112]

Für Ausländer, die beschuldigt wurden, Straftaten auf dem Staatsgebiet der DDR begangen zu haben oder in einer anderen Weise an solchen beteiligt gewesen zu sein, galten das materielle wie das Verfahrensrecht der DDR.[113] Somit waren Ausländer den Bürgern der DDR im Strafverfahren gleichgestellt; vom Strafgesetzbuch abweichende Vereinbarungen gab es scheinbar nicht. In der Strafprozessordnung spielten Ausländer eine Nebenrolle. Einzig die Sicherheitsleistung bei Ausländern und die Verhaftung bei Auslieferung waren hierin gesetzlich geregelt.[114] Einmal im

Jahr wurde vonseiten der Bezirksstaatsanwälte ein Jahresbericht verfasst und an die Abteilung Internationale Verbindungen im Außenministerium geschickt. Darin sollten hauptsächlich zu lösende oder allgemeine Probleme im Zusammenhang mit fremden Staatsbürgern erläutert werden. Dem Bericht waren u. a. statistische Übersichten zu Strafverfahren gegen Ausländer aus dem jeweiligen Kalenderjahr beizufügen.[115] Freilich ist damit über die praktische Anwendung staatlicher Weisungen nur wenig gesagt.

Mosambikaner als Straftäter

Im Vergleich der Ermittlungsverfahren gegen Mosambikaner nach Wohnbezirken in den Jahren 1986/87 zeigen die Bezirke Frankfurt (Oder) (4,2 Prozent), Neubrandenburg (3,3 Prozent) und der mit Mosambikanern am dichtesten besiedelte Bezirk Dresden (2,3 Prozent) eine auffallend hohe Rate an eingeleiteten Ermittlungsverfahren gegen Mosambikaner. Noch 1986 machten die von Ausländern im Allgemeinen und Mosambikanern im Besonderen eher wenig bewohnten Bezirke Suhl und Rostock mit 4,1 bzw. 4,2 Prozent der eingeleiteten Ermittlungsverfahren gegen Mosambikaner auf sich aufmerksam. Deren Quote sank jedoch 1987 auf 0,9 Prozent (Suhl) und 0,5 Prozent (Rostock); eine größere Veränderung gab es in keinem anderen Bezirk in diesen Jahren. Die Quote der Ermittlungsverfahren (EV-Quote) im Bezirk Karl-Marx-Stadt, wo die zweitgrößte Gruppe von Mosambikanern lebte, fiel verhältnismäßig niedrig aus (1986: 1,3 Prozent; 1987: 0,4 Prozent). Derweil war die höchste EV-Quote unter Vietnamesen 1987 im Bezirk Potsdam (1,3 Prozent) zu verzeichnen und fiel somit relativ zu jener der Mosambikaner unbeträchtlich aus. Kubaner hingegen verzeichneten im Vergleich zu Mosambikanern und Vietnamesen den höchsten Mittelwert an Ermittlungsverfahren (1986: 1,8 Prozent; 1987: 1,9 Prozent). Der Bezirk Neubrandenburg stach 1987 mit einer hohen EV-Quote bei Kubanern (vier Prozent) ebenso hervor wie bei den Mosambikanern im gleichen Jahr. Betrachtet man die EV-Quote bei allen Ausländern so reicht die Spannweite 1986/87 von 0,2 Prozent (Suhl, 1986) bis 1,2 Prozent (Gera, 1986), fällt somit im Vergleich zu Mosambikanern von 0,2 Prozent (Berlin, 1987; Halle, 1986) bis 4,2 Prozent (Frankfurt (Oder), 1987; Rostock; 1986) niedrig und mit einer überaus geringeren Spannweite aus.[116] Auf Basis der erhobenen Daten lässt sich somit festhalten, dass die relative Zahl der Ermittlungsverfahren, die gegen Mosambikaner eingeleitet wurden, geringer ausfiel, je mehr Mosambikaner sich in einem Bezirk befanden.

Die Ermittlungsverfahren (siehe Tabelle zu »Abschluss der Ermittlungsverfahren bei Ausländern«) endeten bei Ausländern in den Jahren 1980, 1985 und 1986 besonders häufig mit der Auferlegung einer Geldstrafe (zwischen 20,2 Prozent und 22 Prozent der EV), gefolgt von Freiheits- und Haftstrafen (11,2 Prozent und 14,1 Prozent der EV).

Im Vergleich der Verurteilungen nach Strafart (Hauptstrafe) zwischen in der DDR lebenden Ausländern (1980, 1985, 1986) und DDR-Bürgern (n.b.: 1988[118]), ist festzustellen, dass Ausländer anteilsmäßig seltener zu einer Strafe mit Freiheitsentzug

Abschluss der Ermittlungsverfahren bei Ausländern[117]

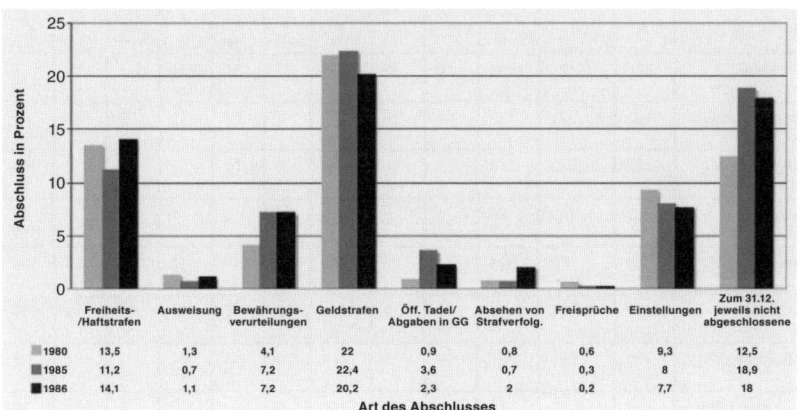

Art des Abschlusses	Freiheits-/Haftstrafen	Ausweisung	Bewährungs-verurteilungen	Geldstrafen	Öff. Tadel/Abgaben in GG	Absehen von Strafverfolg.	Freisprüche	Einstellungen	Zum 31.12. jeweils nicht abgeschlossene
1980	13,5	1,3	4,1	22	0,9	0,8	0,6	9,3	12,5
1985	11,2	0,7	7,2	22,4	3,6	0,7	0,3	8	18,9
1986	14,1	1,1	7,2	20,2	2,3	2	0,2	7,7	18

verurteilt wurden, als dies bei DDR-Bürgern der Fall war, was eine geringere durchschnittliche Schwere der Straftat impliziert: 1988 erhielten 43,6 Prozent der Verurteilten in der DDR eine Freiheits- oder Haftstrafe. Eine Geldstrafe wurde in 19,7 Prozent der Verfahren als Hauptstrafe ausgesprochen,[119] was mit dem Anteil bei Ausländern zu vergleichen ist. Knapp jedes zehnte Ermittlungsverfahren wurde eingestellt. Zu einer Ausweisung, Freisprüchen oder einer Einstellung des Strafverfahrens kam es in den seltensten Fällen. Eher wurden Ausländer auf Bewährung verurteilt oder öffentlich getadelt, sodass ihre Arbeitskollegen und Hausbewohner von der Straftat erfuhren.

Das Verhältnis der Verfahrensabschlüsse blieb in den drei Vergleichsjahren jeweils relativ konstant. Ein auffallender Zuwachs von 3,1 Prozent ist bei den Verurteilungen auf Bewährung zwischen 1980 und 1985/86 festzustellen. Zudem wurden 1985 knapp 18,9 Prozent der Ermittlungsverfahren zum 31.Dezember nicht abgeschlossen; 1980 waren es noch 12,5 Prozent gewesen. Dies mag an der allgemeinen Zunahme der verübten Straftaten liegen[120] und dem damit verbundenen höheren bürokratischen, personellen sowie finanziellen Aufwand. Einen detaillierten Aufschluss zu Straftaten und Tätern aus Polen, Kuba, Vietnam und Mosambik bietet eine Auflistung des Ministeriums des Innern für die Jahre 1985, 1987, 1988 und 1989.[121] Die Reihe »Insgesamt« erfasst alle zu der Zeit in der DDR wohnhaften Ausländer.

Die Tabelle zu »Straftaten und Tätern ausgewählter Herkunftsländer-Gesamt« zeigt, dass sich 1988 der geldwerte Schaden (Spalte 2), den Mosambikaner in der DDR verursachten, auf 1.363.000 Mark belief. Im Vorjahr 1987 hatte die Schadenssumme noch 22.000 Mark betragen, im Folgejahr 1989 verzeichnete man wiederum nur 86.000 Mark. Die Frage nach dem Grund für diesen plötzlichen Anstieg und erneuten Rückgang bleibt unklar. Angesichts nur eines Strafverfahrens mit einem Schaden von über 5.000 Mark (Spalten 4 und 3) müssen viele kleinere Delikte für die

Ausländerkriminalität in der DDR Jürgen Mense

Straftaten und Täter ausgewählter Herkunftsländer – Gesamt[122]

Jahr	Land	1	2	3	4	5	6	7	8	9	10	11	12	13
1989	VR Polen	326	17423	204	79	25	371	25	58	252	12	16	78	56
	Republik Kuba	143	74	139	4	16	165	1	22	11	5	47	91	57
	SR Vietnam	152	818	143	6	10	169	0	24	9	3	53	99	54
	Angola	27	20	26	1	5	35	0	0	1	2	4	15	14
	Mocambique	176	86	174	2	20	220	0	14	1	17	78	104	68
	Insgesamt*	**1295**	**23481**	**1106**	**128**	**132**	**1471**	**45**	**178**	**331**	**61**	**139**	**639**	**448**
1988	VR Polen	195	2658	153	24	19	226	19	31	141	1	18	55	30
	Republik Kuba	134	28	133	1	25	147	0	23	20	8	36	80	51
	SR Vietnam	99	10034	83	4	8	122	0	9	67	6	16	31	26
	Angola	7	995	6	0	0	7	0	0	0	0	2	3	3
	Mocambique	113	1363	110	1	17	138	0	9	0	4	43	80	43
	Insgesamt*	**978**	**26866**	**881**	**46**	**113**	**1112**	**42**	**141**	**141**	**242**	**20**	**151**	**417**
1987	VR Polen	221	10069	172	8	18	248	16	30	124	8	18	55	41
	Republik Kuba	195	131	193	1	20	220	0	21	34	8	36	95	62
	SR Vietnam	53	2297	46	1	2	63	0	1	20	0	7	21	15
	Angola	6	0	6	0	0	6	0	1	0	0	3	2	1
	Mocambique	93	22	92	1	5	110	3	6	1	5	41	33	18
	Insgesamt*	**1099**	**28906**	**1003**	**26**	**102**	**1242**	**56**	**121**	**307**	**43**	**133**	**379**	**162**
1985	VR Polen	199	3767	165	18	6	246	25	31	147	3	0	69	43
	Republik Kuba	89	18	88	1	6	106	0	3	31	3	9	58	40
	SR Vietnam	48	247	44	3	3	58	0	1	12	1	1	38	2
	Angola	1	0	1	0	0	1	0	0	0	0	0	1	1
	Mocambique	54	5	54	0	5	64	0	1	0	4	2	48	33
	Insgesamt*	**931**	**14217**	**853**	**45**	**44**	**1098**	**47**	**119**	**324**	**129**	**15**	**444**	**309**

Jahr	14	15	16	17	18	19	20	21	22	23	24	25	26	27	28	29	30
	9	17	3	1	12	3	5	2	1	7	3	9	63	42	160	22	0
	9	33	1	0	11	0	1	3	7	12	1	4	15	1	164	0	0
1989	8	16	26	0	5	0	2	2	1	10	3	0	26	0	166	0	1
	0	0	1	1	11	0	3	4	4	8	2	2	13	0	32	0	1
	15	33	3	2	16	1	4	9	2	11	6	7	12	1	219	0	0
	69	135	50	10	172	22	49	35	35	112	32	43	290	132	841	155	9
	8	23	2	2	9	0	4	3	2	8	2	13	43	46	79	8	20
	2	28	0	0	3	0	0	2	1	8	5	4	13	2	145	0	0
1988	0	5	0	0	2	0	1	1	0	2	1	1	30	2	116	1	0
	0	0	0	0	2	0	1	1	0	0	0	0	2	0	7	0	0
	3	35	2	1	10	0	2	5	2	6	1	3	13	0	137	0	0
	274	40	123	14	211	149	30	30	20	89	22	43	266	129	580	116	39
	9	14	0	1	12	4	4	1	3	7	2	11	57	35	87	2	21
	8	32	0	1	16	6	4	4	2	14	5	4	29	5	181	0	0
1987	0	6	0	0	2	0	1	1	0	1	0	1	10	1	52	0	3
	1	1	0	0	0	0	0	0	0	0	0	0	1	0	3	0	0
	4	14	1	2	14	4	3	6	1	5	3	2	16	0	69	0	0
	55	105	7	13	191	88	52	29	17	96	31	45	312	127	516	152	59
	11	26	0	0	26	10	12	2	2	13	9	17	48	65	96	5	10
	4	18	0	1	4	2	1	1	0	2	1	3	20	2	98	0	0
1985	8	16	0	1	5	1	0	2	0	9	6	6	5	5	53	0	0
	0	0	0	0	0	0	0	0	0	0	0	0	0	0	1	0	0
	3	14	1	1	9	7	1	1	0	5	1	4	10	1	62	0	0
	70	127	6	8	175	72	52	21	16	85	25	61	249	144	446	149	32

229

Ausländerkriminalität in der DDR Jürgen Mense

Straftaten und Täter ausgewählter Herkunftsländer – nach Straftaten

Jahr	Land	1	2	3	4	5	6	7	8	9	10	11	12	13
	§ 215 StGB, Rowdytum													
	VR Polen	4	1	4	0	0	5	2	0	4	0	0	1	0
	Republik Kuba	2	1	2	0	0	5	0	0	0	0	0	5	4
1989	SR Vietnam	1	1	1	0	0	2	0	0	0	0	0	1	0
	Angola	2	0	2	0	0	2	0	0	0	0	0	1	1
	Mocambique	8	3	8	0	2	14	0	0	0	4	3	5	2
	Insgesamt*	22	7	22	0	4	38	4	0	5	4	3	19	7
	§ 115–117 a StGB, Vorsätzliche oder schwere Körperverletzung, Körperverletzung mit Todesfolge													
	VR Polen	19	0	19	0	4	21	1	0	11	1	2	6	5
	Republik Kuba	63	0	63	0	5	68	1	0	2	4	15	45	27
1989	SR Vietnam	32	0	32	0	1	33	0	3	0	1	15	17	14
	Angola	15	0	15	0	1	15	0	0	0	2	4	9	8
	Mocambique	87	0	87	0	10	101	0	2	1	8	33	51	34
	Insgesamt*	273	0	273	0	37	296	4	6	18	22	86	155	110
	§§ 12, 14 Zollgesetz und § 17 Devisengesetz													
	VR Polen	132	17321	12	77	2	143	0	31	127	0	0	15	8
	Republik Kuba	1	0	1	0	0	2	0	1	2	0	0	0	0
1989	SR Vietnam	38	751	32	3	1	44	0	1	6	1	0	33	6
	Angola	2	0	2	0	0	2	0	0	0	0	0	0	0
	Mocambique	1	43	0	1	0	2	0	0	0	0	0	2	1
	Insgesamt*	222	22788	52	111	5	246	0	36	145	1	0	77	33
	§ 196 StGB, Herbeiführung eines schweren Verkehrsunfalls													
	VR Polen	31	0	31	0	2	31	0	3	26	1	0	3	2
	Republik Kuba	6	0	6	0	0	6	0	0	0	0	6	4	1
1989	SR Vietnam	9	0	9	0	0	10	0	1	0	0	2	8	6
	Angola	0	0	0	0	0	0	0	0	0	0	0	0	0
	Mocambique	0	0	0	0	0	0	0	0	0	0	0	0	0
	Insgesamt*	127	108	125	1	6	129	0	17	34	7	2	72	63
	§ 200 StGB, Verkehrsgefährdung durch Trunkenheit													
	VR Polen	32	0	32	0	1	33	0	1	9	0	0	21	21
	Republik Kuba	1	0	1	0	1	1	0	0	0	0	0	1	1
1989	SR Vietnam	1	0	1	0	0	1	0	0	0	0	0	1	1
	Angola	0	0	0	0	0	0	0	0	0	0	0	0	0
	Mocambique	1	0	1	0	0	1	0	0	0	0	0	1	1
	Insgesamt*	146	0	146	0	4	147	0	2	10	0	0	98	92

14	15	16	17	18	19	20	21	22	23	24	25	26	27	28	29	30
0	0	0	0	0	0	0	0	0	0	0	0	1	0	4	0	0
0	0	1	0	0	0	0	0	0	0	0	0	1	0	5	0	0
1	1	0	0	1	0	1	0	0	1	0	0	1	0	2	0	0
0	0	0	1	0	0	0	0	0	0	0	0	1	0	2	0	0
3	3	0	0	2	1	1	0	0	0	0	0	2	0	14	0	0
4	5	6	2	5	1	2	2	0	5	1	1	15	3	29	0	0
1	1	0	0	1	0	1	0	0	2	1	0	3	7	8	0	0
3	18	0	0	2	0	0	1	1	3	0	2	2	0	68	0	0
1	3	0	0	0	0	0	0	0	1	0	0	0	0	33	0	0
0	0	1	0	0	0	0	0	0	1	0	2	0	0	14	0	1
5	17	0	1	7	0	3	3	1	7	4	4	3	1	100	0	0
13	43	2	2	13	1	5	4	2	18	6	10	10	25	251	1	2
2	6	1	0	1	0	0	0	0	2	1	1	36	9	71	7	0
0	0	0	0	0	0	0	0	0	0	0	0	1	0	2	0	0
2	2	25	0	4	0	1	2	1	7	3	0	23	0	41	0	1
0	0	0	0	2	0	0	1	1	1	0	0	2	0	1	0	0
0	1	0	0	0	0	0	0	0	0	0	0	0	0	2	0	0
5	11	33	2	18	1	3	6	4	18	8	3	89	16	125	13	1
0	1	0	0	1	0	0	1	0	0	0	0	0	1	12	6	0
2	0	0	0	0	0	0	0	0	0	0	0	0	0	6	0	0
1	2	0	0	0	0	0	0	0	0	0	0	0	0	10	0	0
0	0	0	0	0	0	0	0	0	0	0	0	0	0	0	0	0
0	0	0	0	0	0	0	0	0	0	0	0	0	0	0	0	0
3	9	0	0	11	2	6	2	0	7	1	1	13	8	40	34	0
1	0	0	0	3	1	2	0	0	2	0	1	7	1	19	4	0
0	0	0	0	0	0	0	0	0	0	0	0	0	1	0	0	0
0	0	0	0	0	0	0	0	0	0	0	0	0	0	1	0	0
0	0	0	0	0	0	0	0	0	0	0	0	0	0	0	0	0
0	0	0	0	0	0	0	0	0	0	0	0	0	0	1	0	0
14	6	0	0	39	15	24	0	0	19	4	5	57	6	38	77	0

Erklärung zur Tabelle über »Straftaten und Täter ausgewählter Herkunftsländer – Gesamt« und der nach Straftaten sortierten[123]

Spaltennummer/Inhalt	Spaltennummer/Inhalt
01/ Straftaten insgesamt	15/ Verurteilungen auf Bewährung
02/ Schaden insgesamt (in TM)	16/ Ausweisungen anstelle von Strafe
03/ Straftaten mit Schäden bis 5.000 M	17/ Haftstrafen/Jugendhaft
04/ Straftaten mit Schäden über 5.000 M	18/ Freiheitsstrafen/Jugendhaft
bis 50.000 M	19/ - bis 6 Monate
05/ Beschuldigte	20/ - über 6 Monate bis 1 Jahr
(Strafverdacht nicht bestätigt)	21/ - über 1 Jahr bis 2 Jahre
06/ Täter insgesamt	22/ - über 2 bis 3 Jahre
07/ - jugendliche Täter	23/ Rechtsmittel
08/ - weibliche Täter	(Protest oder/und Berufung)
09/ Abgaben an andere Staaten	24/ - erfolgreiche Rechtsmittel
10/ Einstellungen gem. § 75, 76 StPO plus	25/ Täter war gerichtlich vorbestraft
Absehen von Maßnahmen strafrecht-	26/ Täter war in U-haft
licher Verantwortlichkeit	27/ Ausländer wohnt ständig in der DDR
11/ Übergaben an GG	28/ Ausländer arbeitet/studiert in der DDR
12/ Strafen ohne Freiheitsentzug	29/ Ausländer reist im speziellen Transit
13/ Geldstrafen (Hauptstrafe)	durch die DDR
14/ Zusatzgeldstrafen	30/ Ausländer hält sich illegal in der DDR auf

Quelle: Generalstaatsanwaltschaft der DDR: Spaltenprogramm 7 – Kurzinformation zu Straftaten und Tätern, BArch, DP 3/1527, unpag., MdI-RZ, 1989.

restliche Schadenssumme aufkommen, ohne dass diese weiter differenziert würden. Im Vergleich zu Polen und Vietnamesen verursachten Mosambikaner überdies einen relativ geringen finanziellen Schaden. Es befanden sich keine bzw. nur eine sehr geringe Anzahl von Jugendlichen und Frauen (Spalten 7 und 8) unter den mosambikanischen Tätern, was auf die Vereinbarungen von 1979 zwischen der DDR und Mosambik zurückging.[124] Die Delikte mosambikanischer Täter wurden, soweit ersichtlich, in der DDR verhandelt und nicht an mosambikanische Gerichte übergeben. Eine Übergabe an ein ausländisches Gericht fand indes bei Polen, Kubanern und Vietnamesen häufig statt (Spalte 9). In seltenen Fällen wurde bei Ausländern ein Strafverfahren eingestellt bzw. von Maßnahmen strafrechtlicher Verantwortung abgesehen (Spalte 10). Hingegen wurden relativ häufig Strafverfahren mit Beteiligung von Mosambikanern im Vergleich zu anderen Ausländern an Gesellschaftliche Gerichte[125] übergeben, mit den Jahren in zunehmender Zahl (Spalte 11). Daneben erhielten Mosambikaner in den Jahren 1988 und 1989 in absoluten Zahlen die meisten Strafen ohne Freiheitsentzug (Spalte 12). Geldstrafen wurden an Mosambikaner ebenfalls oft ausgesprochen, ebenso wie Zusatzgeldstrafen (Spalte 14) und Bewährungsstrafen (Spalte 15). Da es keine Anhaltspunkte dafür gibt, dass Mosambikaner einer weniger scharfen Strafverfolgung unterzogen wurden, liegt es nahe, dass ihnen meist eher weniger schwerwiegende Delikte zur Last gelegt wurden.

Im Jahr 1989, als sich zahlenmäßig die meisten Mosambikaner in der DDR befanden, gab es nur drei Fälle, in denen Mosambikaner ausgewiesen wurden (Spalte 16) gegenüber insgesamt 50 Ausweisungen unter allen Ausländern. Über die Hälfte aller Ausweisungen betrafen Vietnamesen. Zu Haftstrafen (Spalte 17) kam es nur selten, zu Freiheitsstrafen (Spalte 18) hingegen häufiger.[126] Von den 16 Freiheitsstrafen, die 1989 gegen mosambikanische Bürger ausgesprochen wurden, erhielten neun Verurteilte eine Freiheitsstrafe zwischen einem und zwei Jahren, zwei weitere Freiheitsstrafen über zwei bzw. drei Jahre. (Spalten 18, 21 und 22). Lediglich 43 von insgesamt 1.471 ausländischen Tätern waren 1989 gerichtlich vorbestraft (Spalten 25 und 6). Strafsachen wurden grundsätzlich nicht nach Mosambik abgegeben, obwohl dies aufgrund eines Rechtshilfevertrages möglich gewesen wäre.[127] Somit lässt sich festhalten, dass bezüglich der Abgabe von Strafverfahren keine Dunkelziffer bestand. Von 220 mosambikanischen Tätern waren 1989 elf vorbestraft (Spalten 25 und 6), was einer Quote von fünf Prozent entsprach. Damit lag die Quote der Wiederholungstäter bei den Mosambikanern unter der Quote aller Ausländer in der DDR von 7,6 Prozent (1.471 Täter, davon 112 vorbestraft). Fast alle straffällig gewordenen Ausländer arbeiteten bzw. studierten in der DDR. Eine Ausnahme bildeten Polen, die im sogenannten »speziellen Transit« in die DDR reisten, meist, um dort einer Arbeitstätigkeit nachzugehen (Spalten 27, 28, 29).

Fünf verschiedene Arten von Straftaten wurden 1989 von den DDR-Behörden genauer untersucht: Rowdytum, Körperverletzung (vorsätzliche, schwere und mit Todesfolge), Herbeiführung eines schweren Verkehrsunfalls, Verkehrsgefährdung durch Trunkenheit sowie Verstöße gegen das Zoll- oder Devisengesetz. Ins Auge fällt bei dieser Auflistung die Schadenssumme bei den Verstößen gegen das Zoll- oder Devisengesetz (Spalte 2). Der durch polnische Beschuldigte verursachte Schaden belief sich demnach auf bemerkenswerte 17.321.000 Mark. Im Vergleich dazu wirkt der entsprechende volkswirtschaftliche Schaden durch Mosambikaner mit 43.000 Mark, der zudem durch eine einzelne Straftat mit nur zwei Tätern verursacht worden war, ausnehmend moderat (Spalten 1, 2 und 6).

Ebenso wurden v. a. Polen wegen Verstößen gegen § 196 StGB (Herbeiführung eines schweren Verkehrsunfalls) sowie wegen Verstößen gegen § 200 StGB (Verkehrsgefährdung durch Trunkenheit) polizeilich erfasst. Die Ursache hierfür ist im hohen Pendleraufkommen zwischen Polen und der DDR zu suchen. Die Paragrafen 196 und 200 StGB blieben bei Mosambikanern hingegen bedeutungslos, da diese angesichts ihrer geringen finanziellen Mittel in der Regel keinen Zugang zu Autos hatten.

Anders stellte sich das Bild jedoch bei den Körperverletzungen dar. Von insgesamt 273 Verstößen gegen §§ 115–117a StGB wurden im Jahr 1989 allein 87 mosambikanischen Bürgern vorgeworfen (Spalte 1). Somit stammte jeder dritte Ausländer, der gegen einen der oben genannten Paragrafen verstieß, aus Mosambik. Zum Teil erklärt sich die hohe Zahl dadurch, dass Mosambikaner in der Statistik nicht als Einzeltäter in Erscheinung traten, sondern die Gewalttaten mit mindestens einer zweiten Person begangen hatten (Spalten 6 und 1); die Zahl der Straftaten lag also deutlich unterhalb jener der Täter. Mehr als ein Drittel der Gewaltfälle unter ausländischer Beteiligung wurde an ein Gesellschaftliches Gericht übergeben (Spalten 1 und 11); dies galt auch für die mosambikanischen Beschuldigten. Die Bestrafung bei Vergehen gegen §§ 115–117a StGB wurde im Vergleich zu anderen Strafen eher selten mit einer Freiheitsstrafe belegt: 13 Freiheitsstrafen wurden insgesamt gegen Ausländer erlassen, davon sieben gegen Mosambikaner (Spalte 18). Hinsichtlich des Paragrafen 215 StGB (»Rowdytum«) wurden von insgesamt 38 Vergehen allein 14 Mosambikanern zur Last gelegt, und auch hier erschienen diese nicht als Einzeltäter (Spalten 1 und 6); 14 »Rowdys« standen acht Straftaten gegenüber.

Es lässt sich konstatieren, dass Mosambikaner Straftaten (Vergehen nach § 215 StGB und §§ 115–117a StGB) mit mindestens einer zweiten Person gemeinsam verübten. Dies bestätigen eigene Berechnungen,[128] denen zufolge Gruppentäter in den Stichjahren nicht nur unter Mosambikanern, sondern auch unter Polen, Kubanern, Vietnamesen und Angolanern einen erheblichen Prozentsatz stellten. »Teilten« sich 1989 noch 1,25 Mosambikaner eine Straftat, so zeichnete sich im DDR-Durchschnitt, mithin inklusive deutscher Delinquenten, ein umgekehrtes Bild ab. Hier kamen auf einen Täter mehrere Straftaten: 0,7 Täter je Straftat, d.h. es ergab sich ein deutlich größerer Anteil von Einzel- und Wiederholungstätern. Gruppendelikte wie Disco-Prügeleien waren unter Ausländern besonders auffällig und allgemein gerade für jüngere Straftäter gleich welcher Nationalität durchaus üblich.[129] Bei der Schilderung des Tathergangs stoßen die Statistiken jedoch an ihre Grenzen.

Mit der Darlegung der kriminellen Belastungsquote[130] wird eine Antwort darauf gegeben, wie viele Straftäter sich in einer Ausländergruppe befanden (prozentualer Täteranteil je Herkunftsland). Die Quote fiel in den Jahren 1980, 1985 und 1986 unter den Mosambikanern im Vergleich zu anderen Nationalitäten gering aus. Die Kriminalitätsquote in der DDR im Jahr 1985 betrug etwa 0,5 Prozent[131] und lag somit unterhalb der Werte für die verschiedenen Ausländergruppen im Vergleichsjahr, mit Ausnahme der Polen (0,4 Prozent).[132] Zwar verdreifachte sich die Kriminalitätsquote bei den Mosambikanern in den Jahren 1980 bis 1985 von 0,45 Prozent auf 1,5 Prozent und wies unter den sieben untersuchten Gruppen den drittgrößten Wert auf. Im nachfolgenden Jahr nahm sie aber bereits wieder ab und sank auf 0,58 Prozent – nur die Vergleichswerte der erfassten polnischen (0,29 Prozent) und vietnamesischen (0,53 Prozent) Täter waren niedriger. Die hier angestellten Berechnungen für Mosambik, Vietnam, Kuba und Polen weichen allerdings für das Untersuchungsjahr 1985 von den Angaben in den Akten der Generalstaatsanwaltschaft ab. Demnach lag die Belastungsquote für Polen höher (~0,9 Prozent statt 0,4 Prozent) und für Vietnamesen (~0,3 Prozent statt 0,79 Prozent) sowie Kubaner (~1,1 Prozent statt ~1,9 Prozent) niedriger. Der Wert bei Mosambikanern bleibt mit 1,5 Prozent konstant. Wenn man davon ausgeht, dass die Belastungsquote der DDR in den Jahren 1980 bis 1986 dem Durchschnitt der Jahre 1987 bis 1989 entsprach (~0,5 Prozent[133]), so überstieg die Kriminalitätsquote der Mosambikaner in den 1980er Jahren stetig jene der DDR-

Bevölkerung, mit Ausnahme des Jahres 1980. Höhere Quoten wiesen nur Algerier Anfang und Mitte der 1980er Jahre auf sowie Kubaner (1980, 1985, 1986, 1989) und Angolaner (1989). Ebenso überstieg der Vergleichswert Ende der 1980er Jahre bei den Mosambikanern die Quote der Ausländer insgesamt, die jeweils unter 1,3 Prozent lag.[134]

Es muss indes davon ausgegangen werden, dass das Dunkelfeld der Täterbelastung und Tathäufigkeiten bei Deutschen weitaus höher lag als bei Ausländern in der DDR, da etwa die nicht sichtbare und oftmals nicht angezeigte Gewalt in Paarbeziehungen und Familien[135] bei Ausländern weit weniger oft vorkam, da Vertragsarbeiter und v. a. Mosambikaner in aller Regel ohne ihre Ehepartner und Familien in der DDR lebten.[136] Im Umkehrschluss ist die Dunkelziffer von Rechtsverstößen in den Vertragsarbeiterwohnheimen in Rechnung zu stellen.

Die Statistik gibt zwar eine Tendenz wieder, allerdings kann sie grundsätzlich nur die ermittelten Straftäter verzeichnen, und dies bedeutet eine enorme Verzerrung zugunsten jener Akteure, welche die besten Chancen hatten, sich der Strafverfolgung zu entziehen. Dies galt wiederum insbesondere für die DDR-Bürger – hier ist die Dunkelziffer viel höher als bei Ausländern einzuschätzen. Hinzu kommen nicht verfolgte Korruptionstatbestände, was gerade mit Blick auf den volkswirtschaftlichen Schaden ein gewichtiger Faktor war.[137] Die Mosambikaner, Angolaner, Kubaner und Algerier dürften dabei besonders schlechte Karten gehabt haben, sich der Ahndung zu entziehen, oder anders herum: Die Aufklärungszahlen dürften hier deutlich höher gelegen haben.

Um die qualitativen Leerstellen der Kriminalitätsstatistik zumindest partiell zu kompensieren, werden im Folgenden Unterlagen zu 54 Strafsachen gegen Mosambikaner, die sich in den Akten der Generalstaatsanwaltschaft der DDR finden, mit einem einheitlichen Frageraster näher untersucht:[138] (1) Alter der Täter, (2) Anzahl der eingeleiteten Strafverfahren nach Jahren, (3) Dauer der Strafverfahren in Monaten, (4) Straftaten nach Verstößen, (5) Verfahrensausgang und (6) Wohnbezirke der Täter. Erfasst werden die Daten aus Schreiben von Bezirksstaatsanwälten an die Hauptabteilung für Konsularische Angelegenheiten im MfAA (»Mitteilung über den Ausgang des eingeleiten Strafverfahrens«).

Das Durchschnittsalter der hier untersuchten Männer – weibliche Beschuldigte fehlen – betrug bei der Einleitung des Strafverfahrens 22 Jahre. Allerdings befanden sich auch zwei 32-Jährige, seit zwei Jahren in der DDR lebende Männer unter den Beschuldigten, obgleich die Anwerbungsverträge vorgesehen hatten, dass das Alter von 25 Jahren nicht überschritten werden sollte. Die Dauer des Strafverfahrens betrug im Durchschnitt zwar die vorgesehenen drei Monate, wurde aber häufig nicht eingehalten. Bearbeitungszeiten von sieben und mehr Monaten waren nicht selten.[139] Aus 54 Ermittlungs- wurden 1989 insgesamt 30 Strafverfahren eingeleitet und abgeschlossen;[140] 54 Strafsachen unter Beteiligung von Mosambikanern standen 43 Straftaten gegenüber, d.h. auch hier überwogen Gruppendelikte. 30 der 43 Straftaten verstießen gegen die Persönlichkeit, worunter sich die Tatbestände der Vergewaltigung, der schweren Körperverletzung und des sexuellen Missbrauchs verstanden.

Zwei Drittel der Straftaten gegen die Persönlichkeit betrafen Vergewaltigungen (Verdacht, Versuch und Ausübung). Bei den Opfern handelte es sich größtenteils um deutsche Staatangehörige, die oftmals bereits im sozialen Kontakt mit den Tätern standen. Der soziale Kontakt ergab sich dabei durch Freizeitaktivitäten oder am Arbeitsplatz. Verstöße gegen die staatliche Ordnung folgen auf dem zweiten Rang in acht von 43 Fällen. Verstöße gegen die allgemeine Sicherheit, persönliches und privates Eigentum, sozialistisches Eigentum oder gegen das Zollgesetz blieben die Ausnahme. Von 54 Mosambikanern, die Beschuldigte in einem Strafverfahrens waren, wurde indes nur einer ausgewiesen. Die restlichen mussten ihre Strafen in der DDR ableisten, sofern das Verfahren nicht eingestellt wurde wie in sechs Fällen. Insgesamt wurden 31 Freiheitsstrafen verhängt, die wie folgt gestaffelt waren: elf Freiheitsstrafen bis zu einem Jahr (35,5 Prozent), acht über ein bis zwei Jahre (25,8 Prozent), zwölf über zwei Jahre (38,7 Prozent). Diese Daten weisen auf überdurchschnittlich hohe Strafen im Vergleich zu DDR-Bürgern hin. Zwar liegen über die durchschnittlichen Strafmaße in der DDR keine offiziellen Angaben vor, Dölling verweist jedoch auf eine 1987 an der Berliner Humboldt-Universität erarbeitete, unveröffentlichte Studie mit belastbaren Daten. Daraus ergibt sich für die Mosambikaner eine überwiegend strengere Strafzumessung bei der Vergabe von Freiheitsstrafen über zwei Jahre: Unter allen Strafen mit Freiheitsentzug lauteten demnach 1986 46,3 Prozent auf Freiheitsentzug bis zu einem Jahr, 38,6 Prozent auf ein bis zwei Jahre, 14,8 Prozent über zwei Jahre.[141] Demnach fielen Strafen für Mosambikaner höher aus als im Schnitt der DDR.

Schlussbemerkungen

Ausländer, die in die DDR zur Arbeitsaufnahme kamen, verbanden mit ihrem Aufenthalt Erwartungen: Sie wollten arbeiten, um in Form einer Ausbildung dazuzulernen und um Geld für ihre Familien in ihren Heimatländern zu verdienen. Dies war nicht anders im Fall der mosambikanischen Vertragsarbeiter. Unter dem Strich wurden diese Erwartungen, v. a. aufgrund des nicht selten isolierten Lebens, welches sie in der DDR führen mussten, nicht immer erfüllt. Entsprechend oft kam es zu Enttäuschungen, die zu Konfliktbereitschaft auf diversen Ebenen führten und die für einen erheblichen Teil der registrierten Kriminalität aufkommen mögen. Die statistisch erfasste Delinquenz der Mosambikaner blieb im Vergleich zu anderen Ausländern moderat. Hinzu kommt, dass für nahezu alle Gruppen von Migranten eine deutlich höhere Erfassungsquote anzunehmen ist als für die einheimische Bevölkerung, mithin auch der Eindruck größerer Bereitschaft zu kriminellen Handlungen mit hoher Wahrscheinlichkeit trügt. Dass es in ländlich geprägten Bezirken, in denen Mosambikaner unterrepräsentiert waren, wie Neubrandenburg oder Suhl, relativ gesehen häufiger zu Verstößen gegen das Gesetz kam als etwa in urbanen Zentren wie dem Leipziger Großraum, legt ebenfalls eine Interpretation nahe, die auf die Isoliertheit der ausländischen Arbeiter, die potenzielle Feindseligkeit der deutschen Nachbarn sowie die leichtere Identifizierbarkeit und Strafverfolgung in diesen Regionen abstellt. Auch die auffällige Häufung von Gruppendelikten, gerade in Verbindung mit dem geringen Durchschnittsalter, die typisch für Jugendkriminalität ist, legt einen Zusammenhang zwischen Exklusionspraktiken einerseits und Bereitschaft zu Konfrontation und Gesetzesübertretungen andererseits nahe.

Aufgrund der teilweise schwerwiegenden Gewalttaten, darunter auffällig viele Sexualdelikte, kam es im Schnitt zu höheren (Haft-)Strafen als bei deutschen Straftätern. Erneut ist damit jedoch mehr über die Registrierung als über die tatsächliche Häufigkeit entsprechender Übergriffe unter deutschen und ausländischen Sozialgruppen gesagt. Zudem verfuhren die Justizbehörden in Verfahren gegen Ausländer sichtlich härter als gegen deutsche Angeklagte, ohne dass sich jedoch die Botschaft Mosambiks erkennbar einschaltete.

Damit sind zugleich die Erkenntnisgrenzen dieser Arbeit bezeichnet, deren Aufgabe es war, Lücken zu erschließen, nicht zu schließen. Insbesondere qualitative und den konkreten Kontext ausleuchtende Untersuchungen sind erforderlich, um Bedingungen, Praxis und Folgen von Ausländerkriminalität und -kriminalisierung in der DDR auszuleuchten. Insofern versteht sich dieser Beitrag als eine erste Bestandsaufnahme. Insbesondere wird es in künftigen Studien sowohl darum gehen müssen, die Praxis der Strafverfolgung – die Vorannahmen, Verfahren und Ergebnisse der Justizbehörden – präziser zu untersuchen, als auch die Kriminalität *gegen* Ausländer in der DDR nicht nur kontrastiv, sondern komplementär in den Blick zu nehmen.

Anmerkungen

1   Damian Mac Con Uladh, Die Alltagserfahrungen ausländischer Vertragsarbeiter in der DDR: Vietnamesen, Kubaner, Mozambikaner, Ungarn und andere, in: Karin Weiss/Mike Dennis (Hrsg.), Erfolg in der Nische? – Vietnamesen in der DDR und in Ostdeutschland, Münster 2005, S. 57.
2   »Ausländer« stellen selbstredend keine homogene Gruppe dar. Die unter diesem Rubrum gefassten, verschiedenartigen Gruppen zeigen jeweils spezifische Problem- und Gefährdungsgrundlagen. Vgl. Michael Walter, Über die Bedeutung der Kriminalität junger Ausländer für das Kriminalrechtssystem, in: DVJJ-Journal Nr. 4, 1993, S. 350; ebenso Bernhard Villmow, Ausländerkriminalität, in: Günther Kaiser u. a., Kleines Kriminologisches Wörterbuch, 3. Aufl., Heidelberg 1993, S. 40. »Ausländer« meint ferner sowohl Männer als auch Frauen. Allein zur leichteren Lesbarkeit wird im Folgenden nur die männliche Form verwendet.
3   Der Begriff der Ausländerkriminalität dient in dieser Arbeit vornehmlich als politisches Schlagwort. Keineswegs soll durch den Begriff unterstellt werden, dass Ausländer in der DDR in höherem Maße kriminelle Handlungen verübten als die deutsche Bevölkerung.
4   Vgl. Mac Con Uladh, Alltagserfahrungen, S. 53.
5   John Lekschas u. a., Kriminologie. Theoretische Grundlagen und Analysen, Berlin 1983, S. 186.

6   Vgl. Christian Rode, Kriminologie in der DDR. Kriminalitätsursachenforschung zwischen Empirie und Ideologie, in: Christian Pfeiffer/Werner Greve (Hrsg.), Forschungsthema »Kriminalität«, Baden-Baden 1996, S. 134f.

7   Vgl. Arnold Freiburg, Kriminalität in der DDR. Zur Phänomenologie des abweichenden Verhaltens im sozialistischen deutschen Staat, Opladen 1981, S. 12; ebenso Erich Buchholz, Strafrecht im Osten. Ein Abriss über die Geschichte des Strafrechts in der DDR, Berlin 2008, S. 516ff.

8   Vgl. Kurt Sontheimer/Wilhelm Bleek, Die DDR. Politik, Gesellschaft, Wirtschaft, 2. Aufl., Hamburg 1972, S. 17f.

9   Vgl. Erich Buchholz, Sozialistische Kriminologie. Ihre theoretische und methodologische Grundlegung, 2., erw. Aufl., Berlin 1971.

10 §§ 161b, 180a StGB-DDR regeln den Missbrauch von Datenverarbeitung (Computerkriminalität). Die DDR war das erste Land der Ostblockstaaten, das für Computerstraftaten eine Regelung vorsah. Vgl. Jörg Binder, Strafbarkeit intelligenten Ausspähens von programmrelevanten DV-Informationen, Marburg 1994, S. 154ff.

11 Vgl. Buchholz, Strafrecht, S. 516ff.

12 Vgl. Axel Kreutz, Das Ermittlungsverfahren und die nicht strafprozessuale Tätigkeit der Staatsanwaltschaft in der DDR, Frankfurt a.M. 1996, S. 83ff.

13 Buchholz, Strafrecht, S. 624.

14 Ebd., S. 533.

15 Vgl. den Literaturbericht von Anja Mohnke in diesem Band.

16 Vgl. Paul Cooke, Representing East Germany since Unification. From Colonization to Nostalgia, Oxford 2005; ebenso Thomas Ahbe, Ostalgie. Zum Umgang mit der DDR-Vergangenheit in den 1990er Jahren, Erfurt 2005.

17 So etwa auch die offizielle Leugnung rechtsextremer Jugendkultur und Übergriffe. Vgl. Walter Süß, Zu Wahrnehmung und Interpretation des Rechtsextremismus in der DDR durch das MfS, Berlin 1993; in gekürzter Fassung erschienen in: Deutschland Archiv 26 (1993), S. 388–406; Britta Bugiel, Rechtsextremismus Jugendlicher in der DDR und in den neuen Bundesländern von 1982–1998, Münster 2002, S. 91–119.

18 In der statistischen Auswertung werden auch Angaben zu Vietnamesen, Polen, Kubanern und Ausländern (insgesamt) herangezogen, um die Straffälligkeit von Mosambikanern in der DDR vergleichend einzuordnen. Die Analyse erfolgt hauptsächlich durch Daten der Generalstaatsanwaltschaft der DDR. Angaben mit »0« in den Statistiken entsprechen nicht einer Quote von null Prozent, sondern bedeuten »keine Angabe«.

19 Dies berücksichtigt nicht die Truppen der Roten Armee.

20 Da zur Ausländerkriminalität in der DDR – oder spezifischer: zu Straftaten von Mosambikanern – noch nicht geforscht wurde, bezieht sich die Sekundäranalyse der vorliegenden Arbeit auf Monografien und Sammelbände, die zwischen 1972 und 2010 entstanden und sich u. a. mit der Lebenssituation der Mosambikaner, der Kriminalität im Sozialismus sowie dem DDR-Strafrecht befassen. Amtliche Statistiken (Bevölkerung, Kriminalität sowie Strafvollzug) ergänzen als gedruckte Quellen das archivalische Material.

21 Vgl. Freiburg, Kriminalität, S. 25ff.

22 Vgl. ebd., S. 29.

23 Ebd., S. 20.

24 Den Anspruch rechtswissenschaftlicher Methodik und Erkenntnisinteresses erhebt diese Arbeit nicht.

25 Vgl. Andrzej Stach/Saleh Hussain, Ausländer in der DDR, in: Ausländerbeauftrage des Senat von Berlin (Hrsg.), Miteinander leben in Berlin, Berlin 1993, S. 7; Luitgard Trommer, Ausländer in der DDR und den neuen Bundesländern, Berlin 1992, S. 1.

26 Errechnet aus: Statistisches Jahrbuch 1990 für die Bundesrepublik Deutschland, hrsg. vom Statistischen Bundesamt, Berlin 1991, S. 72.

27 Errechnet aus: Statistisches Jahrbuch der Deutschen Demokratischen Republik, hrsg. vom Statistischen Amt der DDR, Berlin 1990, S. 402.

28 Errechnet für die Jahre 1986/87: Generalstaatsanwaltschaft der DDR, [Mosambikanische Werktätige nach Bezirken], [1990], BArch, DP 3/1527, unpag. Errechnet für das Jahr 1989: Statistisches Amt der DDR, 1990, S. 402.

29 Vgl. Eva-Maria Elsner/Lothar Elsner (Hrsg.), Ausländerpolitik und Ausländerfeindschaft in der DDR (1949–1990), Leipzig 1994, S. 28.

30 Eigene Abbildung in Anlehnung an: Generalstaatsanwaltschaft der DDR, [Ausländische Werktätige], [1990], BArch, DP 3/1527, unpag.; Statistisches Bundesamt nach Angaben des (DDR-)Ministeriums des Innern; Statistisches Bundesamt, Jahrbuch, S. 72; Liga für Völkerfreundschaft der DDR, Betriebe, in denen mocambiquanische Werktätige tätig sind, 24.02.1983, unpag., in: Schreiben von Freier Deutscher Gewerkschaftsbund (F. Bochow) an Bruno Kießler, Mitglied des ZK, Sekretär der Liga für Völkerfreundschaft, BArch, DY 13/2883.

31 Staatssekretariat für Arbeit und Löhne (SfAL): Abkommen zwischen der Regierung der Regierung der DDR und der Regierung der VRM [...], 1979, BArch, DQ 3/2143, Bl. 1–14. Vgl. Abb. »Anzahl von Mosambikanern in der DDR«.

32 Ebd.

33 Ebd.

34 Vgl. Helga Marburger/Gisela Helbig/Eckhard Kienast/Günter Zorn, Situation der Vertragsarbeitnehmer der ehemaligen DDR vor und nach der Wende, in: Helga Marburger (Hrsg.), »Und wir haben unseren Beitrag zur Volkswirtschaft geleistet« – Eine aktuelle Bestandsaufnahme der Situation der Vertragsarbeitnehmer der ehemaligen DDR vor und nach der Wende, Frankfurt a.m. 1993, S. 4-75, hier S. 12f.

35 Vgl. Hannelore Butters, Zur wirtschaftlichen Zusammenarbeit DDR-Mosambik, in: Matthias Voß, Wir haben Spuren hinterlassen! Die DDR in Mosambik. Erlebnisse, Erfahrungen und Erkenntnisse aus drei Jahrzehnten, Münster/Hamburg 2005, S. 211. Diese organisierte Vorenthaltung der Lohnzahlungen trägt bis heute zu Konflikten zwischen Rückkehrern und Regierung in Mosambik bei. Vgl. Johannes Beck, Mosambiks enttäuschte Rückkehrer, in: Deutsche Welle v. 29.10.2009; http://www.dw-world.de/dw/article/0,,4713091,00.html, letzter Zugriff: 13.4.2011.

36 Vgl. Butters, Zusammenarbeit, S. 214.

37 Dazu die Abb. »Anzahl von Mosambikanern in der DDR«.

38 Vgl. Marburger u. a., Situation, S. 10.

39 Vgl. Almuth Berger, Vertragsarbeiter. Arbeiter der Freundschaft? Die Verhandlungen in Maputo 1990, in: Voß, Wir haben Spuren hinterlassen, S. 512–529, ebenso Hans-Joachim Döring, »Es geht um unsere Existenz«. Die Politik der DDR gegenüber der Dritten Welt am Beispiel von Mosambik und Äthiopien, Berlin 1999.

40 Vgl. Butters, Zusammenarbeit, S. 214.

41 Vgl. Annegret Schüle, »Proletarischer Internationalismus« oder »ökonomischer Vorteil für die DDR«? Mosambikanische, angolanische und vietnamesische Arbeitskräfte im VEB Leipziger Baumwollspinnerei (1980–1989), in: Archiv für Sozialgeschichte 42 (2002), S. 191–210.

42 Vgl. Helmut Matthes, Die Beziehungen DDR-VR Mosambik zwischen Erwartungen und Wirklichkeit, in: Voß, Wir haben Spuren hinterlassen!, S. 30.

43 Siehe dazu Ulrich Herbert, Geschichte der Ausländerpolitik in Deutschland, Saisonarbeiter, Zwangsarbeiter, Gastarbeiter, Flüchtlinge, München 2001, S. 232–262.

44 Vgl. Helga Marburger, »Mein Vertrag ist zu Ende – aber mein Leben ist kein Vertrag«. Eine Migrationsbiographie, in: Marburger, »Und wir haben unseren Beitrag«, S. 86ff.; Herbert, Geschichte, S. 296f.

45 Vgl. Butters, Zusammenarbeit, S. 214; nach Auffassung von Marburger/u. a. endeten die Wirtschaftsbeziehungen schon Ende Mai 1990.

46 Vgl. Butters, Zusammenarbeit, S. 214; Berger, Vertragsarbeiter, S. 512.

47 SfAL, Abkommen zwischen der Regierung der Regierung der DDR und der Regierung der VRM [...], 1979, BArch, DQ 3/2143, Bl. 1–14.

48 Vgl. Berger, Vertragsarbeiter, S. 517.

49 Die Studie von Breuer beruht auf einer Reihe von Befragungen, die Ende 1990 im Ostteil von Berlin und in den fünf neuen Bundesländern »mit 205 deutschen Staatsbürgern, 117 Ausländern, 6 Journalisten und 56 Experten aus unterschiedlichen Institutionen« durchgeführt wurden. Aufgrund eines zeitlich eng eingeschränkten Bearbeitungszeitraums verzichtete Breuer auf eine breiter angelegte Erhebung sowie auf eine quantitative Erfassung und Bewertung von Sachverhalten. Die Repräsentativität muss dementsprechend kritisch gesehen werden. Vgl. Wilhelm Breuer, Ausländerfeindlichkeit in der ehemaligen DDR. Studie zu Ursachen, Umfang und Auswirkungen von Ausländerfeindlichkeit im Gebiet der ehemaligen DDR und zu den Möglichkeiten ihrer Überwindung Schriftenreihe des Bundesministeriums für Arbeit und Sozialordnung, Köln 1990, S. 6. Vgl. auch SfAL, Jahresprotokoll für 1989 zum Abkommen zwischen der [...] DDR und der [...] VR Mocambique [...], 1989, BArch, DQ 3/2131, unpag.

50 SfAL, Abkommen zwischen der Regierung der Regierung der DDR und der Regierung der VRM [...], 1979, BArch, DQ 3/2143, Bl. 1–14. Hans-Joachim Döring, »Es geht um unsere Existenz«: Die Politik der DDR gegenüber der Dritten Welt am Beispiel von Mosambik und Äthiopien, Berlin 1999, S. 232.

51 Vgl. Marburger, Beitrag, S. 79.

52 Vgl. ebd., S. 16.

53 SfAL, Rahmenrichtlinien des DDR-Ministerrates zur Durchführung von Regierungsabkommen zwischen der Deutschen Demokratischen Republik und anderen Staaten über die zeitweise Beschäftigung ausländischer Werktätiger in Betrieben der DDR, 1.7.1980, BArch, DP 3/524, unpag.

54 Eigene Berechnungen. Für die Jahre 1986 und 1987: Generalstaatsanwaltschaft der DDR, [Mosambikanische Werktätige nach Bezirken], [1990], BArch, DP 3/1527, unpag. Für das Jahr 1983: Liga für Völkerfreundschaft der DDR, Betriebe, in denen mocambiquanische Werktätige tätig sind.

55 Eigene Berechnung auf Grundlage von: Liga für Völkerfreundschaft der DDR, Betriebe, in denen mocambiquanische Werktätige tätig sind.

56 Eigene Berechnungen. Für die Jahre 1986 und 1987: Generalstaatsanwaltschaft der DDR, [Mosambikanische Werktätige nach Bezirken], [1990], BArch, DP 3/1527, unpag. Für das Jahr 1983: Liga für Völkerfreundschaft der DDR: Betriebe, in denen mocambiquanische Werktätige tätig sind.

57 Vgl. Marburger u. a., Situation, S. 23; Stach/Hussain, Ausländer, S. 17. Vgl. auch den Beitrag von Maria Klessmann in diesem Band.

58 Vgl. Stach/Hussain, Ausländer S. 16; Trommer, Ausländer, S. 14.

59 SfAL, Abkommen zwischen der Regierung der Regierung der DDR und der Regierung der VRM [...], 1979, BArch, DQ 3/2143, Bl. 1–14.

60 Vgl. ebd.; Marburger u. a., Situation, S. 34; Stach/Hussain, Ausländer, S. 16; Trommer, Ausländer, S. 14.

61 SfAL, Rahmenrichtlinien des DDR-Ministerrates zur Durchführung von Regierungsabkommen zwischen der Deutschen Demokratischen Republik und anderen Staaten über die zeitweise Beschäftigung ausländischer Werktätiger in Betrieben der DDR, Rahmen-Heimordnung, 1.7.1980, BArch, DP 3/524, unpag.

62 Vgl. Breuer, Ausländerfeindlichkeit, S. 94f.

63 Vgl. Marburger u. a., Situation, S. 23; Breuer, Ausländerfeindlichkeit, S. 95. Eine Differenzierung hinsichtlich der Nationalitäten fehlt bei den Umfrageergebnissen.

64 So bei Edith Broszinsky-Schwabe, Die DDR-Bürger im Umgang mit »Fremden« – Versuch einer Bilanz der Voraussetzungen für ein Leben in einer multikulturellen Welt, in: Sanem Kleff/Eberhard Seidel (Hrsg.), BRD–DDR – Alte und neue Rassismen im Zuge der deutschdeutschen Einigung, Frankfurt a. M. 1990, S. 32f.; Stach/Hussain, Ausländer, S. 17.

65 SfAL, Rahmenrichtlinien des DDR-Ministerrates zur Durchführung von Regierungsabkommen zwischen der Deutschen Demokratischen Republik und anderen Staaten über

die zeitweise Beschäftigung ausländischer Werktätiger in Betrieben der DDR, Rahmen-Heimordnung, 1.7.1980, BArch, DP 3/524, unpag.; ebenso Marburger u. a., Situation, S. 24; Broszinsky-Schwabe, DDR-Bürger, S. 25.

66 SfAL, Abkommen zwischen der Regierung der Regierung der DDR und der Regierung der VRM [...], 1979, BArch, DQ 3/2143, Bl. 1–14.

67 Vgl. Berger, Vertragsarbeiter, S. 518f.

68 Vgl. Breuer, Ausländerfeindlichkeit, S. 51.

69 Vgl. Broszinsky-Schwabe, DDR-Bürger, S. 34.

70 So die Äußerung eines Vertragsarbeitnehmers, in: Marburger u. a., Situation, S. 18.

71 Vgl. Broszinsky-Schwabe, DDR-Bürger, S. 22; Marburger u. a., Situation, S. 18.

72 Generalstaatsanwalt der DDR, Schreiben an die Botschaft der DDR in der VRM, 3. und 4. Schreiben, 5.5.1988. BArch, DP 3/1407, unpag.

73 Auf Schreiben mit Inhalten wie diesen stieß der Verfasser dieser Arbeit des Öfteren. Beispielhaft spiegelt sich hier das Schicksal eines Mosambikaners, der das Regierungsabkommen von 1979 infrage stellt und von Diskriminierung gegenüber Ausländern in der DDR spricht.

74 Vgl. Matthias Henze, Soziologische Erklärungsansätze zur Ausländerfeindlichkeit am Beispiel einer empirischen Studie in Halle-Neustadt, Halle 2000, S. 20; ebenso Berger, Vertragsarbeiter, S. 522; Schüle, Internationalismus, S. 203ff.

75 Dazu v. a. Annegret Schüle, »Die ham se sozusagen aus dem Busch geholt.« Die Wahrnehmung der Vertragarbeitskräfte aus Schwarzafrika und Vietnam durch Deutsche im VEB Leipziger Baumwollspinnerei, in: Jan C. Behrends/Thomas Lindenberger/Patrice G. Poutrus (Hrsg.), Fremde und Fremd-Sein in der DDR. Zu historischen Ursachen der Fremdenfeindlichkeit in Ostdeutschland, Berlin 2003, S. 309–324, hier S. 311ff.

76 Vgl. Broszinsky-Schwabe, DDR-Bürger, S. 22; Stach/Hussain, Ausländer, S. 18; Trommer, Ausländer, S. 11; Marburger u. a., Situation, S. 11.

77 Vgl. Marianne Krüger-Potratz, Anderssein gab es nicht. Ausländer und Minderheiten in der DDR, Münster/New York 1991, S. 25.

78 Vgl. Broszinsky-Schwabe, DDR-Bürger, S. 22; Stach/Hussain, Ausländer, S. 18; Trommer, Ausländer, S. 11; Marburger u. a., Situation, S. 11. Andererseits gaben 70 Prozent der 1990 befragten Ausländer an, von den DDR-Behörden korrekt behandelt worden zu sein. Vgl. Broszinsky-Schwabe, DDR-Bürger, S. 34f.; Breuer, Ausländerfeindlichkeit, S. 48, 53.

79 SfAL, Rahmenrichtlinien des DDR-Ministerrates zur Durchführung von Regierungsabkommen zwischen der Deutschen Demokratischen Republik und anderen Staaten über die zeitweise Beschäftigung ausländischer Werktätiger in Betrieben der DDR, 1.7.1980, BArch, DP 3/524, unpag.; Trommer, Ausländer, S. 5, 19.

80 Vgl. Stach/Hussain, Ausländer, S. 27; Trommer, Ausländer, S. 19.

81 SfAL, Rahmenrichtlinien des DDR-Ministerrates zur Durchführung von Regierungsabkommen zwischen der Deutschen Demokratischen Republik und anderen Staaten über die zeitweise Beschäftigung ausländischer Werktätiger in Betrieben der DDR, 1.7.1980, BArch, DP 3/524, unpag.; Broszinsky-Schwabe, DDR-Bürger, S. 25, 33.

82 SfAL, Abkommen zwischen der Regierung der Regierung der DDR und der Regierung der VRM [...], 24.2.1979, BArch, DQ 3/2143, Bl. 1–14; Broszinsky-Schwabe, DDR-Bürger, S. 23.

83 SfAL, Rahmenrichtlinien des DDR-Ministerrates zur Durchführung von Regierungsabkommen zwischen der Deutschen Demokratischen Republik und anderen Staaten über die zeitweise Beschäftigung ausländischer Werktätiger in Betrieben der DDR, 1.7.1980, BArch, DP 3/524, unpag. Vgl. Stach/Hussain, Ausländer, S. 13.

84 Vgl. Klaus J. Bade (Hrsg.), Deutsche im Ausland – Fremde in Deutschland. Migration in Geschichte und Gegenwart, München 1993, S. 223; Marburger u. a., Situation, S. 25ff.; Breuer, Ausländerfeindlichkeit, S. 55f.

85 Vgl. Ines Schmidt, Ausländer in der DDR. Ihre Erfahrungen vor und nach der »Wende«, in: Karl-Heinz Heinemann/Wilfried Schubarth (Hrsg.), Der antifaschistische Staat entläßt seine Kinder. Jugend und Rechtsextremismus in Ostdeutschland, Köln 1992, S. 64–76.

86 Vgl. Marburger u. a., Situation, S. 31; Breuer, Ausländerfeindlichkeit, S. 59, 61; Stach/ Hussain, Ausländer, S. 19, 27.

87 Broszinsky-Schwabe, DDR-Bürger, S. 37.

88 Vgl. Marburger u. a., Situation, S. 5; Broszinsky-Schwabe, DDR-Bürger, S. 37; Bade, Deutsche, S. 223f.; Trommer, Ausländer, S. 5.

89 Vgl. Stach/Hussain, Ausländer, S. 26; Broszinsky-Schwabe, DDR-Bürger, S. 37.

90 Vgl. Berger, Vertragsarbeiter, S. 512.

91 Diese Einschätzung legt das Sample der untersuchten 54 Strafverfahren nahe. Vgl. Abschluß des Ermittlungsverfahrens, 1986, BArch DP 3/1527, unpag.

92 Eigene Berechnung in Anlehnung an: Liga für Völkerfreundschaft der DDR: Betriebe, in denen mocambiquanische Werktätige tätig sind.

93 SfAL, Abkommen zwischen der Regierung der Regierung der DDR und der Regierung der VRM [...], 24.2.1979, BArch, DQ 3/2143, Bl. 1–14.

94 Vgl. Erich Buchholz, Beratung über Ursachen der Kriminalität und ihre Bekämpfung, in: Staat und Recht I (1974), S. 853f.

95 Vgl. Gerrit Bratke, Die Kriminologie in der Deutschen Demokratischen Republik und ihre Anwendung im Bereich der Jugenddelinquenz: Eine zeitgeschichtlich-kriminologische Untersuchung, Münster 1999, S. 67f.

96 Vgl. Jutta Elz/Almut Fröhlich, Sexualstraftäter in der DDR – Ergebnisse einer empirischen Untersuchung, Wiesbaden 2002, S. 54.

97 Vgl. DDR-Kriminalität, in: Der Spiegel Nr. 24 v. 9.6.1975, S. 42.

98 Vgl. ebd.

99 Vgl. Statistisches Amt der DDR, 1977–1990, Kapitel »Rechtspflege«. Den größten öffentlichen Datenteil konnte erst dem Statistischen Jahrbuch von 1990 für das Jahr 1989 entnommen werden, das sich um mehr Objektivität bemühte. Darin gab es erstmals Angaben zur geschlechts- oder altersspezifischen Verteilung der Kriminalität. Ausländer wurden bei den Straftaten, als Täter oder Verurteilte in keinem der Jahrbücher gesondert aufgeführt.

100 Ministerium des Innern, Information zur Note des Generalsekretärs der Vereinten Nationen, SD 4002/9, 15.8.1988, BArch, DO 1/11446, unpag.

101 Eigene Abbildung in Anlehnung an: Statistisches Amt der DDR (Hrsg.), Statistisches Jahrbuch der Deutschen Demokratischen Republik. Berlin, 1978 bis 1990.

102 Vgl. Buchholz, Strafrecht, S. 316.

103 Vgl. Elz/Fröhlich, Sexualstraftäter, S. 30.

104 Buchholz, Strafrecht, S. 546f.

105 SfAL, Anweisung 1/74 der GSTA, 1.1.1989, BArch, DQ 3/1027, unpag.

106 Ebd. Kreutz, Ermittlungsverfahren, S. 90f. und Michael Gross, Der Geschädigte im Strafverfahren der DDR, Aachen 2005, S. 12f. erläutern den Prozess eines Strafverfahrens in der DDR detaillierter.

107 SfAL, Anweisung 1/74 der GSTA, 1.1.1989, BArch, DP 3/1027, unpag.

108 Generalstaatsanwalt der DDR, Anweisung 1/86, 6.10.1986, BArch, DP 3/1525, Borchert, unpag.

109 Generalstaatsanwalt der DDR, Anweisung 1/74 der GSTA, 1.1.1989, BArch, DP 3/1524, unpag.

110 Generalstaatsanwalt der DDR, Bericht des Ministeriums der Justiz über Verhandlungen zum Abschluss des Vertrages, 28.8.1981, BArch DP 3/524, unpag.

111 Generalstaatsanwalt der DDR, Vorläufige Ordnung über die Gewährleistung von Informationen bei besonderen Vorkommnissen mit mocambikanischen Werktätigen, 25.8.1982, BArch, DP 3/524, unpag.

112 Generalstaatsanwalt der DDR, [Sachverhalte mit Auslandsbezug], 6.10.1986, BArch, DP 3/1525, unpag.

113 Generalstaatsanwalt der DDR, Die Aufgaben der Staatsanwaltschaft bei Strafverfahren, an denen Bürger anderer Staaten oder ständige Einwohner von Berlin (West) beteiligt sind, Anweisung Nr. 1/74, 25.2.1974, BArch, DP 3/1524, unpag.

114 Vgl. Ministerium der Justiz (Hrsg.), Strafprozessrecht der DDR. Kommentar zur Strafprozessordnung, Berlin 1989.
115 SfAL, [Jahresberichtsanweisung], [1989], BArch, DQ 3/1027, unpag.
116 Eigene Berechnung in Anlehnung an: Generalstaatsanwaltschaft der DDR: [Ermittlungs-
verfahren bei Ausländern], [1990], BArch, DP 3/1527, unpag.
117 Eigene Abbildung in Anlehnung an: Generalstaatsanwaltschaft der DDR, Abschluß des
Ermittlungsverfahrens, 1986, BArch, DP 3/1527, unpag.
118 Ein direkter Jahresvergleich war aufgrund fehlender Daten nicht möglich.
119 Vgl. Birger Dölling, Strafvollzug zwischen Wende und Wiedervereinigung. Kriminalpoli-
tik und Gefangenenprotest im letzten Jahr der DDR, Berlin 2009, S. 58.
120 Vgl. Abbildung zur »Entwicklung der Kriminalität in der DDR«.
121 Eigene Berechnung in Anlehnung an: Generalstaatsanwaltschaft der DDR: Länder mit
höherem Anfall von Kriminalität (bezogen auf Beschuldigte), MdI-RZ, 14.1.1990, BArch,
DP 3/1527, unpag.
122 Eigene Tabelle in Anlehnung an: Generalstaatsanwaltschaft der DDR, Länder mit höherem Anfall von Kriminalität (bezogen auf Beschuldigte), BArch, DP 3/1527, MdI-RZ,
14.01.1990, unpag; (*): 40 Länder waren insgesamt verzeichnet, die Zahl entspricht der
Summe dieser. Die Auswahl von Tätern und Straftaten erfolgte durch das Ministerium
des Inneren. Polen, Kuba, Vietnam und Angola wurden neben Mosambik vom Autor näher statistisch erfasst, da diese zu den größten Ausländergruppen in der DDR zählten und
die Datenlage besser ausfällt als beispielsweise für Bulgarien oder Ungarn.
123 Generalstaatsanwaltschaft der DDR, Spaltenprogramm 7 – Kurzinformation zu Straftaten und Täter, MdI-RZ, 1989, BArch, DP 3/1527, unpag.
124 SfAL, Abkommen zwischen der Regierung der Regierung der DDR und der Regierung der
VRM [...], 24.2.1979, BArch, DQ 3/2143, Bl. 1–14.
125 Konflikt- und Schiedskommissionen mit ehrenamtlichen Schiedsleuten.
126 Eine Haftstrafe wurde für die Dauer von einer Woche bis zu sechs Monaten, eine Freiheitsstrafe für mindestens sechs Monate und höchstens 15 Jahre ausgesprochen. Während der
Haftstrafe musste gesellschaftlich nützliche Arbeit geleistet werden, wohingegen die Freiheitsstrafe konsequenten Freiheitsentzug beinhaltete. Siehe das Strafgesetzbuch der Deutschen Demokratischen Republik, Berlin 1975, §§ 40f.
127 Vgl. [Schreiben vom Generalstaatsanwalt der DDR an den Staatsanwalt des Bezirkes
Gera], 22.2.1990, BArch, DP 3/1410, unpag.
128 Eigene Berechnungen in Anlehnung an: Statistisches Amt der DDR, Jahrbuch, S. 402f.,
437, 442; Tabelle 1: Straftaten und Täter ausgewählter Herkunftsländer; Abb. 1: Anzahl
von Mosambikanern in der DDR; Generalstaatsanwaltschaft der DDR: [Ausländische
Werktätige], BArch, DP 3/1527, [1990] unpag.; Statistisches Bundesamt 1991, S. 72.
Nach dem Stand vom 31.12.1989; Mirjam Schulz, Migrationspolitik in der DDR, Anwerbung und Einsatz von Vertragsarbeitern (= unveröffentlichte Masterarbeit Frankfurt
(Oder) 2009), S. 119ff.
129 Diese Erkenntnis beruht auf Angaben in den Schreiben des Staatsanwalts des jeweiligen
Bezirks an das MfAA – HA Konsularische Angelegenheiten durch die »Mitteilung über
den Ausgang des eingeleiteten Strafverfahrens«, BArch: DP 3/1347–1349, 1407, 1409,
1410, 1412, 1451–1454, 1456.
130 Eigene Berechnung in Anlehnung an: Generalstaatsanwaltschaft der DDR, Struktur der
Kriminalität, Ausländische Werktätige (einschl. Studenten/Praktikanten), o.D., BArch,
DP 3/1527, unpag.
131 Eigene Berechnungen in Anlehnung an: Statistisches Jahrbuch der DDR, S. 402f., 437,
442; Tabelle 1: Straftaten und Täter ausgewählter Herkunftsländer; Abb. 1: Anzahl von
Mosambikanern in der DDR; Generalstaatsanwaltschaft der DDR, [Ausländische Werk-
tätige], [1990], BArch, DP 3/1527, unpag.; Statistisches Bundesamt 1991, S. 72. Nach dem
Stand vom 31.12.1989; Schulz, Migrationspolitik, S. 119ff.
132 Eigene Berechnung in Anlehnung an: Generalstaatsanwaltschaft der DDR, Struktur der

Kriminalität, Ausländische Werktätige (einschl. Studenten/Praktikanten), o.D., BArch, DP 3/1527, unpag.

133 Eigene Berechnungen in Anlehnung an: Statistisches Jahrbuch der DDR, S. 402f., 437, 442; Tab. 1: Straftaten und Täter ausgewählter Herkunftsländer; Abb. 1: Anzahl von Mosambikanern in der DDR; Generalstaatsanwaltschaft der DDR: [Ausländische Werktätige], [1990], BArch, DP 3/1527, unpag.; Statistisches Bundesamt 1991, S. 72. Nach dem Stand vom 31.12.1989; Schulz, Migrationspolitik, S. 119ff.

134 Eigene Berechnung in Anlehnung an: Generalstaatsanwaltschaft der DDR, Struktur der Kriminalität, Ausländische Werktätige (einschl. Studenten/Praktikanten), o.D., BArch, DP 3/1527, unpag.

135 Neben Gewalt in Paarbeziehungen müssen auch Gewaltakte von und zwischen Geschwistern und durch Eltern sowie andere Haushaltsmitglieder mit einbezogen werden. In den Jahren 2002 bis 2004 wurde im Auftrag des Bundesministeriums für Familie, Senioren, Frauen und Jugend die erste große deutsche Repräsentativstudie zu Gewalt gegen Frauen in Deutschland durchgeführt. Die Studie bestätigte bisherige Dunkelfeldeinschätzungen, wonach in Deutschland rund 25 Prozent aller befragten Frauen, körperliche oder sexuelle Übergriffe (oder beides) durch aktuelle oder frühere Beziehungspartner in unterschiedlichen Ausprägungen erlebt haben. Ergebnisse veröffentlicht in: Monika Schröttle/Ursula Müller, Lebenssituation, Sicherheit und Gesundheit von Frauen in Deutschland. Eine repräsentative Untersuchung zu Gewalt gegen Frauen in Deutschland. Im Auftrag des Bundesministeriums für Familie, Senioren, Frauen und Jugend, Berlin 2004.

136 Vgl. Hermann Schönmeier, Prüfung der Möglichkeiten eines Fachkräfteprogramms Mosambik, Saarbrücken/Fort Lauderdale 1991, S. 99f.

137 Vgl. André Steiner, Bolsche Vita in der DDR? Überlegungen zur Korruption im Staatssozialismus, in: Jens Ivo Engels/Andreas Fahrmeir/Alexander Nützenadel (Hrsg.), Geld – Geschenke – Politik. Korruption im neuzeitlichen Europa, München 2009, S. 249–274.

138 Die folgenden Ergebnisse beruhen, so nicht anders vermerkt, auf eigene Berechnungen aus den Schreiben des Staatsanwalts des jeweiligen Bezirks an das MfAA – HA Konsularische Angelegenheiten durch die »Mitteilung über den Ausgang des eingeleiteten Strafverfahrens«, BArch: DP 3/1347–1349, 1407, 1409, 1410, 1412, 1451–1454, 1456.

139 Vgl. Kreutz, Ermittlungsverfahren, S. 90f.

140 Informationen über den Abschluss von Strafverfahren bei Mosambikanern vor 1984 waren nicht zu erlangen. Ebenso wurden keine Einträge für das Jahr 1987 gefunden.

141 Vgl. Dölling, Strafvollzug, S. 59.

III. Innen- und Außenperspektiven

Ausländer in der DDR im Spiegel der überregionalen DDR-Tagespresse

Eine Analyse der Berichterstattung von den Anfängen der DDR bis zur Wiedervereinigung

Jessika Haack

Im Jahr 1989 lebten in der DDR, sieht man einmal von den allgegenwärtigen sowjetischen Truppen ab, weniger als 200.000 Ausländer. Der Anteil an der Gesamtbevölkerung war mit 1,1 Prozent fast verschwindend gering, und doch gab es nie zuvor so viele Ausländer in der DDR wie kurz vor der Wiedervereinigung. Die meisten von ihnen blieben auf befristete Zeit als Studenten, Berufsschüler oder Arbeitnehmer in der DDR, lediglich rund 45.000 waren im Juli 1990 im Besitz einer dauerhaften Aufenthaltsgenehmigung.[1] Ein Einwanderungsland war die DDR damit wahrlich nicht. Sie war vielmehr von Beginn an ein »ethnisch, kulturell und sprachlich homogener Staat«[2], in dem Ausländern meist nur ein Platz am Rande der Gesellschaft zugedacht war. »Ausländer existierten im öffentlichen Bewusstsein der DDR nicht. Weder die offiziellen Statistiken führten sie, noch die Medien berichteten über sie.«[3] Was Britta Bugiel hier verallgemeinernd feststellt, ist jedoch so nicht ganz richtig. Zumindest in den Zeitungen der DDR wurde durchaus über Ausländer berichtet, wenn auch bis weit in die 1980er Jahre hinein nur sehr sporadisch.

Daher überrascht es wenig, dass bisher kaum Literatur vorliegt, die sich mit der Thematik »Ausländer in den DDR-Medien« befasst. Als Pionierleistung kann hierbei Marianne Krüger-Potratz' frühe Studie aus dem Jahr 1991 gelten, die sich allerdings dezidiert nur als Überblick versteht. In dem entsprechenden Kapitel werden zwar einige wichtige Aspekte erwähnt, aber nur selten vertieft, was angesichts der Fülle an Material – die Printmedienlandschaft der DDR war durchaus umfassend – kaum verwundert.[4] Vor der Wende 1989 gab es in der DDR allein 39 Tageszeitungen. Hinzu kamen 30 allgemeine Wochenzeitungen und illustrierte Zeitungen, 22 Wochenzeitungen mit spezifischem Leserkreis, 667 Betriebszeitungen, 508 Zeitschriftentitel sowie 34 Wochenzeitungen oder Zeitschriften der Kirchen und religiösen Gemeinschaften.[5]

Die Beschränkung auf lediglich eine Presseart gestattet eine tiefer gehende und ausführlichere Analyse der Berichterstattung über Ausländer. Dabei bieten insbesondere die überregionalen Tageszeitungen der DDR einen geeigneten Schwerpunkt für eine intensivere Betrachtung, zum einen aus dem forschungspraktischen Grund leichterer Zugänglichkeit gegenüber beispielsweise den Bezirkszeitungen der SED, zum anderen, weil sie zumindest formal den einzelnen Blockparteien unterstanden und somit eine gewisse Bandbreite der Berichterstattung denkbar scheint. Allerdings, und das darf nicht übersehen werden, befand sich im Prinzip das gesamte Pressewesen der DDR in den Händen der SED-geführten Regierung. Die Hauptaufgabe der Presse bestand v. a. darin, die Politik von Partei und Regierung zu erläutern und buchstäblich unter das Volk zu bringen.[6] Daher zeichnete sie sich trotz hoher Verbreitung durch meist geringen Informationswert und starre Uniformität aus. Pressefreiheit existierte nur in der Verfassung, doch auch in dieser wurde der Zusatz »Eine Pressezensur findet nicht statt« in der geänderten Fassung vom 6. April 1968 gestrichen.[7] Allerdings erübrigte sich eine Zensur meist von vornherein, da ein umfassendes System staatlicher Aufsicht und Lenkung durch die SED dafür sorgte, dass das Pressewesen straff organisiert und faktisch gleichgeschaltet war.[8] Insofern sind auch sämtliche Ergebnisse der Arbeit unter Berücksichtigung des gelenkten publizistischen Führungssystems der SED zu verstehen und zu beurteilen.

Methodik

Die vorliegende Arbeit unternimmt eine intensivere Betrachtung der Berichterstattung über Ausländer in den überregionalen Tageszeitungen der DDR, wobei das *Bauernecho* sowie das *Deutsche Sportecho* aufgrund ihrer thematischen Beschränkungen in die Untersuchung nicht einbezogen werden. Aus den übrigen sechs Tageszeitungen konnten rund 200 Artikel aus 40 Jahren DDR zusammengetragen werden.[9] Der Korpus wurde durch eine Schlagwortsuche erstellt und kann Repräsentativität, jedoch nicht Vollständigkeit beanspruchen. Für die Reichweite der hier erlangten Ergebnisse ergeben sich daraus Grenzen des Generalisierungspotenzials, die jedoch v. a. auf Einzelfälle beschränkt bleiben. Der durch die Korpusanalyse vermittelte Überblick insbesondere bis zum Jahr 1989 gestaltet sich in so hohem Maße einheitlich, dass wenig dafür spricht, dass die hier nicht erfassten Artikel die Ergebnisse der Untersuchung wesentlich verändert hätten.

Im Folgenden wird anhand dieser 200 Artikel überprüft, in welchen Zusammenhängen Ausländer zum Gegenstand der Berichterstattung wurden und v. a., wie über sie berichtet wurde. Die Arbeit konzentriert sich dabei ausschließlich auf Ausländer, die eine längere Zeit in der DDR zubrachten, also Studenten, Arbeiter, Auszubildende und politische Emigranten.[10] Die Darstellung der Ausländer in den Zeitungen soll zudem mit der historischen Realität abgeglichen werden, ohne dass freilich die in der Sekundärliteratur aufgeführten Ergebnisse als jederzeit originalgetreue Abbildung verstanden werden. In diesem Spannungsfeld ist nicht zuletzt auch der schwierige Quellenwert der DDR-Presseberichte zu bestimmen. Die Analyse der Berichterstattung in den Zeitungen wird in chronologischer Form erfolgen, da dies die Möglichkeit bietet, einen ausführlichen Überblick über die Entwicklung des Migrationsdiskurses in der DDR zu geben und diese Entwicklung gleichzeitig in den Kontext des politischen Zeitgeschehens in der DDR einzuordnen.

Ein wesentliches Ziel der Arbeit ist es, eine Basis für weitere Untersuchungen zu schaffen. Insbesondere ein Vergleich der Berichterstattung über Ausländer in den Ost- und Westmedien ist ein bisher noch kaum erschlossenes Feld. Inwieweit es sich lohnt, die Berichterstattung über Ausländer in der überregionalen DDR-Tagespresse anderen DDR-Medien gegenüberzustellen, ist angesichts des gelenkten Pressesystems allerdings fraglich. Eine Ausnahme könnten womöglich die Kirchenzeitungen bilden, da diese nicht an Parteien, sondern an Kirchenleitungen oder Laiengruppen gebunden und nicht von »direkten inhaltlichen Vorgaben und personalpolitischen Einflußnahmen der SED betroffen waren und somit eine Sonderstellung in der DDR-Presse einnahmen«[11]. Dennoch waren auch sie nicht vor einer strengen staatlichen Kontrolle und der Zensur geschützt. Zudem durften sie nur Artikel mit ausschließlich »kirchlichen« Inhalten verfassen und mussten entsprechend »brisantere Inhalte in Form von Zitaten hoher Geistlicher oder Theologen aus dem (westlichen) Ausland [...] verbreiten«[12].

Ab Mitte der 1980er Jahre existierte auch eine oppositionelle Presse in der DDR, die im Untergrund hergestellt und verbreitet wurde. Die meisten dieser Blätter wurden im Schutz der Kirche angefertigt und herausgegeben und besprachen u. a. Themen wie Menschenrechte, Antifaschismus und Demokratiekonzepte.[13] Kritische Artikel fänden sich somit also am ehesten in den Kirchenzeitungen und der oppositionellen Presse, weswegen ihre Gegenüberstellung mit anderen DDR-Medien aufschlussreich sein könnte.

Die überregionale Tagespresse der DDR

Eine private Presse existierte in der DDR offiziell nicht.[14] Von den überregionalen Tageszeitungen bis hin zu den betriebsinternen Blättern waren fast alle Zeitungen an staatsnahe Massenorganisationen, Parteien oder an eine der Kirchen gebunden. Die DDR verfügte über insgesamt acht überregionale Tageszeitungen, die alle zwischen 1945 und 1948 gegründet worden waren und deren Leitmedium das *Neue Deutschland (ND)* wurde, das sich nach seiner Gründung im April 1946 zum Sprachrohr der SED und zum »Flaggschiff« des SED-Presseimperiums entwickelte; dazu kamen noch 15 Bezirks-Zeitungen sowie das Boulevardblatt *BZ am Abend*.[15] Allein auf diese 17 SED-Zeitungen entfielen 1989 mit 6,6 Millionen Exemplaren mehr als zwei Drittel der Gesamtauflage der DDR-Presse.[16] Die FDJ-Zeitung *Junge Welt*, die *Tribüne* des FDGB sowie die Sportzeitung *Deutsches Sportecho* des Deutschen Turn- und Sportbundes unterstanden ebenso wie die Parteiblätter der unmittelbaren Kontrolle und Anleitung der Agitationsabteilung des Zentralkomitees (ZK) der SED. »Rechnet man diese Blätter noch der SED-Pressemacht hinzu, so kontrollierten die Einheitssozialisten mehr als 90 Prozent der Gesamtauflage der DDR-Tagespresse.«[17] Dem gegenüber standen die überregionalen Tageszeitungen der Blockparteien, zu denen die LDPD-Zeitung *Der Morgen*, das CDU-Organ *Neue Zeit*, die *National-Zeitung* der NDPD sowie das *Bauernecho* der Demokratischen Bauernpartei Deutschlands zählten. Diese wurden jedoch bezüglich Papierzuteilung und technischer Ausstattung von Anfang an benachteiligt, erhielten zudem »empfindliche und politische Einschränkungen auferlegt«[18] und waren eher Marionetten des von der SED gelenkten publizistischen Führungssystems als eigenständige Blätter. Da in der DDR also praktisch nur eine politische Linie und zwar die der SED vertreten wurde, verwundert es nur wenig, dass die überregionalen Tageszeitungen in ihrem Aufbau und ihren Inhalten recht homogen waren. Durch das ZK der SED angewiesen, enthielten das *ND*, die *Junge Welt* sowie die *Tribüne* »neben strikt zu beachtenden Argumentationsanweisungen oft bis ins Detail gehende Anleitungen für Formulierungen, Aufmachung und Platzierung von Beiträgen; Abweichungen wurden zum Teil hart geahndet«[19]. In allen überregionalen Tageszeitungen wurden insbesondere den innenpolitischen und ökonomischen Informationen hohe Priorität beigemessen, die zumeist auf den ersten Seiten Platz fanden. Berichte über vermeintlich negative Entwicklungen im Westen erschienen meistens auf den Innenseiten.[20] »In Kommentaren zu ›innerpolitischen Angelegenheiten‹ in den DDR-Zeitungen fehlen bezeichnenderweise viele der für diese Gattung typischen Merkmale, weil eher ›erläutert‹ oder ›verstärkt‹ als argumentiert wird.«[21] Auch Elmar Otto stellte bei seiner Analyse des *ND* fest, dass die meisten Meldungen nicht kommentierte Nachrichten waren.[22]

Besonders der sprachliche Ausdruck und die Häufung bestimmter Begriffe, die v. a. aus dem Grundvokabular des Marxismus-Leninismus stammten, führten in den Zeitungen zu einem eintönigen, sich wiederholenden Stil.[23] Für den Sprachwissenschaftler Manfred W. Hellmann gehört es zu den »unerfreulichsten Erfahrungen im Umgang mit DDR-Medientexten, dass sich über Jahre, ja über Jahrzehnte hin gerade an den typischsten Erscheinungsformen in Wortschatz und Wortgebrauch kaum etwas änderte«[24]. Nicht selten war die Sprache überaus pathetisch, und es ist nicht zu übersehen, dass durch die stete Wiederholung bestimmter Begriffe dem Leser das Geschriebene in Fleisch und Blut übergehen sollte.[25] Als vorbildlich galt der »ideologisch stark ausgerichtete Sprachgebrauch des *Neuen Deutschland*, der von den anderen Zeitungen, zumindest was die politischen Texte betraf, meist im Wortlaut zu übernehmen war«[26]. Erst gegen Ende der 1980er Jahre war ein Wandel im Vokabular festzustellen, der mit der Erosion des Regimes einherging und »einen großen Teil des bisherigen Wörterbuches der DDR umgeschrieben«[27] hat.

Ausländer in der DDR und ihre Darstellung in der überregionalen Tagespresse

Die 1950er und 1960er Jahre

In den ersten Jahren ihres Bestehens war die DDR vorrangig damit beschäftigt, ihre Staatsform an das sowjetische Modell anzugleichen. Die DDR war zu dieser Zeit v. a. durch »das Anwachsen des staatlichen Eigentums, eine zentral geleitete Planwirtschaft sowie durch die ›führende Rolle‹ der SED« gekennzeichnet, die nach dem Prinzip »des ›demokratischen Zentralismus‹ Staat, Wirtschaft, Justiz, Kultur, Massenorganisationen und Massenmedien befehligte und ein Meinungsmonopol errichtete, mit dem Marxismus-Leninismus Stalinscher Prägung als herrschender Ideologie«[28]. Aufgrund der schlechten wirtschaftlichen Lage, der Kollektivierung der Landwirtschaft sowie der politischen Diktatur flohen bis zum Mauerbau im August 1961 jährlich mehr als 100.000 Bürger aus der DDR in die BRD und nach West-Berlin. Nur wenige Menschen kamen umgekehrt in die DDR, darunter auch einige ausländische Studenten, Auszubildende und politische Emigranten. In den überregionalen Zeitungen wurden diese jedoch, falls überhaupt, nur sporadisch erwähnt. Erst in der zweiten Hälfte der 1950er Jahre tauchten vereinzelt Berichte auf, in denen v. a. die aus dem Ausland stammenden Studenten genannt wurden.

Das Ausländerstudium in der DDR besaß eine lange Tradition. Bereits 1951 durften sich die ersten ausländischen Studenten an den Universitäten immatrikulieren. 1956 berichtete die *National-Zeitung* von 1.000 ausländischen Studenten, die sich als Folge des wachsenden *»internationalen Ansehens des akademischen Lebens«*[29] in der DDR aufhielten. Zwei Jahre später berichtete das *ND* schon von 1.300 ausländischen Studenten aus 46 Ländern.[30] Für die DDR war es dabei von Anfang an von großer Bedeutung, dass sich die Struktur ihres Studienangebots für Ausländer von jener in der BRD eindeutig unterschied.[31] Als Leitlinien für das Ausländerstudium wurden grundsätzlich »der sozialistische und der proletarische Internationalismus benannt«[32]. Damian MacCon Uladh hat ermittelt, dass von 1951 bis 1989 zwischen 64.000 und 78.450 ausländische Studenten einen Abschluss in der DDR erwarben.[33]

Das Ausländerstudium wurde seitens der DDR als Wirtschaftshilfe unter den sozialistischen Ländern angesehen, eine Form der solidarischen Unterstützung allen voran der Entwicklungsländer, aus denen die meisten ausländischen Studenten kamen.[34] Gleichzeitig sollte das Ausländerstudium auch das internationale Ansehen der DDR stärken: »Zur international betriebenen Imagewerbung der DDR gehörte es auch, dass sie Studenten beinahe jeden Landes der Welt ermöglichte, an ihren Universitäten zu studieren«[35], was in den Zeitungen gerne und oft kommuniziert wurde: *»Zu uns kommen nicht nur Studenten aus den sozialistischen Ländern, sondern auch aus antiimperialistischen Nationalstaaten und aus dem kapitalistischen Ausland.«*[36] Auf diese Weise hoffte die DDR ein positives, dem Internationalismus zugeneigtes Selbstbild zu verbreiten. Das Ausländerstudium sollte die DDR außenpolitisch voranbringen, den neuen Staat als offen und fortschrittlich porträtieren und somit auch den Sozialismus in die Welt tragen. Wenigstens quantitativ gelang dies, kamen doch zwischen 1951 und 1989 Studenten aus 125 verschiedenen Staaten in die DDR.[37]

Obwohl bereits in den frühen 1950er Jahren auch politische Emigranten aus Griechenland und Spanien in der DDR aufgenommen wurden, war ihre Anwesenheit für die überregionalen Tageszeitungen anscheinend nur von geringer Bedeutung.[38] Über die eingereisten griechischen Kinder und Jugendlichen, »deren Eltern als Kommunisten oder Partisanen während und nach dem Bürgerkrieg Opfer politischer Verfolgung geworden waren«, und die während ihres Aufenthaltes »vollständig in das System der schulischen und beruflichen Ausbildung integriert« wurden, blieb eine Berichterstattung offenbar völlig aus.[39] Ähnlich verhielt es sich mit den Spaniern, möglicherweise da die Gruppe nur sehr klein war.[40]

In den 1960er Jahren konnte sich die DDR ökonomisch stabilisieren, auch wenn die Auswanderungswelle vor dem Mauerbau deutliche Spuren hinterlassen hatte. Der gewaltige Arbeitskräftemangel war kaum zu übersehen, doch »da die Wirtschaftsentwicklung für die Festigung des Herrschaftssystems ebenso von entscheidender Bedeutung war wie für die ideologische Zielsetzung, mußte die SED alle

Kraft der Gesellschaft der Ökonomie zuwenden«[41]. Aus diesem Grund fasste das Politbüro den Entschluss, Arbeitskräfte aus den Volksrepubliken Bulgarien, Polen und Ungarn in die DDR zu holen. Das Eigeninteresse der DDR, dem Arbeitskräftemangel durch Anwerbung von ausländischen Beschäftigten entgegenzuwirken, wurde in der Presse jedoch ebenso wenig thematisiert wie die Lage der ausländischen Vertragsarbeitnehmer. Allenfalls wurde die internationale Solidaritätsleistung »für sich noch im Aufbau befindliche sozialistische Brüderländer«[42] öffentlich kommuniziert. So verkündeten in den 1960er Jahren sporadisch erscheinende Artikel Hilfeleistungen seitens der DDR für unterdrückte oder vom Krieg bedrohte Länder. Das *ND* berichtete beispielsweise im Oktober 1961 von algerischen Arbeitern, »*die aus Westdeutschland, Frankreich und anderen Nato-Ländern ausgewiesen wurden*« und in der DDR »*liebevolle Aufnahme*« fanden, sowie einen Monat später von »*bei der Aggression der amerikanischen Imperialisten*« schwer verwundeten Kubanern, die in der DDR die Möglichkeit erhielten, einen neuen Beruf zu erlernen.[43]

Ab Mitte der 1960er Jahre schloss die Regierung der DDR zahlreiche bilaterale Abkommen »über den zeitweiligen Einsatz von Praktikanten in Betrieben der DDR zum Zwecke der beruflichen Weiterbildung«[44] ab, über die allerdings ebenso wenig öffentlich informiert wurde. Das *ND* berichtete lediglich über ein Regierungsabkommen zwischen der DDR und der Demokratischen Republik Vietnam (DRV) bezüglich der Aufnahme von 220 Studenten und Aspiranten[45] zur Aus- und Weiterbildung in der DDR, selbstverständlich ganz im Zeichen der Solidarität und Brüderlichkeit: »*Das Abkommen, das als Sonderabkommen zwischen beiden Regierungen geschlossen wurde, ist Ausdruck der engen Beziehungen zwischen beiden brüderlichen Staaten. Es ist ein Zeichen der Solidarität der Bevölkerung der DDR mit dem vietnamesischen Volk [...].*«[46] Zwei Tage zuvor hatte das *ND* mitgeteilt, dass in der DDR rund 4.000 junge Menschen aus 114 Ländern studierten.[47] Ein Jahr später waren es laut der CDU-Zeitung *Neue Zeit* schon 5.000, die sich »*durch eine hohe Arbeitsintensität, durch Lerneifer und bewundernswerten Fleiß*«[48] dankbar zeigten.

Die 1970er Jahre

Der Lebensstandard der Bevölkerung in der DDR besserte sich infolge der Investitionswelle der 1960er Jahre, und die Staatsführung propagierte stolz ihr vermeintliches Erfolgsmodell. Trotz Weltwirtschafts- und Rohstoffkrise gab es keine Arbeitslosen, dagegen nahm die Versorgung mit Konsumgütern spürbar zu, wenngleich um den Preis schwerwiegender struktureller Verwerfungen und enormer Verschuldung.[49] Gleichzeitig hatte die DDR jedoch nach wie vor einen massiven Arbeitskräftemangel zu verzeichnen. Mithilfe von Regierungsabkommen mit Vietnam (1973), Algerien (1974), Kuba (1978) und Mosambik (1979) über den Einsatz von ausländischen Arbeitskräften, versuchte die DDR dem Problem entgegenzuwirken. Die meisten Vertragsarbeitnehmer sollten dabei in der Regel nicht länger als drei Jahre in der DDR bleiben. Nach der Beendigung ihres Vertrags mussten sie die DDR wieder verlassen.[50] Auch die Artikel über ausländische Werktätige in der DDR, die in den 1970er Jahren in den Tageszeitungen nach wie vor sehr selten waren, ließen keinen Zweifel daran, dass die ausländischen Vertragsarbeiter ebenso wie die ausländischen Studierenden und Auszubildenden nur für eine begrenzte Zeit in der DDR bleiben sollten – was auch durch ihre Bezeichnung als »Gäste« klar gekennzeichnet war. Strikt vermieden wurde hingegen die Rede von »Gastarbeitern« in der DDR, da dieses Wort nach Auffassung der *Jungen Welt* zum Wortschatz des Kapitalismus gehörte.[51] Stattdessen wurde meist von »Facharbeitern« gesprochen oder gar von »Freunden«, insbesondere wenn es sich um Vietnamesen handelte, die *»wegen ihres sprichwörtlichen Fleißes und ihrer Höflichkeit«* überall *»beliebt und geachtet«* waren.[52]

In den Zeitungen der 1970er Jahre erfuhr keine andere Ausländergruppe so viel Aufmerksamkeit in den Medien wie das *»vietnamesische Brudervolk«*[53]. Vor dem Hintergrund des Vietnamkriegs wurden »im Rahmen der Aktion ›Solidarität hilft siegen‹ Mitte der sechziger bis Mitte der siebziger Jahre viele Studierende, Schüler und Lehrlinge aus Vietnam in der DDR ausgebildet, um das ›sozialistische Bruderland‹ zu unterstützen«[54]. Im Mittelpunkt der Berichte stand daher meist auch die *»tatkräftige Unterstützung Vietnams«*[55] seitens der DDR. *»Bei der Auswahl der Ausbildungsberufe wurde berücksichtigt, daß in Vietnam Facharbeiter gebraucht werden, die die verheerenden Folgen des USA-Aggressionskrieges beseitigen helfen können. Darüber hinaus soll die Ausbildung unsere Freunde befähigen, in solchen Betrieben zu arbeiten, die mit Hilfe der DDR in Vietnam aufgebaut wurden und noch werden«*, berichtete Helmut Wagner vom Staatssekretariat für Berufsausbildung in einem Gespräch mit der FDJ-Zeitung *Junge Welt* und fügte hinzu, dass die hervorragenden Leistungen der jungen Vietnamesen dabei ein Zeichen dafür seien, *»daß sie sich bei uns wohlfühlen«.*[56] Bereits im Jahr 1970 hatte Wagner als Gesprächspartner zum gleichen Thema in der *Tribüne* fungiert. Auch dort pries er die gelungene Unterstützung und die große Dankbarkeit der Vietnamesen: *»Alle meine ehemaligen Schützlinge haben mir versichert, daß diese Ausbildung genau ihren Vorstellungen entspricht und gute Voraussetzungen für ihre berufliche Tätigkeit in ihrer Heimat schafft. [...] Immer wieder hörte ich von unseren Gästen, wie wohl sie sich bei uns fühlen, und sie nennen die DDR ihre zweite Heimat.«*[57]

Artikel über ausländische Facharbeiter und ihre Lebenssituation in der DDR blieben indes selten, und meist wurde lediglich auf die friedliche und solidarische Atmosphäre zwischen den ausländischen Vertragsarbeitern und der DDR-Bevölkerung hingewiesen. Um diese positive Grundstimmung noch stärker zu untermauern, verwies die DDR-Regierung wiederholt auf die vermeintlich schlechteren Verhältnisse der »Gastarbeiter« in der BRD. So fanden sich in den 1970er Jahren immer wieder Zeitungsartikel über die menschenunwürdigen Lebensbedingungen, denen ausländische Arbeitskräfte in der BRD hilflos ausgesetzt seien. Profitgier, Ausbeutung und Diskriminierung waren in diesem Zusammenhang die wohl am häufigsten genutzten Schlagworte. So wurde zum Beispiel die Profitgier eines privaten Hamburger Vermieters als Ursache dafür ausgemacht, dass bei einem Häuserbrand sieben Ausländer ums Leben gekommen waren: *»In jedem der rund zwölf Quadratmeter kleinen Räume des Hauses waren drei bis fünf Ausländer zusammengepfercht – insgesamt 56 Personen –, von denen der Eigentümer Wuchermieten bis zu je 150 DM monatlich kassierte. [...] Die Frau des Hauseigentümers, der Monat für Monat an die 8.000 DM von den*

Ausländern einheimste, dachte auch angesichts der Katastrophe nur ans Geld: ›Hoffentlich ist das Haus versichert‹, lautete ihr bezeichnender Kommentar.«[58] Die westliche Geldgier galt der DDR-Presse als Wurzel allen Übels: »*Die importierten ausländischen Arbeiter sind gut genug, Profite, ja Extraprofite zu schaffen, und wenn es kriselt im Gebälk des Kapitalismus als erste auf die Straße gesetzt zu werden.*«[59] Das Wort »importiert«, das eher Waren als Menschen konnotierte, unterstrich somit die Kritik an den menschenunwürdigen Lebensbedingungen, unter denen Ausländer im Westen beschäftigt würden.

Doch die Tageszeitungen der DDR gaben sich nicht damit zufrieden, lediglich die Missstände in der Behandlung ausländischer Arbeiter in der BRD aufzuzeigen, sondern neigten gelegentlich dazu, »den grundlegend anderen Charakter der ›Gastarbeit‹ in der DDR im Vergleich zur ‚Gastarbeit‘ in der Bundesrepublik deutlich zu machen«[60]. Nur selten geschah dieser Vergleich so explizit wie in der FDJ-Zeitschrift *Junge Welt* im Jahr 1972. Auf eine Leseranfrage zur Rolle ausländischer Arbeiter in der DDR wurde in der ersten Hälfte ausschließlich auf die Außenseiterrolle der Gastarbeiter in der westlichen kapitalistischen Gesellschaft eingegangen, ehe man in der zweiten Hälfte die Vorzüge des Lebens in der DDR aufzählte, die den »*polnischen und ungarischen Freunde[n]*« vermeintlich zugute kamen: »*Sie sind uns auf jeden Fall echte Partner, die – wie im Beispiel Polen – aus einem sozialistischen Nachbarland kommen, [...]. Unsere polnischen und ungarischen Freunde sind geachtete Bürger innerhalb unserer Gesellschaft.*« Dass die »*polnischen und ungarischen Freunde*« dringend in der DDR benötigt wurden, blieb unerwähnt. Leicht hingegen fiel dem Autor die Benennung der Ursachen für die Anwerbung der Gastarbeiter im kapitalistischen Westen, »*wo die Monopole für sich den höchsten Profitzuwachs erhoffen*« – da müssten die Gastarbeiter »*ihre Arbeitskraft verkaufen*« und sich ausbeuten lassen.[61]

Die Zeitungen ließen keinen Zweifel daran, dass es den ausländischen Beschäftigten im Osten wesentlich besser ginge als jenen im Westen, wie ein anderer Artikel aus der *Jungen Welt* zeigte, der die Aufnahme und das Leben von Ausländern in Gera und in Westberlin verglich: Demnach gehörten die Ausländer im Osten wie selbstverständlich zur Bevölkerung, während sie im Westen in Holzbaracken untergebracht seien, in denen es von Ratten wimmele. Ferner stünden sie im ständigen Konkurrenzkampf mit den anderen Arbeitern und verdienten weniger als ihre deutschen Kollegen.[62] In der DDR genossen die ausländischen Arbeitskräfte, zumindest auf dem Papier, die gleichen Rechte und Pflichten wie ihre Arbeitskollegen aus der DDR.[63]

Über das Zusammenleben der ausländischen Arbeitnehmer und ihrer DDR-Kollegen fehlte es allerdings jahrelang an offiziellen Informationen bzw. wurde nur ein propagandistisch geschöntes Bild gezeichnet. So vermittelten die Tageszeitungen der DDR durchgängig ein sehr harmonisches und von tiefer Freundschaft gezeichnetes Szenario des Zusammenlebens, das von der v. a. sozialwissenschaftlichen Forschung jedoch nicht bestätigt worden ist. Echte Freundschaften hätten nur selten bestanden, da die ausländischen Vertragsarbeiter meist in Wohnheimen untergebracht gewesen seien und häufig nicht sonderlich gut Deutsch gesprochen hätten.

Zwar habe es auch gemeinsame Treffen und Abende oder auch Einladungen nach Hause gegeben, doch seien diese Ausnahmen geblieben.[64] »Staatsbürger verschiedener Nationen sollten sich der SED-Ideologie zufolge als ›Repräsentanten‹ ihrer jeweiligen Staatsvölker, quasi in diplomatischer Funktion, begegnen, nicht jedoch auf einer ›Von-Mensch-zu-Mensch-Basis‹.«[65] Ganz anders stellte indes die offizielle Berichterstattung die sozialen Integrationsleistungen dar, wenn etwa der 25-jährige vietnamesische Praktikant Larn Ngarn im *ND* zitiert wurde: »*Überall spüren wir die Freundschaft und Herzlichkeit der Bevölkerung. Im Betrieb und im Wohngebiet lernen wir immer wieder die solidarische Hilfe kennen.*«[66] Ob Larn Ngarn enge Beziehungen zu deutschen DDR-Bürgern pflegte, wurde allerdings nicht erwähnt.

Trotz vereinzelter Artikel über ausländische Vertragsarbeiter und Auszubildende dominierten in den überregionalen Tageszeitungen weiterhin Berichte über ausländische Studenten, allen voran kurze Meldungen, die meist nur bloße Fakten, gelegentlich aber auch etwas ausführlichere Informationen enthielten. Der Aufbau fiel dabei fast immer gleich aus: Meist begann die Meldung mit einer Angabe über die gegenwärtig in der DDR studierenden ausländischen Studenten, wobei sich die Artikel entweder auf einzelne Nationalitätengruppen – »*rund 500 junge Afrikaner*«, »*über 150 junge Vietnamesen*«, »*nahezu 200 junge Patrioten Chiles*« – bezogen oder auf eine größere Gruppe ausländischer Studierender – »*12 000 junge Leute aus 118 Staaten*«, »*457 Bürger aus jungen Nationalstaaten Afrikas, Lateinamerikas und Asiens*«.[67] Im Anschluss wurden beinahe ausnahmslos die Abkommen mit den »Freundschaftsländern« sowie die einzelnen Bereiche der Ausbildung erwähnt, nicht zu vergessen der Hinweis darauf, dass die ausländischen Studenten in der DDR eine gute Basis für die Arbeit in ihrer Heimat erhielten. Gelegentlich erschienen auch Berichte über das Leben einzelner ausländischer Studenten in der DDR. So schilderte zum Beispiel die *National-Zeitung* die Erlebnisse des ungarischen Studenten Gábor Papp, der, wie 50 seiner Landsleute, an der TU-Dresden studierte, um »*ein guter Fachmann*«[68] für seine Heimat zu werden.

Von den weltpolitischen Ereignissen der 1970er Jahre, die Eingang in die DDR-Zeitungen hielten, nahmen der Putsch gegen den demokratisch gewählten, sozialistischen Präsidenten Salvador Allende und die Errichtung einer Militärdiktatur in Chile im Jahr 1973 eine herausragende Position ein. Unter der Regierung Allendes hatte Chile der DDR stets als ein gelungenes Beispiel gelebten Sozialismus' gedient und war vom *ND* gern als sozialistisches Musterland präsentiert worden. Als nach dem Putsch Pinochets v. a. westliche Stimmen zu bedenken gaben, der Sozialismus sei stets zum Scheitern verurteilt und könne im Zusammenspiel mit Demokratie nicht funktionieren,[69] galt es, dies seitens der DDR zu widerlegen. Eine Solidaritätswelle in bisher ungekanntem Ausmaß wurde organisiert, die für die DDR-Regierung in erster Linie jedoch der Festigung des Sozialismus im eigenen Land diente: »Solidarität mit Chile, das hieß: sich am Aufbau der DDR und deren Wirtschaft zu beteiligen. ›Den Faschismus in Chile besiegen wir am besten, wenn wir den Sozialismus bei uns stärken‹, das war die Botschaft der Chile-Propaganda. [...] Solidarität mit Chile und sozialistische Pflichterfüllung bildeten ein propagandistisches Junktim.«[70]

„Die DDR ist uns zu einer zweiten Heimat geworden"

Ausländische Studenten feierten mit Freunden in Neubrandenburg

Korrespondenz von Paul W e n n d o r f f

Neubrandenburg. „Wir sind weit von unserer Heimat entfernt. Doch die DDR ist uns zu einer zweiten Heimat geworden. Wir sind glücklich, hier studieren zu können." Nguyen Van Xu aus der Demokratischen Republik Vietnam, Student an der Ingenieurschule Neustrelitz, kommen diese Worte in fließendem Deutsch von den Lippen. Als er unserer Republik seinen Dank ausspricht für seine Ausbildung, für die großzügige Hilfe, die die sozialistischen Länder seinem leidgeprüften Volk leisten, will der Beifall seiner Kommilitonen aus vielen Ländern der Erde nicht enden.

Mit Gewerkschaftern, Abgeordneten, ihren Dozenten stoßen sie an. Sie feiern in Neubrandenburg das Fest des Friedens und die Jahreswende. Einige erleben das Fest zum erstenmal in der DDR, andere zum letzten Male, weil sie nach erfolgreichem Studium als Bauingenieure wieder in ihre Heimat zurückkehren.

Viele der ausländischen Studenten kommen noch zu Wort. „Dank der Sowjetunion, dank allen sozialistischen Ländern für ihre Solidarität."

Aus Ekuador kommt Santacroz Medina. Er berichtet über den Freiheitskampf der Völker Lateinamerikas und nennt den Namen Salvador Allende, das Vorbild für Millionen Werktätige seines Kontinents. Er verurteilt den blutigen Terror der Junta in Chile. „Chile wird seine eigene Geschichte schreiben. Wir wissen, daß sein Volk siegen wird. Venceremos!" Alle Studenten erheben sich, Studenten aus der Demokratischen Republik Vietnam, der RSV, Mali, Somalia, Volksrepublik Jemen, Jemenitische Arabische Republik, Jordanien, Syrien, Palästina, und die Gastgeber aus der DDR singen gemeinsam das Lied der Unidad Popular.

Solidarität haben auch die ausländischen Neustrelitzer Studenten wiederholt mit ihrenTaten bewiesen. Mit ihren Kommilitonen aus der DDR haben sie freiwillige Arbeitseinsätze geleistet, deren Erlös sie dem Solidaritätskonto überwiesen.

Bis Anfang Januar werden die ausländischen Freunde in Breitenbrunn im Erzgebirge weilen und sich beim Wintersport neue Kraft für ihr Studium holen.

Artikel aus dem »Neuen Deutschland« vom 23.11.1973: »Die DDR ist uns zu einer zweiten Heimat geworden«.

Am 20.10.1973 veröffentlichte die *National-Zeitung* einen Brief von Salvador Allendes Frau, Hortensia Allende, an das Zentralkomitee der SED, in dem sie sich für die *»Freundschaft und Solidarität mit dem kämpfenden chilenischen Volk«*[71] bedankte. Im Herbst desselben Jahres wurden die ersten chilenischen politischen Emigranten in der DDR aufgenommen. Das *ND* berichtete 1974 auf der Titelseite über den ersten Durchgang des internationalen Sommerlagers der Pionierorganisation »Ernst Thälmann«, bei dem Jungen und Mädchen aus 30 Ländern unter stürmischem Beifall *»die Kinder der tapferen Patrioten Chiles«* empfingen: *»Sie begrüßten Gladys Marin und versprachen ihr, alle Kraft für die Solidarität mit dem chilenischen Volk und* *für die Befreiung seiner Patrioten einzusetzen.*«[72] »Der eingemauerten DDR-Bevölkerung wurden die chilenischen Emigranten als Freiheitskämpfer und Objekte ihrer ›Solidarität‹ präsentiert, die eine neue Lebensperspektive im SED-Staat gefunden hatten.«[73] Nach Angaben des *ND* hatte die DDR bis 1978 etwa 1.500 Chilenen aufgenommen, *»die in der DDR nach dem faschistischen Putsch Pinochets eine zweite Heimat gefunden haben«*[74] und von denen 200 an Universitäten, Hoch- und Fachschulen eine Ausbildung erhielten. Dennoch kam es laut Poutrus auch zu Übergriffen auf chilenische Emigranten: »Öffentliche Solidaritätsbekundungen und Heldenberichte in der Presse waren offenkundig auch für die ›polit. Emigranten‹ in der DDR kein Schutz vor Diskriminierung durch Hotelpersonal und gewalttätige Übergriffe von Angehörigen der Volkspolizei.«[75] Über solche Vorkommnisse wurde in der überregionalen DDR-Tagespresse allerdings konsequent geschwiegen.

1980 bis 1988

Die Situation in der DDR verschlechterte sich seit Beginn des Jahrzehnts bedeutend: »Engpässe in der Versorgung riefen Mißmut hervor, insbesondere das Fehlen von Demokratie sowie die Verweigerung von Menschenrechten verursachten ständig neue Proteste.«[76] Zugleich nahm der Arbeitskräftebedarf in der DDR auch in den 1980er Jahren keineswegs ab, sondern weiter zu, wollte man die negative Produktivitätsentwicklung kompensieren. Zu diesem Zweck wurden zwischen 1980 und 1986 Anwerbeabkommen mit Vietnam, der Mongolei und China geschlossen. In den Zeitungen fanden sich dazu jedoch kaum Informationen. So gab es zwar vereinzelt Berichte zu ausländischen »Werktätigen«, aber wie zuvor wurden die gespannte Lage, der Arbeitskräftebedarf und die Gesamtzahl ausländischer Beschäftigter in der DDR nicht erwähnt.[77]

Stattdessen war wie zuvor Solidarität das Zauberwort. Die in den vergangenen Jahrzehnten geübte Rhetorik fand ungebrochene Fortsetzung und ließ keinen Zweifel daran, dass die sozialistische Solidarität den Menschen zu einem besseren Leben verhalf. So konnte u. a. auch der Lebensweg eines Befreiungskämpfers aus Mosambik durch sie bereichert werden: *»Der Sozialismus hat ihm und ungezählten Landsleuten das Tor in eine bessere Zukunft weit geöffnet. Wenn unsere Republik heute hohes internationales Ansehen genießt, dann auch wegen ihrer uneigennützigen solidarischen Hilfe [...].«*[78] In einem kurzen Artikel zeigte die *Tribüne* auf, wie die uneigennützige solidarische Hilfe, die u. a. zum Aufbau in den Entwicklungsländern beitrug, beispielsweise aussah: *»Vor allem Dank dem Engagement des FDGB konnte das Solidaritätskomitee der DDR in den vergangenen zehn Jahren Hilfe vielfältiger Art im Wert von 1,4 Milliarden Mark gewähren. So erhielten 39.000 Bürger aus Ländern Asiens, Afrikas und Lateinamerikas eine berufliche Aus- und Weiterbildung. 10.000 erwarben eine Hoch- oder Fachschulausbildung.«*[79] Gisela Hoyer verfasste in der LDPD-Zeitung *Der Morgen* unter dem Titel *»Wärme, die Ozeane überspannt, Menschen ermutigt und stärkt«* eine regelrechte Ode an die Solidarität: *»Dieses Wort und all das, was es umfaßt, gehört unverzichtbar zu unserem Leben, ist erklärte Staatspolitik wie Alltagserfahrung jedes einzelnen. Und nicht zufällig begleitet Solidarität als Attribut meist ›brüderlich‹, denn gemeint* *ist jene Hilfe und Unterstützung, die weltweit, über Grenzen, über Gebirge und Meere hinweg, jene Menschen einander erweisen, die mit dem Werk ihrer Hände allen Reichtum erzeugen.«*[80] Und in einem Artikel der *National-Zeitung* mit dem Titel *»Was bedeutet uns Solidarität?«* erzählte der Vorsitzende der Produktionsgenossenschaft des Handwerks, Wolfgang Bachmann, der 16 laotische Lehrlinge in dem von ihm geleiteten Betrieb beschäftigte, was er hingegen – aus ungenannter Quelle – über die Gastarbeiter in westlichen Ländern erfahren habe: *»Schon der Name ist irreführend, denn sie werden äußerst ungastlich in der Gesellschaft behandelt. Unwürdige Wohnbedingungen, besonders krasse Ausbeutung, eingeschränkte Rechte, Benachteiligung der Kinder – all das degradiert sie zu Menschen zweiten Ranges. Unser Verhältnis zu den jungen Laoten ist entgegengesetzt. Wir sind Freunde und Verbündete.«*[81]

Während sich bis 1988 nahezu keine Artikel finden, die Schwierigkeiten für und mit Ausländern thematisieren oder in denen sich Ausländer kritisch über das System und Alltag in der DDR äußern, häuften sich jene Texte, die emphatisch über ausländische Studenten berichteten. Die überregionalen Tageszeitungen lobten das Ausländerstudium der DDR in den höchsten Tönen. So sprach beispielsweise Elisabeth Schröder, LDPD-Mitglied und Professorin, im *Morgen* ausführlich über die Vorzüge eines Studiums in der sozialistischen Republik: *»Es ist die wissenschaftliche Leistungsfähigkeit der DDR, die unter den ersten zehn Industriestaaten der Welt rangiert. Auch die Tatsache, die auf dem Parteitag nochmals unterstrichen wurde, daß wir auf einigen Gebieten der Wissenschaft niveaubestimmend oder mitbestimmend sind, veranlaßt viele Staaten, ihre Studenten in unsere Bildungseinrichtungen zu delegieren [sic!]. [...] Die ausländischen Studierenden wollen von uns nicht nur die Fachdisziplin, sondern auch die Prinzipien unseres Leitens kennenlernen, unsere Erfahrungen im Umgang mit Menschen, das Herangehen an politische Probleme.«*[82] Auch für die *Junge Welt* war das Ausländerstudium ohne Zweifel ein sichtbarer Beitrag *»zum proletarischen Internationalismus und zur antiimperialistischen Solidarität«*[83]. Die gedruckten Meinungen der ausländischen Studenten zum Unterricht und zum Leben in der DDR fielen nicht weniger positiv aus. *»Die DDR ist mir zur zweiten Heimat geworden«*, schwärmte beispielsweise Jairo Estrada Alvarez aus Kolumbien in einem Interview mit der *Jungen Welt* und fuhr fort: *»Hier habe ich ausgezeichnete Möglichkeiten, mich gründlich und in Ruhe mit den Klassikern wie Marx, Engels und Lenin zu befassen.«*[84] Der junge Äthiopier Degemu Shertaga lobte in der CDU-Zeitung *Neue Zeit* vor allen Dingen das gute Verhältnis zwischen Studenten und Lehrkräften: *»Man fühlt sich in der Seminargruppe wie in einer Familie, keiner steht allein.«*[85]

Alle Tageszeitungen vermittelten das Bild eines idyllischen Miteinanders. Besonders betont wurde dabei die hervorragende Betreuung in der Freizeit: die organisierten Freundschaftstreffen, die kulturellen und sportlichen Wettstreite, bis hin zu den kleinen Reisen in andere Städte der DDR: *»Überall in den Kollektiven spürt man die Kraft der Solidarität.«*[86] In ähnlicher Weise berichtete das *ND* auch von 300 Jugendlichen aus Mosambik, die im Braunkohlekombinat Senftenberg eine Fachausbildung erhielten und an Silvester bei ihren Betreuern und Arbeitskollegen zu Gast *»stimmungsvolle Stunden zum Jahresausklang«*[87] erleben sollten. Lediglich in einem

Wärme, die Ozeane überspannt, Menschen ermutigt und stärkt

Solidarität an der Zittauer Ingenieurhochschule erlebt

Irgendwann nach ihrer Heimkehr hatten die jungen Männer aus Benin in einem Brief nach Zittau geschrieben, zuerst hätten sie gefürchtet, das Klima hier nicht aushalten zu können. Deshalb dankten sie nochmals ausdrücklich dem Heizer des Internats, der sogar an den Wochenenden besorgt gewesen war, daß „seine" an die Sonnenglut Afrikas gewöhnten Studenten nicht frören.

Eine Episode, nur am Rande erwähnt.

Aber zugleich Mitteilung von einem Vorgang, der in unserem Land vielerorts auf dieser Erde unendlich oft wiederholt wird und immer einzigartig bleibt — und den wir Solidarität nennen. Dieses Wort und all das, was es umfaßt, gehört unverzichtbar zu unserem Leben, ist erklärte Staatspolitik wie Alltagserfahrung jedes einzelnen. Und nicht zufällig begleitet Solidarität als Attribut meist „brü-

> „Die menschliche Solidarität, das Vorrecht der starken und zuversichtlichen Völker, ruft unwiderstehlich wach, was in der Natur aller Völker an hochherzigen Andenken existiert."
>
> **Heinrich Mann**

derlich", denn gemeint ist jene Hilfe und Unterstützung, die weltweit, über Grenzen, über Gebirge und Meere hinweg, jene Menschen einander erweisen, die mit dem Werk ihrer Hände allen Reichtum erzeugen.

SOLIDARITÄT ist ein Gefühl und materialisiert sich auf sehr unterschiedliche Weise, kommt zum Ausdruck in jener Flut von Kinderzeichnungen und Briefen, die Angela Davis befreien halfen und Luis Corvalán, die Nelson Mandela Kraft zum Weiterleben vermitteln. SOLIDARITÄT baut in Vietnam Werkstätten und Krankenhäuser, und in ihren Namen sammelten wir Brillen für Nikaragua. SOLIDARITÄT linderte die Not in den Dürregebieten Äthiopiens wie in palästinensischen Flüchtlingslagern. SOLIDARITÄT zeigen wir jenen Chilenen, die, von Pinochets Soldaten gehetzt, bei uns ein neues Zuhause fanden... Auch mit SOLIDARITÄT hat zu tun, wenn unsere Kinder der alten Mann im Nebenhaus die Kohlen aus dem Keller holen.

★

Durchwandert man die schmalen Gassen rund um den Zittauer Markt, den eine festlich geschmückte Tanne in sanftes Licht taucht, begegnet man hier und

da jungen Leuten, deren Hautfarbe dunkler ist als unsere, die wohlklingend in fremden Lauten miteinander reden. Von den derzeit 1200 Studenten, die an der auf Energiewirtschaft spezialisierten Ingenieurhochschule der Stadt im Dreiländereck immatrikuliert sind, kommen etwa 70 aus dem Ausland. Seit Beginn der achtziger Jahre, als man die ersten von ihnen feierlich in Empfang nahm, waren es nunmehr mehrere hundert, die aus fast 30 Ländern auf vier Kontinenten in Zittau zunächst mit der deutschen Sprache Bekanntschaft schlossen, bevor sie hier oder anderswo in der DDR ein Studium aufnahmen.

Zu denjenigen, die durch ihre Arbeit als (Deutsch)-Lehrer im Hochschuldienst den jungen Frauen und Männern aus Mexiko oder Benin oder Kampuchea den Anfang eines neuen Lebensabschnitts bei uns möglichst erleichtern, gehört Parteifreundin Dr. Ute Richter. Die 32 Jahre alt und diplomierte Romanistin. „Ich finde selbstverständlich, daß wir nach Kräften anderen zu helfen, wie sie geholfen wurde, als es nötig war", sagt sie. „Im Umgang mit Lisday, Jalal oder Ameha begreift man ganz konkret, daß die Probleme ihrer Heimat uns nicht kalt lassen dürfen, daß Hungersnöte irgendwo auf dieser Welt uns ebenso angehen wie Arbeitslose, Analphabeten, Kranke, Gefolterte. Eine wichtige Waffe gegen Unfreiheit und Unterdrückung ist Bildung — die wollen wir diesen jungen Leuten auf den Weg geben. Und die Wärme unserer Freundschaft."

Es ist der erste Schnee, den diese fünf jetzt sehen, fühlen, schmecken werden, die erste Schneeballschlacht, die sie gewinnen, und sie freuen sich darauf wie Kinder. Dort, wo Eltern und Geschwister auf Post warten, sinkt die Quecksilbersäule selten unter fünf Grad plus. Weihnachten feiern sie mit Freunden: ein kleines Festmahl, Musik, Gespräche — Gemeinsamkeit läßt das Heimweh vergessen. SIE, die uns gegenübersitzen, sind Lisday Vera (19) aus Cienfuegos auf Kuba, Ahmad Jalal (18) aus Af-

ghanistans Hauptstadt Kabul, Ameha Berhanu Tariku (17) aus Addis Abeba, Äthiopien, Abraham Chileshe (24) aus Sambias Metropole Lusaka und Otto Escorcia (22), dessen Familie in der nikaraguanischen Hauptstadt Managua wohnt. Sie kamen auf der Grundlage von Regierungsvereinbarungen, delegiert von der UNO, und sind Empfänger eines Allende-Stipendiums wie Otto, der als einziger im Kreis bereits viereinhalb Jahre in der

> „Denn die kleinste gesellschaftliche Einheit ist nicht der Mensch, sondern sind zwei Menschen, auch im Leben bauen wir uns gegenseitig auf."
>
> **Bertolt Brecht**

DDR zu Gast ist. Die anderen, ihr noch schüchternes, wenngleich erstaunlich perfektes Deutsch verrät es, trafen erst zum Sommerende in Zittau ein.

★

Sie scheinen fröhlich wie alle jungen Leute, sind gewiß fleißiger und zielstrebiger als manche Altersgefährten, vielleicht auch verantwortungsbewußter. Selbst wenn sie lachen, steht in ihren Augen Ernst. Sorge um die fernen Angehörigen ist etwas, mit dem der eine oder andere von ihnen leben muß.

Was ihnen hier zuerst aufgefallen ist? Abraham erklärt seine Überraschung angesichts der vielen Frauen und Mädchen, die — in Hosen! — Berufe ausüben, die in Sambia Männerdomäne sind. Übereinstimmend versichern die fünf, sie hätten schon eine Menge über die DDR gewußt, bestätigen mit freundlichem Spott das als Klischee von den ordentlichen, disziplinierten Menschen (die sogar an Haltestellen und in Schlangen nicht drängeln) und sprechen von ihrer Neugier auf Städte, Landschaften, auf die Menschen und ihre Art von Dasein. Je nach Temperament haben sie den Kontakt gesucht — wie

Zum Gruppenfoto vereint Parteifreundin Dr. Ute Richter und Auslandsstudenten der Zittauer Ingenieurhochschule: Lisday Vera (Kuba), Ahmad Jalal (Afghanistan), Ameha Berhanu Tariku (Äthiopien), Abraham Chileshe (Sambia) und Otto Escorcia (Nikaragua) — von links

Foto: André Kowalski

die hübsche Lisday: „Ich rede einfach los, frage, was ich wissen möchte" — und Anschluß gefunden an deutsche Kommilitonen und deren Familien, an ihre Deutschlehrer natürlich. Allen voran Otto, der sich „ganz wohl und gut aufgehoben fühlt" bei den vielen Freunden zwischen Zittau und Berlin. Der Löwenanteil ihrer Zeit jedoch gehört der Arbeit. „Mein Land hat mich hierher geschickt, damit ich ein Fachmann werde", sagt der stille, zirlike Afghane Ahmad, und man sieht, wie wesentlich ihm dieser Auftrag ist.

„Sie sind voller Vertrauen, dankbar und in der Überzeugung selbstbewußt, hier nicht nur Nehmende, auch Gebende zu sein", meint Parteifreundin Dr. Richter, die das Zusammensein mit den längst vertrauten Fremden nicht mehr missen mag und deren beide Kinder die Studenten der Mutter jubelnd begrüßen, wo sie sie treffen. „Im Umgang mit diesen jungen Menschen lerne ich Toleranz und die Relativität eigener Standpunkte, gewinnt einen weiten Horizont und eine Unmenge Informationen über das zuweilen harten, kummervollen, sogar gefährlichen Alltag anderswo..."

★

Sie haben normale und besondere Studentenprobleme. Da sind das Studium zu bewältigen und die Anpassung an die Prüfungen gezittert, und zum Monatsende ist vom 300-Mark-Stipendium nur wenig übrig. Den Ausgleich zum Teil zu finden eher sucht gewürzten Mensa-Essen schaffen sie sich am Wochenende, wo selbst die jungen Männer am Herd stehen, in deren Heimat solcherart Emanzipation noch unüblich ist. Und alle träumen von der ersten „richtigen" Mahlzeit, wieder zu Hause, bei den Ihren. Derweil treffen sie sich an freien Abenden im Kino (da trainiert sie in deutscher Sprache"), im Studentenklub oder in einem Internatszimmer. Soweit geht es ihnen demnach gut. Regelmäßig Nachricht von Eltern, Geschwistern und Verwandten eintrifft, Lob für Erfolge, Ansporn zu nächsten Anstrengungen.

★

„Solidarität macht viele Dinge leichter", sagt der lebhafte Otto aus Nikaragua, „die Gewißheit, Freunde zu haben, ermutigt. Das ist wichtig, wenn man im Kampf mein Land." Der Afghane Ahmad ergänzt: „Solidarität, das ist im gleicher Weise die Erfahrung beim Aufbau einer neuen Gesellschaft, die uns hilft." Die Verbundenheit aller Völker auf dieser bedrohten Erde ist die Quelle unserer Hoffnung... Unsere fünf sind optimistisch: „Gemeinsam wird die Menschheit ihre Probleme lösen."

Gisela Hoyer

Artikel aus dem »Morgen« vom 24.12.1986: »Wärme, die Ozeane überspannt, Menschen ermutigt und stärkt«.

Bericht der *Tribüne* wurden Probleme mit kubanischen Auszubildenden zumindest angedeutet und zugleich den Einwanderern zugeschrieben: *»Die jungen Kubaner verrichten schon viele Arbeiten selbstständig, sind ein Teil der Brigade. [...] Nur im Hinblick auf die Freizeitgestaltung ist die Brigade noch nicht mit ihnen so richtig zu Rande gekommen. ›Vielleicht liegt es daran, daß sich ihr südliches Temperament doch ganz erheblich von unserer Mentalität unterscheidet...‹.«*[88] Diese Form der Kritik bildete indes die Ausnahme. Wenn Schwierigkeiten im Zusammenleben von Menschen unterschiedlicher Herkunft benannt wurden, so beruhten diese normalerweise auf Probleme mit der fremden Sprache, dem umgewohnten Klima, den anderen Lebensverhältnissen und der Sehnsucht nach der Heimat. Nicht ein einziges Mal wurden die »von der Partei- und Staatsführung selbst bzw. mit den anderen Regierungen festgesetzten repressiven Regelungen, die die Arbeits- und Lebensbedingungen der ausländischen Arbeitskräfte erheblich einschränkten, als Grund für auftretende Konflikte und Probleme genannt«[89].

Die Wohnheime, in denen die ausländischen Arbeitskräfte obligatorisch untergebracht waren, wurden von den Zeitungen, wenn sie diese überhaupt erwähnten, durchweg positiv beschrieben. So berichtete zum Beispiel die *Tribüne* von modern eingerichteten Internaten in Weimar, in der selbst *»die kleine Kochnische«* nicht fehle, in der sich die vietnamesischen Auszubildenden *»ihre landestypischen Gerichte selbst zubereiten können«*.[90] Ob allerdings viele der »typischen« vietnamesischen Zutaten in den Läden der DDR erhältlich waren, ist fraglich. In einer anderen Ausgabe der *Tribüne* wird ebenfalls von *»gut und geschmackvoll eingerichteten«*[91] Wohnheimen berichtet, in denen sich junge Kubaner am Ende des Tages zurückziehen könnten. Integrierte Wohnheime – nicht nur für Ausländer – gab es scheinbar nur bei den Studenten, doch auch da war es offensichtlich nicht immer selbstverständlich: *»Daß wir seit September vergangenen Jahres ›gemischte‹ Zimmer von kubanischen und DDR-Studenten haben, geht auch auf einen FDJ-Beschluß zurück«*[92], erzählte die 20-jährige Tania Behar in einem Interview mit der *Jungen Welt*.

Von einer Integration ausländischer Bürger wurde in den Zeitungen nicht gesprochen, was wenig verwundert, da nur sehr wenige dauerhaft in der DDR bleiben sollten und durften. »Nur diejenigen, die mit einem deutschen Ehepartner verheiratet waren [...], verfügten über ein gesichertes Aufenthaltsrecht. Alle übrigen lebten unter rechtlich ungesicherten und sozial schwierigen Bedingungen [...].«[93] Diese Bedingungen wurden jedoch von den Tageszeitungen verschwiegen. Stattdessen wurden positive Äußerungen und angenehme Einzelschicksale ausländischer Bürger wiedergegeben. So veröffentlichte die *Junge Welt* Anfang der 1980er Jahre eine Reihe mit dem Titel *»Junge Ausländer in der DDR«*, in der sie kurze Interviews mit ausländischen Studenten, Auszubildenden und Arbeitern abdruckte. Der Kanon der Interviews war durchweg positiv. Nicht einmal zwischen den Zeilen wurde eine mögliche Ausländerfeindlichkeit thematisiert, obgleich die Zahl der Gewalt- und Straftaten von rechtsradikalen Gruppierungen laut Statistik von 1983 bis 1988 auf rund das Fünffache vorangegangener Jahre gestiegen war.[94] Öffentliche Diskussionen über die in der DDR lebenden Ausländer wurden jedoch nicht zugelassen, Übergriffe und

Ausschreitungen von der Presse schlicht verschwiegen. Lediglich Kirchenvertreter und oppositionelle Gruppen wiesen auf die »(noch) kleine, zunehmend aggressiver agierende rechtsextreme Szene« hin und zeigten, dass auch »breite Kreise der DDR-Bevölkerung mehr oder weniger offen mit denen sympathisierten, die ihre Enttäuschungen, Ohnmacht und Aggression gegen alle zu ›Fremden‹ erklärten Minderheiten richteten, während die staatlichen Organe sich in ›Zurückhaltung‹ übten«.[95]

Sofern Fremdenfeindlichkeit überhaupt zur Sprache kam, deklarierten die staatlichen Stellen diese als ein Westphänomen beziehungsweise als schlechten Einfluss aus dem Westen. Schließlich waren in der DDR »die sozialen Ursachen des Faschismus und seiner Ideologie konsequent beseitigt worden [...]; extreme Denk- und Verhaltensweisen«[96] konnten also nur von Neonazis aus Westberlin in die DDR getragen worden sein. Die Übergriffe auf ein Ausländerwohnheim in Halle 1986 und der Überfall von rechtsradikalen Skinheads auf Konzertbesucher in der Berliner Zionskirche im Oktober 1987, bei dem sie neonazistische und antisemitische Parolen riefen, wurden von den Zeitungen, falls überhaupt erwähnt, heruntergespielt. Ab der Jahreswende 1987/88 war die anwachsende Gewalt gegen Ausländer und Minderheiten in Ostdeutschland jedoch nicht mehr zu übersehen, sodass schließlich auch die Regierung sich gezwungen sah, Position zu beziehen.[97]

Wahlrecht für Ausländer:
Die Berichterstattung über die Kommunalwahlen 1989

Anfang März 1989 vollzog die DDR-Regierung indes einen höchst unerwarteten Schritt. Während der 8. Tagung der Volkskammer wurde beschlossen, das aktive und passive Wahlrecht für ausländische Mitbürger bei den Kommunalwahlen im Mai des gleichen Jahres einzuführen. Das Wort »Gleichberechtigung« war von da an in aller Munde, doch steckte hinter diesem Schritt wohl vorrangig eine politische Demonstration gegenüber der BRD, die parallel ebenfalls über die Einführung des kommunalen Wahlrechts kontrovers diskutierte.[98] Für diese Annahme spricht auch die Rede Egon Krenz' anlässlich des Beschlusses vor der Volkskammer der DDR, die u. a. in der FDJ-Zeitung *Junge Welt* in gekürzter Fassung abgedruckt wurde:[99] *»Während im anderen deutschen Staat, der BRD, die Einführung eines kommunalen Wahlrechts durch einige SPD-regierte Länder für die kommenden Jahre von der Bundesregierung mit einer beschleunigt vorbereiteten Verfassungsklage schnell wieder zunichte gemacht werden soll und die Angstpsychose vor einer – ich zitiere – ›durchmischten und durchrassten multinationalen Gesellschaft‹[100] geschürt wird, steht in der Volkskammer der Deutschen Demokratischen Republik die Teilnahme ausländischer Bürger an den Kommunalwahlen auf einmütigen Antrag aller Fraktionen unseres hohen Hauses zur Beschlussfassung.«*[101]

Und so druckten am 4. März 1989 sämtliche überregionale Tageszeitungen den Volkskammerbeschluss als großformatige Schlagzeile auf der ersten Seite. *Der Morgen*, die *National-Zeitung* und auch die *Neue Zeit* wählten mit »*Aktives und passives Wahlrecht für ausländische Mitbürger bei Kommunalwahlen*« exakt denselben Titel. Auch das *ND* formulierte die Überschrift mit »*Volkskammer der DDR beschloß Wahl-*

recht für ausländische Bürger zu Kommunalwahlen« erstaunlich neutral. Lediglich die *Junge Welt* versah den Artikel mit dem Titel *»Völkerfreundschaft – unser Grundsatz«* in bekannter Manier. Zudem druckte sie – wie auch *Der Morgen* – den neuen Gesetzesentwurf auf der ersten Seite im Wortlaut. Bei den übrigen überregionalen Tageszeitungen folgte der Gesetzestext erst auf der zweiten oder, wie im Fall des *ND*, auf der dritten Seite. Das sogenannte Ergänzungsgesetz gewährte allen ausländischen Bürgern, die das 18. Lebensjahr erreicht hatten und eine Aufenthaltsgenehmigung aufgrund eines Arbeitsrechtsverhältnisses beziehungsweise eines Studiums in der DDR besaßen oder die dort aufgrund einer Aufenthaltserlaubnis ihren ständigen Wohnsitz hatten, das Recht, bei den Kommunalwahlen am 7. Mai 1989 zu wählen und für die örtlichen Volksvertretungen zu kandidieren. In seiner bereits erwähnten Ansprache bezeichnete Krenz den neuen Beschluss als *»einen in die Zukunft wirkenden Beitrag für die Integration der sozialistischen Staaten und die Festigung der Beziehungen ihrer Bürger untereinander«*, und einen weiteren Weg zur Verwirklichung der *»großen humanistischen Ideale der Freiheit, der Gleichheit und der Brüderlichkeit«.*[102]

Für die Leser musste der plötzliche Sinneswandel einigermaßen überraschend kommen, hatte doch die Eingliederung von Ausländern bis dahin im politischen Diskurs keine Rolle gespielt. Auch auf die Frage, wie dieses Wahlrecht mit der nichtintegrativen Ausländerpolitik der DDR zu vereinbaren war, blieb die SED eine Antwort schuldig.[103] Der propagandistische Effekt der Wahlgesetzänderung, mit der die DDR-Regierung ihre Überlegenheit gegenüber der »ausländerfeindlichen« BRD deutlich machen wollte, und die Hoffnung, die sich zuspitzenden gesellschaftlichen Spannungen im eigenen Land, insbesondere die wachsende Ausländerdiskriminierung zu kaschieren, standen unübersehbar im Vordergrund.[104] In den überregionalen Tageszeitungen wurde im Zusammenhang mit der Wahlgesetzänderung jedoch ausschließlich von einem bedeutenden Zeichen für die Gleichberechtigung der in der DDR lebenden Ausländer gesprochen, von einem *»Zeugnis für den Humanismus der DDR«*: *»Wenn jetzt ausländische Bürger aus Asien, Afrika und Lateinamerika als gleichgestellte Bürger auch Stimme und Sitz in unserer Kommunalpolitik erhalten, so ist das nicht nur ein erneutes Bekenntnis unseres Staates gegen jede Form von Ausländerfeindlichkeit, Rassendiskriminierung, Völkerhetze und Apartheid. Damit wird ausländischen Bürgern gleichzeitig die Möglichkeit eingeräumt, sozialistische Demokratie im Alltag unserer Gesellschaft aus unmittelbarer persönlicher Mitwirkung zu erleben.«*[105]

In den darauffolgenden Tagen druckten die *Junge Welt*, die *Tribüne* und das *ND* Meinungsäußerungen ausländischer Bürger zum neuen Wahlrecht ab, die ihrer Zufriedenheit Ausdruck verleihen sollten. So habe beispielsweise der 23-jährige ausländische »Werktätige« Lazaro aus Kuba die Erfahrung gemacht, dass die Ausländer in der DDR *»geachtet sind und die gleichen Rechte wie alle Kollegen besitzen. Wenn wir Ausländer in der DDR jetzt auch das Recht zur Stimmabgabe bei den Kommunalwahlen erhalten haben, paßt das in die politische Landschaft hier.«*[106] Auch Raschid Gasoob aus dem Jemen war sich dem Wortlaut nach sicher, dass der neue Beschluss erneut *»den humanen Charakter des sozialistischen deutschen Staates zum Ausdruck«* bringe. Der

Beschluss bedeutete demnach für ihn, »*völlig in das politische und gesellschaftliche Leben der DDR einbezogen zu sein*«. Zugleich zeige sich, »*wie im Sozialismus Menschenrechte verwirklicht werden, während in einigen westlichen Ländern der Ausländerhaß geschürt wird*«.[107] Gleichsam ergänzend veröffentlichte das *ND* im März 1989 »Meinungen« von DDR-Bürgern zum Ausländerwahlrecht, die nicht weniger positiv ausfielen. So äußerte sich beispielsweise Reinhard Opitz, Direktor der Polytechnischen Oberschule »Pablo Neruda« in Hoyerswerda, überaus euphorisch über den sichtbaren »*proletarische[n] Internationalismus*« und die Achtung gegenüber einem jeden Menschen: »*Dieses Gesetz veranschaulicht, wo verwirklichte Demokratie und Menschenrechte für das werktätige Volk volle Gültigkeit haben.*«[108] Ein halbes Jahr vor dem Mauerfall gedruckt, sollten positive Äußerungen wie die von Opitz am Zeitgeist bald auch öffentlich sichtbar vorbeigehen.

Vom Mauerfall bis zur Wiedervereinigung im Oktober 1990

Mit dem Fall der Berliner Mauer am 9. November 1989 setzte ein Paradigmenwechsel im Pressesystem der DDR ein. Schon in den letzten Tagen der Amtszeit Erich Honeckers war deutlich geworden, dass die Lenkungsmechanismen der SED nicht mehr reibungslos funktionierten. »Die ›Empfehlungen‹ der ZK-Abteilung ›Agitation und Propaganda‹, die von dort direkt den SED-Medien sowie über das Presseamt den übrigen Redaktionen übermittelt wurden, gab es offensichtlich nicht mehr«[109]. Damit blieb nur noch der Agenturmonopolist ADN[110], doch auch über diesen setzte sich am 11. Oktober 1989 die *Neue Zeit* hinweg, als sie »eine ADN-Meldung über eine Stellungnahme des Innenministeriums zu den Demonstrationen nach den Feiern anläßlich des 40. Jahrestages«[111] verkürzte und den verbliebenen Teil des Textes in den Konjunktiv setzte. Am 30. Oktober veröffentlichten das *ND* und die *Neue Zeit* ein ADN-Gespräch mit dem VDJ-Vorsitzenden[112] Eberhard Heinrich, in dem dieser sich darüber beklagte, Dinge verschweigen zu müssen, »*weil sie angeblich dem Sozialismus schaden und dem politischen Gegner billige Handhabe für seine Attacken gegen uns liefern*«[113]. Ein paar Tage später druckte die *Neue Zeit* eine Ansprache von Egon Krenz ab, der ein Mediengesetz forderte, »*das die objektive Widerspiegelung der gesellschaftlichen Wirklichkeit der Medien sichert, die Tätigkeit in- und ausländischer Journalisten grundsätzlich regelt und den Mißbrauch der Medien verhindert*«[114]. Es war kaum mehr zu übersehen, dass sich die DDR-Presse in den letzten drei Monaten des Jahres 1989 radikal gewandelt hatte. Hinzu kam, dass die Presseerzeugnisse aus dem Westen nun auch in der DDR frei erhältlich waren und sich nicht zuletzt aus diesem Grund die DDR-Zeitungen praktisch über Nacht umstellen mussten. Die Eintönigkeit in Aufmachung und Kommentierung war damit vorbei. Es genügte nicht mehr, »nur ›Neues Deutschland‹ zu lesen, um sich über die veröffentlichte und öffentliche Meinung in der DDR zu informieren«[115].

Zum Jahresende 1989 erschienen fast folgerichtig auch die ersten Artikel, die über die ausländische Bevölkerung, ihren Platz in der und ihre Probleme mit der DDR-Gesellschaft berichteten. Informierte die *National-Zeitung* im August 1989 noch über junge vietnamesische Werktätige in Cottbus, die »*vom ersten Tage an ins*

Kollektiv einbezogen«[116] würden, beschrieb die *Junge Welt* im Dezember plötzlich ganz andere Zustände von vietnamesischen Arbeitern in Schwedt, fernab von dem gewohnten Solidaritäts- und Gleichberechtigungsdiskurs: *»Das Mißtrauen gegenüber den Vietnamesen sitzt hier tief. Haß kommt zum Vorschein. In der Kaufhalle werden die Vietnamesen angespuckt. Ohne jegliche Erklärung werden ihnen Grundnahrungsmittel aus den Körben genommen. Man ruft im Wohnheim an, droht mit Demonstrationen vor dem Wohnblock.«*[117] Ein paar Tage später berichtete die *Junge Welt* über den »RING«, ein Nationalitätenkommunikationszentrum, in dem sich u. a. von Ausländerfeindlichkeit Betroffene sowie Interessierte austauschen können: *»Die jahrelange offizielle Ignoranz rassistischer und zunehmend neofaschistischer Tendenzen innerhalb verschiedenster Alters- und Bevölkerungsgruppen hat zu großem Nachholebedarf [sic!] geführt, wenn es um die Aufdeckung von in unserem Land vorhandenen gesellschaftlichen Ursachen geht, die ebendiesen Erscheinungen zugrunde liegen. Erscheinungen, die nicht mehr verdrängt werden dürfen!«*[118]

Eine Neuerung stellte auch die Berufung der ersten und einzigen Ausländerbeauftragten der DDR, der Pastorin und Gründerin des ersten Begegnungszentrums für DDR-Bürger und Ausländer dar, Almuth Berger. Am 23.12.1989 druckte die *Junge Welt* einen Artikel über das Zentrum im Café Cabana, in dem in diesem Jahr deutsche und ausländische Bürger gemeinsam die Weihnachtstage verbringen sollten. Die Autorin nahm dies zum Anlass, die Abkehr von der bisherigen Solidaritätspropaganda einer betroffenen Kritik zu unterziehen: *»Ich muß angesichts dieser aufwendigen Vorbereitungen an jene Briefe denken, die mich in diesen Tagen in der Redaktion erreicht haben und in denen so manch einer fordert, die Solidarität abzuschaffen. Wir bräuchten schließlich selbst Hilfe, uns ginge es selbst schlecht genug. Mag sein, daß das Wort Solidarität in unserem Land institutionalisiert worden ist, Gelder mißbraucht wurden. Doch auf einen so menschlichen Wert wie die Hilfe für den anderen, der sich ja eigentlich hinter dem Wort Solidarität verbirgt, einfach verzichten?«*[119]

Von Solidarität war in den vergangenen Monaten in den Zeitungen wahrlich wenig die Rede gewesen. Vielmehr hatten sich dort schlagartig fast ausschließlich Berichte gefunden, die unzählige Kritikpunkte an der restriktiven Ausländerpolitik der DDR enthielten. Artikel, die sich negativ oder kritisch über die sich in der DDR aufhaltenden Ausländer äußerten, erschienen allerdings nach wie vor nicht. Die Probleme, die es mit Ausländern gab, wurden allein dem alten System zugeschrieben. Als Ursache der fehlenden Gleichberechtigung wurde die katastrophale Rechtslage identifiziert, insbesondere der Umstand, dass das Ausländerrecht der DDR »unter der strengen und ausschließlichen Diktion einer Aufenthaltsregelung« stand und an »fehlender Offenlegung von Tatbeständen« krankte.[120] Eine neue Ausländerpolitik müsse her, *»eine, die für alle hier lebenden ausländischen Mitbürger ein wirklich gleichberechtigtes Miteinander garantiert«*[121]. In einem Interview mit der *Jungen Welt* zählte Aigali Dshunussow von der Initiative »Frieden und Menschenrechte«, auf, was in diesem Zusammenhang wichtig sei, insbesondere *»daß die Rechtsunsicherheit von Ausländern beendet wird, daß endlich verbindliche Aussagen zur freien Religionsausübung, zur gewerkschaftlichen Vertretung, zur Eheschließung mit DDR-Bürgern getroffen wer-*

den. Bisher wurden die Interessen der Ausländer völlig unzureichend berücksichtigt. Deshalb wäre es denkbar, bei einer Neufassung des Wahlgesetzes, der Vereinigungs- und Mediengesetze die wirkliche Gleichstellung von Ausländern und DDR-Bürgern festzuschreiben.«[122]

Vorrangiges Ziel der Aktiven war es, die immer stärker in den Vordergrund tretende Ausländerfeindlichkeit zu bekämpfen. Veranstaltungen, Diskussionen und Workshops sollten dazu beitragen, das Zusammenleben von Bürgern und Ausländern der DDR zu erleichtern und den Rassismus zu beseitigen.[123] Am 22. Februar veröffentlichte die *Junge Welt* unter dem Titel »*Weshalb haßt man uns so?*« den Bericht einer in Ostberlin arbeitenden Vietnamesin. Die Meinung der anonym bleibenden Frau stand in auffallendem Kontrast zu den durchweg positiven Aussagen von Ausländern in der DDR, die bis dahin in den Zeitungen zu lesen gewesen waren. Sehr ausführlich beschrieb sie ihren anstrengenden Tagesablauf, die schlechten Zustände im Heim sowie das Gefühl der Ausbeutung. Am Ende blieb für sie die Frage: »*Was sollen wir also hier in diesem Land, in dem wir so behandelt werden?*«[124]

Zur gleichen Zeit wurde vielen ausländischen Werktätigen gekündigt, da die Betriebe Personal abbauen mussten, wovon meist die Ausländer zuerst betroffen waren. Von einem Fall im Glaswerk Stralau in Berlin berichtete die *Junge Welt* in einem ausführlichen Text mit dem Titel »*Der Mohr hat seine Schuldigkeit getan...*«, in dem es um die Kündigung mosambikanischer Werktätiger ging.[125] »*Angst um die Zukunft bedroht die ausländischen Arbeitskräfte*«, titelte die *Neue Zeit* im April und begründete dies mit der wirtschaftlich unsicheren Situation. Diese war mittlerweile »*ein Herd für Spannungen und Tätlichkeiten zwischen deutschen und ausländischen Arbeitern, die sich täglich entladen [...]. Vielerorts werde jetzt nach dem Motto verfahren: Bevor ein Deutscher geht, fliegt ein Vietnamese.*« Wenig später berichtete das *ND* in einer Kurzmeldung, dass mittlerweile jeder elfte Vietnamese arbeitslos sei.[126] Die *Tribüne* sprach mit Vietnamesen in Luckenwalde über ihre Erfahrungen im Alltag. Eine junge Frau aus Hanoi »*bekräftigt, wie gut es ihr in der DDR gefällt, die Arbeit, wie gut sie mit den Kollegen auskommt. Nein, keine Probleme. Überhaupt nicht. Das freundliche Lächeln wirkt wie eine Maske, hinter die keiner sehen soll. Über die wirklichen Erfahrungen wird nicht gesprochen. Kein Nachfragen nutzt.*«[127]

Doch nicht nur die bereits anwesenden Ausländer beschäftigten die DDR-Presse, sondern auch jene, die neu hinzukamen. Noch im Winter 1989 berichtete *Der Morgen* von Polen, die unbedingt in die DDR einwandern wollten: »*Eine ungewohnte Vorstellung, dass es Leute zu uns drängt, wo wir doch schmerzhaft unter den Folgen ganz gegenteiliger Strömungen leiden (seit Januar 1989 sind mehr als 317.500 Übersiedler aus der DDR in die BRD gegangen). Wenn andererseits Polen bei uns arbeiten und leben möchten, kann es vielleicht ein Anfang sein, empfindliche Lücken zu schließen, ein Antrieb auch im so zähen Lernprozess der Ausländerfreundlichkeit?*«[128] Anfang Mai veröffentlichte die *Neue Zeit* unter dem Titel »*Die erste Station: Eine Kaserne in Biesdorf*« einen längeren Artikel über Rumänen, die auf der Flucht vor den sozialen und politischen Verhältnissen im eigenen Land in der DDR Asyl suchten: »*Gegenwärtig sind es insgesamt etwa 600 Flüchtlinge. [...] Die Rumänen befinden sich in einem Zustand, der einfach erbärmlich ist. [...] Nach geltendem DDR-Gesetz muß sich die Stadt erst um die Ausländer kümmern, wenn ihr Antrag auf ständigen Wohnsitz in der DDR genehmigt wurde. Diesen Antrag wollen die Familien aus Rumänien allerdings nicht stellen. Sie gelten offiziell noch als Touristen, die sich visafrei 30 Tage in der DDR aufhalten können.«*[129] Zwei Wochen später – die Zahl der rumänischen Flüchtlinge hatte sich inzwischen auf 3.000 erhöht – veröffentlichte die *Neue Zeit* einen weiteren Artikel zur Asyl-Problematik. Die Ausländerbeauftragte des Magistrats von Ost-Berlin, Anette Kahane, *»verwies darauf, daß ›die DDR in der Gastfreundschaft anderen Ländern nicht nachstehen dürfe‹«*[130]. Ein paar Tage später war jedoch dem westdeutschen *Spiegel* zu entnehmen, dass die Regierung Ost-Berlins einen Einreisestopp für Rumänen verhängt hatte: *»Nach kurzer Debatte beschloß der Ministerrat noch am vergangenen Freitag, daß die DDR kein Einwanderungsland für hilfsbedürftige Rumänen werden soll. Künftig dürfen nur noch Touristen ins Land, die eine DDR-Einladung vorweisen können.«*[131] Ende Juni berichtete *Der Morgen* jedoch, dass die Welle der Ankommenden nicht abreiße, und zitierte den Leiter eines Rot-Kreuz-Hilfszugs aus Leipzig mit der Forderung, *»es müssen endlich gesetzliche Grundlagen geschaffen werden, Asylrecht und Ausländergesetz müssen her«*[132].

Im Juli schrieb Petra Haase im *Morgen* ausführlich über die Probleme mit den in der DDR Asyl beantragenden Ausländern. Die Situation hatte sich ihren Recherchen nach nicht gebessert. Die abgedruckten Aussagen einiger DDR-Bürger verrieten eine deutliche Abneigung gegen die am Bahnhof Lichtenberg in Berlin campierenden Rumänen: *»Ein junger Nürnberger mischt sich ein: ›Ich würde mir fünf Leute nehmen, und dann würde ich da in die Ecke gehen und dann hätten einige Löcher im Bauch. Ich würde sie alle an die Wand stellen.‹ Und ein junges Paar ganz in Jeans: ›Ich könnt' heulen, wenn ich die Kinder sehe. Die tun mir echt leid. Die Ausländer kommen her, klauen, betteln und beschimpfen die Einheimischen. Ich meine, ich hab' nichts gegen Ausländer, solange sie im eigenen Land bleiben.‹«*. Haase zeigte sich empört über die langsame Reaktion der Behörden: *»Die Probleme entwickeln sich zu lebendem Sprengstoff. Ein seit langem gefordertes und noch immer nicht verabschiedetes Ausländergesetz könnte die Situation beruhigen.«*[133] Um ein neues Ausländergesetz zu entwerfen, blieb der DDR jedoch keine Zeit mehr, *»weil im Prozess der Vereinigung, von Übergangsregelungen abgesehen, auch im Ausländerrecht die in der ›alten‹ Bundesrepublik gültigen Regelungen übertragen wurden«*[134].

Fazit

Die Presseberichterstattung der DDR über Immigration und Integration erstreckte sich zwischen zwei – quantitativ und chronologisch höchst ungleich verteilten – Extremen: Von 1949 bis zum Herbst 1989 dominierte in den Zeitungen eine rhetorisch ritualisierte und von Floskeln geprägte, zumal zensierte Darstellung der DDR-Gesellschaft, die unangenehme Wahrheiten schlicht verdrängte. Darauf folgte ein kurzes Jahr, in dem fast ohne Unterlass und mit der Energie des Nachholenden das abgelöste System kritisiert wurde, u. a. auch seine restriktive Ausländerpolitik.

Der chronologische Überblick hat gezeigt, dass in den ersten zwei Jahrzehnten der DDR zwar die wenigsten, aber dennoch durchweg positive Artikel über Einwanderer erschienen, was angesichts der geringen Zahl ausländischer Gruppen in der DDR nur wenig verwundern mag. Die Artikel der 1970er Jahre zeichneten ebenfalls ausnahmslos das Bild eines harmonischen Mit- und Füreinanders in der DDR. Die Immigration stand ganz unter dem Stern der Solidarität und Freundschaft. Dass es am Ende der Dekade jedoch bereits zu ersten bekannt gewordenen Ausdrücken offener Feindseligkeit gegenüber den in der DDR lebenden Ausländern kam, fand keinen Widerhall in der Berichterstattung.[135] Und auch im knappen letzten Jahrzehnt der DDR bis 1988 unterschieden sich die Medienberichte über Ausländer kaum von jenen der vorangegangenen Jahrzehnte. Lediglich die Anzahl der veröffentlichten Meldungen erhöhte sich sichtbar, was vermutlich der wachsenden Zahl ausländischer Bürger in der DDR geschuldet war. Der Grundtenor der Artikel blieb nach wie vor sehr positiv und stand im scharfen Kontrast zu der stetig anschwellenden Ausländerfeindlichkeit und den schwierigen Lebensbedingungen der ausländischen Bevölkerung.

Die Berichterstattung im letzten Jahr der DDR stand in einem erheblichen Widerspruch zu den vorangegangen Jahrzehnten: »Die Geschichte dieser 366 Tage ist die Geschichte des völligen Verfalls des Einflusses der SED, aber auch der anderen Parteien, auf die Medien.«[136] Mit dem Zerfall der DDR wandelte sich das Pressewesen völlig, seine Inhalte wurden kritischer, reflektierter und ehrlicher, und dies konnte auch an der Erörterung von Immigration und Integration nicht spurlos vorübergehen. Insbesondere die allzu oft strapazierten und mit wenig Leben gefüllten Schlagworte der Solidarität und Völkerfreundschaft verschwanden fast vollständig aus der medialen Reflektion von Politik und Praxis der Migration in der DDR. »*Die Solidaritätswalze war einer der zynischsten Ausläufer der SED-Propaganda. Ihr Internationalismus war stets ein Bündel von Strategien, das der jeweiligen Tagesaktualität angepaßt wurde*«, schrieb die Autorin und Theaterregisseurin Freya Klier wenige Wochen vor der Wiedervereinigung im *Morgen* und hielt fest: »*Wir stehen vor einem Scherbenhaufen und haben Bilanz zu ziehen, die Bilanz einer unglaubwürdigen Gesellschaft.*«[137] Die Berichterstattung über Ausländer war ein Baustein dieser Unglaubwürdigkeit gewesen.

Am 2. Oktober 1990 stellten das Ministerium für Medienpolitik sowie die gesamte DDR-Regierung ihre Tätigkeit ein.[138] Von den überregionalen Tageszeitungen blieben nur das *ND* und die *Junge Welt* bis heute erhalten. Die übrigen Blätter wurden Anfang der 1990er Jahre eingestellt.

Anmerkungen

1 Britta Bugiel, Rechtsextremismus Jugendlicher in der DDR und in den neuen Bundesländern von 1982–1998, Münster 2002, S. 83.
2 Marianne Krüger-Potratz, Anderssein gab es nicht. Ausländer und Minderheiten in der DDR, Münster 1991, S. 6.
3 Bugiel, Rechtsextremismus, S. 87.

4 Krüger-Potratz' Betrachtung stützt sich v. a. auf die quantitativ überwiegenden Artikel aus den 1980er Jahren. Zudem geht sie vorrangig auf die Berichterstattung über ausländische Vertragsarbeiter in der DDR ein, berücksichtigt hingegen kaum die ausländischen Studenten, über die bis in die 1980er Jahre hinein allerdings die meisten Artikel entstanden sind. Sie schreibt über die von der Presse verschwiegene anwachsende Ausländerfeindlichkeit und die Einführung des kommunalen Wahlrechts für Ausländer, beendet ihre Ausführungen jedoch mit dem Fall der Mauer 1989 und bezieht somit die Periode zwischen Wende und Wiedervereinigung ebenfalls nicht mehr in ihre Abhandlung mit ein.

5 Vgl. Dieter Stürzebecher, Die Zeitungslandschaft der DDR – eine gelenkte Presse, in: Leonhard Penzold (Hrsg.), Die Tagespresse der DDR. Ihre Verfügbarkeit in Bibliotheken und Archiven, Berlin 1993, S. 7.

6 Eine ausführliche Erklärung des Pressesystems der DDR und der dahinterstehenden ideologischen Grundausrichtung findet sich in: Heinz Pürer/Johannes Raabe, Presse in Deutschland, 3. Aufl., Stuttgart 2007.

7 Vgl. ebd., S. 174.

8 Vgl. Stürzebecher, Zeitungslandschaft, S. 8.

9 Recherchiert wurden diese Artikel mithilfe des online verfügbaren *Zeitgeschichtlichen Archivs* (http://www.zeitgeschichte.de), das rund neun Millionen verschlagwortete Artikel hunderter ost- und westdeutscher Zeitungen und Zeitschriften aus den Jahren 1946 bis 1992 bereithält.

10 Kurzzeitige ausländische Besucher, wie Sportler, Delegiertengruppen, etc. werden hingegen in der Untersuchung außen vor gelassen, da diese für die DDR im Wesentlichen keine gesellschaftliche Relevanz hatten. Zudem würde durch ihre Berücksichtigung eine tiefer gehende Analyse der Berichterstattung über Ausländer aufgrund der Komplexität erschwert.

11 Pürer/Raabe, Presse, S. 199.

12 Ebd.

13 Vgl. ebd., S. 200.

14 Oppositionelle und Samisdat-Veröffentlichungen werden in dieser Studie ausgespart.

15 Vgl. Gunter Holzweißig, Massenmedien in der DDR, Berlin 1983, S. 66.

16 Vgl. Stürzebecher, Zeitungslandschaft, S. 13.

17 Ebd.

18 Dorothee Harbers, Die Bezirkspresse der DDR (unter besonderer Berücksichtigung der SED-Bezirkszeitungen). Lokalzeitungen im Spannungsfeld zwischen Parteiauftrag und Leserinteresse, Marburg 2003, S. 27. Aufgabe von LDPD und CDU sowie deren Presse war es, politisch Andersdenkende zu integrieren und sie »zu Mitträgern des ›politisch-ideologischen‹ Umerziehungsprozesses zu machen« (ebd., S. 29).

19 Pürer/Raabe, Presse, S. 182. Eine quantitative Inhaltsanalyse des *ND* von Elmar Otto hat gezeigt, dass Meldungen mit DDR-Bezug einen sehr großen Flächenanteil einnahmen und dass diese zumeist auf den ersten drei Seiten standen: »Der hohe Anteil der Kategorie ›Originaltext‹, d.h. der Regierungsverlautbarungen und Parteierklärungen sowie Reden hoher Parteifunktionäre, macht auch hier den offiziellen Charakter der obersten Parteizeitung deutlich.« (Elmar Dieter Otto, Nachrichten in der DDR. Eine empirische Untersuchung über »Neues Deutschland«, Köln 1979, S. 32).

20 Vgl. Colin Good, Zeitungssprache im geteilten Deutschland. Exemplarische Textanalysen, München 1989, S. 36.

21 Ebd., S. 32.

22 Vgl. Otto, Nachrichten, S. 69.

23 Vgl. Good, Zeitungssprache, S. 38f.

24 Manfred W. Hellmann, Wörter und Wortgebrauch in Ost und West. Ein rechnergestütztes Korpus-Wörterbuch zu Zeitungstexten aus den beiden deutschen Staaten, Band 1, Tübingen 1992, S. 12.

25 »Die öffentliche Sprache der DDR war der Sprachgebrauch einer Partei, deren Ideologie als Wissenschaft angesehen wurde [...]. Damit trug sie alle Züge einer Wissenschaftssprache wie Rationalität und Dominanz von Termini und standardisierten Formen. Der Repräsentant des Staates war quasi oder faktisch identisch mit dem Parteivorsitzenden/Generalsekretär der SED. DDR-Reden z.B. waren nicht für das Hören, sondern für das Lesen bestimmt. Ihr hoher Grad an Nominierung und Standardisierung erforderten vom DDR-Bürger ein Studium der Reden.« (Ruth Geier, Einleitende Überle-

gungen zum Deutsch der DDR, in: Klaus Siewert, Vor dem Karren der Ideologie: DDR-Deutsch und Deutsch in der DDR, Münster 2004, S. 11–38, hier S. 11).

26 Susanne Marten-Finnis, Pressesprache zwischen Stalinismus und Demokratie. Parteijournalismus im »Neuen Deutschland« 1946–1993, Tübingen 1994, S. 21.

27 Hellmann, Wörter, S. 12.

28 Hermann Weber, DDR. Grundriß der Geschichte 1945–1990, 2. Aufl., Hannover 1991, S. 40; vgl. Hermann Weber, Die DDR 1945–1990, 4., durchges. Aufl., München 2006, S. 25–30.

29 Im Folgenden werden Originalzitate aus den zeitgenössischen Zeitungen kursiv gesetzt, um von den Zitaten aus wissenschaftlicher und anderer Sekundärliteratur leichter unterscheidbar zu sein.

30 National-Zeitung, 17.3.1956, S. 2 und ND, 30.1.1958, S. 5.

31 Vgl. Roland Wiedemann, Strukturen des Ausländerstudiums in der DDR, in: Hans F. Illy/Wolfgang Schmidt-Streckenbach (Hrsg.), Studenten aus der dritten Welt in beiden deutschen Staaten, Berlin 1987, S. 67.

32 Ebd., S. 68.

33 Vgl. Damian Mac Con Uladh, »Studium bei Freunden?« Ausländische Studierende in der DDR bis 1970, in: Christian Müller/Patrice G. Poutrus (Hrsg.), Ankunft – Alltag – Ausreise. Migration und interkulturelle Begegnung in der DDR-Gesellschaft, Köln/Weimar/Wien 2005, S. 175–220, hier S. 175.

34 Wiedemann, Strukturen, S. 71.

35 Mac Con Uladh, »Studium bei Freunden?«, S. 176.

36 Neue Zeit, 1.12.1967, S. 3.

37 Vgl. Mac Con Uladh, »Studium bei Freunden?«, S. 175.

38 Der größte Teil der etwa 700 griechischen Emigranten kam im Juni 1950 in die DDR. Vgl. Eva-Maria Elsner/Lothar Elsner, Ausländer und Ausländerpolitik in der DDR, Berlin 1992, S. 29f.

39 Vgl. Klaus Bade/Jochen Oltmer, Migration, Ausländerbeschäftigung und Asylpolitik in der DDR (2004); http://www.bpb.de/themen/VWFLFT,0,0,Migration_Ausl%E4nderbesch%E4ftigung_und_Asylpolitik_in_der_DDR.html, S. 90–96, letzter Zugriff: 24.2.2010.

40 Vgl. den Beitrag von Aurélie Denoyer in diesem Band.

41 Weber, Grundriß, S. 117.

42 Helga Marburger/Gisela Helbig/Eckhard Kienast, Situation der Vertragsarbeiter der ehemaligen DDR vor und nach der Wende, in: Helga Marburger (Hrsg.), »Und wir haben unseren Beitrag zur Volkswirtschaft geleistet«. Eine aktuelle Bestandsaufnahme der Situation der Vertragsarbeitnehmer der ehemaligen DDR vor und nach der Wende, Frankfurt a.M. 1993, S. 4-75, hier S. 5.

43 ND, 31.10.1961, S. 7 und ND, 30.11.1961, S. 2.

44 Elsner/Elsner, Ausländer, S. 26.

45 Aspiranten entsprachen im Wissenschaftssystem der DDR Doktoranden. Vgl. Birgit Wolf, Sprache in der DDR. Ein Wörterbuch, Berlin 2000, S. 13.

46 ND, 6.10.1966, S. 2.

47 ND, 4.10.1966, S. 5.

48 Neue Zeit, 1.12.1967, S. 3.

49 Vgl. Weber, Grundriß, S. 64f., 78f., 85f.; André Steiner, Von Plan zu Plan. Eine Wirtschaftsgeschichte der DDR, München 2004, S. 154–163.

50 Vgl. Andrzej Stach/Saleh Hussain, Ausländer in der DDR. Ein Rückblick, 2. Aufl., Berlin 1991, S. 11. Vgl. den Beitrag von Mirjam Schulz in diesem Band.

51 Junge Welt, 28.9.1972, S. 4.

52 Der Morgen, 4.3.1978, S. 9.

53 ND, 28.3.1979, S. 2.

54 Karin Weiss, Vietnam: Netzwerke zwischen Sozialismus und Kapitalismus (2005); http://www.bpb.de/publikationen/R9SNLF,0,Vietnam%3A_Netzwerke_zwischen_Sozialismus_und_Kapitalismus.html, letzter Zugriff: 1.7.2010.

55 ND, 28.3.1979, S. 2.

56 Junge Welt, 10.8.1976, S. 5.

57 Tribüne, 18.11.1970, S. 7.

58 ND, 29.10.1976, S. 6.

59 ND, 14.8.1979, S. 6.

60 Krüger-Potratz, Anderssein, S. 45.

61 Junge Welt, 28.9.1972, S. 4.

62 Junge Welt, 19.11.1976, S. 5.

63 Das 1979 verordnete Ausländergesetz, das bis zuletzt unverändert blieb, konzentrierte sich jedoch nur auf »verfahrenstechnische Modalitäten der Aufenthaltsgenehmigung und Folgen des Fristablaufs von Aufenthaltsgenehmigungen einschließlich des Ausweisungsverfahrens«. Vgl. Heidemarie Beyer, Entwicklung des Ausländerrechts in der DDR, in: Manfred Heßler (Hrsg.), Zwischen Nationalstaat und multikultureller Gesellschaft. Einwanderung und Fremdenfeindlichkeit in der Bundesrepublik Deutschland, Berlin 1993, S. 211–227, hier S. 214.

64 Vgl. Beyer, Entwicklung, S. 211; Stach/Hussain, Ausländer, S. 14.

65 Patrice G. Poutrus, Die DDR, ein anderer deutscher Weg? Zum Umgang mit Ausländern im SED-Staat, in: Rosmarie Beier-de Haan (Hrsg.), Zuwanderungsland Deutschland. Migrationen 1500–2005, Berlin/Wolfratshausen 2005, S. 120–133, hier S. 124.

66 ND, 3.9.1976, S. 2.

67 ND, 14.8.1978, S. 1; ND, 18.8.1971, S. 1; ND, 24.7.1978, S. 2; ND, 11.4.1978, S. 2; Neue Zeit, 18.9.1979, S. 5.

68 National-Zeitung, 18.11.1975, S. 3.

69 Vgl. Michael Stolle, Faschistischer Imperialismus und sozialistische Pflichterfüllung. Zur Wahrnehmung der Pinochet-Diktatur in der DDR, in: Silke Satjukow/Rainer Gries (Hrsg.), Unsere Feinde. Konstruktionen des Anderen im Sozialismus, Leipzig 2004, S. 215–229, hier S. 216f.

70 Ebd., S. 224. Zum chilenischen Exil in der DDR vgl. den Beitrag von Laura Haber in diesem Band.

71 National-Zeitung, 20.10.1973, S. 4.

72 ND, 29.7.1974, S. 1. Gladys Marín war Generalsekretärin der Kommunistischen Partei Chiles.

73 Patrice G. Poutrus, »Teure Genossen«. Die »politischen Emigranten« als »Fremde« im Alltag der DDR-Gesellschaft, in: Christian Müller/Patrice G. Poutrus (Hrsg.), Ankunft – Alltag – Ausreise. Migration und interkulturelle Begegnung in der DDR-Gesellschaft, Köln/Weimar/Wien 2005, S. 221–266, hier S. 259.

74 ND, 24.7.1978, S. 2.

75 Poutrus, Teure Genossen, S. 263.

76 Weber, Grundriß, S. 178; Weber, DDR, S. 98–104, 112; Steiner, Plan, S. 197–221.

77 Vgl. Krüger-Potratz, Anderssein, S. 45.

78 National-Zeitung, 18.8.1981, S. 3.

79 Tribüne, 22.7.1980, S. 3.

80 Der Morgen, 24.12.1986, S. 5.

81 National-Zeitung, 4.3.1982, S. 3.

82 Der Morgen, 11.8.1982, S. 3.

83 Junge Welt, 2.10.1981, S. 4.

84 Ebd.

85 Neue Zeit, 6.1.1982, S. 3.

86 ND, 10.9.1981, S. 2.

87 ND, 31.12.1980, S. 2.

88 Tribüne, 13.6.1980, S. 9.

89 Krüger-Potratz, Anderssein, S. 48.

90 Tribüne, 18.5.1982, S. 2.

91 Tribüne, 13.6.1980, S. 9.

92 Junge Welt, 4.6.1982, S. 4. Vgl. aber den Beitrag von Maria Klessmann in diesem Band.

93 Ulrich Herbert, Geschichte der Ausländerpolitik in Deutschland. Saisonarbeiter, Zwangsarbeiter, Gastarbeiter, Flüchtlinge, München 2001, S. 296.

94 Vgl. Bugiel, Rechtsextremismus, S. 133. Zu ausländerfeindlicher Diskriminierung vgl. auch Marburger, Beitrag, S. 26.

95 Krüger-Potratz, Anderssein, S. 54.

96 ND, 4.2.1988, S. 8.
97 Vgl. Krüger-Potratz, Anderssein, S. 62.
98 Vgl. Bade/Oltmer, Migration, S. 90–96. In Schleswig-Holstein wurde das kommunale Wahlrecht für EG-Bürger im Februar 1989, mithin vor der DDR-Reform, beschlossen, nach Verfassungsklage der CDU jedoch 1990 für unwirksam erklärt.
99 Im *ND* wurde die Rede von Egon Krenz vollständig abgedruckt.
100 Das von Krenz verwendete Zitat stammte von Edmund Stoiber. Vgl. Der Spiegel Nr. 48 v. 28.11.1988, S. 36.
101 Junge Welt, 4.3.1989, S. 3.
102 ND, 4.3.1989, S. 3.
103 »Ferner wird an keiner Stelle gesagt, weshalb den in der DDR lebenden Ausländern nur auf kommunaler Ebene das Wahlrecht gegeben wurde, obwohl die DDR [...] die Theorie der einheitlichen Staatsgewalt vertrat.« (Krüger-Potratz, Anderssein, S. 64).
104 Vgl. ebd.
105 Tribüne, 6.3.1989, S. 2.
106 Junge Welt, 6.3.1989, S. 1.
107 ND, 9.3.1989, S. 4.
108 ND, 20.3.1989, S. 3.
109 Gunter Holzweißig, DDR-Presse im Aufbruch, in: Arnulf Kutsch (Hrsg.), Publizistischer und journalistischer Wandel in der DDR. Vom Ende der Ära Honecker bis zu den Volkskammerwahlen im März 1990, 2. Aufl., Bochum 1990, S. 15–36, hier S. 24.
110 ADN ist die Abkürzung für den *Allgemeinen Deutschen Nachrichtendienst*, die einzig beziehbare Nachrichtenagentur der DDR, die direkt von der Abteilung Agitation und Propaganda des Zentralkomitees der SED sowie vom Presseamt des Ministerrats angeleitet wurde. Vgl. Harbers, Bezirkspresse, S. 40.
111 Holzweißig, DDR, S. 25.
112 VDJ war die gängige Abkürzung für den Verband der Journalisten der DDR.
113 ND, 30.10.1989, S. 4; Neue Zeit, 30.10.1989, S. 3.
114 Neue Zeit, 10.11.1989, S. 5.
115 Holzweißig, DDR, S. 28.
116 National-Zeitung, 4.8.1989, S. 3.
117 Junge Welt, 2.12.1989, S. 4.
118 Junge Welt, 7.12.1989, S. 4.
119 Junge Welt, 23.12.1989, S. 4.
120 Beyer, Entwicklung, S. 214.
121 Junge Welt, 11.1.1990, S. 4.
122 Ebd.
123 Vgl. u. a. Neue Zeit, 11.1.1990, S. 8.
124 Junge Welt, 22.2.1990, S. 3.
125 Junge Welt, 1.2.1990, S. 4.
126 Neue Zeit, 24.4.1990, S. 5 und ND, 4.5.1990, S. 3.
127 Tribüne, 22.3.1990, S. 3.
128 Der Morgen, 24.12.1989, S. 7.
129 Neue Zeit, 5.5.1990, S. 8.
130 Neue Zeit, 18.5.1990, S. 12.
131 Der Spiegel, 21.5.1990.
132 Der Morgen, 27.6.1990, S. 9.
133 Der Morgen, 20.7.1990, S. 3.
134 Bade/Oltmer, Migration, S. 90–96.
135 Vgl. Stach/Hussain, Ausländer, S. 18.
136 Werner Claus, MEDIEN-WENDE – WENDE-MEDIEN: Dokumentation des Wandels im DDR-Journalismus Oktober 1989 – Oktober 1990, Berlin 1991, S. 20.
137 Der Morgen, 12.8.1990, S. 8.
138 Vgl. Claus, MEDIEN, S. 116.

»Migration in der DDR«
Ein vorläufiger Forschungsbericht

Anja Mohnke

Mit »Migration« und »DDR« werden zwei Themenfelder vereint, die für sich selbst genommen eine kaum zu überblickende Fülle wissenschaftlicher Publikationen, interdisziplinärer und internationaler Studien hervorgebracht sowie in den letzten zwei Jahrzehnten einen enormen Boom erfahren haben.[1] Das Forschungsfeld »Migration in der DDR« als Schnittmenge beider ist hingegen bis heute überschaubar. Denn während vor 1989 in keinem der beiden deutschen Staaten »Ausländern im SED-Staat« ein nennenswertes öffentliches oder wissenschaftliches Interesse zuteil wurde, rückte nach der Wende v. a. die Frage nach den Ursachen von Fremdenfeindlichkeit in den neuen Bundesländern respektive in der ehemaligen DDR ins Zentrum der Aufmerksamkeit.[2] Diese notwendig verengte Perspektive sollte erst in den vergangenen zehn Jahren sukzessive aufgebrochen werden.

Im Rahmen der vorliegenden Arbeit wurde ein Korpus aus insgesamt 55 Beiträgen zum Thema »Migration in der DDR« zusammengestellt, die nach festen inhaltlichen und formalen Kriterien analysiert werden.[3] Eine derartige Analyse ist aus mehreren Gründen notwendig. Viele der untersuchten Beiträge beziehen sich auf ein von den Autoren wahrgenommenes Forschungsdefizit und wurden entsprechend mit dem Ziel verfasst, diese Lücke (zumindest teilweise) zu schließen; umfassendere Angaben zum aktuellen Forschungsstand finden sich jedoch regelmäßig allenfalls in Ansätzen.[4] Weiterhin ähneln sich viele Beträge in ihren thematischen Zugriffen und Ergebnissen und bieten eher deskriptive Überblicksdarstellungen. Dies legt die Vermutung vielfältiger thematischer Überschneidungen und inhaltlicher Referenzen innerhalb des Korpus sowie eine geringe Diversität nahe. Darüber hinaus sprechen viele Autoren theoretische und praktische Schwierigkeiten bei der Erarbeitung migrationshistorischer Studien für die DDR sowie offene Fragen an. Deren Zusammenstellung und Ordnung erscheint daher lohnend, um den Status quo und die Herausforderungen des Forschungsfeldes zu bestimmen.

Die Analyse stützt sich auf folgende Leitfragen: Worin liegt der Mehrwert der migrationshistorischen Arbeiten? Wie groß respektive klein ist das Forschungsfeld? Welchen Einfluss haben Anlass und Kontext, aus und in dem die Beiträge entstanden, auf die Ergebnisse? Auf welche Art und Weise und mit welchen Folgen nehmen einzelne Arbeiten aufeinander Bezug? Welche Datenlage liegt dem gegenwärtigen Forschungsstand zugrunde? Welche quellenkritischen Standards werden befolgt? Und nicht zuletzt gilt es, als Fazit zu bestimmen, wo die Forschung zur »Migration in der DDR« im Vergleich zur Migrationsforschung der BRD steht und welche Fragen bislang unbeantwortet geblieben sind.

Migrationsforschung stellt eines der genuin und recht konsequent interdisziplinär betriebenen wissenschaftlichen Themenfelder dar. »Migration« ist dabei zugleich ein sozialwissenschaftlicher Begriff, der aus praktischen Bedürfnissen der Verwaltung abgeleitet wurde und die Staatsvorstellungen des 20. Jahrhunderts reflektiert.[5] In der Bundesrepublik Deutschland wird Zuwanderung seit den 1970er Jahren zunehmend wissenschaftlich begleitet, wobei der Fokus zunächst auf der Ausländerpolitik lag und historische Arbeiten erst später einsetzten.[6] Flucht und Asyl wurden in den 1990er Jahren zunehmend Gegenstand sozialwissenschaftlicher Migrationsforschung.[7]

Zugang und Vorgehen der Migrationsforschung in der Bundesrepublik haben v. a. in zweierlei Hinsicht Kritik erfahren. Zum einen wird eine allzu große Nähe zu tagespolitischen Debatten bzw. eine aktive Teilnahme an diesen diagnostiziert, die dazu führe, dass eher ad-hoc-Erklärungen produziert und historische Dimensionen übersehen würden. So hat Ulrich Herbert über die sozialwissenschaftlichen Forschungen zur westdeutschen Ausländerpolitik konstatiert, dass diese »selbst in zum Teil frappierender Weise den jeweils vorherrschenden Ansätzen der Ausländerpolitik [folgten]«[8], mithin mehr Teil des Problems denn der Lösung seien. Zweitens wird kritisiert, dass der Migrant häufig pauschal als Opfer gesehen werde und als Akteur durch eine auf den Staat konzentrierte Forschung in den Hintergrund gerate.[9] Hedwig und Ralf Richter haben dieses Erzählmuster jüngst als »Opfer-Plot« bezeichnet, den sie u. a. auf einen problematischen, weil quellenkritisch nicht hinreichend abgesicherten Gebrauch von *Oral History*-Quellen zurückführen. Insbesondere würden in der Regel jene Migranten interviewt, die in Deutschland geblieben seien und damit selbst Diskursformen und -inhalte der deutschen Öffentlichkeit übernommen hätten.[10] Für eine tiefer gehende Analyse halten Richter und Richter einen neu justierten Blick auf die Migranten selbst für notwendig und schlagen dazu u. a. vor, nach der in die Aufnahmeländer mitgebrachten »kulturelle[n] Prägung der Arbeitsmigranten« zu fragen und die daraus resultierenden »Handlungsmuster und Handlungsmotive« zu analysieren.[11]

Die zeithistorische DDR-Forschung befindet sich in der komfortablen Lage, auf umfangreiches Quellenmaterial zurückgreifen zu können. Hinzu kommen eine weitreichende Aufhebung gängiger Sperrfristen und die Bereitstellung erheblicher Forschungsmittel sowie eine interessierte Öffentlichkeit, welche die Erforschung der DDR-Geschichte nach 1990 schnell zu einem »boomenden Wachstumssektor«[12] machten. Allerdings ist seit dem Jahr 2000 ein gewisses Abflauen des Interesses festzustellen.[13]

Nicht unähnlich der Bindestrichdisziplin Migrationsgeschichte steht auch die historische Subdisziplin Zeitgeschichte vor der grundsätzlichen Problematik, dass sich Geschichte und Tagespolitik in einer komplizierten Beziehung befinden. Bereits Mitte der 1990er Jahre konstatierte Jürgen Kocka, dass es gelegentlich merkwürdige Verbindungen von politischen Willensbildungs- und wissenschaftlichen Wahrheitsfindungsprozessen gebe und diese Gemengelage von Gegenwartspolitik und Zeitgeschichte, von Betroffenheit und Aufarbeitungsbedürfnis die Arbeit der Zeitgeschichte bisweilen erschwere.[14] Die öffentliche und politische Lage bilde dabei eine Konjunktur, die einen wesentlichen Einfluss auf den Forschungsprozess habe: »[...] wie stark die öffentliche Resonanz wissenschaftlicher Forschung von Konjunkturen der gesell-schaftlichen und politischen Großwetterlage abhängig ist, wie sehr Zeithistoriker als Wissenschaftler und Zeitzeugen – die sie ja auch noch oft selbst sind – in der Auswahl ihrer Themen von solchen Konjunkturen mitbestimmt werden und in welchem Aus-maß Publikationen interessengeleitet sein können.«[15]

Nicht zuletzt aus diesen Gründen hat sich – abseits mehr oder weniger gesicher-ten Faktenwissens – ein Forschungskonsens kaum herausbilden können. Insbeson-dere Gesamtbild und historische Wertung der DDR bleiben nach wie vor kontrovers verhandelt, zumal aktuelle Debatten zur Erinnerungskultur das politisch-wissen-schaftliche Spannungsverhältnis noch zusätzlich befördern.[16]

Textkorpus und methodisches Vorgehen

Der Textkorpus besteht aus wissenschaftlichen Beiträgen, die ab 1990 in deutscher Sprache erschienen sind und den Forschungsgegenstand »Migration in der DDR« in den Mittelpunkt stellen. Ausgeschlossen wurden in diesem Sinn Beiträge, die primär das Thema Fremdenfeindlichkeit beziehungsweise Ausländerfeindlichkeit in den neuen Bundesländern oder ausschließlich die Situation der Ausländer nach der Wen-de untersuchen, da dies zusätzliche inhaltliche Themenfelder eröffnen würde. Arbei-ten mit den Forschungsschwerpunkten der Vertriebenenpolitik in der DDR,[17] Min-derheiten oder der Angehörigen der Sowjetischen Streitkräfte[18] wurden ebenfalls nicht berücksichtigt, zum einen aus arbeitsökonomischen Gründen, zum anderen, da es sich jeweils um klar abgegrenzte Spezialthemen handelt, zu denen bereits umfas-sende Darstellungen vorliegen. Ebenso nicht in die Analyse eingeschlossen sind Er-innerungsberichte ausländischer Einwohner der DDR, die zum Teil als Biografien oder in Romanform veröffentlicht vorliegen,[19] zum anderen sich unkommentiert in diversen Publikationen abgedruckt finden. Das gleiche gilt für unkommentiert abge-druckte Interviews.

Die einzelnen Texte des Korpus wurden nach Kriterien analysiert, die während der Recherchephase entlang der Leitfragen induktiv entwickelt wurden. Formale Kriterien sind Herausgeber bzw. Autorenschaft, Typ und Erscheinungsjahr des Bei-trages. Weiterhin werden Titel, Angaben zur Entstehung und zu den Autoren, Anlass und Zielsetzung sowie Gegenstand und eventuell vorhandene spezielle An-hänge erhoben. Zur Systematisierung wurden die so erlangten Daten entlang vor-wiegend formaler Kriterien geordnet: Welche zahlenmäßige Entwicklung gibt es im Untersuchungszeitraum? Wie sieht die Verteilung und Entwicklung der Themen-schwerpunkte aus? Sind die Publikationen als Überblicks- oder als Einzeldarstel-lung zu charakterisieren? Welche Muster oder wichtigen Informationen finden sich bezüglich der Autoren? Wird im Rahmen einen Projektes geforscht? Ist der Anlass ein spezielles, tagesaktuelles Problem oder ein wissenschaftliches Desiderat? Gibt es also eher eine Anwendungsorientierung – wie in der Einleitung bezüglich der Migrationsforschung in der BRD skizziert wurde – oder eine Grundlagenorientie-rung?[20]

In der inhaltlichen Analyse werden die Beiträge nach folgenden Kategorien analysiert: Methodik und Quellen, dem Umgang mit den Quellen sowie Thesen und Ergebnissen. Weiterhin wird in die Analyse einbezogen, welche Begriffe – dies betrifft v. a. die Migrationstypen – benutzt werden. Zuletzt werden die bereits angesprochenen Forschungsschwierigkeiten und -lücken knapp umrissen.

Analyse nach formalen Kriterien

Der Textkorpus umfasst neun einschlägige Sammelbände, aus denen insgesamt 24 relevante Aufsätze entnommen wurden, zwölf Monografien, 14 Zeitschriftenartikel sowie fünf Aufsätze, die aus Sammelbänden stammen, die sich nicht primär dem Thema »Migration in der DDR« widmen. Damit ergibt sich eine Summe von insgesamt 55. Hinsichtlich der zeitlichen Entwicklung ergibt sich folgendes Bild:

Veröffentlichung der Pubikationen

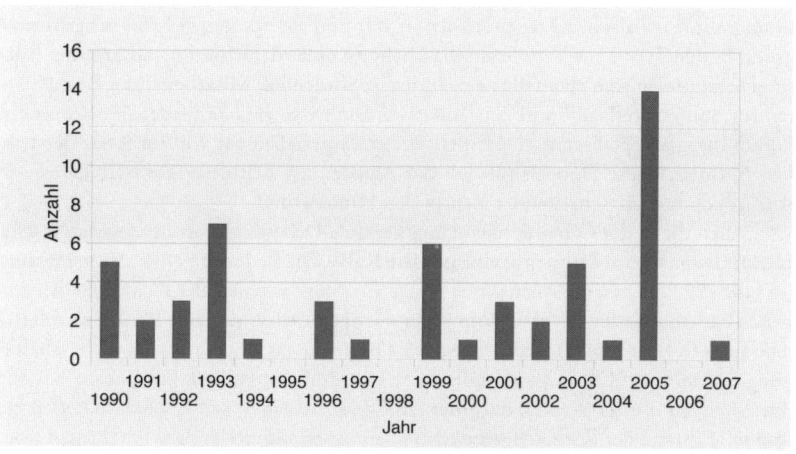

Über einen Zeitraum von 17 Jahren betrachtet, ist 2005 das Jahr mit den meisten Publikationen und bildet so etwas wie einen zumindest einstweiligen Höhe- und zugleich Schlusspunkt. Da die Grundgesamtheit relativ klein ist, lassen sich allgemeine Phasen indes nur schwer festlegen. Bei den Monografien ist auffällig, dass die größte Anzahl bereits 1993 veröffentlicht wurde (3) und seit 2002 keine neuen Arbeiten hinzugekommen sind. Bei den Zeitschriftenartikeln wiederum erschien die Hälfte der insgesamt 14 Beiträge 2005, was damit dem allgemeinen Bild entspricht. Auch die Veröffentlichung der Sammelbände zeigt einen Schwerpunkt in den Jahren 2003 und 2005.

Als Herausgeber fungieren in drei Fällen Forschungsinstitute, zweimal Vereine, einmal eine Landeszentrale für politische Bildung, in zwei Fällen Beauftragte für

Ausländer sowie dreimal Beauftragte für die Unterlagen des Staatssicherheitsdienstes der ehemaligen DDR. Davon lassen sich insgesamt sieben als sogenannte »Graue Literatur« identifizieren.[21] Insgesamt sind derartige Herausgeber nur bis einschließlich 2001 zu finden. Bei zwei Publikationen handelt es sich um veröffentlichte Dissertationen. Unter den einschlägigen Zeitschriften publizierten das *Deutschland-Archiv* sowie *Totalitarismus und Demokratie* mit jeweils vier Artikeln die größte Anzahl, was sich im Wesentlichen durch 2005 erschienene Themenhefte erklärt. Das Zentrum für Zeithistorische Forschung in Potsdam (ZZF) steht hinter zwei umfangreichen Sammelbänden, die 2003 und 2005 erschienen und jeweils im Kontext einer Tagung sowie eines größeren Forschungsprojektes entstanden sind.[22] Ein weiteres Forschungsprojekt wurde gemeinsam von der University of Wolverhampton und der Fachhochschule Potsdam getragen und mündete 2005 ebenfalls in einen Sammelband.[23]

Das Themenfeld »Migration in der DDR« wird stark durch eine Handvoll, vielfach untereinander kooperierender Autoren geprägt. Zwar lassen sich über die Autoren, ihre Hintergründe und Motivationen keine generellen Aussagen treffen, dennoch fällt auf, dass eine größere Zahl von Verfassern selbst persönlich bzw. beruflich in migrationspolitischen Fragen involviert war und einen eigenen Erfahrungshintergrund in den Trend zur Verwissenschaftlichung und Historisierung einbrachte. Entsprechend finden sich ehemalige ausländische Studenten, Mitarbeiter der Beauftragten für Stasi-Unterlagen und Ausländerbeauftragte sowie Mitglieder der Rostocker Forschungsgruppe »Fremdarbeiterpolitik des Imperialismus« v. a. im Kreis der frühen Autoren. Diese Doppelfunktion der Autoren als Zeithistoriker und Zeitzeuge tritt jedoch mit fortschreitender Zeit in den Hintergrund.

Auch die in der Öffentlichkeit lange zentrale Debatte um ost- und westdeutsche Herkunft spielte nur kurzzeitig eine gewisse Rolle. Die Bedenken eines Autorenteams im Jahr 1992 blieben die Ausnahme: »Kurz vor dem Abschluß der redaktionellen Arbeiten kamen Zweifel auf, ob es zum gegenwärtigen Zeitpunkt (Juli 1992) sinnvoll ist, daß ausgerechnet *wir* [Hervorhebung im Original] das Thema Ausländerbeschäftigung [...] in der DDR [...] aufgreifen. [...] Das dreiköpfige Redaktionsteam besteht durchweg aus ›Besser-Wessis‹, darunter ein ›Wessi-Ausländer‹.«[24] Uli Sextro berichtet, ihm sei während der Recherchearbeiten in den neuen Bundesländern beschieden worden: »Sie werden diese Arbeit nicht schreiben können, Sie sind ein Wessi.«[25] Uta Rüchel hingegen reflektiert in ihrer Arbeit die eigene Rolle im Forschungsprozess. Selbst in den 1970er Jahren in der DDR aufgewachsen, betrachtet sie ihre Studie auch als »persönliche Auseinandersetzung mit eigenen und gesellschaftlichen blinden Flecken in Bezug auf Wahrnehmung und den Umgang mit Ausländern in der DDR«[26]. Weniger die Herkunft als vielmehr die Kontinuität biografischer Konstruktionen bei DDR-Wissenschaftlern ist im Fall von Eva-Maria und Lothar Elsner zum Thema geworden. Beide hatten als Wissenschaftler in der DDR zur Migration – allerdings jener in der BRD – geforscht und Anfang der 1990er Jahre eine seither viel zitierte Pionierstudie *Ausländer und Ausländerpolitik in der DDR* vorgelegt.[27] Jüngere Studien hingegen haben den Elsners »stark von der offiziellen DDR-Sicht geprägte Behauptungen« oder gar »Verklärung« statt kritischer Analyse der historischen Realität vorgeworfen.[28]

Entstehungshintergrund und Zielsetzung sind bei circa einem Viertel der Publikationen nicht eindeutig zu identifizieren.[29] Unter den übrigen Arbeiten dominiert kontinuierlich der Bezug auf Fremdenfeindlichkeit in den neuen Bundesländern beziehungsweise dienen konkrete fremdenfeindliche Vorkommnisse als Anlass. In diesem Zusammenhang ist auch jener Teil der v. a. zu Anfang der 1990er Jahre entstandenen Grauen Literatur zu verorten, der einen Aufklärungsbedarf konstatiert, von dessen Befriedigung quasi eine Teillösung tagesaktueller (ausländer-)politischer Fragen erhofft wurde.[30] Auch hier wandelte sich der Ton nach 2000 merklich. Zwar diente der Rekurs auf Fremdenfeindlichkeit weiterhin der Legitimation, gleichwohl war nun konkreter von Forschungsdefiziten die Rede. Wenngleich die Unterscheidung von Informations- und Forschungsdefiziten schwerlich trennscharf ist, so dokumentiert der gewandelte Sprachgebrauch – insbesondere in Kombination mit der sukzessiven Trennung von Zeitzeugen und akademischen Beobachtern – einen Trend zu Verwissenschaftlichung und Historisierung der Debatte, der rund ein Jahrzehnt nach der Auflösung der DDR und somit bemerkenswert rasch eintrat. Der aktivistische Charakter früherer Publikationen, die in einzelnen Fällen gar konkrete Hilfestellungen in Form von Musterschreiben für Aufenthaltsanträge und Widerspruchsbescheide bei der Ausländerbehörde enthielten, gehört seither erkennbar der Vergangenheit an.

Die thematischen Schwerpunkte der Beiträge lassen sich leicht entlang der verschiedenen Migrationstypen – Arbeitsmigration, Studierende, politische Emigranten – untergliedern; einen Sonderfall stellen Arbeiten dar, die sich gezielt Kindern und Jugendlichen widmen (vgl. Tabelle zum »Thematischen Schwerpunkt der Publikationen«). Die bei Weitem überwiegende Mehrzahl der Studien liegt zum Feld der Arbeitsmigration vor und schließt auch Pendlerarbeit in den grenznahen Gebieten insbesondere zu Polen ein. Ferner sind die Exilanten, v. a. dank Patrice Poutrus' Arbeiten, bereits mehrfach Untersuchungsgegenstand gewesen. Hingegen fehlen Einzelstudien zu den ausländischen Auszubildenden, die abseits der Anwerbeabkommen zur Schulung in die DDR geholt wurden, praktisch vollständig und finden allenfalls marginale Beachtung in jenen überblicksartigen Publikationen, die keinen speziellen Schwerpunkt setzen.[31] Hinsichtlich der untersuchten Nationalitäten zeigt sich, dass sich eine Mehrzahl von Beiträgen mit mehr als einer Migrantengruppe beschäftigt, während stärker fokussierte Einzelstudien in der Minderzahl sind. Schwerpunkte lassen sich hier v. a. zu den Einwanderern aus Vietnam, Polen,

Thematischer Schwerpunkt der Publikationen

	Arbeits-migranten	Polit. Emi-granten	Studenten	Kinder/ Jugend-liche	allgemein	West-Ost-Migranten	Summe
Anzahl	29	9	2	5	9	1	55
in %	52,73	16,36	3,64	9,09	16,36	1,82	100

Quelle: eigene Zusammenstellung

Verteilung der untersuchten Nationalitäten

	Viet-nam	Polen	allge-mein	Nami-bia	Mo-sam-bik	Spani-en	Chile	Alge-rien	BRD	Grie-chen-land	Kuba	Sum-me
Anzahl	6	5	28	4	3	1	1	2	1	2	2	55
in %	10,91	9,09	50,91	7,27	5,45	1,82	1,82	3,64	1,82	3,64	3,64	100

Quelle: eigene Zusammenstellung

Mosambik und Namibia identifizieren (vgl. Tabelle zur »Verteilung der untersuchten Nationalitäten«).

Kombiniert man indes beide Merkmale unter Einbeziehung der zeitlichen Entwicklung, dann fällt auf, dass sämtliche Übersichtsdarstellungen, die sowohl mit Blick auf den Migrationstyp wie auf das Herkunftsland umfassend und verglei-chend ansetzen – mit einer Ausnahme[32] – bis Mitte der 1990er Jahre erschienen, d. h. vor der Phase der wissenschaftlichen Historisierung. Bei den Beiträgen zur Ar-beitsmigration ist kein zeitlicher Trend erkennbar; sowohl Überblicksdarstellungen als auch auf bestimmte Zuwanderergruppen spezialisierte Beiträge finden sich kon-tinuierlich und bleiben auch quantitativ auf einem konstanten Niveau. Die Einzel-darstellungen zu politischen Emigranten, Studenten sowie Kindern und Jugend-lichen sowie die einzige Publikation zur West-Ost-Migration sind – wiederum mit einer Ausnahme[33] – sämtlich erst nach 2000 erschienen und markieren damit so-wohl einen Trend zur stärkeren Spezialisierung und Ausdifferenzierung als auch eine methodische Wendung zu Fragestellungen, die auf Meso- und Mikroebene an-gesiedelt sind.

Aufbauend auf den hier vorgestellten sechs thematischen Schwerpunkten, die auf den Typen von in der DDR lebenden Migranten basieren, wird im Folgenden eine inhaltliche Systematisierung skizziert.[34] Analog zur chronologischen Entwick-lung werden zunächst die Überblicksdarstellungen untersucht, im Anschluss Beiträ-ge zur Arbeitsmigration und zuletzt die neueren Beiträge zu den Themenkreisen po-litische Emigranten, Studenten sowie Kinder und Jugendliche.

Überblicksdarstellungen

An dieser Stelle sollen die insgesamt sieben Beiträge betrachtet werden, die sich so-wohl hinsichtlich des Status' wie auch der Herkunft der Migranten als allgemeine Überschaudarstellungen verstehen.[35] Gemein ist dieser Gruppe überdies, dass sie auf eine leitende Fragestellung verzichten. Die zur Verfügung stehende Sekundärliteratur ist bis weit in die 1990er Jahre quantitativ wie qualitativ beschränkt. Damit sind die Quellen der ersten Stunde Zeitungsartikel, Interviews v. a. mit in der Ausländerarbeit Tätigen, Informationen aus der Ausländerarbeit, also die sogenannte Graue Litera-tur, sowie öffentlich zugängliche Gesetzes- und Vertragstexte wie das Ausländerge-setz, Abkommen etc. Typisch ist ferner, dass die wenigen verfügbaren, frühen Publikationen schnell aufgegriffen[36] bzw. wie im Fall von Elsner/Elsner Gegenstand kritischer Auseinander- und Absetzung werden.[37] Das Volumen bearbeiteter Quellen und Literatur fällt entsprechend meist moderat aus, ein Beitrag verzichtet gleich ganz auf eine Auflistung.[38] Der einzige nach 1994 erschienene Beitrag von Poutrus aus dem Jahr 2005 wertet die vorhandene Literatur umfassend aus, unternimmt aber keine eigene Quellenarbeit.[39] Die quantitativen und qualitativen Defizite des verfügbaren Daten- und Quellenmaterials bzw. die unzureichende Verfügbarkeit werden teilweise, aber nicht konsequent reflektiert. Symptomatisch ist hier Hanns Thomä-Venske, der 1990 als einer der ersten eine einschlägige Publikation vorlegte, die Quellendefizite explizit ansprach, zugleich aber ebenfalls Angaben mit dem Verweis belegte, diese stammten »aus einem Interview«[40]. Auch in anderen frühen Veröffentlichungen ist die Nutzung von Interviews, ohne die Entstehungsbedingungen offenzulegen, gängige Praxis; selbst Basisinformationen wie Datum- oder Personenangaben fehlen vielfach.

Inhaltlich gehen die Arbeiten weit auseinander. Während Krüger-Potratz Themen wie Forschungsstand, Migrationsforschung in der DDR, Ausländer in den Printmedien oder Ausländerarbeit abhandelt, ohne zu beanspruchen, das Thema vollständig zu erfassen,[41] sehen Elsner/Elsner mit Bezug auf bereits erschienene Publikationen zum Thema »Ausländer in der DDR« – wie auch beispielsweise jener von Krüger-Potratz – »Korrekturbedarf«. Sie legen Umfang und Struktur der Einwanderung in die DDR dar, analysieren die staatlichen Vorgaben von Ausländerrecht und -politik sowie Phänomene von Ausländerfeindlichkeit. Im Ergebnis diagnostizieren sie eine grundlegende Widersprüchlichkeit in der Ausländerpolitik der DDR. Internationalität, Solidarität und Völkerfreundschaft seien zwar propagiert und zum Teil durchaus praktiziert worden, zugleich habe die Staatsführung aber nationalistische Politikmuster aufgegriffen und Menschenrechte auch gegenüber Ausländern missachtet. Dies, so Elsner/Elsner, sei »Teil der schrittweisen Herausbildung der Diktatur einer vom Volk sich lösenden Oberschicht«[42] gewesen.

Im Vergleich dazu verfolgen die Untersuchungen von Thomä-Venske sowie Stach und Hussein eine weitaus bescheidenere Agenda mit geringerer analytischer Reichweite. Beide geben einen Überblick über die verschiedenen Gruppen von Migranten, die Gründe für Anwerbung und Einwanderung sowie über die Lebens- und Arbeitsbedingungen, wie sie durch verschiedene Abkommen und Verträge geregelt wurden. Dabei dominiert – auch infolge des starken Fokus' auf die Vertragsarbeiter – das Bild einer restriktiven Politik und Praxis der Immigration. Dies drückt sich insbesondere in der verwendeten Terminologie aus. Stach und Hussein sprechen konsequent von »ghettoartige[n] Unterkünfte[n]« beziehungsweise der »Ghettoisierung«, um die Wohn- und Lebensbedingungen von Vertragsarbeitern zu kennzeichnen.[43] Indes hat sich die später gängige Bezeichnung »Vertragsarbeiter« hier noch nicht durchgesetzt; stattdessen ist von ausländischen Arbeitnehmern, Arbeitern und Arbeitskräften die Rede. Gemeinsam ist diesen frühen Überblicksdarstellungen eine hohe Informationsdichte und ein überwiegend deskriptiver Charakter, die in einem Spannungsverhältnis zu der defizitären und unterreflektierten Quellenbasis stehen.

Gleichwohl rekurrieren spätere Studien immer wieder auf die Arbeiten von Krüger-Potratz, Hussein und Stach sowie Thomä-Venske, aber auch auf jene von Elsner/Elsner, um Literatur- und Quellenangaben zu bestücken.[44]

Arbeitsmigration

Unter den Publikationen zum Thema Arbeitsmigration wird im Folgenden danach unterschieden, ob der Fokus auf Einwanderern einer oder verschiedener Nationalitäten liegt. Beiträge, die den Schwerpunkt auf Einwanderer verschiedener Entsendeländer legen, zeigen hinsichtlich ihrer Quellenbasis bis Mitte der 1990er Jahre eine große Ähnlichkeit zu den Überblicksdarstellungen. Der Beitrag von Marburger, Helbig und Kienast von 1993 stützt sich indes erstmals auf eine umfangreiche Befragung ehemaliger Vertragsarbeiter; Quellen und Methodik werden explizit dargelegt und erklärt, zudem die Beschränkungen der Daten- und Materialbasis und deren Implikationen für die fehlende Repräsentativität diskutiert.[45]

Als qualitativ entscheidender Schritt erweist sich die Auswertung von Archivmaterial seit Mitte der 1990er Jahre, das nun Zug um Zug durch die archivalische Öffnung und Verfassung verfügbar wird. Zudem zieht der neue Faktor einen Beschleunigungseffekt nach sich: Mit der infolge der verbesserten Quellenlage steigenden Zahl an Publikationen erhöhen sich auch Umfang und Diversität der verwendeten Literatur. Gleichwohl kennzeichnen ein teils sorgloser, bisweilen fragwürdiger Umgang mit Quellen und wenig reflektierte Methodik weiterhin einen nicht geringen Teil der Forschung. So führt Müggenburg beispielsweise aus, dass hinsichtlich des verwendeten Archivmaterials Vorlagen für die Sitzungen des SED-Politbüros bezüglich dessen Motivation aufschlussreich seien und verweist auf Gespräche mit Zeitzeugen (Vertragsarbeitnehmer und ehemalige Mitarbeiter des DDR-Staatssekretariats für Arbeit und Löhne). Diese Interviews werden als »wichtig« charakterisiert, doch eine explizite Diskussion ihrer Quellenqualität und -genese bleibt aus.[46]

Wie wichtig kritische Einwände sind, arbeiten unterdessen andere Autoren heraus. Marburger, Helbig und Kienast machen darauf aufmerksam, dass durch den Einsatz der Vertragsarbeiter in Schüben beziehungsweise nach Rotationsprinzip generalisierende Aussagen problematisch und Betroffene aus früheren Jahren zur Befragung kaum mehr verfügbar seien.[47] Mac Con Uladh argumentiert derweil, dass sich sozialhistorische Quellen weit besser zur Rekonstruktion der Alltagserfahrungen eigneten als die vorherrschende, strikt textgebundene Interpretation der unterschiedlichen Regierungsabkommen und Rahmenbedingungen des Staatssekretariats für Arbeit und Löhne. Denn diese führe letztlich nur zum Schluss, dass das Vertragsarbeiterleben bis zum letzten Detail von DDR-Behörden bestimmt und kontrolliert worden seien, könne aber nicht alltägliche Handlungsautonomien, Devianz u.ä. erfassen.[48]

Jene Darstellungen, die sich auf Einwanderer einer Nationalität konzentrieren, stützen sich in hohem Maße auf Zeitzeugeninterviews, insbesondere sofern es um vietnamesische Vertragsarbeiter geht. Auch Archivmaterial spielt eine zunehmend größere, hingegen Literatur mangels Masse eine weiterhin unwesentliche Rolle.[49] Der theoretische und methodische Reflexionsgrad differiert merklich und erkennbar in Abhängigkeit vom Entstehungskontext. So ist es kein Zufall, dass Quellenkritik und Methodik breiten Raum in Almut Riedels Dissertationsschrift über algerische Arbeitsmigranten in der DDR einnehmen.[50] Bemerkenswert ist indes der qualitative Sprung in ihrer Anwendung der mittels *Oral History* generierten Quellen. Riedel führte Interviews sowohl mit in der DDR gebliebenen als auch mit nach Algerien zurückgekehrten ehemaligen Vertragsarbeitern, um beide, qualitativ höchst unterschiedlichen Situationen in ihrer Interpretation berücksichtigen zu können. Überdies problematisiert sie ihre eigene Rolle als junge, allein reisende weibliche Befragende, welche die Recherche beeinflusst habe.[51] Im Gegensatz dazu sind im Gros der anderen Beiträge, wenn überhaupt, nicht mehr als Angaben zum Datum der Interviews und Namen beziehungsweise Funktion der Interviewten aufgeführt. Sandra Gruner-Domić gibt in ihrer Untersuchung von 1997 zusätzlich an, dass die Interviews auf Spanisch geführt wurden und zitiert in den Fußnoten sowohl das transkribierte spanische Original als auch die deutsche Übersetzung.[52] Annegret Schüle hat für ihre Untersuchung zur Wahrnehmung von Vertragsarbeitern durch deutsche Mitbürger Erinnerungsinterviews mit Deutschen geführt und reflektiert über die Erkenntnislücke, die das Fehlen von Interviews mit ausländischen Vertragsarbeitern bedeute.[53] Aufschlussreich ist ferner, dass Michael Feige, der ausschließlich Archivmaterial auswertete, schreibt, dass er »viele ihm persönlich bekannte Details trotz umfangreicher Recherche nicht belegen«[54] konnte.

Obgleich die Gruppe ausländischer Arbeitskräfte in der DDR durchaus heterogen war und keineswegs ausschließlich aus Vertragsarbeitern bestand – wenngleich diese die größte Teilgruppe darstellten –, widmet sich den über Anwerbeabkommen ins Land gelangten Migranten doch das Gros der Literatur.[55] Hingegen erfahren Pendler, entsandte Beschäftigte ausländischer Betriebe und Firmen, Saisonarbeiter in nichtindustriellen Bereichen sowie Fachkräfte und Spezialisten im Rahmen von Austauschbeziehungen praktisch keine Beachtung.[56] Allein die polnischen Arbeiter nehmen dabei eine Sonderrolle ein und werden als Pendler berücksichtigt. Da Polen nicht in allen Fällen eine Arbeitserlaubnis benötigten, um in der DDR arbeiten zu können, ließen sich Arbeitsverhältnisse auch außerhalb von Regierungsabkommen oder Außenhandelsverträgen einrichten, zumal, so Ewa Helias, der permanente Arbeitskräftemangel in der DDR die Arbeitsaufnahme erleichtert habe; teils unterhielten ostdeutsche Betriebe, insbesondere in der Grenzregion, offenbar eigene Vertreter für die Arbeitskräfteanwerbung in Polen.[57]

Inhaltliche Schwerpunkte der entsprechenden Beiträge sind Ausländerpolitik, Entstehung und Hintergründe der Vertragsarbeit sowie Lebens- und Arbeitsbedingungen der Vertragsarbeiter. Da letztere durch die bilateralen Abkommen und Rahmenrichtlinien sehr genau geregelt wurden, folgen die Untersuchungen stark der Struktur der Verträge. Entsprechend werden Punkte wie Einstellung, Einreise, Aus- und Weiterbildung, Einsatz, Lohn, Sozialversicherung, Unterbringung, Kontrolle,

Religion, Organisation, Krankheit, Schwangerschaft, Freizeit, Ehe, Urlaub und Warenausfuhr untersucht.[58] Dies geschieht in enger Orientierung am Wortlaut der Texte der Abkommen und Richtlinien. Zum anderen wird durch Auswertung von Interviews analysiert, wie sich diese objektiven Bedingungen in subjektiven Erfahrungen und Wahrnehmungen niedergeschlagen haben. Einen dritten inhaltlichen Schwerpunkt bilden die Kontakte zwischen Vertragsarbeitern und DDR-Bevölkerung sowie Fremdenfeindlichkeit.

Leitende Fragestellungen finden sich indes in den Beiträgen zur Arbeitsmigration kaum. Ausnahmen sind die Untersuchungen von Mac Con Uladh, der explizit fragt, wie unter den Bedingungen von Regelungen, Kontrollen und Vorschriften versucht wurde, ein eigenes, selbstbestimmtes Leben zu führen, sowie von Annegret Schüle, die untersucht, ob die Integration der ausländischen Vertragsarbeiter als weitere politische Zumutung verstanden und mit Distanz beantwortet wurde oder ob es zur Aufnahme in eine familiarisierte Gruppe kam. Schließlich setzt auch Almut Riedels Interesse an den Motiven und Prioritätensetzungen algerischer Migranten in der DDR mit einer klar benannten Forschungsfrage an.[59] Ungeachtet der oft geringen analytischen Schärfe zeichnen sich die Einzelstudien zur Arbeitsmigration, wie die Überblicksdarstellungen auch, auf der Faktenebene durch eine hohe Informationsdichte aus. Zugespitzte Thesen oder kontroverse Interpretationen wie bei Elsner/Elsner finden sich daher nicht,[60] wenngleich einige abweichende Punkte durchaus Implikationen für Darstellung oder Interpretation nach sich ziehen.

So wird etwa der zeitliche Beginn der Vertragsarbeit bisweilen verblüffend unterschiedlich datiert, entweder mit der Anwerbung polnischer Arbeitskräfte 1963 oder mit dem Abkommen mit Ungarn 1967.[61] Ebenso werden Motivationen für Vertragsarbeit und die Rolle der Ausbildung in den Abkommen unterschiedlich bewertet, abhängig v. a. davon, welcher Zeitabschnitt in den Blick genommen wird. Jene Autoren, die sich auf die letzte Phase der verstärkten Anwerbung ab Mitte der 1980er Jahre beschränken, kommen dabei zu deutlich negativeren Ergebnissen und schätzen die Ausbildung der Vertragsarbeiter weder als Zielsetzung noch in der Praxis als relevante Größe ein. So räumen Müggenburg und Paul der Mitgliedschaft im Rat für Gegenseitige Wirtschaftshilfe (RGW) anfangs durchaus eine gewisse konstruktive Bedeutung ein, und Paul erkennt in den Verpflichtungen aus dem »sozialistischem Internationalismus« zumindest zu Beginn einen ernst zu nehmenden Grund für die Anwerbung ausländischer Arbeitskräfte.[62] Demgegenüber sieht eine ganze Reihe von Autoren allein im Arbeitskräftemangel den ausschlaggebenden Grund der Anwerbung. Für die 1980er Jahre besteht indes ein breiter Konsens darüber, dass spätestens ab Mitte des Jahrzehnts allein die Arbeitskraftbeschaffung im Vordergrund gestanden habe.

Spiegelbildlich dazu wird die proklamierte Ausbildungsabsicht der DDR bewertet. Während Paul die ersten bilateralen Abkommen mit Polen, Ungarn, Bulgarien noch v. a. als Beitrag zur Entwicklung von Qualifikationsprogrammen zur Ausgleichung der Entwicklungsdifferenzen im RGW-Raum wertet,[63] schreibt Sandra Gruner-Domić, dass »Ausländer unter dem Vorwand Ausbildung angeworben«[64]

worden sein. Beiden gemeinsam ist der starke Fokus auf das Aufnahmeland. Rita Röhr hingegen bezieht die Rolle der Entsendeländer in ihre Abwägung ein und kommt zu dem Ergebnis, dass diese »auch einen Vorteil aus der Entsendung ihrer Arbeitskräfte zu ziehen gedachten«. Und als eben solchen habe die DDR eine anerkannte Qualifizierung anbieten können, sodass »genau dieser Punkt in weiteren Verhandlungen und Abkommen besonders herausgestrichen worden« sei.[65] Zwar widersprechen sich diese Beobachtungen im Grunde nicht, zeigen aber doch deutliche Unterschiede in der Nuancierung.

Generell wird die Rolle der Entsendeländer sehr unterschiedlich stark berücksichtigt und zieht teils unweigerlich ein unvollständiges Bild nach sich, da die jeweils getroffenen Regelungen nur abhängig vom spezifischen Verhältnis zwischen der DDR und dem Entsendeland zu verstehen sind.[66] Durch unscharfe Generalisierungen entsteht dadurch bisweilen ein verzerrtes Bild. Symptomatisch ist dabei die fast durchgängige Erwähnung des Umstandes, dass die Verträge geheim gehalten wurden. Im Fall der Verhandlungen mit Polen war jedoch die Informationssperre von der polnischen Seite eine wesentliche Bedingung für einen Vertragsabschluss, da dieser innenpolitisch umstritten war und die Warschauer Parteiführung auch an einer halböffentlichen Debatte kein Interesse hatte, wie Röhr explizit darlegt.[67]

Eine erhebliche Varianz kennzeichnet die Schilderung der Lebensbedingungen der Vertragsarbeiter und dies inhaltlich wie sprachlich, insbesondere dort, wo es um die Punkte Unterbringung und Kontrolle geht. Während zum Beispiel Marburger, Helbig und Kienast berichten, dass das Minimum der geforderten fünf Quadratmeter in der Regel überschritten, die Wohnbedingungen von Vertragsarbeitern zunächst vielfach als ausreichend bis luxuriös empfunden und erst im Vergleich mit Wohnbedingungen der DDR-Bürger kritisch gesehen worden seien, spricht Bröskamp mit sichtlich kritischem Ton von »Fünf Quadratmeter[n] DDR«.[68] Helbig und Riesner kommen nach der Auswertung von Interviews zu dem Ergebnis, dass die Unterbringung im Wohnheim ambivalent wahrgenommen wurde – einerseits als Einschränkung, andererseits habe es dort aber auch enge Kontakte zu Landsleuten und soziale Geborgenheit gegeben.[69]

Das Leben der Vertragsarbeiter war auf dem Papier bis ins letzte Detail geregelt. Damit war eine starke Kontrolle im Betrieb wie im Wohnheim verbunden, die von allen Autoren angesprochen, jedoch verschieden eingeordnet wird. Wiederum macht sich dabei bemerkbar, ob und in welchem Maße die Rolle der Entsendeländer einbezogen wird: So habe etwa in einigen Fällen die Beschneidung oder Unterbindung von Kontakten zwischen ausländischen Arbeitern und DDR-Bürgern nicht nur auf Wunsch der SED, sondern auch der Regierung des Entsendelandes stattgefunden. Dadurch habe sich sogar eine doppelte Kontrolle ergeben: durch die DDR-Behörden und jene des Herkunftslandes.[70] Abseits von zwischenstaatlichen Regelungen betonen andere Autoren Formen der Selbstbehauptung und Widerständigkeit unter Vertragsarbeitern.[71] So konstatiert Dennis, dass die vietnamesischen Einwanderer spezielle Strategien zur Selbstbehauptung entwickelt und die strenge Heimordnung etwa durch nebenberufliche Tätigkeiten umgangen hätten.[72] Mac Con Uladh hält zudem fest, dass die in den Verträgen geplante Form der Kontrolle den DDR-Behörden (und zum Teil den Botschaften der Entsendeländer) in der Realität überhaupt nicht möglich gewesen sei. Denn »als ›Subjekte sozialen Handelns‹ waren Vertragsarbeiter, genau wie die DDR-Bevölkerung, zumindest teilweise in der Lage, die Bedingungen und Grenzen der DDR-Gesellschaft zu erkennen und in ihnen eigenständig zu handeln«[73]. Von unkontrollierten Besuchen in den Wohnheimen und nicht durchsetzbaren Wohnheimordnungen spricht auch Feige. So habe das Wachpersonal – beinahe klischeehaft – Vietnamesen nur schwer auseinanderhalten können, wodurch die Möglichkeit des illegalen Aufenthaltes in der DDR für viele der ausreisepflichtigen Vietnamesen bestanden habe.[74]

Kinder und Jugendliche, Studenten, Politische Emigranten

Abschließend sollen die Beiträge zu jenen anderen Migrationsformen in der DDR untersucht werden, die sich nicht ohne Weiteres den größeren Themenfeldern zuordnen lassen. Diese Kategorie ist – gerade vor dem Hintergrund, dass entgegen der Selbstdarstellung der DDR Arbeitsmigration den Normalfall darstellte –, hier als notwendig disparater Sammelbegriff zu verstehen. Entsprechend unsystematisch und gewissermaßen zufällig stellt sich das inhaltliche Profil dar.

Bei den Untersuchungen zu Kindern und Jugendlichen – insgesamt fünf Beiträgen von 1999 bis 2005 – handelt es sich um Fallstudien zum »SWAPO-Kinderheim« in Bellin für namibische Kinder sowie zur »Schule der Freundschaft« für mosambikanische Kinder und Jugendliche in Staßfurt. Diese sogenannten »DDR-Kinder« waren nach der Wende zeitweise Gegenstand größerer Aufmerksamkeit und sind es teils noch heute.[75] Quellengrundlage bildet bei allen Arbeiten in erster Linie Archivmaterial, hinzu kommen Zeitzeugeninterviews. Weiterhin werden regelmäßig Medienberichte einbezogen, ein Beitrag stützt sich auf die veröffentlichte Lebensgeschichte zweier Kinder.[76] Uta Rüchel, die gleich drei der fünf Beiträge verfasst hat,[77] thematisiert das Problem subjektiver Wahrnehmung und Erinnerung und weist darauf hin, dass Interviews und Archivmaterial sich zwar ergänzten, allerdings noch immer kein vollständiges Bild ergäben.[78] Zusätzliche Probleme, die daraus resultierten, dass für eine der Studien auf Interviews mit Zeitzeugen verzichtet werden musste, führten zu einer unvermeidbaren, wiederum offengelegten Einseitigkeit der Perspektive, da die Akten ausnahmslos die Behördensicht, kaum aber die der beteiligten Jugendlichen und Pädagogen wiedergäben. Deren Erfahrungen könnten somit nicht rekonstruiert werden.[79] Inhaltlich geht es in der Studie über die mosambikanischen Kinder, vornehmlich um eine sehr detaillierte Erfassung des Projekts »Schule der Freundschaft«, mit Blick auf die namibischen Kindern hingegen gilt Rüchels Interesse der Frage, wie das Zusammenleben von Deutschen und Namibiern funktionierte. Sie kommt u. a. zu dem Ergebnis, dass die Mitarbeiter im Heim sowie Lehrer und Bevölkerung nicht hinreichend vorbereitet gewesen seien und es kein gleichberechtigtes Miteinander gegeben habe. Zwar sei materiell für alles gesorgt und ebenso alles geregelt gewesen, doch für differente und individuelle Entwicklung hätten die Heime buchstäblich keinen Raum gelassen.[80] Darin deckt sich Rüchels Analyse mit jener Susanne Timms, dass das Heim vornehmlich als organisatorisch zu bewältigende Aufgabe gesehen worden sei.[81]

Constance Kenna, die durch eine zufällige persönliche Begegnung zu ihrem Untersuchungsgegenstand »SWAPO-Kinderheim« gekommen ist, macht Angaben zum Entstehungszusammenhang der Interviews, ferner werden verwendete Literatur, Filme und Medien-Berichte sowie die benutzen Archive aufgelistet. In ihrem einführenden Text fehlen jedoch Quellenangaben.[82] Kenna bleibt vornehmlich auf einer deskriptiven und illustrativen Ebene, ohne eine leitende Fragestellung zu entwickeln. Im ersten Teil ihres Bandes klärt sie zunächst die historischen Zusammenhänge und geht in der Folge auf Zahlen, Institutionen, Verwaltungsstrukturen, Lehrplan und Programm, Freizeitaktivitäten, Repatriierung und mediale Berichterstattung ein. Es folgen Erinnerungen in Form von Texten oder Briefen ehemaliger »DDR-Kinder«, Erzieherinnen oder Lehrerinnen. Rüchel kommt derweil zu dem Schluss, dass das SWAPO-Kinderheim nur »geringes Generalisierungspotential für Migrationsphänomene in der DDR« biete: Zu spezifisch seien die Erfahrungen der hier untergebrachten Kinder gewesen und selbst mit jenen der Jugendlichen in der »Schule der Freundschaft« kaum vergleichbar.[83]

Den ausländischen Studenten widmen sich im Kern nur zwei eigenständige Publikationen, wiewohl diese, in der DDR-Öffentlichkeit hoch profilierte Gruppe auch in verschiedenen Überblicksdarstellungen Erwähnung findet. Die Beiträge von Mac Con Uladh sowie Schmelz stammen aus dem Jahr 2005 und basieren auf der Auswertung von Archivmaterial respektive auf einem *Oral-History*-Projekt.[84] Während beide Autoren von einem politischen Doppelcharakter des Ausländerstudiums sprechen – zum einen sei der Aufenthalt offizieller Ausdruck »sozialistischer Solidarität« und »proletarischen Internationalismus«, zugleich aber mit diplomatischen, politischen und handelspolitischen Kalkülen verbunden gewesen –, beleuchten sie jedoch inhaltlich verschiedene Aspekte, sodass die Ergebnisse kaum vergleichbar, dafür aber komplementär ausfallen. Mac Con Uladh beschränkt sich auf den Zeitabschnitt bis 1970 und argumentiert, dass die Segregation ausländischer und deutscher Studenten ursprünglich nicht intendiert, sondern eine unerwartete Nebenwirkung des staatlichen Regelungsanspruchs gewesen sei.[85] Schmelz folgt derweil in ihrer Studie dem Schema der Darstellungen zur Arbeitsmigration und untersucht Ausländerpolitik, Lebensbedingungen und Kontakte beziehungsweise Integration. Da kein System für Nachkontakte wie Alumni-Netzwerke o. ä. bestehe, sei es indes sehr schwierig, den Lebensweg nach der Studienzeit nachzuvollziehen, um so die Bedeutung des Studiums in der DDR für Transfer und Verflechtung einschätzen zu können. Zum anderen ist nach Schmelz bis heute nicht geklärt, in welchem Umfang kostenfreie Studienplätze für Entwicklungsländer angeboten sowie ob und welche Gegenleistungen erbracht wurden.[86]

Quantitativ weitaus mehr öffentliche Beachtung als die Vertragsarbeiter haben auch die politischen Emigranten erfahren, und so widmen sich diesen gleich neun

Forschungsbeiträge, davon indes allein sechs aus der Feder von Patrice Poutrus, der das Forschungsfeld maßgeblich geprägt hat. Poutrus hat sich dem Thema sowohl aus der übergreifenden, komparativen Perspektive einer Geschichte des politischen Asyls – auch im Vergleich zur Entwicklung in der BRD – und zum anderen über einzelne Gruppen politischer Emigranten aus Griechenland, Spanien und Chile gewidmet[87] sowie einen thematisch angelagerten Beitrag über die algerischen Flüchtlinge verfasst. Trotz der insgesamt geringen Personenzahl misst Poutrus exemplarischen Arbeiten über die politischen Emigranten ein besonderes heuristisches Potenzial bei und dies aus zwei Gründen: Zum einen sei ihre Anwesenheit stets an die regierungsseitige Sanktionierung des SED-Staates gebunden und damit ein Politikum gewesen; zum anderen habe es bei diesen Gruppen keine kasernierte Unterbringung gegeben, sodass ein gemeinsamer Alltag mit DDR-Bürgern wenigstens möglich gewesen sei.[88] Einen weiteren Beitrag zu den chilenischen Emigranten, der auf – allerdings kaum spezifiziertem –Interviewmaterial basiert, hat Jobst Maurin beigesteuert.[89]

Den Untersuchungen zu den spanischen und griechischen Emigranten kommt indes auch über die unmittelbare Migrationsgeschichte Bedeutung zu, verweisen sie doch auf ein größeres Forschungsdesiderat, das Stefan Troebst identifiziert hat. Dieser erkennt ein zentrales Defizit der Nach-Wende-Forschung zur DDR in der mangelnden Verknüpfung der DDR-Historie mit der osteuropäischen und sowjetischen Geschichte. So fehle bislang jede Einordnung des Exils in die DDR, die im Fall der griechischen Sozialisten unter den Warschauer-Pakt-Staaten nur den geringsten Teil der Flüchtlinge aufnahm, in das größere Bild des sowjetischen Machtblocks.[90] Bei beiden Emigrantengruppen stellen sich jedoch Schwierigkeiten mit der Quellenlage, und insbesondere bei den spanischen Emigranten können zentrale Sachverhalte wie Emigrationsinitiative und Erwartungslage (»Pull-Faktoren«) nicht geklärt werden,[91] während bei den griechischen Emigranten vornehmlich für die Anfangsjahre aussagekräftige statistische Angaben fehlen.[92]

Inhaltlich beschäftigen sich alle Autoren mit Themenfeldern wie Ausländerpolitik, Aufnahme, Lebensbedingungen und Alltagserfahrung, aber auch die politischen Umstände im Heimatland und der Einfluss auf das Leben in der DDR und auf die Politik der SED werden untersucht, v. a. in Troebsts Studie zu den griechischen Emigranten und Poutrus' Arbeit über die algerischen Flüchtlinge.[93] Poutrus bezieht zudem stärker als die anderen Autoren die Haltung der DDR-Bevölkerung ein und charakterisiert diese mit Distanz und Skepsis, da die politischen Emigranten als »privilegierte Abgesandte der Staatspartei« wahrgenommen worden seien, gleichwohl »sich im Einzelfall sowohl Distanz zum Regime und Sympathie für die Fremden als auch die entgegengesetzte Haltung ›eigen-sinnig‹ verbinden bzw. wechselseitig verstärken konnten«.[94] Konsens besteht indes darüber, dass die Politik der SED bezüglich der politischen Emigranten ambivalent und diskrepant war und damit die insgesamt widersprüchlichen und fragilen Grundlagen der SED-Herrschaft und ihres Selbstbildes gespiegelt habe. So standen sich misstrauische Kontrollen und große Sympathien gegenüber, eine permanente Rückkehrorientierung widersprach der erwarteten problemlosen Eingliederung. Am Beispiel der jugendlichen griechischen Flüchtlinge wird gezeigt, dass diese einerseits zu »Griechen« erzogen, ihnen aber andererseits eine dezidiert griechische Selbstdarstellung auf kollektiver Ebene und im öffentlichen Raum nicht zugestanden wurde.[95]

Zusammenführung der Befunde und Schlussbemerkungen

In beiden deutschen Staaten lange übersehen, wurde das Thema »Migration in der DDR« unmittelbar nach der Wende durch einige wenige Publikationen auf die Agenda der historischen Forschung gesetzt. In erster Linie wurde aus einem »Informationsbedarf« heraus publiziert und mit dem vorrangigen Anliegen, einen Überblick über Ausmaß und Eigenarten der Einwanderung in die DDR zu erhalten. Dies war ganz offensichtlich den politischen Ereignissen und einem rasch wachsenden Handlungsdruck geschuldet. Die Frage, wie das komplizierte Geflecht von politischem Asyl, Anwerbeabkommen und Alltagsmigration von Pendlern im wiedervereinigten Deutschland auf der einen Seite und die rapide zunehmende fremdenfeindliche Gewalt, die in erster Linie als ostdeutsches Problem wahrgenommen wurde, auf der anderen Seite gelöst werden sollten, motivierte sichtlich die Mehrzahl der frühen Studien. Symptomatisch war dabei die im Band von Irene Runge von 1990 formulierte Zielsetzung, ihre Arbeit als Beitrag zur öffentlichen Diskussion um die deutsche Ausländerpolitik zu verstehen.[96] Es ist davon auszugehen, dass in diesem Kontext eine weit größere Zahl an Diskussionsbeiträgen und vornehmlich Grauer Literatur, insbesondere aus den Institutionen der Ausländerarbeit, erschienen ist, die im Rahmen der vorliegenden Untersuchung nicht lückenlos recherchiert werden konnte.

Eine grundsätzliche Neuorientierung, v. a. mit Blick auf die wissenschaftliche Qualität, fällt in etwa mit der Jahrtausendwende zusammen. Nach 2000 sind die Beiträge durch zunehmend spezifische, inhaltlich und methodisch differenziertere Themenbereiche und Fragestellungen gekennzeichnet.[97] Die Autoren beziehen sich nun konkreter auf Forschungsdefizite, der Blick geht in Richtung kleinerer, präziser ausgeleuchteter Themenbereiche, und die Quellenvielfalt sowie der Reflexionsgrad ihrer Handhabung nehmen zu. Als wichtiger Motor tritt in dieser Phase das ZZF auf, ferner werden erste Ergebnisse einzelner Dissertationsprojekte vorgelegt. Damit wird insgesamt deutlich, wie sehr Publikationslage und Erscheinungsdichte mit wissenschaftlichen Konjunkturen und Dynamiken zusammenhängen, die nicht zuletzt auch einen gewissen *time lag* zwischen Projektkonzeption und Ergebnispräsentation bedingen. In diesem Interimszeitraum wird entsprechend die ältere Literatur, ungeachtet ihrer eingeschränkten empirischen Belastbarkeit und analytischen Durchdringung, regelmäßig weiter herangezogen. Diese inhaltliche Entwicklung spiegelt sich auch in der Zusammensetzung der Bearbeiter. Prägen insbesondere in der Anfangszeit oft persönlicher Bezug und Betroffenheit den Zugang zum Thema, so treten an diese Stelle Qualifikationsarbeiten und Forschungsfragen als Motivation, sodass auch auf dieser Ebene der Trend zur inhaltlichen Historisierung mit jenem zur formalen wie personellen Verwissenschaftlichung einhergeht.

Ein weiterer wesentlicher Befund des Forschungsüberblicks ist die teilweise problematische Quellenverwendung. Neben Sekundärliteratur liefern v. a. Interviews, Dokumente und Archivmaterial wichtige Quellen, doch insbesondere die Arbeit mit Zeitzeugen ist häufig durch methodische Schwächen wie spärliche formale Angaben zu Entstehungskontext, Auswahl und Erkenntnisgrenzen gekennzeichnet; Quellenqualität und -kritik bleiben entsprechend intransparent bzw. unterreflektiert. Profunde Überlegungen wie bei Uta Rüchel, die mit Blick auf interviewte DDR-Bürger diskutiert, dass und wie im Interview die eigene biografische Kohärenz und »Normalität« durch thematisierte Umbrüche infrage gestellt sowie – teils als Folge – vieles vergessen, verdrängt und neu zusammengefügt werde, sind allzu selten.[98] Aber auch hinsichtlich der interviewten ehemaligen Einwanderer drängen sich vielfach Fragen auf. So wird in zahlreichen Beiträgen von unzureichenden Sprachkenntnissen zum Beispiel der Vertragsarbeiter gesprochen. Zumindest dort, wo keine anderen Angaben gemacht werden und davon ausgegangen werden muss, dass die Interviews auf Deutsch geführt wurden, stellt sich zwangsläufig die Frage, was dies zum einen für die Interviews, aber auch für die Auswahl der Interviewpartner bedeutet. Auffällig ist etwa, dass sich viele Zeitzeugengespräche auf in Deutschland gebliebene und/oder auf jene Vertragsarbeiter, die noch kurz vor der Wende kamen, beschränken. Welchen Einfluss dies auf die Ergebnisse hat, bleibt auf Basis der vorliegenden Literatur unklar, weckt aber zumindest Zweifel an der Reichweite der Thesen. Dies bedeutet jedoch nicht, dass die Auswertung schriftlicher Dokumente und Archivmaterials in höherem Maße methodisch problematisiert wird. So führt die textgebundene Interpretation der Abkommen und Rahmenbedingungen fast notwendig zu der Schlussfolgerung, dass das Vertragsarbeiterleben bis zum letzten Detail von DDR-Behörden bestimmt und kontrolliert wurde.[99] Dabei geraten jedoch sowohl die Verzerrungen der Offizialperspektive derartiger DDR-Dokumente aus dem Blick wie auch die Diskrepanzen zwischen Normierung und Umsetzung. Für die Berücksichtigung der Akteursqualität von Migranten, wie sie etwa Richter und Richter stärker einfordern, bleibt in solchen Darstellungen entsprechend wenig Platz.

Ein weiteres Problem ergibt sich aus den vielfältigen inhaltlichen und personellen Überschneidungen innerhalb des Forschungsfeldes. Insbesondere in den Beiträgen zur (Arbeits-)Migration aus den 1990er Jahren zeigt sich ein intensiver, wechselseitiger Bezug, der im Ergebnis die Quellenvielfalt reduziert und zu Zirkelschlüssen führt. Dass auch die später erschienenen Beiträge vielfach nicht ohne den Bezug auf diese Pionierpublikationen auskommen, zeigt überdies, wie klein das Forschungsfeld tatsächlich ist. Andererseits mag es auch ein Hinweis darauf sein, dass trotz der genannten Quellen- und Methodenprobleme ein Teil der Ergebnisse sich als im Kern belastbar erwiesen hat. Gleichwohl zeigt die bibliografische Analyse unzweifelhaft, dass trotz der Tendenzen zur inhaltlichen, theoretischen und methodischen Ausdifferenzierung – etwa mithilfe spezifischer Themenbereiche – der Autorenkreis und mit ihm letztlich die Bandbreite des Forschungsstandes erheblich geringer sind als es der erste, quantitative Eindruck vermuten lässt. Dieser Effekt wird noch dadurch verstärkt, dass mit Ausnahme jener Arbeiten, die sich den politischen Exilanten widmen, teils auch in den Beiträgen zu polnischen Migranten in der DDR, kaum auf Literatur aus dem jeweiligen Entsendeland zurückgegriffen wird.

Ein weiteres Manko des Forschungsstandes – erneut mit einer Differenzierung zwischen Arbeiten aus dem ersten Jahrzehnt und den seitdem folgenden Studien – ist in der vornehmlich deskriptiven Darstellungsweise zu sehen. Die analysierten Beiträge weisen zwar eine hohe Informationsdichte auf der ereignisgeschichtlichen Ebene auf, kommen aber vielfach ohne ausgewiesene Fragestellung aus und entwickeln daher insgesamt wenig Potenzial für Thesen und Kontroversen. Allenfalls die Rolle der Entsendeländer in den Phasen der Arbeitsmigration und die Frage nach dem Stellenwert der Qualifizierung und dem Know-how-Transfer in die Entsendeländer ist Gegenstand unterschiedlicher Betrachtungen. Auch die letztlich wenigen, sprachlich polarisierenden Zuspitzungen wie etwa der Begriff der »Ghettoisierung«[100] bezüglich der Wohnbedingungen der Vertragsarbeiter, der impliziert, dass die Wohnheime abgeschottete, soziale Brennpunkte gewesen seien, haben kaum expliziten Widerspruch hervorgerufen.[101]

Wo steht also die Forschung zur »Migration in der DDR«, verglichen mit der Migrationsforschung in der BRD? Im Vergleich zur Bundesrepublik wies die DDR einen geringeren Anteil an Ausländern auf, sodass quantitative Vergleiche weitgehend ausgeschlossen scheinen.[102] Zudem fand eine Migrationsforschung, die sich den Ausländern auf dem Gebiet der DDR widmete, vor 1989 schlicht nicht statt. Und auch nach der Wende waren die wenigen verbliebenen Einwanderer größtenteils unsichtbar für die Mehrheitsbevölkerung – ganz anders als im Vergleich zum westdeutschen Fall, wo das Herausbilden verstetigter Migration seit den 1970er Jahren eine bis heute nicht abreißende, wissenschaftliche wie politische Diskussion um Zuwanderung und Integration in Gang setzte. Damit ergibt sich zunächst ein völlig anderer Kontext, der sich bereits im Umfang der Forschung sichtbar niederschlägt.

Dennoch lassen sich einige Parallelen ziehen. Diese liegen einerseits auf dem Gebiet der Forschungsinitiativen und -motivation. So spielt in beiden Fällen Fremdenfeindlichkeit bzw. das Ziel, entsprechenden Vorurteilen wissenschaftlich gesicherte Erkenntnisse über den »Normalfall Migration«[103] entgegenzusetzen, eine wesentliche Rolle. Ferner teilen beide Forschungsdiskussionen zur Migration in der DDR wie zu jener in der BRD ihre starke Fokussierung auf die Arbeitsmigration; Forschungen zu Flucht und Asyl haben in beiden Fällen erst später eingesetzt und bislang nicht denselben Grad an Nuancierung und Tiefenschärfe erreicht. Auch die bezüglich der Migrationsforschung in der BRD geäußerte Kritik, allzu sehr auf den Staat sowie politische und rechtliche Rahmenbedingungen konzentriert zu sein, lässt sich auf die historischen und sozialwissenschaftlichen Studien zum ostdeutschen Fall übertragen. Auch hier könnte der Blick auf die Einwanderer als aktive, gestaltende Protagonisten mit *agency* vielschichtiger ausfallen, um nicht in die heuristische Falle des von Hedwig und Ralf Richter ausgemachten »Opfer-Plot[s]« zu tappen.[104] Dass ein Abweichen von den gängigen Pfaden der Betrachtung der Arbeitsmigration lohnend ist, zeigt sich bei Almut Riedel. In ihrer Dissertation zu algerischen Arbeitsmigranten kommt sie zu dem Ergebnis, dass die Arbeitswelt für die algerischen Arbeiter einen geringeren Stellenwert als angenommen besaß und die wichtigsten Erfolgserlebnisse die Beziehungen zu deutschen Frauen waren.[105]

Bei aller Kritik soll der bereits erzielte Mehrwert der hier analysierten Arbeiten nicht übersehen werden, die aus dem Randthema – das »Migration in der DDR« zweifelsohne nach wie vor ist – Erkenntnisse gewinnen, die eine zusätzliche Dimension für künftige Forschungsperspektiven gerade in der Historiografie zur DDR öffnen. Dieses Potenzial ist indes bislang ungenutzt geblieben. So sickert die Migrationsforschung bisher kaum in die DDR-Forschung als solche ein, was sich beim Blick in Überblicksdarstellungen zur Geschichte der DDR oder in entsprechende Handbücher leicht feststellen lässt. So findet sich zum Beispiel in Ulrich Mählerts *Kleine[r] Geschichte der DDR* zum Thema kein Wort, und auch in Stefan Wolles rund 400 Seiten starken, thematisch sehr umfassenden Darstellung zu *Alltag und Herrschaft in der DDR* mit zum Teil sehr speziellen Themen (»Vornamen im Sozialismus«) werden Ausländer nur unter dem Punkt Bevölkerungsentwicklung erwähnt.[106] Auch die Gesamtdarstellungen und Lehrbücher von Hermann Weber und Klaus Schroeder schweigen sich über die Politik und Praxis von Einwanderung aus.[107] Dies ist v. a. deswegen bedauerlich, weil das Potenzial auch einer quantitativ geringfügigen Migration, eine Spiegelfunktion für die DDR-Geschichte auszuüben – und zwar nicht nur für den gesellschaftlichen und politischen Umgang mit Fremden und Fremdheit, sondern auch für die allgemeine Bereiche der SED-Herrschaft wie Wirtschafts- oder Außenpolitik –, somit ungenutzt bleibt.

Ob sich dies mittelfristig ändern wird, scheint indes wenigstens fraglich angesichts der seit dem Jahr 2005 abebbenden Forschungskonjunktur. Andererseits – auch dies hat die vorliegende Untersuchung gezeigt – bietet sich nach wie vor eine Reihe von Themen(feldern) an, die in der bisherigen Forschung kaum Beachtung erfahren haben. Dies gilt insbesondere für eine noch zu leistende blockgeschichtliche Einordnung, wie sie Troebst im Fall der griechischen politischen Emigranten vorgenommen hat, aber auch für eine Erweiterung des Untersuchungsgegenstandes. So sind durch die Konzentration auf die große Gruppe der Vertragsarbeitnehmer jene ausländischen Arbeiter, die durch andere Formen der Kooperation in die DDR gelangten, bislang aus der Analyse herausgefallen, darunter auch die nicht unbeträchtliche Zahl der Polen, die ohne besondere Erlaubnis in der DDR arbeiten konnten und in der Grenzregion zum Teil gezielt angeworben wurden.[108] Wie diese Arbeitnehmer, möglicherweise im Unterschied zu ihren regierungsseitig angeworbenen Kollegen, die DDR erlebten und wie mit ihnen umgegangen wurde, scheinen lohnende Fragen zu sein. Damit im Zusammenhang steht auch der Aspekt, dass die bisher untersuchten Nationalitäten nur einen kleinen Ausschnitt der tatsächlichen Migration abdeckten. Von den Ausländern aus 39 Staaten haben vornehmlich jene aus Vietnam und Mosambik sowie Polen Beachtung erfahren, was den Größendimensionen ebenso geschuldet ist wie der Konzentration auf die letzte Phase der Ausländerbeschäftigung. Hingegen wird Ungarn, welches einen größeren Anteil an den Ausländern in der DDR stellte und quasi als Pionierland voranschritt, überwiegend nur kursorisch im Zusammenhang mit der Entwicklung der Ausländerbeschäfti gung erwähnt und auf einen bloßen Vorläuferstatus reduziert. Eine Reihe weiterer Staaten wird meist ebenfalls nur im Zusammenhang mit Abkommen und Verträgen angesprochen oder taucht in Statistiken auf, ohne dass Spezifika des Einsatzes – ganz zu schweigen von den Erfahrungen dieser Migranten – beleuchtet würden.[109] Zuletzt ist auch der Aspekt illegalen Aufenthaltes in der DDR bisher kein Thema einer vertieften Untersuchung gewesen, trotz entsprechender Anhaltspunkte.[110] Gerade für den Hochsicherheitsstaat DDR könnte dies jedoch eine instruktive Perspektive eröffnen.

Schließlich wäre eine deutlich stärkere interne soziale Differenzierung der Einwanderer wünschenswert. Kategorien wie Vertragsarbeiter, Studenten, Politische Emigranten suggerieren eine Homogenität, zusätzlich geordnet nach nationalen Gruppen, und implizieren einen gemeinsamen Erfahrungsschatz. So unabdingbar dies für eine Systematisierung sein mag, so verdeckt der Fokus auf die Makro-Ebene doch auch das Unterschiedliche und Individuelle der Migrationserfahrung. Alter und Geschlecht, Bildung und Beruf, Familienstand und regionale Herkunft sind nur einige Faktoren, die höchst verschiedene Erfahrungen bedingen und zu unterschiedlichen Problemen oder Chancen innerhalb der Unterkunft, des Betriebes, der Brigade usw. führen konnten. Ähnliches gilt für das Aufnahmeland: Auch der Zeitpunkt des Aufenthaltes und der gewählte Bezirk, die Branchen und Betriebe, stellen wesentliche Faktoren dar, die den Alltag der Eingewanderten bestimmten. Hier erscheinen v. a. mikrohistorische Ansätze lohnend und vielversprechend. Gerade diese sollten es zudem erlauben, Widerständigkeit und Eigen-Sinn von Migranten stärker in das Blickfeld zu rücken. Die Frage, ob und wie sich Ausländer in der DDR gegen das enge Korsett der Reglementierungen behaupteten, ist in weiten Teilen noch unbeantwortet. Notwendig ist die Hinwendung zu einer Perspektive auf die Ausländer als »Subjekte sozialen Handelns«. Nur so lässt sich, mit Annegret Schüle gesprochen, der Gefahr entgehen, die »paternalistische Herrschaftssicht historiographisch fortzuschreiben«.[111]

Anmerkungen

1 Vgl. weiterführend jeweils Thomas Ammer, Neuere Literatur zur DDR-Geschichte und Wiedervereinigung Deutschlands, in: Archiv für Sozialgeschichte 42 (2002), S. 438–446; Hermann Weber, Geschichte der DDR 1945–1990, 4., durchges. Aufl., München 2006, S. 121–213; Peggy Levitt/B. Nadya Jaworsky, Transnational Migration Studies: Past Developments and Future Trends, in: Annual Review of Sociology 33 (2007), S. 129–156; Jochen Oltmer, Migration im 19. und 20. Jahrhundert, München 2010, S. 61–125.

2 Vgl. Marianne Krüger-Potratz (Hrsg.), Anderssein gab es nicht: Ausländer und Minderheiten in der DDR, Münster u. a. 1991, S. 8–15.

3 Siehe dazu unten den Abschnitt »Textkorpus und methodisches Vorgehen«.

4 Ausführlichere, zum Teil auch kritische Ausführungen zum Forschungsstand finden sich bei Poutrus oder Schüle. Vgl. Patrice G. Poutrus, Zuflucht im Ausreiseland – Zur Geschichte des politischen Asyls in der DDR, in: Jahrbuch für Historische Kommunismusforschung (2004), S. 355–378; Annegret Schüle, Vertragsarbeiterinnen und -arbeiter in der DDR: »Gewährleistung des Prinzips der Gleichstellung und Nichtdiskriminierung«, in: 1999. Zeitschrift für Sozialgeschichte des 20. und 21. Jahrhunderts 17 (2002), S. 80–100.

5   Vgl. Harald Kleinschmidt, Menschen in Bewegung. Inhalte und Ziele historischer Migrationsforschung, Göttingen 2002, S. 13.

6   Vgl. Ulrich Herbert, Geschichte der Ausländerpolitik in Deutschland: Saisonarbeiter, Zwangsarbeiter, Gastarbeiter, Flüchtlinge, München 2003, S. 10.

7   Vgl. etwa Doris Dickel, Einwanderungs- und Asylpolitik der Vereinigten Staaten von Amerika, Frankreichs und der Bundesrepublik Deutschland. Eine vergleichende Studie der 1980er und 1990er Jahre, Opladen 2002.

8   Herbert, Geschichte der Ausländerpolitik, S. 9.

9   Vgl. Hedwig Richter/Ralf Richter, Der Opfer-Plot. Probleme und neue Felder der deutschen Arbeitsmigrationsforschung, in: Vierteljahrshefte für Zeitgeschichte 57 (2009), S. 97. Auch Keim konstatiert, dass die Perspektive der Migranten meist vernachlässigt wird und ein »einseitige[r] Blick auf Zuwanderer als problembelastete Objekte, denen es zu helfen gilt« (Sylvia Keim, »So richtig deutsch wird man nie sein …« – Junge Migrantinnen und Migranten in Deutschland. Zwischen Integration und Ausgrenzung, Frankfurt a.M. 2003, S. 28), vorherrscht.

10 Vgl. Richter/Richter, Opfer-Plot, S. 76.

11 Ebd., S. 96.

12 Jürgen Kocka, Vereinigungskrise. Zur Geschichte einer Gegenwart, Göttingen 1995, S. 124.

13 Vgl. Klaus Dieter Henke, DDR-Forschung seit 1990, in: Rainer Eppelmann/Bernd Faulenbach/Ulrich Mählert (Hrsg.), Bilanz und Perspektiven der DDR-Forschung, Paderborn/München 2003, S. 375.

14 Vgl. Kocka, Vereinigungskrise, S. 124.

15 Christoph Kleßmann, Zeitgeschichte als wissenschaftliche Aufklärung, in: Aus Politik und Zeitgeschichte B 51–52 (2002), S. 3–12, hier S. 5.

16 Vgl. Bernd Faulenbach, Nur eine »Fußnote« der Weltgeschichte?, in: Eppelmann/Faulenbach/Mählert, Bilanz, S. 1–23; Hubertus Knabe, Die Täter sind unter uns. Über das Schönreden der SED-Diktatur, 2. Aufl., Berlin 2007; Martin Sabrow/Irmgard Zündorf, Wohin treibt die DDR-Erinnerung? Dokumentation einer Debatte, Bonn 2007.

17 Siehe dazu den Beitrag von Alexander Goller in diesem Band.

18 Siehe hierzu Silke Satjukow, Besatzer. »Die Russen« in Deutschland 1945–1994, Göttingen 2008; Silke Satjukow, »Die Russen« in Deutschland, Erfurt 2009; Christian Th. Müller, »O' Sowjetmensch!« Die Beziehungen von sowjetischen Streitkräften und DDR-Gesellschaft zwischen Ritual und Alltag, in: Christian Th. Müller/Patrice G. Poutrus (Hrsg.), Ankunft – Alltag – Ausreise. Migration und interkulturelle Begegnung in der DDR-Gesellschaft, Köln/Weimar/Wien 2005, S. 17–134.

19 Vgl. etwa Leonel R. Cala Fuentes, Kubaner im realen Paradies. Ausländeralltag in der DDR, Berlin 2007; Lucia Engombe, Kind Nr. 95. Meine deutsch-afrikanische Odyssee, Berlin 2004.

20 Dopplungen infolge von Aufsatzauskopplungen aus Monografien, Übersetzungen oder inhaltsgleichen Beiträgen in verschiedenen Formaten wurden nach Möglichkeit aus der quantitativen Analyse ausgeschlossen, wenngleich eine scharfe Unterscheidung nicht in allen Fällen zu treffen war.

21 Graue Literatur wird häufig von Institutionen und Organisationen herausgegeben. Entscheidendes Kriterium ist die Zugänglichkeit, da sie oft nur direkt von den Herausgebern bezogen werden können und nicht im Buchhandel vertrieben werden. Die Einordnung ist in der Praxis allerdings nicht immer eindeutig.

22 Vgl. Jan C. Behrends/Thomas Lindenberger/Patrice G. Poutrus (Hrsg.), Fremde und Fremdsein in der DDR: zu historischen Ursachen der Fremdenfeindlichkeit in Ostdeutschland, Berlin 2003; Müller/ Poutrus, Ankunft.

23 Vgl. Karin Weiss/Mike Dennis (Hrsg.), Erfolg in der Nische. Die Vietnamesen in der DDR und in Ostdeutschland, Münster 2005; ferner Mike Dennis, Working under Hammer and Sickle. Vietnamese Workers in the German Democratic Republic, 1980–89, in: German Politics 16 (2007), S. 339–357, der im Wesentlichen die Ergebnisse des Sammelbandes zusammenfasst.

24 Informationszentrum Afrika u. a. (Hrsg.), Schwarz-Weiße Zeiten. AusländerInnen in Ostdeutschland vor und nach der Wende. Erfahrungen der Vertragsarbeiter aus Mosambik, Interviews – Berichte – Analysen, Bremen 1993, S. 10.

25 Uli Sextro, Gestern gebraucht – heute abgeschoben. Die innenpolitische Kontroverse um die Vertragsarbeitnehmer der ehemaligen DDR, Dresden 1996.

26 Rüchel, Zusammenleben, S. 7.

27 Vgl. Eva-Maria Elsner/Lothar Elsner, Ausländer und Ausländerpolitik in der DDR, Berlin 1992; Eva-Maria Elsner/Lothar Elsner, Zwischen Nationalismus und Internationalismus. Über Ausländer und Ausländerpolitik in der DDR 1949–1990. Darstellung und Dokumente, Rostock 1994.

28 Sandra Gruner-Domić, Zur Geschichte der Arbeitskräftemigration in der DDR. Die bilateralen Verträge zur Beschäftigung ausländischer Arbeiter (1961–1989), in: Internationale wissenschaftliche Korrespondenz 2 (1996), S. 204 und Poutrus, Zuflucht, S. 357.

29 Die Angabe bezieht sich auf die Grundgesamtheit von 40.

30 Die Motive divergieren dabei etwas. Sextro möchte angesichts der innenpolitischen Kontroverse um die Vertragsarbeiter »Licht in ein kompliziertes Kapitel bringen« (Sextro, Gestern, S. 5). Müggenburg spricht von Halbwissen und Fehlinformationen, die das Bild über ausländische Vertragsarbeiter verzerren (vgl. Andreas Müggenburg, Die ausländischen Vertragsarbeitnehmer in der ehemaligen DDR. Darstellung und Dokumentation, Berlin 1996, S. 5). Commichau äußert die Erwartung, Fremdenfeindlichkeit besser verstehen zu können, wenn mehr über Ausländer in der DDR bekannt ist (vgl. Imke Commichau, Ausländer in der DDR – die ungeliebte Minderheit, in: Deutschland-Archiv 9 (1990), S. 1432–1439).

31 Hier ist es v. a. Patrice G. Poutrus, der im Rahmen seines Post-Doc-Projekts »Die Politischen Emigranten. Eine sozialhistorische Studie zu Fremde und Fremd-Sein in der DDR« einige Einzelstudien vorgelegt hat.

32 Vgl. Patrice G. Poutrus, Die DDR, ein anderer deutscher Weg? Zum Umgang mit Ausländern im SED-Staat, in: Rosmarie Beier-de Haan (Hrsg.), Zuwanderungsland Deutschland. Migrationen 1500–2005, Berlin/Wolfratshausen 2005, S. 120–133.

33 Vgl. Constance Kenna (Hrsg.), Die »DDR-Kinder« von Namibia. Heimkehrer in ein fremdes Land, Göttingen/Windhoek 1999.

34 Das Thema »West-Ost-Migration« wird angesichts mangelnder quantitativer Signifikanz nicht weiter berücksichtigt, zumal es auch keine erkennbaren Schnittmengen mit den übrigen Beiträgen gibt. Nur bei Jajeśniak-Quast werden West-Ost-Migranten erwähnt, allerdings den »Politischen Emigranten« zugeordnet. Vgl. Dagmara Jajeśniak-Quast, »Proletarische Internationalität« ohne Gleichheit. Ausländische Arbeitskräfte in ausgewählten sozialistischen Großbetrieben, in: Müller/Poutrus, Ankunft, S. 267–294, hier S. 275. Die einschlägige Arbeit ist Andrea Schmelz, Migration und Politik im geteilten Deutschland während des Kalten Krieges. Die West-Ost-Migration in die DDR in den 1950er und 1960er Jahren, Opladen 2002.

35 Zwei Publikationen sind zwar thematisch allgemein gehalten, beschäftigen sich aber mit einer einzelnen Migrantengruppe und fallen an dieser Stelle daher aus dem Raster: Oliver Raendchen, Vietnamesen in der DDR: Ein Rückblick, Berlin 2000; Aleksandra Trzcielinska-Polus, Die Polen in der DDR und in den neuen Bundesländern, in: Heiner Timmermann (Hrsg.), Die DDR in Deutschland: Ein Rückblick auf 50 Jahre, Berlin 2001, S. 107–117.

36 So stehen beispielsweise 1993 bei Stach Hanns Thomä-Venske und Irene Runge im Literaturverzeichnis. Vgl. Andrzej Stach, Ausländer in der DDR – Ein Rückblick, in: Stach/Hussain, Ausländer, S. 4–25.

37 Elsner/Elsner schreiben 1992, dass die Lage der einschlägigen Kategorien von Ausländern bisher nicht exakt analysiert sei und einige neuere Publikationen nicht auf ausreichend empirischem Material basierten. Zudem werde die »solidarische und internationalistische Verhaltensweise von DDR-Bürgern in der Literatur nicht gewürdigt« (Elsner/Elsner, Ausländer, S. 37), womit sie sich explizit auf Krüger-Potratz beziehen.

38 Vgl. Saleh Hussain, Die Situation der Ausländer vor der Wende – Eine Übersicht, in: Stach/Hussain, Ausländer, S. 26–32.

39 Vgl. Poutrus, DDR, S. 1–15.

40 Hanns Thomä-Venske, Notizen zur Situation der Ausländer in der DDR, in: Zeitschrift für Ausländerrecht und Ausländerpolitik 10 (1990), S. 125–131, hier S. 126.

41 Vgl. Krüger-Potratz, Anderssein, S. 4.

42 Elsner/Elsner, Ausländer, S. 41.

43 Vgl. Stach, Ausländer; Hussain, Situation. Vgl. dazu den Beitrag von Maria Klessmann in diesem Band.

44 Siehe zum Beispiel Poutrus, DDR, S. 13. Der Beitrag von 2005 bezieht sich an dieser Stelle auf Elsner/Elsner und Stach.

45   Helga Marburger/Gisela Helbig/Eckhard Kienast, Situation der Vertragsarbeiter der ehemaligen DDR vor und nach der Wende, in: Helga Marburger (Hrsg.), »Und wir haben unseren Beitrag zur Volkswirtschaft geleistet«: eine aktuelle Bestandsaufnahme der Situation der Vertragsarbeitnehmer der ehemaligen DDR vor und nach der Wende, Frankfurt a.M. 1993, S. 5–8.

46   Müggenburg, Vertragsarbeitnehmer, S. 6.

47   Vgl. Marburger/Helbig/Kienast, Vertragsarbeiter, S. 15.

48   Vgl. Damian Mac Con Uladh, Alltagserfahrungen ausländischer Vertragsarbeiter in der DDR: Vietnamesen, Kubaner, Mozambikaner, Ungarn und andere, in: Weiss/Dennis, Erfolg, S. 51.

49   Vgl. Ahmed Farah, Internationale Solidarität oder Ausbeutung? Zur Lage der mosambikanischen VertragsarbeiterInnen der Ex-DDR vor und nach der Wende, in: Informationszentrum Afrika e.V u.a. (Hrsg.), Schwarz-Weiße, S. 35–40.

50   Vgl. Almut Riedel, Erfahrungen algerischer Arbeitsmigranten in der DDR: »hatten och Chancen, ehrlich!«, Opladen 1992. Vgl. auch ihren daraus hervorgegangenen Aufsatz Almut Riedel, Doppelter Sozialstatus, späte Adoleszenz und Protest. Algerische Vertragsarbeiter in der DDR, in: Kölner Zeitschrift für Soziologie und Sozialpsychologie 53 (2001), Nr. 5, S. 76–95.

51   Vgl. ebd., S. 4.

52   Vgl. Sandra Gruner-Domić, Kubanische Arbeitsmigration in die DDR 1978–1989: das Arbeitskräfteabkommen Kuba-DDR und dessen Realisierung, Berlin 1997.

53   Vgl. Annegret Schüle, »Die ham se sozusagen aus dem Busch geholt.« Die Wahrnehmung der Vertragsarbeitskräfte aus Schwarzafrika und Vietnam durch Deutsche im VEB Leipziger Baumwollspinnerei, in: Behrends/Lindenberger/Poutrus, Fremde, S. 309–324.

54   Feige, Vietnamesische Studenten, S. 3. Leider lässt er offen, um welche Details es sich handelt und ob diese dennoch in seine Arbeit mit eingeflossen sind.

55   Als einzige Autorin im Sample spricht Imke Commichau dabei von »Gastarbeitern«. Der westdeutsche Begriff wird unreflektiert übertragen, was dem frühen Publikationsdatum – 1990 – geschuldet sein mag. Vgl. Commichau, Ausländer, S. 1432–1439.

56   Vgl. Dirk Jasper, Ausländerbeschäftigung in der DDR, in: Krüger-Potratz, Anderssein, S. 155f.

57   Vgl. Ewa Helias, Polnische Arbeitnehmer in der DDR und der Bundesrepublik Deutschland, Berlin 1992, S. 13. An dieser Stelle sei auf die Tradition polnischer Saisonarbeit hingewiesen. Siehe hierzu weiterführend Herbert, Ausländerpolitik.

58   Siehe hierzu exemplarisch Susanne Paul, Inseldasein im fremden Land – Der rechtliche und soziale Status der Arbeitsmigranten in der DDR, in: Zeitschrift des Forschungsverbundes SED-Staat (1999), S. 59–67; Sandra Gruner-Domić, Beschäftigung statt Ausbildung. Ausländische Arbeiter und Arbeiterinnen in der DDR (1961–1989), in: Jan Motte/Rainer Ohliger/Anne von Oswald (Hrsg.), 50 Jahre Bundesrepublik. 50 Jahre Einwanderung. Nachkriegsgeschichte als Migrationsgeschichte, Frankfurt a.M./New York 1999, S. 215–240.

59   Vgl. Mac Con Uladh, Alltagserfahrungen; Schüle, Vertragsarbeitskräfte; Riedel, Erfahrungen.

60   Vgl. das Kapitel »Überblicksdarstellungen«.

61   So spricht sich Schüle (vgl. Schüle, Vertragsarbeiterinnen) für 1963 aus, Kuck für 1967 (vgl. Dennis Kuck, »Für den sozialistischen Aufbau ihrer Heimat?« Ausländische Vertragsarbeitskräfte in der DDR, in: Behrends/Lindenberger/Poutrus, Fremde, S. 245–256).

62   Vgl. Paul, Inseldasein, S. 59; Müggenburg, Vertragsarbeitnehmer.

63   Vgl. Paul, Inseldasein, S. 59.

64   Gruner-Domić, Arbeitskräftemigration, S. 228.

65   Rita Röhr, Polnische Arbeitskräfte in der DDR 1960–1970, in: Peter Hübner/Klaus Tenfelde (Hrsg.), Arbeiter in der SBZ-DDR, Essen 1999, S. 185–204, hier S. 188.

66   Vgl. Rita Röhr, Ideologie, Planwirtschaft und Akzeptanz. Die Beschäftigung polnischer Arbeitskräfte in Betrieben des Bezirkes Frankfurt/Oder, in: Behrends/Lindenberger/Poutrus, Fremde, S. 283–307, hier S. 285. Vgl. zu diesem Punkt auch den Beitrag von Mirjam Schulz in diesem Band.

67   Vgl. Röhr, Arbeitskräfte, S. 190.

68   Vgl. Marburger/Helbig/Kienast, Vertragsarbeiter, S. 23f.; Bernard Bröskamp, Vom Auswanderungs- zum Einwanderungsland. Die DDR, ihre Ausländer, die deutsche Wiedervereinigung und die Folgen, in: Informationszentrum Afrika e.V (Hrsg.), Schwarz-Weiße Zeiten, S. 20.

69 Vgl. Gisela Helbig/Silke Riesner, »Fragen Sie mich nicht nach meiner Perspektive in Vietnam – als geschiedene Frau habe ich dort keine!« Biographien vietnamesischer Vertragsarbeitnehmerinnen, in: Marburger, Beitrag, S. 89–104, hier S. 102.

70 Vgl. Schüle, Vertragsarbeiterinnen, S. 97.

71 Siehe dazu weiterführend die Arbeiten von Thomas Lindenberger, zum Beispiel: Thomas Lindenberger (Hrsg.), Herrschaft und Eigen-Sinn in der Diktatur. Studien zur Gesellschaftsgeschichte der DDR, Köln 1999.

72 Vgl. Mike Dennis, Die vietnamesischen Vertragsarbeiter und Vertragsarbeiterinnen in der DDR, 1980–1989, in: Weiss/Dennis, Erfolg, S. 15–49, hier S. 46.

73 Mac Con Uladh, Alltagserfahrungen, S. 51.

74 Vgl. Feige, Vietnamesische Studenten, S. 44.

75 Zuletzt Nadine Ahr, Die Ossis aus Namibia, in: Die Zeit Nr. 45 v. 4.11.2010. Ferner widmen sich Fernsehfilme den namibischen Kindern: http://www.zwei-berge.de/ (2007); http://www.omulaule.de/ (2003), letzter Zugriff: 17.11.2010.

76 Vgl. Susanne Timm, Das Kinderheim Bellin für namibische Flüchtlingskinder in der DDR, in: Deutschland-Archiv 38 (2005), Nr. 1, S. 77–84.

77 Ihre Studien zu den mosambikanischen und namibischen Kindern sind jeweils von dem Landesbeauftragten für die Unterlagen des Staatssicherheitsdienstes der ehemaligen DDR in Sachsen-Anhalt bzw. in Mecklenburg-Vorpommern herausgegeben worden. Während die erstgenannte Studie mit dem Ziel, ein Stück Lokalgeschichte zu erfassen, erarbeitet wurde, steht letztere Untersuchung in einem größeren Forschungszusammenhang zu bildungspolitischen Projekten der Entwicklungszusammenarbeit in der DDR. Vgl. Rüchel, Mosambikaner; Rüchel, SWAPO-Kinderheim. Die Studie zum SWAPO-Kinderheim erschien zudem in gekürzter Form als Aufsatz: Uta Rüchel, Zwischen Paternalismus und Solidarität: das SWAPO-Kinderheim in Bellin, in: Behrends/Lindenberger/Poutrus, Fremde, S. 225–244.

78 Vgl. Rüchel, SWAPO-Kinderheim, S. 6.

79 Vgl. Rüchel, Mosambikaner, S. 7.

80 Rüchel, SWAPO-Kinderheim, S. 64.

81 Vgl. Timm, Bellin, S. 83.

82 Vgl. Kenna, »DDR-Kinder«, S. 12–62.

83 Rüchel, SWAPO-Kinderheim, S. 7f.

84 Vgl. Andrea Schmelz, Bildungsmigration und Interkulturalität. Ausländische Studierende aus afrikanischen und asiatischen Ländern in Ostdeutschland vor und nach 1989, in: Deutschland-Archiv 38 (2005), Nr. 1, S. 84–92; Damian Mac Con Uladh, »Studium bei Freunden?« Ausländische Studierende in der DDR bis 1970, in: Müller/Poutrus, Ankunft, S. 175–220.

85 So weckten politische und Freizeitaktivitäten mancher ausländischer Studenten den Argwohn von Partei- und Staatsfunktionären und wurden als Anpassungsschwierigkeiten an die Lebensverhältnisse interpretiert. Zudem wurden die vermeintliche Verbreitung kultureller Werte des Westens (zur Schau gestellter Konsumismus, Westkontakte, Reisen nach Westberlin) und die Instrumentalisierung der DDR als Bühne für die Austragung politischer Konflikte des jeweiligen Herkunftslandes beanstandet. Auch binationale Partnerschaften galten als Problem. Vgl. Mac Con Uladh, Studierende.

86 Vgl. Mac Con Uladh, Studierende, S. 218; Schmelz, Bildungsmigration, S. 85.

87 Zwei aktuelle Dissertationsprojekte am Centre Marc Bloch und an der Humboldt-Universität zu Berlin widmen sich den spanischen (Aurélie Denoyer, vgl. den Beitrag in diesem Band) und griechischen (Maria Panoussi) Exilanten; zur chilenischen Emigration vgl. den Beitrag von Laura Amelie Haber in diesem Band.

88 Vgl. Poutrus, Zuflucht, S. 361.

89 Vgl. Jost Maurin, Flüchtlinge als politisches Instrument – Chilenische Emigranten in der DDR 1973–1989, in: Totalitarismus und Demokratie (2005), H. 2, S. 345–374.

90 Vgl. Stefan Troebst, »Grieche ohne Heimat« – Hellenische Bürgerkriegsflüchtlinge in der DDR 1949, in: Totalitarismus und Demokratie (2005), Nr. 2, S. 245–271, hier S. 249, 253.

91 So bezieht sich Kreienbrink auf die Ankunft einer Gruppe von aus Frankreich ausgewiesenen Spaniern im September 1950, ohne dass etwa klar wird, ob diese freiwillig den Weg in die DDR wählten. Weiterhin sei nicht klar, ob die Spanier vom MfS überwacht wurden. Schließlich gebe es auch Unklar-

heiten bezüglich des Verlaufs der Rückkehr sowie zum Gesamtumfang der spanischen Gruppe. Vgl. Axel Kreienbrink, Der Umgang mit den Flüchtlingen in der DDR am Beispiel der spanischen »politischen Emigranten«, in: Totalitarismus und Demokratie 2 (2005), Nr. 2, S. 317–334, hier S. 317. Siehe hierzu jetzt Aurélie Denoyers Zwischenergebnisse in diesem Band.

92   Vgl. Troebst, Grieche, S. 254.

93   Vgl. Troebst, Grieche; Patrice G. Poutrus, An den Grenzen des proletarischen Internationalismus, Algerische Flüchtlinge in der DDR, in: Zeitschrift für Geschichtswissenschaft 55 (2007), S. 162–178.

94   Poutrus, Umgang, S. 10.

95   Vgl. Poutrus Zuflucht; Maurin, Flüchtlinge; Kreienbrink, Umgang.

96   Vgl. Runge, Ausland DDR.

97   Gleichwohl hat es Ansätze zu spezifischen Fragestellungen schon kurz nach der Wende gegeben, wie beispielsweise die Dissertation von Almut Riedel aus dem Jahr 1992. Vgl. Riedel, Erfahrungen.

98   Vgl. das Kapitel »Kinder und Jugendliche, Studenten, Politische Emigranten«.

99   Vgl. Mac Con Uladh, Alltagserfahrungen, S. 51.

100   Vgl. das Kapitel »Überblicksdarstellungen«.

101   Vgl. aber den Beitrag von Maria Klessmann in diesem Band.

102   Ausnahmen sind hier wiederum die jeweiligen Besatzungstruppen, partiell auch die politischen Emigranten.

103   Klaus Bade/Jochen Oltmer, Normalfall Migration: Deutschland im 20. und frühen 21. Jahrhundert, Bonn 2004.

104   Richter/Richter, Opfer-Plot.

105   Vgl. Riedel, Erfahrungen.

106   Vgl. Stefan Wolle, Die heile Welt der Diktatur. Alltag und Herrschaft in der DDR 1971–1989, Berlin 1998, S. 172; Ulrich Mählert, Kleine Geschichte der DDR, 5., überarb. Aufl., München 2007.

107   Hermann Weber, Die DDR 1945–1990, 4., durchges. Aufl., München 2006; Klaus Schroeder, Der SED-Staat. Geschichte und Strukturen der DDR, München 1998; knapp hingegen bei Arnd Bauernkämper, Die Sozialgeschichte der DDR, München 2005, S. 89–95. Bei der Recherche konnten ferner kleinere Beiträge in Überblicksdarstellungen zur Migration in Deutschland ausgemacht werden, so zum Beispiel bei Bade/Oltmer, Normalfall; bei Jochen Oltmer, Migration im 20. Jahrhundert, München 2010, S. 54f. oder Klaus J. Bade/Pieter C. Emmer/Leo Lucassen u. a. (Hrsg.), Enzyklopädie Migration in Europa. Vom 17. Jahrhundert bis zur Gegenwart, Paderborn/München/Wien u. a. 2007. Etwas versteckt, unter dem Punkt »Ausländerpolitik nach der Wiedervereinigung: die Asylkampagne«, finden sich auch bei Ulrich Herbert einige knappe Bemerkungen. Vgl. Herbert, Ausländerpolitik, S. 296f.

108   Vgl. oben den Abschnitt »Arbeitsmigration« sowie den Beitrag von Anja Strnad in diesem Band.

109   Zudem gab es auch westeuropäische Ausländer in der DDR, über sie erfährt man allerdings, wenn überhaupt, nur den zahlenmäßigen Anteil. An dieser Stelle ist einschränkend festzustellen, dass in diesem Rahmen nur die deutschsprachige Forschung berücksichtigt wurde und daher nicht abgeschätzt werden kann, welche Arbeiten in den Entsendeländern vorliegen.

110   Siehe oben im Abschnitt »Arbeitsmigration«.

111   Schüle, Vertragsarbeiterinnen, S. 99.

Anhang

Abkürzungen

AAC	Academic Assistance Council
Abb.	Abbildung
ABV	Abschnittsbevollmächtigter
ADN	Allgemeiner Deutscher Nachrichtendienst
AHPCE	Archivo historico del PCE
Anm.	Anmerkung
Aufl.	Auflage
BArch	Bundesarchiv Berlin
BBR	Bundesamt für Bauwesen und Raumordnung
BBSR	Bundesinstitut für Bau-, Stadt- und Raumforschung
Bd.	Band
BeWeCo	VEB Bekleidungswerke Cottbus
Bl.	Blatt
BLHA	Brandenburgisches Landeshauptarchiv, Potsdam
BRD	Bundesrepublik Deutschland
BStU	Behörde der Bundesbeauftragten für die Unterlagen des Staatssicherheitsdienstes der ehemaligen Deutschen Demokratischen Republik
BWF	VEB Berliner Werkzeugmaschinenfabrik Marzahn
CDU	Christlich-Demokratische Union
CPUSA	Communist Party of the USA
ČSSR	Tschechoslowakische Sozialistische Republik
CUT	Central Única de Trabajadores de Chile
DBD	Demokratische Bauernpartei Deutschlands
DDR	Deutsche Demokratische Republik
Ders.	Derselbe
Dies.	Dieselbe/n
Dok.	Dokument
DRK	Deutsches Rotes Kreuz
DRV	Demokratische Republik Vietnam
DSF	Deutsch-Sowjetische Freundschaft
durchges.	durchgesehene
DVV	Deutsche Verwaltung für Volksbildung
DZVG	Deutsche Zentralverwaltung für das Gesundheitswesen
Ebd.	Ebenda
ebf.	ebenfalls
EKO	VEB Eisenhüttenkombinat Ost
f./ff.	folgende
FAZ	Frankfurter Allgemeine Zeitung

FDGB	Freier Deutscher Gewerkschaftsbund
FDJ	Freie Deutsche Jugend
H.	Heft
HA	Hauptabteilung
Hrsg.	Herausgeber/in
HStA	Hauptstaatsarchiv
HU	Humboldt-Universität zu Berlin
IAP	Industrieabgabepreis
IPPNW	International Physicians for the Prevention of Nuclear War
JSU	Juventud Socialista Unificada
KJV	Kommunistischer Jugendverband (Chile)
KPD	Kommunistische Partei Deutschlands
KPÖ	Kommunistische Partei Österreichs
KPS	Kommunistische Partei Spaniens
KPS	Kommunistische Partei Spaniens
LA Berlin	Landesarchiv Berlin
LDPD	Liberal-Demokratische Partei Deutschlands
LPG	Landwirtschaftliche Produktionsgenossenschaft
MfAA	Ministerium für Auswärtige Angelegenheiten
MfAL	Ministerium für Arbeit und Löhne
MfAS	Ministerium für Arbeit und Soziales
MfK	Ministerium für Kultur
MfL	Ministerium für Leichtindustrie
MfS	Ministerium für Staatssicherheit
NATO	North Atlantic Treaty Organization
n. b.	nota bene
ND	Neues Deutschland
NDPD	National-Demokratische Partei Deutschlands
NÖS	Neues Ökonomisches Systems
Nr.	Nummer
NSDAP	Nationalsozialistische Deutsche Arbeiterpartei
NSW	Nichtsozialistisches Wirtschaftsgebiet
o. Sig.	ohne Signatur
o.D.	ohne Datum
o.g.	oben genannt/e
o.J.	ohne Jahr
o.O.	ohne Ort
ÖSS	Ökonomisches System des Sozialismus
PAAA	Politisches Archiv des Auswärtigen Amtes
PVAP	Polnische Vereinigte Arbeiterpartei
PZPR	Polska Zjednoczona Partia Robotnicza
Rep.	Repertorium

RGW	Rat für gegenseitige Wirtschaftshilfe
S.	Seite/n
SächsStAL	Sächsisches Staatsarchiv Leipzig
SAPMO	Stiftung Archiv der Parteien und Massenorganisationen der DDR im Bundesarchiv
SBZ	Sowjetische Besatzungszone
SED	Sozialistische Einheitspartei Deutschlands
SfAL	Staatssekretariat für Arbeit und Löhne
SMAD	Sowjetische Militäradministration in Deutschland
SP	Sozialistische Partei (Chile)
SR Vietnam	Sozialistische Republik Vietnam
StGB	Strafgesetzbuch
SWAPO	South-West Africa People's Organisation
Tab.	Tabelle
TKC	VEB Textilkombinat Cottbus
TM	Tausend Mark
TU Dresden	Technische Universität Dresden
überarb.	überarbeitete
UdSSR	Union der Sozialistischen Sowjetrepubliken
UNESCO	United Nations Educational, Scientific and Cultural Organization
unpag.	unpaginiert
USA	United States of America
v.	vom
VdN	Verfolgte des Naziregimes
VEB	Volkseigener Betrieb
Vgl.	Vergleiche
VP	Volkspolizei
VR	Volksrepublik
VRM	Volksrepublik Mosambik
VRP	Volksrepublik Polen
VVB	Vereinigung Volkseigener Betriebe
WBS	Wohnungsbauserie
WHH	Wohnhochhaus
ZK	Zentralkomitee
ZVU	Zentralverwaltung für deutsche Umsiedler
ZZF	Zentrum für Zeithistorische Forschung, Potsdam

Die Autorinnen und Autoren

Aurélie Denoyer, geb. 1981, Doktorandin (Paris/Potsdam) und Junior Fellow am Centre Marc Bloch, Berlin; Studium der Zeitgeschichte und Soziologie in Frankfurt (Oder) und Paris Marne-la-Vallée; Veröffentlichungen u. a.: L'opération Boléro-Paprika: Origines et conséquences, in: Actes du colloque »La guerre d'Espagne dans l'histoire de France« (im Erscheinen).

Alexander Goller, geb. 1983, Student im Masterstudiengang European Studies an der Europa-Universität Viadrina, Frankfurt (Oder); B.A.-Studium der Europäischen Geschichte in Bayreuth; Masterarbeit zum Thema »Umsiedlerintegration in Frankfurt (Oder) und Eisenhüttenstadt«.

Jessika Haack, geb. 1984, Studium der Kulturwissenschaften (B.A.) und der Interkulturellen Kommunikation (M.A.) an der Europa-Universität Viadrina, Frankfurt (Oder), und an der Universität Linköping.

Laura Amelie Haber, geb. 1985, Lehrerin für Deutsch als Fremdsprache in San Luis Potosí, Mexiko; Studium der Europastudien in Eichstätt und Valparaíso (B.A.) sowie der Soziokulturellen Studien in Frankfurt (Oder) und Nizza (M.A.); Masterarbeit zum Thema »Chilenische Künstler in der DDR«.

Maria Klessmann, geb. 1980, Studium der Kulturwissenschaften und Soziokulturellen Studien in Frankfurt (Oder) und Rom. Masterarbeit zu dem Thema: »Deutschsein – wer will das schon? Zu Identifikation und Abgrenzung jugendlicher Mädchen mit Migrationshintergrund«.

Jürgen Mense, geb. 1980, wissenschaftlicher Mitarbeiter bei der Stiftung der Deutschen Wirtschaft; Studium der Mehrsprachigen und Interkulturellen Kommunikation in Köln, Limerick, Paris und Frankfurt (Oder); Masterarbeit zum Thema »Ausländerkriminalität in der Deutschen Demokratischen Republik. Untersuchung und Interpretation der registrierten Kriminalität von Mosambikanern und Vietnamesen«.

Anja Mohnke, geb. 1982, derzeit in einem Nachwuchskräfteprogramm der Kassenärztlichen Bundesvereinigung, Studium der Kommunikationswissenschaft und Politikwissenschaften in Greifswald (B.A.) sowie der European Studies in Frankfurt (Oder) (M.A.).

Regine Otto, geb. 1982, Studentin im Masterstudiengang Europäische Kulturgeschichte im globalen Kontext an der Europa-Universität Viadrina, Frankfurt (Oder); B.A.-Studium der Kulturwissenschaften, Frankfurt (Oder); Masterarbeit zum Thema »Akademische Remigration in SBZ und DDR«.

Kim Christian Priemel, geb. 1977, Wissenschaftlicher Mitarbeiter am Lehrstuhl für Sozial- und Wirtschaftsgeschichte der Humboldt-Universität zu Berlin; Studium der Neueren und Neuesten Geschichte, Rechtswissenschaften und Englischen Philologie in Freiburg und St Andrews; Publikationen zur deutschen und europäischen Zeitgeschichte.

Claudia Schneider, geb. 1976, Wissenschaftliche Mitarbeiterin am Lehrstuhl für Zeitgeschichte der Martin-Luther-Universität Halle, Studium der Politikwissenschaft und Geschichte in Leipzig, Halle und Wrocław; Publikationen u. a.: Übersiedler aus der Volksrepublik Polen in der DDR 1964–1986, in: Inter Finitimos 7 (2009), S. 242–250.

Mirjam Schulz, geb. 1984, Lehrbeauftragte; Studienfächer: Europastudien, Germanistik, Anglistik, Romanistik sowie Interkulturelle Kommunikation in Eichstätt, Castellón und Frankfurt (Oder); Masterarbeit zum Thema »Migrationspolitik in der DDR. Anwerbung und Einsatz von Vertragsarbeitnehmern«.

Anja Strnad, geb. 1979, Projektassistentin am Centre international de formation européenne (CIFE); Studium der Europawissenschaften und der Interkulturellen Kommunikation in Magdeburg, Murcia und Frankfurt (Oder); Masterarbeit zum Thema »Vertragsarbeit in der DDR. Ausländische Arbeitskräfte in ausgewählten Betrieben des ehemaligen Bezirks Cottbus«.

Abbildungsnachweis

Betriebszeitung des EKO »Unser Friedenswerk« vom 21.6.1954 *42*

Bundesarchiv Umschlagseite vorn (Bundesarchiv Bild 183-1984-0712-010, Foto: Rainer Weisflog), *8* (Bild 183-R0722-0033, Foto: Ulrich Kohls), *27* (Plak 103-002-023), *89* (Bild 183-1985-1030-036, Foto: Rainer Weisflog), *129* (Bild 183-N0606-0010, Foto: Jürgen Ludwig), *153* (Bild 183-67169-0002, Foto: Erich Schutt), *179* (Bild 183-1989-0330-301, Foto: Rainer Weisflog), *194* (Bild 183-R1231-0017, Foto: Benno Bartocha), *204* (Bild 183-1990-1030-006, Foto: Jan Peter Kasper)

Der Morgen vom 24.12.1986 *259*

»Guten Tag, Kollege!« Elementarlehrbuch Deutsch für Ausländer, Leipzig 1984 *149*

Neues Deutschland vom 23.11.1973 *256*

Privat *99, 107, 144/45, 200*

Umschlagseite vorn: ADN-Foto, 12.7.1984: »Großinstandsetzung – Konstantino Monjanl (r.) gehört zu den 40 Mocambiquanern die im Braunkohlewerk Welzow eine Ausbildung als Meister erhalten. Er ist seit 5 Jahren in der DDR und spezialisiert sich auf die Instandsetzung von Tagebaugroßgeräten, nachdem er den Beruf eines Instandhalters erlernt hat.«